Simon Strick
Rechte Gefühle

X-Texte zu Kultur und Gesellschaft

X-Texte zu Kultur und Gesellschaft

Das vermeintliche »Ende der Geschichte« hat sich längst vielmehr als ein Ende der Gewissheiten entpuppt. Mehr denn je stellt sich nicht nur die Frage nach der jeweiligen »Generation X«. Jenseits solcher populären Figuren ist auch die Wissenschaft gefordert, ihren Beitrag zu einer anspruchsvollen Zeitdiagnose zu leisten.
Die Reihe X-TEXTE widmet sich dieser Aufgabe und bietet ein Forum für ein Denken ›für und wider die Zeit‹. Die hier versammelten Essays dechiffrieren unsere Gegenwart jenseits vereinfachender Formeln und Orakel. Sie verbinden sensible Beobachtungen mit scharfer Analyse und präsentieren beides in einer angenehm lesbaren Form.

Simon Strick (Dr.) ist Genderforscher und Medienwissenschaftler am ZeM Brandenburg. Er hatte Positionen u.a. an FU Berlin, Universität Paderborn und University of Virginia inne. Seine Forschungs- und Lehrtätigkeit konzentriert sich auf Gender- und Rassismustheorien, Populäre Kulturen, Affect Studies, Medien- und Kulturanalyse. Mit Susann Neuenfeldt und Werner Türk gründete er 2009 das Performancekollektiv PKRK. Simon Strick lebt und arbeitet in Berlin.

Simon Strick

Rechte Gefühle

Affekte und Strategien des digitalen Faschismus

[transcript]

Gefördert von der Volkswagenstiftung

Bibliografische Information der Deutschen Nationalbibliothek
Die Deutsche Nationalbibliothek verzeichnet diese Publikation in der Deutschen Nationalbibliografie; detaillierte bibliografische Daten sind im Internet über http://dnb.d-nb.de abrufbar.

Umschlaggestaltung: Maria Arndt, Bielefeld, nach einer Idee von Simon Strick
Umschlagcredit: »He volunteered for Meme War Service«, anonymes Internet Meme (ca. 2017)
Korrektorat: Felix Schilk, Dresden, Vera Breitner, Bielefeld
Satz: Francisco Bragança, Bielefeld
Druck: Majuskel Medienproduktion GmbH, Wetzlar
Print-ISBN 978-3-8376-5495-0
PDF-ISBN 978-3-8394-5495-4
https://doi.org/10.14361/9783839454954

Gedruckt auf alterungsbeständigem Papier mit chlorfrei gebleichtem Zellstoff.
Besuchen Sie uns im Internet: *https://www.transcript-verlag.de*
Unsere aktuelle Vorschau finden Sie unter *www.transcript-verlag.de/vorschau-download*

Inhalt

Dritter Teil
Was Tun?

Hinweis zu den Abbildungen

Ohne Bildteil sind die Gefühlswelten des digitalen Faschismus nicht beschreibbar. Dieses Buch zeigt Bilder und Memes aus dem Internet. Ihre Inhalte sind mehrheitlich verletzend und gewaltvoll: rassistisch, sexistisch, queerfeindlich, antisemitisch. Das Zeigen reproduziert ihre Gewalt.

Alle gezeigten Bilder und Kommentare waren frei und leicht zugänglich, das heißt: der einzige Giftschrank, der geöffnet werden musste, um sie zu finden, war ein Internetbrowser. Ich zeige diese Bilder, damit niemand mit dem Blick auf sie und ihre Gewalt allein bleibt: Weder die, die über sie im Netz stolpern, noch die, die durch diese Bilder verletzt werden. Weder die, die diese Bilder als Drohung nach Hause geschickt bekommen, noch die, die über sie forschen.

Wir werden uns jetzt wieder
mit den ganz uninteressanten Fragen
auseinanderzusetzen haben, etwa:
Wie kommt die Scheiße in die Köpfe?
Ronald M. Schernikau (1960-1991)
Rede auf dem letzten Schriftstellerkongress
der DDR, März 1990

Fascism does what it does
without a need for language.
Sean Bonney (1969–2019)
»Heroes«, 27.9.2019

Rogue intensities roam the streets of the ordinary.
Kathleen Stewart, Ordinary Affects
Duke UP 2007, S. 44

Abb. 1

Fragen Lernen

Es reicht nicht, einen ›neuen Faschismus‹ festzustellen, der sich im Netz ausbreitet. Wir müssen ihn und die Parameter seiner Ausbreitung auch neu begreifen. Seine Traumwelten und Männerphantasien sind im digitalen Zeitalter realer geworden. Das bedeutet: sie sind teilbarer geworden. Die neuen Faschist*innen wollen keinen verschwiegenen Platz im Untergrund – sie spielen im Licht, im Zentrum, auf der digitalen Bühne. Sie brauchen zur Agitation und Wunschverwirklichung keine Führerfiguren – die autoritären Charaktere von heute organisieren sich selbstständig als dezentrales Netzwerk. Sie werden Online-Influencer*innen mit Marken-Management oder alternative Medienmacher*innen und blitzen als im Netz geschulte Massenmörder auf. Sie leisten selten Treueschwüre im Fackelschein, sondern schicken Memes, schreiben Blogs und senden auf YouTube. Sie wollen kein ewiges Gestern, sondern das Jetzt und das Morgen. Rechte Gefühlswelten beanspruchen mehr Gegenwart für mehr Menschen. Wie kann der neue Faschismus begriffen, wie bekämpft werden? Indem falsche Reflexe *ent-lernt* und andere Fragen gestellt werden.

Was tun, wenn Faschismus als Lifestyle daherkommt, als Gegen- und Jugendkultur, als Medienpraxis? Was tun, wenn der Faschismus eher eine Atmosphäre als eine Ideologie beschreibt, mehr ein Gefühl und eine Handlungslogik als ein faschistisches ›Gedankengut‹? Wenn Faschismus, statt von Ideologen, nun von Influencer*innen verbreitet wird, die es zu lukrativen Karrieren bringen? Was ist, wenn Faschismus = *Good Marketing*?

Was tun, wenn der Faschismus nicht als totalitäre Struktur von oben durchgreift, sondern per Crowdfunding, Sharing Economy und Web 2.0 von unten gebildet wird? Wenn er sich so als Befreiungsbewegung fühlen kann? Was tun, wenn dieser Faschismus über die Medien seinen Weg bis ins Weiße

Haus, in die Parlamente und Start-Ups findet, und sich dort benimmt, wie eine Internetkultur das eben tut?

Was tun, wenn faschistische Agitation in einer medialen Umgebung stattfindet, die gefühlte Wahrheiten und Provokationen schneller verbreitet und besser belohnt als kritisches Wissen? Was tun, wenn der Faschismus unter den Bedingungen der kapitalorientierten Mediendemokratie ideal gedeiht und er ihrem Gebot der Partizipation fröhlich entspricht?

Was tun, wenn der Faschismus auf den Frequenzen der Machtkritik und des weltverbessernden Aktivismus sendet? Wenn er den Emanzipationsbewegungen zugehört hat, ihre Strategien anwendet, um sie zum Gegner zu machen? Was tun, wenn der Faschismus nicht allein auf der Welle von Hass und Ausgrenzung reitet, sondern optimistisch, zukunftsorientiert und inklusiv auftritt?

Was tun, wenn der Faschismus seinen Rassismus, Antisemitismus und Sexismus in die Sprachen der Identitätspolitik, des Marktes und der alltäglichen Gefühle übersetzt hat? Wenn er mit diesen Mitteln zielgerichtet kommuniziert und zahllose Menschen darin beheimatet? Wenn er Mobilmachung als Fitness, Gewalt als optimistisches *Just do it,* völkische Identität in den Registern eines männlichen, heterosexuellen und weißen *empowerment* erzählt?

Was tun, wenn der Faschismus als ›Antifaschismus‹ und/oder Verteidigung der Demokratie auftritt? Und was, wenn die sogenannten demokratischen Organe das eine vom anderen nicht richtig unterscheiden können oder wollen?

Was tun, wenn das hier auf meinem Handy landet?

o2-de LTE
15:02
57 %
Chats
Alt Skull's Charnel Ho...
3.899 subscribers
Forwarded Message
From: /BMW/ - The Bureau of Memeti...
JUST DO IT.
FULL UPLOAD OF THE LOST
3RD REICH FITNESS MANUAL
I opened it and saw all the
pages in there but can make no
promises about trackers or
Mute
Discuss

Abb. 2

Die verlorene Ferne des Faschismus

Abb. 3

Vom Dachboden zu YouTube

Was immer zu tun ist, zu wenig davon wird getan. Und wenn etwas getan wird, dann mit einem Zögern, das teilweise tödliche Folgen hat. Woher kommt das Zögern? Es kommt aus den Begriffen für ›Rechts‹, die über Jahrzehnte gelernt wurden. Das Zögern kommt aus dem allgemeinen Verständnis der ›Rechten‹, das ein distanzierendes Verständnis ist: Die Rechten sind historisch irrend, Extremisten, Terroristen, Angstmacher, Verführer, Radikalisierer, geistige Brandstifter, Ewiggestrige, Verschwörungstheoretiker. Sie kommen aus den Hinterzimmern, aus dem Darknet, aus dem ›nationalsozialistischen Untergrund‹.

Das war einmal.

Diese gängigen Benennungen der Rechten sind Lokalisierungen und Ortsbestimmungen: sie seien da drüben, da unten, weit weg. Mit diesen Begriffen werden sie gerne in eine gefühlte Ferne geschoben, weit weg von der Position, von der aus man so etwas ausspricht. *Deutschland Rechts Außen,*[1] wie der Extremismusforscher Matthias Quent schreibt; *The Far Right Today*[2] nennt Populismusexperte Cas Mudde sein letztes Buch.

Far away, weit draußen, im Untergund, in den Hinterzimmern und Dorfkneipen, in dunklen Kellern wird die Rechte verortet. Weit entfernt, ebenso weit wie jene Orte, wo die Altnazis und Skinhead-Banden der 1980er Jahre sich trafen. Die ›alte Rechte‹ tat dort Verbotenes oder zumindest Dinge, die man aus Ekel oder Angst vielleicht gerne verboten hätte. Oder eben aus dem Gefühl, dass diese Dinge weit entfernt sind von dem, was man sonst so tut. Weit weg, im Verborgenen versammelt sich ›die Rechte‹. Auch heute werben Veröffentlichungen zu neofaschistischer Internet-Agitation damit, dass die Autor*innen »seit Jahren undercover im rechten Netzmilieu«[3] recherchierten. Man begibt sich nach draußen, nach unten, ins ›Milieu‹. Dorthin, jenseits des sogenannten Konsens der sogenannten Mitte.

Der junge Dorfnazi in der westdeutschen Provinz, wo ich 1974 geboren wurde, hatte sein Zimmer unterm Dach. Sein Vater war der wohlhabende Metzger des Ortes mit eigener Schlachterei; das Haus war riesig. Wollte man das Dachzimmer über eine steile Treppe betreten, musste man durch eine Deutschlandfahne kriechen. Vom Band ertönte dann der Spruch: »Sie betreten jetzt deutsches Territorium«. Ein selbstgebasteltes, nationalistisches Phantasialand wartete hinter der Fahne: eine künstlich eingerichtete Deutschwetterzone, die das umliegende Klima des Metzgerhaushalts auf den Punkt brachte.

Ich war damals acht oder neun Jahre alt und der jüngere Bruder des Dachbodenfaschos war mein bester Freund. Der Nazibruder schloss sich in den späten 1980er Jahren den Republikanern an und wurde mit 22 Jahren Kreisvorsitzender. Wie seine Partei agitierte er einige Jahre mit mäßigem

---

1 Matthias Quent. *Deutschland Rechts Außen: Wie die Rechten nach der Macht greifen und wie wir sie stoppen können.* Piper 2019.

2 Cas Mudde. *The far right today.* John Wiley & Sons 2019.

3 Zum Beispiel: Patrick Stegemann, Sören Musyal. *Die rechte Mobilmachung: Wie radikale Netzaktivisten die Demokratie angreifen.* Econ 2020. Julia Ebner. *Radikalisierungsmaschinen: Wie Extremisten die neuen Technologien nutzen und uns manipulieren.* Suhrkamp 2019.

Erfolg. Die rechte Band *Kahlkopf* veröffentlichte in dieser Zeit das passende Lied »Der Metzger mit der Motorsäge«. Ich hatte Glück, denn mein älterer Bruder war der Dorfskater in diesen dunklen 1980er Jahren. Wir schauten lieber Skate-Videos aus Kalifornien als VHS-Kopien von Führerreden.

Gerettet von USA.

Das Dachbodendasein des Deutschnationalen im Westdeutschland der 1980er Jahre ist verschwunden. Er hat das Licht des Tages gesucht und erhebt massiven Wirklichkeitsanspruch für seine Phantasiewelt. Die neue Rechte ist präsent in der Politik, im Alltag, und vor allem dort, wo Politik alltäglich und Alltag politisch wird – in den sozialen Medien. Martin Sellner von der *Identitären Bewegung (IB)* unterhält aktive und öffentliche Kanäle auf den Plattformen YouTube, Facebook, Twitter und so weiter. Erst im Juli 2020 wurde seine öffentliche Präsenz eingeschränkt; nun sendet er weiter auf *BitChute, Patreon, D-Live, DeinTube.de* und *Sezession.de*. Immerhin 58.000 Menschen folgen ihm Anfang 2021 auf der Nachrichten-App *Telegram*. Das ist kein Dachboden, sondern maximale Öffentlichkeit für einen prominenten Rechtsextremisten. Kein ›Netzmilieu‹ muss infiltriert werden, um Sellner und anderen Neofaschist*innen auf die Spur zu kommen. Man geht einfach online und abonniert ihren Informationsservice. Die Führungsfigur der *IB* beschreibt den Wandel von der ›alten‹ zur ›neuen Rechten‹ klar:

> »Wir wollten kein extravagantes Räumchen, in dem wir uns selbst ›verwirklichen‹ konnten. Wir wollten uns nicht in Kellern verkriechen und dort bierselig von kommenden Revolutionen träumen. [...] wir [waren] auf der Suche nach einem neuen Weg und einem eigenen Stil.«

Sellner selbst nennt diesen Übergang vom Dachboden zu YouTube – durchaus theoretisch fundiert – den Übergang von einer ›Subkultur‹ zur ›Gegenkultur‹.[4]

Die USA, die mich damals irgendwie gerettet haben, sind auch verschwunden. Der amerikanische *white nationalism*, der seit seiner Hochzeit in den 1920–1940er Jahren als Untergrundbewegung weiterlebte, unterhält heute ausgedehnte Medienpräsenzen: Webseiten, Netzwerke, Buchhandel, Meinungsmagazine, *Breitbart.com*, professionelle YouTube-Kanäle bis hin zu Dating-Plattformen (*whitedate.net*) und ständig aktualisierten Branchen-

4 Martin Sellner. »Gegen die Subkultur – Für die Gegenkultur. Ein Nachwort«. In: Mario Alexander Müller. *Kontrakultur*. Antaios 2017. S. 331.

verzeichnissen (*whoiswhite.com*). Donald Trump hat diese Ideologie mit dem profaschistischen Slogan ›America First‹ in seine Rhetorik geholt, Figuren des Rechtsextremismus in seinem Kabinett untergebracht und ihre Programmpunkte in seine erratisch-populistische Politik aufgenommen. Die ungute Mischung aus Wahlleugner*innen, Neofaschist*innen und Rassist*innen mit Südstaaten-Flaggen, die am 6. Januar 2021 im Kapitol in Washington marodieren, führen seinen Kurs von unten weiter.

Alt-America.

Was heißt es also, die ›Rechten‹ ernst zu nehmen? Es bedeutet zuerst, sie nicht auf dem Dachboden, im Keller oder im Untergrund zu vermuten – also in einer obskuren Phantasiewelt, aus der ab und zu Nachrichten und Gewalttaten herausfallen. Heute gelten *4chan*[5] und zahllose andere anonyme Chatboards als Nachfolger dieses Hinterzimmerfaschismus, wo im Dunklen Verbotenes gesagt und geplant wird, und daher jede Ermittlung verdeckt stattfinden muss. Die Untiefen des Internets und die abseitigen Foren der Rechten kommen auch in diesem Buch über digitalen Faschismus vor. Ich stelle deren ›Abseitigkeit‹ aber grundlegend in Frage, und damit auch die vermeintliche Ferne der *far right*: 4chan, BitChute, DeinTube und Telegram sind von jedem gewöhnlichen Computer und Smartphone mit wenigen Klicks einsehbar;[6] Trump hatte einen der populärsten Twitter-Kanäle der Welt, auf dem er Werbung für sich oder die Verschwörungstheorie *QAnon* verschickte. Mithilfe der Digitalisierung haben rechte Strategien und Inhalte die Parlamente, den Journalismus und breite Öffentlichkeiten erreicht. In der BRD und den USA bestimmt die Rechte die öffentlichen Debatten allein schon durch ihre massive Medienpräsenz.

Die Rechten sind also weder geheim noch weit weg, und auch dieses Buch ist ein Ergebnis ihrer aufdringlichen Öffentlichkeitsarbeit: alle Materialien und Beispiele wurden durch simple Internetsuche gefunden. Re-

5 In diesem Buch benutze ich *4chan* als Kürzel für eine Reihe anonymer Imageboards, die in den letzten Jahren unter dem Begriff des ›toxischen Internets‹ diskutiert wurden: *4chan, 8chan, 8ch, 8kun, krautchan* und so weiter.

6 Ein 4chan-Post unterscheidet sich von einem Tweet oder Facebook-Post nur stilistisch und genretechnisch: Beide Plattformen bieten ähnliche Möglichkeiten der Vernetzung, Kommunikation und Öffentlichkeit. Die wesentlichen Unterschiede bestehen in der Organisation von Moderation (Twitter: firmenseitig mit Nutzer*innenunterstützung; 4chan: keine) und in der Konventionalisierung der Zuordnung (Twitter: Hang zum Klarnamen; 4chan: plattformseitige Anonymität).

cherchiert wurde ohne verdeckte Ermittlung oder Spezialausbildung, kein geheimer Untergrund musste infiltriert werden. Wieso ist das möglich? Weil diese Rechte ganz exzellent, offen und breitenwirksam kommuniziert. Vom Ex-Präsidenten der USA bis zum letzten ›Anon‹ auf 4chan.[7]

Einige Zahlen: Das rechte Forum *r/The_Donald* veranstaltete ab 2015 eine Art Dauer-Trump-Campaign-Party und zählte Anfang 2020 knapp 800.000 aktive Nutzer*innen, die sich für hart-rechte und ethnonationalistische Inhalte interessierten.[8] Der Telegram-Kanal *Alt Skull's Charnel House*, von dem das Eingangsbild mit dem *Just Do It*-Sonnenrad stammt (Abb. 2), konnte bis zur Sperrung im Januar 2020 von jedem Menschen mit einem Smartphone oder Computer abonniert werden. Seine täglichen Posts mit Hitlerbildern und anderer Propaganda gelangten völlig nicht-klandestin zur Nutzer*in; eine Unzahl anderer Kanäle führen diese Arbeit unzensiert weiter.[9] 2017 erhielt die Petition *#FreeTommy* zur Freilassung des neurechten britischen Agitators Tommy Robinson in wenigen Tagen eine halbe Million internationale Unterschriften – viele kamen aus Deutschland und den USA.[10] Der rechte Infokrieger Paul Joseph Watson versorgt im Januar 2021 ungehindert 1,2 Millionen Follower auf seinem Twitter-Account; 1,87 Millionen sind es auf YouTube.

Aus Hinterzimmern sind massive Gegenöffentlichkeiten geworden. Die Rechte ist zu einer vollständigen und leicht erreichbaren, alternativen Mediensphäre gewachsen, die klassische Öffentlichkeiten nicht nur ergänzt hat, sondern ihnen aktiv und mit Überzeugung Konkurrenz macht. Alte und neue Extremisten arbeiten dabei zusammen: Dennis Prager, ein ultrakonservativer Millionär und christlicher Fundamentalist, veröffentlicht auf

---

7 »Anon« heißen die Nutzer*innen auf diesen Imageboards, die plattformseitig Anonymität erzwingen.

8 *reddit.com/r/The_Donald*. Das Forum wurde von der Hosting-Plattform *reddit.com* gelöscht, die Nutzer*innen sind sogleich auf die eigene Plattform *thedonald.win* ausgewichen. Reddit ist ein *Social-News-Aggregator*, auf der registrierte Benutzer*innen Inhalte einstellen bzw. anbieten können. Es ist in sogenannte Subreddits unterteilt, die thematisch funktionieren. Die Website operiert seit 2005 und wird näher in Screenshot 14 besprochen.

9 Zur Plattform Telegram, siehe: Anti-Defamation League. »Telegram: The Latest Safe Haven for White Supremacists« *ADL.org*. 02.12.2019. https://www.adl.org/blog/telegram-the-latest-safe-haven-for-white-supremacists. Zuletzt gesehen am 05.01.2021.

10 Joe Mulhall. »Tommy Robinson is a far-right, islamophobic extremist«, *Hopenothate.org.uk*. Ohne Datum. https://www.hopenothate.org.uk/research/investigations/tommy-robinson-far-right-islamophobic-extremist/. Zuletzt gesehen am 05.01.2021.

dem YouTube-Kanal *PragerU* fünfminütige Agitationsvideos gegen Linke, Migration, Feminismus oder ›Kulturmarxismus‹, unterstützt von jugendlichen Aktivist*innen aus der Internetsphäre. Pierre Krebs, gediente Leitfigur des völkischen Thule-Seminars der 1980er Jahre, sendet heute mit Hilfe junger Unterstützer*innen auf Telegram. Der Altrechte Dr. Hans-Ulrich Pieper lädt zu seinem Dienstagsgespräch[11] – ein völkischer Stammtisch in Westberlin – gerne den rechten YouTuber *Der Volkslehrer* (Nikolai Nerling) ein, etwa zum Vortrag »Was das Volk lernen muss«.[12]

Was daraus gelernt werden muss: faschistische Ideologien sind nicht nur als Rückwärtsbewegungen zu begreifen, wie es der Begriff der ›Ewiggestrigen‹ suggeriert. Dieser Faschismus ist auch rückwärtsgewandt und traditionalistisch, aber genauso ist er hochaktuell und medienaffin. Er ist auf bestimmte Weise *jetzig*, denn er hat ein digitales und diskursives Update erfahren. Das Update ist zum Beispiel in der Kommunikationsstrategie ersichtlich: Dieser Faschismus relativiert und leugnet weiter die Shoah, bereitet es aber als praktische Infografik auf (Abb. 4). Das Bild untergräbt sowohl den deutschen Genozid an der jüdischen Bevölkerung Europas als auch die Logik von Infografiken selbst: Der agitatorische Punkt ist Geschichtsrevisionismus *und* eine Art Medienkritik an Tortendiagrammen. Oder: Dieser Faschismus lanciert wieder Aufrufe zum bewaffneten Aufstand des ›Volkes‹ gegen ›fremde Invasoren‹. Dabei zeigt er historisches Bewusstsein, wenn er aktuelle Reformen der us-amerikanischen Waffengesetze mit dem Unabhängigkeitskrieg von 1775 verschaltet. Und er verhandelt – wie hier die militante Organisation der *Boogaloo Boys* unter Verwendung eines ikonischen Bildes aus dem Science Fiction-Film *Predator* (1987) – diese Themen gleichzeitig, als Zusammenfall des Disparaten (Abb. 5). Gewaltsamer Extremismus, Revisionismus und Popkultur fließen zusammen in rechten Memes,[13] in Infografiken, in YouTube-Videos. Sie werden Medienhandlung und Konsumangebot.

---

11 Vgl. Fabian Kunow. »Seriös im Hintergrund«. *rechtsaussen.berlin*. 28.07.2014. https://rechtsaussen.berlin/2014/06/serioes-im-hintergrund/. Zuletzt gesehen am 05.01.2021.

12 Am 26. Juli 2018 übertragen auf YouTube, wo Nerling mittlerweile gesperrt wurde. Die Videos sind weiterhin auf BitChute zu finden.

13 Memes sind Bild-Text-Kombinationen, die in der Netzkommunikation in endloser Zahl vorkommen. Siehe: Limor Shifman. *Memes in digital culture*. MIT Press 2014. Derek Stanovsky, »Remix Racism: The Visual Politics of the ›Alt-Right‹«. *Journal of Contemporary Rhetoric*, 7.2/3, 2017. S. 130 – 138 .

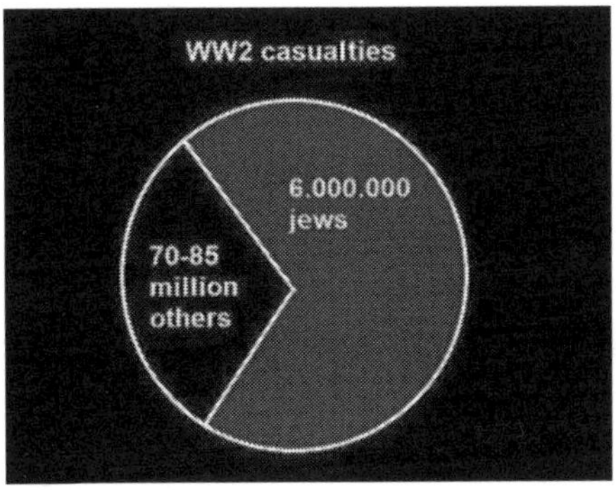

Abb. 4

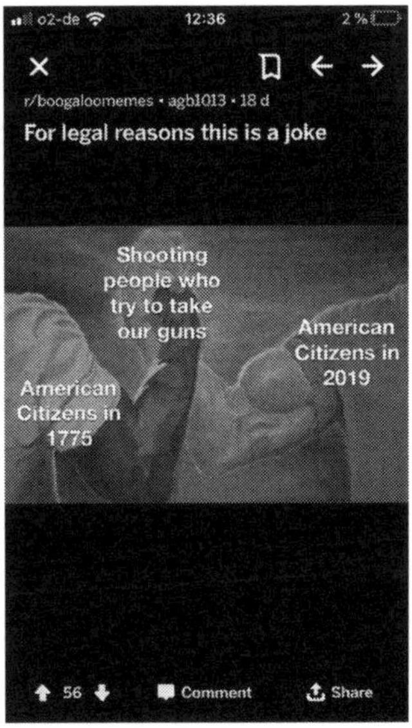

Abb. 5

Das zwingt zum Umdenken und auch zu neuer Theoriebildung über das, was Faschismus heute ist und was er tut. Das Verständnis muss über die didaktische Rhetorik der ›Wie‹-Bücher hinausgehen.[14] Zweifellos sind die Fragen nach dem ›Wie‹ und ›Wer‹ wichtige Fragen und die Auflistung zentraler Akteur*innen der neuen Rechten ist essenziell. Es ist wieder »eine Zeit, wo wir alle kennen müssen«, wie Brecht im *Fatzer* schrieb.[15]

14 Nur einige Beispiele: »Wie radikale Netzaktivisten die Demokratie angreifen« (Stegemann/Musyal), »Wie Extremisten die neuen Technologien nutzen und uns manipulieren« (Ebner), »Wie die Rechten nach der Macht greifen und wie wir sie stoppen können« (Quent). Es sollte zu denken geben, dass einschlägige Bücher zur neuen Rechten oft als »How to«-Erklärungstraktate vermarktet werden. Die Rhetorik erscheint wie eine Konzession an die Umformulierung des Politischen als ›soziales Problem‹ mit klaren Lösungen, wie sie bereits früher von us-amerikanischen Konservativen lanciert wurde. Zum Vergleich die Buchtitel von Ben Shapiro, einem konservativ-rechten Protagonisten in den USA: *Bullies: How the Left's Culture of Fear and Intimidation Silences America* (2012), *Brainwashed: How Universities Indoctrinate America's Youth* (2004) und so weiter. Solange das ›Was‹ nicht geklärt ist, werden beide Seite immer wieder gegenläufige ›Wie‹-Formeln anbieten.

15 Bertolt Brecht. *Fatzer.* Werke, Bd. 10.1. Suhrkamp 1997. S. 419.

Wichtig ist aber nicht allein das Wie und Wer, sondern auch das ›Was‹. Dieser Faschismus ist kein Phänomen, das fern und extrem ist und sich in einigen Köpfen lokalisieren lässt. Er ist vielleicht nicht einmal ›ein Phänomen‹ – aus zwei Gründen:

Erstens: Dieser Faschismus ist amorpher und gestaltwandlerischer, als es die Wie-Bücher nahelegen, die von einer klar isolierbaren Erscheinung und ihren Wirkungsweisen ausgehen. Er existiert als eine Vielzahl von disparaten Phänomenen, Problemstellungen und Äußerungsformen.

Zweitens: An diesem Faschismus ist etwas über die brüchige und poröse Welt des sogenannten ›Normalen‹ zu lernen, über die Mitte oder das »Nicht-Rechte«,[16] und deren Offenheit für alle Arten von rechten Übergriffen, Eingriffen und Angriffen.

Ich verstehe das ›Was‹ dieses Faschismus vor allem als eine affektive Struktur, als eine *Gefühlswelt*. In den intimen Öffentlichkeiten des Internets sind rechte Gefühle omnipräsent und für Nutzer*innen beheimatend. Sie bestimmen vielfach das Diskursklima, sind zu wirkmächtigen Parallelwelten mutiert, drängen auf Realität und stellen sie in massenwirksamer Form für viele bereit. Als einfache Nutzer*in kann man sich auf einem nationalistischen YouTube-Kanal (zum Beispiel *Sargon of Akkad*[17]) oder Nachrichtenportal (zum Beispiel *Drudge Report, achgut.com, breitbart.com*) umfassend informieren, denn die Betreiber*innen und ihre Teams besprechen täglich einen Großteil der ›Mainstream‹-Medienproduktion und filtern diese von Rechts durch.

Diese rechten Gegenöffentlichkeiten funktionieren wie Brechungslinsen für das ›Normale‹: Soziale, politische, mediale und kulturelle Vorgänge werden durchgespült und an rechte Narrative – ›Der Große Austausch‹,[18]

---

16 So die unglückliche Selbstbeschreibung der Autoren von: Per Leo, Maximilian Steinbeis, Daniel-Pascal Zorn. *Mit Rechten reden: Ein Leitfaden*. Klett-Cotta 2017. S. 14ff.

17 Zu diesem YouTuber, bürgerlich Carl Benjamin, mehr in Screenshot 4. Sargon unterhält weitere Kanäle auf YouTube, BitChute, SubscribeStar, Gab, Minds, Facebook, Telegram und so weiter.

18 Das zentrale Konzept der *Neuen Rechten* behauptet, dass ›europäische‹ Bevölkerungen durch nicht-europäische Migrant*innen ausgetauscht werden (sollen). Gemeint sind weiße Menschen, die durch nicht-weiße Menschen ausgetauscht werden. Je nach Version ist das die Schuld der Einwandernden, der Sozialdemokratie, der Dekadenz, der Juden (oder alles zusammen). Der ›Austausch‹ wird sich leitmotivisch durch dieses Buch ziehen und im nächsten Kapitel ausführlich erläutert werden.

Diskriminierung von Weißen, Benachteiligung von Männern durch ›Staatsfeminismus‹ – angeschlossen. Kaum etwas entgeht ihren massenhaft verbreiteten Gegenlektüren: nicht die sogenannte ›Flüchtlingskrise‹, nicht die offiziellen Nachrichten, nicht die Wahl des Nürnberger Christkinds (Abb. 6), nicht das Autor*innenteam der Fantasy-Serie *The Witcher* (Abb. 7). Der rechten Gegenöffentlichkeit entgeht auch nicht die akademische Wissensbildung über den Rechtsextremismus: Sie machen, wie der IB-Aktivist Alexander ›Malenki‹ Klein, launige YouTube-Videos darüber, wie sie die neuesten Sachbücher über ihre Bewegung lesen (Abb. 8).[19]

Diese Rechte agiert auf YouTube, Twitter, in Büchern, auf den Straßen, in den Parlamenten, in den Behörden, im Fernsehen: *Im Offenen*. Sie werden interviewt, sie erklären, sie demonstrieren, sie schreiben Bücher. Sie sprechen zu denselben Themen wie viele andere auch: Migration, *political correctness*,[20] Wissenschaft, Klimawandel, Kultur, Filme, Computerspiele, Fußball, Beziehungen, Sex, Klimawandel, Rechtsextremismus, das Diskursklima. Sie sprechen zu Geschlecht und Feminismus. Sie sprechen zu *Black Lives Matter*. Sie haben Beziehungen, sind Celebrities, gestalten aktiv Politik.

Sie agitieren, organisieren, und investieren. Sie schreiben, planen, streiten, überweisen, kaufen, schießen und morden. Sie stellen Förderanträge oder Bundestagsanfragen und machen Videos, Magazine, Debatten, Demonstrationen, Witze, Anschläge. Sie schaffen eigene Plattformen, um ihre Sichtbarkeit zu vergrößern.[21]

---

19 Malenki zeigte sich auf YouTube, wie er amüsiert das Buch *Das Netzwerk der Identitären* von Andreas Speit liest (Ch. Links Verlag 2018).

20 Mit dem Begriff meine ich jenen Benimm- und Ausdruckskanon, mit dem versucht wird, rassistische, sexistische und anders diskriminierende Sprachkonventionen und Alltagshandlungen durch veränderte, weniger verletzende Pragmatiken zu ersetzen. Insbesondere in Deutschland wurden die Auswirkungen von PC kontrovers diskutiert, überwiegend bevor sie überhaupt passierten oder deren Richtlinien Geltung hatten. Ein Erfolg der PC-Ausdrucksweise ist zum Beispiel die Ächtung und teilweise Depopularisierung der deutschen N-Wörter. Wenn sich über das Gendersternchen aufgeregt wird, sollte man auch über diese Wörter nachdenken. Die Diskussion und Verunglimpfung von *political correctness* geschieht nahezu unverändert seit den späten 1980er Jahren.

21 Joan Donovan, Becca Lewis, Brian Friedberg. »Parallel Ports. Sociotechnical Change from the Alt-Right to Alt-Tech«. In: Maik Fielitz, Nick Thurston (Hg.): *Post-Digital Cultures of the Far Right. Online Actions and Offline Consequences in Europe and the US*. transcript 2019. S. 49–65.

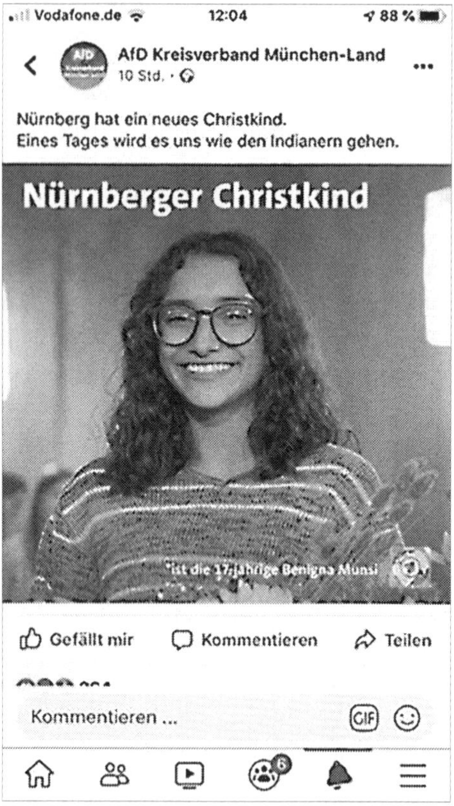

Abb. 6

Abb. 7

Abb. 8

Die »Selbstverwirklichung«, von der Sellner spricht, hat sich in das Medien-, Lifestyle- und Wirtschaftsprogramm der kapitalistischen Demokratie eingefügt. Sie verspricht dort: bessere Information, bessere Orientierung, bessere Sichtbarkeit, ein besseres Leben. Die Alternative Rechte ist attraktiv für Viele – von der überzeugten Aktivist*in bis zum peripher an ›alternativer Meinung‹ interessierten Zaungast.

Die Rechten sind immer noch, was sie damals in den 1980er Jahren für mich waren: der Bruder, der Freund deines Bruders, dein Nachbar, deine Cousine, dein Partner und so weiter. Sie sind nur zwei Hausnummern oder zwei Klicks entfernt. Sie gehen wie ich mit ihren Kindern in den Zoo, sie haben dieselben Probleme wie ich und andere. Sie geben darauf andere Antworten, die – sei es im zweiten oder dritten Schritt, aber immer – die Abwertung von Menschen in Kauf nehmen oder direkt erzwingen.[22] Zugespitzt: Sie verweigern Lebens- und Bewegungsräume, also Teilhabe an der Welt, für bestimmte Menschen. Das tun sie immer, an irgendeiner Stelle der Argumentation. Manche machen Karten von der Welt, die sie sich wünschen:

The Planet everyone wants to live on. (Abb. 9)

Diese Rechte ist nicht mehr die *far right*, die mit dem Fernrohr oder Nachtsichtgerät des Verfassungsschutzes entdeckt werden muss. Die ermittelnden Staatsorgane stehen nach dem NSU-Komplex und den unter *#Polizeiproblem* und NSU 2.0[23] versammelten Erkenntnissen ohnehin selbst unter Verdacht. Ihre Vertreter*innen sind mitunter Teil rechter

22 In welcher Rhetorik die AfD oder sonst wer auch auftritt, es geht in diesen Politikentwürfen letztendlich darum, circa 40 Prozent der Bevölkerung Deutschlands aus dem Landesgebiet zu entfernen. »Remigration« heißt es dort oder Grenzschutz; oder es heißt »Bewältigung der demographischen Krise«, Rettung der »deutschen Kultur« oder »der Leitkultur wieder zu ihrem Recht verhelfen«. Oder es heißt »Make America Great Again«.

23 NSU-Watch. *Aufklären und Einmischen. Der NSU-Komplex und der Münchener Prozess.* Verbrecher Verlag 2020. Zu den unter dem Hashtag verhandelten rechtsextremen Chatgruppen und Vorfällen in der Polizei, siehe: Denis Giessler. »Parolen, Runen, Chatgruppen«. *taz.de.* 29.12.2020. https://taz.de/Verdachtsfaelle-Rassismus-bei-Polizei/!5735572/. Zum sogenannten NSU 2.0, siehe: Sebastian Erb, Christina Schmidt, Dinah Riese, Konrad Litschko, Luisa Kuhn. »Wer steckt hinter ›NSU 2.0‹?«. *taz.de.* 05.09.2020. https://taz.de/taz-Recherche-zu-Drohmails/!5709468/. Alle zuletzt gesehen am 05.01.2021.

Abb. 9

Gegenöffentlichkeiten, wie der ehemalige Präsident des Thüringer Verfassungsschutzes Helmut Roewer.[24]

Diese Rechte muss auch nicht von verdeckten Zivilermittler*innen in einer Art Kolportage-Studie infiltriert werden, wie es in Julia Ebners Buch *Radikalisierungsmaschinen* erzählt wird.[25] Sie kommuniziert unverborgen, plant, macht Werbung und stellt ihre Gesinnungsfragen, die Millionen User bereitwillig jeden Tag in den digitalen Kommentarspalten beantworten. Das

24 Präsident des Thüringer Verfassungsschutzes von 1994-2000. Publikationen heute bei *Compact*, im rechtsintellektuellen *Ares*-Verlag sowie Auftritte als ›alternativer Denker‹ in rechten YouTube-Formaten und bei Burschenschaften. In seinem öffentlichen Blog www.helmut-roewer.de nennt er die Kanzlerin konsequent ›Die Führerin‹, was natürlich ein Witz sein soll. Verfassungsschützer Roewer war für die Unterstützung, personelle und finanzielle Förderung des NSU und der rechtsextremen Szene Thüringens, unter anderem des *Thüringer Heimatschutzes* verantwortlich. Noch 2016 bestreitet Roewer den rechtsextremen Hintergrund der NSU-Mordserie.

25 Vgl. Ebner. *Radikalisierungsmaschinen*. 2019.

ist eine nahe, intime Rechte, die es sich mitten im Bett der digitalen Medien, der demokratischen Strukturen und der öffentlichen Meinung bequem gemacht hat.

Kein Sex mit Nazis heißt ein guter Spruch. Aber sie sind bereits mit im Bett, im Fernsehen, im Handy, im Internet, den sozialen Medien, im Parlament, in der Behörde, in der U-Bahn, im Videospiel, im Alltag. Zu einem nicht geringen Teil haben sie diese Strukturen selbst geprägt; und sie sind stolz darauf, wie Andrew Breitbart, Gründer von *Breitbart News* und Pionier des Online-Infokriegs, bereits vor 10 Jahren geschrieben hat:

> »...we are and have created New Media and Social Media, transforming them into a highly aggressive, deeply democratic, and rough-and-tumble environment that is now putting the [...] overlords in the mainstream media into the unemployment line. [We built] a new front in the long-standing culture war – the Internet.«[26]

Die Alternative Rechte

Die Gegenöffentlichkeiten der Rechten ernst zu nehmen heißt auch, ihnen einen neuen Namen zu geben. Benennung ist eine Form der Anerkennung, und es braucht neue Begriffe für diesen neuen, unförmigen Faschismus, der mit ›Populismus‹, ›Extremismus‹ oder ›Rechtsruck‹ nur unzureichend und verfälschend beschrieben wird. Einschlägige Buchtitel zum Thema zeigen, dass sich das Verständnis ändern muss: »Deutschland Rechts Außen«, »Hasspolitik«, »Gesellschaft des Zorns«, »Die Angstmacher«. Vielleicht ist der letzte Titel am prägnantesten, denn er beschreibt die neuen Rechten im Netz als Agentur für Angst und Furcht. Charakteristisch für rechte Gefühlspolitik ist aber etwas anderes: sie sind Mutmacher, Stolzmacher, Aktivmacher, Positionsbestimmer, Gegenaufklärer, Orientierungsgeber, Sommerfestmanager. Diese Rechte stellt sich nicht als Angstproducer auf – sondern als Agentur für *Alternativen,* und mitunter: Optimismus (Abb. 10). Diese Gefühlspolitiken und ihre Effektivität im digitalen Alltag sind unzureichend erforscht und verstanden worden.

---

26 Andrew Breitbart. *Righteous Indignation: Excuse me while I save the World.* Grand Central Publishing 2011.

Ich schlage einen neuen Begriff vor, der aus der englischsprachigen Diskussion gelernt und umgedeutet werden kann: *Alternative Right* oder Alternative Rechte. Ich fasse darunter Neofaschismen und Rechtsextremismen, die sich als dissidentische Bewegungen, als ›Alternative‹ und ›Gegenkultur‹ (Sellner) verstehen. Der Begriff *Alternative Right* wurde ursprünglich von Rechten selbst als Gegenentwurf zum konservativen Spektrum geprägt.[27] Mittlerweile bezeichnet er ein Sammelbecken verschiedenster Akteur*innen, die sich dahingehend positionieren, dass sie ›alternative‹ Gesellschafts-, Politik-, und Medienentwürfe verbreiten wollen. Diese Bedeutung des Begriffs *Alternative Rechte* steht im Zentrum von *Rechte Gefühle*.

Es werden verschiedene Akteur*innen auftauchen, vom Troll bis zum Parteimenschen, vom Attentäter bis zum Professor. Es wird um schwedische Neonazi-Bodybuilder, afrokanadische Frauen, Nerds und Landwirte gehen, um zahllose anonyme und semi-anonyme Nutzer*innen, die täglich ›Rechtssein‹ als Alternativposition im Netz einnehmen. Es geht um heterogene Akteur*innen, die ähnlich fühlen – und diese heterogene Ähnlichkeit ist ein wichtiges Zeichen der Alternativen Rechten und ihrer Gefühlswelten.

Der *professional provocateur* Milo Yiannopoulos hat die *Alt-Right* einmal als »1968 von Rechts« tituliert. Ob das unter historischen oder politischen Gesichtspunkten zutreffen mag, ist weitgehend irrelevant. Yiannopoulos drückte ein Gefühl aus, eine Stimmungslage und eine Vermarktungsstrategie: Alternative sein. Dieses Selbst-Branding ist mittlerweile zu einer breitentauglichen *gefühlten Wahrheit* geworden. Die Alternative Rechte sieht sich als völlig legitime Gegenbewegung zu den aus ihrer Sicht vermufften Gutmenschen der liberalen Mehrheitsgesellschaft und ihrem Geltungsanspruch. Und da Kritiken an der liberalen Mehrheitsgesellschaft ständig aus ebendiesen Gesellschaften selbst entstehen (immerhin sind sie liberal und selbstreflexiv), hat diese Rechte endlose Anknüpfungspunkte, an denen sie ihre ›alternative Meinung‹ einbringen und ihre Gefühlspolitik legitimieren kann.

Nicht allein die Slogans von 1933, sondern die Haltungen von 1968 kehren daher in den Botschaften der Alternativen Rechten wieder: Elitenkritik, Traditionskritik, Ideologiekritik, Gesellschaftskritik. Es geht ihnen nicht (nur) um Hass und Angst. Die Alternative Rechte formuliert ihre *Projekte der Abwertung* als Kämpfe um gesellschaftliche Umgestaltung. Denn – so das

27 David Neiwert. *Alt-America: The Rise of the Radical Right in the Age of Trump*. Verso 2017.

Abb. 10

Abb. 11

Grundgefühl der Alternativen Rechten – sie leben in einer Diktatur von Unberufenen, Mittelmäßigen und Kraftlosen, deren Zeit vorbei sei und deren Machterhalt daher totalitäre Züge angenommen habe.

Sie ›beweisen‹ das jeden Tag in ihren Videos, Reden, Blogs und Memes. Überall finden sie Belege dafür: Die Schwäche des *migrationsfreundlichen* kanadischen Premierministers Justin Trudeau zeige sich schon daran, wie er im Gegensatz zu *patriotischen Nationalisten* sitzt (Abb. 11). Für diese endlose Beweisführung haben sie plakative Theorien konstruiert: Nationalismus gegen Globalismus, starke gegen schwache Männlichkeit und so weiter. Sie haben Gegenkulturen, Fashion-Statements, Körperprogramme und Kommunikationsnetzwerke geschaffen. Die Alternative Rechte wünscht sich ein Leben jenseits solcher vermeintlichen Herrschaft und Unterdrückung. Sie bietet – optimistisch und selbstbewusst – einen alternativen Lebensstil. Und sie hat Gefühlswelten entwickelt, die für Viele attraktiv und nutzbar sind. Von diesen rechten Gefühlen und ihren Artikulationsformen im Netz handelt dieses Buch. Rechte Gefühle erlauben eine intime Identifizierung mit rechten Inhalten, Haltungen und Affekten, die nahe am eigenen Leben sind. Sie artikulieren

Arten und Weisen, wie man sitzt, mit wem man ins Bett geht, was man anklickt, was man fühlt, was man lernen muss. Sie sitzen da rechts im Parlament, im Weißen Haus, im Internet, im Café. Sie haben Spass, sie klicken, kaufen und wählen. Sie lachen über ihre Einstufung als »politisch motivierter Einzeltäter«. Sie drucken T-Shirts, weil der Witz so gut ist (Abb. 12).

25 Prozent in Thüringen, eine Millionen Abonnent*innen für den nationalistischen YouTuber *Sargon of Akkad*, Milliarden Klicks für *PewDiePie*. Angesichts dieser Zahlen kann nicht nur von geheimen Netzwerken gesprochen werden. Es gibt Menschen, die eine gute Karriere gefunden haben als Remigrationsadvokatin, als Youtube-Unternehmer mit rassistischen Inhalten, als Antifeminist, als heterodoxer Professor oder Feuilletonleiterin, als Reddit-Shitposter oder Kommentatorin auf Twitter, Welt.de oder sonstwo. Als Präsident, als Berater*in, als Medienstratege. Die Rede von ›führenden Ideologen‹ und ›radikalen Aktivisten‹ führt in eine falsche Verknappung des Phänomens: die Alternative Rechte ist alles das, *und* alltägliche Nutzer*innen von Twitter, Gelegenheitsblogger*in, Feld-, Wald- und Wiesenkommentarist*innen, Videospiel-Nerds und anonyme Meme-Fabrikant*innen.

Die Alternative Rechte ist digital und analog gut vernetzt und hat damit den Aggregatzustand erreicht, der in Netzwerkgesellschaften attraktiv und angeraten ist. Sie agieren an dem Ort, der in den USA auch der ›Marketplace of Ideas‹ genannt wird, also am Ort der öffentlichen Meinungsbildung im Kapitalismus. Dort gewinnen sie mehr, als sich das *Thuleseminar* oder der *National Vanguard* je erträumt hatten. Sie gewinnen in der primären Währung jeder Mediengesellschaft: Aufmerksamkeit.

Die Alternativen Rechten sind nach eigenem Gefühl und dem Gefühl vieler Umstehender Demokrat*innen. Auch wenn ihre Agitation oft als »Angriff auf die Demokratie«[28] stenografiert wird, sind zwei Dinge wichtig zu erkennen. Erstens erfolgt dieser Angriff aus der Demokratie heraus und wird überwiegend mit demokratischen Mitteln und den Werkzeugen der

---

28 Zum Beispiel in Stegemann und Musyals *Die rechte Mobilmachung: Wie radikale Netzaktivisten die Demokratie angreifen*. 2020. Zur problematischen Formel des ›Angriffs auf die Demokratie‹ siehe auch das Schlusskapitel.

Abb. 12

digitalen Meinungsbildung (die als demokratisch gelten) organisiert. Zweitens zielt dieser Angriff nicht primär auf das politische System ›Demokratie‹, sondern auf rassistisch, sexistisch und anders diskriminierte Menschen. Gefährdet sind nicht zuerst das Parlament oder das System, sondern Menschen wie der vom NSU ermordete Enver Şimşek und jene 213, die die Amadeu Antonio-Stiftung in ihrer laufenden Chronik der »Todesopfer rechter Gewalt seit 1990« aufführt.[29]

›Angriff auf die Demokratie‹ ist ein bequemes Kürzel, mit dem man 74 Millionen Trump-Wiederwähler*innen, der AfD, den 40.000 auf der Berliner Corona-Demo im August 2020, oder den Millionen Anonymen auf 4chan und anderswo nicht beikommt. Heiner Müller schrieb 1992 im Bezug auf die

29 Amadeu Antonio Stiftung. »Todesopfer rechter Gewalt«. https://www.amadeu-antonio-stiftung.de/todesopfer-rechter-gewalt/. Zuletzt gesehen am 05.01.2021.

rassistischen Anschläge von Rostock-Lichtenhagen mehrdeutig, diese Mörder seien die »Sturmtruppen der Demokratie«.[30] Mit der Ergänzung ›digital‹ (wahlweise vor ›Sturmtruppen‹ oder vor ›Demokratie‹) passt die Aussage des Dramatikers auf die Alternative Rechte von heute. Diese Sturmtruppen bespielen jetzt große Teile digitaler und analoger Öffentlichkeiten und verstehen sich selbst als kritische Journalist*innen, wie der 20-jährige Social Media-Influencer *NeverForgetNiki* (Niklas Lotz). Viele folgen ihm, denn im Netz den dissidentischen Kritiker geben – das fühlt sich nach Freiheit und ›echter‹ Demokratie an. Es fühlt sich wie *Befreiung* an. Manche vergießen Tränen darüber, wie schwer es ›junge Patrioten‹ bei diesem Dienst für die Demokratie haben (Abb. 13).

Eine nahe Rechte ist entstanden, eine intime Rechte, eine wortreiche, informierende und wieder mordende Rechte, die einige zu Tränen rührt. Sie ernst zu nehmen heißt auch, ihr diese ›emotionale Anziehung‹ zuzugestehen. Dieses Buch handelt von den Anziehungskräften der Alternativen Rechten, ihren Ideologien und Weltbildern, die den Faschismus radikal dem digitalen Raum angepasst haben. Es handelt vom primären Medium, auf dem die Alternative Rechte im Netz sendet und gewinnt:

Gefühl, Emotion, Affekt.

Von einem so gewandelten Faschismus zu sprechen, heißt auch zu registrieren, dass sich seine Grundgedanken gewandelt haben und neu aufgerufen werden. Ich deute kurz die Grundfiguren dieses Updates an, denen ich ausführlich nachgehen werde:

Rassismus: Die Alternative Rechte hat Formeln gefunden, den Rassismus als affektives Bindungs- und Identifikationsmoment zu organisieren. Sie zielt nicht ausschließlich auf das *othering*, die abwertende Unterscheidung von Menschengruppen. Sie greift auf rassistische Grundtöne und Ressentiments westlicher Demokratien zurück, die von der Mehrheit niemals revidiert oder reflektiert wurden. Ausgrenzungs-, Verfolgungs- und Tötungslogiken dauern an. Aber: Sie werden ergänzt von einer kulturellen Programmatik der ›Rasse‹ und des Rassismus als Identifikationsmoment und Statusbeschreibung mehrheitlich weißer Menschen. Das Kerngeschäft der Alternativen Rechten besteht nicht allein in der Ausgrenzung, sondern ebenso in der Produktion von Selbstwertgefühl und ›weißer Identitätspolitik‹. Dort liegen

30 Heiner Müller. »Die Küste der Barbaren«. *Frankfurter Rundschau*. 25.09.1992.

Abb. 13

zentrale Ressourcen für die emotionale Attraktivität und Anschlussfähigkeit rechter Agitation.

Sexismus: Die Alternative Rechte verfolgt nicht allein eine »Retraditionalisierung der Geschlechterrollen«, wie Wilde und Mayer zum Rechtspopulismus schreiben.[31] Zentral an den Geschlechtsperformances der Rechten ist ein *doing gender,* das Männlichkeit (und auch bestimmte Weiblichkeiten) als hochgradig bedrohte und gefährdete Positionen verhandelt. Die Erfurter Rede, in der Björn Höcke (2015) von einer notwendigen »Mannhaftwerdung« sprach, war bereits Teil einer Strategie, die schrittweise Ausweitung von Frauenrechten, Feminismus, Gender und Queer Studies als Gefahrenquellen für ›das Geschlecht per se‹ umzuformulieren. Statt konservativen Geschlechtsrollen werden daher ›unterdrückte‹ Männlichkeiten angerufen, und eine Marginalisierung der ›Geschlechtsnormalen‹ beklagt. Oft genügt die bloße

31 Gabriele Wilde, Birgit Mayer. »Angriff auf die Demokratie: Die Macht des Autoritären und die Gefährdung demokratischer Geschlechterverhältnisse«. *femina politica* 1, 2018. S. 9–21.

Thematisierung oder Politisierung von Geschlecht durch progressive Agenturen (zum Beispiel Gender Mainstreaming), um der Alternativen Rechte diesen invertierten Sprechmodus zu ermöglichen. Statt Abwertung von Frauen wird die gesellschaftliche Randständigkeit des ›Männlichen‹ eingeklagt, statt Patriarchengehabe wird die kollektive Diskriminierung durch Frauenquoten, genderneutrale Toiletten oder Gender Studies zum Bindeglied. Im Resultat ändern sich rechte Gefühlspolitiken: Vom Ressentiment zur Marginalisierungserfahrung; vom Maskulinismus zur emotionalisierten Performance des ›bedrohten Geschlechts‹, zu einem ›Krieg gegen die Männer‹ oder gegen die ›Biologie‹.

Medien: Schließlich handelt dieses Buch auch von der Zeit, in der »das Internet [...] sein hegemoniales Stadium«[32] erreicht hat und in der Gefühle, Affekte und Emotionen von digitalen Medien strukturiert, geprägt und geformt werden. Die Alternative Rechte ist verwoben mit dem digitalen Zeitalter: Social Media, Like- und Share-Buttons, Memes, Algorithmen, Online-Personas und die Hyperrealität der Netzwerke. Das macht diese Rechte ›gefühlt‹ realer[33] als die Funktionär*innen nationalistischer oder konservativer Parteienpolitik. Letztere haben daher begonnen, sich an Internet-Memes zu orientieren und ihre Taktiken und Programmatiken aus dem Netz abzuleiten.

Die digitale Bedingung macht die Alternative Rechte und den von ihr vorangetriebenen reflexiven Faschismus komplexer als die klassischen Erklärungsformeln. Diese lauten: Der sogenannte ›Rechtsruck‹ erkläre sich aus der (immer verständlichen) Frustration der ökonomisch oder kulturell Abgehängten. Oder: Er resultiere aus der gleichzeitigen Schwäche und Hegemonie ›linker‹ Politik. Nicht nur bei den Rechten, sondern auch bei vielen kritischen Büchern über Rechts, sind damit fast immer ›der Feminismus‹ und ›die Gender Studies‹ gemeint.[34]

Nichts davon erklärt, was sich heute ereignet.

---

32 Geert Lovink. *Digitaler Nihilismus: Thesen zur dunklen Seite der Plattformen.* transcript 2019. S. 44.

33 Das zeigte unter anderem das Polit-PR-Fiasko um den Vlogger *Rezo* vor der Europawahl 2019. Rezo war zum Glück nicht rechts, sondern CDU-kritisch.

34 Siehe dazu besonders Screenshot 3 und 12.

Abb. 14

Rezeptionsfehler

›Heute‹ ist zum Beispiel der 16. März 2019. Ein YouTuber namens *ChuckE2009* lädt ein Video hoch. *ChuckE2009* ist ungefähr 30 Jahre alt und Farmer aus dem mittleren Westen der USA. Er hält den Agrarbetrieb seines verstorbenen Vaters aufrecht und bessert sein Einkommen mit Video-Tipps zum Schweißen und verschiedenen Agrartechniken auf. Er spricht gerne über Traktorenreparatur und wie man durch Schrottverwertung Sachen selber zum Laufen kriegt. »A normal white man like millions out there, working a skilled job, unassuming and dutiful«,[35] wie der neurechte Blog *countercurrents* schreibt.

Immerhin 550.000 Abonnent*innen verzeichnete *ChuckE2009* an diesem Tag, als er eine Hörbuch-Version des Manifests *The Great Replacement* für seine Follower eingelesen und hochgeladen hatte (Abb. 14) – jenen Text, den der Massenmörder von Christchurch in Neuseeland vor seinem Angriff auf zwei Moscheen ins Netz gestellt hatte. Er tötete 51 Menschen und verletzte 50 weitere.[36] *ChuckE2009* setzte seine YouTube-Handwerker-Existenz für diese extremistische Botschaft aufs Spiel und kommentierte das so:

35 Eordred. »The Story of ChuckE2009«. *Countercurrents.com*. 14.05.2019. https://www.counter-currents.com/2019/05/the-story-of-chucke2009/. Zuletzt gesehen am 05.01.2021.

36 Nochmal als Erinnerung: weder *ChuckE2009* noch Brenton Tarrant sind am gefährlichsten für »die Demokratie«, sondern z.B. für nicht-weiße Muslime in mehrheitsweißen Gesellschaften.

»I have been red-pilled for several years [...] there comes a point that a man must realize there are more important things to fight for, and not just be occupied by purely material concerns.«[37]

Sein *coming out* als Ethnonationalist brachte *ChuckE2009* um das YouTube-Einkommen, da er sofort von der Plattform verbannt wurde. Auf Alternativportalen wie BitChute und Crowdfunding-Initiativen ist er heute noch ein mittelerfolgreicher Internetproduzent.

Figuren und Szenen wie *ChuckE2009* stehen im Fokus dieses Buches, auch weil die ›Abgehängten des Neoliberalismus‹ oftmals die Pioniere der diversen digitalen Plattformen und ihrer Aufmerksamkeitsökonomien waren und sind.[38] Die arbeitsverweigernden *videogamer*, um die es später gehen wird, waren die Speerspitze einer langanhaltenden rechten Hegemonie auf YouTube und Protagonist*innen der Desinformationskampagnen zur Trump-Wahl von 2016.[39] Internetkarrieren, die mit *GamerGate* im Jahr 2014 begannen, stellen mittlerweile die größten Foren der *Alternative Media Sphere*, das heißt der nationalistischen, antifeministischen und rassistischen Gegeninformation. Vor allem aber sind Figuren wie *ChuckE2009* zentral, weil sie plausible, authentisch-wirkende und attraktive Träger*innen von rechten Gefühlen sind. *ChuckE2009* und *GamerGate* zeigen eine Rezeptionslücke an, die bisher in der akademischen Besprechung der ›neuen Rechten‹ klafft. Die Forschung bespricht diese im Wesentlichen aus zwei Richtungen:

Zum einen als Teil des Rechtspopulismus, an dem sich vor allem Politologie und Sozialwissenschaften abarbeiten. Dort geht es um Parteien und ihre Wähler*innenschaften, das heißt kollektive Zustände, Statistiken und Kartierungen. Diese werden an prononcierten alten und neuen Figuren der politischen Öffentlichkeit abgelesen.

Die zweite Rezeptionsrichtung, die auch einen zivilgesellschaftlichen Arm hat, ist die Extremismusforschung. Sie beschreibt neofaschistische

---

37 Zitiert in: Eordred. »The Story«. 2019. ›Red-Pilled‹ bedeutet im Netzjargon die ideologische oder spirituelle Konversion, zum Beispiel zum rassistischen Ethnonationalismus. Eine ausführliche Erklärung dazu im Unterkapitel ›Metapolitik‹.

38 Michael Goldhaber. »The attention economy and the net.« *First Monday* 2.4, 1997.

39 Matt Lees. »What Gamergate Should Have Taught Us about the ›Alt-Right‹.« *The Guardian*. 01.12. 2016. www.theguardian.com/technology/2016/dec/01/gamergate-alt-right-hate-trump. Zuletzt gesehen am 05.01.2021. Siehe zu *Gamergate* auch die Screenshots 3 und 4.

und rechtsextreme Netzwerke. Sie nennt (öffentliche und geheime) Organisationsstrukturen, Erkennungszeichen, Straftaten, Befehlsketten und Kommunikationszirkel. Sie legt Karten an,[40] führt Personalregister und Organigramme und notiert inhaltliche Verschiebungen.

Beide Perspektiven, die fast ausschließlich auf Figuren, Strukturen, Organisationen, geografische Netzwerke und politische Affiliationen abstellen, blenden zwei wichtige Aspekte aus. Sie sind im Beispiel von *ChuckE2009* angedeutet: *Kulturkampf* und *Aufmerksamkeitsökonomie.*

Erstens: Kulturkampf

Die Alternative Rechte ist vor allem eine kulturkämpferische Bewegung, die den kulturellen Wandel vor den parteipolitischen gesetzt hat. Ihre agitatorische Arbeit – ob von Götz Kubitschek, Alain de Benoist oder Andrew Breitbart inspiriert – will politische Veränderung zuerst durch kulturelle Temperaturwechsel erreichen: »Politics is downstream from culture«, wie Breitbart vulgär-gramscianisch formuliert hat. Ein freundlicher Schweißer, der sich auf YouTube gutgelaunt in 18 Minuten einem *murderous white nationalism* anschließt, ist dafür weit mehr wert als die 90-minütige Bundestagsrede von Alice Weidel oder ein Skinhead-Schweigemarsch zum Rudolf-Hess-Gedenktag. Die rechtsextremen Ausflüge des YouTube-Unterhalters *PewDiePie* (Abb. 15) sind mindestens so beachtenswert wie die Massenaufläufe von Chemnitz. Durch Internetkulturen geformte Mörder wie jener von Halle sind so zentral für die Alternative Rechte wie die gestiegenen Wähler*innenzahlen, die 2020 Donald Trump im Amt bestätigen wollten (Abb. 16) und die Reaktionen auf das Wahlergebnis (Abb. 17).

Kulturwissenschaftler*innen sind verstärkt gefordert zu erklären, wie dieser kulturelle Wandel wirkt und ins Werk gesetzt wird – lange bevor die wählenden Mehr- oder Minderheiten entstehen. *Metapolitik* – das Konzept der kulturellen Intervention als politische Strategie – ist ein zentraler Begriff zum Verständnis der Alternativen Rechten. In der Analyse von Rechtspopulismus und -extremismus kommt er zu selten vor. Dieser Kulturkampf geschieht *primär* im Internet und den sozialen Medien und weniger in den geheimen Treffen von Wehrsportgruppen oder den Partei-

40 Vgl. die »hate map« des *Southern Poverty Law Center* (www.splcenter.org/hate-map) oder die vom *Antifaschistischen Pressearchiv und Bildungszentrum Berlin e.v.* (apabiz) betriebene Webseite www.rechtesland.de.

programmen der AfD. Rechtspopulistische Parteien sind dazu übergegangen, die kulturkämpferischen Techniken, Ressourcen und Gefühlspolitiken der Onlinesphäre zu adaptieren. Bei Donald Trump war dies am offensichtlichsten, denn der 45. Präsident der USA hat das sogenannte *shitposting* als hocheffektives Politikinstrument etabliert: der erste *Meme-Präsident*.[41] Steve Bannon, sein ehemaliger Strategieberater, fand in Trump einen idealen Kasper, um das Projekt eines digitalgestützten Informations- und Kulturkriegs von Rechts zu verkörpern.[42]

Rechtspopulist*innen lassen sich Influencer-Strategien erklären und bilden effektive Netzwerke zwischen Politik, Publizistik und Online-Agitation. Getreu der Tatsache, dass der neue Nationalismus transnational kommuniziert und sich vernetzt, sollte Bannon als *fahrender Stratege* der neuen Rechten auch in Berlin sprechen. Auf dem ›Kongress für freie Medien‹ im Mai 2019, organisiert von einer Untergruppe der AfD, sprach im parlamentsnahen Brauhaus dann allerdings Milo Yiannopoulos.[43] Aus dem Auftritt des Influencers und Buchautors wurde ein Branchentreffen mit hoher Synergie. Im Publikum fanden sich unter anderem Vera Lengsfeld (Gemeinsame Erklärung 2018),[44] der YouTuber Feroz Khan (*achse:ostwest*), Publizist David Berger (*philosophiaperennis.de*), Yannick Noé (*Arcadi Magazin*), und zahlreiche AfD-Politiker*innen (Petr Bystron, Martin Renner). Selbst Bundestagsabgeordnete kupfern mitunter dreist von rechten YouTubern ab. Ein Screenshot der Webseite des AfD-Politikers Dr. Marc Jongen belegt, dass der MdB zum

41 Lars Koch, Tobias Nanz, Christina Rogers (Hg.). *The Great Disruptor: Über Trump, die Medien und die Politik der Herabsetzung*. Springer 2019.

42 Klassische Medien versuchten während seiner Amtszeit, die dauernde Tabuverletzung irgendwie als ›Politik‹ einzuordnen und kritisierbar zu machen. Grenzen wurden geschlossen, Menschen starben, die USA wurde ein *failed state*; dennoch schien die Frage nach Trumps Intelligenz die zentralere zu sein. Das ist mithin gelungene Metapolitik. Siehe auch: Simon Strick. »Tired Trump, oder die Erschöpfung der Theorie«. In: Koch, Nanz, Rogers. *The Great Disruptor*. 2019. S. 27–46.

43 PI-News. »Berliner AfD-Konferenz zu Freien Medien schlägt hohe Wellen«. *pi-news.net*. 12.05.2019. www.pi-news.net/2019/05/berliner-afd-konferenz-zu-freien-medien-schlaegt-hohe-wellen/. Zuletzt gesehen am 05.01.2021.

44 Die sogenannte ›Gemeinsame Erklärung 2018‹ war ein PR-Erfolg der migrationskritischen Rechten. Vgl. https://www.erklaerung2018.de. Zuletzt gesehen am 05.01.2021.

Abb. 15

Abb. 17

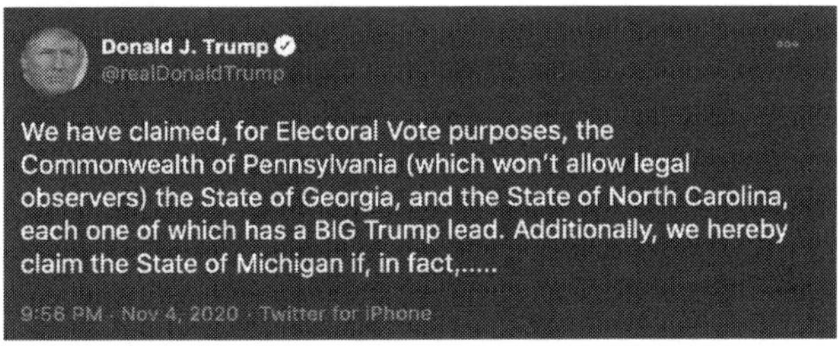

Abb. 16

Abb. 18

Abfeiern des nationalistisch-militärischen Widerstands gegen Hitler ein Bild des neurechten YouTube-Kanals *Die dunkle Eule* nutzt, erkennbar am Wasserzeichen (Abb. 18). Ein strategischer Ritterschlag für YouTube-Extremisten, Millennial-Appeal für den Rechtspopulismus, und effektive Werbung für Marken wie *Die Dunkle Eule* oder eben *Marc Jongen*.

Zweitens: Aufmerksamkeitsökonomie

Am digitalen Feld ist abzulesen, dass die Alternative Rechte vor allem (aber nicht nur) eine junge Bewegung ist, die andere Gefühle und Ästhetiken pflegt, als sie von rechten Parteien produziert werden. Die affektiven Äußerungen 14 bis 46-jähriger YouTuber*innen[45] sind für dieses Buch relevanter als öffentliche Provokationen von Alexander Gauland, der konservative Ennui eines Götz Kubitschek oder die Konservatismus-Dramolette der *Werte-Union*. Dass rechtspopulistische Parteien insbesondere 50plus Wähler*innen ansprechen, ethnonationalistische Agitation im Netz aber oft von 14 bis 35-jährigen betrieben wird – diese Diskrepanz wird in der Forschung kaum thematisiert. Der Begriff *Alternative Rechte* schließt beide Gruppen zusammen und adressiert sie als jene, die sich gemeinsam einem Gefühlsklima angeschlossen haben. Dieses Klima wird in der alltäglichen Verhandlung von Reizthemen gefestigt, wie sie im digitalen Raum stattfindet.

Die metapolitische Strategie der Alternativen Rechten geht vor allem in der Populärkultur auf – in Debatten auf Twitter, Tonverschiebungen in Feuilleton, im Fernsehen und auf Internet-Blogs, in den Fluktuationen von Memes und Hashtags. Rechte Metapolitik bildet alltagstaugliche Haltungen zu Kultur, Politik und Gesellschaft. Diese werden nicht zuerst im Bundestag verhandelt, sondern auf Reddit, Facebook, Twitter und Achgut.com. Politiker*innen der AfD und anderer Parteien reagieren mittlerweile primär auf diese Kulturverschiebungen und folgen so einer Strategie der Metapolitik aus dem parteipolitischen Raum heraus.

In der Zwei-Parteien-Ödnis der USA wurde Donald Trumps Übernahme der republikanischen Partei von Medienstrategen gelenkt, die die Techniken

45 14 Jahre alt war die YouTuberin *Soph*, deren Kanal wegen rassistischen, antimuslimischen und anderen *hate-speech*-Verstößen am 20. Mai 2019 von der Plattform gelöscht wurde. Sie hatte zu diesem Zeitpunkt 970.000 Abonnent*innen und wurde nach der Sperrung kurzzeitig als ›Alt-Right Wunderkind‹ durch die rechte Infosphäre gereicht. Vgl. https://rationalwiki.org/wiki/Soph. Zuletzt gesehen am 05.01.2021.

online-geführter Kultur- und Verteilungskämpfe bereits vorher gut kannten. Steve Bannons voriger Arbeitgeber *Breitbart News* wurde gezielt als (Zer-) Störungsprojekt der gängigen Medien- und Politiklandschaft gegründet. Roger Stone, republikanischer PR-Stratege seit Nixon, prägte für diesen Medienkrieg früh die disruptive Erfolgsformel: »Admit nothing, deny every-thing, launch counterattack«,[46] gewissermaßen das Textbuch zu Trumps öffentlicher Persona.

Liest man Alexander Gaulands »Vogelschiss«-Kommentar von 2018 entlang solcher Strategieentwürfe,[47] so gelang dem ehemaligen AfD-Vorsitzenden höchstens eine leidliche Adaption US-amerikanischer kultureller Kriegsführung. Gauland wies performativ auf sogenannte Denk- und Sprechverbote und ungesagte Tabus hin – die Medien reagierten empört. Dass die Aktion erfolgreich war und die gewünschte Aufmerksamkeit produzieren konnte, zeigt nur an, wie unerfahren Öffentlichkeiten mit solchen Diskursmanövern – mit dem *Diskurs als Manöver* – nach wie vor sind.[48]

In den Weiten und Untiefen der sozialen Medien ist Roger Stones Formel der Goldstandard (oder *bread and butter*) jeder Nutzer*in – kein Post auf Reddit, kein Tweet funktioniert ohne die Überlegung, wie sich in der Aufmerksamkeitsökonomie der Plattformen möglichst große Reichweiten und Echoeffekte erzielen lassen. Arrivierte Medien laufen diesen Aufmerksamkeitslogiken hinterher. Störung, Ablenkung, Übertreibung – also *Kontrast-* und *Gegenbilder* – sind die besten Mittel, um Likes, Upvotes, Subscribers, Retweets zu erwirtschaften[49] – um also Reaktionen und damit Sichtbarkeit

---

46 Molly McKew: »Brett Kavanaugh and the information terrorists are trying to reshape America.« *Wired.com.* 10.03.2018. https://www.wired.com/story/information-terrorists-trying-to-reshape-america/. Zuletzt gesehen am 05.01.2021.

47 »Hitler und die Nationalsozialisten sind nur ein Vogelschiss in 1000 Jahren erfolgreicher deutscher Geschichte«, sagte Gauland beim Treffen der *Jungen Alternative* in Thüringen am 2. Juni 2018.

48 Wer es nicht glaubt: Am 25. März 2020 berichtet der Deutschlandfunk in den Nachrichten, dass Andreas Kalbitz, Landesvorsitzender der AfD-Brandenburg, den sogenannten *Flügel* für aufgelöst erklärt hat. Der Radiosender bringt unkommentiert das Zitat eines Facebook-Postings: »Sämtliche Mitglieder haben jegliche *Flügel*-Aktivität sofort einzustellen«. Facebook-Posts werden zu Nachrichtenmeldungen umgetauft, was zeigt, wie wenig gelernt wurde: Der öffentlich-rechtliche Rundfunk macht sich zur Desinformationströte völkischer Bewegungen.

49 Eine bekannte MIT-Studie argumentiert, dass Fake News sich besser verbreiten, weil sie öfter eine Art ›Originalität‹ (*novelty*) beinhalten. Vgl. Soroush Vosoughi, Deb Roy, Sinan

zu erreichen. Memes, das digitale Genre der irritierenden und kurzschlüssigen Collage, verkörpern dieses Prinzip der Störung und des Kontrasts in Reinform und dominieren die Kommunikation. Faschistoide Anklänge oder klare faschistische Kommunikation sind exzellente Zutaten, um im Kampf um Aufmerksamkeit sichtbar zu werden.

Das Prinzip der Aufmerksamkeitsökonomie führt zu einem folgenreichen Dilemma: Liberale Öffentlichkeiten sprechen generell im Überführungsmodus über und mit dem Rechtspopulismus und der extremen Rechten. Der *Faschist* oder die *Rassistin* sollen zugeben, dass sie solche sind, um dann – so die Hoffnung – peinlich berührt davon abschwören, weil – warum eigentlich? Hier endet die bürgerliche Argumentationskette zumeist. Weil es nicht geht, Faschist*in zu sein? Der Mörder von Halle, der im Dezember 2020 wegen zweifachen Mordes und vielfachen Mordversuchs zu lebenslanger Haft verurteilt wurde, hatte kein Problem mit der Anklage »Faschist«. Es ist seine Selbstbezeichnung, die er transparent und lange vorher kommuniziert hat.

Ebenso wenig hat der Massenmörder von Christchurch verheimlicht, dass er sich selbst als »Ecofascist« einordnet. Genauso normal scheint für die jugendlichen Nutzer*innen des Forums *basedzoomers*, aus Langeweile unbeholfene Portraits des britischen Faschisten Oswald Mosley anzufertigen (Abb. 19). Und normal ist es für Björn Höcke und andere geworden, die ›überführenden‹ Fragen im Fernsehinterview zum Vorteil der eigenen Marke auszuspielen. Provokationsangebote finden sich überall, die Sichtbarkeit ist garantiert.

Die Strategie, durch einen ›Extremismusverdacht‹ eine gewünschte Deradikalisierung oder Demaskierung zu erreichen, geht nirgendwo auf. Und damit meine ich: gar nicht. Hier liegt eine Unentschiedenheit des jetzigen Moments: Höcke darf laut Gerichtsurteil »Faschist« genannt werden *und* demokratisch amtieren (Abb. 20); Trump konnte lautstark präsidiale Alleinherrschaft einfordern *und* als ›wahrer Demokrat‹ für eine signifikante Zah von Menschen gelten. Menschen können in den sozialen Medien ›ihren Faschismus‹ äußern, diskutieren, und sich Hitler-Emojis herunterladen. Es braucht keine Untersuchungskommission oder psychologischen Gutachten, die die AfD oder den Mörder von Halle eines ›menschenfeindlichen Weltbilds‹

Aral. »The spread of true and false news online«. *Science* 09.03.2018, Vol. 359, Issue 6380. S. 1146–1151.

Abb. 19

Abb. 20

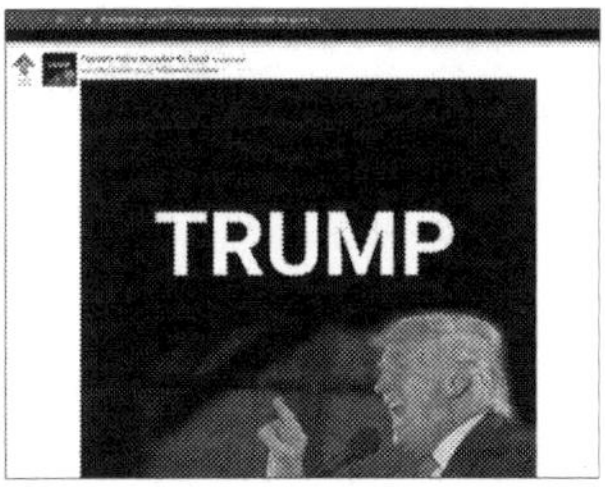

Abb. 21

überführen. Ihr Weltbild ist mitunter mörderisch und sehr öffentlich (zum Beispiel auf *twitch.com* oder *afd.de*), und es bringt Vorteile auf dem Markt der Aufmerksamkeit.

Die automatisierte Geste der Überführung muss also *entlernt* werden: sie funktioniert nicht. Wenn circa 25 Prozent der Wähler*innen in einigen Bundesländern sich nicht ganz sicher sind und die Entscheidungskriterien der restlichen 75 Prozent nicht gut greifen, braucht man andere Umgangsweisen mit dem Faschismus. Eine fand zum Beispiel Sachsens Ministerpräsident Michael Kretschmer, der bei einer Bürgerstunde nach den Chemnitzer Ausschreitungen vom August 2018 die Versammelten fragte: »Sind wir uns darüber einig, dass der Hitlergruß nicht okay ist?«[50] Mit einigem Grummeln wurde dieser Mindeststandard akzeptiert.

50 Volkan Agar, Martin Kaul. »Der Herausforderer: Michael Kretschmer in Chemnitz«. *taz.de*. 31.08.2018. https://taz.de/Michael-Kretschmer-in-Chemnitz/!5529525/. Zuletzt gesehen am 05.01.2021.

Die Anekdote zwingt zu mindestens einer Einsicht: große Teile der sogenannten ›Normalität‹, die sich gegen den Faschismus automatisiert abgrenzt, müssen neuverhandelt werden. Das betrifft nicht nur Chemnitz oder Ostdeutschland (wahrscheinlich die am wenigsten): Am 6. März 2020 postet User *stillplayensometimes* ein Bild von Trump im Forum *thedonald.win*. Seine Überschrift lautet: »Fascism never sounded so good« (Abb. 21). Im Zeitalter von Social Media, algorithmisierter Meinungsbildung und omnipräsenten Informationsquellen ist die Differenz *Demokratie vs Faschismus* auf vielfache Weise brüchig geworden.

Eine weitere Anekdote dazu: Sarah Jeong, die Tech-Ressortleiterin der *New York Times*, twittert Anfang Juni 2020 einen Satz, der ehemals Gewissheit war: »controversial opinion: fascism is wrong and bad, actually«. Während sich in den USA und großen Teilen der westlichen Welt eine Protestwelle in Reaktion auf die Ermordung von George Floyd durch Polizisten entwickelte und Trump das *Lincoln Memorial* in Washington von vermummten Spezialkräften besetzen ließ, ist Jeongs offensichtlicher Sarkasmus – und die implizite Deutungshoheit – mürbe geworden. Twitters neuer Service zur automatischen Faktenprüfung ergänzte Jeongs Tweet sofort mit einem Link: »Get the facts about fascism«. Der Faktencheck galt einmal als Antwort auf rechte Desinformationswellen – nun prüfen die Bots und Algorithmen die absoluten Grundlagen des Zusammenlebens ab, und machen sie so zur ›kontroversen Meinung‹.

Is fascism wrong and bad, actually?

Was sind die *Fakten* zu Faschismus im Jahr 2021? Die Lage ist unklar und automatisiertes Faktenchecken wird in der zentralen Frage nicht helfen: Wie kommt die Scheiße in die Köpfe? Was ist mit Faschismus, warum ist er attraktiv für Menschen im Netz? Dort liegt der Anfang des Fragens, auch wenn es mühsam ist. Es braucht dazu Sprechweisen, die nicht allein der Verdachts- und Überführungsrhetorik anhängen. Nur wenige müssen überführt werden, denn zahlreiche Faschist*innen agieren transparent, taktisch klug und mit neuen Begriffen. Die vielbeschworenen Brandmauern nach Rechts sind lange eingestürzt und neue Brandbeschleuniger tauchen täglich überall auf.

Neue Sprechweisen können mehreres tun: Sie können zum Beispiel zeigen, welches die Tricks und Manöver sind, die eine Wähler*in dazu bringen, lieber Faschist*innen Recht zu geben, als eine Alternative zur AfD zu suchen. Neue Sprechweisen müssen auch zeigen können, dass Abwertung und Ausbeutung von Menschen immer und ausnahmslos den Grundkonsens dieser rechten ›Alternativen‹ bilden. Das ist eine andere Arbeit, als die Faschist*innen zum Bekenntnis oder zum Nachdenken zu bringen. Es ist eine Arbeit an der eigenen Position. Bei aller bürgerlichen Reflexdistanzierung und homöopathischen Empörung muss jede*r immer erklären können, warum Abwertung und Ausbeutung von Menschen schlecht sind und worin diese sich äußern. »Sie äußern sich in Faschisten/Rassisten/Sexisten« – also bei *denen da drüben* am Rand – ist eine unzureichende Antwort.

Für bessere Antworten braucht es massive Selbstreflexion, Haltung und Information für entscheidende Mehrheiten. Es muss ein Gegenprogramm aufgestellt werden, das nicht nur normalitätserhaltend ist. Es muss vor allem attraktiver, besser und emotional valenter sein als die Gefühlswelten der Alternativen Rechten. Es braucht alternative und alltagstaugliche Beheimatungen für sehr viele Menschen und Situationen.

Eine historische Lektion: Hillary Clintons Wahlkampf 2016 hat pointiert gezeigt, dass die empörte Abgrenzung zu einer extremistischen Minderheit von Wähler*innen nicht zur Festigung einer fiktiven gesellschaftlichen Mehrheit führt, sondern zu ihrem Einsturz. Clinton hatte damals die Hälfte von Trumps Anhänger*innen als »basket of deplorables« beschrieben. Der Kommentar leitete das Auseinanderbrechen einer ganzen Gesellschaft ein. Clintons launige Abqualifizierung der *irredeemable deplorables* – »racist, sexist, homophobic, xenophobic, islamophobic, you name it« – war eine PR-technische Katastrophe mit massiven realweltlichen Folgeschäden. Auch hier druckten die so Angesprochenen T-Shirts mit der Aufschrift »I am a deplorable« und gewannen die emotionale, die metapolitische Schlacht. Bis heute wurde der Zusammenhang nur teilweise begriffen.[51]

Im Virenjahr 2020 und während der internationalen *Black Lives Matter*-Proteste dieses Jahres bezahlten zahllose Menschen die Kosten dieser zentristischen Fehlleistung mit Leben, Gesundheit und Zukunft. Die Fehlleistung war diese: »Die da sind blöde Rassisten und so weiter, wir nicht.« Aber wer oder was sind wir? Eine Antwort muss kommen, denn die Alternative Rechte kommuniziert ihre Antworten mit hoher Effizienz und Schlagzahl (Abb. 22).

51 Siehe dazu Screenshot 5.

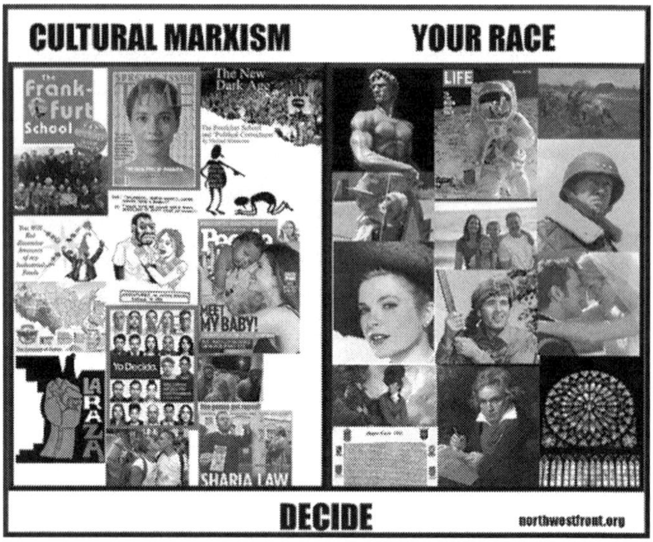

Abb. 22

Kriegsgebiete und Vorgehen

Viele akademische Lesarten der Rechten sind markiert von großer Distanz, einem vermeintlich objektiven Blickwinkel, einer Gestik des Unbeteiligtseins. Ich bezeichne das verkürzt als ›symptomatische Perspektive‹. Die symptomatische Perspektive produziert Thesen wie diese: Trump sei oder war das Symptom des Neoliberalismus und der Wut der Abgehängten; die AfD sei Symptom eines Demokratiedefizits in Ostdeutschland. Solche Thesen erfinden ein Außen, von dem aus ›man‹ (zum Beispiel die Forschung, die Öffentlichkeit) unbeteiligt sprechen kann. Diese Perspektiven sind Verschiebungen, die in medizinische und diagnostische Sprachen münden. Neutralität und Objektivität sprechen aus dieser Haltung, die nach dem sucht, was Cas Mudde eine »normale Pathologie«[52] nennt: Rechtsextremismus. Die Forschung ist aber keine Ärzt*in der Kultur, der Gesellschaft oder der Politik, die vereinzelte, krankhafte Auswüchse feststellt und kuriert. Sie ist eine handelnde, nicht behandelnde Agentur.

52 Mudde. *The Far Right Today*. 2019. S. 106ff.

Ebenso sind die Rechten kein Symptom von X, keine normale Pathologie, sondern betreiben einen radikalen Wandel dessen, was ›Normalität‹ sein soll: Eine pathologische Normalität. Die Alternative Rechte ist nicht Symptom, sondern ebenso eine Versammlung von Akteur*innen. Sie sind Handelnde: Trump war der ausführende Produzent eines autokratischen und völkischen Neoliberalismus und inszenierte die gewissenlose Abhängung und Behinderung von Bevölkerungsteilen als die Befreiung der USA. Die AfD produziert gezielt Demokratieabneigung in ökonomisch prekären Gebieten und stellt bedrohliche Realitäten her. Die Alternative Rechte produziert Rassismus und Sexismus als sinnhafte ›Orientierungshilfen‹ für einige Menschen und als manifeste Gefährdung für andere. Sie arbeitet völlig aktiv und gestaltend an den Dingen, deren Symptom sie sein soll.

Das sollte auch die geisteswissenschaftliche Forschung realisieren: Die Rechte arbeitet zum Beispiel an einem grundlegenden Wandel der »linksversifften«[53] Wissenschaften, von den Gender Studies bis zur Soziologie (Abb. 23). Das steht im Parteiprogramm der AfD, in den Interviews mit Trumps Bildungsministerin Betsy DeVos und in der letzten Kommentarecke auf YouTube und 4chan. Es wird auch vom kanadischen Selbsthilfe-Guru, Bestsellerautor und Psychologieprofessor Jordan Peterson vertreten:

> »[...] women's studies, and all the ethnic studies and racial studies groups, man, those things have to go and the faster they go the better. [...] Sociology, that's corrupt. Anthropology, that's corrupt. English literature, that's corrupt. [...] avoid those courses and those disciplines like the plague. «[54]

Ich schreibe dieses Buch als Vertreter der Gender Studies, der kritischen *Race*-Forschung und den Kultur- und Medienwissenschaften. Ich bin am Phänomen ›Rechtspopulismus‹ nicht neutral interessiert, wie es auch Soziologie und Politologie nicht sein sollten. Die Alternative Rechte möchte mein

53 Die Metapher leitet sich von der ›Syphilis‹ her und wurde unter anderem von Akif Pirinçci 2016 popularisiert. Eine interessante Recherche zum Begriff findet sich im *Diskursatlas Antifeminismus*, vgl. www.diskursatlas.de/index.php?title=Rotgrün-versifft. Zuletzt gesehen am 05.01.2021.

54 Zitiert nach: »University of Toronto Professors Warn Jordan Peterson Is Planning a Targeted Harassment Campaign«. *Pressprogress.ca*. 10.11.2017. https://pressprogress.ca/university-of-toronto-professors-warn-jordan-peterson-is-planning-a-targeted-harassment-campaign/. Zuletzt gesehen am 05.01.2021.

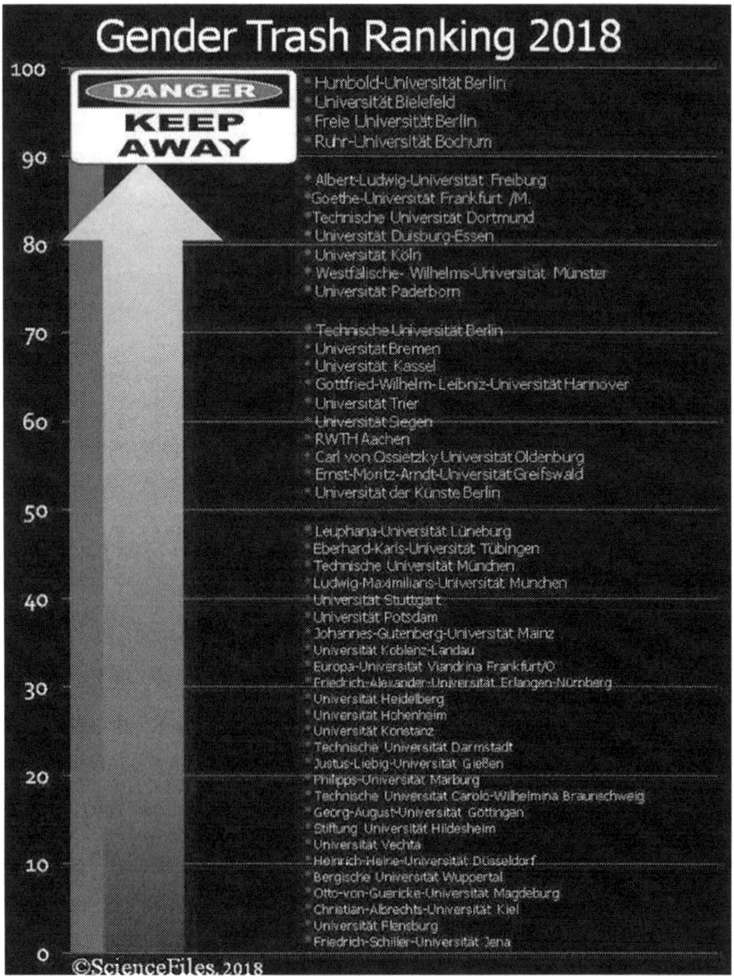

Abb. 23

Berufsfeld abschaffen und sie sitzt in der DFG, in meiner Alma Mater und im Bildungsministerium der USA. In diesem Buch geht es daher auch um die Existenz meiner Kolleg*innen und Studierenden, die aus Sicht der Alternativen Rechten ›totalitäre Unterwerfer‹ sind – Schädlinge der Gesellschaft und der Demokratie.

Mir fällt die neutrale Sprache der Diagnostik nicht nur schwer, sie verzerrt einen zentralen Punkt: Sie bietet das an, was im US-amerikanischen Diskurs gern der *moral high ground* genannt wird. Man begibt sich nicht in die Niederungen des Phänomens, das man besprechen will. »When they go low, we go high«, wie Michelle Obama es im Wahlkampf 2016 ausdrückte. Die Metapher kommt aus dem Kriegswesen, wo der *high ground* den strategischen Vorteil der Übersicht darstellt: der Feldherrenhügel. Es existiert kaum eine Untersuchung über ›Rechtspopulismus‹, in der sich nicht moralisch über das Objekt gestellt wird, oder eine souveräne Übersicht über ›das Phänomen‹ gegeben wird. Unabhängig davon, ob solche Strategien funktionieren, bezeugt dieses Selbstverständnis der kritischen Öffentlichkeit zunächst, dass eine Situation herrscht, die durch die ›symptomatische Perspektive‹ gerade ignoriert und ausgeblendet wird: Es ist Krieg.

Es gibt in diesem *Kulturkrieg von Rechts* keine neutrale Seite, denn es gibt keine objektive Sicht auf Kultur von außerhalb der Kultur. Es gibt sehr wohl ›das Vernünftige‹ hier, und die »Gefahr der Irrationalität« dort, wie Matthias Quent schreibt.[55] Aber genau diese Grenzen – zwischen normal und pathologisch, rational und irrational, extrem und konsensfähig – sind das Schlachtfeld dieses Kulturkrieges. Er produziert Tote, institutionelle Schäden, schwerwiegende ökonomische, kulturelle und emotionale Folgen. Alle sind involviert und das heißt auch, sich aktiv und interpretierend mit dem auseinandersetzen zu müssen, was die Alternative Rechte an Inhalten, Gefühlen und Beheimatungen produziert. Es heißt auch zu verstehen, warum rechte Gefühle für Viele nicht, oder nicht mehr, irrational erscheinen. Von da aus, vom Verstehen (nicht Verständnis, nicht Diagnose) – von einer verabschiedeten Normalität – können hoffentlich wirksame Gegenentwürfe entwickelt werden.

Normalität verabschieden.

Ich verfolge diese Verabschiedung in einem dreiteiligen Programm:

Im *ersten Teil* des Buches werden methodische und begriffliche Grundlagen festgelegt: Der Begriff des *reflexiven Faschismus*, die Leitmetapher des *diskursiven Klimawandels*, die Methodik der Affektforschung. Diese Begriffe werden anhand von zentralen Bausteinen rechter Agitation – ›Der Große Austausch‹, Metapolitik, rechte Identitätspolitik – und zahlreichen Beispielen aus Deutschland und den USA entwickelt.

---

55 Quent. *Deutschland Rechts Außen*. 2019. S. 181

Im *zweiten Teil* werden 15 enge Lektüren vorgestellt, in denen einzelne Gefühlswelten der Alternativen Rechten situativ und konkret aufgefaltet werden. Diese Einzelstudien – *Screenshots* genannt – behandeln unterschiedliche Momente aus dem Untersuchungszeitraum von circa 2014 bis Ende 2020. Sie reichen von Stichworten wie ›Gamifizierung des Faschismus‹ (Screenshot 13) über Online-Männlichkeiten (5-7) bis zu den akademischen Umtrieben der Alternativen Rechten (12) und den Antihygiene-Demonstrationen im Jahr 2020 (15). In diesen Screenshots werden die unterschiedlichen Binnenlogiken rechter Agitations-, Gewalt- und Emotionspraktiken an deutschen und englischsprachigen Beispielen erläutert. Es sind Einzelstudien, die im Ganzen die Vielfalt der Probleme und Dynamiken anzeigen, die der reflexive Faschismus bedeutet.

Im *dritten Teil* werden Ansätze zu lokalen Gegenstrategien formuliert und vor allem das Unbehagen des ›Normalen‹ in Deutschland besprochen.

Ich reklamiere keine objektive Perspektive in dieser Untersuchung und erhebe auch keine Daten. Methodisch hört dieses Buch vor allem den durchaus heterogenen Faschist*innen des Internet-Zeitalters zu. Ich folge damit Klaus Theweleit, der 1977 schrieb: »[...] über den Faschismus [sind] die Faschisten bisher zuwenig befragt worden [...], und die, die ihn angeblich durchschaut haben (aber nicht besiegen konnten) zuviel«.[56] Ähnliches gilt heute. Das ›Zuhören‹ verfolgt aber keine Psychoanalyse und keine Gesprächstherapie mit diesen Faschist*innen. Ich akzeptiere vor allem ihre massive Präsenz, ihre Tricks, ihre Verdrehungen, ihre nahezu vorbildliche Kommunikation und ihre Offenheit.

In der digitalen Sphäre sind diese Faschist*innen auskunftsfreudiger, alltagsorientierter und publikumswirksamer, als es Theweleits Freikorps-Männer in ihren Autobiographien sein konnten. Die Äußerungen der digitalen Faschist*innen sind auch unübersichtlicher und verstreuter als Theweleits Objekte. Sie haben oft nur punktuelles Interesse an narrativer und ideologischer Kohärenz. Statt zu Memoiren gerinnen sie zu Userprofilen, Kommentar-Historien, YouTube-Marken und zu dem, was ich *rechte Klimazonen* oder Atmosphären nenne. In diesen Zonen reden und posten die digitalen Faschist*innen ohne Unterlass über ihre alltägliche Unterdrückung, ihre omnipräsenten Feinde, ihre bildreichen Visionen, ihren zynischen Hu-

56 Klaus Theweleit. *Männerphantasien* Bd. 1. Rowohlt 1982. S. 97–98.

mor, ihre prekären Gefühle. Sie fühlen sich darin beheimatet und emotional aufgehoben. Und sie reden darüber, wie feindlich, totalitär und diskriminierend wir – also auch ich – sind.

Sie und Wir.

Wer dieses ›sie‹ ist, ist komplexer geworden als es bei Theweleit war. Ich verwende explizit das Gendersternchen in ›Faschist*innen‹ und zeige damit an, dass es nicht ausschließlich Männer oder Weiße oder die kahlrasierten weißen Männer sind, die ihre Gegenmeinungen und Agitation so effektiv ins Internet kippen. Dazu später sehr viel mehr. Aber es gibt ein ›sie‹, und sie reden über und mit ›uns‹.

Wir und Sie.

Wer ›wir‹ ist, ist eine brennende Frage der Gegenwart. Der Faschismus hatte immer falsche, rassistische und mörderische Antworten auf die Frage nach dem ›wir‹ und er gibt auch im veränderten Vokabular des 21. Jahrhunderts die gleichen, falschen Antworten. *Er hat aber Antworten.* Der dritte Teil dieses Buchs wird versuchen, andere Antworten zu finden, denn das ist eine überlebenswichtige Frage für Viele.

Wer sind wir?

Eins ist jetzt schon deutlich: Dass wir ›nicht die Rechten‹ sind, ist keine Antwort. Oder in der Formulierung eines erfolgreichen Buches aus dem Jahr 2017: Wir, die »nicht-Rechten«.[57] Solche ort- und gesichtslose Distanzierung ist keine Lösung, sie ist das Problem. Und angesichts des offenen Kriegszustands, vielfacher Morde und Gewalttaten und ihrer ständigen Dethematisierung durch breite Öffentlichkeiten und die Forschung bekomme ich Sehnsucht. Sehnsucht danach, die Soziolog*innen, Verfassungsschützer*innen, Feuilletonist*innen und Politiker*innen zu nehmen; ihre Daten, Statistiken, V-Leute, Kommentare und Brandmauer-Reden; die klaren Kausalketten, einfachen Historisierungen und schmalen Distanzgesten. Ich möchte sie nehmen (ihnen, je nachdem, vielleicht ganz kurz danken) und sie kollektiv schütteln.

Look what's out there.

57 Leo, Steinbeis, Zorn. *Mit Rechten reden.* 2017.

Erster Teil
Reflexiver Faschismus: Ein Klimamodell

Hey,
WHITE PERSON
• Tired of political correctness?
• Wondering why only white countries have to become 'multicultural'?
• Figured out that diversity only means 'less white people'?
• Sick of being blamed for all the world's problems?
• Tired of being told you're 'racist' for celebrating your heritage?
• Disgusted by the garbage on television?
• Don't see a future for yourself or your family?
• Questioning when immigration will stop?
Join the Alt-Right
redice.tv
radixjournal.com
counter-currents.com
therightstuff.biz
socialmatter.net
takimag.com
eurocanadian.ca
amerika.org
thealternativehypothesis.org

Abb. 24

Gefühlte Weltskizzen

Rechte Agitation findet statt als *small talk*, auf dem Weg zur Arbeit, als Kommentar auf Facebook, als Meme. Extremistische Propaganda greift nicht plötzlich aus dem geheimen Netzwerk auf den Alltag über, mit Fahne, Fackel und Baseballschläger. Sie ereignet sich nicht als Ausnahmezustand oder Alarm. Sie geschieht im täglichen Klein-Klein und Klick-Klick einer vielleicht schwankenden Orientierung in der virtuellen oder realen Welt, die sich zum ideologisierten Raum öffnet. Der Alltag wird erst durch Ideologisierung zum ›Raum‹.

Das Poster »Hey, White Person!« (Abb. 24) wirbt für die einschlägigen Webseiten und Ziele der *Alt-Right*. Es fragt mit Beiläufigkeit unbequeme Beziehungen zur Welt ab und eröffnet so einen Erlebnisraum, eine Gefühlswelt. Es artikuliert, was man nicht unbedingt explizit als Meinung parat haben mag, was man aber vielleicht spürt oder gespürt hat:

> »*Tired of* political correctness? *Wondering why* only white countries have to become ›multicultural‹? *Figured out* that diversity only means ›less white people‹? *Sick of* being blamed for all the world's problems? *Disgusted by* the garbage on television? *Don't see a future* for yourself or your family? *Questioning* when immigration will stop?« (Meine Hervorhebung)

Sicher sind die großen neurechten Ideologiepfeiler einsehbar – ›Großer Austausch‹[1] und ›bedrohte Meinungsfreiheit‹. Dazu viel mehr später, denn ich

1 Der Begriff »Der große Austausch« wurde vom französischen rechten Autor Renaud Camus in seinem Buch *Le Grand Remplacement* (2011) geprägt, und in der Folge von den meisten rechtsextremen und identitären Organisationen adaptiert; die Webseite der *IB* widmet dem Begriff einen eigenen Eintrag, und der Antaios Verlag hat Camus Schrift 2016 auf Deutsch veröffentlicht. Im amerikanischen Kontext ist der Begriff weniger populär, seine Funktion wird vielfach von den älteren Begriffen des ›white genocide‹ bzw. ›race suicide‹

möchte anders beginnen. Dem Poster geht es nicht um ›Ausländerhass‹ oder die Abschaffung demokratischer Instrumente. Es geht um völlig banale Befindlichkeiten: Unwohlsein wird als Moment der Verbindung gesucht und konstruiert, so wie man übereinkommen kann, durch einen Seitenblick, eine Geste, dass man gemeinsam genervt ist vom verspäteten Bus. So wie man sich fragt, wann das schlechte Wetter aufhört. Die Aussprache, die Geste stellt diese Unbequemlichkeiten her. Die Absicht dahinter kann Kommunikation sein oder der Wunsch, eine Stimmung zu benennen, in der Hoffnung, etwas Gemeinsames zu finden.

Denken Sie nicht auch…?

Das Poster gibt unbestimmten Gefühlen (eine Abneigung gegen ›das Fernsehen‹) einen Namen, eine Richtung, und übersetzt es in einen Zustand, in dem das Subjekt von etwas ab- und weggestoßen wird. Jetzt weiß man, dass und was man gespürt hat, es gibt eine Bestätigung, die sagt: Das ist dir passiert.

This happened to you (and others).

Die Ansprache »Hey, White Person« gibt diesen produzierten Zuständen und Erfahrungen einen scheinbar identitätspolitischen – richtiger: rassistischen – Haltepunkt, einen Bestätigungshaken, an dem man seine Befindlichkeit aufhängen kann. Die *white person* ist als Träger*in von unartikulierten Affekten und latenten Meinungen angesprochen. Das ist schon eine Aufwertung. Diese Affekte und Meinungen sind nun darauf zurückzuführen, dass ihr ›etwas passiert‹ sei, sie eine Erfahrung des Abgestoßenseins habe. Das ist mithin weniger als ein klares ›politisches‹ Gefühl wie Zorn, Wut, Stolz, Patriotismus oder Protest. Es ist eine Verdichtung von unscharfen Störfrequenzen des Alltags (»Ich frage mich…«) zu einer Erfahrung, die ein ›klares‹ Gefühl und eine ›klare‹ Identifikation erst möglich macht, oder vielleicht zu erfordern scheint. Etwas muss *verklart*, vereindeutigt werden.

Something happened to me, what is it?

Das Poster artikuliert eine atmosphärische Wahrnehmung, eine Witterung. Sie wird aufgeschäumt zur Feststellung ›mir geschieht etwas‹, die eine Kette von Realisierungen nach sich ziehen kann und will, aber nicht muss. Die Feststellung und ihre Folgen führen mitunter zur notwendigen emotionalen

---

übernommen, die von amerikanischen Eugenikern wie Madison Grant (z.B. dessen Buch *The Passing of the Great Race*, 1915) übernommen wurden. Sie sind seit langem in den neonazistischen Bewegungen der USA präsent. Der Attentäter von Christchurch (Neuseeland) betitelte sein online zirkuliertes ›Manifest‹ mit dem Begriff »The Great Replacement«.

Reaktion, zur Akzeptanz einer *white identity* und schließlich zur grobmaschigen Skizze einer Welt, in der etwas ›gegen mich und meine Zukunft‹ – ›Nein, *unsere Zukunft!*‹ – getan wird. Das Poster bietet ›weiß-Sein‹ als Chiffre an, um diffusen und verstreuten Gefühlen und Eindrücken eine gemeinsame Erklärung, Richtung und damit Bedeutung zuzuordnen.

Pragmatisch gesehen bietet das Orientierung innerhalb dessen, was jemand als ungeordnet erleben mag: das alltägliche Geröll des Lebens (Medien, komplexe Gesellschaften, *the world's problems,* und ich). Vorher war das angesprochene Subjekt vielleicht ›normal‹, nun ist es spezifisch ›unterdrückt‹ und explizit ›weiß‹. Das Poster schließt das angerufene Subjekt an eine ›Rassenidentität‹ an, von der man vielleicht nicht wusste, dass man sie brauchte, um Gemeinsamkeiten auszusprechen, oder die eigene Befindlichkeit überhaupt zu haben. In mehrheitsweißen Gesellschaften – Deutschland, Österreich, USA, England und Kanada – gilt ›weiß‹ als unmarkierte Position.[2] In der Mehrheitssprache ist man ›deutsch‹ und dann eben Migrantisch-Deutsch, oder Afrodeutsch, von diesem *default*-deutsch unterschieden. ›Undeutsch‹ heißt nicht-weiß, wie Fatima El-Tayeb in ihrem gleichnamigen Buch schreibt.[3] Ein Bewusstsein für das eigene ›weiß-Sein‹ ist für Mehrheiten auch deswegen nicht erstrebenswert oder notwendig, weil der systemische Rassismus weißer Gesellschaften für weiße Menschen arbeitet. Man ist eher ›normal‹ und ›Durchschnitt‹ als ›weiß‹ – das reichte die längste Zeit. Normal, also eine unmarkierte Person zu sein, ist ein Privileg, das systemische Vorteile bringt. Das Poster will genau das ändern und ändert es. Es ist schon anders geworden, durch die spezifische, rassifizie-

---

2 Zu *whiteness* einführend vgl.: Ruth Frankenberg. *White women, race matters: The social construction of whiteness.* University of Minnesota Press 1993. Von der Vielzahl an Kritiken an ›Whiteness Studies‹ vgl. Serhat Karakayalı. Die Camera Obscura der Identität: Zur Reichweite des Critical-Whiteness-Ansatzes.« *PROKLA. Zeitschrift für kritische Sozialwissenschaft,* 45.178, 2015. S. 117-134.

3 »Europäer_innen [haben] ein sehr exaktes und inflexibles Verständnis davon, wer europäisch sein kann und wer nicht – und auch hier ist die Farbenlehre von zentraler Bedeutung, allerdings ist keine große Differenzierungsfähigkeit nötig, die Unterscheidung zwischen weiß und nichtweiß ist völlig ausreichend, um die kontinentale Zugehörigkeit zu bestimmen: Wer nicht weiß ist, ist auch nicht europäisch. Weit davon entfernt, ›Rasse‹ keine Bedeutung beizumessen, macht es das europäische Selbstverständnis lediglich unmöglich, Rassismus als solchen zu benennen.« Fatima El-Tayeb. *Undeutsch: Die Konstruktion der Anderen in der Postmigrantischen Gesellschaft.* transcript 2016. S. 8.

rende Ansprache. Das ist eine Alltagssituation, oder was ich als *Mikroebene* bezeichne.

Hey, White Person!

Wie bewerten soziologische Studien zum Rechtspopulismus, die makrologische Gesellschaftsmodelle anwenden, solche völkischen Weltskizzen an der Laterne? Cornelia Koppetsch beschreibt in ihrem kontroversen Buch *Die Gesellschaft des Zorns*[4] den Rechtspopulismus als »emotionalen Reflex auf einen *Epochenbruch*«.[5] Sie postuliert dort Gefühlsbewegungen in großen Kollektiven, die Bedingung für rechtspopulistische Einstellungen seien und hebt den Verlust einer ›kulturellen Beheimatung‹ hervor:

> »Neben einer Abstiegs- oder Verlusterfahrung muss als eine weitere Bedingung auch eine kulturelle Entfremdung vorliegen: Die Anhänger der Rechtsparteien rekrutieren sich schwerpunktmäßig aus den konservativen Fraktionen in Ober-, Unter- und Mittelschichten, deren Wert*orientierungen* und Lebensformen durch den Aufstieg des Kulturkosmopolitismus an den Rand gedrängt worden *sind*.«[6]

Wie die meisten Makromodelle der Soziologie zeichnet Koppetsch ein grobes Bild, immerhin will sie einen »Epochenbruch« feststellen, ein Paradigma. Ich will das erstmal anhalten. Die Anfragen des Posters formulieren ebendiese Existenz am Rand, deren eigene Orientierungen verdrängt wurden und die daraus resultierende »kulturelle Entfremdung«: *disgusted, tired, questioning*. Kurz gesagt: Orientierungsschwierigkeiten. Die rechte Be-

---

4 Cornelia Koppetsch. *Die Gesellschaft des Zorns: Rechtspopulismus im globalen Zeitalter*. transcript 2019. Das Buch wurde zur Veröffentlichung vielfach gelobt, dann vor allem wegen massiver Plagiatsvorwürfe kritisiert. Unter den Tisch fiel in der Diskussion der Aspekt, den Tom Uhlig folgenreich angesprochen hat: Die diskursive und persönliche Nähe Koppetschs zum Rechtspopulismus. Vgl. Tom Uhlig. »Empathy for the Devil«. *konkret* 10/2019. https://www.konkret-magazin.de/aktuelles/aus-aktuellem-anlass/aus-aktuellem-anlass-beitrag/items/475.html. Zuletzt gesehen am 05.01.2021.

5 Koppetsch. *Gesellschaft des Zorns*. S. 26 (meine Hervorhebung). »Reflex« unterscheidet sich nur geringfügig von dem, was ich am Anfang symptomatische Lektüren genannt habe.

6 Koppetsch. *Gesellschaft des Zorns*. S. 25 (meine Hervorhebung). Zitat weiter: »Behauptet wird, man wolle den moralischen Maßstäben einer ›gesellschaftlichen Mehrheit‹ gegen die vorgebliche Vorherrschaft von kosmopolitischen Minderheiten (darunter wahlweise etwa Karrierefrauen, Homosexuelle oder Migranten) wieder zu ihrem Recht verhelfen.«

schwörung solcher Alltagszustände als ›Erfahrungen‹ und ihre soziologische Auswertung sollten aber nicht gleichlautend ausfallen. Nimmt man, wie Koppetsch es tut, Realitätskonstruktion und affektive Ansprachen der Alternativen Rechten als soziales ›Erfahrungs-Faktum‹ hin, handelt man sich extreme Kurzschlüsse ein. Kurzschlüsse wie:

Kulturelle Entfremdung durch Kulturkosmopolitismus. (Koppetsch)

Tired of political correctness? Its because you're white. (Alternative Rechte)

Rechte Agitation produziert diese Kurzschlüsse in Serie, und sie erhält hier Schütz*innenhilfe von einer Soziologie, die nicht über Rassismus sprechen will oder kann.[7] Um solche Kurzschlüsse zu verhindern, müssen zahlreiche Zwischenschritte in die Analyse eingebaut werden. Ich stelle drei Einwände gegen Koppetschs Kurzschluss vor, die auch den Verkürzungen der Alternativen Rechten entgegengehalten werden können.

1. *Subjektive Verifizierung:* Koppetsch konstatiert als Erfahrung (zum Beispiel Orientierungsverlust, Verdrängung), was auf dem Poster und in anderen Äußerungen der Alternativen Rechten zunächst abgeschöpfte Alltagseindrücke sind. Es geht um die gefühlte Umgebungstemperatur des Subjekts, die durch Anhäufung erst zum ›Entfremdungserlebnis‹ verdichtet wird. Ich kann das einmal für mich durchspielen: Hat meine Abneigung gegen Fernsehen damit zu tun, dass ich eine *white person* bin oder einer konservativen Fraktion angehöre? Agiert das Fernsehen also *anti-white* oder anti-konservativ? Kann ich hier die Verdrängung an den Rand der Gesellschaft erspüren? Ein Ereignis würde sich andeuten, wenn es nicht so bescheuert wäre.

2. Oder man stellt *(sozio)logische Gegenfragen:* Hat der aktuelle Geltungsverlust von traditionellen »Wertorientierungen«, mit denen komplexe Gesellschaften nicht mehr problemlos navigiert werden können, nur ›konservative Fraktionen/weiße Personen‹ erfasst?[8] Haben nicht die Deutungsmuster des 20. Jahrhunderts – zum Beispiel Sozialdemokratie, Kalter Krieg, Erste vs. Dritte Welt, Patriarchat, Fernsehen – für *alle anderen Bevölkerungsgruppen*

---

7 Dass Koppetschs ›konservative Fraktionen‹ hochgradig ›weiß‹ sind und der ›Kulturkosmopolitismus‹ (Multikulturalismus) weniger, ist offensichtlich. Ich verzichte auf eine längere Analyse der impliziten *racial logic* in Koppetschs Buch.

8 ›Konservativ‹ ist nicht nur in den USA ein gebräuchlicher Weg, ›weiß‹ zu sagen ohne es sagen zu müssen. Vgl. Damon Young. »40 Ways White People Say ›White People‹ Without Actually Saying ›White People‹. *TheRoot.com*. 25.06.2018. https://verysmartbrothas.theroot.com/40-ways-white-people-say-white-people-without-actually-1827101126. Zuletzt gesehen am 05.01.2021.

ebenso die Orientierungsgarantie verloren?[9] Der Verlust von »Wertorientierungen und Lebensformen« kann für jeden Gesellschaftbereich wortgleich konstatiert werden. Wären alle ›Anderen‹ in spätkapitalistischen, komplexen Gesellschaften weiterhin souverän und vollorientiert, dann könnte man vielleicht über das Verdrängungsschicksal der ›konservativen/weißen Fraktionen‹ reden (wenn man wollte).

3. Oder *inhaltliche Gegenfragen:* Setzen die vereinzelt geltenden ›kulturkosmopolitischen‹ Benimm- und Ausdrucksregeln, die als *political correctness* bezeichnet werden, tatsächlich die ›Verdrängung konservativer Lebensformen‹ ins Werk, und welche Formen wären das? Eine konservative Fraktion kann sich natürlich vom Gebrauch des Gendersternchens desorientiert und entfremdet fühlen – die Ent-Automatisierung des generischen Maskulinums ist ein intendiertes Ziel geschlechtergerechter Schreibweisen. Daraus leitet sich ein Lieblingsargument der Rechten ab: Gender-Sprache verkompliziert den Spracherwerb. Die migrationsfeindliche AfD schrieb in einem Bundestagsantrag zur Abschaffung des Gendersternchens, es erschwere »Analphabeten« und »Ausländern« das Erlernen der »schönen und präzisen« deutschen Sprache.[10] Ob diese schöne Sprache aber nun tatsächlich zu »verordnetem Orwellschen Neusprech« derangiert wurde, oder konservative Esskulturen durch das PC-Novum ›Schokokuss‹ entfremdet werden, ist zu bezweifeln – auch wenn es sich soziologisch argumentieren ließe.

Was Cornelia Koppetsch und die AfD vergessen machen wollen, ist ein einfacher Umstand: In pluralistischen Gesellschaften gehören Desorientierung und Navigationsprobleme zu den Grundaffekten. *Umlernen* (zum Beispiel Sprachen erlernen oder Lebensmodelle wechseln) ist eine Grundkompetenz der Bewohner*innen von komplexen Gesellschaften. Diese Kompetenz verlangt zum Beispiel die BRD vielen Menschen andauernd ab,

9 Ein solcher Orientierungspunkt war z.B. die Nichtexistenz von Soziologieprofessorinnen.

10 Zitiert aus: Antrag der AfD-Fraktion vom 12.02.2019. »Rückkehr zur Vernunft – Abschaffung der sogenannten ›gendergerechten Sprache‹«. *Drucksache* 18/1649, Abgeordnetenhaus Berlin, 18. Wahlperiode. Es geht weiter: »Von oben verordneter Orwellscher Neusprech erinnert eher an das Gebaren von Diktaturen und nicht an die freiheitliche demokratische Grundordnung. Die Freiheit des Denkens wird eingeschränkt, die Schönheit und Vielfalt unserer deutschen Sprache zerstört. [...] Der Kampf für eine ›gendergerechte‹ Sprache ist ein Kampf gegen die deutsche Sprache.«.

wenn sie ausländische Universitätsabschlüsse nicht anerkennt, oder fördert, dass Frauen vom Studium in unbezahlte Sorge-Arbeit wechseln. Die Gleichzeitigkeit verschiedener – auch Ungleichheit produzierender – Wertesysteme, also Pluralismus, wird von Koppetsch und der AfD radikal verkürzt: Pluralismus wird zur generellen Verdrängung der »konservativen Fraktionen«, zum epochalen Ereignis, das *nur diesen Gruppen* zustößt. Der ›Reflex Rechtspopulismus‹ scheint dann eben dies zu sein: Reflex auf einen »Epochenbruch«.

Es geht aber tatsächlich um unscheinbare Gendersternchen: Bei solchen *gefühlten* Irritationen im Kleinen setzt die Alternative Rechte an und bietet schnelle Orientierungen und Verklarungen. Rechte Agitation ist nicht »emotionaler Reflex« auf Epochenwandel X, sie ist ein komplexer, diskursiver Prozess der Verkürzung: Von der Alltagswahrnehmung schießt sie zur Welttheorie. Kleine Affekte werden abgeschöpft, aufgeschäumt zur valenten und gerichteten Emotion, durch ideologische Konstrukte stabilisiert und als Weltsichten zementiert.

Am Ende können kleinste Irritationen als notgedrungene, reflexhafte Reaktion auf eine vermeintliche globale Verdrängung eingetütet werden. Die vielgestaltigen Navigationsprobleme in modernen Gesellschaften werden in einseitigen Positionierungen und Automatismen kanalisiert.[11] Die Alternative Rechte hantiert bei diesen Manövern mit *fiktiven Erfahrungen* (Fernsehekel?) und *fiktiven Fakten* (Analphabeten und Ausländer?). Sie bietet so eine Verklarung des Unübersichtlichen, genauso wie es Koppetschs These vom »rechtspopulistischen Reflex« tut.

Dieses Buch beschreibt also diskursive Manöver mit bestimmten Zielsetzungen, die Adorno in seiner bekannten Vorlesung 1967 als die »Tricks«[12] der Rechten bezeichnet hat. Um ihre Wirkungsweise zu verstehen, ist eine gezielte Aufsplitterung der großen Kausalketten nötig, die von den Gesellschaftswissenschaften zum Rechtspopulismus vorgeschlagen wurden.[13] Das Denken in Großstrukturen führt zu groben Verkürzungen, die die kul-

11 Der hochproduktive Begriff »Automatismen« wurde hier ausführlich entwickelt: : Norbert Otto Eke, Lioba Foit, Jörn Künsemöller, Timo Kaerlein (Hg.). *Logiken strukturbildender Prozesse: Automatismen*. Wilhelm Fink 2014.

12 Theodor W. Adorno. *Aspekte des neuen Rechtsradikalismus*. Suhrkamp 2019. S. 54.

13 Statt hier alle zu nennen, lieber eine fundierte Kritik an einer der klassischen Thesen zum Rechtspopulismus: Die sogenannte ›Vereinnahmungsthese‹, nach der die Rechten die von ›linker Identitätspolitik‹ vernachlässigten Arbeiterklassen einsammeln. Vgl.

turelle und emotionale Dimension rechter Agitation undurchsichtig machen und zum ›Reflex‹ eindampfen.

Das versteckt den Kern des rechten Kulturkampfs: Reflexe sind das *Ziel*, nicht die *Ursache* rechter Metapolitik und Agitation. Die großen Untersuchungen gehen mit ihrer symptomatischen Perspektive genau falsch vor, und ihre Makromodelle sind für die kleinteiligen, wuchernden und fluiden Prozesse des Alltags unbrauchbar. Sie arbeiten verkürzend und sind zu großformatig, um diese Radikalisierung – diese Ausrichtung – des Alltäglichen erkennen zu können. Sie taugen vor allem nicht zur Beschreibung von digitalen Plattformen und den habituellen und chaotischen Nutzungsweisen, in denen sich rechte Agitation dort materialisiert und ins Reale kippt (Abb. 25-28). Auf die gefühlte Weltskizze »Hey, White Person« und ihre affektive Wirkung haben Soziologie und Politologie keine kritischen Antworten.

Rechte Gefühle versucht diese Rezeptionsfehler durch zwei Entscheidungen zu korrigieren. *Erstens:* Durch eine Konzentration auf die Fragen und Methoden der Affekttheorie, insbesondere der von Queer Theory, Phänomenologie und Ethnologie beeinflussten Ansätze.[14] *Zweitens*: Durch die Wahl nicht des Epochenbruchs, sondern des *Klimawandels* als Leitmetapher für diese unmerklichen, alltäglichen Prozesse. Diesen Stichworten sind die folgenden beiden Unterkapitel gewidmet. Im ersten wird die Affekttheorie pragmatisch entfaltet und ihr Ansatz mit dem wichtigen Konzept der rechten Metapolitik verbunden. An drei Beispielen werden die Schritte vom unbestimmten Affekt zur rechten Ideologie verdeutlicht. Das zweite Unterkapitel behandelt das durch die Rechten gewandelte Diskursklima. Was ich dort als *reflexiven Faschismus* konzeptualisiere, spielt die Hauptrolle bei diesem rechten Klimawandel. In diesem Abschnitt werde ich auch begründen, warum ich ›Faschismus‹ für die richtige Wortwahl halte.[15]

Silke van Dyk, Stefanie Graefe. »Wer ist schuld am Rechtspopulismus? Zur Vereinnahmung der Vereinnahmungsdiagnose: eine Kritik«. *Leviathan* 47.4 (2019). S. 405–427.

14 Zu nennen sind Kathleen Stewart, Lauren Berlant, Sara Ahmed, Lisa Blackman, Ann Cvetkovic, Eve Kosofsky Sedgwick. Einen guten Überblick über die Theorieentwicklung bieten: Benno Gammerl, Jan Hutta, Monique Scheer. »Feeling differently. Approaches and their politics.« *Emotion, Space and Society* 25 (2017). S. 87-94.

15 Falls das zum Erscheinungszeitpunkt dieses Buches noch kontrovers sein sollte. Ende 2020 ist es das noch.

Abb. 25

Abb. 26

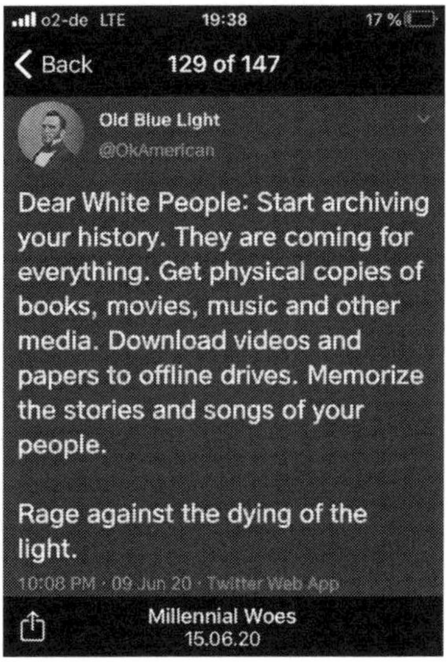

Abb. 27

Abb. 28

Affekttheorie, Metapolitik und drei Beispiele

Affekttheorie

Im Band *Affekt Netz Macht* verteidigt Jan Slaby die Affektforschung gegen ihre teilweise abschätzige Beurteilung als Nicht-Wissenschaft:

> »...der kritische Diskurs, der im Umkreis der *Affect Studies* gepflegt wird, [erscheint Vielen] tendenziell als diffus, unentschieden, wenn nicht ganz und gar kraftlos. Bei oberflächlicher Betrachtung könnte man einen Rückzug in private Befindlichkeiten vermuten, zudem *identitätspolitisches Klein-Klein* und exzessiv *mikrologische Haltungen*.«[1]

Slaby widerspricht diesen Kritikpunkten in seinem Artikel ausführlich, aber allein in dieser Beschreibung sehe ich schon Vorteile für den Forschungsansatz der Affekttheorie. Die Großmodelle der Politologie oder Soziologie mögen ›kraftvoller‹ anmuten, aber wie gesehen ebnen sie entscheidende Differenzen völlig ein. Zwei Aspekte sprechen deutlich für die kleinteiligen Analysen der Affektforschung, die sich ganz generell für »nonconscious and unnamed, but nevertheless registered, experiences of [...] energy and intensity« interessiert, wie Deborah Gould es ausdrückt.[2]

---

1 Jan Slaby. »Negri und Wir: Affekt, Subjektivität und Kritik in der Gegenwart«. In: Rainer Mühlhoff, Anja Breljak, Jan Slaby (Hg.). *Affekt Macht Netz: Auf dem Weg zu einer Sozialtheorie der Digitalen Gesellschaft*. transcript 2019. S. 339 (meine Hervorhebung).

2 Deborah Gould. »On affect and protest« In: Janet Staiger, Ann Cvetkovich, Ann Reynolds (Hg.). *Political Emotions*. Routledge 2010. S. 32 – 58. S. 34 Gould betont die prinzipielle Ungerichtetheit von Affekten, was sie von Emotionen unterscheidet, die Affekte in konventionalisierte Gesten und Gefühlsmuster übersetzen. In diesem Buch benutze ich zur besseren Lesbarkeit ›Affekt‹ und ›Gefühl‹ in gleicher Bedeutung. ›Emotion‹ wird als Be-

1. Affekttheorie entspricht den sozialen Medien
»Mikrologische Haltungen« und »identitätspolitisches Klein-Klein« (s.o.) beschreiben präzise die alltagsorientierten Netzwerkprozesse des Internets. Individuen auf Social Media statten in so komplexer wie unabgeschlossener Weise ihren Alltag medial aus, sie verdrängen ihn oder bereiten ihn auf, für manifestes oder latentes Publikum. Die mindere Sprache der Affekttheorie passt besser auf diese diffuse Performativität als makrosoziologisches Gegeneinander-Schieben von Populationen.

Die grobianischen Antagonismen des Rechtspopulismus (›sie gegen dich‹, ›Volk gegen Elite‹)[3] werden zwar online reproduziert, aber in extremer Dispersion, in hochsituativer und personalisierter Abwandlung. Welche individuellen Erfahrungsräume und -träume werden im Netz mit den rigiden Gegensätzen des Populismus beschrieben und beschreibbar? Wie werden sie mikrologisch und alltagspraktisch aufgeworfen und zur Weltskizze verdichtet, von wem und warum? Wie lässt sich eine vermeintliche ›Verdrängung‹ im Online-Alltag erfühlen und ausdrücken? Zum Beispiel indem man seine antifeministische Meinung anhand des neuen *Star Wars*-Films mit weiblicher Protagonistin kommuniziert wie dieses Meme (Abb. 29).

2. Affekttheorie beschreibt Wege zur ›politischen Emotion‹
Die zweite Nuance ist erkenntnistheoretischer Natur. Die Affekttheorie besteht explizit darauf, dass politische Emotionen, Erfahrungen, Positionierungen erst *am Ende* von komplexen und affektiven Navigationsprozessen stehen, falls sie sich überhaupt einstellen.[4] Das unterscheidet die Affekttheorie von der Emotionsforschung, die in ›Wut‹ und ›Zorn‹ direkt wirkende und massenbewegende Kraftfelder sieht. Eine semiprivate Online-Tirade, ein Klick für

---

griff weitgehend ausgeklammert. Zentraler Aspekt der Affekttheorie ist die Erfahrung der Relationalität mit der Welt, bevor diese zur ›emotionalen Situation‹ wird.

3 Oder auch der Soziologie: bildungsferne vs. bildungsnahe Schichten, konservative und kosmopolitische Fraktionen und so weiter.

4 Lauren Berlant schreibt: »...the communication of affect and emotion [can be] an opening to all sorts of consequences, including none at all. [...] To impute a chain reaction relation between affective activity and emotional states underdescribes the incoherence of subjects, their capacity to hold irreconcilable attachments and investments.« Lauren Berlant. »Thinking about Feeling Historical«, in: In: Janet Staiger, Ann Cvetkovich, Ann Reynolds (Hg.). *Political Emotions*. Routledge 2010. 229-245. S. 229

Abb. 29

oder gegen was-auch-immer ist aber nicht gleichbedeutend mit ›Volkszorn‹, einem extremistischen Manifest oder migrationskritischen Parteiprogamm. Sie können ein Luft-machen, eine provisorische Sortierung von verschiedenen Eindrücken sein, eine Übersprungshandlung, ein Witz, ein instinktives Ansteuern gegen den bloßen Anschein einer Hegemonie. Sie können auch Rassismus, *hate speech*, Provokation, Agitation und Straftat sein. Oder sie können unentschieden zwischen diesen Dingen stehen, zufällig oder in voller Absicht. Vor allem sind Online-Handlungen performativ, das heißt von kurzsichtigen und pragmatischen Situationslogiken getragen. Dass rechte Inhalte und Positionen – rassistischer, antisemitischer, antifeministischer, antipluralistischer, nationalistischer und gewaltverherrlichender Natur – sich als Eindrucksortierer und Automatismen im Netz fest etabliert haben, ist dabei kein Zufall.

Ich gebe ein Beispiel für die Automatisierung des Reaktionären aus der Plattform Reddit. Dort können Nutzer*innen sich in zahllosen spezialisierten Subforen (*subreddits*) austauschen. Auf den Subreddits *r/unpopularopinion* oder *r/changemyview* werden von Nutzer*innen Kurznavigationen des Alltags gepostet und diskutiert. Der Verdacht einer Hegemonie, die eine Meinung ›unpopulär‹ oder eine Ansicht (*view*) irgendwie diskussionswürdig gemacht habe, ist die Eintrittskarte für diese Foren. Sie sind die technologisch manifestierte Version des Genres ›Man wird ja wohl noch sagen dürfen...‹, weiterentwickelt zur Formel ›Diese unbeliebte Meinung beweist die Hegemonie von ...‹. Konservative Floskeln verfestigen sich in algorithmischer Architektur.

Die dort diskutierten Ansichten spielen (wenig überraschend) meist auf neurechten Klaviaturen. Sie können sich, je heftiger angegriffen, umso berechtigter unpopulär fühlen. Ein Beispiel:

> »If women vote for a female candidate purely because she's a woman, then it's fine for men to vote for a male candidate purely because he's a man. What's currently going on in the mainstream media is obviously a double standard and indefensible to anyone with some common sense.«[5] (*r/unpopularopinion; u/Thou-Shalt-Not-Thot*)

Dafür gibt es immerhin 342 Kommentare und die Statistik zählt 89 Prozent *Upvotes*. Diese Votes bedeuten entweder Zustimmung zum Gesagten oder Zustimmung, dass die Meinung tatsächlich ›unpopulär‹ und damit irgendwie von irgendwem tabuisiert sei. Die Kontroverse in den Kommentaren belegt *affektiv*, dass an einem gesellschaftlichen oder systemischen *NoGo* gerührt wurde. Eine unbequeme Wahrheit wurde ausgesprochen: In den Medien existiere ein Sexismus gegen Männer. Das kann sicher argumentativ widerlegt werden, und zahlreiche Kommentare tun genau das: Männer haben sowieso immer für Männer gestimmt, weil Politik Männersache war und bleiben sollte, und Frauen zum Beispiel lange kein Wahlrecht hatten. Die falsche Entscheidungsfrage ist aber gestellt: Ist es ›okay‹, das zu sagen oder nicht? Das Meinungsklima zur Frage ist festgestellt und das entstandene ›Tabu‹ gleich mit. Die Produktion solcher *falschen Prinzipienfragen* ist eine zentrale affektiv-wirksame Strategie der Alternativen Rechten.

---

5 Die Erläuterung dazu liest sich wie folgt: »What's currently going on in the mainstream media is obviously a double standard and indefensible to anyone with some common sense. I feel it goes as far as ›But she's a whamen, duh!‹ is the only argument brought up when screeching at us why we must absolutely vote for a certain candidate. This alone doesn't cut it. Having a good track record of reasonable decisions and an opinion fairly close one's own should be enough to vote for somebody, but if they push one candidate for bullshit reasons, we are free to vote for another on equally bullshit grounds. ›I don't want you to vote for me just because I'm a woman. I want you to vote for me on the merits — but one of my merits is that I'm a woman.‹ Yeah, how about no?«

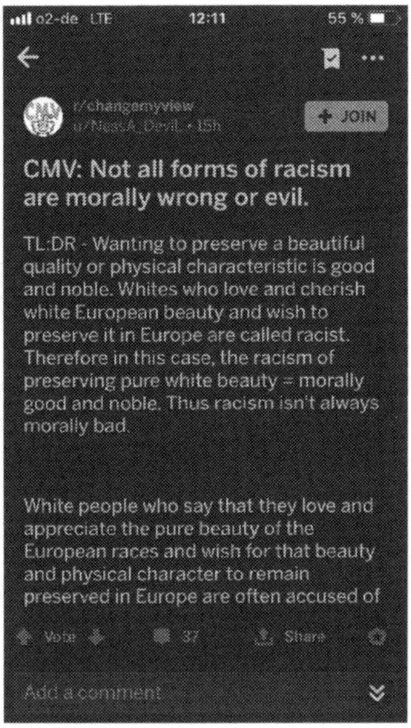

Abb. 30

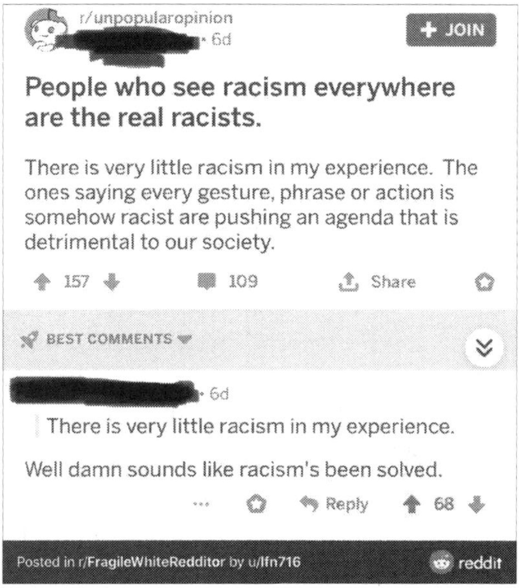

Abb. 31

Ein anderes Beispiel: User*in *NessA_Devil* fasst seine oder ihre Meinung zu einem differenzierten ›Rassismusbegriff‹ für uns zusammen (Abb. 30):

> »Not all forms of racism are morally wrong or evil. [...] Wanting to preserve a beautiful quality or physical characteristic is good and noble. Whites who love and cherish white European beauty and wish to preserve it in Europe are called racist. Therefore in this case, the racism of preserving pure white beauty = morally good and noble. Thus racism isn't always morally bad.« (*r/Changemyview*; u/NessA_Devil)

Ich spare mir die Widerlegung des ›guten Rassismus‹. Solche Foren sind Übungsgelände, auf denen man flüchtige Eindrücke oder Gedankengänge zu scheinlogischen Ketten und damit zur *Gegenmeinung* aufblasen kann. Rechte Akteur*innen nutzen sie, um Formulierungen auszutesten, die unterhalb von identifizierbarem Rassismus oder Propaganda liegen sollen.[6] ›Normalos‹ nutzen sie, um in einer *self-fulfilling prophecy* zu eruieren, wie

6 *NessA_Devil* war vor der Suspendierung durch Reddit-Administrator*innen aktive Stimme im rechten Subreddit *r/The_Europe*. Sein Gedankengang zu »Preserving White

unpopulär ihre ›Common Sense-Ansichten‹ , wie wirkmächtig die ›linke Hegemonie‹, der *anti-male bias* der Gesellschaft oder der *anti-white bias* der Medien geworden sind. Jede Kritik und jede Zustimmung bestätigt diesen Verdacht, der *immer* am Anfang solcher ›unpopulären Meinungen‹ steht. Das atmosphärische Gefühl einer Hegemonie lässt die Gegenmeinung erst entstehen und als notwendig erscheinen (Abb. 31).

Es geht bei der Analyse rechter Metapolitik – wie generell der sozialen Medien – primär um diese Ebene, die mit Jan Slaby als jene »privater Befindlichkeiten« und »mikrologischer Haltungen« bezeichnet werden kann. Die dort geäußerte Meinung ist immer ›kleiner‹ als *Zorn, Ideologie* und *Epochenbruch.* Sie ist vielleicht nicht mal eine Meinung, sondern eine Beobachtung, die sich gerne mit der Welt reiben möchte. Sie kann und will sich aber zum Tabubruch aufwerfen und findet dazu massive Verstärker und Belohnungssysteme in digitalen Umgebungen vor. Je unpopulärer die *unpopularopinion* ist, desto mehr Kontroverse wird sie einbringen. Die Kontroverse zeigt sich in den sozialen Medien in Up- oder Downvotes, Comments, Likes und Shares – samt und sonders Verbreitungs- und Verstärkermechanismen.[7] Die Alternative Rechte versteht es perfekt, mit diesen simplen Mechanismen zu spielen, um Reizpunkte und Aufmerksamkeit zu erzeugen. Es kann ja auch fast nichts schiefgehen, denn die Plattformarchitektur will genau das.

Hier setzt eine zentrale Frage dieses Buches an: Wie erschaffen Nutzer*innen (und Menschen) aus diesem algorithmischen Vabanquespiel für sich sinnvolle Alltagsskizzen und schließlich Weltbilder? Wie kommen sie mittels Social Media vom unbequemen Verhältnis zu etwas zum ›Erleben‹ eines totalitären Systems, das ausgerechnet sie ausgrenzen will? Zur Beantwortung müssen nicht allein Parteiprogramme, Bundestagsreden oder

---

Beauty« ist übrigens die Grundhaltung des Subreddits *r/whitebeauty*, das Bilder »weißer Schönheit« – blonde Kinder, blonde Frauen, Bilder von Caspar David Friedrich – sammelt.

7 Der Youtuber und rechte Meinungskrieger Steven Crowder hat das zu einem Sendeformat ausgebaut: In »change my view« setzte er sich mit kontroversen Themen auf usamerikanische UniCampusse und diskutiert mit Passantinnen mit dem Ziel »Change my view«. Um ein Ändern seiner Meinung (there are only two Genders) geht es dabei nie, sondern um ein möglichst kurzweiliges Vorführen seiner Diskutant*innen. Das Format ist direkt verwandt mit den Debattier-Clubs amerikanischer Schulen, wo man lernt, ein Argument zu vertreten oder zu bekämpfen. *Either/Or*, ein binaristisches Weltbild wird performativ zementiert: »Zwei Geschlechter oder nicht? Wahr oder falsch?« Solche falschen Entscheidungsfragen stellt die Alternative Rechte *en masse* bereit, und schliesst komprimierte Argumentationsketten daran an.

Webseiten rechter Organisationen herangezogen werden. Rechte Gefühlspolitik vollzieht sich im normalen Wahnsinn der Mediennutzung und im unübersichtlichen Geröll des Online-Alltags.

Es geht um die Affektschwellen, die Nutzer*innen für sich intuitiv herstellen, um sie dann zu überwinden: vom diffusen Gefühl zur *unpopular opinion*, von *white beauty* zu *noble racism* zu ›weißer Identitätspolitik‹ zu ›Ethnonationalismus‹, von ›Frauen‹ zu ›Politiker*innen‹ zum ›Krieg gegen Männer‹. Für diese Schritte bietet die Alternative Rechte Tricks und Hilfestellungen an, um Affekte und Atmosphären zu Ereignissen *aufzuschäumen*. Die werkseitig installierten Mechanismen der Plattformen helfen ihr dabei, denn die Online-Technologien sind nicht nur besonders anfällig für diese Art von rechter Gefühlsarbeit. Die sozialen Medien eignen sich in genuiner Weise für rechte und mikrologische Agitation[8] – mitunter bedingen sie diese.

Die Affektforschung ist prädestiniert, um solche Schwellen und Orientierungsarbeiten zu erhellen und zu sortieren, denn ihre zentrale Frage lautet: Wann, wie und warum stellt sich überhaupt etwas als Ereignis ein? »[W]hat counts as an event, a movement, an impact, a reason to react?«, fragt Kathleen Stewart in ihrem wichtigen Band *Ordinary Affects*.[9] Wie, wann und unter welchen Umständen gerinnen unbestimmte Eindrücke und lose Gedanken zu einer ideologischen Haltung? Wann verdichten sich Impulse zu einer Handlung, wie werden sie zum Automatismus? Wie leitet sich aus einem Unwohlsein der Verdacht einer Gewalt, eines Systems ab? Wie werden diffuse Affekte zu Signifikanten von irgendwas? Wie komme ich von einer Abneigung gegen *Star Wars* oder *Lindenstraße* zur Gewissheit eines Verblendungszusammenhangs, der gegen *mich* arbeitet? Und: Wie organisieren sich Individuen in oder gegen diese Affektwelten? Wie surfen sie auf der Atmosphäre, wann sehen sie die Notwendigkeit, diese zu unterbrechen, auszusteigen, *einen Punkt zu machen*?

Kathleen Stewarts Buch leistet eine kleinteilige Ethnographie völlig banaler Affekte. Sie notiert minutiös Alltagssituationen und -konstellationen, vom Verwandtenbesuch bis zu Selbstzeugnissen von jugendlichen *school shooters*. Ihre Affekttheorie faltet diese Konstellationen und Situationen

8 Ebenso wäre zu sagen, dass demokratische Systeme nicht *anfällig* für solche Mikro- und Mesofaschismen sind, sondern überaus geeignet. Faschismus entsteht mit Vorliebe, oder vielleicht ausschließlich, in Demokratien.

9 Kathleen Stewart. *Ordinary Affects*. Duke University Press 2007.

›vortheoretisch‹ auf, ihre Geste ist sammeln statt diagnostizieren. In diesen Alltagsmomenten suchen die *Affect Studies* weniger ›politische Gefühle‹ (Wut, Zorn, Hass, Enthusiasmus, Rassismus, Empathie) oder ›Identitäten‹ (weiß, schwarz, männlich, etc.) – sie verstehen ›Gefühle‹ und ›Identitäten‹ als Provisorien, die einen unübersichtlichen Zusammenfall von Intensitäten, Wünschen, flüchtigen Eindrücken, Blockaden, Hemmungen und Atmosphären zu etwas zu verarbeiten suchen, das als sinnhafter Alltag verstehbar und damit emotional ›erlebt‹ werden kann (aber nicht muss).

Stewart und auch ich in diesem Buch folgen damit Autorinnen wie Deborah Gould, Lauren Berlant und Ann Cvetkovich[10] in der Annahme, dass Affekte vor, unterhalb oder neben den Formationen des Politischen und Ideologischen stattfinden. Subjekte werden in ideologisch-emotionalen Konstrukten beheimatet, die auf der alltäglichen Navigation von disparaten Eindrücken und Situationen aufsetzen. Diese Navigation oder Orientierung besteht nicht sofort in ideologischen Politprojekten (zum Beispiel Widerstand, Dissidenz, Neofaschismus) oder in Identitätspolitiken. Bevor sich *agency* (Handlungsmacht) und Radikalität einstellen, vollzieht sich *habitation* (Beheimatung) und ein provisorisches Zurechtfinden in einem (immer) unübersichtlichen Alltag. Stewart schreibt:

> »Ideologies happen. Powers snap into place. Structures grow entrenched. Identities take place. Ways of knowing become habitual at the drop of a hat. But it's ordinary affects that give things the quality of a something to inhabit and animate. Politics start in the animated inhabitation of things, not way downstream in the various dreamboats and horror shows that get moving.«[11]

Beheimatet ist man nicht zuerst in den Denkblöcken *Kulturkosmopolitismus vs. konservative Wertfraktionen*, oder im Projekt einer *wutbürgerlichen Gegenrevolution*. Das sind schon die »dreamboats and horrorshows«, die ein politisches Subjekt auf den Weg bringen. Affektiv aufgehoben ist man im Alltag: Man hängt sich an Dinge, Eindrücke und kurze Ideen, man probiert und

10 Deborah Gould. »On affect and protest«. 2010. Lauren Berlant. *Cruel Optimism*. Duke University Press 2011. Ann Cvetkovich. *Depression: A public feeling*. Duke University Press, 2012.

11 Stewart. *Ordinary Affects*. 2007. S. 15.

Abb. 32

entwickelt daraus Automatismen, um die Welt pragmatisch und sinnstiftend zu sortieren. Das ist Orientierung und für die Affektforschung bereits die Ebene, auf der ›das Politische‹ anzusiedeln ist. Affektiv aufgehoben wird man *im Wunsch* nach solchen fiktiven Blöcken, Plänen und Projekten,[12] im Wunsch nach dem ›klaren Gefühl‹, nach der Übersicht, dem Beweis, dass man eben eine ›unpopuläre‹ Meinung hat. In gewisser Weise ist das Notwehr, denn es gibt immer ein Zuviel oder Zuwenig an Eindrücken, Orientierungspunkten, Zuständen und Feedback.

Rechte Agitation hilft auf diesem Weg vom *Eindruck* zur *Horrorshow*, ein Weg, der sich nach einem Plan, nach einer Richtung anfühlt. Sie macht bestimmte Pläne und Erzählungen zur Notwehr, zum Notstandsprogramm gegen die alltägliche Desorientierung. Das eingangs besprochene Poster-Bei-

12 Stewart diskutiert solche ›Projekte‹ zum Beispiel anhand von Abnehm- und Fitnessprogrammen: man schließt sich ihnen an, um einen ›Plan‹ von sich selbst zu haben. In diesem ›Plan‹ ereignet sich Beheimatung (inhabitation), nicht im Endprodukt des fitten, schlanken, also problemlosen Körpers (der sich nie einstellt).

spiel »Hey, White Person« will genau das: Unbequeme Eindrücke werden durch ›weiß-Sein‹ sinnstiftend für die Alltagsorganisation. Ein weißer Kollektivkörper wird etabliert, der sich in einem Zustand der atmosphärischen Belagerung befindet. An diesem Phantasma, an dieser Intensität, kann man diffuse Affekte der Überforderung, der Abneigung oder der Hemmung aufhängen. Ein disparater Alltag verdichtet sich *gefühlt* zum eindeutigen Ereignis, das ein politisches Gegenprojekt erfordert – zum Beispiel im Netz nachzufragen, in welchen Bundesstaat man als weißer Mensch am besten umziehen sollte (Abb. 32).

Die Alternative Rechte selbst bezeichnet diese Orientierungsarbeit als Metapolitik, die ich im nächsten Abschnitt erläutere.

Metapolitik

Wird eine atmosphärische Bedrohung an den Identitätsmarker ›weiß‹ angebunden und damit vereindeutigt, bedeutet das unter Umständen einen Paradigmenwechsel. Aus Sicht der *Critical Race Theory* bedeutet die Zentrierung des Alltags auf eine explizit weiße Identität, dass deren nicht-ausgesprochene Selbstverständlichkeit verlassen wird. Aus der hegemonialen Position ›weiß‹ in mehrheitsweißen Gesellschaften wird eine *gefühlte* Identitätsposition, eine *white identity,* die sich als minoritär erlebt, den kulturellen, numerischen und sozialen Machtverhältnissen zum Trotz.

Die Alternative Rechte forciert diesen Wahrnehmungswechsel strategisch und sucht nach Punkten, an denen sich ›weiß-Sein‹ (und auch ›Mannsein‹, ›Heterosein‹, ›Konservativsein‹) plausibel und konkret an Verdrängungsgefühle anschließen lässt. Nach diesen Punkten muss gefragt werden: Wann und wie kippt eine Fülle von vor- oder nebenbewussten Zuständen und Reaktionen zum klaren Gefühl »I am sick of…«? Wie stellt sich der dazu passende Gegenstand – »the garbage on television« oder ›cancel culture‹ – her, wie kann beides kausal miteinander verbunden und unter Zugabe von ›weißer Identität‹ zur Weltorientierung werden?

Ich analysiere dazu ein Meme, das mir zum ersten Mal 2017 begegnet ist (Abb. 33). Es zeigt ein Entscheidungsschema – im Englischen *flowchart* – um einen Verdacht zu beweisen: Dass eine ›weiße Person‹ als rassistisch bezeichnet werden wird, egal was sie tut (ein beliebter Kurzschluss, der sich seit 2020 auch verstärkt im deutschen Feuilleton breitmacht). Im Schema

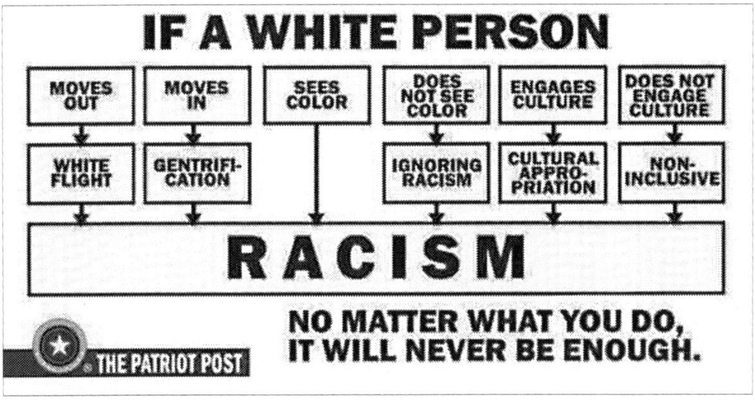

Abb. 33

werden Handlungsmöglichkeiten aufgeführt: Wegziehen, Wohinziehen, an der Kultur teilnehmen oder nicht teilnehmen. Sie münden jeweils im Vorwurf des ›Rassismus‹. Der Brückenteil in der Mitte des Schemas wird durch Schlagworte gebildet, die das Meme-Publikum als Slogans eines ›linken‹ Mainstreamdiskurses erkennen soll: ›Gentrifizierung‹, ›white flight‹, ›kulturelle Aneignung‹. Das Meme reduziert also radikal und evoziert einen spezifischen Affekt: *Ausweglosigkeit*. Man kann nicht gewinnen, also nicht-rassistisch sein, egal was man tut. Es droht totale Hemmung bis hin zur Lähmung, will man den Befund ›Rassist*in‹ vermeiden. Der einzige Ausweg ist in der Rahmung vorgezeichnet:

If a white person…

Die implizite Botschaft des Flowcharts ist also, dass dies *nur weißen Menschen* passiert (egal was sie tun), denn der Mainstream sei nicht gegen Rassismus, sondern vor allem ›gegen Weiße‹ gerichtet. Ergo: Diese Schlagworte und dieser Diskurs *wollen* die Lähmung und Desouveränisierung weißer Menschen. Ohne es auszusprechen, werden die Zusammenhänge von Gentrifizierung, *whiteness* und Rassismus als Scheinwelten aufgeworfen. Deren Zwänge kann man nur erfühlen, wenn man sich über den Vorwurf ›Rassismus‹ generell hinwegsetzt und ›weiß-Sein‹ als *eigentlich* benachteiligte Identität versteht. Der laut diesem Meme also unvermeidbare Rassismusvorwurf sei also selbst rassistisch, nämlich gegen Weiße. Das Publikum soll diesen *anti-white racism* durch die Ausweglosigkeit, die das Meme suggeriert, erfühlen. Ein Plan deutet sich an: Um dem Rassismusvorwurf zu entkommen, muss ein *reverse racism* gegen Weiße festgestellt werden. Um sich aus der

Zwangslage zu befreien, muss die Zwangslage transzendiert und umgedreht werden. Ein Paradox, aber *gefühlt richtig*.

The way out is the way in.

Die Aufgabe solcher Memes ist folgende: Sie setzen Betrachter*innen in eine Falle, eine ausweglose Situation, und geben zugleich den Überblick über diese Falle. Sie deuten einen Ausweg an, der die Falle wiederholt, aber den begleitenden Affekt wandelt. Wo Hemmung war, ist nun Souveränität: ›Ich bin rassistisch? Die Rede vom Rassismus ist *in Wahrheit* rassistisch!‹ Der Affizierungserfolg ist zweierlei: Man lernt, die eigene Umgebung und das eigene Leben nach diesen Fallen zu durchsuchen. Und als Belohnung erhält man das Gefühl, clever zu sein und einen ›Verblendungszusammenhang‹ durchschaut zu haben. Der performative Widerspruch – Rassismuskritik zu diskreditieren, indem man sich selbst rassistisch verfolgt sieht – fällt im Entschleierungsrausch nicht weiter auf. Teilweise bestimmen diese Widersprüche den Genusswert rechter Agitation.

Die Alternative Rechte brilliert in der Erfindung und Verbreitung solcher monologischen Weltorientierungen. Ein Zwangssystem wird ersonnen und man freut sich, dass das Konstrukt überblickt werden kann. Es winkt eine komfortable Position auf dem *high ground* mit Übersicht über den vermeintlichen Diskurs. In dieser Position wird ein Meinungssubjekt unverletzbar durch Vorwürfe, Kritik oder Einwände, und kann dorthin gehen, wo ›es weh tut‹ und wo diskursive Reizpunkte liegen. Andrew Breitbart, Wegbereiter des rechten Informationskriegs im Internet, prägte diese Phantasie der Unverletzbarkeit mit dem Slogan »walk toward the fire«. In seiner Rhetorik kann man ›verbalen Kugeln ausweichen‹, so wie Neo im Science-Fiction-Film *The Matrix* (1999):

> »*Walk toward the fire.* Don't worry about being called a racist, a homophobe, a sociopath, a violent heteronormative xenophobe with fascistic impulses. They say all those things about you because they're keeping you inside the Complex, forcing you to respond to their playbook. They want to stop you in your tracks. But if you keep going, if you tell them you can stop their verbal bullets and keep walking, you'll send messages to people who are rooting for

you, who agree with you. That's how you build an invincible movement willing to play by its own rules.«[13]

Der Einstiegsaffekt in solche Machtphantasien ist jene Unsicherheit, die wahrscheinlich vielen weißen Menschen vertraut ist: Sie würden gerne nicht-rassistisch sein, möchten aber weder Strukturanalysen noch Romane von nicht-weißen Menschen zum Thema lesen. Heraus kommt das Gefühl der Unangemessenheit: ›Egal was ich mache, es wird immer irgendwie falsch/rassistisch sein (nach *deren* Maßstäben)!‹

Das Gefühl einer Blockade entsteht: ›Was soll ich denn jetzt tun/sagen?‹ Die Affektforschung bezeichnet das mit dem Begriff *impasse:* Hemmung, Blockade, Sackgasse. Das Flowchart-Meme bietet die Draufsicht auf diese Sackgasse, auf das eingebildete Stottern im Diskurs, auf die Zwickmühle. So fühlt man sich verstanden und zugleich clever.

Das ist wichtig: Den Einstieg in diese Gedankenwelt bildet eine Frage, die unter weißen Menschen in mehrheitlich weißen Demokratien weit verbreitet ist: ›Wie kann ich nicht rassistisch sein?‹ Der Belohnungsaffekt des Memes »If a White Person« ist die gefühlte Kontrolle über diese Frage und über die damit verbundene Unsicherheit: ›Gar nicht, hier sehen Sie die Ausweglosigkeit. Wir zeigen, wie Sie die Zwickmühle gefühlt aushebeln können. Verwerfen Sie den zentralen Marker *racism* und behalten Sie den anderen Marker *white person* zurück. Gehen Sie auf das Feuer zu.‹

Fuck it, I AM white.
Fuck it, I AM racist, and its your fault.
Fuck it, I AM white, and you are racist.

---

13 Breitbart. *Righteous Indignation*. 2011. Kapitel 10. Mit »the complex« bezeichnet Breitbart die Fusion von ›linker Politik‹ (also US-Demokraten) und den Großmedien. Diese Verbindung reicht für ihn bis zur Frankfurter Schule und dem, was von der Alternativen Rechten gern »Cultural Marxism« genannt wird, zurück. Der Antisemitismus – Breitbart ist selbst Kind einer jüdischen Familie – wird zur politischen Macht- und Medienfrage umgebogen. Bei der rechtsintellektuellen Splittergruppe der *Neoreactionaries* heißt das Komplott aus Linken, Juden, Medien und Demokraten übrigens »The Cathedral«. Siehe auch: Ana Teixeira Pinto. »Artwashing – on NRX and the alt right.« *Texte Zur Kunst* 106 (2017).

Was geschieht, ist eine Gefühlsumwertung, eine affektive Mikrorevolution, eine Änderung des Klimas und der Wahrnehmung. ›Wo ich mir den Kopf zerbrochen habe, ist *in Wahrheit* eine Zwickmühle, eine rassistische Indoktrination, der ich zum Opfer gefallen bin‹. Koppetschs »Epochenbruch« stellt sich *rückwirkend* als Urheber der gefühlten Unangemessenheit dar: ›Ich habe mich so gefühlt, *weil* der Diskurs/die Welt gegen mich sind, denn sie sind gegen Weiße/mich‹.

This impasse was made by people more powerful than me.

Die Welt ist skizziert, die Ahnung wird zum Gefühl, zur Erfahrung, zur Haltung, zur Kausalkette, zur Selbsterzählung, zur Identität. Das funktioniert wie im Krimi: Die Vorahnung des Kommissars zu Beginn des Falls war richtig, und alle Nebeneindrücke und Indizien fallen plötzlich zur Lösung zusammen. Das Meme bringt die Betrachter dazu, eine Serie von Affektschwellen zu überwinden, die Ermächtigung (*empowerment*) suggerieren.

Im Internetjargon gehört das Meme zum Genre des *Red-Pilling*. In Anlehnung an den Kinofilm *The Matrix* (1999) stellen sogenannte *red pills* Erweckungserlebnisse dar, die einen Verblendungszusammenhang aufbrechen. So wie der Protagonist *Neo* die Simulation der Matrix erst als solche erkennt, als er die rote Pille schluckt, so fungieren *red pills* als ›unbequeme Wahrheiten‹, die den herrschenden Diskurs als Unterdrückungsmechanismus sichtbar machen. Der *Nouvelle Droite*-Autor Guillaume Faye bezeichnet solche Erweckungskapseln als »Ideoshocks« und benennt sie als zentrale Taktik rechter Agitation.[14] Aus *Neo* ist ein*e Neofaschist*in geworden, die durch eine Art Dauererkenntis rote Pillen schluckt und zur erwachten Umdeuter*in der Welt wird. Ein Meme wie »If a White Person« betreibt damit *Worldbuilding*: Es sensibilisiert für alternative Weltsichten und -sortierungen und legitimiert sie. Einfache Eindrücke werden zu Ereignissen, die eine totalisierende Weltwahrnehmung rechtfertigen und vorantreiben. Die Alternative Rechte verbreitet dazu hochempfindliche Sensoriken, die solche Eindrücke produzieren sollen: Von Justin Trudeaus übereinandergeschlagenen Beinen bis zu *Star Wars* – überall lassen sich Beweise für einen Verblendungszusammenhang finden.

Das Versprechen der Alternativen Rechten, des Memes und des Films ist das gleiche: Hat man die affektive Schwelle vom ›Unwohlsein‹ zur ›Erkenntnis einer Verblendung‹ überschritten, winkt eine gottgleiche

14 Guillaume Faye. *Archeofuturism*. Arktos Publishing 2010 [1998]. S. 85.

Abb. 34

Handlungsmacht und Unverwundbarkeit. Man kann die verbalen Attacken ›Racist, Sexist, Nazi!‹ abwehren, genau wie Andrew Breitbart es versprochen hat (Abb. 34). Sie verletzen nicht mehr. Das Simulakrum *Matrix/Racism* ist machtlos geworden, denn man kann dessen Simuliertheit überall beweisen und sich über seine Benimmregeln und Wirklichkeitsgrenzen hinwegsetzen. Ein Aufruf wie »We should all be feminists« von Chimamanda Ngozi Adichie oder ein Konzept wie ›white privilege‹ – solche Dinge reichen vielen Menschen schon zum Beweis dafür, dass eine *Matrix*-artige Gleichschaltung der Gehirne vor sich geht. In der intuitiven Ablehnung kommt man sich ermächtigt vor wie Keanu Reeves, tanzend im Kugelhagel.

Ich halte solche kleinteiligen Aufschlüsselungen für wichtig und die Affekttheorie für die geeignete Sprache. Damit können zentrale Strategien und Aufsatzstellen der Alternativen Rechten beschrieben werden und neuralgische Punkte der Intervention. Die ›mikrologischen Vorstufen‹ großer politischer Gefühle zeigen die Druckpunkte an, auf denen die Alternative Rechte inspiriert von Alain de Benoist und anderen ihr zentrales Kampfmittel der Metapolitik ansiedelt.[15]

15 Alain de Benoist. *Kulturrevolution von Rechts. Gramsci und die Nouvelle Droite.* Jungeuropa Verlag. 2017 [1985].

Der Begriff wird oft zusammen mit der »Kulturrevolution von Rechts« genannt und ist in der Forschung zu Rechtspopulismus und Rechtsextremismus insgesamt zu wenig besprochen worden. Metapolitik bezeichnet eine Strategie, die sich vom Kampf um Mehrheiten in parlamentarischen Demokratien abgrenzt, wie sie der parteienbasierte Rechtspopulismus betreibt. Metapolitisches Ziel ist es, wie der neurechte Denker Karlheinz Weißmann schreibt, das »Kollektivbewusstsein zu erneuern« und »Felder im vorpolitischen Raum« zu besetzen.[16] Der *IB*-Aktivist Mario Müller erläutert das Konzept in seinem Buch *Kontrakultur* populärwissenschaftlich:

> »Metapolitik stellt [...] die ›Software‹ der Macht dar. Während Parteien um politische Posten streiten, erkennen die identitären Aktivisten, daß jeder politischen Wende eine kulturelle Wende vorausgehen muß. Bereits jetzt beginnt sich der Wind zu drehen: Die Begriffe, Bilder und Narrative der Linken werden zunehmend zum Gegenstand des Gelächters und der Verachtung. [...] Aufgabe der identitären Metapolitik ist es einerseits, dieses Sterben der Codewörter zu beschleunigen [...], andererseits eigene Gegennarrative zu erschaffen.«[17]

Metapolitik meint also die Beeinflussung und Vorstrukturierung der Alltagserfahrung von Subjekten. Die ideologische Doktrin und Machthierarchien sind in der metapolitischen Strategie weniger wichtig als das Formen von Empfindungen, Befindlichkeiten, Medienverhalten, Wahrnehmungsmustern und kulturellen Diskursen. Müllers Beschreibung spricht die Prägung alltäglicher Gefühlswelten und emotionaler Haltungen an, wenn er das ›Lächerlich-werden‹ von Begriffen (zum Beispiel ›Integration‹) beschreibt. Ziel der Metapolitik sei nicht nur, eine Akzeptanz für den weichgezeichneten Rassismusbegriff ›Ethnopluralismus‹ zu schaffen.[18] Vor allem sollen Begriffe wie ›Vielfalt‹ oder ›Rassismus‹ bereits im Alltagsgebrauch verdächtig und affektprovozierend gestellt sein. Metapolitik zielt darauf, bestimmte Begriffe gefühlsmäßig neu zu ummanteln: ›Widerstand‹, ›Identität‹, ›Mei-

---

16 Zitiert nach: Andreas Speit. »Neurechter Denker Karlheinz Weißmann: Der Oberintellektuelle«. *taz.de*, 21.4.2017. www.taz.de/!5399096/. Zuletzt gesehen am 05.01.2021. Siehe auch die rechte Theoriebildung: Thor von Waldstein. *Metapolitik: Theorie – Lage – Aktion*. Antaios 2015.

17 Müller. *Kontrakultur*. 2017. S. 185.

18 Siehe Webseite der *IB*: https://www.identitaere-bewegung.de/forderungen/. Zuletzt gesehen am 05.01.2021.

nungsfreiheit‹ – alles Begriffe, die die Rechte in den letzten Dekaden erfolgreich emotional besetzt hat.

Affekttheorie, wie sie Kathleen Stewart und andere betreiben, erlaubt es, die Ebene des alltäglichen (Er)Lebens zu beschreiben, wo metapolitische Strategien der Alternativen Rechten auf- oder ansetzen. Der Alternativen Rechten geht es nicht darum, jeden Bürger und jede Bürgerin auf den ›Volkszorn‹ gegen ›die Welt‹ einzuschwören und für die Wahlurne zu radikalisieren. ›Unwohlsein‹ möglichst breit zu induzieren und diese Befindlichkeit als positive Orientierungsleistung aufzuwerten – diese Aspekte sind sehr viel wichtiger als ideologische Doktrinen wie ›rassische‹ Überlegenheit oder Suprematie.

Das Internet und die sozialen Medien ereignen sich fast ausschließlich als metapolitischer Raum, denn jede Information oder Meinung wird mit Likes/Dislikes, Upvotes/Downvotes, Kommentaren, Emojis und Shares in eine Gefühlslandschaft eingebettet: Wie viele mögen das, wie viele nicht, wie ist die Stimmung zu diesem Video, Beitrag, Post? Es bilden sich atmosphärische Hüllen um Dinge, Bilder, Ereignisse und Begriffe. Klimazonen entstehen, in denen Begriffe wie ›Vielfalt‹ oder ›weiß‹ eine andere affektive Valenz, ein alternatives *gefühltes Gewicht* bekommen können.

Affekttheorie stellt eine Heuristik bereit, die sich besonders zur Beschreibung metapolitischer Effekte und Strategien im Netz eignet. Ich werde die Methode im nächsten Teil durch drei Beispiele unterfüttern. Diese Beispiele zeichnen den oben beschriebenen Weg vom diffusen Affekt zur Atmosphäre nach, weiter zur Gegenrealität und Gegenerfahrung bis hin zur kohärenten Ideologie. Das sind Wege, die User*innen der Alternativen Rechten gehen oder gehen können, vom diffusen Unwohlsein zum alternativen Weltbild, vom Affekt zur Ideologie.

Ich entwerfe damit ein Gegenbild zu der gängigen Ansicht, dass Rechtsradikalismus nur mittels Verführung durch autoritäre Führer entsteht. Rechts wird man weder qua Geburt noch durch Gehirnwäsche im neonazistischen Geheimbund. Radikalisierung vollzieht sich banal, das heißt viel weniger außerordentlich: ›Rechtssein‹ bedeutet für immer mehr Menschen – vor allem Weiße, vor allem Männer – eine Orientierungshilfe. Rechte Gefühle kommen nicht als infektiöses ›Gedankengut‹ von oben, sondern entfalten sich *bottom-up* als Plausibilisierung eines unübersichtlichen Alltags.

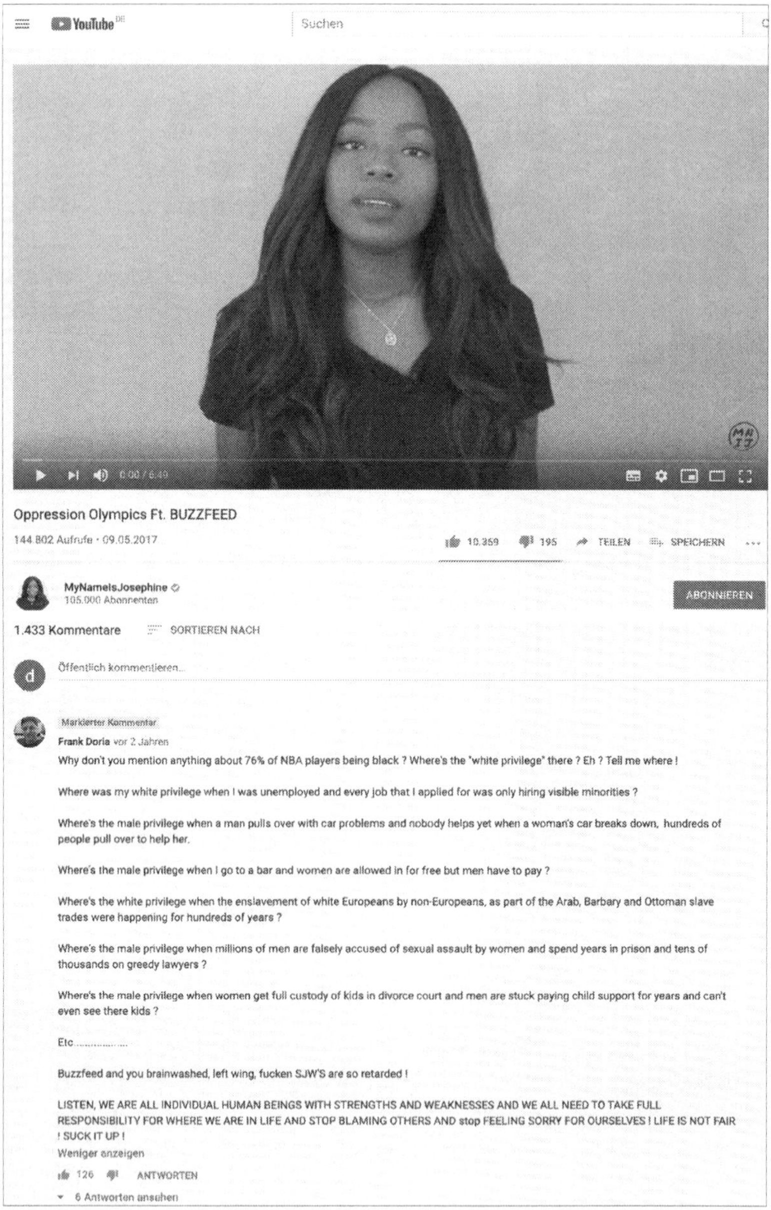
YouTube DE
Suchen
0:00 / 6:49
Oppression Olympics Ft. BUZZFEED
144.802 Aufrufe • 09.05.2017
10.359
195
TEILEN
SPEICHERN
MyNameIsJosephine
105.000 Abonnenten
ABONNIEREN
1.433 Kommentare
SORTIEREN NACH
Öffentlich kommentieren...
Markierter Kommentar
Frank Doria vor 2 Jahren
Why don't you mention anything about 76% of NBA players being black ? Where's the "white privilege" there ? Eh ? Tell me where !
Where was my white privilege when I was unemployed and every job that I applied for was only hiring visible minorities ?
Where's the male privilege when a man pulls over with car problems and nobody helps yet when a woman's car breaks down, hundreds of people pull over to help her.
Where's the male privilege when I go to a bar and women are allowed in for free but men have to pay ?
Where's the white privilege when the enslavement of white Europeans by non-Europeans, as part of the Arab, Barbary and Ottoman slave trades were happening for hundreds of years ?
Where's the male privilege when millions of men are falsely accused of sexual assault by women and spend years in prison and tens of thousands on greedy lawyers ?
Where's the male privilege when women get full custody of kids in divorce court and men are stuck paying child support for years and can't even see there kids ?
Etc...................
Buzzfeed and you brainwashed, left wing, fucken SJW'S are so retarded !
LISTEN, WE ARE ALL INDIVIDUAL HUMAN BEINGS WITH STRENGTHS AND WEAKNESSES AND WE ALL NEED TO TAKE FULL RESPONSIBILITY FOR WHERE WE ARE IN LIFE AND STOP BLAMING OTHERS AND stop FEELING SORRY FOR OURSELVES ! LIFE IS NOT FAIR ! SUCK IT UP !
Weniger anzeigen
126
ANTWORTEN
6 Antworten ansehen

Abb. 35

1. Schwellenerlebnisse (nach Frank Doria)

Zuerst eine fast zufällige Liste an Einstiegspunkten in die Weltskizze der Alternativen Rechten – Zugänge zu dem Forum, das sie völlig disparaten Befindlichkeiten geben. Gesammelt sind diese Punkte in einem Kommentar auf YouTube: Ein Luftmachen, ein *rant*, eine argumentative Kaskade, wie sie täglich millionenfach im Netz stattfinden. Die Quelle ist ein YouTube-Account namens *Frank Doria*, der ein Meinungs-Video mit dem Titel »Oppression Olympics Ft. BUZZFEED« kommentiert (Abb. 35). Die Vloggerin Josephine Mathias äußert sich im Video kritisch zu den Konzepten *white privilege* und *political correctness*.[19] *Frank Doria* stimmt dem Video mit seinem Kommentar zu, ohne aber näher auf die Ausführungen der Vloggerin einzugehen.

Es ereignet sich eine Affektbrücke zwischen Videoautorin und Kommentator,[20] aber noch etwas: *Frank* hat noch mehr Argumente als das Video parat, das er kommentiert. Er denkt noch weltumspannender und kritischer als die Urheberin und fragt sich zum Beispiel, wo die angebliche Privilegierung weißer Männer denn nun *überhaupt* zu sehen sei. Er ist ja selber einer, und er fühlt es überall:

> »Why don't you mention anything about 76 % of NBA players being black? Where's the ›white privilege‹ there? Eh? Tell me where!
> Where was my white privilege when I was unemployed and every job that I applied for was only hiring visible minorities?
> Where's the male privilege when a man pulls over with car problems and nobody helps yet when a woman's car breaks down, hundreds of people pull over to help her.
> Where's the male privilege when I go to a bar and women are allowed in for free but men have to pay?

---

19 MyNameIsJosephine. »Oppression Olympics Ft. BUZZFEED«. *Youtube.com*. 09.05.2017. https://www.youtube.com/channel/UC89QtIAIY6xQgOhMYxMWXFA. Zuletzt gesehen am 14.07.2020, mittlerweile wurde das Video auf ›privat‹ umgestellt. Josephine Mathias wird näher in Screenshot 10 besprochen.

20 Gabriele Dietze entwickelt den hilfreichen Begriff der Affektbrücke in ihrem Buch: *Sexueller Exzeptionalismus: Überlegenheitsnarrative in Migrationsabwehr und Rechtspopulismus*. transcript 2019. S. 17.

Where's the white privilege when the enslavement of white Europeans by non-Europeans, as part of the Arab, Barbary and Ottoman slave trades were happening for hundreds of years?
Where's the male privilege when millions of men are falsely accused of sexual assault by women and spend years in prison and tens of thousands on greedy lawyers?
Where's the male privilege when women get full custody of kids in divorce court and men are stuck paying child support for years and can't even see there kids?
Etc..........................«[21]

Fragen ohne Antworten, und ohne Anlass. Aufregungskataloge, die sich an niemanden richten und fast nichts wollen, außer geschrieben und ohne Rechtschreibkorrektur rausgehauen zu werden.

Diese Ausbrüche existieren überall im Netz, und in gewisser Weise sind die Strukturen der sozialen Medien genau dafür gemacht. Solche Posts bringen disparate und diffuse Alltagseindrücke zur kurzen Kulmination, zum Siedepunkt. Sie bauen eine Art *ambience*, eine Atmosphäre, die einen größeren Zusammenhang nahelegt, aber nicht erschöpfend erläutern muss: ›Schwarze Profisportler verdienen Millionen, ich aber nicht – das muss doch einen tieferen Grund haben? Ich habe einen platten Reifen und niemand hilft – wie kann ich diesen schlechten Tag strukturell einsortieren? Warum muss ich Eintritt zahlen, die Frauen da drüben aber nicht? Zahlen Frauen überhaupt für irgendwas, oder immer *wir* Männer?‹

Eh?

Andere User*innen mögen das – sie kommentieren, verschärfen, mildern ab. Sie diskutieren zum Beispiel, ob die Spielerzusammensetzung der NBA tatsächlich mit ›Black privilege‹ zu tun habe, und so weiter. Eine gefühlte Erfahrung konstruiert sich, die irgendwo zwischen Meckern, Selbstbeschreibung, Fehlleistung, Strukturanalyse, Identitätspolitik und Weltsicht steckenbleibt. Sie muss sich nicht entscheiden, was sie sein will. Die Masse an Eindrücken, die *ambience* spricht für sich. Aufhänger ist hier der Begriff *privilege*, der so entziffert wird, wie es das propagandistische Poster oben andeutete: ›privilegiert‹ genannt zu werden, bedeutet eigentlich, für *the world's problems* verantwortlich gemacht zu werden. Dem Begriff ›Privi-

21 Kommentar von User »Frank Doria«. Gepostet am 10.05.2017, 06:50:04.

leg‹ wird eine Kaskade von affektiven Einhüllungen übergestülpt – mit dem Ziel, sich gegen ihn zu immunisieren.

Let me tell you about my problems.

In der Rage des Aufschreibens/Auskotzens vergisst *Frank Doria* eine Menge Feinheiten: Dass *white privilege* und nicht *male privilege* Thema war; dass Privilegierung nicht die Abwesenheit von Problemen bedeutet; dass das Konzept ein Theorievorschlag ist und kein Persönlichkeitsmerkmal; dass zwischen ›Schuld‹ und ›Privileg‹ durchaus Abstände zu verzeichnen sind; dass eine Frau mit Autopanne nicht auf Hunderte von Helfern hoffen kann (oder auch: sich selbst helfen kann); und so weiter. *Frank* vergisst schließlich sogar, den Begriff *privilege* distanzierend in Anführungszeichen zu setzen, weil Wut. *Eh?*

Frank Doria, wie die Alternative Rechte generell, agiert monologisch und weitestgehend ohne Realitätsabgleich oder Empirie. Ich werde seine Beobachtungen nicht widerlegen – interessant ist nicht ihr Wahrheitsgehalt, und ein Faktencheck ist kein geeignetes Gegenmittel. Zentral ist der Affekt: Der Kommentar steuert Strukturkritiken an, fühlt sich wie die Aufdeckung eines ideologischen Zusammenhangs an, lässt diese Positionen aber gleichzeitig irgendwo unterwegs liegen. Der Schritt vom gefühlten, inneren Notstand zur ›Kritik‹ scheint völlig unwichtig zu sein. Zentral sind die beschworene Atmosphäre einer umfassenden Benachteiligung und die *gefühlte Gegenposition*. Unabhängig davon, ob *Frank Doria* nun ›rechtsradikal‹ ist, antifeministisch oder rassistisch, zeigt sich die entscheidende Pointe des rechten Diskurses: Er bietet eine Folie, auf der das *Persönliche politisch* werden kann und zwar als *affektive Gegenbewegung* – nicht als ideologische Kritik oder Funktion.

Die feministische Affekttheorie könnte *Frank* helfen, und das ist kein Zufall: Einer der zentralen Forschungszusammenhänge, in denen die feministische Affekttheorie in den frühen 2000er Jahren entwickelt wurde, war der sogenannte *Feel Tank Chicago*. »Depressed? It might be political« hieß ein Slogan des Forschungs- und Aktivismuskollektivs.[22] Er geht auf das Basis-

22 Die aktivistische Gruppe *Feel Tank Chicago* formulierte 2003 den Slogan »Depressed? It Might be Political« und rief zu Demos in Pyjama und Bademantel auf. Feministisch-queere Theoretiker*innen wie Ann Cvetkovich, Lauren Berlant, oder Heather Love, die unter anderem Teil der *Feel Tanks* in verschiedenen US-amerikanischen Städten sind, setzen den Begriff ›feeling bad‹ (sich schlecht fühlen) anstelle von ›Trauma‹ oder ›Depression‹ ein, um eine Auseinandersetzung mit den Effekten des Schmerzes der Unterwerfung auch im Alltag zu ermöglichen.

argument des Feminismus zurück, dass nämlich persönliche Erfahrungen und private Zustände Ausdrücke struktureller und politischer Machtverhältnisse sind:

Das Private ist politisch.

Die Affektforschung besteht darauf, dass diffuse Gefühle und Befindlichkeiten von Machtasymmetrien bestimmt werden und im Politischen Platz haben. Affekte und Stimmungen geben Aufschluss über gesellschaftliche Kräfteverhältnisse, denn sie drücken Missverhältnisse aus. Depressive Zustände und Desorientierungen können so zur machtkritischen Analyse führen. ›Feeling bad‹ kann nach Sara Ahmed als kritische Methodologie gewonnen werden.[23]

In der Tirade des *Frank Doria* ist zentral, dass die machtanalytische Achse des Gefühls angedacht, evoziert, *empfunden,* aber nie ausgesprochen oder ›zu Ende‹ gedacht wird. Das wäre immerhin möglich: ›Wir müssen über die strukturelle Benachteiligung von weißen Männern sprechen, die zur Unterrepräsentation in der NBA, der Einsamkeit beim Reifenwechseln und zur Benachteiligung in Sorgerechtsprozessen führen.‹[24] Das wäre tatsächlich der Beginn von politischen Projekten, die zu verschiedenen Graden plausibel wären. Verändern will *Frank* aber nichts: »Life is not fair! Suck it up!« bleibt als (immerhin nicht hart-rechte) Zusammenfassung seiner Skizze einer unfairen Welt übrig. Aber genau da, allein und wütend am Straßenrand, kann die Alternative Rechte *Frank* und alle anderen gut abholen.

Worum es in einem solchen Internet-Kommentar geht, liegt unterhalb der Kritik berechtigter oder unberechtigter Missstände. Es geht darum, disparate Beobachtungen und banale Befindlichkeiten zu einer Weltskizze zu verdichten, die für sich selbst sprechen soll: ›Privileg‹ sei nicht nur absurd und falsch, sondern es werde von irgendwo (von oben! Von denen!) diskriminierend gegen die vermeintlich Privilegierten (gegen mich!) eingesetzt. Die Welt stößt *mich* ab, das ist so unbeweisbar wie offensichtlich: *Franks* Kommentar ist eine *red pill,* eine affektive Schwelle, bei deren Überquerung die konventionelle Sprachwelt aus den Angeln gehoben wird und Begriffe wie ›Privileg‹ die Temperatur, die Klimazone wechseln. *Frank Doria* hat kein In-

---

23 Sara Ahmed. *Cultural Politics of Emotion.* Edinburgh University Press 2014.

24 In dieser Anhäufung sind durchaus unterschiedliche Arten und Weisen von ›falsch‹ oder ›lächerlich‹ unterwegs, die verschiedene Gegenargumente erfordern würden. Der Verlust der Differenzierungsfähigkeit ist ein wichtiges Ziel rechter Agitation.

teresse daran, tatsächlich Ideologiekritiker zu werden – es geht ihm um die Übermittlung einer Atmosphäre, in der seine Unterdrückung evident wird.

Hier zeigt sich die zentrale Rolle von *Geschlecht* für die Verfahrensweisen und Diskursformen der alternativen Rechten: Am Geschlechtskörper, dem Zweigeschlechtersystem und den Konventionen der Heteronormativität lassen sich eine Fülle intuitiv verstehbarer Krisenmomente erzeugen, die zu einem Welt- und Selbstbild aufgeblasen werden können: Autopanne, Sorgerecht, *Ladies Night*.

Geschlecht ist Motor und primärer Aktionsraum der Alternativen Rechten: Gender ist ein endloser, intimer und zugleich öffentlichkeitswirksamer Generator von Krisen, Krisenmomenten und Schnittstellen von Macht, persönlicher Erfahrung und Befindlichkeit. Die Alternative Rechte adaptiert die klassische Losung des Feminismus – *das Persönliche ist politisch* – und wendet sie gegen die eigentliche Intention, gleiche Relevanz für den (weiblich-codierten) Privatraum und die patriarchalen Öffentlichkeiten zu beanspruchen. Auf dem Boden des Geschlechts lassen sich die alltäglichen Affekte gut kultivieren, die die Alternative Rechte für ihre Agitation und Propaganda züchtet.

Als Tirade ist die persönliche Erfahrung *Frank Dorias* ein Moment der Ermächtigung gegen eine doppelte Kränkung: Niemand hilft ihm bei der Autopanne und obendrein sei er ›privilegiert‹. Diesen Widerspruch, diese doppelte Verletzung anzuklagen, ihr in einer Kaskade von scheinbar ähnlichen und zugleich völlig disparaten Beispielen die nötige Relevanz und Realität zu injizieren – das ist letztlich eine *empowerment*-Geste ohne Strukturkritik (ob er tatsächlich einen Reifen gewechselt hat, ist unerheblich – es könnte so sein). Zugleich folgt *Frank Dorias* Argumenthaufen auch dem, was Mario Müller als metapolitische Operation, als ›Sterben der Codewörter‹ beschreibt: *Frank* vollzieht die emotionale Umwertung eines Begriffs wie ›Privileg‹ vom Strukturargument zur persönlichen Verunglimpfung: *My privilege?!* Der persönliche Angriff wird mit Verve zurückgewiesen und als absurd, beleidigend und zuletzt indoktrinierend eingeordnet.

Frank betreibt intuitive Metapolitik: Begriffe werden diskreditiert und emotional neu aufgeladen, disparate Gegenfakten werden gesammelt, kuratiert und zur *red pill* verklumpt. Es ist erstaunlich, welche Diskurse und Archive ein simpler YouTube-Kommentar dabei navigiert und als Gegenwissen ansteuert: Alternative Historiographien zur Sklaverei, Sportstatistiken, Reifenpannen, Ressentiments, *Ladies Night* und so weiter. Solche Zusammenwürfe des Disparaten vollführen einen regelrechten *Wolkenbruch* an Verhältnissen, Aufgeschnapptem, Kleinsterlebnissen und Eindrücken, die man auch ›Wissen‹ nennen kann: *Frank Doria* verhandelt *his world's problems*, sein Ungleichgewicht in der Welt, aus mikrologischer, affektiver Sicht.

Aus welcher Handlungslogik heraus geschieht diese Artikulation von Wissen als ›Gegenwissen‹? In diesem Beispiel ist es nicht klar: *Frank Dorias* Intention oder Online-Pragmatik (Diskussion, Provokation, Zustimmung, Luftmachen) sind nur unscharf bestimmbar. Sein Einwurf ist ein *Kommentar*, wie YouTube sie werkseitig ermöglicht und einfordert. Im folgenden, klassisch gewordenen Beispiel rassistischer Metapolitik ist die Absicht offensichtlicher.

2. Worldbuilding (nach 4chan)

In der Halloween-Nacht zum 1. November 2017 tauchten an mehreren US-amerikanischen und kanadischen Universitäten (unter anderem Ohio, Moorhead, New Orleans, Silver Spring, Cambridge, Harvard, Alberta) und anderen Orten minimalistisch gestaltete Zettel auf. Auf ihnen stand in schwarzer Schrift der Spruch zu lesen: »It's okay to be white« (Abb. 36). Die Poster gingen auf eine im Internet-Forum 4chan geplante und lancierte Aktion zurück, wo ein anonymer Nutzer wenige Tage vorher folgende Anweisung gepostet hatte (Abb. 37):

> »Game Plan: 1. anons organize here and elsewhere, print out uniform posters; 2. put on silly halloween costume for anonymity; 3. posters go up on campuses (and elsewhere) across the world on halloween night; 4. the next morning, the media goes completely berserk; 5. normies tune in to see what's going on, see the posters saying ›it's okay to be white‹ and the media & leftists frothing at the mouth; 6. normies realize that leftists & journalists hate white people, so they turn on them; 7. credibility of far left campuses and media gets nuked, massive victory for the right in the culture war, many more/ourguys/ spawned overnight; IMPORTANT REMINDERS: The point is to have MAXIMUM CONTRAST between how evil the media portrays these posters, and how clearly benign they are to normies.«[25]

25 Der Originalbeitrag ist mitterweile gelöscht. Ein Screenshot findet sich hier: »It's Okay to Be White«. *knowyourmeme.com*. Ohne Datum. knowyourmeme.com/memes/its-okay-to-be-white/. Zuletzt gesehen am 05.01.2021.

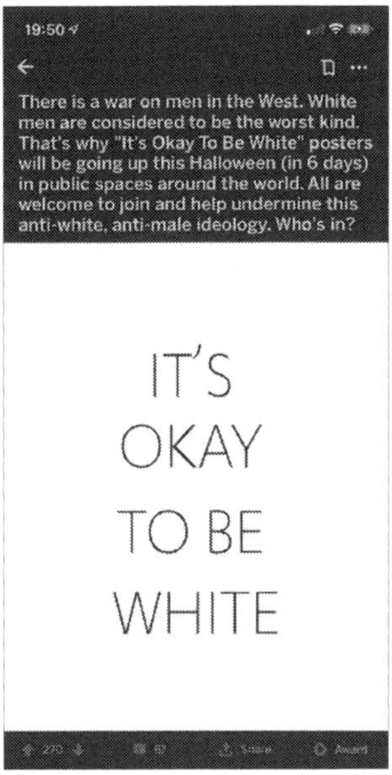

Abb. 36

Abb. 37

Die Posteraktion »It's okay to be white«, hier abgekürzt als *IOTBW*, zog konträre Reaktionsmuster nach sich: Örtliche Polizeiagenturen kündigten eine strafrechtliche Untersuchung der Vorfälle an, Student*innengruppen entfernten die Poster, protestierten gegen rassistische Sprachgewalt und veröffentlichten Bilder auf Twitter mit dem Hashtag *#HateCrime*. Die landesweiten Fernsehsender berichteten über die Vorfälle und versuchten mehrheitlich, die Aktion mit dem *Alt-Right*-Milieu in Verbindung zu bringen. Die Ausnahme bildete *FoxNews*, deren Kommentator Tucker Carlson eine wohlmeinende Interpretation des Slogans verteidigte und die antirassistischen und distanzierenden Kommentare seiner Kolleg*innen als »anti-white racism« angriff. Die identitäre Rechte in Deutschland und Österreich nahm die Aktion positiv auf und schrieb sie Mike Enoch zu, einen bekannten rechtsextremen Aktivisten, der unter anderem den Podcast *The Daily Shoah* produziert.[26]

26 Johannes Poensgen. »It's Okay to be White«. *Blauenarzisse.de*. 14.11.2017. www.blauenarzisse.de/its-okay-to-be-white/. Zuletzt gesehen am 05.01.2021.

Was bei *Frank Doria* als spontan-naiver Ausbruch gegen persönliche Verunglimpfung entsteht, materialisiert sich bei *IOTBW* als geplante Operation einer Diskursguerilla von Rechts. Sie betreibt eine strategische Manipulation des Diskursraums, also mithin explizite Metapolitik. *IOTBW* ist auch ein Trick, der ähnlich einem Klingelstreich die Routinen politisch empfindlicher Öffentlichkeiten – Universitäten und Mainstream-Medien – auslösen möchte, um sie gegen die Sensibilitäten vermeintlicher weißer Normalbürger*innen auszuspielen. Empörung und Kritik werden fabriziert, um den politischen Gegner zur Selbstdenunziation zu treiben: Durch Kritikreflexe und Gefühlswallungen gegen diesen ›harmlosen‹ Satz soll sich die Öffentlichkeit ins diskursive Abseits manövrieren. Soviel postuliert zumindest der zitierte »Game Plan«. Adressierte Leser*in des Statements und der Reaktionenkaskade ist *the average white American*, die sich in der Folge ihrer Normalität und *okayness* beraubt und von jenen ausgegrenzt fühlen soll, die zu sagen scheinen: »it's not okay to say ›it's okay to be white‹«.

Wie schon bei *Frank Doria* werde ich hier nicht dem Wahrheitswert des Statements *IOTBW* nachgehen. Die relative Aussagelosigkeit – ›it's okay‹ – ist immerhin sein Hauptmerkmal.[27] Wichtiger ist seine Wirkung als *klimatische Operation*. Denn es ging weder um die Verbreitung einer rechten Ideologie noch um die Aufwertung von *whiteness*. Wie der ›Game Plan‹ ausführt, bestand das Ziel *explizit* darin, ein mediales Diskursklima (»media goes berserk«), eine Fieberkurve der Berichterstattung (»frothing at the mouth«) zu induzieren. Deren Volatilität sollte die sogenannten ›Normies‹ (Normalos) vom Diskurs und den Medien entfremden. Die folgenden, unschuldig-naiven Fragen sollen sagbar werden, und an die Mainstream-Medien und die Gesellschaft gerichtet werden:

Warum ist es nicht okay, weiß zu sein?
Weiß ist doch immerhin normal, warum also dieser Aufschrei?
Ist das nicht auch rassistisch?
Ist das nicht der eigentliche Rassismus?

---

27 Wie vielfach betont wurde, wurden die Poster unter anderem neben Gedenkstätten für die Opfer rassistischer Gewalt und Sklaverei in den USA platziert, und in direkter Nähe zu universitären Vertretungen von *Students of Color* und antirassistischen Initiativen. Sie waren also tangential zum semantischen Gehalt Akte einer performativ-rassistischen Gewalt.

So geht die Herstellung von unpopulären Meinungen (s.o.). Der metapolitische Kern der Aktion liegt in der präzisen Wahl des Begriffs *okay*. Die Aussage ›its okay‹ mutet harmlos an und beweist genau dadurch die Brutalität einer angeblichen Zensur, die wohlgemerkt nie stattfand. ›Okay‹ beweist, dass es nur um eine ganz normale Normalität geht, ein ›okayes‹ Grundgefühl, das man für sich beanspruchen möchte, aber nicht darf. Die Affektforscherin Lauren Berlant hat den Begriff *okayness* zentral verwendet, um kurz vor der Trump-Wahl 2016 den emotionalen Zustand weißer Wähler*innenschaften zu beschreiben:

> »Here is the thesis of this piece, which is about the contemporary United States. People would like to feel free. They would like the world to have a *generous cushion* for all their aggression and inclination. They would like there to be a *general plane of okayness* governing social relations. It is hard for some to see that the ›generous cushion for aggression‹ might conflict with the ›general plane of okayness.‹«[28]

Ich möchte wütend sein, und die Welt soll das abfedern und mich darin okay sein lassen. *IOTBW* dreht diesen Wunsch nach einem Kissen, einem Spielraum um zu einer Gefühlskonkurrenz: Man *lässt* mich nicht okay sein, *deshalb* werde ich aggressiv. Eingehüllt wird dieses Spiel, wie Berlant andeutet, in den Mantel der ›Freiheit‹.

People would like to feel free.

Ohne dass irgendjemand irgendetwas gesagt hätte, schafft *IOTBW* eine Atmosphäre, in der diese »general plane of okayness« für weiße Menschen verloren ist. Ihre Freiheit wurde aufgekündigt. Eine Scheinerfahrung bietet sich an, an der zum Beispiel *Frank Doria* sein richtungsloses Fragenbündel aufhängen kann: Weißen Menschen ist das Grundgefühl genommen, irgendwie zumindest okay zu sein, *daher habe ich dieses Gefühl*. Die Normalität ist verloren. Irgendetwas stimmt nicht, und die Welt ist aus den Fugen.

Ein metapolitischer Erfolg: Eine Atmosphäre entsteht, in der *whiteness* prekarisiert, ausgegrenzt, unfrei erscheint. Das ist nirgendwo beweisbar und überall vermutbar. Eine diffuse Wahrnehmung wird klarer: Die Welt hat sich von mir abgewendet, marginalisiert mich mit endlos kleinteiligen, unmerkli-

---

28 Vgl. Lauren Berlant. »Trump or Political Emotions«. *SupervalentThought.com*. 04.08.2016. supervalentthought.com/2016/08/04/trump-or-political-emotions/. Zuletzt gesehen am 05.01.2021.

chen Maßnahmen, sie verweigert mir die Abfederung und ist unbequem geworden. Das zeigt, dass ich also verblendet werde und in einer Matrix lebe. Das alles beweist sich mit der abgewandelten Grundannahme der Affektforschung:

Something is not okay, I am not okay.

Auch wenn es sich hier um eine lancierte Diskursmanipulation von 4chan handelt – das Gefühl, die Witterung des Missstands hat sich bewahrheitet und gibt weiteren Gefühlsäußerungen Halt. Zwischen den *Shitpostern* von 4chan und den Beobachter*innen der Aktion entsteht eine gefühlte Verbindung: Etwas stimmt nicht daran, wie weiße Menschen in der Gesellschaft oder den Medien stehen. Die Unterdrückung ist *fühlbar* geworden.

Auf dem Reddit-Forum *r/nostupidquestions* wurde die Aktion *IOTBW* ausgiebig diskutiert (»Is the Its okay to be white campaign racist?«) und zum Beispiel von Nutzer*in *Kerath* wie folgt kommentiert:

> »It's a simple sentence that was meant to start a game. A game that the only winning move is not to play. And yet, they played it anyway, *proving to everyone that it's indeed NOT okay to be white.* Master's play from/pol, the game was won before it started. The only thing alt-left is going to achieve now is more people standing against their twisted ideals.«[29]

Eine Spielidee, eine ausgedachte Performance ist wahr geworden. Die Provokation hat das enthüllt, was sie fiktiv behauptet hatte. Tucker Carlson, einer der versiertesten neurechten Ideologen auf *FoxNews*, sponn die zirkelschlüssige Aktion und ihre Folgewirkung mit Leichtigkeit zum *reverse racism* um:

> »The sentiment ›it's okay to be white‹ is now a hate crime. Ok, so what's the correct position? That it's not okay to be white? Being white by the way is not something you can control. Like any ethnicity, you're born with it, which is

29 Aconserva3, »Is the It's Okay to be White Campaign Racist?«. *Reddit.com*. 02.11.2017. www.reddit.com/r/NoStupidQuestions/comments/7aad2d/is_the_its_okay_to_be_white_campaign_racist. Zuletzt gesehen am 05.01.2021. Nutzer*in *hong2hong* schreibt in diesem Thread: »The left have no way to win this game. If they attack,/pol win because it show that they are racist. If they keep silent,/pol win, because it show to people that its okay to be white. Dont hate your white self/group/people. Whatever the left choose,/pol get the last laugh. 4D chess everyone«. Das Kürzel »/pol« bezieht sich auf das 4chan-Forum »/pol/«, das als Sammelpunkt für rechte Tendenzen und Spitzenlabor für ›trolling‹ gilt.

> why you shouldn't attack people for it, and yet the left does constantly in case you haven't noticed. So who's sowing racial division here? They ought to stop. These things never end well.«[30]

Aus den Postern entstand eine Atmosphäre und daraus der gefühlte Beweis dessen, was vorher Verdacht oder fixe Idee war: ›weiß-Sein ist nicht okay, Linke sind die wahren Rassisten, ich kann da nur warnen‹.

Im Ergebnis ist die eigentliche Aussage des *IOTBW*-Posters eine andere: Nicht ›weiß-Sein = okay‹, sondern ›weiß-Sein = Unterdrücktsein‹. Das alles geschieht wohlgemerkt, ohne dass *irgendjemand irgendetwas* in dieser Richtung gesagt hätte – die Medien reagierten auf die offensichtliche rassistische Konnotation und Platzierung der Poster. Aber die Erfahrung bleibt zurück, dass weißen Menschen die *gefühlte okayness*, das soziale und diskursive Polster der Neutralitätsvermutung, plötzlich und von höheren Mächten verweigert wird.

Es ist deutlich, dass solche Aktionen nicht allein durch die Altherren-Mechanik des ›Man wird ja wohl noch sagen dürfen…‹ zu erklären sind. Die Klaviatur der unbeliebten, aber notwendigen Meinungsäußerung wird zwar evoziert, und *IOTBW* bietet sich im Alltagsgebrauch auch dafür an. Mittlerweile sind Abwandlungen auf Deutsch, für Trump-Wähler*innen und vieles andere aufgetaucht.[31] Wichtiger als die inhaltliche Auseinandersetzung mit solchen Tricksereien ist etwas anderes: Die Alternative Rechte, hier in Gestalt von 4chan, züchtet und gestaltet Begriffe, Slogans und Gefühlslagen. Sie werden in Strategien eingepasst, mit denen Öffentlichkeiten und Medienroutinen manipuliert werden können. *IOTBW* war *real-life clickbait,*[32]

30 N. N. »Tucker Carlson defends 4chan's ›it's okay to be white‹ campaign«. *Mediamatters for America.* 3.11.2017. mediamatters.org/video/2017/11/03/tucker-carlson-defends-4chans-its-okay- be-white-campaign/218454/. Zuletzt gesehen am 05.01.2021.

31 Eine anders gelagerte Diskursverdrehung wurde 2019 ebenfalls von 4chan in Umlauf gebracht, gewissermaßen als zweite Version von *IOTBW*: »Islam is right about women.« Diesem Provokationssatz geht es darum, die vermeintliche ›linke‹ Öffentlichkeit eines Denkfehlers zu überführen: akzeptiere man patriarchale muslimische Kulturen, wie es die ›linke Hegemonie‹ tue, so könne man nicht für Frauenrechte sein. Hier sollte ein anderer Diskurszwang entstehen: man müsse ›den Islam‹ kritisieren, und damit der Rechten recht geben. Der Spruch fand kein großes Echo.

32 *Clickbait* bezeichnet reißerische Überschriften, die Nutzer*innen zum Anklicken, d.h. zum Konsum anregen sollen.

die gezielte metapolitische Steuerung und Erhitzung von Diskursräumen. Sie ging von gefühlten Zuständen aus und schaffte durch Kurzschluss von Reizwörtern und Medienroutinen, dass eben diese gefühlten Zustände mehr Resonanzraum, Reichweite und damit Realität erhalten. 4chan, und viele andere der Foren, die dieses Buch beschäftigen, sind regelrechte Treibhäuser zur Züchtung und Herstellung solcher metapolitischen Kurzschlüsse.

IOTBW wollte einen Präzedenzfall schaffen, der den vermeintlichen Totalitarismus und ›anti-weißen Rassismus‹ der Öffentlichkeit (gleichgesetzt mit ›die Linke‹, ›die Medien‹, *political correctness* und so weiter) beweisen und so als Faktizität erscheinen lassen konnte. Unabhängig vom tatsächlichen Erfolg solcher Aktionen wird immer die *affektive Realisierung* erreicht: Da es immer eine Reaktion geben wird, sehen sich die Manipulateur*innen der Alternativen Rechten immer bestätigt. Umstehende sehen die *okayness* ihrer ›weißen Identität‹ tatsächlich irgendwie kompromittiert – durch das Gefühl entsteht der Plan zum Identitätsprojekt *white*. Eine mechanisierte und verblendete Öffentlichkeit ist bewiesen, und weiter, dass diese generell ›anti-weiß‹ agiert, und ›weiß-Sein‹ so zur tatsächlich bedrohten Identität geworden ist. Das ist die Umwertung der kritischen Kategorie *whiteness* zur affektiven Identifizierung ›weiß‹ und die Umwidmung antirassistischer Konzepte zum ›wahren Rassismus‹.

Solche Tricks sind effiziente Gewinnstrategien in der digitalen Aufmerksamkeitsökonomie. Der rassisierte Mehrwert des Vabanquespiels der alternativ-rechten Diskursguerilla ist damit auch für andere Akteur*innen attraktiv. Wo dort ein *shitpost* und eine Plakataktion aus den Tiefen von 4chan ein Klima der ›weißen Marginalisierung‹ generieren, können hier Aphorismen von bekannten Medienphilosophen dieselbe Wetterfühligkeit auf den Punkt bringen: »Es gibt weltweit eine Einheit des rassistischen Bewusstseins: im Hass auf den weißen Mann.« Das twittert der emeritierte Professor Norbert Bolz am 11. September 2018 (Abb. 38).[33] Der Weg vom 4chan-Troll zur Rassist*in zur AfD-Funktionär*in zur konservativen Intellektuellen ist nicht weit, wenn es überhaupt einen Weg braucht. Ich glaube nicht, dass irgendwo eine klare

33 Es muss nicht Bolz sein (ist es aber), es kann auch jemand anderes sein. Siegfried Reiprich zum Beispiel, ehemaliger Geschäftsführer der *Stiftung Sächsische Gedenkstätten*, twittert Sachen wie: »Peter Scholl-Latour sah es schon vor mehr als 10 Jahren: ›Wir geraten in die Position der bedrohten Minderheit‹. Wir Weißen, Kaukasier, oder wie man es nennen will.« 30.06.2020. Der Tweet wurde mittlerweile gelöscht.

Abb. 38

Grenze zwischen ›normal‹ und ›radikalisiert‹ zu finden wäre. Wahrscheinlicher ist, dass zwischen 4chan und Norbert Bolz nur graduelle Genreunterschiede bestehen – man bespielt unterschiedliche Formate und Stile, je nachdem, welche Zielgruppe man im Forum, im Parlament, in der Twitter-Ruine der Medienphilosophie ansteuert.

Das gemeinsam Beunruhigende von *Bolz* und *4chan* liegt in der diskursiven Gewinnmarge solcher Störmanöver, im affektiven Reingewinn. Die gängigen Studien zum Rechtspopulismus übersehen diese meistens: Die Umwertung von ›weiß-Sein‹ und ›Mannsein‹ zur verfolgten, diskriminierten und unterdrückten Minderheit.

3. Ideologiekritik (nach Breivik)

Im Durchgang durch die ersten beiden Beispiele wurden zwei Phasen rechter Strategie abgeschritten. Erstens *Affektschwellen:* Gefühlshäufungen funktionieren als Argumentersatz und Online-Performance. Zweitens *Worldbuild-*

ing: Diskursive Klimazonen werden errichtet, in denen ›weiß-Sein‹ und ›Mannsein‹ als Diskriminierungszustände erwirtschaftet werden. In beiden Szenarien wird eine Scheinerfahrung generiert, die sich durch Verteilung, Feedback und Rekursionsschleifen *ver-wahrheitet* und zur gelebten Erfahrung werden kann. Alltagseindrücke, Desorientierung, eine gehemmte Beziehung zur Welt, verstreute Verärgerungen werden eingespeist. Dass man gefühlt nicht okay sei, obwohl man eigentlich normal sein müsste und wollte, ist die generelle Haltung der Rechten. Dass es einen unsichtbaren und nur zu erfühlenden Apparat gibt, der Weißen, Männern, und weißen Männern die *okayness* systematisch und auf brutale Weise verweigert – das ist die fundamentale Verschärfung der Alternativen Rechten.

Zu den ersten beiden Schritten der Metapolitik tritt ein dritter hinzu: Er führt von der gefühlten Weltskizze und ihrer Ausgestaltung weiter zur Gegentheorie. Zur Verdichtung eines Alltagsgefühls, und zur strategischen Ver-Wahrheitung des Gefühlten, stellt sich die Theoriebildung. Alltag und Weltwahrnehmung werden an ein alternatives Sinn- und Signifikationssystem übergeben: Alles nimmt nun andere Gestalt an. Nach dem Aufwachen aus dem *Matrix*-Schlaf und dem Beweis eines Unterdrückungsapparats folgt der Weltgegenentwurf. Dieser tritt dezidiert ›anti-ideologisch‹ auf:

> »One of conservatism's most important insights is that all ideologies are wrong. Ideology takes an intellectual system, a product of one or more philosophers, and says, ›This system must be true.‹ Inevitably, reality ends up contradicting the system, usually on a growing number of points. But the ideology, by its nature, cannot adjust to reality; to do so would be to abandon the system. Therefore, reality must be suppressed. If the ideology has power, it uses its power to undertake this suppression. It forbids writing or speaking certain facts. Its goal is to prevent not only expression of thoughts that contradict what ›must be true,‹ but thinking such thoughts. In the end, the result is inevitably the concentration camp, the gulag and the grave.«[34]

Diese Theoriebildung, die sich nach klassischer Metatheorie zur Ideologiefrage oder nach George Orwell anhört, stammt aus Anders Breiviks 1500-Seiten-Schriftwerk *2083: A European Declaration of Independence.* 2011 tötete Brei-

---

34 Breiviks Manifest ist in mehreren Versionen online zugänglich, z.B. bei *archive.org*. https://archive.org/details/2083_20190720. Zuletzt gesehen am 05.01.2021.

vik acht Menschen mit einer Autobombe und erschoss 69 Teilnehmer*innen eines sozialdemokratischen Jugendcamps auf der norwegischen Insel Utøya. Sein Text beginnt mit dieser Reflexion über Realität, Ideologie und Gewalt. Die Passage ist Breiviks Antwort auf die banale Eingangsfrage: »Was ist political correctness?« Das steht so tatsächlich auf der *ersten* von 1500 Seiten. Diese Frage und diese Antwort bereiten Breiviks global- und rassisch-gedachtes Projekt eines ›europäischen Bewusstseins‹ vor. Seine Gedanken zu *political correctness* sind genauso Einstieg in das Massenmordprojekt.

Unbequemes bei *Frank Doria* und Diskursmanipulation bei *IOTBW* werden bei Breivik in einen zwingenden Beweis und eine Theorie mit allgemeinem Gültigkeitsanspruch überführt: Eine weltverzerrende Ideologie existiert und ist *unzureichend* geworden. Sie steht notwendig kontradiktorisch zur tatsächlichen Welt. Das Denksystem *political correctness* kämpft gegen die Realität und muss nach Breivik unweigerlich Unterdrückung und Tod zur Folge haben. Aus dieser Feindskizze – ein unzureichendes System kämpft um Herrschaft – speist sich die widersprüchliche Beschreibung des ›Mainstreams‹ durch die Alternative Rechte: Die Mehrheitsgesellschaft bestehe sowohl aus *snowflakes* (weinerliche Sensibelchen) als auch aus *feminazis* und *Lügenpresse*, also totalitären Unterdrücker*innen. Die Machtergreifung der Empfindlichen und Unfähigen – zum Beispiel die »Diktatur der Nationalmasochisten«, wie es die rechten Autoren Ley und Lichtmesz nennen[35] – muss also aufgehalten werden.

Allein ›Konservatismus‹ oder *Frank Dorias* »Life is not fair! Suck it up!« reichen in dieser Zuspitzung nicht mehr. Es helfen nur noch manifeste Gegenwehr und Zerstörung jener weltvernichtenden Ideologie, die selbst um ihre Deutungshoheit und damit um ihr Überleben kämpft. Um zu existieren, saugt diese Ideologie die Menschen aus und verursacht eben jene Erschöpfungszustände, die das Poster »Hey, White Person« beschworen hat. Martin Sellner bringt dieses Verständnis in einem YouTube-Video zum Thema ›Meinungsfreiheit‹ dramatisch auf diese Formulierung:

> »Das zeigt nur wieder, dass wir in einer Scheinwelt leben, vor allen Dingen, dass DU in einer Scheinwelt lebst. Es gibt keine Meinungsfreiheit, du bist gar

35 Michael Ley, Martin Lichtmesz. *Nationalmasochismus*. Antaios 2018.

nicht frei. Du bist nur frei zu arbeiten, deine Steuern zu bezahlen und das System mit deiner Lebensenergie am Leben zu halten.«[36]

Zentral an diesen Ansprachen ist die Dissidenz, die die Alternative Rechte für sich beansprucht: Ihr Gestus ist der einer Befreiungsbewegung, des antitotalitären Denkens und Handelns. Wenn *political correctness*, um zu überleben, also die Unterdrückung ihrer Gegner erfordert, dann fühlt sich rechte Agitation wie ›Notwehr‹ an: Sexismus, *hate speech*, Rassismus, Revisionismus, Transgression fühlen sich an wie ein Befreiungskampf. Nicht vor der Regierung oder vor *political correctness* »auf die Knie zu gehen«, wie es das Meme aus dem Film *300* ausdrückt, fühlt sich dann an wie der Kampf der Spartaner an den Thermopylen gegen die persische Übermacht (Abb. 39). Die Meme-Metapher ist ebenso real geworden wie *IOTBW*: Weil der Schwarze Football-Spieler Colin Kaepernick seinen Protest gegen Rassismus und Polizeigewalt ausdrückt, indem er bei Nationalhymnen niederkniet, ist das ›Stehenbleiben‹ zur potenziellen Widerstandsgeste gegen einen linken Machtapparat oder für *MAGA* geworden (Abb. 40).[37]

Die zuvor ausgeführten Schritte des ›anders-fühlens‹ (*Frank Doria*) und des ›anders-redens‹ (*IOTBW*) werden zu Positionen und Bewegungen in einem antitotalitären Befreiungskampf. Die Alternative Rechte fühlt sich in der Tat als *antifaschistische Bewegung* mit hegemoniekritischem Überbau. Das ist nicht übertrieben: Diese Verkehrung der politischen Landkarte wird von Rechts vertreten und vorangetrieben. Donald Trump brachte es am Vorabend des Unabhängigkeitstages 2020 am *Mount Rushmore* auf den Punkt:

36 Sellners Video von 2018 ist mittlerweile auf Youtube gelöscht. Die Inszenierung war gekonnt: Erregt über die Verurteilung des »freien Journalisten« Tommy Robinson, so berichtet Sellner, musste er an einer Autobahnraststätte anhalten um sich wieder abzuregen. Dort nimmt er das Video auf, ausser Atem, im totalen Bedrängungszustand zwischen parkenden LKWs, als Performance.

37 Siehe dazu auch Screenshot 9.

Abb. 39

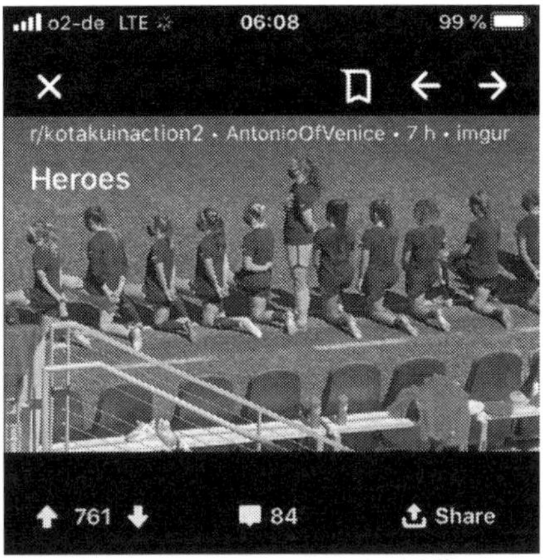

Abb. 40

> »In our schools, our newsrooms, even our corporate boardrooms, there is a *new far-left fascism* that demands absolute allegiance. If you do not speak its language, perform its rituals, recite its mantras, and follow its commandments, then you will be censored, banished, blacklisted, persecuted, and punished. It's not going to happen to us. [...] AUDIENCE MEMBER: Not on my watch! (Applause.) THE PRESIDENT: True. That's very true, actually. *(Laughter.)*«[38]

Offizielles Dokument des Weißen Hauses, dessen Konsequenz auch der sogenannte »Sturm auf das Kapitol« am 6. Januar 2021 war. Im Kampf gegen ›kulturvernichtende‹ und ›linksfaschistische‹ Kraken und unsichtbare Diktaturen mutiert der Präsident der Vereinigten Staaten zum antifaschistischen Widerständler, oder Donald Thälmann. Die Zuhörer*innen haben dabei gute Laune und übernehmen den Revolutionsstab nach der Abwahl nur zu gerne.[39]

38 White House. »Remarks by President Trump at South Dakota's 2020 Mount Rushmore Fireworks Celebration«. 4.07.2020. Meine Hervorhebung. https://www.whitehouse.gov/briefings-statements/remarks-president-trump-south-dakotas-2020-mount-rushmore-fireworks-celebration-keystone-south-dakota/. Zuletzt gesehen am 05.01.2021.

39 Die zeitgleich protestierenden *Native Americans*, die gegen Trumps Agitation auf ihrem Gebiet der *Black Hills*, wo *Mount Rushmore* liegt, demonstrierten, wurden von privaten Sicherheitskräften und Polizei verhaftet und misshandelt.

Die gute Laune ist entscheidend, denn sie beschleunigt den Wechsel vom Unwohlsein zum Aktivismus, vom diffusen Gefühl zum politischen Projekt. Eine Lücke muss übersprungen werden, denn es fehlt meist die klare Bestimmung, wer die Ideolog*innen sind und worin *genau* ihre Handlungslogik besteht. Einen Tag später legte der amerikanische Präsident noch einmal nach:

> »We are now in the process of defeating the radical left, the Marxists, the anarchists, the agitators, the looters, and people who, in many instances, have absolutely no clue what they are doing (Applause).«[40]

Neben der Unschärfe der Feindbestimmung fehlt auch die Information, was *genau* gegen den Angriff verteidigt werden muss: ›nationales Erbe‹, ›Souveränität‹, ›weiße Kultur‹? Für die Umstehenden übersetzen sich diese Gebilde zurück in intime Gefährdungs- und Widerstandsmomente, die leichter identifizierbar sind und mit denen flexibler agiert werden kann: sich okay fühlen, breitbeinig sitzen, *ladies night*, Aufstehen bei der Hymne und so weiter.

Let me tell you about my problems (with far-left fascism).

Um den Brückenschlag vom Eindruck zum Weltbild zu machen, reichen meist generelle Aussagen, dass ›man‹ oder ›du‹ unverschuldet in einem Verblendungszusammenhang existieren muss. In diesem ist die Realität verzerrt, und ›authentisches Leben und Denken‹ (was immer das sei) sind unmöglich und beinahe tödlich geworden. Die Auserwählten erkennen sich selbst, und Beweise für den »far-left fascism«, den ›war on men‹ und den ›anti-white racism‹ finden sich nahezu überall. Der Untergang des Abendlandes oder Amerikas oder der Aufklärung ist überall spürbar.

Die Schlagworte und Szenerien wechseln: *political correctness*, (Staats-)Antifa,[41] Feminismus, Identitätspolitik, *cancel culture*, Multikulturalismus, Postkolonialismus, Kulturmarxismus und so weiter. Alles kann metapolitisch zum Beweis aufgeblasen werden: *Star Wars*, knieende Football-Spie-

---

40 White House. »Remarks by President Trump at the 2020 Salute to America«. 05.07.2020. https://www.whitehouse.gov/briefings-statements/remarks-president-trump-2020-salute-america/. Zuletzt gesehen am 05.01.2021.

41 Gibt es laut: Christian Jung. *Staats-Antifa: Die heimliche Machtergreifung der Linksextremisten*. Kopp Verlag. 2020.

ler*innen, Schwarze Menschen in der Werbung, Frauen im Vorstand, jüdische Menschen in Medienkonzernen oder Politik, Trans*Menschen in binären Toiletten *und* nicht-binäre Toiletten. Für manche ist es die Taktik der deutschen Fussballnationalmannschaft der Herren, wie die Schriften des Mörders von Hanau zeigen, der am 20. Februar 2020 neun Menschen getötet hat. Solche amorphen Weltsichten funktionieren weniger als Verschwörungstheorien und vielmehr als *Gefühlsräume*.[42] Sie liegen wesentlich unterhalb der verfassungsschützerischen Wahrnehmungsschwelle: Der Hanauer Mörder schickte im Dezember 2019 seine Weltskizzen zu Fußball, jüdischer Verschwörung und einem notwendigen ›Rassenkampf‹ an die Bundesstaatsanwaltschaft. Es folgte keinerlei Ermittlung.

Die Kulturwissenschaftlerin Ana Teixeira Pinto verweist darauf, dass solche Theoriebildungen wie eine Art »poor man's marxism« funktionieren. Sie riechen nach Systemkritik, bieten aber statt (materialistischer) Analyse und Vorschlägen nur das an, was Pinto »a slippage into sheer theme and content«[43] nennt: es gäbe eine Krise der Weltwirklichkeit und ein feindliches System, dessen einziges Ziel die ideologische Selbsterhaltung sei.

Wofür genau diese Maschinen der *Matrix* arbeiten, ist in diesem Genre immer gleichgültig. Wer die bedrohte Gruppe ist, stellt sich von selbst ein: Zum einen Alle, die die bestimmte ideologische Realitätsverzerrung wahrnehmen möchten, um ihre Alltagsbeobachtungen besser einzusortieren und sich damit zu orientieren. Zum anderen jene, die sich diffus (aber eindeutig) irgendwie entmachtet und marginalisiert fühlen. Es geht also im letzten Schritt um Gewinne an erstens *Orientierung*, zweitens *Anerkennung* als Betroffene und drittens *Handlungsmacht*. Was läuft für die Theorieinteressierten im Sprung vom Gefühl zur Gegentheorie mit?

In wenigen Diskursfeldern konnten und können Mehrheitsmenschen (Weiße und Männer) ihre diffusen Gefühle der *Nicht-okayness* besser in Freiheitskämpfe umwandeln als in Diskussionen um *political correctness* und seinem derzeitigen Ersatzgebilde, der *cancel culture*. In den *PC*-Katalog von zivilgesellschaftlichen Maßnahmen und Aufforderungen sind ›race‹ und ›gender‹ bereits als kritische Kategorien eingeschrieben: Es geht darum, se-

42 Vgl. Benno Gammerl, Rainer Herrn (Hg.). »Gefühlsräume – Raumgefühle«. Sonderheft *sub\urban. Zeitschrift für kritische Stadtforschung* 3 (2015).

43 Ana Teixeira Pinto. »Capitalism with a Transhuman Face: The Afterlife of Fascism and the Digital Frontier«. *Third Text* 2019.

xistische und rassistische Handlungsweisen zu vermeiden. Sieht man solche Maximen als Ideologien bzw. Formen der Gedankenkontrolle, ist die bösartige Weltverzerrung durch exzessive Ideologie bereits gegeben und der Kampf um die Existenz – freies Denken gegen Ideologie – bereits angenommen.[44]

Norbert Bolz' Diagnose des weltweiten Rassismus gegen weiße Männer verwertet die in *political correctness* eingebauten Analyseachsen als Fundament einer antagonistischen Selbstbestimmung, wer hier gegen wen kämpfen muss. Das sollte beachtet werden: Bolz spricht selbst von ›race‹ und ›gender‹. Aber: Bolz deutet die systemischen Analysekategorien zu Persönlichkeitsmerkmalen ›weißer Mann/ich‹ um. Bolz meint sich selbst (und alle, die wie er sind – verfolgt), nicht Rassismus oder Sexismus als systemische Mechanismen. Damit ist er nicht schlauer als *Frank Doria*, der sich durch ›Privileg‹ angesprochen und beleidigt fühlt, aber einen Schritt weiter: Immerhin spricht er von einem »weltweiten rassistischen Bewusstsein«. Das legitimiert den Showdown zwischen Mensch und Ideologie.

Norbert gegen den Rest den Welt.

Das ist die zentrale These, die mit dem Begriff *Alternative Rechte* verbunden ist: Frank Dorias Kommentar, Breiviks Manifest und Massenmord, Bolzens Twitter-Aphorismus und Trumps Freiheitsrede entstammen demselben Affekt-Kontinuum, ohne dass sich diese Akteure zwangsläufig berühren oder zu denselben Ergebnissen kommen müssen. Das nenne ich das Gefühlsnetzwerk der Alternativen Rechten. Seine Akteur*innen kommen aus der gleichen Klimazone; ein Klima, das sich je nach Kontext und Bedarf unterschiedlich äußert: Norwegischer Einzelgänger oder arrivierter Gelehrter, semi-anonymer Internetnutzer oder US-Präsident.

Ob Anschlag, Tweet, E-Book, Wehrsportgruppe oder präsidiale *executive order* aus diesem Klima entstehen, entscheiden letztlich die lokalen Möglichkeiten und Bedürfnisse der Akteur*innen und ihres Publikums. Ein Unterschied zwischen dem parteienbasierten Rechtspopulismus und der Meinungssphäre des Internets zeichnet sich ab: Die Bedürfnisse von AfD-

---

44 Thea Dorn tut es in ihrem Band *Deutsch, nicht dumpf* durchaus gekonnt: »Ich habe dargelegt, inwiefern ich die politische Korrektheit und das Konzept der ›Mikro-Aggression‹ für Exzesse linker Identitätspolitik halte und warum ich fürchte, dass sie den gesellschaftlichen Frieden langfristig gefährden können.« Thea Dorn. *Deutsch, nicht dumpf: Ein Leitfaden für aufgeklärte Patrioten.* E-Book Ausgabe 2019. S. 120.

Politiker*innen sind überschaubar (Stimmenanteile); die Effekte und Affekte viraler Tweets, Kommentare, Videos, Memes oder apokrypher Manifeste sind sehr viel schwieriger abzuschätzen. Das gilt auch im Fall von Trump, dessen Medienstrategie weit über die Parteienpolitik hinausging.

Was alle in diesem Buch besprochenen Akteur*innen teilen, ist das Ins-Werk-setzen einer *klimatischen Operation*: Sie errichten Wetterzonen, in denen ihre Gefährdung manifest und ein anti-ideologischer Existenzkampf vonnöten ist. Dieses Klima hat teilweise tödliche, in jedem Fall diskursive und in erster Linie *affektive Folgen*.

Rechte Gefühle.

Noch ein Nachsatz zum ›Antifaschismus‹ der Alternativen Rechten: Eine gängige These der Extremismusforschung lautet, dass Neonazis sich heute linker Ikonografien bedienen. Die hier genannten Beispiele zeigen etwas anderes: Die Gesten ›linker Kritik‹ und deren emanzipativer Arbeit werden übernommen, ohne die Inhalte zu registrieren. Die Alternative Rechte ist eine leere Dublette – ein *Double* – dessen, was oft als ›linke‹ Identitätspolitik und Hegemoniekritik kurzgeschrieben wird.

Aufgrund dieser bösartigen Mimikry, über die noch zu sprechen ist,[45] sieht es für viele so aus, als ob ›Identitätspolitik‹ *schuld* am Aufstieg der Rechten wäre: *Political correctness* hätte den Rechtsruck hervorgebracht, und die Rechte reagiere lediglich auf die ›Gedankenkontrolle‹ oder Hegemonie. *Black Lives Matter* habe *All Lives Matter* erst nötig gemacht, schlussfolgert man im falschen Gerechtigkeitssinn. Dem ist nicht so: Identitätspolitik kontrolliert niemanden – sie macht Unsichtbares sichtbar und diskutierbar, zum Beispiel die systematische Abwertung, Vernichtung und Stillstellung Schwarzen Lebens in den USA oder in Europa, historisch und aktuell. Dazu kann viel gelesen werden.[46]

Niemand ist unfreier durch *Identity Politics, Gender Theory, Queer Politics, Feminismus, Black Lives Matter* und *Rassismuskritik,* nicht mal die Rassistin oder der Chauvinist. Alle – auch die Gegner*innen – gewinnen an Freiheit: Sie bekommen neue Antworten auf ihre Meinungen und einen größeren Re-

45 Siehe dazu auch Screenshot 12.

46 Und hier kann man anfangen: Saidiya Hartman. *Lose your mother: A journey along the Atlantic slave route.* Macmillan, 2008. Orlando Patterson. *Slavery and Social Death.* Harvard Univerity Press 1982. Oder hier: Susan Arndt, Nadja Ofuatey-Alazard (Hg.). *Wie Rassismus aus Wörtern spricht: (K)Erben des Kolonialismus im Wissensarchiv deutsche Sprache. Ein kritisches Nachschlagewerk.* Unrast 2019.

sonanzraum, mehr Wissen und Informationen darüber, was Gesellschaft ist und wie sie funktioniert.

Die Alternative Rechte hat genau das verstanden: Sie hat in diesem kritischen Wissen neue, effiziente Reibungsflächen, Entfaltungsräume und Codewörter für ihre alte Scheiße gefunden. Sie hat Updates gefunden, durch die Faschismus nicht mehr ›herrenmenschig‹, sondern als Feminismus-Kritik und Männerrechte-Bewegung auftreten kann. Besser noch: Als ›weiße, männliche und patriotische‹ Identitätspolitik von unten. Eine Graswurzelbewegung, vom kleinsten Forum bis zum Präsidenten.

Faschismus 2.0

Rechte Gefühle lassen sich so an jeder Ecke trefflich produzieren und verbreiten. Diese Faschist*innen sind damit etwas geworden, was ihnen der bürgerlich-liberale Diskurs mit seiner Distanzhaltung nicht zugestehen kann: sie sind *reflexiv* geworden. Damit komme ich zum notwendigen Begriff des *reflexiven Faschismus*.

Reflexiver Faschismus

Abb. 41

Hilflose Zeitreisen

Ich habe mehrfach von Faschismus gesprochen und halte diese Begriffswahl für richtig und notwendig. Dieser Faschismus erfordert aber eine andere Beschreibungshaltung als informierte Öffentlichkeiten gewohnt sind. Der Begriff *reflexiver Faschismus* soll diese Automatismen der Rezeption und Distanzierung unterbrechen und ein anderes Vorgehen vorschlagen.

Die in der BRD bisher praktizierte Rezeption spricht vielfach von der *Rückkehr*, dem *Wiedererstarken*, der *Renaissance* des Faschismus. Was drohe, sei die Wiederholung der Geschichte. Sogar Politiker*innen führen ihre historische Verpflichtung mit dem Spruch ›Kein Fußbreit‹ auf, denn ›Es‹ darf sich nicht wiederholen. Das sind Formeln, die den gegenwärtigen Faschismus als *Wiederkehr* des historischen Nationalsozialismus verstehen und nur so verstehen können. Sie beziehen ihre politische Dringlichkeit aus einer Zeitreise-Bewegung: man versetzt sich einen prä-faschistischen Moment – »unser Weimar«, wie es der Amerikanist Liam Kennedy einmal formulierte – um von dort aus eine Wiederholung zu verhindern.

Andere, wie die Spiegel-Kolumnistin Margarete Stokowski nach den Morden von Hanau, fordern explizit eine »Denazifizierung« und zitieren damit die sozialen Programme der Nachkriegs-BRD, um gegenwärtige Probleme, Gefühlslagen und Terrorismen zu bekämpfen.[1] Ob Vor- oder Nachsorge, prä- oder postfaschistische Eingriffe, argumentiert werden: Diese temporale Rhetorik produziert ein bestimmtes Gefühl, dass sich Geschichte wiederhole. Es müssten daher Maßnahmen ergriffen werden, die Wiederholung zu verhindern und so den »homogenen Verlauf der Geschichte« (Walter Benjamin) zu sichern. Im Übrigen ist auch das Metapolitik: Die Rechte soll ›alt‹ und ›überkommen‹ wirken, die liberale Öffentlichkeit dagegen so geschichtsbewusst wie fortschrittlich. Diese Warnungen vor den Rechten folgen einem Binsenhistorismus:

Wer die Geschichte nicht kennt, ist verdammt, sie zu wiederholen.[2]

---

1 Margarete Stokowski. »Entnazifizierung jetzt!«. *Spiegel.de*. 25.02.2020. https://www.spiegel.de/kultur/entnazifizierung-jetzt-a-abd8be99-6974-403d-b214-14a6d392ce8e. Zuletzt gesehen am 05.01.2021.

2 Oft George Santayana zugeschrieben.

Zum Beleg der Wiederholungsthese wird gerne das Wiederauftauchen von Sprachmustern des Nationalsozialismus herangezogen[3] – *Lügenpresse, Feindzeuge* und *Umvolkung* zeugten von dessen Wiederkehr in Gestalt von Pegida, AfD, Höcke und so weiter. Trumps Aufgreifen des pro-faschistischen Slogans »America First« der 1930er Jahre suggeriert ähnliches.[4] Die genannten Phrasen sind natürlich nationalsozialistische Begriffe und ihre Sprecher*innen sind auch Neofaschist*innen. Aber außer Distanz ist damit – ob in den USA oder hier – noch nicht viel gesagt oder gewonnen. Impliziert wird, dass diese Worte einen totalitären Geist, antidemokratische Gesinnung, rechtes ›Gedankengut‹ anzeigen und beweisen. Wer faschistische Wörter benutzt, ist ein*e Faschist*in, verstanden als Wiedergänger*in des Überwundenen.

Ewiggestrige.

Die medienaffine, metapolitische Rechte ist weder ›von gestern‹, noch wiederholt sie nur Überkommenes, das heißt den historischen Faschismus. Sie vergnügt sich lieber mit völlig widersprüchlichen Konstruktionen von Geschichte und Zukunft, die jede Vorstellung eines ›homogenen Verlaufs der Geschichte‹ zum Einsturz bringen. Ihre ahistorischen *jumpcuts* und Zeitsprünge hat Zygmunt Bauman präzise als »Retrotopien« bezeichnet.[5] Der Rechtsintellektuelle Guillaume Faye zum Beispiel imaginiert einen *Archeofuturismus,*[6] in dem das Jahr 2073 wie 1933 schmeckt, aber mit Hochgeschwindigkeitszügen und Internet für die Rasseneliten aufwartet. In Trumps oben zitierter Rede am *Mount Rushmore* wird die Seele der USA im antikolonialen Befreiungskampf (1776) und der Kolonisierung des Mars (2036) verortet, in der Gegenwart jedoch durch den ›Linksfaschismus‹ bedroht gesehen.

Die Feld-, Wald- und Wiesen-Nutzer*innen der rechten Internetsphäre brillieren darin, solches Ineinanderstürzen von Vergangenheit, Zukunft und Gegenwart zu produzieren – und zwar in endloser Serie. Ihre Collagen, oder eher Kollisionen, nehmen vor allem die Form von Memes an. Diese sehen dann so aus wie das seltsame Bild am Anfang dieses Buchs (Abb. 2): Das ›Sonnenrad‹ (faschistisches Symbol) wird gepaart mit dem Slogan ›Just Do It‹

---

3 Andreas Graf von Bernstorff. *Rechte Wörter: von Abendland bis Zigeunerschnitzel.* Carl Auer Verlag 2020

4 Das Branding wurde in den USA weniger diskutiert, da es die Nationalschuld der Sklaverei und des Genozids an den *Native Americans* nicht berührte.

5 Zygmunt Bauman. *Retrotopia.* Suhrkamp 2017.

6 Faye. *Archeofuturism.* 2010.

(kapitalistisches Symbol). Die Collage stammt vom neofaschistischen Telegram-Kanal *BMW – Bureau of Memetic Warfare* und bewirbt ein Download-Angebot, mit Links in der Beschreibung:

Full Upload of the Lost 3rd Reich Fitness Manual.[7]

Das bürgerliche Verständnis von Faschismus, das diesen nur als ›überwunden‹ und seine Fortexistenz nur als ›Rückfall‹ verstehen kann, stößt bei dieser memetischen Kriegsführung auf Probleme. Zum einen, weil hier kein Bezug auf den historischen Faschismus ›nachgewiesen‹ oder ›enttarnt‹ werden muss. Diese Meme-Faschismen, von dem eine aberwitzige Anzahl im digitalen Raum zirkuliert, historisieren und aktualisieren sich selbst: Nationalsozialismus ist das Gleiche wie *Nike*-Motivationssprech, Mobilmachung ist Fitness, neoliberale Selbstoptimierung führt zu den Körperidealen der Wehrmacht – *jetzt als Download.* Es gibt hier gewissermaßen keine ›Geschichte‹ zu erinnern, um ihre ›Wiederholung‹ zu verhindern: Der zeitreisende Historismus wird hilflos.

Die Alternative Rechte ist Erinnerungs- und Aktivierungsagentur in einem, die ihren *Usern* Nazi-Material als postmoderne Selbsthilfe (und umgekehrt) anbietet. Das ist mithin *Faschismus 2.0, crowdsourced* Geschichtsklitterung und Radikalisierung als *consumer experience.* Das ist verwirrend, und diese Verwirrung kann produktiv gemacht werden, zum Beispiel für notwendige Begriffsarbeit.

F-Wörter

Den Begriff ›Faschismus‹ heute zu benutzen, ist kontrovers. Es existieren zahlreiche Definitionen, die beachtet werden wollen. Das Internet ist dabei nicht nur bösartig, sondern auch hilfreich: Die guten Betreiber*innen des Kanals *Anti-Fascism & Far Right* veröffentlichen am 23. Mai 2020 einen Twitter-Thread mit nicht weniger als 36 Faschismusdefinitionen »by scholars, fascists and anti-fascists«.[8] Sie reichen von Georgi Dimitrovs marxistischer Lesart, über Ernst Nolte und Umberto Ecos »Ur-Faschismus«, bis zu Robert

---

7 Die angebotene Datei entpuppt sich als Scan-Version der *Sportvorschrift für das Heer*. Verlag Mittler&Sohn 1938. Die Schrift ist weder verboten noch »verloren«: sie findet sich frei zugänglich im Internetarchiv *archive.org*, und im Bayerischen Hauptstaatsarchiv.

8 Anti-Fascism & Far Right@FFRAFAction. *Twitter*. 23.05.2020. https://twitter.com/FFRAFAction/status/1264177193523044352?s=20. Zuletzt gesehen am 05.01.2021.

Paxtons kanonischem Buch *Anatomy of Fascism*.[9] Die historischen Quellen liegen vor, aber bei der Beschreibung der Gegenwart als ›Faschismus‹ herrschen Skrupel: Der international anerkannte Experte Cas Mudde umgeht das F-Wort in seinem letzten Buch *The Far Right Today* weiträumig. Die deutsche Diskussion hat sich auf die Begriffe ›Populismus‹ und ›Extremismus‹ geeinigt, allein Fielitz und Marcks sprechen klar vom *Digitalen Faschismus*.[10] Zur unklaren Frage nach angemessener Begrifflichkeit für heutige Verhältnisse macht Zeynep Gambetti diese wichtige Anmerkung:

> »[...] many commentators believe that the F-word must not be used if we cannot show that history is repeating itself in exactly the same form. But, one might ask, is the world today the same as the one that gave birth to fascism? If we were to look back at the 1920s or 1930s to determine an ideal-type of fascism that would provide us with a model for identifying new ones, we would be assuming that history will *repeat itself in predictable ways*. We would be assuming at the outset what in fact is a challenge that has yet to be faced.«[11]

Die gegenwärtige Explosion neuer Faschismen hat Formen angenommen, deren *Gestalt* durchaus nicht vorhersagbar war. Die Herausforderung besteht also darin, den Faschismus anhand der Phänomene, die er gegenwärtig produziert, neu zu denken. Diese Phänomene sind nicht ohne Rekurs auf historische Faschismen bestimmbar, gehen aber auch über diese hinaus.[12]

---

9 Georgi Dimitrov. *Arbeiterklasse gegen Faschismus: VII. Weltkongress der Kommunistischen Internationale; Bericht u. Schlussw. zum 2. Punkt d. Tagesordnung: ›Die Offensive d. Faschismus u. d. Aufgaben d. Kommunist. Internationale im Kampfe f. d. Einheit d. Arbeiterklasse gegen d. Faschismus‹ u. Ansprache in d. Schlussitzung d. Kongresses / G. Dimitroff.* Verlagsgenossenschaft Ausländischer Arbeiter in d. UdSSR 1935; Ernst Nolte. *Der Faschismus in seiner Epoche. Action francaise – Italienischer Faschismus – Nationalsozialismus.* Piper 1963; Umberto Eco. »Urfaschismus«. Die ZEIT 28, 7. Juli 1995; Robert Paxton. *The Anatomy of Fascism.* Vintage 2005.

10 Maik Fielitz und Holger Marcks, *Digitaler Faschismus: Die sozialen Medien als Motor des Rechtsextremismus.* Duden Verlag 2020. Siehe auch: Alexander Häusler, Michael Fehrenschild. *Faschismus in Geschichte und Gegenwart: Ein vergleichender Rückblick zur Tauglichkeit eines umstrittenen Begriffs.* Rosa Luxemburg Stiftung, Manuskripte Neue Folge 2020. Ich danke Felix Schilk für diesen Hinweis.

11 Zeynep Gambetti. »Exploratory Notes on the Origins of New Fascisms.« *Critical Times* 3.1 (2020): 1-32. S. 2.

12 Das argumentiert Enzo Traverso in: *The New Faces of Fascism: Populism and the Far Right.* Verso 2019.

Ein solches Verständnis ist essenziell, um die derzeitig völlig hybriden, widersprüchlichen und kontextspezifischen Ausprägungen dessen zu erfassen, was ich *reflexiven Faschismus* nenne. Er äußert sich in der Meme-Agitation der Online-Rechten, in Mörder-Manifesten und genauso in Aktionen von *Identitären* und Rechtspopulist*innen. Faschismus bildet eine hochflexible ideologische Matrix, die sich veränderten Zeiten, Medien, Kontexten und Gesellschaftsbedingungen gestaltwandelnd anpasst.[13]

Hier ein Beispiel für die fluiden und oft unerwarteten Formen rechter Agitation (Abb. 42). Das Meme nimmt eine Parallelisierung vor: Kolonisierung und Genozid an den Ureinwohnern Amerikas wird mit der gegenwärtigen Situation weißer Menschen in weißen Mehrheitsgesellschaften zusammengebracht. Diese seien jetzt von ›Immigranten‹ gleichermaßen bedroht wie *Native Americans* historisch von weißen Kolonisatoren. Die propagandistische Figuration wird von der Alternativen Rechten verschieden genutzt, in diesem Meme zum Beispiel mit ironisch-zynischen Obertönen. Je nach Zielgruppe sind andere direkter: Guillaume Faye schreibt von der »demographic colonisation of Europe by Afro-Asiatic peoples«;[14] die Website der *Identitären Bewegung* führt *Native Americans* unter dem Stichwort »Was ist Ethnopluralismus?« als Kronzeug*innen des völkischen Widerstands an:

> »Immer wieder wird der Begriff Ethnopluralismus fälschlicherweise als weltweite Apartheit ausgelegt. Das ist ungefähr so richtig, als wenn man den amerikanischen Ureinwohnern Rassismus vorwerfen wollte, weil sie sich gegen die Landnahme der Europäer wehrten.«[15]

Mit dieser rhetorischen Volte – ›das ist … als wenn …‹ – bringt die *IB* einen zentralen Gefühlsaspekt der Alternativen Rechten auf den Punkt: Sie ima-

---

13 Der Begriff einer ›transnationalen faschistischen Matrix‹ wurde Aristotle Kallis geprägt, um die verschiedenen Faschismen der Zwischenkriegszeit, ihre hybriden Formen und lokalen Übersetzungen, zu beschreiben (Deutschland, Österreich, Italien, usw). Vgl. Aristotle Kallis. »›Fascism‹, ›Para-Fascism‹ and ›Fascistization‹: On the Similarities of Three Conceptual Categories.« *European History Quarterly* 33.2 (2003). 219-249; Vgl. auch: Arnd Bauerkämper, Grzegorz Rossoliński-Liebe (Hg). *Fascism without borders: Transnational Connections and Cooperation between Movements and Regimes in Europe from 1918 to 1945*. Berghahn 2017.

14 Faye. *Archeofuturism*. 2010. S. 17.

15 https://www.identitaere-bewegung.de/category/faq/

ginieren sich in der Position ›kolonisierter Ureinwohner‹ und führen daher einen ›antikolonialen Befreiungskampf‹. Rassismus könne man diesen ›weißen Autochthonen‹ nicht vorwerfen, sie kämpfen ja um ihre schiere Existenz gegen eine brutale Ideologie und einen kulturfremden Aggressor. Das Meme »I know that feel, bro« zielt weniger darauf ab, eine Wiederholung der Kolonialgeschichte (mit gehörig verdrehten Rollen) zu konstatieren, als diesen *geteilten Affekt* einzuholen: Ein quasi transhistorischer Zustand ›kultureller/existenzieller Bedrohung‹ durch feindliche, zugleich invasive und hegemoniale Kräfte. Das Meme suggeriert historische Vergleichbarkeit von ›Ureinwohnern‹ und ›Weißen‹, zielt aber auf den verfügbaren Gefühlskern:

That feel.

Dem US-amerikanischen Kontext entstammend, referiert das Meme nicht explizit auf ein faschistisches Vermächtnis, obwohl die Ideologien vom ›Lebensraum‹, Ethnonationalismus, und ›rassische Selbstverteidigung‹[16] klandestin mitgeführt werden. Diese Ideologien werden in einem Bild ›stammesübergreifender‹ Solidarität inszeniert, ein *Gleich-Fühlen* jener, die von kolonisierenden Immigranten bedroht werden. Die rassistischen Bedeutungen werden also – verblüffende Mutation – in ›antikolonialer‹ Weise artikuliert. Eine emotionale und ahistorische Verbindung entsteht zwischen jenen, welche gleichermaßen von fremden Mächten in ihrer kulturellen Existenz bedroht seien.[17] ›Happy Indigenous People Day‹ postet der ethnonationalistische Kanal *The Absolute State of Britain*, und präsentiert dazu ein *White Lives Matter*-Transparent vor einer britischen Kathedrale (Abb. 43).

Die liberale Öffentlichkeit lokalisiert den emotionalen Kern des Rechtspopulismus gerne in der angeblichen *Rückkehr* des ›Fremdenhasses‹ – ohne verraten zu können, wann dieser mal nicht da gewesen ist. Propagandistische Leistungen wie dieses Meme artikulieren rechte Gefühle aber völlig ohne

16 Die Verteidigung des Lebensraums gestand im Übrigen auch der Nationalsozialismus den Ureinwohnern Nordamerikas zu. Zu den Bildern von *Native Americans* im Dritten Reich, vgl. Frank Usbeck. *Fellow Tribesmen: The Image of Native Americans, National Identity, and Nazi Ideology in Germany*. Berghahn 2015.

17 Der rechte Begriff ›Ethnopluralismus‹ impliziert ähnliches: damit meinen rechte Aktivist*innen die Separierung und Apartheid von ›Rassen‹, Gruppen, Kulturen und Nationen, welche angeblich zum Vorteil und zum Wohlbefinden aller gereichen würden.

Abb. 42

Abb. 43

Hass: Sie bieten Affekte des Befreiungskampfes und der Anti-Hegemonie, der Verletzbarkeit und der Selbstverteidigung. Sie postulieren *affektive Kongruenzen* zwischen *Natives* und Weißen und eignen letzteren jenes Ausgrenzungsgefühl zu, das die PoC-Rapper von *Advanced Chemistry* in den 1990er Jahren nachdrücklich beschrieben haben:

Fremd im eigenen Land: Kein Ausländer und doch ein Fremder.[18]

Versteht man Faschismus nur als Unfähigkeit, aus der Geschichte zu lernen, verpasst man sein zentrales Moment: Dieser Faschismus *will* sich aus der Geschichte bedienen, nämlich aus der kolonialen Verdrängungsgeschichte, mit der er innig verflochten ist. Er will sich als ›fremd‹ und

18 Advanced Chemistry. »Fremd im Eigenen Land«. MZEE Records 1992. Der Rechtspopulismus hat diesen Spruch mittlerweile breit adaptiert: Die FPÖ plakatierte ihn bereits 2015 im Wahlkampf, die NPD modellierte ihn zum Plakat »Heute tolerant, morgen fremd im eigenen Land«, die AfD ließ Marc Jongen eine entsprechende Bundestagsrede halten. Wem die Aneignung von *Native Americans* durch rassistische Ethnonationalisten unplausibel vorkommt: migrationsfeindliche Parteien bedienen sich bei der multikulturellen Musiktradition des nationalismuskritischen Rap.

›kolonisiert‹ empfinden. Der Mörder von El Paso, Texas, der am 3. August 2019 in einem Supermarkt 23 Menschen erschoss und 23 weitere verletzte, beschrieb es klar in seinem Manifest, das er mit »The Inconvenient Truth« betitelte:

> »This attack is a response to the Hispanic invasion of Texas. They are the instigators, not me. I am simply defending my country from cultural and ethnic replacement brought on by an invasion. Some people will think this statement is hypocritical because of the the [sic] nearly complete ethnic and cultural destruction brought to the Native Americans by our European ancestors, but *this just reinforces my point*. The natives didn't take the invasion of Europeans seriously, and now what's left is only a shadow of what once was.«[19]

Der Mörder von El Paso wollte in seiner Sichtweise nicht zur ›Wiederholung von Geschichte‹ (einer gewaltsamen Verdrängung) verdammt sein. Nur eben nicht so, wie es sich der Konsens vorstellt. Hier ist der Widerhaken, mit dem ›weiße Identitätspolitik‹ greift: Man solle die *Identity Politics* der Minderheiten akzeptieren, weil man diese eben in den Status einer unterdrückten Minderheit gebracht habe. Genau diese erzwungene Toleranz bedrohe aber jetzt ›die Weißen‹, die sich daher so wehren müssen, wie es die Minderheiten *hätten tun sollen*. Das ist paradoxes Zeitreisen, aber es gibt Menschen, die den Faschismus logisch finden, weil sie Ideen von ›weißen Minderheiten‹, deren Verdrängung und Notwehr für sich überzeugend finden. Sie machen Sinn, weil sie das andere F-Wort haben:

That feel.

Bei dieser Gefühlsbeschwörung assistiert der Mainstream den Agenturen der Alternativen Rechten: Zum Beispiel, weil er nicht in der Lage ist, Faschismus und Kolonialismus konsequent als zwei Ausprägungen derselben rassistischen Auslöschungs- und Unterwerfungsphantasie zu verstehen. Die Alternative Rechte stößt hier effektiv in allgemeine Bedeutungs- und Wissenslücken. Sie nutzt die blinden Flecken offizieller

19 Die *Native Americans* nahmen ihre Kolonisierung sehr ernst: Ward Churchill. *Struggle for the Land: Native North American Resistance to Genocide, Ecocide, and Colonization.* City Lights Books 2002.

Geschichtsverhandlungen, um Reibung zu produzieren und Gefühlsfunken zu schlagen.

Es kann und muss vieles gesagt werden über solche paradoxen Konstruktionen (und ihre historische ›Falschheit‹). Deswegen befindet man sich dem *reflexiven Faschismus* gegenüber auch ständig in nachholender Erklärungsnot. Die Kurzschlüsse, die ein Meme, Tweet oder Manifest veranstalten, wirken und vergehen schneller als ihre informierte Widerlegung oder der Faktencheck. Zudem gehören Memes einem völlig anderen Affektregister an als ihre Erklärung und Widerlegung: Sie zünden und affizieren, statt zu informieren und aufzuklären. Mich interessiert daher nicht in erster Linie die Korrektur – es geht mir um die Frage, wie der Gegenwartsfaschismus aus solchen Verdrehungen Bindungsenergie und Attraktivität gewinnt.

You know that feel, bro.

Das Meme, die *Identitären* und der Mörder von El Paso inszenieren selbst ›Wiederholungen der Geschichte‹, wenn sie angeben, dass sie sich im gleichen Zustand wie nordamerikanische Ureinwohner zur Zeit des völkermordenden Kolonialismus fühlen. Was diese geschichtliche Beschwörung aber *wieder-holt,* ist nicht die rassistische Ordnung des Kolonialismus oder den Totalitarismus der Nationalsozialisten. Was *eingeholt* wird, sind die affektiven Rhetoriken des Post- und Antikolonialismus, die gegen die europäischen Kolonialregime und den Faschismus entstanden sind. Was passiert, ist *emotionale Aneignung.*

Der *reflexive Faschismus* besetzt damit die Gesten und Signaturen jener Politiken, die sich *gegen* die institutionalisierten Vernichtungsprojekte Faschismus und Kolonialismus gebildet haben: Die Identitätspolitik, die Antihegemonie, die politische und manifeste Repräsentation von Minderheiten, und auch den Antifaschismus. Eine doppelte Feindprojektion macht diese *Aneignung minoritärer Politik durch Mehrheiten* plausibel: Die Alternative Rechte sieht sich von einer erobernden *und* einer unterdrückenden Macht bedroht – einer ethnisch-kulturellen Invasion von *außen* und einer politisch-kulturellen Hegemonie von *innen.*

Das resultierende Gefühls- und Strategieregister ist sehr viel komplexer als die gängigen Beschreibungen, die von ›Ewiggestrigen‹ und ›Geschichtsrevisionisten‹ sprechen: Die Alternative Rechte historisiert sich selbst aus einer *postkolonialen Positionierung.* Während zum Beispiel die Geschichtswissenschaft derzeit dazu aufgerufen scheint, die Gefahr des neuen Faschismus durch dessen Anleihen am historischen Faschismus zu ›beweisen‹, muss kulturwissenschaftlich etwas völlig anderes festgestellt werden: Dieser *reflexive Faschismus* erzeugt eigene Historisierungen, Geschichtsmodelle und radikale Perspektivierungen. Diese Arbeit, die eine *reflexive Arbeit* an großen Bedeutungsmustern ist, bildet den Hauptstrang aller rechten Kulturkämpfe.

Statt also ›geschichtsvergessen‹ zu sein und auf seine ›aufgeklärte‹ Korrektur zu harren, historisiert (sich) dieser *reflexive Faschismus* selbst und inszeniert historische Wiederholungen als affektive Lektionen – abweichend und explizit *gegen* konventionalisierte Erzählungen von Geschichte. Der bürgerliche Vorwurf, nichts aus der Geschichte gelernt zu haben, trifft nicht nur *nicht* – er geht von der Rechten selbst aus.[20]

Es braucht kritische Beschreibungsmodelle dieser reflexiven Arbeit, die die Alternative Rechte derzeit in aller Öffentlichkeit leistet und hocheffizient verbreitet. Es braucht Beschreibungsmuster, die nicht nur entlarven wollen, dass der Rechtspopulismus spricht, aussieht oder riecht wie der historische Faschismus. Man muss der Alternativen Rechten nicht Theweleits *Männerphantasien* oder Ecos *Ur-Faschismus* hinterhertragen, um sie als Neofaschismus erklärbar und vielleicht verbietbar zu machen – die Kontinuitäten sind offensichtlich. Die rechten Akteur*innen wissen um die Bezüge und verhandeln sie aktiv in ihrer propagandistischen Arbeit.[21] Ich entwickele im nächsten Abschnitt das notwendige Beschreibungsmodell des *reflexiven Faschismus*.

Risikofaschismus

Reflexiver Faschismus orientiert sich an Ulrich Becks Begriffsprägung ›reflexive Moderne‹, die er im Standardwerk *Risikogesellschaft* entwickelt hat. Becks Denkprozess arbeitete an relativ konkreten Strukturereignissen, in

20 Rechte Gegenhistoriker*innen haben hier ihr Spielfeld, z.B. die revisionistische Lektüre der Versklavungsgeschichte von Egon Flaig. *Die Niederlage der politischen Vernunft: Wie wir die Errungenschaften der Aufklärung verspielen.* zu Klampen Verlag 2017.

21 Würden die hier untersuchten Youtuber und 4chan-Nutzer*innen Bibliotheken mehr frequentieren, würden sie in Theweleits Enzyklopädie faschistoider Körpergefühle und Freikorps-Rhetoriken brauchbare – das heißt *meme-fähige* – Selbstbeschreibungen finden.

denen der Prozess der Modernisierung auf sich selbst zurückfaltet: Industrialisierung und Standardisierung (soziale und wissenschaftliche) kennzeichnen die Phase der ersten Moderne. ›Reflexive Moderne‹ meint die *Reflexion* dieser Prozesse der ersten Moderne.

Becks Hauptbeispiel ist die Umwandlung von ›Kapitalproduktion‹ in ›Risikoproduktion‹: Industrialisierung stellt auf die Ausbeutung und Akkumulation von Gütern, Waren, Wissen und Werten ab – die reflexive Moderne transformiert genau diese sozialen, ökonomischen und wissenschaftlichen Ordnungen in ein Management der Risiken, die die industrielle Moderne verursacht hat. Reflexive Modernisierung bedeutet also die Neuverhandlung der Moderne als *Risikoproduktion*:

> »Es geht [...] wesentlich um Folgeprobleme der technisch-ökonomischen Entwicklung selbst. Der Modernisierungsprozeß wird ›reflexiv‹, sich selbst zum Thema und Problem. Fragen der Entwicklung und des Einsatzes von Technologien (im Bereich von Natur, Gesellschaft und Persönlichkeit) werden überlagert durch Fragen der politischen und wissenschaftlichen ›Handhabung‹ – Verwaltung, Aufdeckung, Einbeziehung, Vermeidung, Verschleierung – der Risiken aktuell oder potentiell einzusetzender Technologien im Hinblick auf besonders zu definierende Relevanzhorizonte.«[22]

Becks Definition einer Moderne, die für sich selbst zum Thema und Problem wird, stellt ein Modell bereit, um den Gegenwartsfaschismus und die kulturelle und informationstechnische Arbeit, die er leistet, neu zu durchdenken. Wo der historische Faschismus totalitäre und autoritaristische Werkzeuge *von oben* einsetzt, um Kultur und Öffentlichkeit in nationalistischer und rassistischer Agitation gleichzuschalten, setzt der reflexive Faschismus eine *Propaganda von unten* ins Werk. Diese Propaganda stellt exakt die zivilen und gesellschaftlichen Antworten auf den Faschismus nach 1945 als *Risiken* für weiße und männliche Bevölkerungsschichten auf. Was das 20. Jahrhundert als Gegenmaßnahmen zu den totalitären Exzessen der ersten Hälfte gefunden hat – Strafverfolgung von verfassungsfeindlicher Propaganda, partizipative Demokratie, multikulturelle Gesellschaften, Asylrecht, Rechteausbau für Minderheiten, diversifizierte Medienlandschaft, Repräsentationspolitik – und die damit verbundenen Werte – Pluralismus,

22 Ulrich Beck, *Risikogesellschaft: Auf dem Weg in eine andere Moderne*. Suhrkamp 1986. S. 26.

Menschenrechte, Teilhabe – werden von der Alternativen Rechten als Risiken aufgegriffen: Als Maßnahmen, die ›Mehrheiten‹ angreifen und bedrohen. Sei dies durch kulturellen oder ethnischen ›Austausch‹, Einschränkung einer Meinungsfreiheit oder auch durch den bloßen Verlust der Majorität oder Deutungsmacht.

Der *reflexive Faschismus* bedeutet eine radikale Schubumkehr, die ›Postfaschismus‹-Maßnahmen selbst als *Risikoproduktionen* verhandelt. Die rechten Phantasmen von gleichgeschalteten Medien, Rassismus gegen Weiße, Deutschenfeindlichkeit, kultureller Entfremdung und der Machtnahme kosmopolitischer Eliten drehen den Faschismusvorwurf damit um. Der *reflexive Faschismus* setzt kulturell ins Werk, was Beck primär im Bereich der Ökonomie beschreibt: Instrumente der Stabilisierung in postfaschistischen Gesellschaften werden umgedeutet zu Risikoquellen und Gefährdungsszenarien für arrivierte Mehrheiten.

Ein propagandistisches YouTube-Video der kanadischen Ethnonationalistin Lauren Southern verdeutlicht den Diskurs der Risikoproduktion. Unter dem Titel »The Streets of Paris« zeigt es ohne Kommentar einen Spaziergang der Aktivist*in durch nicht weiter spezifizierte Straßen der französischen Metropole. Gefilmt mit subjektiver Kamera verfolgt das Video einen propagandistischen Punkt: Die meisten der gezeigten Bewohner*innen und Fußgänger*innen in Paris sind nicht ›weiß‹. Der Beschreibungstext auf der Videoplattform verdeutlicht die Botschaft:

> »For those who are confused by the point of this video, the point is that France is changing forever due to mass immigration. The people in this video were not speaking French, the women were not wearing their hair in French Braids, they had their head scarves on. [...] Much of what you are looking at is not legal or proper migration and assimilation. France will not be France for long.«[23]

Das Video will ausdrücken, dass Multikulturalismus eine europäische Hochkultur gefährde, deren Kern in ethnischer Homogenität bestehe. ›Weiße Kultur‹ werde ersetzt durch ›fremde Kultur‹. Das drücke sich in der Ersetzung französischer Zöpfe (*french braids*) durch Kopftücher aus – eine dümmliche,

23 Lauren Southern. »The Streets of Paris«. *Youtube.com*. 15.07.2017. https://www.youtube.com/watch?v=Z1Js8wntdk4. Zuletzt gesehen am 05.01.2021.

aber intuitive Metapher für den ›Großen Austausch‹. Pluralismus, Multikulturalismus und Immigration werden als kulturgefährdend und letztlich Risiken für weiße Mehrheiten dargestellt: »France will not be France for long«.

Der Diskurs ›Pluralismus als Gefährdung Weißer‹ bietet sich nicht nur im nationalistischen Rahmen an, sondern wird von der Alternativen Rechten global und transnational vorangetrieben: Southern selbst kommt aus der französischen Ex-Kolonie Kanada und reiste mit großer Geste nach ›Old Europe‹, um den Verfall der ikonischen Metropole zu dokumentieren. Paris soll die globale, ethnisch-kulturelle Verdrängung ›weißer Menschen‹ durch ›ortlose Fremde‹ beweisen. Southern, prominente Influencerin der Alternativen Rechten, ist damit selbst Teil einer kosmopolitischen Elite, die herumjettend den ›Großen Austausch‹ überall beweisen kann und auch überall von ihm betroffen ist.[24]

Auch der Mörder von Christchurch, Neuseeland, hatte eine solche Pilgerreise zur Heimat der europäischen Moderne absolviert, bevor er am 15. März 2019 in der Al-Noor-Moschee und dem Linwood Islamic Centre insgesamt 51 Menschen tötete und 50 weitere verletzte. Sein Manifest *The Great Replacement* berichtet von der Fremdheitserfahrung, die der Australier bei einer Reise nach Frankreich empfand: »In every french city, in every french town the invaders were there«. Auch das gibt es wieder in Meme-Form, hier visualisiert vom rechten Comic-Zeichner *Stonetoss* (Abb. 44).

Das zeigt: ›Weiße Verdrängung‹ fühlt sich wie ein transnational verbindendes Moment an. Sie bringt Fremdheitsgefühle in Kulturräume, denen man nicht angehört und die man vielleicht nicht einmal besucht hat. Sie führt zum Massenmord *vor Ort*, der sich wie Notwehr gegen eine *globale* Verdrängung anfühlt. Der Risikodiskurs des reflexiven Faschismus schafft einen transnationalen Gefühlsraum: Der weiße Massenmörder aus Australien kann sich ebenso von phantasmatischen Projektionen Frankreichs, Deutschlands und Angela Merkel bedroht fühlen[25] wie der BRD-Faschist von

---

24 Man erinnere Koppetschs Gegensatz von ›kulturgebundenen Konservativen‹ und den ›ortlosen Kosmopoliten‹. Pustekuchen: die Alternative Rechte ist mobil, weltreisend und im Namen von *white supremacy* und Ultranationalismus fast überall gleich bedroht, das heißt ›zuhause‹.

25 Der Massenmörder von Christchurch bezeichnete Merkel in seinem Manifest als »mother of all things anti-white«. Er rief zu ihrer Ermordung auf.

Abb. 44

Abb. 45

Obama oder Studiengängen zu Afroamerikanischer Geschichte an US-Universitäten. Wenn es zur Frankreich-Pilgerreise nicht reicht, hilft das Internet, um das eigene Gefühl an ein globales Bedrohungsszenario zu hängen.[26]

The world will not be white for long (Abb. 45)

Die ›weiße Bevölkerung‹ der Welt ist in der Agitationssprache des reflexiven Faschismus global verbunden und global gefährdet. Der rechte Kampf ist daher ein transnationaler Antikolonialismus: Eine faschistische Politik der ›Rassenrettung‹, die global denkt und lokal handelt. Dabei kommt es zu Verdrehungen, zum Beispiel wenn der US-amerikanische Neofaschist Richard Spencer von einer *European identity* schwärmt und damit eine fiktive ethnisch-kulturelle Kontinuität von den Römern bis zu sich selbst meint. Der Massen-

26 Der Mörder von Charleston, South Carolina, der am 17. Juni 2015 neun Schwarze Menschen in einer Kirche ermordete, stellte den ›Rechercheaspekt‹ (research) in seinem Manifest »The Last Rhodesian« heraus. Die Alternative Rechte spricht gerne über ›Recherche‹: »…I researched deeper and found out what was happening in Europe. I saw that the same things were happening in England and France, and in all the other Western European countries. Again I found myself in disbelief. As an American we are taught to accept living in the melting pot, and black and other minorities have just as much right to be here as we do, since we are all immigrants. But Europe is the homeland of White people, and in many ways the situation is even worse there. From here I found out about the Jewish problem and other issues facing our race, and I can say today that I am completely racially aware.«

mörder von Christchurch signalisierte ein ähnlich globales Bewusstsein und intendierte mit seinem Vorgehen eine weltweite Diskursverschiebung:

> »I chose firearms for the affect [sic] it would have on social discourse, the extra media coverage they would provide and the affect [sic] it could have on the politics of United states [sic] and thereby the political situation of the world.«

Was ich *reflexiven Faschismus* nenne, ist diese Denkweise und Form der Agitation: Politikformen und sozial-mediale Verhältnisse werden in Risikoquellen für ›weiße Bevölkerungen‹ umgewidmet. Die Gefährdungslage soll verschärft werden, wie ein Massenmord in Neuseeland die Waffengesetze in den USA beeinflussen soll. Die Alternative Rechte bindet damit lokale Zustände und Beobachtungen an eine *globale Gefährdungslage* – mithin eine überall spürbare Atmosphäre, in denen ›weiß-Sein‹, ›Mannsein‹, ›Patriot*insein‹ und andere Mehrheitspositionen als Zustände der Gefährdung und Prekarität gelten können.

Die Begriffsbildung *reflexiver Faschismus* ist ein Gegenmittel, um die simplen Erklärungen dieser diskursiven und manifesten Gewalt- und Terrorformen als *Backlash gegen Migration* oder *Rückkehr des Faschismus* auszuhebeln. *Reflexiver Faschismus* soll die automatisierte Empörung und bürgerliche Distanzierung produktiv stören. Der Fokus der Alternativen Rechten liegt bei ihrer Agitation weniger auf Abwertung von ›Fremden‹, also einem Machterhalt durch Ausgrenzung. Es geht ihr um die reflexive Konstruktion einer globalen *Risikosituation für Mehrheiten:* Weiße, Männer, Konservative, Heterosexuelle und so weiter. *Reflexiver Faschismus* wechselt damit Taktik und Affekt: von der Absicherung zur Verunsicherung. Dieser Wechsel erreicht vor allem: Anschlussfähigkeit.

Faschismus von unten

Die Theorie des reflexiven Faschismus versteht gegenwärtige rechte Bewegungen als *Gefühlskraftwerke*. Sie produzieren Affekte der Bedrohung und Gefährdung für weiße Populationen in mehrheitsweißen Gesellschaften. Die transnationale Alternative Rechte ist damit kein ›reaktionäres Phänomen‹, das Reaktionen auf externe Einflüsse darstellt, wie etwa Migration, veränderte Klassenstrukturen oder die Reibungsflächen neoliberaler Globalisierung. *Reflexiver Faschismus* insistiert darauf, dass die Alternative Rechte eine Bewegung ist, die sich ganz wesentlich aus eigenen, inneren Dynamiken speist und jene Risikophänomene herstellt, auf die sie ›reagieren‹ möchte und für die sie ›Alternativen‹ bereitstellt: Westliche Dekadenz, das Verschwinden ›weißer Kultur‹, der ›Große Austausch‹, »far-left fascism«. Adorno hat diese Eigendynamik des Rechtsextremismus schon 1967 in einer denkwürdigen Passage festgestellt:

> » [...] der neue Nationalismus oder Rechtsradikalismus hat [...] etwas Fiktives. [...] Es ist sehr oft so, dass Überzeugungen und Ideologien gerade dann, wenn sie eigentlich durch *die objektive Situation nicht mehr recht substantiell sind*, ihr Dämonisches, ihr wahrhaft Zerstörerisches annehmen. Dieses Moment des *Angedrehten*, sich selbst nicht ganz Glaubenden, hat er übrigens schon in der Hitlerzeit gehabt. Und dieses Schwanken, diese Ambivalenz, zwischen dem überdrehten Nationalismus und dem Zweifel daran, [...] das war damals auch schon zu beobachten.«[27]

Ich zitiere die Passage nicht wegen der Formulierung »auch damals schon«. Ich zitiere sie wegen des Mangels von »objektiver Situation« und »Substanz«, den Adorno festhält. Das ist treffend, denn an unzähligen Stellen wirken die Konstrukte der Alternative Rechten ›angedreht‹. Damit stellt sich eine grundlegende Frage: Wie werden diese angedrehten und überdrehten Gefährdungsprojekte und Risikoprojektionen des reflexiven Faschismus breitenwirksam und anschlussfähig?

Wie kommt die Scheiße in die Köpfe?

Von Ulrich Beck kommt eine hilfreiche Überlegung: Die Anschlussfähigkeit dieses Faschismus steigt deswegen exponentiell an, weil er die Sprachen der postmodernen Risikogesellschaft spricht. Er hat sich der veränderten Wissensproduktion und den neuen Modalitäten der Adressierung von Subjekten angepasst. Diese werden, so Beck, in Risikogesellschaften im Modus der Betroffenheit und Affizierung angesprochen. Die Produktion von Unsicherheiten adressiert Subjekte auf der Ebene dessen, was Beck ›Bewusstsein‹ nennt:

27 Adorno. *Aspekte*. 2019. S. 13–14 (Meine Hervorhebung).

> »Reichtümer kann man *besitzen*, von Risiken ist man *betroffen*; sie werden gleichsam zivilisatorisch *zugewiesen*. Zugespitzt und schematisch gesprochen: In Klassen- und Schichtlagen [erste Moderne] bestimmt das Sein das Bewußtsein, während in Gefährdungslagen das *Bewußtsein das Sein bestimmt* [reflexive Moderne].«[28]

Die Beobachtung bringt eine Korrektur der vereinfachenden Lesarten, die Rechtsruck und Rechtspopulismus als ›Reaktionen‹ und ›Reflexe‹ auf Seins-Veränderungen interpretieren: ob diese nun durch Migration, den vermeintlichen Verlust kultureller/rassischer Homogenität, oder die sogenannte Hegemonie eine kulturrelativistischen Linken bedeuten. Rechte Agitation in der Risikogesellschaft stellt sich nicht als Verteidigung von Traditionen gegen deren Flexibilisierung auf, sondern verhandelt Positionen wie ›Konservativsein‹, ›Traditionsgebundensein‹, ›Mannsein‹ oder ›weiß-Sein‹ als fundamentale Risikopotenziale – latente oder manifeste Positionen der Gefährdung. Es ist die Beschwörung von ›weiß-Sein als Gefährdung‹ und nicht die Idee des Weißen als Normalposition, die den Kern ihrer Agitationen darstellt. Gefährdungsszenarien stehen im Zentrum aller rechtsgerichteten Kommunikationen, Plattformen und Organisationen. Zwei Hauptblöcke der Gefährdung sind auszumachen:

1. *Meinungsäußerung als Risiko*: Statt abstrakter Meinungsfreiheit geht es rechter Gefühlspolitik darum, ihre Äußerungen als prekär, bedroht oder marginalisiert darzustellen: *political correctness*, Meinungsdiktatur, die Rede von realer oder möglicher Zensur und das oben erläuterte Schema der ›unpopulären Meinung‹ sind die Hauptmodalitäten von rechten Äußerungen. Eine produktive Affektkette: Die gefühlte Gefährdung der freien Äußerung produziert ein Gefühl rechten ›Recht-Habens‹:

They wouldn't need to censor us if we were wrong. (Abb. 46)

2. *Der Große Austausch*. Das Phantasma einer Ersetzung weißer Kultur und Bevölkerung wird in verschiedensten Schattierungen angesprochen: Von ›white genocide‹ (*Alt-Right*), ›demographische Krise‹ (AfD), bis zur »merciless campaign to wipe out our history« (Trump) oder eben dem Verschwinden ›französischer Zöpfe‹ (Lauren Southern).

---

28 Beck. *Risikogesellschaft*. 1986. S. 31 (Meine Hervorhebung).

Abb. 46

Der reflexive Faschismus erschöpft sich nicht darin, suprematistische oder normalitätsorientierte Versionen von ›weiß-Sein‹ oder ›Mannsein‹ zu beschwören. In Beck'scher Begrifflichkeit wäre dies eine Verteidigung von ›weiß‹ als Besitz[29] und gewissermaßen eine Form von ›Makrofaschismus‹, die große gesellschaftliche und normative Ordnungen aufbauen und erhalten will. Das Gegenteil ist der Fall: Dieser mikrologische Faschismus produziert und streut Erzählungen, Positionen und Affekte, in denen sich Subjekte als *Betroffene* erkennen können – betroffen von einer rassischen Verdrängung, geschlechtlichen Gefährdung oder einer kulturellen Prekarisierung. Rechte Akteur*innen versammeln sich nicht um konservative Deutungen des angestammten ethnisch-kulturellen Kapitals, dessen Wert rezentriert werden muss.[30] Sie empfinden und verhandeln sich selbst als Marginalisierte, als Risikogruppe, als *vom Aussterben bedrohte Art*.

29 Herausgearbeitet wurde der Besitz-Aspekt von ›weiß‹ unter anderem in der rassismuskritischen Rechtswissenschaft: Cheryl Harris. »Whiteness as Property«. *Harvard Law Review* 106.8. (1993): S. 1707–1791.

30 Der rechtsextreme Autor Guillaume Faye distanziert sich in seinem Buch *Archeofuturism* ganz explizit vom Geist des ›Konservatismus‹: »The word ›conservative‹ has demobilising, anti-dynamic and rather outdated connotations. Today it is not a matter of ›conserving‹ the present or returning to a recent past that has failed, but rather of regaining possession of our most archaic roots, which is to say those most suited to the victorious

Wieder hat die *Identitäre Bewegung*, hier in Gestalt des Aktivisten Mario Müller, eine konzise und anschlussfähige Formulierung für diese Gefährdungslagen gefunden, in der das »Bewusstsein das Sein bestimmt« (Beck):

> »Eines muß uns im Angesicht des Großen Austauschs bewußt sein: In jedem klassischen Einwanderungsland – sei es Australien, Kanada oder die USA – leben die Ureinwohner heute marginalisiert am Rande der Gesellschaft oder gleich in Reservaten. Wir sind die letzte Generation, die dieses Schicksal noch aufhalten kann. Wir sind es, die entscheiden, ob Europas jahrtausendealte Kultur fortbesteht oder für immer aus der Geschichte ausscheidet. Unser Kampf ist nicht mehr politischer, sondern existentieller Natur.«[31]

Das ist weder Backlash noch Rückkehr der Fremdenfeindlichkeit.[32] Die Selbstwahrnehmung, mithin das *affektive Bewusstsein*, das der reflexive Faschismus seinen Konsument*innen anbietet, impliziert keine Rückwärtswendung. Rechte Gefühle artikulieren sich in existenziellen und artenschützenden Begriffen. Sie mobilisieren affektiv eine Selbstschutz-Bewegung *von unten*. Der rechte Diskurs distanziert sich daher selbst vom Begriff ›Fremdenhass‹ und (v)erklärt ihn zur ›Selbstliebe‹. Die Selbstbeschreibung des hartrechten Reddit-Forums *r/debate_altright* zeigt diesen Wechsel in Reinform an (Abb. 47):

> »We believe in Love of our Own, not Hatred for Others – ›Racism‹ is traditionally defined as irrational hatred for another race. Our ideology is not focused on hatred for others, but on a desire to preserve and protect European peoples.«[33]

---

life. [...] The controversy between ›traditionalists‹ and ›modernists‹ has grown barren. We should be neither of these things, but rather Archeofuturists. Traditions are made to be purged, screened and selected: for many of them breed viruses, of the kind that are exploding today. As for modernity, it probably no longer has a future.« Faye. *Archeofuturism*. 2010. S. 15.

31 Müller. *Kontrakultur*. 2017. S. 100.

32 Der Begriff ist doppelt falsch und gefährlich. Erstens erlaubt er es, sich von ›Rassismus‹ zu distanzieren, behält aber die Bedeutung des ›Fremden‹ in meist ethnischer und rassistischer Markierung zurück. Zweitens: die Feindlichkeit der Mehrheiten war niemals weg und kann daher nicht zurückkommen.

33 www.reddit.com/r/Debate_AltRight.

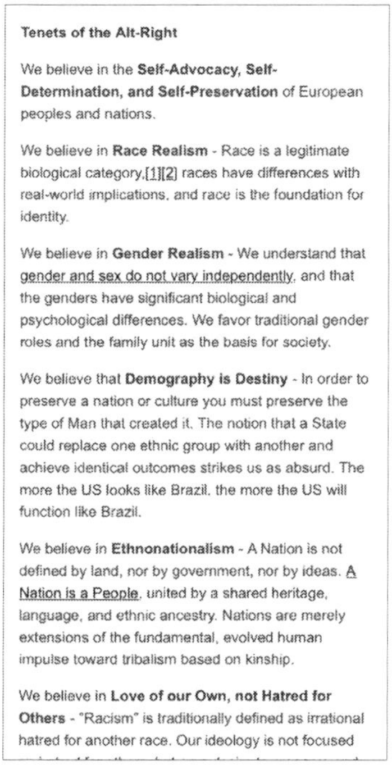

Tenets of the Alt-Right

We believe in the **Self-Advocacy, Self-Determination, and Self-Preservation** of European peoples and nations.

We believe in **Race Realism** - Race is a legitimate biological category,[1][2] races have differences with real-world implications, and race is the foundation for identity.

We believe in **Gender Realism** - We understand that gender and sex do not vary independently, and that the genders have significant biological and psychological differences. We favor traditional gender roles and the family unit as the basis for society.

We believe that **Demography is Destiny** - In order to preserve a nation or culture you must preserve the type of Man that created it. The notion that a State could replace one ethnic group with another and achieve identical outcomes strikes us as absurd. The more the US looks like Brazil, the more the US will function like Brazil.

We believe in **Ethnonationalism** - A Nation is not defined by land, nor by government, nor by ideas. A Nation is a People, united by a shared heritage, language, and ethnic ancestry. Nations are merely extensions of the fundamental, evolved human impulse toward tribalism based on kinship.

We believe in **Love of our Own, not Hatred for Others** - "Racism" is traditionally defined as irrational hatred for another race. Our ideology is not focused

Abb. 47

Mit diesem Taktik- und Affektwechsel verkehrt der reflexive Faschismus seine Adressierungsmodalitäten. Aus einer ›Herrenmenschenideologie‹, die vor allem die Rassenhierarchien der kolonialen und faschistischen Moderne aufruft, werden hochdispersive Mikrodiskurse der Selbstverteidigung gegen omnipräsente Gefährdung. Statt Konservatismus werden die konservatorischen Reflexe bedrohter Arten angeboten: Minderheitengefühle statt *white supremacy.*

Aus white power wird white empowerment.

Die Queertheoretikerin Sara Ahmed hat diese veränderte Gefühlspolitik der Rechten bereits 2004 in ihrem Text »Fascism as Love« präzise als *Politik der (Selbst-)Liebe* beschrieben (Abb. 48). Zur Wahl von Donald Trump veröffentlichte sie den Text noch einmal auf ihrem Blog:

Abb. 48

> »Neofascists label themselves as those whose love for the nation and the race becomes a condition of vulnerability and exposure. By being against those who are for the nation, anti-racist and anti-fascist critics can only be against nation and race; they can only be against love.«[34]

Aus Fremden- und Frauenfeindlichkeit wird die gefühlte Liebe zum Selbst, zur Gruppe und zum Projekt, die ›europäischen Völker und Kulturen‹ zu schützen und zu erhalten. Weiße Suprematie reartikuliert sich als *empowerment* weißer Menschen; Misogynie und Verteidigung männlicher Privilegien werden zur Aktion gegen Diskrimierung umgedeutet. Solche diskursiven Umpolungen fühlen sich im Ergebnis weniger wie eine totalitär-faschistische Version von Politik oder Gesellschaft an, sondern eher wie ein (Selbst-)Schutzprogramm für ›weiße Kultur‹ und ›echte Männer‹. Der entscheidende Bonus, den der reflexive Faschismus Weißen und Män-

34 Sara Ahmed. »Fascism as Love«. *feministkilljoys.com*. 9.11.2016. https://feministkilljoys.com/2016/11/09/fascism-as-love/. Zuletzt gesehen am 05.01.2021.

nern dabei anbietet: Es geht explizit um sie, als Betroffene der Ungleichheit.

A grassroots movement for equality.

Gefühlslandschaften

Zwei direkte und pragmatische Ergebnisse zum Verständnis des *reflexiven Faschismus* möchte ich festhalten: Als Risikodiskurs erzwingt er *Mikrofaschismen* und baut daraus *Gefühlslandschaften.*

1. *Reflexiver Faschismus bildet Mikrofaschismen.*[35]
Der implizite oder explizite Diskurs um ›*race*/Rasse‹ – weniger im Sinne des Rassismus als im Sinne von ›*whiteness*/Deutschsein‹ – ist unverzichtbar, um gegenwärtige rechte Produktionen zu verstehen. Es ist dabei unerheblich, ob Terrorismus, Rechtsextremismus, Parteienpolitik oder Internetagitation, ob Europa oder die USA besprochen werden. Reflexiver Faschismus betreibt die Reformulierung von ›weiß-Sein‹ als *Besitz* oder *Wert* – also der Normalitäts- oder Überlegenheitsposition – zur *Risikoposition.* Im Weltbild der Alternativen Rechten stellt nicht allein die rassistische Abwertung ›Anderer‹, sondern die weiße Betroffenheit durch existenzielle Bedrohung den Grundaffekt bereit.

Es wird also nicht ein Makromodell von ›Rassenhierarchien‹ (re)normalisiert und die historische Uhr auf den Wissenschaftsrassismus des 18. und 19. Jahrhunderts[36] oder die faschistische ›Rassenlehre‹ zurückgedreht. Ziel der affektiven Strategien dieser Faschist*innen ist es, genau die zivilgesellschaftlichen Antworten auf diese totalitären und rassistischen Ordnun-

35 ›Mikrofaschismen‹ verdankt sich den verstreuten Bemerkungen zum Begriffspaar ›molar/molekular‹ von Deleuze und Guattari: »Der Faschismus wird durch seine mikropolitische oder molekulare Macht gefährlich […] Das amerikanische Kino hat diese molekularen Unruheherde oft gezeigt, den Faschismus der Bande, der Gang, der Sekte, der Familie, des Dorfes, des Stadtteils und des Autos, der niemanden verschont. [D]er Faschismus ist gerade wegen seiner Mikro-Faschismen so gefährlich, und die feinen Segmentierungen sind ebenso schädlich wie die härtesten Segmente.« Gilles Deleuze, Félix Guattari. *Tausend Plateaus. Kapitalismus und Schizophrenie.* Merve 1992. S. 292f.

36 Vgl. Christine Hanke. *Diskursanalyse zwischen Regelmäßigkeiten und Ereignishaftem—am Beispiel der Rassenanthropologie um 1900.* Verlag für Sozialwissenschaften 2003. 97–117.

gen als Risikofaktoren für weiße Mehrheiten spürbar zu machen. In dieser Sichtweise zeigen Mehrheitsgesellschaften im ›Rechtsruck‹ ihre *klarste Gefühlsreaktion* auf die Emanzipationspolitiken, die sich gegen Faschismus, Patriarchat und Kolonialismus entwickelt haben. Ich nenne nur einige Beispiele der sozialen und politischen Maßnahmen, die im rechten Diskurs als Mehrheitsrisiken vor allem *fühlbar* werden: Kritik weißer und männlicher Privilegierung, dekonstruktive Kritiken von Überlegenheitsdiskursen, Universalismuskritik, die komplexitäts-moderierenden Umgangsformen der *political correctness*, die um den Begriff ›Diversität‹ gruppierten Repräsentationspolitiken. Die Liste ließe sich fortsetzen.

Diese *diskriminierungsausgleichenden* Maßnahmen völlig unterschiedlicher Art werden als kohärentes Bedrohungsszenario für arrivierte Mehrheiten wahrnehmbar, die an identitäre Positionierungen (weiß, männlich) angeschlossen werden. Es sind besonders institutionalisierte Anti-Diskriminierungsmaßnahmen (also *diversity mainstreaming, affirmative action, political correctness*, Gendersternchen), die im reflexiven Faschismus zum omnipräsenten Risiko für Weiße und Männer aufgeschäumt werden. Von dieser Position aus lassen sich zum Beispiel Gleichstellungsinitiativen als ›eigentliche‹ Form von Diskriminierung beschreiben. Markus Egg, Linguistikprofessor und Bildungsreferent der Berliner AfD, hat dies nonchalant getan, als er 2015 anmerkte, dass »[...] wo Gleichberechtigung für Frauen draufsteht, oft Diskriminierung von Männern drin ist« (Abb. 49).[37] Antifeminismus und Frauenfeindlichkeit verkaufen sich besser, wenn sie zur eigenen Gefährdung verdreht werden. Auch und gerade, wenn man einen Lehrstuhl an der Humboldt Universität zu Berlin besetzt.

Die Alternative Rechte beschäftigt sich also eher weniger, teilweise gar nicht, mit der Rettung der historischen Rassen- und Geschlechterhierarchien – den Makro-Kategorien der ersten Moderne. Er betreibt die metapolitische Wandlung komplexer und reflexiver Gesellschaften zu Ordnungen, die Weiße und Männer in fühlbare Risikopositionen bringen. Diese können

37 Entnommen einer Videoaufnahme eines AfD-Gesprächskreises zur Bildungspolitik. Muh Kuh. »Kirchenrat Markus Egg (AfD Berlin): Gleichstellungspolitik, Frauenbeauftragte, Anti-Feminismus«. *Youtube.com*. 10.02.2017. https://www.youtube.com/watch?v=rv5VZyh7lZU. Siehe auch die Recherche der FSI Gender Studies der HU Berlin, z.B. »Zum Women's Science Day, der AfD und Markus Egg (#Eggstremismus)«. *genderini.wordpress.com*. 11.02.2017. https://genderini.wordpress.com/2017/02/11/zum-womenscienceday-der-afd-und-markus-egg-eggstremismus/. Beide zuletzt gesehen am 05.01.2021.

nur mit einer dissidentischen und emotionalen Gegenbewegung ›von unten‹ abgewehrt werden.

2. Reflexiver Faschismus baut dissidentische Gefühlslandschaften.
Diese wirksamen rechten Gefühle und ihre offensichtliche Attraktivität führen zu der Annahme, dass die reflexiven Faschist*innen sich nicht ausschließlich aus unbelehrbaren Überlegenheitsfanatiker*innen und autoritätsfixierten Totalitären rekrutieren. Seine Subjekte werden mittels ›Betroffenheit‹ auf andere Weise angerufen, als konventionelle Erklärungen zu Totalitarismus und Ideologie es implizieren (Abb. 50). Beck schreibt, dass in Risikopositionen das »Bewusstsein das Sein« bestimmt: Dieses Bewusstsein formiert sich lieber in diffusen Bedrohungsgefühlen und Kleinstbeobachtungen als im Gestus des Herrenmenschen. Der Aphorismus, das Meme, der Online-Kommentar – subjektive und impressionistische Genres liegen dem reflexiven Faschismus näher als die Großklassifikation von ›Rassen‹ und der große Geschichtsrevisionismus.

Die Reichweite rechter Agitation wird deutlich: Subjektivität, Affekt und Atmosphäre sind nicht nur die primären Modi der Risikowahrnehmung, sondern dominieren die Medien der digitalen Sphäre. Die kultur- und gefühlspolitische Arbeit der Alternativen Rechten – als Kulturkrieg und Metapolitik gefasst – findet dort ihren zentralen Aufgabenbereich und zu ihrer eigentlichen Effizienz. Am Beispiel des Begriffs ›Lügenpresse‹ lässt sich die Dispersion nachvollziehen: Dem Begriff geht es nicht ausschließlich darum, eine faschistische Sprache wieder einzusetzen. Weit wichtiger ist der affektive Ansatzpunkt des Begriffs, der einen ›anti-weißen, anti-männlichen oder antideutschen‹[38] Konsens der Medienlandschaft fühlbar macht (Abb. 51) – und damit scheint eine andere, alternative Diskurs- und Gefühlssphäre notwendig.

38 Die Figur der ›Deutschenfeindlichkeit‹ ist nicht neu. Sie findet sich zum Beispiel auch in der 1990er Ausgabe der Zeitschrift *Elemente der Metapolitik der europäischen Wiedergeburt*, die vom neurechten Thuleseminar herausgegeben wurde. Dort schrieb Chefredakteur Pierre Krebs zur internationalen Skepsis der Vereinigung West- und Ostdeutschlands: »Die Rede vom ›beängstigenden‹ Deutschland ist nicht anderes als das Pseudoargument, das uneingestandene Alibi für die antideutsche Xenophobie.« (S. 4) Online zugängig unter: https://archive.org/details/ELEMENTE4. Zuletzt gesehen am 05.01.2021.

Abb. 49

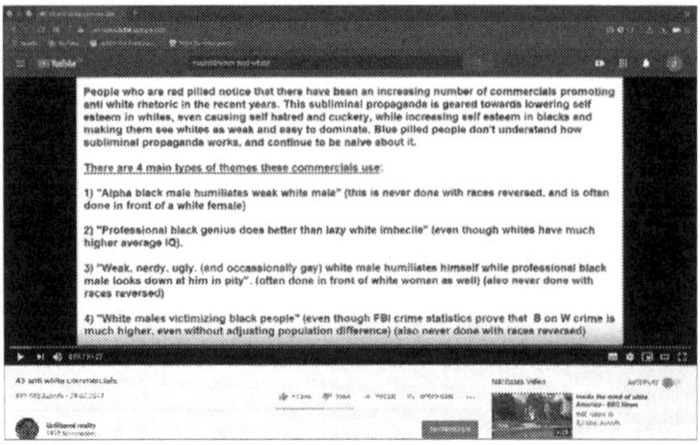

Abb. 51

Abb. 50

Abb. 52

Der Risikodiskurs bringt einen gefühlspolitischen Vorteil: Menschen müssen nicht direkt eine (neo)faschistische Position beziehen, sondern können sich im Gefühl des Bedrohtseins, Belogenwerdens, Ignoriertwerdens oder in irgendeiner anderen Weise des Betroffenseins durch die Medien, die Regierung oder die Gesellschaft häuslich einrichten. Der Effekt solcher populär gewordenen Begriffe – Lügenpresse, Mainstream-Medien, Fake News – ist, dass ihr Gebrauch als anti-totalitär und dissidentisch erlebt werden kann. Sich rechter Gegeninformation zu bedienen – alternativer Medien oder *alternative facts*[39] – und das als Haltung öffentlich zu vertreten wird zu einem Akt notwendiger und berauschender Selbstermächtigung (Abb. 52).

Die Schlussfolgerungen zeigen vor allem eines: Der reflexive Faschismus ist nicht gegen die neoliberale Flexibilisierung von Gesellschaften aufgestellt (vulgo: traditionalistisch, revisionistisch). Er hat sich der Risikogesellschaft perfekt angepasst und entfaltet sich primär innerhalb kapitalistischer Formen der Macht, Kontrolle und Kommunikation. Zeynep Gambetti argumentiert, dass die faschistische Matrix der Gegenwart in völligem Einklang mit den Adressierungs- und Lebensweisen des Spätkapitalismus steht:

> »Fascism might not be a departure from [...] trends inherent in today's neoliberal societies [...] If this is indeed the case, then we must stop thinking of fascism as a political configuration at odds with (liberal and neoliberal) forms of power operating in today's world. We must move beyond generic definitions of fascism based on visible signs such as neo-Nazi insignia and instead try to discern the subterranean forces that reconfigure our modes of being in the world.«[40]

Das Konfigurationsprojekt, das der reflexive Faschismus verfolgt, ist aber keineswegs untergründig (»subterranean«), wie Gambetti andeutet. Die Agitationen der Alternativen Rechten haben sich tief eingegraben in die Gegebenheiten einer konsumistischen, digitalen und transnational vernetzten Welt – und sind gleichzeitig an ihrer Oberfläche völlig präsent. Rechte Tricks spielen auf den Klaviaturen der Betroffenheit, Gefährdung und Selbstoptimierung und tun dies gekonnt und zeitgemäß.

---

39 Nach der bekannten Aussage Kellyanne Conways am 22.01.2017, der zwischenzeitigen PR-Figur der Regierung Trump.

40 Gambetti. »Exploratory Notes«. 2020. S. 28.

Abb. 53

Ein Meme kann als Beispiel dienen (Abb. 53). Der bürgerlichen Sprache der ›Gefährdung durch Rechts‹ nachempfunden, bietet das Meme einen Katalog von positiven Verhaltensweisen, mit denen sich der reflexive Faschismus in Verbindung bringt: Aktivität, Kultur, Gesundheit, monogame Reproduktion, Bildung, bewusster Konsum. Am Ende folgt ein Alarmismus in umgekehrter Richtung: »Disdain for modernism, post-modernism«. Hier liegt die Gefährdungsquelle für die vorbildhaften Selbstführungen, die dieser Faschismus zu installieren vorgibt: In den Nachkriegsordnungen der Moderne und Postmoderne, die als leere Hülsen stehenbleiben. Womit Nutzer*innen sie befüllen sollen, ist offensichtlich und Sache des *crowdsourcing*: Alles passt, was den vorgenannten Verhaltensweisen nicht entspricht und somit ›links‹ oder ›postmodern‹ sei –Homosexualität, Pornographie, Feminismus, Ideologie und alles, was nicht als ›gesund‹ gelten soll.

Die Sprachen der Gefährdung und der Selbstsorge als Gegenwehr bezeugen den Tigersprung, den der reflexive Faschismus und die Alternative Rechte gemacht haben: Ein Wechsel menschenfeindlicher Weltbilder in positive, marktfähige Sprachen, als Selbstverbesserung wider einen schädlichen Zeitgeist oder ein unterdrückerisches Regime, als Quelle von Stabilität, Gesundheit und *feeling good*. Faschismus als Risikomanagement, Widerstand und Projekt der Selbstsorge. Der Markt der Identitäten und Lebensformen lohnt es ihm.

Just do it.

Unbegrenzte Ressourcen

Der reflexive Faschismus steht der Risikogesellschaft also keineswegs skeptisch gegenüber. Die Diskurse der Gefährdung, Betroffenheit und des Affekts sind zum übergreifenden Prinzip der digitalisierten Medienlandschaft, von Politik und Kultur geworden. Die Alternative Rechte reitet auf dieser Welle und treibt sie enthusiastisch an. Endlose Anknüpfungspunkte bieten sich dem reflexiven Faschismus und oft sind sie intuitiv zur Hand: Eine Fundamentalkritik von Frauenquoten und/oder ›des Feminismus‹ steht schon bereit, bevor irgendetwas in der Richtung gesagt wurde. Verluste und Gefährdungen ›deutscher Kultur‹ und individueller weißer Sicherheit durch nicht-weiße Menschen können erfühlt werden, bevor man überhaupt aus dem Haus geht. Die Kommentarspalten des digitalen Raums sind voll von solchen Gefährdungsgefühlen, die völlig ohne Empirie oder Anlass auskommen und beides – wie *Frank Doria* weiter oben – auch nicht vermissen.

Rechte Gefühle sind Selbstläufer.

Ich zitiere ein letztes Mal Ulrich Beck, der dieses Moment der Eigenbewegung ebenfalls beschrieben hat: Im Wandel von Güterproduktion zur Risikoproduktion ergibt sich ein Logikwechsel in der Frage der *Ressourcen*. Werden Risiken statt Besitz produziert, stellt sich eine Gefühlsökonomie mit unbegrenzten Bedrohungsquellen und Sicherheitsbedürfnissen ein, die alle kommuniziert und gemanaged werden wollen. Ein Markt mit endlosem Wachstum beginnt zu blühen:

> »Modernisierungsrisiken sind *big business*. Sie sind die von den Ökonomen gesuchten unabschließbaren Bedürfnisse. Hunger kann man stillen, Bedürfnisse befriedigen. Zivilisationsrisiken sind ein *Bedürfnis-Faß ohne Boden*, unabschließbar, unendlich, selbstherstellbar.«[41]

Das ist schwerwiegend: Wenn ›weiß-Sein‹ (oder ›deutschsein‹, ›Mannsein‹ und so weiter) als Risikopositionen hergestellt werden, resultiert daraus nicht nur ein *Rechtsruck* hin zu ›mehr Nationalismus‹ oder zu ›konservativerer‹ Politik. Vielmehr wird ein rassistisches und chauvinistisches Fass ohne Boden geöffnet, dessen Sicherheits- und Validierungsbedürfnisse nicht zu befriedigen sind.

---

41 Beck. Risikogesellschaft. 1986. S. 30 (Meine Hervorhebung).

Wendet man diese Erkenntnis auf die Aufmerksamkeitmärkte digitaler Mediengesellschaften an, in denen rechte Akteur*innen routiniert und systemisch moderate Stimmen übertönen, wird das Ausmaß von rechten Panik-, Unsicherheits-, Gewalt- und Geltungsaffekten erahnbar. Es ist unwahrscheinlich, dass der *rechte Bedürfnisozean* durch irgendwelche konservativen Erhaltungsmaßnahmen ausgetrocknet werden wird.[42] Es scheint eher so, dass die Lebens- und Kommunikationswelten, die im digitalen Raum alltags- und gefühlsprägend sind, ideale Umgebungen und Anreize bieten, um diese Unsicherheiten und Betroffenheitsaffekte zu artikulieren und zu verstärken. Der digitale Kommunikationsraum *privilegiert* alternative Meinungen, *forciert* affektive Kommentare und *will* emotionale Betroffenheits- und Statusmeldungen. Social Media fordern diese Gefühlsarbeit von den Prosument*innen beständig und eigendynamisch ein.

Gefährdungsgefühle sind eine endlose und beliebte Ressource der Selbstdarstellung und sie treffen auf nahezu endlose Akzeptanz, gerade wenn sie von Mehrheiten reklamiert werden: »Wer sich angesichts eines als überfordernd empfundenen gesellschaftlichen Wandels auf der Verliererseite wähnt, ist deshalb noch kein Rassist«, sagte Wolfgang Schäuble während der Bundestagsdebatte zu Rechtsterrorismus am 4. März 2020, zwei Wochen nach den neun Morden von Hanau. Es gibt endlose Geduld für ›sich fremdfühlende‹ Weiße und Männer, die mitunter zur Waffe greifen. Oder wenn sie ohne Unterlass ihre rassistischen Aufregungen und Relativierungen in die sozialen Medien schreiben und so das verwertbare Grundmaterial der Social Media-Konzerne bereitstellen.

Die Ressourcenfrage ist wichtig, um zu verstehen, wer latent oder manifest einen *reflexiven Faschismus* unterstützt: Die Wähler*innengruppe, die für ein ›Deutschland in den Grenzen von 1938‹ stimmen möchte, ist mit Sicherheit kleiner als jene, die sich als ›bedroht‹ und ›entmündigt‹ von *affirmative action, political correctness,* Feminismus, Frauenquote, Postmoderne oder Migration empfindet. Hier sind signifikante – das heißt wahlentschei-

42 Was könnte konzidiert werden? Abschaffung des Gendersternchens (wird nicht breit verwendet)? Senkung von Aufnahmequoten für Asylbewerber*innen (schon geschehen)? Abschaffung der Ehe-für-Alle, um wieder ein hetero-Familienbild zu haben (was sowieso gilt)? Europa zur Festung aufbauen (c/o Frontex)? Oder wäre es nicht eher folgendes: alle Frauen aus dem öffentlichen Leben, alle ›nicht-Biodeutschen‹ ausweisen und so weiter? Ich bezweifele, dass die rechten *Bedürfnisse nach genug Gefährdung* durch irgendwas gestillt oder beruhigt werden können.

dende – Minderheiten, wenn nicht Mehrheiten im Wartemodus. Rechtliche Regelungen in Deutschland erlauben die strafrechtliche Verfolgung von Referenzen auf den Nationalsozialismus– wie aber ein *Risikodiskurs* zu ›biodeutscher Identität‹, ›männlicher Deprivilegierung‹ oder auch ›weißer Kultur‹ bekämpft werden kann, ist gegenwärtig nicht klar.

Ähnliches gilt für die USA: Für ein segregiertes Amerika, wie es bis 1965 existierte, stimmen sicher wenige. Eine medial-geführte ›Debatte‹ zur Frage, ob ›anti-weiße‹ oder ›anti-männliche‹ Diskriminierung in der Werbung verfolgt oder bestraft werden sollte, wäre mit Sicherheit aber kontrovers. Die Webseite *thewhiteresistance.com* zum Beispiel kapriziert sich auf genau solche (ihrer Meinung nach) ›rassistisch-sexistischen‹ Inhalte, die Weiße und Männer diskriminieren würden. Dazu dienen dann entweder Beispiele, in denen diese als minderwertig oder weniger attraktiv als Schwarze dargestellt werden, oder auch generell einfach die Inszenierungen von *diversity*, die in der Werbung überwiegend über die Paarung ›weiße Frau‹ und ›Schwarzer Mann‹ symbolisiert wird. Ist metapolitisch erstmal erreicht, dass die bloße Abwesenheit weißer Männer sich diskriminierend anfühlt, bieten sich endlose, mehrheitsfähige Beispiele zur Plausibilisierung eines ›Großen Austauschs‹ (Abb. 54). Der hier gezeigte Kanal *ArbeitMachtFree* ist nicht allein mit dieser Agitation: Der Telegram-Kanal *Interracial BMWF ads compilation* hat seit 2019 circa 1800 Beispiele für *anti-white racism* gepostet. Und das ist nur ein recht kleiner Kanal.

Im reflexiven Faschismus droht nicht ein Revisionismus der Geschlechterrollen oder die Wiedereinführung alter ›Rassenmodelle‹. Was rumort, ist ein bodenloses Fass von Forderungen nach mehr weißer und männlicher Präsenz, mehr weißen und männlichen Zukünften und Sicherheiten. Und weil das Management von Risiken Hauptmotor komplexer, selbstreflexiver Gesellschaften ist, findet dieser Faschismus endlose Anschlussmöglichkeiten für seine Risikoproduktion. Sie entstehen durch die kritischen und reflexiven Praktiken dieser Gesellschaften selbst. Die Alternative Rechte sattelt an den Problemstellen auf, wo komplexe Gesellschaften ihre eigenen Differenzen und Risiken verhandeln – wie zum Beispiel am Konzept von ›Diversität‹. Parasitär installiert die Alternative Rechte dort *metapolitische Druckpunkte*, wo Affekte weißer Verletzbarkeit und männlicher Verunsicherung effektiv

Abb. 54

und sinnstiftend produziert werden können. Reflexiver Faschismus bietet Radikalisierung als affektive Beheimatung, die sich gut anfühlt und zu den Diskursen der Risikogesellschaft passt. Man kann sich angegriffen und betroffen fühlen, statt gleich einer schlecht definierten *neofaschistischen Revolution* anhängen zu müssen.

Phantasien weißer Auslöschung

Die beschriebene Umformulierung von Exklusions- und Überlegenheitsgesten in einen partizipativen Diskurs eigener Betroffenheit und Selbsterhaltung ist auch in der *demographischen Kernthese* des reflexiven Faschismus sichtbar: Weiße Menschen würden weniger, nicht-weiße Menschen würden mehr. »It's the birthrates« (es sind die Geburtenraten) war der Refrain, den der Massenmörder von Christchurch seinem Manifest voranstellte. Ein so oder ähnlich klingendes Motto findet sich in der offiziellen Kommunikation von AfD, Antifeminist*innen, der *Pro-Life* Bewegung und verbrieften Neofaschist*innen. In verschiedenen Formulierungen ist *It's the birthrates* auf allen Plattformen der Alternativen Rechten präsent. Die Begriffsprägung ›Der Große Austausch‹ des Franzosen Renaud Camus ist kanonisch geworden.

Der Begriff macht eine doppelte Angriffsfront auf weiße Mehrheiten vorstellbar:

Erstens wird *an der Außenfront* eine angestiegene Einwanderungsbewegung nicht-weißer Menschen konstatiert, die als ›reproduktiv überlegene‹ Kolonisator*innen (kinderreicher und sexuell potenter) angesehen werden. Ein attraktives Doppelphantasma arbeitet an dieser Stelle: Einerseits die Erzählung von dunkelhäutigen oder schwarzhaarigen Vergewaltigern, wie sie vor allem im Nachgang der Kölner Silvesternacht breit verhandelt wurde.[43] Zum anderen greift eine vor allem orientalistische Imagination: Das Klischee der muslimischen Frau als entrechtete Gebärmaschine, die überproportional große und nicht-integrierbare Kindermengen produziert.[44] Der sogenannte ›Feminismus von Rechts‹ tritt als hier Problemlöser auf: Antimuslimische und rassistische Ressentiments können als frauenbefreiende Interventionen gegen ›den patriarchalen Islam‹ ausgegeben werden. Die Genderforscherin Gabriele Dietze hat diesen Konnex als Teil des *sexuellen*

43 Ich gehe an dieser Stelle nicht auf das Stereotyp des »Schwarzen Vergewaltigers« ein. In den USA ist das Stereotyp des *Black sexual predator* Teil der weißen Nationalkultur, von Emmett Till bis O.J. Simpson. Gabriele Dietze hat die Figur mehrfach historisch und diskursiv ausgedeutet. Z.B. Gabriele Dietze. »Das Ereignis Köln«. *Femina Politica* 1 (2016). S. 93 – 102. Gabriele Dietze. *Weiße Frauen in Bewegung: Genealogien und Konkurrenzen von Race-und Genderpolitiken*. transcript 2014.

44 Z.B. Thilo Sarrazin. *Deutschland schafft sich ab*. DVA 2010.

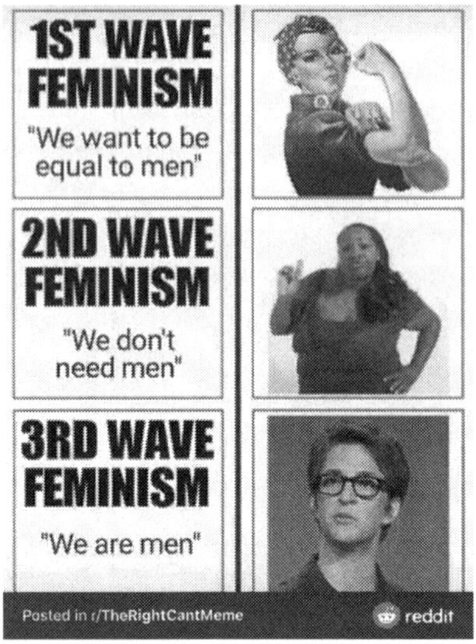

Abb. 55

Exzeptionalismus des Westens beschrieben, der zum Beispiel in der Figur Alice Schwarzers oder in AfD-organisierten Frauenmärschen sichtbar ist.[45]

Zweitens wird eine *innere Frontlinie* gebildet, an der eine kulturell und politisch gewollte Senkung weißer Reproduktionsraten imaginiert wird. Ins Werk gesetzt wird diese Senkung durch Feminismus, Normalisierung von Homosexualität, die Gender und Queer Studies und auch das Aufregerthema der ›Frühsexualisierung von Kleinkindern‹.[46] Sie alle seien an einer konzertierten Zerstörung von Familie, Geschlechtsnormen und Kultur beteiligt. Die Alternative Rechte findet dazu überall Belege, von den bereits gezeigten Entmännlichungsphänomenen, dekontexualisierten Aussagen oder Bildern von Feminist*innen/Frauen, bis zur bloßen Sichtbarkeit von Trans*Personen. Der ewige und relativ mehrheitsfähige Refrain der Rechten

45 Dietze. *Sexueller Exzeptionalismus*. 2019.

46 Verursacht durch z.B. Gender Studies, oder die bloße Präsenz von Queers oder Transgender-Menschen im öffentlichen Raum und/oder als ›Thema‹. Zuletzt in der BRD: Bernd Ahrbeck. »Die klassische Familie wird zum Ausnahmefall: Politisch Verantwortlichen fehlt der Mut zum Widerspruch gegen die Transgenderpropaganda in Kindertagesstätten und Kindergärten«. *Frankfurter Allgemeine Zeitung*. 03.09.2020, Nr. 205, S. 8. Fuck you FAZ.

Abb. 56

Abb. 57

hierzu ist: »Es gibt nur zwei Geschlechter«. Das führt mitunter zu alternativen Geschichtsschreibungen, zum Beispiel des Feminismus: Feministische Belange der ersten, zweiten und dritten Welle werden als schrittweise Ersetzung von ›Männern‹ und damit der reproduktionsgeleiteten Heteronormativität erzählt (Abb. 55). Beide Fronten – innen und außen – werden im reflexiven Faschismus zusammengeführt anhand pointierter Gelenkstellen, die Zusammenhänge zwischen diesen Angriffslinien konstruieren. Wenn Personen zugleich für Reproduktionsrechte und Migration eintreten, wird dies oftmals zum ›Beweis‹ eines großen Plans zur Bevölkerungsersetzung umgeformt. Wenn zum Beispiel Frauen of Color für das Recht auf Abtreibung argumentieren, wie die US-Abgeordnete Ilhan Omar, wird daran die ›anti-weiße Agenda‹ von Migration *und* Feminismus sichtbar. An solche antifeministischen Konstruktionen ist auch der Antisemitismus anschließbar: Memetische Zusammenstellungen von Gertrude Stein, Elfriede Jelinek und Judith Butler suggerieren zum Beispiel eine ›jüdische Verschwörung‹ hinter dem Feminismus (Abb. 56). Sie zirkulieren regelmäßig auf rechten Foren wie *r/right_wing_politics*. Diese gefühlten Beweise eines politischen Großprojekts zur Eliminierung weißer Bevölkerungen – die gewollte Gleichschaltung zur Selbstvernichtung – kulminieren dann in solchen Memes (Abb. 57).

Abort our own children. Import hostile immigrants. Disarm ourselves.[47]

Die Alternative Rechte schreibt die ›demographische Krise‹ also einer verschiebbaren Gruppe von Schuldigen zu. Diese können strategisch kombiniert werden: Frauen in der Politik oder am Arbeitsmarkt, Reproduktionsrechte, Kulturen der ›Entmännlichung‹, nicht-heteronormative Lebensmodelle, intersektionale Politiken, jüdische Präsenzen und so weiter. Es muss nicht immer zur antisemitischen Verschwörungstheorie reichen, die Einzelphänomene wie Feminismus, Globalisierung, Migration oder kultureller Wandel an eine ›jüdische Weltkontrolle‹ anschliesst. In der Alltagskommunikation der sozialen Netzwerke reicht es im Allgemeinen, gezielt Kleinstereignisse oder Beobachtungen anzusteuern. Allein durch Häufung und Verstärkung verdichten sie sich zur bedrohlichen Atmosphäre und globalen Verschwörung. Die unsichtbare Hand ›jüdischer Eliten‹ kommt aus Erklärungsnot wie von selbst hinzu (Abb. 58), wenn die rechte Schwarmintelligenz Spuren der Schwächung weißer und männlicher Subjekte in jeder Alltagsgeste findet (Abb. 59).

Conservatives get offended by the weirdest shit.

Männer gestikulieren feminisiert: Schon hier zeige sich, wie die sogenannte ›westliche Dekadenz‹ die Reproduktionsordnung von Gesellschaften angreift. Eine Myriade weiterer Punkte werden angeboten,[48] und der ›Große Austausch‹ wird zur omnipräsenten Bedrohung und Gefährdung. Im Alltagsgebrauch führt das zur radikalen Umdeutung antirassistischer, feministischer oder queerer Politiken und Interventionen zu ›anti-weißer, anti-männlicher und anti-hetero-‹ Propaganda. Diese *will* vor allem die Ge-

47 NPCs bezeichnen im Online-Sprech die sogenannten ›non player characters‹. Damit sind Figuren gemeint, die in einem Computerspiel nicht vom Spieler gesteuert werden, sondern von Computerroutinen. Die Gamer-Szene hat aus dem Begriff eine Beleidigung gemacht: NPCs seien all jene, die blind und gefühllos ihrer Programmierung durch anti-weiße Propaganda und den Mainstream-Medien folgten.

48 Ich nenne nur einige Themen, die die Alternative Rechte während meiner Forschungen aufgegriffen hat. Jedes Einzelne ›beweist‹ die Gefährdung von Männlichkeit und zieht zahllose Memes, wissenschaftliche Artikel und Youtube-Videos nach sich: Soyaprodukte, Superheldinnen im Film, Frauen in Videospielen, Frühsexualisierung, Moderne Kunst, *Black Panther*, ›Drag Queen Story Hour‹, Gender Studies, #MeToo, Kinderbücher, Zensur von Kinderbüchern, Bärte, Nicht-Bärte, *Dear White People*, Lego, Bruce Darnell, #OscarsSoWhite, linke Studierende der Sozialwissenschaften, …

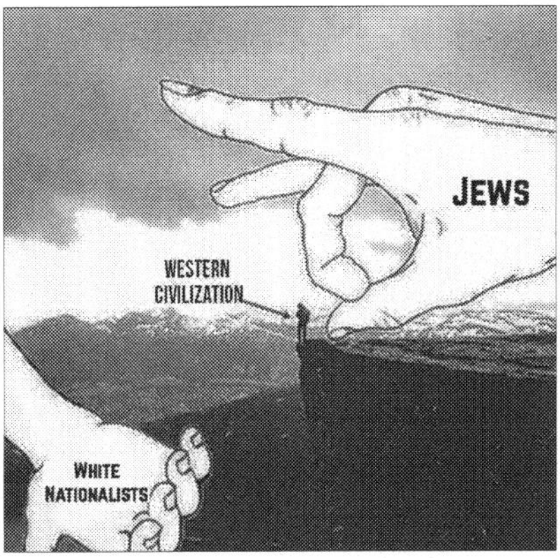

Abb. 58

Abb. 59

fährdung von Weißen, Männern und weißen Männern. Radikale Triebkräfte werden herbeigebetet, zum Beispiel »Aktivisten aus dem Umkreis postkolonialer Theorie«,[49] wie die Islamforscherin Susanne Schröter schreibt. Andrew Breitbart erklärte Herbert Marcuse und die Frankfurter Schule zu Alleinschuldigen des Kulturverfalls. Das ›Jüdische‹ muss dabei nicht unbedingt expliziert werden, was die Botschaft einer feindlichen Übernahme der Öffentlichkeit durch schattenhafte Eliten handhabbarer und breitentauglicher macht:

> »Marcuse's mission was to dismantle American society by using diversity and ›multiculturalism‹ as crowbars with which to pry the structure apart, piece by piece. [...] it became the basis for the post-structural movement—Gender Studies, LGBT/›Queer‹ Studies, African-American Studies, Chicano Studies, [who] brazenly describe their mission as tearing down traditional Judeo-Christian values and the accepted traditions of Western culture, and placing

49 Immerhin in der Kolumne »Geisteswissenschaften« der FAZ. Ihr Artikel »Sterbende Weiße Männer« vom 24.04.2020 präsentiert die Diskursinversion, die ich hier beschreibe. Zitat: »Wie konnte es dazu kommen, dass unveränderbare körperliche Merkmale wie Hautfarbe, Geschlecht und Alter in einer Gesellschaft, die für sich in Anspruch nimmt, diskriminierende Stereotype abzulehnen, zu neuen Stigmata werden konnten?«, so Schröter zur Bedrohung weißer, alter Männer durch postkolonialen, feministischen und antirassistischen Aktivismus. Fuck you twice, FAZ.

> in their stead a moral relativism that equates all cultures and all philosophies – except for Western civilization, culture, and philosophy, which are ›exploitative‹ and ›bad.‹ [...] This totalitarianism is now standard practice on college campuses, in the media, and in Hollywood – the very places that the Frankfurt School sought to control.«[50]

Der reflexive Faschismus argumentiert die Prekarität von Weißen und Männern also nicht allein durch eine erhöhte Präsenz nicht-weißer Anderer. Er sieht sie vor allem in der Erosion ihrer diskursiven Überlegenheit und der Einopferung ›weißer Kulturen‹ in einen vernichtenden Kulturrelativismus, der wahlweise als ›postkolonialer Extremismus, Staatsfeminismus oder Kulturmarxismus‹ zum Unterdrückungs- und Gleichschaltungssystem erhoben wird.

In der Zange solcher angeblicher Verwüstungen von innen und außen artikuliert sich der Affekt der absoluten Bedrohtheit durch die bloße Idee der Diversität selbst: »Diversity is Code for White Genocide« ist der entsprechende Slogan dazu, abgeleitet vom sogenannten *Mantra* des US-amerikanischen Ultrarechten Bob Whitaker aus dem Jahr 2006.[51] Dieser Slogan ist die beliebte Schriftzeile zahlloser Bildmontagen und Abwandlungen, vom kleinrechten Telegram-Kanal *Diversity Macht Frei* (431 Subscribers) bis zu diesem Meme vom Subreddit r/The_Donald (Abb. 60): Es ahmt bauchrednerisch einen ›antiweißen‹ Vielfalt-Sprech nach, um gleichzeitig die falsche Behauptung aufzustellen, dass asiatische oder afrikanische Länder selbst ethnisch homogen seien – daher gäbe es dort keine Probleme mit Diversität. Pro-Vielfalt-Positionen werden so mit ›Rassenverrat‹ und ›Kulturvernichtung‹ gleichgesetzt.

Das ist die Präambel des reflexiven Faschismus (nicht immer explizit, aber überall mitgemeint): Es gibt einen durch Kultur, Politik und Migration (und/oder ›Juden‹) beförderten *Völkermord an weißen Menschen*. Verschiedene Ausformungen finden sich bei allen Vertreter*innen der Alternativen

---

50 Breitbart. *Righteous Indignation*. S. 180.

51 Das *Mantra* erschien 2006 auf dem Blog der rechtsextremen Organisation *National Vanguard*. Es wird oft so abgekürzt: »They say they are anti-racist. What they are is anti-white. Anti-racist is a code word for anti-white.« Vgl. https://rationalwiki.org/wiki/Anti-acist_is_a_code_word_for_anti-white/. Zuletzt gesehen am 05.01.2021.

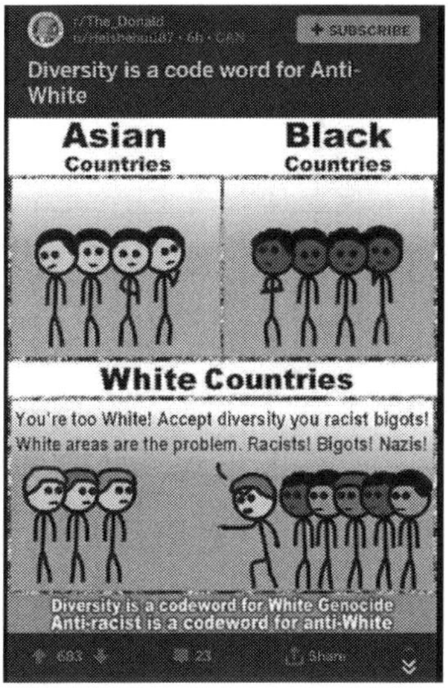

Abb. 60

Rechten: Thilo Sarrazins *Deutschland schafft sich ab*, im Manifest des Shooters von El Paso, in Rolf-Peter Sieferles *Finis Germania*,[52] Douglas Murrays *Der Selbstmord Europas*.[53] Es steht in politischen Reden und YouTube-Videos, in Blogs und Kommentarspalten, auf Postern und Memes. Dieselbe Botschaft, in wandelbarer Gestalt und für verschiedene Zielgruppen und Marktsegmente ausformuliert. Memes bringen diese Argumente auf den kürzesten Punkt und inspirieren damit AfD-Werbekampagnen, zum Beispiel das bekannte Poster »Neue Deutsche machen wir selber« (Abb. 61 und 62).

Der reflexive Faschismus nutzt die ›demographische Frage‹ zur dissidentischen Geste: Nur er würde die Gegenposition zu Emanzipationsbewegungen und dem Multikulturalismus westlicher Gesellschaften argumentieren, die vor der (Selbst-)Vernichtung rette. Nur er sei die sogenannte Alternative. Aus den *notwendigen Fortschrittsmaßnahmen* Minderheitenrechte, Multikulturalismus, Feminismus, Antirassismus, und Quotenregelungen werden Risikodynamiken für Weiße und Männer. Diese müssen quasizoologisch als

52 Rolf-Peter Sieferle. *Finis Germania*. Antaios 2017.

53 Douglas Murray. *Der Selbstmord Europas: Immigration, Identität, Islam*. FinanzBuch Verlag 2018.

Abb. 61

Abb. 62

Abb. 63

Abb. 64

bedrohte Arten vor dem Aussterben geschützt werden, um das Überleben der ›weißen Bevölkerungen‹ zu sichern.

Nochmal die ganze Theorie, völlig konzise in einem Bild ausgedrückt (Abb. 63): Dieses Meme präsentiert die sinkende weiße Geburtenrate, verursacht durch Feminismus, Pro-Choice-Politik und weiblichen Egoismus: »Your great-grandmother: 12 Kids […] You: an abortion and a dog«. Die sinkende Kinderzahl von Urgroßmutter zu Hundehalterin ist ein *countdown to white extinction.* Feminismus zerstöre die weiße heteronormative Familie und das patriarchale Modell weißer Männlichkeit: Der domestizierte Mann nimmt die mütterliche Position in dieser *interspecies pieta* ein. Dekadenz, Geschlechtsverwirrung, Kulturverfall und Volkstod; Verrat an Männern, Kindern, Ahnen und *Rasse* – Alles Schuld des westlichen Feminismus.

Alles in einem Bild.

Rettungsschirme

Die Verschaltung von Reproduktionsrate und Risikodiskurs ist attraktiv, weil sie rechte Agitation als *zukunftssichernde* Tätigkeit ausgibt: Das Einzige, was gegen das ›Aussterben weißer Völker‹ arbeitet, ist die störrische Liebe der ›Rassenkonservatoren‹. Sie retten jene Spezies, die ihre selbstbetriebene Modernisierung nicht überleben kann und wird.

Die Alternative Rechte verkauft sich als *Artenschutzprogramm* gegen schwindende Zahlen und die allgegenwärtigen Risiken, die ›Weiße‹, ›Männer‹, ›Kultur‹ und deren Zukunft bedrohen. Diese Haltung hat der reflexive Faschismus eher mit den eugenischen Bewegungen der USA und Europas gemein als mit dem jüngeren und weniger breitenwirksamen deutschen Nationalsozialismus. Die Eugeniker*innen auf beiden Seiten des Atlantiks verstanden sich ebenso als Konservator*innen bedrohter und hochkultivierter Arten, die durch Migration, ›Rassenmischung‹, Rückgang der Familienstrukturen und ›entartete‹ Subspezies dem Verschwinden anheimfallen würden.[54] Die Idee der *racial purity*, von eugenischer Wissenschaft zu Beginn des 20. Jahrhunderts in utilitaristischen Traktaten oder Kampfschriften gegen ›Rassenmischung‹ ausformuliert, zirkuliert heute bündig in Memes, oder wird – Social Media-konform – als kurzer Kommentar zum Hochzeitsfoto rausgehauen (Abb. 64). Ich danke den überwiegend freundlichen Menschen auf *r/insanepeopleoffacebook*, die dieses *racist piece of shit* gefunden haben.

Ein anderes Meme denkt globaler und stellt die demographische Krise der ›weißen Welt‹ in einen überraschenden Zusammenhang: Einer Grafik zur Bevölkerungsentwicklung in ›Afrika‹ und ›Europa‹ wird die Klima-Aktivistin Greta Thunberg zur Seite gestellt (Abb. 65). Das Schaubild korreliert

54 Ich habe Bezüge zwischen historischer Eugenik (circa 1880-1945) und der Alternativen Rechten an anderer Stelle ausführlicher untersucht: Simon Strick, »Re/Considering American Eugenics«, *Amerikastudien* 64.2 (2019). S. 165–188.

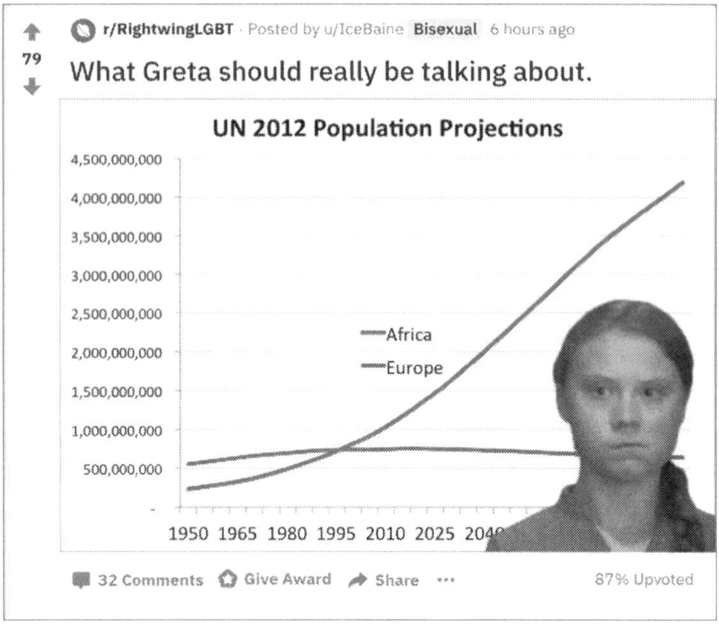

Abb. 65

das lineare Bevölkerungswachstum des roten ›Afrika‹ mit dem undynamischen Plateau des blauen ›Europa‹ in einer Projektion für das 21. Jahrhundert. Es entstammt einer offiziellen Statistik, nämlich einer UN-Studie von 2001 zur sogenannten *Replacement Migration.*[55] Die Studie geht unter anderem der Frage nach, ob der demographische Wandel Europas eine Ausgleichsmigration erfordert, um einen ausreichenden Anteil steuerzahlender Bevölkerung zu erhalten.

Die Alternative Rechte eignet sich solche Statistiken mit Genuss an. Der Begriff *Replacement Migration* kann emotional leicht umdefiniert werden: Wo es tatsächliche Überlegungen gibt (und auch geben muss), schwindende Bevölkerungsanteile zu ersetzen, kann der ›Große Austausch‹ gut und plausibel argumentiert werden. Die Alternative Rechte macht es sich hier zu nutze, dass es für bevölkerungspolitische Diagnosen und Maßnahmen

55 United Nations. *Replacement Migration: Is It a Solution to Declining and Ageing Populations?* United Nations Publication, ST/ESA/SER.A/206 2001. https://www.un.org/press/en/2000/20000317.dev2234.doc.html.

keine attraktiven kulturellen Erzählungen gibt. Weil die Vereinten Nationen offen lassen, was notwendige Migration in alternden und schrumpfenden Gesellschaften bedeuten könnte, kann rechte Agitation ihre Phantasie einer ›Flutung‹ und des ›planmäßigen Austauschs‹ einsetzen: Der gemeinsame Begriff des *replacement* kommt ihr dabei zu Hilfe. Für die USA existieren ähnliche Prognosen, die zum Beispiel einen absehbaren Verlust der absoluten Bevölkerungsmehrheit für ›Weiße‹ ungefähr auf das Jahr 2050 terminieren.[56] Der Kulturwissenschaftler Paul Gilroy hat solche Entwicklungen als »the inescapable fact of [Europe's] creole future« benannt.[57] Gleichgültig, ob damit kulturelle oder ethnische Kreolisierung gemeint sind: Für die allgemeine Öffentlichkeit ist diese Zukunft eine symbolische Leerstelle. Es gibt wenige bis keine konsensfähigen Erzählungen darüber, wieso die numerische Neuverteilung und eine zunehmende kulturelle Pluralität gut oder attraktiv sind.[58] Ein Deutungsvakuum existiert, das vom reflexiven Faschismus nur zu gern mit Untergangs- und Verdrängungsphantasien aufgefüllt wird. In prägnanter Weise gehören die Rechten zu den Wenigen, die überhaupt eine Erzählstrategie zum demographischen Wandel anbieten. Wohlgemerkt ist es eine katastrophische Erzählung ›weißer Auslöschung‹ – sie scheint für Viele aber attraktiver als gar keine.

Das Meme geht allerdings einen entscheidenden Schritt weiter: Die *white genocide*-Phantasie wird mit Greta Thunberg kombiniert. Der Gesichtsausdruck der Klima-Aktivistin deutet Irritation und Unzufriedenheit mit der Datenlage an, es ist ein sogenanntes *reaction image*. Was sich in dieser Kombination von *Klimawandel* und *Bevölkerungswandel* andeutet, ist eine konstruierte Konkurrenz der Glaubwürdigkeiten: Thunberg scheint irritiert, weil ein alternatives globales Krisenszenario aufgetreten ist, nämlich der ›Große Austausch‹. Ein Showdown zwischen zwei aktivistischen Bewegungen wird gezeigt:

Fridays for Future vs. whites for white futures.

---

56 Dieser ›Verlust‹ ist der Punkt, wo ›weiße‹ Menschen nicht mehr als 50 % der Gesamtbevölkerung der USA ausmachen. Sie wären immer noch stärkste ›ethnische‹ Gruppe.

57 Paul Gilroy. »Agonistic Belonging: The Banality of Good, the ›Alt Right‹ and the Need for Sympathy«. *Open Cultural Studies* 3 (2019). S. 1–14. S. 1

58 Allein die Unternehmensberatung sieht in einer zunehmenden Diversität ihrer Belegschaft eine Zukunftsperspektive: mehr Produktivität und Profit.

Die Bildmontage ist affektpolitisch aufschlussreich, um die Gefühls- und Atmosphärenarbeit des reflexiven Faschismus zu verstehen. Die Alternative Rechte betreibt eine affektive Ummantelung des demographischen Wandels als ›weißes Artensterben‹. Dieses Katastrophenszenario ist der Kritik des Klimawandels nachgebildet. Die Rechte befüllt die alarmistische Atmosphäre einer voranschreitenden Umweltkatastrophe, die Industrialisierung und Kapitalismus als globale Bedrohung der Spezies verhandelt, mit ihren Konzepten der Migration, des Kulturverfalls und der bedrohten ›ethnischen Arten‹. Sozusagen:

White Extinction Rebellion.[59]

Wenn man sich fragt, was reflexive Faschist*innen *fühlen*, dann liegt hier ein gutes Bild. Sie fühlen ihre Bedrohung durch Multikulturalismus, Feminismus, Judentum, *diversity* (und so weiter) in derselben Weise, wie die Klimabewegung den Klimawandel fühlt: Als eine fundamentale und globale Katastrophe ›weißer Auslöschung‹ und der Vernichtung ›weißer Kulturen‹. Wie im Klimadiskurs geht es diesem Katastrophenszenario um die gleiche Interventionsebene: Der ›Große Austausch‹ erfordert die dauernde Vermessung und Verwertung unzähliger Nebenfolgen und bodenloser Folgeprobleme: emotionale, weltliche, alltägliche. Eine massive Zahl von Reibungspunkten wird produziert, an denen Risiko, Schäden und Betroffenheit fühlbar werden. Nur ein radikales Umdenken in Alltag und Politik – ähnlich, wie es die *Fridays for Future*-Bewegung verlangt – kann die ›demographische Katastrophe‹ und den ›weißen Völkermord‹ aufhalten (Abb. 66-68).

Eine Dispersionsbewegung beginnt den politischen Prozess zu bestimmen und lässt ihn zum öffentlichen Disput über die Definition dieser Risiken für Kollektive und Individuen werden. Risiko und Gefährdung von Weißen und Männern werden buchstäblich zu Umweltfaktoren. Diese Faktoren bestimmen das konkrete *In-der-Welt-Sein* von diesen Menschen an jeder Ecke und in jeder Situation: Der »weltweite Hass auf den weißen Mann« (Norbert Bolz) prägt Alltag, Politik, Wirtschaft, Umwelt, Landschaft, Zukunft und Lebenswirklichkeit.

Die Corona-Restriktionen, die ab Frühling 2020 umgesetzt wurden, haben dieser rechten Gefühlsfigur ungeahnten Treibstoff gegeben, um die

59 *Extinction Rebellion* ist der Name einer radikalen und dezentralen Klimaschutz-Bewegung, die 2017 entstanden ist. An ihr haben sich einige rechte Gruppierungen beteiligt.

Abb. 66

Abb. 67

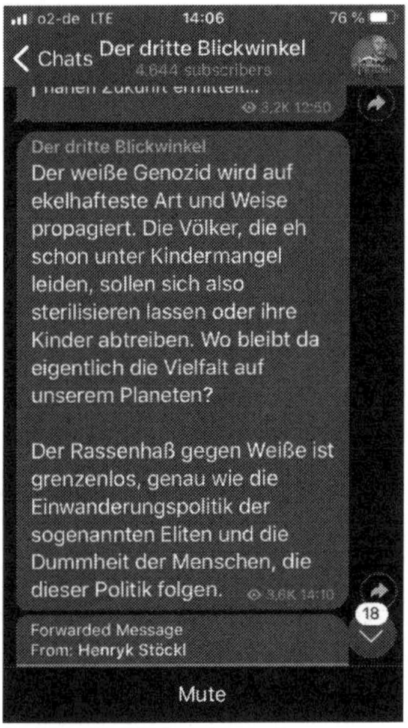

Abb. 68

Abb. 69

vollständige Ideologisierung des Alltags voranzutreiben. Auf den sogenannten Hygienedemos, zum Beispiel am 1. August 2020 in Berlin, war die Gefühlspolitik deutlich sichtbar. Es war weniger die Tatsache, dass explizite Holocaust-Leugner*innen oder die NPD dort unter den 17.000 Demonstrant*innen waren. Das Problem waren *alle Anderen*, die zwar keine Reichsflagge dabei hatten, aber sich auch in einem globalen Szenario unterdrückt und stigmatisiert fühlten. Das ist das zentrale Problem: Rechte Gefühle der Gefährdung, Ahnungen des notwendigen Widerstands gegen ein Regime, Affekte der Betroffenheit – sie zielen in die absolute Breite. In Corona-Zeiten sind diese Affekte leicht zu haben, denn sie wirken sinnstiftend im Moment, und sie binden völlig diverse Menschen zu einer Bewegung zusammen. Manch eine*r geht schon deswegen hin, weil das Fitnessstudio geschlossen hat.

Something to do, something to feel.

Die Gefühlsevokationen der Alternativen Rechten sind in diesem Sinn völlig konkrete und wirkmächtige Instrumente, ein anderes *In-der-Welt-Sein* zu beanspruchen. Der Kulturkampf und die metapolitische Taktik des reflexiven Faschismus, seiner Protagonist*innen und der Umstehenden, verrichten hier ihre Hauptarbeit. Sie werfen unzählige Umweltrisiken für Weiße und Männer auf. Sie intensivieren die Folgewirkungen auf zahllosen Nebenschauplätzen und spüren im kleinsten kulturellen oder politischen Vorgang die ›anti-weiße‹ und ›anti-männliche‹ Gefährdung auf.

Alles und jedes kann als überschattender Affekt und konkreter Beweis einer atmosphärischen und manifesten Gefährdung reartikuliert werden: die Repräsentation nicht-weißer, nicht-cismännlicher oder nicht-heterosexueller Charaktere in der Populärkultur; die bloße Existenz jüdischer Menschen oder Namen in der Medienindustrie; die Verfahrensweise der EU; die schiere Sichtbarkeit von Feminismus oder LGBTQ+; die endlosen Auswirkungen der Globalisierung; fast jegliche Aktivität von Regierungen oder Systemen; zivile, institutionelle oder unternehmerische Maßnahmen wie ›Zensur auf Facebook‹ oder ›Demonetarisierung durch YouTube‹, egal ob auf großen Internetplattformen oder Kleinstforen. Von der Maskenpflicht bis zu den banalsten Kleinigkeiten des digitalen und analogen Alltags oder Konsums: Der Klimawandel ist überall spürbar.

Reflexiver Faschismus ist ein Klimadiskurs.

Ein Meme verbildlicht dieses *Ambiente der Bedrohung* konzise als Wetterlage (Abb. 69). Ich wiederhole es noch einmal: Die Reibungsstellen, an denen die Alternative Rechte ihre Dystopien und Widerstandserzählungen für Vergangenheit, Gegenwart und Zukunft anbindet, werden von Risikogesellschaften selbst in Serie mitproduziert. Jede der in diesem Meme als Umweltbedrohung aufgeführten Initiativen und Bewegungen verhandelt gesellschaftliche Krisen: Die LGBTQ+ Bewegung, die *Open Society Foundation* von George Soros, der Feminismus, Europa – alle antworten auf historische und gegenwärtige Problemzonen von komplexen Gesellschaften. Aus den vielfachen Stoßrichtungen und Widersprüchen dieser Projekte strickt der reflexive Faschismus Katastrophenmomente, die rechte Gefühlswelten plausibler und attraktiver machen. Was die komplexe Gesellschaft an Schauplätzen produziert, auf denen Komplexität verhandelt wird, dient der Alternativen Rechten als genuine Bühne zur Inszenierung ihrer Gefährdung.

Das Meme mit der Strichfigur, die unter dem Regenschirm *Mein Kampf* studiert, verbildlicht genau das: eine Klimakatastrophe für existenzbedrohte Weiße und Männer. Der reflexive Faschismus wird Überlebensstrategie, das Sonnenrad ist der Rettungsschirm.

Das Meme habe ich 2019 entdeckt. 2020 belegen die rechten Reaktionen auf die Covid-19-Regeln aufs Haar den gleichen Punkt. Corona ist *das* Ereignis der Risikogesellschaft und zieht alle Teile der Öffentlichkeit und des Privaten zum Management von Gefährdung heran. Aus den schier endlosen Einzelheiten, Nebenfolgen und Gegenmaßnahmen, die aus dem pandemischen Risikomanagement resultieren (und resultieren müssen), zieht der reflexive Faschismus eine unerschöpfliche Energie. Der Gang zum Supermarkt, zum Friseur, zur U-Bahn, Atmen, Lächeln, Händewaschen und Husten – jede Teilnahme an Öffentlichkeit oder Privatheit wird zur politischen Geste und zum Szenario der eigenen Gefährdung. Jede Handlung wird zum potenziellen Medium von *rechten Gefühlen*, jede getragene Maske wird zum Beweis einer feindlichen Ideologie und Gleichschaltung (Abb. 70).

Es ist ein diskursiver Klimawandel, den die Alternative Rechte aktiv vorantreibt. Die von der bürgerlichen Öffentlichkeit anvisierten Lösungen und Positionen gegen Rechts versprechen wenig bis gar nichts. Ich notiere einige hilflose Fragen aus dem Juni 2020: Ob Donald Trump von Joe Biden besiegt werden kann (ja), ob Organisationen wie die *Identitäre Bewegung* (Deutschland) oder *Proud Boys* (USA) verboten werden sollten (nein), ob nach dem sogenannten *Flügel* der AfD die gesamte Partei unter Extremismusverdacht gestellt werden sollte (jein); ob das Subreddit *r/TheNewRight* nun endlich gelöscht wird (nein), ob *cancel culture* nun zu extrem sei oder eine Erfindung der Rechten und so weiter.

Um die Gefühlsarbeit des reflexiven Faschismus zu stören, zu beenden oder rückgängig zu machen, nützen diese Fragen wenig. Sie helfen nicht, weil sie den gesellschaftlichen Klimawandel eher annehmen und verwalten als ihn zu bekämpfen. Grundlegend ist ihr Kategorienfehler: Verbotsdebatten, Brandmauerreden, Deplatforming oder auch Widerlegung rechter Positionen durch Faktenchecks sind im Optimalfall *effektive* Maßnahmen. Im schlechtesten Fall verstärken sie rechte Themensetzungen. In keinem Fall sind sie, was gebraucht wird:

Affektive Maßnahmen.

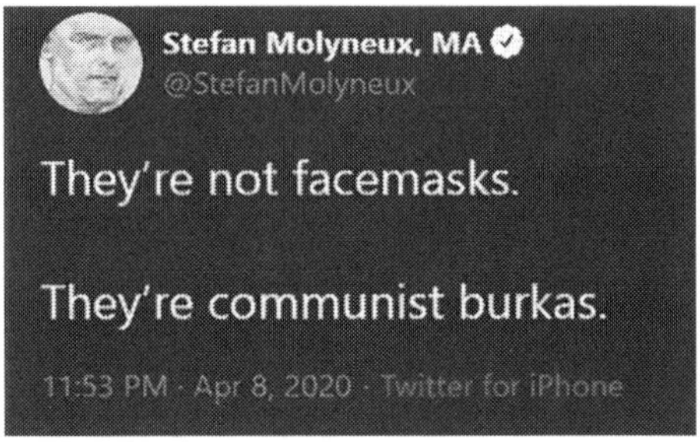

Abb. 70

Klimawandel von Rechts

All das wurde in den letzten zehn Jahren zur ›Neuen Rechten‹ gesagt: Sie sei Reaktion auf Migrationswellen, sie sei ein plötzliches Wiedererstarken von Rassismus, sie sei Bruch einer demokratisch-progressiven Epoche. Nichts kommt wieder, ob plötzlich oder als Reaktion. Keine Epoche bricht. Die Alternative Rechte veranstaltet affektive *Wolkenbrüche*, gefühlte Katastrophen und allgegenwärtige Gefährdungsimpressionen. Die Alternativen Rechten sind Wettermacher*innen und Weltenbauer*innen. Sie tätigen klimatische Operationen.

Rainmaking. Worldbuilding. Terraforming.

Der reflexive Faschismus spricht nicht nur über das gesellschaftliche Wetter oder ist Symptom ›unserer‹ Widersprüche. Er macht das Wetter, und errichtet extrem wetterfühlige Parallelgesellschaften und Gegenöffentlichkeiten, die Realität und Deutungsmacht beanspruchen. Er baut selbst die Widersprüche, für die er Symptom sein soll. Seine kritische Aufnahme kann daher nicht darin bestehen, dass man ihn als Reaktionsschema, Einzelphänomen, außerordentliches Ereignis oder Epochenbruch (Koppetsch) eintütet. Adorno wusste 1967, dass die Rechtsradikalen keine »Naturkatastrophen sind, über die man Sturmwarnungen herausgeben müsste«.[1]

Etwas völlig anderes ist zu lernen, vor allem über den Alltag, der vom reflexiven Faschismus so massiv umgedeutet und neuerfunden wird. Eine von der asiatisch-amerikanischen Journalistin Inkoo Kang erinnerte Anekdote zum Thema ›Alltagsrassismus‹ ist lehrreich:[2] Auf einer Hochzeit wird sie von

1 Adorno. *Aspekte.* 2019. S. 56.

2 Inkoo Kang, »The Intellectual Dark Web, Brought to You by Your Snowflake Tweets«. *Slate.com*, 15.5.2018. https://slate.com/technology/2018/05/the-intellectual-dark-web-and-the-alt-right-dont-blame-the-social-justice-internet-for-these-bigots.html. Zuletzt gesehen am 05.01.2021.

einem unbekannten Mann als ›exotisch‹ bezeichnet. Sie ignoriert die Bemerkung, berichtet die Mikroaggression aber einigen Bekannten. Sie wird mit Erklärungen bestürmt: »He was just being nice; It's a compliment«, sagen die Umstehenden. Kang schreibt dazu:

> »It's taken me some time to realize that racism, for them, is an exceptional event, like a thunderstorm, and so this didn't count. But for me, racism is the weather.«

Aus der Anekdote sind zwei Dinge zu lernen:

Erstens ist die vermeintlich ›nicht-rechte‹ Mehrheitsgesellschaft durchtränkt von residualen, systemischen und offenen Rassismen und Sexismen. Diese bestimmen *die Wetterlage* für minderheitsnahe Menschen. Die *general plane of okayness* (der gesellschaftliche Frieden) hängt vor allem an der täglichen Dethematisierung dieser feindlichen Grundatmosphäre durch die von Diskriminierung Betroffenen.

Was hat das mit den Agitationen der Alternativen Rechten zu tun? Die ›Rechtsextremisten‹ (immer wenige, immer extrem) dienen der allgemeinen Öffentlichkeit dazu, gesellschaftliche Grundbedingungen zu dethematisieren, zum Beispiel den systemischen Rassismus. Die ›Rechtsextremen‹ helfen dabei, nicht systemischen Rassismus, sondern Einzelfälle – *Stürme* – zu beklagen. Sie geben dem bürgerlichen Lager Anlässe für den empörten Ausruf: ›Woher kommt plötzlich dieser Rassismus?‹. Besser wäre es, dem Begriff ›Alltagsrassismus‹ ernst zu nehmen, denn Diskriminierung ist ständiges Hinter- und Vordergrundgeräusch dieser Gesellschaft. Sie geht nicht nur von ›den Rassisten‹ aus, sondern macht Alltag, ist Alltag. Statt ständig die Geste eines Tabu- oder Epochenbruchs zu wiederholen (wie die Rechten selbst), sollte man besser jenen zuhören, die sich zwangsweise schon immer mit den dauerhaften Ausschluss- und Abwehrmechanismen in westlichen Gesellschaften beschäftigen müssen.

Rassismus und Sexismus sind das Wetter (und es gibt kein Nicht-Wetter).[3] Kangs Anekdote verweist auf das wachsende Archiv aus Erfahrungswissen, Historisierung und Theoretisierung, das trotz Diskrimierung und strukturellen Ausschlüssen gebildet werden konnte. Dieses Wissen – von Ungleich-

---

3 Vgl. Christina Sharpe. *In the Wake: On Blackness and Being*. Duke University Press 2016. S. 102 –134.

heit als Grundbedingung – entsteht vor allem aus postkolonialen, feministischen, queeren und kapitalismuskritischen Perspektiven und Initiativen heraus. Es kann und muss erlernt werden, denn es liefert auch jene *affektiven Kompetenzen*, die dem bürgerlichen Verständnis von Diskriminierung, Rassismus, Sexismus oder Homophobie generell fehlen.

Die *zweite Lektion* aus Kangs Anekdote betrifft den klimaverändernden Dienst der Alternativen Rechten selbst: Diese beschwören ebenso alltägliche Wetterlagen der Gefährdung für Weiße und Männer. Sie entwerfen Bilder eines ›anti-weißen‹ und ›anti-männlichen‹ Alltags. So wie breite Öffentlichkeiten über die Zunahme von ›Rechtsextremismus‹ alarmiert sein wollen, um den Tabubruch (Wirbelsturm) beobachten zu wollen – genau so erregen sich Nutzer*innen von *r/conservative*, *Achgut.com* oder der FAZ darüber, dass ›anti-weiße‹ oder ›anti-konservative‹ Meinungen überhand nehmen. Sie üben sich und ihre Zielgruppen darin, solche Momente zu *wittern*.

Die Alternative Rechte schärft die allgemeine Sensibilität für und Empörung über die Nebenfolgen von Migration, Feminismus oder (vermeintlich jüdisch-gesteuerter) Globalisierung. Der Alternativen Rechten geht es um die allgemeine Verfügbarkeit solcher Diagnostik für kritische Massen, wie jene 25 Prozent der Wähler*innen, die Donald Trump 2016 ins Amt hoben.[4] Die Bekämpfung des reflexiven Faschismus ist nicht mit der Verhinderung von außerordentlichen Katastrophen gleichzusetzen, obwohl er Katastrophen anrichtet, deren Schäden behoben werden müssen. Es erfordert aber auch die *Rückbildung einer klimatischen Zone*, einer Umgebungstemperatur und Diskurshitze, die viele Menschen für sich als ›richtig‹ akzeptiert haben. Dieses Klima ist für Viele nicht nur wahltechnisch, sondern im Alltag handlungsleitend geworden.

Der reflexive Faschismus bietet kapillare Identifikationsmomente – Alltagsbedrohungen – an, die in den ›ständigen Widerstand‹ münden. Eine Sammlung solcher Momente, die seltsam vertraut anmutet, postet der rechte Kanal *Junge Revolution* im April 2020 auf Telegram unter dem Titel »System-Exit: Deglobalisierung beginnt jetzt«:

> »Globalisierung ist nicht nur große Politik, sie fängt schon bei jedem von uns an. Ob der schnelle Kauf bei ›Amazon‹ statt beim Einzelhändler um die Ecke,

4 25,1 % der Wahlberechtigten, bei 55,7 % Wahlbeteiligung. Clinton bekam 26,3 % der Stimmen und verlor durch das Wahlmänner-System.

> ob Discounter-Obst aus Südamerika statt Unterstützung heimischer Bauern, ob oberflächliche Kurztrips in fremde Weltteile statt intensiver Beschäftigung mit der deutschen und europäischen Heimat, die Inkaufnahme der Verdrängung der eigenen Sprache und Kultur durch Anglizismen und amerikanisierten Ghetto-Slang – weiter, billiger, primitiver, immer mehr – auch das alles ist Globalisierung! Jeder kann bei sich selbst anfangen, *die eigene Globalisierung* zu hinterfragen und zu überwinden.«[5]

Es ist die bekannte Rhetorik der Selbstoptimierung, des bewussteren Lebens im Kapitalismus, die hier spricht: ›Überwinde deine eigene Globalisierung!‹ Manche bleiben vielleicht dabei, die Bücher lieber im Laden um die Ecke als bei Amazon zu kaufen. Andere machen den Schritt zur Wahl einer (nationalistischen) ›Anti-Globalisierungspartei‹, oder schließen sich gleich der *Jungen Revolution* an (ob auf Telegram oder ›in echt‹). Für andere wiederum entsteht die Strategie, ihren Alltag in einem Schritt der Selbstüberwindung gewaltsam zu unterbrechen: Ob mit einer Hygienedemo oder einem gewaltsamen Angriff auf eines der vielen Ziele, die die Alternative Rechte als Schuldige anbietet – darüber entscheiden nicht der Grad der Radikalisierung, sondern die lokalen Möglichkeiten und Bedürfnisse. Nicht alle diese Akteur*innen berühren sich zwangsweise in einem geheimen neofaschistischen Netzwerk. Alle aber sind in der *gleichen Klimazone* beheimatet, die der reflexive Faschismus einrichtet.

In diesem Sinn will ich den Begriff des reflexiven Faschismus verstanden wissen: Es geht nicht nur um die massenhafte Identifikation mit Hitler, Mussolini, Oswald Mosley oder dem KuKluxKlan. Diese ist manifest und alarmierend und verlangt nach einem Ausnahmezustand und polizeilichen Maßnahmen. Es geht auch nicht nur um Hanau, Halle, Christchurch, München, den NSU, Charleston, El Paso, Charlottesville und die vielen Todesopfer des Terrorismus, die diese Alltagsunterbrecher zu verantworten haben.

Reflexiver Faschismus meint auch diese terroristischen, revisionistischen und neofaschistischen Bewegungen und Akte. Er bezeichnet *vor allem* aber deren diskursive und klimatische Einbettung in eine Atmosphäre, die umfassende, alltägliche, breitenwirksame Auswirkungen hat. Dieser Faschismus hat eine Wechselgestalt angenommen, die als beheimatend und modern zu erkennen ist, um bekämpft werden zu können. Er ist atmosphä-

---

5 https://t.me/jungerevolutioninfo/248 (Meine Hervorhebung).

risch und affektiv wirksam, bevor, während und nachdem er bestimmte Menschen tötet und demokratische Systeme demoliert.

Ich widerspreche mit dieser Einordnung nicht der arrivierten Forschung – natürlich sind die Positionen des reflexiven Faschismus dieselben wie bei klassischen Faschismusdefinitionen: Menschenfeindlichkeit, Autoritarismus, rigides Geschlechterbild, Ethnozentrismus, Gewaltbereitschaft. Alle Marker, die zum Beispiel Umberto Eco aufzählt,[6] tauchen in verschiedener Gewichtung in den Agitationen der Alternativen Rechten auf. Und der reflexive Faschismus schließt sich auch mit autoritär-populistischen Bewegungen (Trump, AfD etc.), mit paranoiden Persönlichkeitsstrukturen (Hanau) oder mit geheimen organisierten Netzwerken (NSU 2.0)[7] zusammen.

Entscheidend am Begriff ist aber folgendes: *Reflexiver Faschismus* meint vor allem die alltägliche und affektive Einbettung dieser Haltungen, Strukturen und Charakteristika. Keine Führerrede, kein Fahnenappell oder *Störkraft*-Konzert sind nötig, um Menschen im Narrativ des ›Großen Austauschs‹, der ›jüdischen Weltverschwörung‹ oder der ›Machtergreifung durch Femi-Nazis‹ zu beheimaten. Sie tun es von selbst, aus ihren völlig banalen Alltagsbedürfnissen heraus. Die aktivierenden und sinnstiftenden Protokolle der Alternativen Rechten bilden, wie es Zeynep Gambetti treffend nennt, einen »Faschismus von unten«.[8]

Menschen akzeptieren dieses Klima, um ihren Alltag zu organisieren, um sich unorthodox oder frei zu fühlen, um gegen etwas oder für sich selbst sein zu können, um mediale Aufmerksamkeit zu bekommen oder Spaß zu haben. Das rechte Klima fördert die öffentliche Sichtbarkeit, gibt den Anschein einer kritischen Haltung und das gute Gefühl, einer *irgendwie wichtigen* Gruppe oder *irgendwie gefährdeten* Meinung anzuhängen – schließlich gibt es ja Kritik, Resonanz, Antworten. Irgendetwas muss doch dran sein, wenn es eine linke »Netzmeute«[9] aufbringt, es von den *fake news media* skandalisiert wird, oder eben Wikipedia nur beim Eintrag zu »White Pride«

6 Eco. »Ur-Faschismus«. 1995.

7 Die sich wenig überraschend vor allem bei Polizei und Militär finden. Allein seit 2018 wurde Dutzende Skandale über rechtsextreme Netzwerke in den USA (Polizei, ICE, CIA) und Deutschland (Polizei, Bundeswehr) bekannt.

8 Gambetti. »Exploratory Notes«. 2020. S. 30.

9 Michael Hanfeld. »Kapitulation«. *FAZ.net*, 02.08.2020. https://www.faz.net/aktuell/feuilleton/die-dfg-loescht-einen-beitrag-des-kabarettisten-dieter-nuhr-16886992.html. Zuletzt gesehen am 05.01.2021. Three times is the charm, FAZ.

von Rassismus redet (Abb. 71). Ich habe das Meme bereits zitiert, das diese selbstbestätigende Haltung beschreibt:

They wouldn't censor us if we were wrong.

Im Zentrum eines Diskurssturms zu stehen, den man selbst veranstaltet, ist eine Position, die Spaß und Aktivität generiert. Man schaue sich zum Beispiel das Kostümierungsvergnügen der *Boogaloo Boys* an (Abb. 72), die sich seit 2019 auf Foren wie *r/definitelyNOTboogaloo* oder *r/weekendgunnit* selbst porträtieren. Sie haben Spaß in ihrer Vorbereitung auf einen militanten und bewaffneten Umsturz gegen das progressive Amerika, das ihnen vermeintlich das Recht auf Selbstverteidigung mit automatischen Gewehren nehmen will. Ein militanter Aufstand – *the Big Boogaloo* – wird fröhlich antizipiert und im Alltag hingebungsvoll zelebriert, wie es von Cosplayer*innen und ihren Superheld*innenkostümen bekannt ist. Die *Boogaloo Boys* genießen die mediale Aufmerksamkeit, die internen Witze, Inspirationen und Memes. Sie genießen die Provokation, wenn sie schwerbewaffnet bei Anti-Corona-Demonstrationen oder *Black Lives Matter*-Protesten auflaufen.[10] Sie finden viel Resonanz und Aufmerksamkeit als sie es tatsächlich in den Senatssaal des Washingtoner *Capitol Building* schaffen und dort Selfies in ihren Fantasiekostümen aufnehmen.[11]

Der Tag des blutigen Aufstandes – der *Big Boogaloo* – wird sich vielleicht niemals einstellen. Auch *The Storm*, der Tag, an dem die rechten Verschwörungstheorien der *QAnon*-Bewegung zur Wahrheit werden, wird sich wohl nie ereignen.[12] Der *Day of the Rope*, den der utopisch-faschistische Roman *The Turner Diaries* (1978) als Tag der ›weißen Revolution‹ und des ›Rassenkrieges‹ prophezeite, kommt wahrscheinlich auch weiterhin nicht.[13] Genau

---

10 Im Juni 2020 haben sich die *Boogaloo Boys*, diversen Medienberichten zufolge, disruptiv zu den *BlackLivesMatter*-Protesten in den USA verhalten bzw. sich teilweise diesen angeschlossen. Vgl. Abner Hauge, »Calling me a Nazi is racial profiling – Inside Boogaloo Public Relations«, *leftcoastrightwatch.org* 12.06.2020. https://leftcoastrightwatch.org/2020/06/calling-me-a-nazi-is-racial-profilinginside-boogaloo-public-relations/.

11 Der Sturm von einigen tausend Trump-Anhänger*innen auf das Kapitol in der Hauptstadt erwischt mich heute, während ich Tippfehler im Manuskript korrigiere. Ich werde nicht nahe genug darauf eingehen können.

12 Siehe dazu auch Screenshot 13.

13 *The Turner Diaries* wurde 1978 geschrieben vom Gründer der amerikanischen Neonazi-Vereinigung *National Alliance*, William Luther Pierce, unter dem Pseudonym Andrew Macdonald. Der *Day of the Rope* wird als Beginn eines paramilitärisch organisierten Rassenkriegs beschrieben. An diesem Tag werden alle Feinde der »weißen Gemeinschaft« ermordet werden.

Abb. 71

wie der Tag X, an dem ›der Große Austausch‹ und der *white genocide* dann komplett sind. Aber bis zu diesen fiktiven Umschlagpunkten bietet die Alternative Rechte viel zu tun und zu fühlen:[14] Lebensmodelle, Karrieren, Alltagsprogramme, Spiele, Proteste, dissidentische Haltungen und Affekte zu Medien, Mitmenschen, Politik, Gesellschaft, Freund*innen, Unbekannten (Abb. 73-75).

Der reflexive Faschismus vermittelt ein umfassendes Weltgefühl und nutzt jede Gelegenheit, um zur Selbstverwirklichung auf YouTube, Twitter, Telegram oder im Alltag beizutragen. Er macht das Weltgefühl damit *wahrer.* Eine antagonistische Normalität entsteht, in der man sich gut einrichten kann: Unter den Bedingungen der sozialen Medien ist jede Ansicht, Haltung und jedes Gefühl eine mögliche Markenstrategie, mit denen Individuen ihr Sosein externalisieren und vermarkten können. Aus der alternativen Weltsicht wird Lebensgrundlage, Genre der Selbstpräsentation und

14 Z.B. im Telegram-Kanal *Boogaloo Intel Drop* (3.423 Subscribers), der taktische Selbstverteidigungstips für den großen Sturm als Infografiken aufbereitet. Kann selbstverständlich per Patreon unterstützt werden, und ist an einen *Tactical Gear Merchandise*-Versand angebunden.

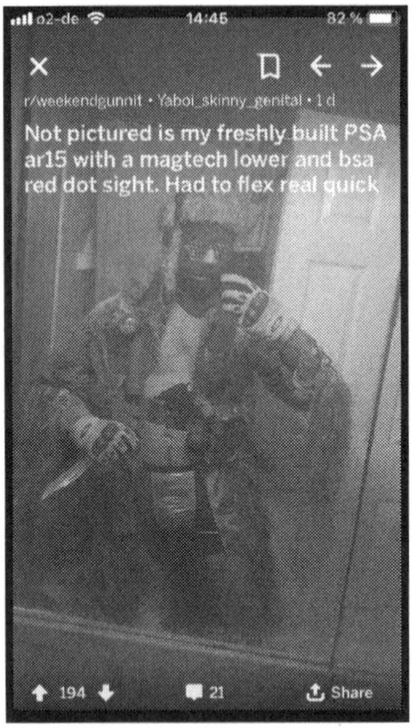

Abb. 72

Abb. 73

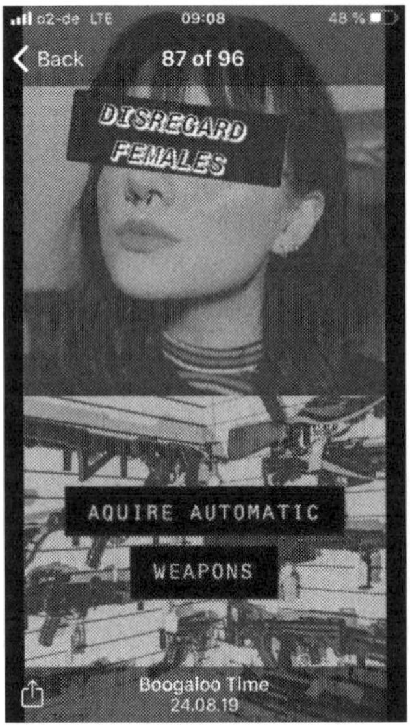

Abb. 74

Abb. 75

Industriezweig. Oder man *ent-heimatet* sich: Die alternative Weltsicht wird dann zum Stichwortgeber, wie man den oppressiven Alltag unterbrechen und seinen persönlichen *Storm, Boogaloo* oder sonstwas produzieren kann – durch eine Provokation, eine Gewalttat, einen Bruch. Es entscheiden die lokalen Möglichkeiten und Bedürfnisse, welche Pläne und Aktionen aus der Wetterlage, der *Gefühlswelt*, gemacht werden.

A plan of some sort.

Mein Kissen

Einen Plan und eine Unterbrechung verkündet zum Beispiel dieser Allerwelts-Post eines jungen Mannes im männerrechtlerischen Diskussionsforum *r/MGTOW*, kurz für ›Men Going Their Own Way‹ (Abb. 76): »Moving into a new apartment after getting out of a toxic relationship. Finally decorating the place how I want to.«[15]

Laut Selbstauskunft entkam der User einer ›toxischen Beziehung‹ mit seiner Freundin und zum Beweis stellt er dieses Bild seiner neuen Wohnung ins Netz. Seine Botschaft: Nun ist er frei und kann endlich das Kissen mit dem Konterfei Donald Trumps *kritikfrei* auf dem Sofa platzieren. Der User erzählt eine Geschichte der Befreiung und eines besseren Lebensgefühls und erhält dafür zahlreiche Likes und Upvotes durch die Community. Das Kissen ist Symbol, dass ›Mann‹ den toxischen Beziehungsalltag unterbrochen, es ins wirklich freie Leben, in die Unabhängigkeit geschafft hat. Kissen-Donald ist Selbstverwirklichung und *coming out*: ›Ich habe die niederträchtige Freundin abgeschossen und mich über das gesellschaftliche Tabu, das ich in ihr verkörpert sehe, hinweggesetzt. Mein Kissen ist Widerstand, *empowerment*, die Unterbrechung der alltäglichen Unterdrückung. Ich habe eine Schlacht gewonnen, im Krieg, der gegen uns Männer geführt wird‹. Eine banale Konkretisierung dessen, was Lauren Berlant weiter oben schon sagte:

A generous cushion for my aggression.

15 Post von user u/MrKrabbsNotEugene auf reddit.com/r/MGTOW/12.01.2020. Zur MGTOW-Bewegung siehe auch Screenshot 7.

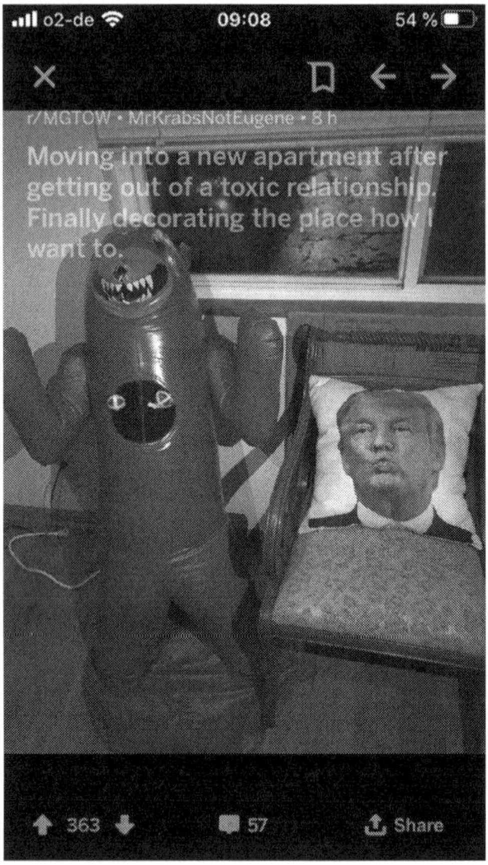

Abb. 76

Das Wichtige am *reflexiven Faschismus* ist diese abfedernde Funktion, den häuslichen, medialen und persönlichen Alltag einzurichten und zu verbessern. Die Identifikation mit ›weiß-Sein, Mannsein, Patriotsein‹ kann in reflexive Selbsterzählungen umgeformt werden, in eine Beheimatung. Das Trump-Kissen bezeichnet nicht eine gekränkt-aggressive Männlichkeit und auch nicht die Radikalisierung zum Neofaschisten amerikanischer Bauart. Kissen-Trump steht für eine sich emanzipierende weiße Männlichkeit, die es sich in der renitenten Einsamkeit und im Antagonismus *bequem* macht. Die Alternative Rechte und der reflexive Faschismus bieten eine »lived, affective constellation of practices and sensibilities«,[16] mithin einen Lebensentwurf, der gefühlt Sinn machen kann und die eigene Situation verbessert. Das gilt letztlich für alle, die diese Klimazone bewohnen. Vom Trump-Kissen bis zum Massenmörder: Sie alle fühlen, dass sie etwas – sich selbst – verbessert haben. Das Gefühl bleibt, auch wenn die Freundin weg ist oder der Präsident abgewählt wurde:

Make Me Great Again.

Die Feindbilder und Anlässe, die aufgefahren werden, sind wechselhaft bis beliebig und müssen nicht einmal bewusst artikuliert werden: Klare rassistische Stereotypen oder amorphe Verschwörungstheorien, Mikroaggressionen der Freundin oder manifeste Gewalttaten durch ›den Islam‹, Merkels Politik, der Feminismus oder ein kritischer Tweet, eine aufgeschnappte Statistik, *peer pressure* des Freundeskreises, ein jüdisch-klingender Name unter einem Artikel gegen Rechtsextremismus – alles kann Teil dieser medial-gestützten Ermächtigungsarbeit sein, denn alles kann als Gefährdungspunkt durch den ›Mainstream‹ gelesen werden. Die Reichweite der Risikoquellen und Feindkonstruktionen ist variabel: Zwischen der einzelnen Antifa-Aktivist*in, dem liberalen oder türkischen Nachbarn bis zu jüdischer Weltverschwörung, Großkapital und Bill Gates kann ausgewählt werden, je nach Bedarf und Situation.

Die Zugänge zu *rechten Gefühlen* sind ohne Zahl. Die Handlungen, Haltungen und Sichtweisen, die in der rechten Klimazone als dissidentisch, als ermächtigend, als *gefühlt richtig und gerecht* codiert werden können, sind es ebenso. Sie müssen nicht mal ausgesprochen werden, denn sie werden klimatisch, affektiv verwahrheitet.

Feeling (Alt) Right.

Eine wichtige Konsequenz ist in der Metapher des rechten Klimawandels enthalten. Die Klimabewegung sagt, dass es zwar einen *point of no return* gibt, an dem das globale Klima nicht mehr zu retten ist. Aber dieser Moment ist nicht plötzlich da und manifest. Die Auswirkungen des Klimawandels sind jetzt spürbar. Sie sind aber überall verschieden spürbar, das heißt verschieden tödlich und zerstörerisch. Der Planet wird in simpler Weise noch unbewohnbarer werden, an noch mehr Orten, für *Alle.* Das Anthropozän hat einen Prozess in Gang gebracht, der die Lebensfähigkeit vieler Lebensfor-

16 Stewart, *Ordinary Affects.* 2007. S. 57

men auf dem Planeten reduziert und weiter abschaffen wird. Das geht so weiter: Es gibt kein *nach dem Klimawandel.*

Ähnliches kann für den rechten Klimawandel gesagt werden: Es gibt keinen *point of no return*, an dem der reflexive Faschismus die ›Machtergreifung‹ durchführt, die Demokratie abschafft und einen *Day of the Rope* veranstaltet. Die zerstörerischen Auswirkungen des rechten Klimawandels sind jetzt und hier, sie sind verschieden spürbar – das heißt tödlich für eine steigende Anzahl von Menschen. Oder sie sind beheimatend und stabilisierend, zum Beispiel für manche Weiße und Männer, die es sich mit ihrem Kissen bequem machen oder eine ›arische Siedlungskommune‹ auf dem Land gründen oder als Chefredakteure das rechte Meinungsklima befeuern oder gut bei der Polizei, in den Medien und in der Politik verdienen. Es gibt vielleicht kein Ende der Wirksamkeit, kein *nach dem Rassismus.*

Das Fortschreiten dieses diskursiven Klimawandels, in dem rechte Gefühle valent und sinnstiftend erscheinen, betrifft ebenso Alle. Dieser Faschismus ist nicht neu, denn er setzt auf faschistischen und kolonialen Fundamenten auf. Aber er hat neue Strategien und eine kritische Masse erreicht, vor allem durch die immanente Verstärkerfunktion der sozialen Medien. Wenige können sich der Hitze rechter Agitations- und Informationsstrategien entziehen. Argumente, Information und Verfassungschutz reichen nicht aus, diese Atmosphäre abzukühlen und die Menschen, die von Rechts mit Tod, Gewalt, Ausweisung und Marginalisierung bedroht werden, zu schützen.

Antworten auf diesen Klimawandel können nur von Allen gefunden werden. Das heißt auch: überall.

Zweiter Teil

15 Screenshots des reflexiven Faschismus

Abb. 77

Einleitung: Die rechte Hausse

Die folgenden 15 Vignetten sind Punktierungen der gewaltigen und heterogenen Wetterblase des reflexiven Faschismus, die seit mindestens einem Jahrzehnt durch westliche Gesellschaften (und nicht nur diese) und ihre digitalen Spiegelungen tobt.

Ich nenne die Einzelanalysen *Screenshots*, denn es sind Momentaufnahmen – Standbilder aus den fluiden Wetterfronten und volatilen Klimazonen digitaler Kommunikation und Agitation. Sie halten Augenblicke fest, die im nächsten Moment wieder verschwinden und doch im ewigen Digitalspeicher und im emotionalen Speicher der Beteiligten festgehalten werden. Diese Ereignisse sind vor allem Netzwerkprozesse: Sie bilden, verfestigen und verändern Netzwerke, binden Akteur*innen zusammen, schaffen neue Konstellationen und Verbindungen – neue, rechte Gefühlsräume.

Mein Beobachtungszeitraum begann 2014 mit *GamerGate* (Screenshot 5) und dauert an. Die Screenshots nehmen eine Serie von Ereignissen in den Blick, die heterogen sind: Medienvorgänge, YouTube-Videos, Morde, Debatten, Demonstrationen, Memes und so weiter. Es handelt sich um eine Art Tagebuch meiner Erforschung der Alternativen Rechten im Netz, allerdings nicht in chronologischer Reihenfolge und mit subjektiv gesetzten Schwerpunkten. Sehr vieles wurde ausgespart.

In allen Screenshots finden sich drei Hauptkategorien, an denen meine Auswahl und Analyse orientiert sind: *Ereignisproduktion, Monologe, Heterogenität.*

1. Ereignisproduktion

Die Screenshots fokussieren auf (digitale und analoge) *Ereignisse* und nur sekundär auf deren Protagonist*innen. Ich ziehe die Ereignisdarstellung anderen Formen (Personen- und Parteienverzeichnis, Auflistung von Ideologiestücken, lange Historisierung) gegenüber vor, weil sie einen zentralen

Punkt zum Ausdruck bringt: Die Alternative Rechte *produziert Ereignisse,* auf die sie selbst reagieren kann. Der Umschlagpunkt, mit dem die Screenshots beginnen, ist daher nicht die sogenannte ›Flüchtlingswelle‹ 2015 oder das Parlamentsdebüt der AfD, sondern die *Unite the Right*-Demonstration im August 2017. Dieser Einstieg soll verdeutlichen, dass die Alternative Rechte nicht reagiert (zum Beispiel auf Migration, Wahlergebnisse), sondern *Erregungsereignisse* selbst herstellt. Die Alternative Rechte produziert damit Realitäten.

Das ist wesentlich: Der reflexive Faschismus bildet eine *Gefühlsgemeinschaft* oder *affective community,*[1] die ein anderes Fühlen zu Gesellschaft, Diskurs und Ereignissen propagiert. Er fabriziert dazu kleine und große Ereignisse und Debatten, in deren Verhandlung rechte Gefühle sinnstiftend wirken. Diese Produktion ist nicht allein auf Dominanz oder Kontinuität bedacht, sondern funktioniert sprunghaft, spontan, lokal, heterogen. Diese Technik oder Technologie bringt der Rechten einen Bonus in der Diskursökonomie: Die Öffentlichkeit reagiert reflexhaft deutend auf disparate Ereignisse und bestätigt damit *nolens volens* die ideologischen Weltbilder der Alternativen Rechten. Reibungsflächen entstehen, an denen sich weitere Aufreger und Zusammenhänge hoch- und abspulen können.

2. Monologe

Die Alternative Rechte ist eine weitgehend *monologische Struktur,* denn sie erfindet ihre Realitäten. Über die unterhält sie sich am besten mit sich selbst. Äußerlichen Impulsen ist sie nur begrenzt zugänglich – »unansprechbar«, schreibt Adorno.[2] Sie funktioniert optimal im Modus der Selbstversicherung, zum Beispiel als Feind- und Ereigniskonstruktion, die interne Kohäsion herstellt, nach außen hin Reibung abruft und *sich selbst* auf diese Weise andauernd befeuert. Die Alternative Rechte zu analysieren heißt, einen nichtabreißenden Strom immer gleicher Artikel, Tweets und Memes zu absorbieren, die mit immer neuen Schlaumeiereien das Gleiche sagen, und oft die gleiche Kritik bekommen (Abb. 78).

---

1 Jodi Dean. »Affective networks.« *MediaTropes* 2.2 (2010). 19–44.

2 Adorno. *Aspekte.* 2019. S. 58.

Abb. 78

Die sozialen Medien sind vor allem deshalb ein genuines Gewächshaus rechter Agitation, weil sie bevorzugt monologische Äußerungsformen (zum Beispiel YouTube-Tagebücher, Forum-Posts, Twitter)[3] hervorbringen und ihre Nutzer*innen zu einheitlichen Meinungs- und Interessengruppen organisieren.[4] Zorn, Steinbeis und Leo haben über das monologische Moment das mitunter fatale Buch *Mit Rechten Reden – Ein Leitfaden* geschrieben, ohne das Dilemma der stetig scheiternden Kommunikation irgendwie lösen zu können. Das Scheitern dieser Autoren liegt unter anderem darin begründet, dass sie zwei bürgerliche Grundhaltungen nicht überdenken können: Erstens ›linke‹ Positionen nicht ernst nehmen zu können und zweitens eben das

3 Seeßlen beschreibt Twitters Struktur als semi-faschistoide Führer/Follower-Maschine. Siehe: Georg Seeßlen. *Trump. Populismus als Politik*. Berlin 2017. S. 46.

4 Wendy Hui Kyong Chun. »Queerying Homophily Muster der Netzwerkanalyse.« *Zeitschrift für Medienwissenschaft* 18 (2018). 131 – 148.

›Reden Wollen‹, um zum aufrichtigen Kern des Gegenübers vorzudringen (›Was wollen die Rechten *eigentlich*?‹).

Mit solchen Instrumenten kommt man einer Bewegung, die nach Adorno ganz wesentlich im Fiktiven zu Hause ist und die gewalttätig und transparent vor sich her sagt, was sie alles realisiert haben will, nur schwer bis gar nicht bei. Die folgenden Screenshots wollen nicht ›mit Rechten reden‹ und ihre Monologe in Dialoge verwandeln, weil das nicht geht. Sie sammeln auf, was der reflexive Faschismus sagt, was er tut, und wie er dabei eine Vielzahl mörderischer Realitäten und diskursiver Verzerrungen schafft, auf die angemessene Reaktionsformen überhaupt erst gefunden werden müssen.

3. Heterogenität

Der reflexive Faschismus ist nicht ein Problem, er ist eine Vielfalt von Problemen. Die Zusammenstellung von Screenshots zeigt heterogene Verfahren, Mechanismen, Schauplätze und Protagonist*innen, die an der Produktion klimatischer, metapolitischer und affektiver Operationen beteiligt sind. Diese Operationen sind *im Einzelnen* nachzuvollziehen: Die Screenshots werden also nicht die erarbeitete Theorie und Begrifflichkeit auf die Beispiele anwenden, sondern *heterogene Binnenlogiken* rechter Ereignis- und Gefühlsproduktionen nachvollziehen.

Das Material ist heterogen, weil die Akteur*innen und Strategien der Alternativen Rechten heterogen sind. Diese Heterogenität hat einen wichtigen Erkenntniswert: Wenn ich vorher von ›Weißen‹ und ›Männern‹ gesprochen habe, zeigt sich in den Einzelbildern, welche Subjekte sich in diese Positionen einfühlen können, welche sich darin beheimatet fühlen und fühlen können. Die Ergebnisse sind – gelinde gesagt – überraschend und verstörend, denn es sind nicht nur ›weiße Männer‹ oder ›männliche Weiße mit kurzen Haaren‹ (wie ich).

Dieser zweite Teil von *Rechte Gefühle* etabliert keine Systematik des digitalen und/oder reflexiven Faschismus, sondern verweigert sie. Er ist eher Bestiarium als Register. Das ist eine bewusste Entscheidung, denn meiner Ansicht nach gibt es im Netzzeitalter wenige bis gar keine ›Draufsichten‹, wie sie etwa die Soziologie verspricht. Was es gibt sind: Ereigniskerne (*shitstorms*, Morde, Debatten, Straftaten), Folgeschäden (*fallout*), Zwischenresümees, kurzzeitige Karrieren, Fluktuationen und Konzentrationen – ein mitunter börsenähnlicher Verlauf der Aufmerksamkeitsverteilung und rechten Diskurshoheit.

Die Netzwelt hat für diese Fluktuation ein Sinnbild gefunden: die *Meme Economy*, eine Börse der Memes und Bedeutungscluster. Die Screenshots verhandeln diesen *ebb and flow*, den Wellengang der Erregung, den die Alternative Rechte antreibt. Sie surft auf diesen selbstgemachten Wellen so effektiv, so *shareholder-friendly* und mehrheitskompatibel, dass ich eher von einer *Hausse* des Faschismus sprechen möchte als von einem ›Angriff‹. Viele investieren, ob mit großem Portfolio oder als kleine Neuaktionär*in. Die Gewinnerwartungen steigen, unabhängig von Wahlergebnissen.

Die *Hausse des Faschismus* ist separat und differenziert zu erklären, damit sie besser de-eskaliert werden kann. Was folgt, ist also ein zweites Buch und durchaus unabhängig vom ersten Teil lesbar.

Nun denn.

Command-Shift-3.

1. Nazis weinen

Abb. 79

11. und 12. August 2017 Charakteristisch für die Präsentation der Alternativen Rechten in den letzten Jahren ist die stetige Osmose zwischen online-beheimateten Formen der Äußerung und öffentlichen Protest- und Gewaltformen. Jener Moment, als die Troll-Armeen, die Donald Trumps Wahlkampagne von 2016 entscheidend begünstigten,[5] zum ersten Mal an Straßenprotesten teilnahmen, war auch der eines Medienwechsels, eines Zusammenflusses von unterschiedlich ›rechtsgerichteten‹ Gruppen verschiedenen Ursprungs. Die Demonstration *Unite The Right* in Charlottesville, Virginia, am 11. und 12. August 2017 ist der bekannteste Umschlagpunkt, als Größen der rechtsradikalen *Alt-Right*-Szene und des rassistischen *white nationalism* mit Internet-Influencern und 4chan-Trollen zusammenfanden. Sie wollten die Politiken der Online-Sphäre mit der Agitation rechtsextremer Netzwerke zusammenbringen. *Unite the Right* – eine heterogene Rechte sollte ›vereinigt‹ werden, geschlossen und publikumsfreundlich auftreten.

5 Sal Hagen. »Trump Shit Goes into Overdrive: Tracing Trump on 4chan/pol/«. *M/C Journal* 23(3), (2020). https://journal.media-culture.org.au/index.php/mcjournal/article/view/1657.

Der Versuch scheiterte. Die Demonstration, die die geplante Entfernung von Denkmälern der Sezessionsarmee zum Anlass genommen hatte, eskalierte zu einem Fackelzug mit antisemitischen und faschistischen Parolen: »Jews will not replace us«, skandierten die Jungnazis. Am nächsten Tag kam es zu Straßenschlachten mit Gegendemonstrant*innen und Polizei. Der 23-jährige Deandre Harris wurde in einem Parkhaus mit Latten und Rohren schwer verletzt. Im Nachgang der Demonstration fuhr der rechte Protestler James Fields Jr. in eine Menge von Gegendemonstrant*innen, die sich in der Einkaufsstraße der kleinen Universitätsstadt aufhielten. Er verletzte 28 Menschen und tötete die Gegendemonstrantin Heather Heyer.[6]

Angesichts des tödlichen Ausgangs wirken die Absichtserklärungen im Vorfeld der Demo naiv: Organisator Jason Kessler hatte die Strategie freundlicher Inklusivität und medienbewusster Vorzeigbarkeit ausgegeben. Sie realisierte sich als mörderischer Terrorismus:

> »We would like to keep this rally as open and friendly as possible with the ›Unite the Right‹ message which means we should refrain from being overly edgy for the sake of edginess. There will be no speech police on our side, but realize that we are trying to gain sympathy from whites and the general right wing. Please refrain from roman salutes during the rally and understand that cameras are all over the place at all times.«[7]

Aus diesen Anordnungen geht hervor, dass die amerikanische *Alt-Right* versuchte, die Vertreter*innen transgressiver Online-Kulturen für den Straßenprotest zu domestizieren: Auf Hitlergrüße (*roman salutes*), im Netz Standardzeichen von rechter Transgressivität, sollte verzichtet werden. Eine generelle Strategie der Sympathie sollte an die Stelle von Hakenkreuzen treten. Nichts dergleichen geschah: Teilnehmer*innen präsentierten Flaggen, Schusswaffen, bastelten Nahkampf-Ausrüstungen, schmückten sich mit

6 Fields wurde 2019 zu lebenslänglicher Haft verurteilt. Zum Tod von Heyer gibt es natürlich eine Anzahl Verschwörungsszenarien von Rechts: Sie sei an einem Herzversagen gestorben, oder auch: das offiziell gezeigte Foto der Demonstrantin sei nicht Heather Heyer, die in Wirklichkeit »morbidly obese« gewesen sei.

7 Der Beleg stammt aus den ›General Orders‹ der *Operation Unite the Right Charlottesville* 2.0 vom 10. August 2017, die einige Zeit später von der Hacker*innengruppe *Unicorn Riot geleaked* wurden. https://www.unicornriot.ninja/wp-content/uploads/2017/08/OpOrd3_General.pdf. Zuletzt gesehen am 05.01.2021.

Referenzen auf 4chan, Hitler und die Kreuzzüge, provozierten und skandierten, griffen Menschen mit Tränengas, Baseballschlägern und schließlich Autos an, mit tödlichen Folgen.

Die *Unite the Right*-Demonstration war in dieser Hinsicht ein PR-Fiasko für die *Alt-Right*. Sie funktionierte aber gleichzeitig als erfolgreiche Werbeveranstaltungen für kleinere, rechte Internetproduzent*innen. Dutzende Teilnehmer*innen aus der Online-Sphäre liefen mit GoPro-Helmkameras und ihren Handys unter Hakenkreuz-, Südstaaten- und Kekistanfahnen[8] mit, um ihre Unangepasstheit auszustellen und das Event zugleich medial aufzubereiten: Ob als ›freie Journalist*innen‹ oder ›just for clicks‹ – oder beides. Damalige Größen der rechten Szene wurden auf dem Demo-Poster gemeinsam mit den Internetpseudonymen von Influencern angekündigt: Richard Spencer, Baked Alaska, Jared Taylor, Augustus Invictus und Christopher Cantwell finden sich auf dem Plakat, das eine Armee aus Memes zeigt (Abb. 80): *Pepe the Frogs*[9] und Wojaks in Südstaaten-Uniformen marschierend.

Die Einhegung der Internetsphäre für die Offline-Agitation misslang, aber hartrechte Protagonisten der Szene nutzten die Eskalationsdynamik der Demonstration metapolitisch für die eigene Gefühlspolitik. Am Beispiel von Christopher Cantwell, damals Betreiber des neurechten Klein-Podcasts *Radical Agenda*, lässt sich die emotionalisierende Strategie nachvollziehen.

Cantwell wurde im Vorfeld des Aufmarsches von VICE Reporterin Elle Reeve interviewt, um einige O-Töne der *Unite The Right*-Aktivist*innen einzufangen.[10] Im Gespräch gab er den gewaltbereiten Krieger: »We're not nonviolent [...] We'll fucking kill these people if we have to«, was sich schließlich

---

8 Die *Kekistan*-Flagge ist der sog. Reichskriegsflagge nachempfunden, aber in Grün gehalten und mit 4chan-Insignien verziert. »Kekistan« bezieht sich auf eine fiktive Republik, in der rechte Trolle, *Pepe the Frog* und 4chan versammelt sind. Die Mythologie dazu ist ermüdend und wenig aufschlussreich.

9 Als entspannter Slacker-Frosch vom Comic-Zeichner Matt Furie im Jahr 2005 erfunden, wurde ›Pepe‹ um 2010 von 4chan-Kulturen und der Alternativen Rechten zum *hate symbol* umgewidmet. Vgl. Daniela Wentz. »Krieg der Trolle: Digitale Reproduzierbarkeit und ›Memetic Warfare‹«. In: *Navigationen* 19.2 (2019). S. 135 – 148. Ich verzichte auf eine ausführliche Erklärung von *Pepe the Frog*, weil das Symbol und seine Geschichte breit bekannt sind. Auf die interessantere *Wojak*-Ikonographie komme ich in Screenshot 6 zurück.

10 VICE News Tonight. »Charlottesville: Race and Terror«. *Youtube.com*. 15.08.2017. https://www.youtube.com/watch?v=P54sPoNIngg. Zuletzt gesehen am 05.01.2021.

MARCH ON CHARLOTTESVILLE, VA!
UNITE THE RIGHT
AUGUST 12TH, 2017 @ 12PM
LEE PARK
RICHARD SPENCER
MIKE ENOCH
JASON KESSLER
BAKED ALASKA
AUGUSTUS INVICTUS
CHRISTOPHER CANTWELL
MATT HEIMBACH
JOHNNY MONOXIDE
PAX DICKINSON
DR. MICHAEL HILL

Abb. 80

bewahrheitete. Einige Tage und einen Strategiewechsel später veröffentlichte Cantwell ein 5-minütiges Video auf seinem YouTube-Kanal.[11] Unter Tränen berichtet er dort, er würde sich der Polizei stellen, die ihn wegen körperlichen Angriffs mit Pfefferspray suchte. Mit wackeliger Kamera zu Hause gefilmt, zeigt das Video den muskulösen Ethnonationalisten und Rassisten im Kampf mit den Tränen: »We have done everything in our power to keep this peaceful [...] and our enemies, they just will not stop [...] I am terrified«, schluchzt er (Abb. 79). Die Skrupellosigkeit seiner ›Feinde‹ – Gegendemonstrant*innen, Medien, Polizei, die Gesellschaft – bringt ihn zur Verzweiflung und der Nazi weint. Der banale Vorgang, nach einem Delikt eine Strafanzeige zu bekommen, hält Cantwell nicht davon ab, extreme Gefühle aufzufahren: Hier zeige sich die Gewalt einer totalitären Meinungsdiktatur, so schluchzt jener, der wenige Tage vorher bereit war, Menschen umzubringen. Cantwells Tränenvideo demonstriert weiße Gefährdung, abgefasst im Stil identitätspolitischer Erfahrungsberichte von Diskriminierung:

> »I genuinely feel under attack, I feel I'm under attack as a racial group, and I'm afraid of what's happening in America. [They are] trying to erase the history of my nation and my people. And that, I feel, puts me – and everyone who looks like me – in a great deal of danger.«

Aus Cantwells offensichtlich alberner Videobeichte zu seiner Auslöschung als ›weißer Mensch‹ wurde das Meme *The Crying Nazi* geboren: Der Tränenausbruch zirkuliert heute in verschiedenen humoristischen Entstellungen im Internet.[12] Veralberung ist sicher eine gute Strategie, aber die irritierende Frage stellt sich: Wann hat man Faschisten weinen sehen?

Cantwells Performance einer emotionalisierten Männlichkeit zeigt eine veränderte Affektpolitik der Alternativen Rechten: Ein schluchzender Skinhead, der in den sozialen Netzwerken fassungslos und intim aus den eigenen vier Wänden berichtet, wie ihn Mehrheitsgesellschaft und Medien drangsa-

---

11 Cantwell hat das Video natürlich gelöscht. Re-Upped bei: IBTimesUK. »White nationalist Christopher Cantwell tears up at thought of being arrested after Charlottesville«. *Youtube.com*. 17.08.2017. https://www.youtube.com/watch?v=FVu82aUconw. Zuletzt gesehen am 05.01.2021.

12 Die Lächerlichkeit war vielen Zuschauer*innen deutlich. Ein Jahr später, bei der *Unite the Right 2* Demonstration in Washington D.C., empfingen Gegendemonstrant*innen die ca. 25 Neonazis mit dem Hashtag: »Welcome to DC #CryingNazi«.

lieren, obwohl er (seufz) alle friedlichen Mittel und Wege genutzt habe, und nun völlig gefährdet und hoffnungslos sei.

Das hätte es früher nicht gegeben.

Die gefühlsmäßige Ummantelung von Ethnonationalismus und Rechtsterrorismus als politische und ethnische ›Marginalisierungserfahrung‹ läuft zentral über ein verändertes *doing gender*, das sich in den Tränen des Nazis äußert. Der martialische Auftritt als *white warrior* wandelt sich in ein Verfolgungsdramolett, in dem die militante Mannhaftigkeit einem intim kommunizierten Gefühligkeitsexzess weicht: zu Hause, allein, in Angst. Der Faschist ist ein Opfer böser Mächte und kann diese Viktimisierungserfahrung reflexiv und hochemotionalisiert mitteilen, ganz im Einklang mit den Internet-Genres der öffentlichen Ausstellung von ›Erleben‹. Dafür sind soziale Medien da.

Mit seinem *nationalist nervous breakdown* richtet sich Cantwell nach den konventionalisierten Beicht- und Gefühlsformeln der sozialen Netzwerke und auch nach den Anforderungen einer neuen (oft geforderten) gefühlsfähigen Männlichkeit:[13] Er performt seine Emotion als politisches Argument, sein persönliches Erleben als Erfahrungswissen. Cantwell bietet *embodied knowledge* für sich-verfolgt-fühlende ›weiße Männer‹, ein Wissen, das hier als erzwungener Zusammenbruch affektkontrollierter Männlichkeit präsentiert wird. Seine Bedrohung ist total, und diese Totalität bringt ihn an die Grenzen männlicher Gefühlskontrolle. Es gibt ihn, den gewaltbereiten Skinhead; er macht nun auch Tränenvideos zur eigenen Überforderung auf YouTube.

Man kann die bekannten Muster dagegenhalten: Klaus Theweleit attestierte den Männerkörpern des Faschismus einst eine fundamentale Panik vor Auflösungszuständen, die sich im Körper- und Gefühlspanzer ausdrückt. Der neofaschistische Vordenker Guillaume Faye fordert von den zukünftigen Führern der *Nouvelle Droite* eine Mischung aus »a certain harshness, [and] a taste for pride and honour«.[14] Björn Höcke erklärte 2015 in Erfurt ›Mannhaftigkeit‹ und ›Wehrhaftigkeit‹ zu bedrohten deutschen Kulturgütern und beschwor ihre radikale Resouveränisierung.

---

13 Sein Video wird in einem Mashup mit der bekanntesten Schluchzerin des Internets verglichen: jener Frau, die in einem Tränenvideo einst beklagte: »Leave Britney [Spears] alone!«

14 Faye. *Archeofuturism*. 2010. S. 142.

Von diesen Formeln männlicher Härte und patriotischer Souveränität behält Cantwells Performance höchstens noch den Status der absoluten Bedrohtheit zurück. Seinen Faschismus artikuliert er im YouTube-Genre des *emotional meltdown*, im Zustand der gefühlsmäßigen Auflösung und Überwältigung. Die US-amerikanische Rechte brüstet sich gerne damit, die sogenannten ›liberal tears‹ (die Tränen der Trump-Gegner*innen und *snowflakes*) zum Frühstück zu trinken. Dieser weinende *white nationalism* selbst zeigt aber den gleichen hypersensiblen ›leaky body‹,[15] der mit den Theweleit'schen Körperpanzern nicht mehr viel gemeinsam hat.

Cantwells Tränenrhapsodie kam nicht gut beim Publikum an (ob rechts oder allgemein), aber diese Art öffentlicher faschistoider Hysterie hat sich verfestigt. Einerseits, weil sie den Konventionen medialer Intimdarstellung von Affekten und Gefühlen in den sozialen Medien entspricht. Andererseits, weil sie neue Register der Geschlechtsperformance bedient, in denen Patriotismus und Männlichkeit nicht exklusiv auf Machtbesitz, Härte und Privilegienverteidigung abstellen müssen – sie können als verfolgte und emotionalisierte Positionen ausgelebt werden. Cantwell zeigt eine veränderte faschistoide Männlichkeit, die ihre vermeintliche Marginalisierung affektiv erfährt und medial aufbereitet.

Die Tränen des Christopher Cantwell waren – bei aller Lächerlichkeit, Gewaltbereitschaft und bei allem Zynismus – eine eingeübte und taktische Performance: *The crying nazi* ist eine Art sich zu präsentieren, die für die extreme Rechte und den gewaltbereiten Rechtsextremismus neu ist. Dieser Faschist emotionalisiert sich reflexiv als rassistisch Verfolgter, als politisches Opfer, als ethnische Minderheit – als Alternative Rechte. Diese ›gefühlt‹ unterdrückte und drangsalierte Minderheit greift notgedrungen zur sprachlichen und physischen Gewalt, weil man sie dazu zwingt. »We had a permit«, heult Cantwell vor der schmucklosen weißen Wand seiner Privatwohnung gegen die Unterdrückung an.

Es geht in den folgenden Screenshots nicht um die Verbreitung von ›faschistischem Gedankengut‹ – Cantwell und andere Figuren des reflexiven Faschismus stellen *Gefühlsgut* bereit: affektive Folien zum Erspüren

---

15 Pansy Duncan nennt dieses Konzept in ihrer Analyse des Topos der ›liberal tears‹ (Tränen der Demokraten), die laut rechter Meme-Sprache mit Genuss von Rechten getrunken werden: Pansy Duncan. »I drink liberal tears: genre, desire and the leaky liberal body«. *Feminist Media Studies* 17.3 (2017). S. 516–520.

Abb. 81

persönlicher Gefährdung, Witterungsmuster. Diese Muster sind mitunter auch lächerlich und zeigen Haltungen, über die man den Kopf schüttelt, vor denen man sich ekelt und für die man sich zugleich fremdschämen kann. In der hochempfindlichen Sprachwelt des Internets heißt dieser komplexe Affekt *cringe*.[16] Wenn Nazis weinen, ist das *cringey* – vielleicht ein Erfolgserlebnis für Antifaschist*innen. Ich zumindest kann mir ein Grinsen nicht verkneifen, wenn der rechte Influencer *Der Volkslehrer* am 19. Januar 2019 vor dem Kanzlerin-Amt in Berlin unter Tränen trotzig die Worte herauswürgt: »Wir sind ein starkes Volk und wir werden es auch immer sein!« (Abb. 81)[17]

Rechte Gefühle sind *cringe*, aber nicht harmlos.

16 Eine fantastische Einführung: Contrapoints. »Cringe | ContraPoints«. *Youtube.com*. 10.05.2020. https://youtu.be/vRBsaJPkt2Q. Zuletzt gesehen am 05.01.2021.

17 Vgl. T.E.R.Sven. »19.01.2019 BERLIN KANZLERAMT – DIE LEINE DES GRAUENS – MAHNMAL DER SCHANDE + DER VOLKSLEHRER«. *Bitchute.com*. 5.2.2019. www.bitchute.com/video/hksslPFYmklY/. Zuletzt gesehen 13.6.2020

2. Helles/Dunkles Netzwerk

5. Januar 2018 Ein anderer Polizeizugriff mit Tränenfolge spielte sich in Österreich ab: Der dortige Verfassungsschutz wollte Martin Sellner, Chefideologe und *poster boy* der *Identitären Bewegung Österreich*, wegen einer Überweisung von 1.500 Euro an den Kragen. Die Summe war am 5. Januar 2018 auf Sellners Spendenkonto eingegangen. Absender war Brenton Tarrant, der Massenmörder von Christchurch, ein Jahr vor seinem Massaker. Die monetäre Verschaltung, die der Verfassungsschutz als Indiz eines geheimen und internationalen Terror-Netzwerks ausgelegte, zog Hausdurchsuchungen bei Sellner nach sich, sowie eine weitere Verbotsüberprüfung der *IBÖ*. Fachautor*innen wie Natascha Strobl sehen im nachweisbaren Kontakt zwischen Tarrant und Sellner einen weiteren Beleg für internationale Netzwerke, in denen enge Verbindungen zwischen *white nationalist terror* und den *Identitären* bestehen.[18]

Während zweifelsohne internationale Terror-Netzwerke von Ethnonationalist*innen und Neofaschist*innen existieren, geschah in der Sache des Überweisungsdelikts etwas anderes: Der Verfassungsschutz konnte keine geheime Absprache, verdeckte Organisation oder Mithilfe nachweisen. Es gab lediglich die Überweisung sowie einige E-Mails zur Planung eines Treffens. Keine Straftat konnte festgestellt werden.[19] Das erwartete *dunkle Netzwerk* aus terroristischem und politischem Arm der neuen Rechten war nicht zu entlarven. Der Kontakt von Australien nach Österreich schien vor allem

18 Natascha Strobl ist Politikwissenschaftlerin und bietet auf *natsanalysen.at* aktuelle Kurzanalysen zu rechten Medienstrategien.

19 Im Mai 2019 wurde bekannt, dass Sellner mit dem späteren Massenmörder Brenton Tarrant von Januar bis mindestens Juli 2018 Mailkontakt hatte und sie sich gegenseitig zu Besuchen einluden. Sellner hatte Tarrant nach Wien zu einer direkten Begegnung eingeladen und ihm Aufnahme bei den *Identitären* angeboten. Kronen Zeitung. »Spende an Sellner: Kurz fordert volle Aufklärung« *krone.at*. 26.03.2019.

Ergebnis der transparenten und öffentlichkeitswirksamen Arbeit Sellners in den sozialen Netzwerken gewesen zu sein. Durch simple Internetrecherche hatte Tarrant Gleichgesinnte in Europa gefunden und wollte unterstützende Verbindungen – ein *helles Netzwerk* – schmieden.

Sellner freute sich über die gelungene Skandalübung und schlachtete die Hausdurchsuchungen, Gerichtstermine und Amtsbriefe in täglichen Vlogs auf YouTube aus: ›Seht, wie der Patriotismus drangsaliert wird!‹ sendete er aufgelöst aus dem Wohnzimmer seiner Eltern (sein Wiener Apartment wurde durchsucht). Die Distanzierung zu Tarrant und damit zum bewaffneten *white terror* war eine Fingerübung, die Sellner auch beim Massenmord von El Paso mit einem Tweet und einem Hashtag ableistete (Abb. 82). Genauso leicht konnte Sellner die polizeiliche und gerichtliche Überprüfung zu den »massiven Repressionen der Gegenseite« addieren, die er auf seiner Homepage unter der Überschrift »Zensur und Verfolgung« wie ein *Greatest Hits*-Album auflistet.[20] Ein Mediencoup für die *Identitären*, da die geheime extremistische Verbindung nicht nachgewiesen konnte. Social Media, Patreon-Accounts, YouTube, Spendenkonten – wo eine dunkle Verschwörungsstruktur entdeckt werden sollte, gab es ein *helles Netzwerk* digitaler Kommunikation. Man schrieb E-Mails und betrieb rechtes Crowdfunding.

Netzwerk ist einer der entscheidenden Begriffe, um die Alternative Rechte zu verstehen.[21] Es ist auch der Begriff, mit dem die polizeiliche Arbeit zum Rechtsextremismus operiert: Das Netzwerk ist für diese ein Spinnennetz, das im Geheimen Menschen und Gedanken verschaltet und auf dunklen Bahnen Dunkles herbeiführt. Das *dunkle Netzwerk* schließt aus, bleibt exklusiv und scheut die Aufmerksamkeit. In der globalen Kommunikationssphäre ist das Netzwerk aber zugleich die primäre Daseinsform, die von unseren Medienhandlungen befördert wird: Die Facebookfreund*innen sind ein Netzwerk, die Abonnent*innen der SZ bilden eines, die immer wiederkehrenden Kommentator*innen zu *taz*-Artikeln, Likes, Twitter-Mentions, Amazon-Kaufprofile und so weiter. Die Netzwerkgesellschaft entsteht, weil Menschen die Angebote des Digitalen wahrnehmen und ihre algorithmische Verschaltung akzeptieren und anstreben. Dieser ›helle‹ Netzwerkbegriff ist denkbar banal und zeigt lediglich an, dass die digitale Bedingung Subjekte

20 https://martin-sellner.at/meine-loeschungen/. Zuletzt gesehen am 05.01.2021.

21 Maik Fielitz, Nick Thurston (Hg.). *Post-Digital Cultures of the Far Right: Online Actions and Offline Consequences in Europe and the US*. transcript 2018.

Abb. 82

zu Schnittpunkten von wertschöpfenden Kommunikationskanälen geformt hat. Das Netzwerk ist der Aggregatzustand des digitalen Subjekts.[22]

Einer der wichtigen Irritationsmomente der Alternativen Rechten liegt in diesem Zusammenfall zweier Netzwerkbegriffe: dunkles und helles Netzwerk, Schattengebilde und transparente Form der Zusammenschaltung. Ein Ethnonationalist auf YouTube ist in den vernetzenden Algorithmus der Plattform eingebunden, wie auch seine monetären Unterstützer*innen auf der Sponsoringplattform *Patreon.com* ein Netzwerk mit ihm (und unter sich) bilden. Zugleich kann er auf privaten Discord-Servern oder Telegram-Gruppen Teil eines geheimen Netzwerks sein, das Absprachen zu illegalen Aktivitäten trifft, oder Geld durch undurchsichtige Bankenkanäle bezieht. Bei der Alternativen Rechten überlappen sich diese Netzwerkbegriffe strukturell:

22 Beth Coleman. »Everything is animated: Pervasive media and the networked subject.« *Body & Society* 18.1 (2012). S. 79-98. Megan Boler, Elizabeth Davis. »The affective politics of the ›post-truth‹ era: Feeling rules and networked subjectivity.« *Emotion, Space and Society* 27 (2018). S. 75-85.

Der banale Zustand der Informationsgesellschaft – vernetzt zu sein und andere in diese Netze einzubringen – und das bedrohliche Moment rechtsextremer Vernetzung gehen ineinander über.[23]

Zum Vergleich: Auch die ›alte Rechte‹ hatte Werbebotschaften zur Anwerbung ins Netzwerk. Sie klangen so wie bei der Wiener Burschenschaft *Olympia* im Jahr 1990:

> »Bist du häßlich, fett, krank oder fremd im Lande, bist du von Sorgenfalten, Weltschmerz oder linksliberaler Gesinnung gepeinigt, trägst du alternative oder schicke Kleidung, studierst du Psychologie, Politologie oder Theologie, oder gar nicht, hast du eine Freundin mit, die weder schön noch still ist, kurz: bist du auf irgendeine Weise abnormal, dann bleib lieber zu Hause.«

In diesem Werbetext der *Olympia*, bei der Sellner übrigens Mitglied gewesen ist, wird die Einladung zum Verbindungs-, also Netzwerkbeitritt, als Ausladung formuliert. Wer *nicht* in den schmalen Bildrahmen der diszipliniert saufenden, rechten, weißen und ordentlichen Männlichkeit mit schön-wortloser Freundin passt, solle gar nicht erst versuchen, sich der schlagenden Verbindung zu nähern. Christopher Cantwell oder *Der Volkslehrer* aus dem vorigen Abschnitt wären – von wenig mannhaften Tränen überwältigt – mit diesen Internetauftritten keine Olympianer geworden.

Die Werbebotschaft erschliesst *ex negativo* einiges über das veränderte männliche Selbstverständnis rechter Gruppierungen. Sie entspricht auch dem veralteten Verständnis des ›Rechtsextremismus‹ und ›nationalistischer Gruppierungen‹: Diese seien gekennzeichnet durch Abgrenzung, Bildung von elitären Zirkeln, Abschottung gegen die Außenwelt, gegen alles ›Fremde‹ und ›Abnormale‹, indem es herabgewürdigt und ausgeschlossen wird. Diesem Modell des *exkludierenden Milieus* ist die Alternative Rechte krass entgegengesetzt; sie verfährt in ihren Taktiken genau gegenteilig: Sie arbeitet an Anschlüssen, Eingemeindungen und Verbindungen. Der Netzwerkgedanke ist ihnen wichtiger als die rechte Orthodoxie oder der Elitarismus.

---

23 Dieser Zusammenfall ist offensichtlich in jenen Discord-Protokollen, die die Hackergruppe *Unicorn Riot* im Zusammenhang mit der Charlottesville-Demonstration erbeutet und veröffentlicht hat: die Organisationsarbeit rechten Terrors ist von den gleichen banalen Austauschprozessen – Witze, Terminkoordination, Information und Befindlichkeiten – durchsetzt, die in jeder beliebigen Facebookgruppe anfallen.

Martin Sellner formuliert das in seinem Nachwort zu Mario Müllers Buch *Kontrakultur* als Leitgedanken: der Übergang von ›Subkultur‹ zur ›Gegenkultur‹. *Subkultur* führe in die Vereinzelung, Abschottung und Selbstgefälligkeit, während die neue rechte *Gegenkultur* ›gemeinschaftlich und zielorientiert‹ voranschreite:

> »Leider aber blieb dieser Schritt in der Alten Rechten aus, statt dessen richtete man sich in der Rolle des erfolglosen Belagerers häuslich ein. Wir konnten das nicht, und das mußte uns bald in Konflikt mit dem Bestehenden bringen. Manche Leute gingen in die ›Szene‹, um dem Alltag zu entfliehen oder sozialen Anschluß zu finden. Wir gingen in die ›Szene‹, um die Leute aus den Nischen zu treiben und sie für die politische Wirklichkeit zurückzugewinnen.«[24]

Sellners abschließender Aufruf zur Partizipation an der kulturellen Rechtswende (und Revolution innerhalb rechter Netzwerkbildung) legt Wert auf Inklusion und Branchenvielfalt, zumindest solange die männliche Form gewahrt bleibt:

> »Egal ob als Aktivist, als Autor, als Musiker, Verleger, Cafebetreiber, Blogger, freier Modedesigner, Tätowierer oder Filmemacher: Du kannst, Du sollst, Du mußt zur identitären Gegenkultur beitragen!«[25]

Die Alternative Rechte hat also einen *begrüßenden Aspekt,* der in der allgemeinen Berichterstattung ignoriert wird: Ihre Agitation zielt nicht auf das ›Entfliehen vor dem Alltag‹ und den Einstieg in geheime Zirkel. Sie will die Transformation des Alltäglichen selbst.

Julia Ebners aufreibende Reportage *Radikalisierungsmaschinen,*[26] in der sie die Anwerbezirkel der *IB* infiltrierte und so in konspirative Treffen eindringen konnte, wiederholt das bekannte Bild des Neofaschismus als geschlossene und doktrinäre Geheimgesellschaft. Gesinnungstreue wird geprüft, Fragen zur patriotischen Einstellung müssen beantwortet werden, um ›exklusiven‹ Zugang zu erhalten. Solche Erfahrungsberichte aus der Organisationsebene der neuen Rechten verrichten geheimdienstliche Arbeit.

---

24 Sellner. »Gegenkultur«. *Kontrakultur.* S. 331

25 Sellner. »Gegenkultur«. *Kontrakultur.* S. 331

26 Ebner. *Radikalisierungsmaschinen.* 2019.

Sie wollen das Geheime ans Licht bringen, und leisten damit zum Teil auch wichtige Aufklärung.

Die Gesten der ›Infiltration‹ und ›Aufdeckung‹ verklären die Alternative Rechte allerdings auch in problematischer Weise:[27] Gesinnungsprüfungen, wie Ebner sie absolvieren musste, legen Millionen von Internetnutzer*innen jeden Tag freiwillig ab – öffentlich und aus bloßem Mitteilungsbedürfnis heraus. Sie bilden damit ›rechte Netzwerke‹ allein durch die algorithmische Korrelationsarbeit, die sich im Hintergrund der Plattformen abspielt. In ihren Kommentaren auf YouTube, Twitter und Instagram nehmen Nutzer*innen einfach am ›Gegendiskurs‹ teil und fühlen sich in dieser ›Dissensposition‹ beheimatet. Ob man das Radikalisierungsblase nennt oder Online-Vergemeinschaftung, ändert etwas an der Erzählweise. Für die Phänomene selbst markiert es keinen Unterschied.

Die Alternative Rechte ist gefährlich und radikal, aber geheim sind ihre digitalen Netzwerke in großen Teilen nicht. Keine verdeckte Ermittlung ist nötig. Zur Recherche reichen Google-Suchen, der YouTube-Algorithmus, oder – was zu beweisen war – die geradezu vorbildliche und transparente Vernetzungsarbeit, Verweis- und Zitationspraxis der Alternativen Rechten selbst.[28]

Im bürgerlichen Diskurs erfüllt die ›extreme Rechte‹ das Wunschbild einer geschlossenen Geheimgesellschaft, die verborgen Stricke zieht und von dort aus die Demokratie angreift. In ihrer Rezeption überwiegen daher auch die Kartierungen scheinbar unsichtbarer Netzwerke. Sowohl der *Blick nach Rechts* wie auch das *Southern Poverty Law Center* stellen ebenfalls sogenannte *Hate Maps* bereit (Abb. 83).[29] Diese Kartenmodelle beschreiben den Rechtsextremismus wie eine Pandemie mit lokalisierbaren Infektionsherden und Virenträgern und mythologisieren die Verbundenheit der Rechten als geheime ideologische Kohärenz. Der demokratische Diskurs liebt daher auch

---

27 Ebner schaltet ihre Infiltrationsmethode zudem gleichzeitig bei verschiedenen Bewegungen: islamistischer Terror, Rechtsextremismus, Antifeminismus.

28 Auf Telegram reicht das Abonnement eines einzigen Kanals – zum Beispiel *War on Whites* oder *Xavier Naidoo Official* – um eine Fülle rechter Medienproduktion einzusehen: es werden ständig befreundete Kanäle beworben und geteilt, mit unterschiedlichen Radikalitätsgraden; Verweise auf BitChute und viele andere Plattformen erreichen täglich die Nutzer*in. Das ist nicht strafrechtlich relevant im Sinne einer terroristischen Vereinigung, sondern in erster Linie *good social media practice*.

29 Vgl. www.splcenter.org/hate-map, www.rechtesland.de.

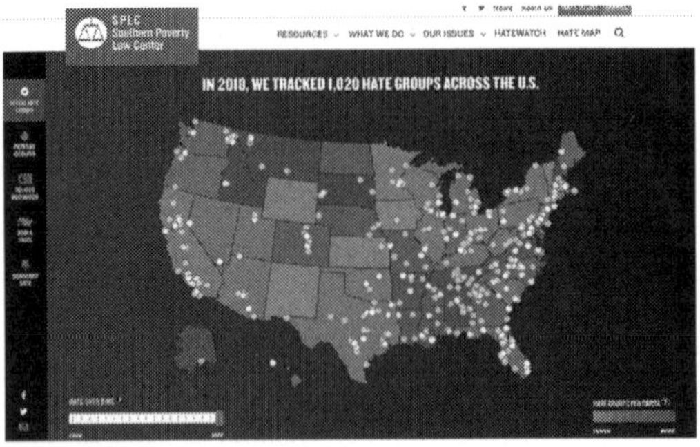

Abb. 83

Abb. 84

die Rede von der ›Immunisierung‹ gegen rechte Verführer – eine rhetorische Figur, die der rechten Abkehr vom Normaldiskurs, dem schon erwähnten *red pilling*, nicht ganz unähnlich ist. Die Alternative Rechte belegt gerne mit ganz ähnlichen Kartierungen und Schattennetzwerken ihre eigenen Thesen: Zum Beispiel mit Namenslisten, die in Feminismus, Hollywood oder Politik eine ›jüdische Überrepräsentation‹ (also geheime ideologische Kohärenz) nachweisen wollen, oder mit antisemitischen Persiflagen (Abb. 84).

Ich bin grundlegend skeptisch gegenüber einer personellen Isolierbarkeit der Alternativen Rechten oder des reflexiven Faschismus. Es gibt zahlreiche Protagonist*innen, und man sollte sie kennen. Mit ihrer Identifizierung werden aber die *rechten Klimazonen* nicht verschwinden. Daher schlage ich vor, die kartographierten Netzwerke anders zu lesen: als Wetterkarten, als Momentaufnahmen von atmosphärischen Clustern. Sie werden zum Beispiel durch algoritmische Verlinkung *und* rechte Agitationsarbeit verfestigt. Sie sind aber auch flüchtig und setzen sich immer wieder neu und anders zusammen. Die ambivalente und mythisierende Funktion der aufklärenden Kartenmodelle muss bewusst sein: Sie postulieren dort geheime Verbindungen, wo teilweise banale Netzwerkprozesse vorliegen. In nicht wenigen Fällen dienen sie der Alternativen Rechten selbst als *maps to the stars* und als Beweis der ›Verfolgung‹: Interessierte können daran ablesen, wo sie noch mehr ›alternative Meinung‹ herbekommen und welche Quellen ›heiß‹ sind (also kompromittiert oder angesagt).

Ein Beispiel: Als Apple im Februar 2020 ein Dutzend faschistische Telegram-Kanäle ›entdeckt‹ und daraufhin deren Inhalte auf dem iPhone sperrt[30] – also zensorisch tätig wird – bedankt man sich in den Foren auf Reddit dafür: Die Liste der Gesperrten sei ein guter Tipp, wen man sich *per workaround* noch anschauen, oder wo man Spendengelder hinschicken kann. Zensur gegen ein vermeintlich dunkles Netzwerk kann Werbung für ein helles Netzwerk sein.

Die zivile Aufdeckungsarbeit von Personalstrukturen des Rechtsextremismus ist essenziell für die Bekämpfung des Rechtsterrorismus. Die hier genannten Studien, das *Apabiz* in Deutschland, das *Southern Poverty Law Centre* in den USA, oder *HopeNotHate* in England leisten diese Arbeit – vorbildlicher, genauer und integrer als Polizei und Staatsschutz.[31] Der *Kulturkrieg* aber, den der reflexive Faschismus lanciert, wird primär in den hellen Netzwerken geführt und gewonnen. Um nur diese kümmert sich *Rechte Gefühle.* Wenn die Netzwerke verwechselt werden – und das geschieht unweigerlich, denn sie gehen (wie im Fall Sellner) ineinander über – ergeben sich massive Belohnungseffekte für den reflexiven Faschismus.

30 Meldung des Unternehmens vom 20.02.2020. Apples Zensurmaßnahme funktioniert dahingehend, dass deutsche Endgeräte die Inhalte nicht mehr darstellen. Die Kanäle selbst existieren und senden weiter, die Zensur spielt sich im nationalen Rahmen bei der Konsument*in ab. Das ist ein Beispiel für die Zukunft des *hate content management* durch Privatunternehmen.

31 Die selbst in Teilen den ›dunklen Netzwerken‹ angehören und diese mitfinanzieren. Nur ein Beleg aus den USA: Will Carless, Michael Corey. »To protect and slur: Inside hate groups on Facebook, police officers trade racist memes, conspiracy theories and Islamophobia«. *RevealNews.org.* 14.07.2019 https://www.revealnews.org/article/inside-hate-groups-on-face...rs-trade-racist-memes-conspiracy-theories-and-islamophobia/. Zuletzt gesehen am 05.01.2021.

3. Alt-Sexy

30. Juni 2017 Der begrüßende Aspekt der Alternativen Rechten und ihrer Gefährdungsdiskurse ist ernst zu nehmen. Ihre Akteur*innen veranstalten damit Aufregungsstrudel, die Umstehende mit hineinziehen oder sich diesen als Energiequelle anbieten. Auch zahlreiche akademische Reaktionen auf ›Rechts‹ partizipieren an dieser Aufregungsproduktion. Dieser Screenshot untersucht daher die unheimliche Allianz und Ähnlichkeit, die sich zwischen ›rechtem Sprechen‹ und ›über Rechte sprechen‹ ergeben hat. Beispiel ist jenes Buch, das die *Alt-Right* als öffentliches Thema entscheidend etabliert hat: Angela Nagles *Kill All Normies: Online Culture Wars from 4chan and Tumblr to Trump and the Alt-Right.*[32] In ihrem Bestseller, der ersten erfolgreichen Monographie zur digitalen Rechten, kanonisierte Nagle eine so grundlegende wie fatale Geste, die von großen Teilen der ersten Erklärungswelle (2015–2018) zur Alternativen Rechten wiederholt wurde: Nagle nutzte rechte Transgression für eine Fundamentalkritik bestimmter ›linker‹ Politiken. Meist sind damit irgendwie Feminismus und seine queer- und LGBTQ+-geprägten Neufassungen gemeint.[33]

---

32 Deutsch: Angela Nagle. *Die digitale Gegenrevolution: Online-Kulturkämpfe der Neuen Rechten von 4chan und Tumblr bis zur Alt-Right und Trump*. Transcript 2018. Eine bessere Publikation war 2017: Matthew Lyons, *CTRL-ALT-DELETE: The origins and ideology of the Alternative Right. politicalresearch.org*. 20.01.2017. www.politicalresearch.org/2017/01/20/ctrl-alt-delete-report-on-the-alternative-right/. Ebenfalls besser ist die frühe Zusammenfassung von Felix Schilk, Tim Zeidler. »Der Archipel der Enthemmten«. *Jungle World* 42, 20.10.2016. https://jungle.world/artikel/2016/42/der-archipel-der-enthemmten/. Alle zuletzt gesehen am 05.01.2021.

33 In ähnlicher Schärfe, und wieder mit den Gender Studies als Hauptgegner, argumentierte unter anderem: Bernd Stegemann. *Das Gespenst des Populismus. Ein Essay zur politischen Dramaturgie*. Theater der Zeit 2017.

Die Darstellung des Phänomens war tendenziös: Für Nagle bewohnte die *Alt-Right* das despektierliche und irgendwie ›punkige‹ Internetmilieu von 4chan, und begeisterte sich primär für politisches Trolling, Feminismus-*bashing* und diskursive Überschreitungen an Universitäten.[34] Ihre Protagonisten, allen voran Milo Yiannopoulos, werden in Nagles Kontrastdarstellung als interessante und ›sexy‹ dissidentische Aktivisten beschrieben. Sie arbeiten heldenhaft gegen eine intellektuell-bankrotte PC-Polizei, die das Internet und die ›freie Debatte‹ reglementieren will.[35] Nagles Buch setzt im Schlusskapitel zu einer massiven Energieumwandlung an, die rechte Überschreitungsdynamik für einen akademisch-politischen Antifeminismus verwertet. Hier eine zentrale Passage zu dem, was Nagle als *tumblr-feminism* bezeichnet:

> »This anti-free speech, anti-free thought, anti-intellectual online movement, which has substituted politics with neuroses, can't be separated from the real-life scenes millions saw online of college campuses, in which *to be on the right was made something exciting, fun and courageous for the first time* since ... well, possibly ever. When Milo challenged his protesters to argue with him countless times on his tour, he knew that they not only wouldn't but also that they couldn't. They come from an utterly *intellectually shut-down world* of

34 Signifikant für die Radikalisierung der amerikanischen Konservativen war Pat Buchanans 1992er Rede »The Culture Wars«, und das Auftreten der Tea Party Bewegung um 2009. Die US-amerikanischen Kulturkriege, die seit der Reagan-Zeit große Teile der politischen Öffentlichkeit bestimmen, kann hier nicht angemessen historisiert werden. Siehe dazu: Nikhil Pal Singh. »Culture/Wars: Recoding Empire in an Age of Democracy«. *American Quarterly* 50.3 (1998). S. 471 – 522. Robin D.G. Kelley. *Yo‹ Mama's Disfunktional!: Fighting the Culture Wars in Urban America*. Beacon Press 2001.

35 Nur ein Beispiel aus Nagles Buch, die sogenannten *Berkeley Campus Wars*, in denen Studierende der liberalen Universität rechte und extremrechte Vorträger*innen am Sprechen hinderten: dass wenige Menschen in Berkeley mit Milo Yiannopoulos über seinen Vortrag »Feminism is Cancer« diskutieren wollten, sondern lieber gegen ihn demonstrierten, ist keine Bankrotterklärung ›linker‹ Diskursfähigkeit. Die Proteste wiesen primär auf rechtes *Framing* hin, das durchaus zurückgewiesen werden darf – Studierendendemos gegen Redner*innen sind immerhin auch *free speech*. Dass die Diskursmanipulationen der *Alt-Right* für Nagle dennoch den ›Eros der Transgression‹ innehatten, zeigt deren atmosphärische Hegemonie um 2017 an.

Tumblr and trigger warnings, and the purging of dissent in which they have only learned to recite jargon.«[36]

Das verdient das Prädikat *aged like milk*. Der abwertende Kurzschluss, der von ›Identitätspolitik‹ zu ›Neurose‹ zu »purging of dissent« springt, kann in zahllosen rechten Texten wiedergefunden werden: Ganz ähnlich formuliert in Yiannopoulos eigenem *Dangerous*, bürgerlicher ausgedrückt in Thea Dorns *Deutsch, nicht dumpf.*[37] Nochmal anders steht es im öffentlichen *Harper's Letter* gegen die sogenannte *cancel culture* und in seiner rechts-deutschen Kopie *Appell für freie Debattenräume.*[38] Zahlreiche Bücher von rechts oder halb-rechts machen dieselbe Verbiegung, und ihre Leser*innen gleich mit.[39]

Das zugrunde liegende Denkmotiv ist immer ein Reiz-Reaktions-Schema: ›Sexy‹ Trolle (Männer) rebellieren gegen die übergriffige Verkrustung eines linken Projekts, das nun politisch-korrektes und vor allem ›neurotisches‹ Establishment (Frauen) geworden sei. Nagles Verlag *Zero Books* benennt es als »cretinous anti-intellectualism«[40] der Linken, gegen deren Denkfeindlichkeit die *Alt-Right* als erfrischende Kritik und Gegenbewegung aufgestellt werden kann. Nagle formuliert es enthusiastisch:

Something exciting, fun and courageous for the first time since...well, possibly ever.

Zum ersten Mal seit ...? Gute Frage: Seit wann hat die *Alt-Right* diesen ›Eros der Transgression‹ eigentlich? Nagle stellt hier ihre Ignoranz der jün-

---

36 Nagle. *Kill All.* 2018. S. 117-118 (Meine Hervorhebung).

37 Dorn. *Deutsch, nicht dumpf.* 2018. S. 125. Dorns Eloge für patriotische Belange ist verschwurbelter als Yiannopoulous, aber nicht weniger selbstverliebt. Dorn referiert zum Beispiel eine ähnliche »Purging«-Atmosphäre bei einem taz-Vortrag von Denis Yücel, der in seiner Rede das deutsche N-Wort benutzt (im Zitat natürlich, S. 115).

38 »A Letter on Justice and Open Debate«. *Harper's Magazine*, 07.07.2020. https://harpers.org/a-letter-on-justice-and-open-debate/ »Appell für freie Debattenräume«. https://idw-europe.org. Beide zuletzt gesehen am 05.01.2021.

39 Nur die neuesten Veröffentlichungen, die auf dieser Welle reiten: Helen Pluckrose, James Lindsay. *Cynical Theories: How Activist Scholarship Made Everything about Race, Gender, and Identity—and Why This Harms Everybody.* Pitchstone 2020; Debra Soh, *The End of Gender: Debunking the Myths about Sex and Identity in Our Society*, Threshhold 2020. Man lese die Amazon-Bewertungen dazu und hat ein schönes Atmosphärenbild. Siehe dazu auch Screenshots 8 und 12.

40 So der Klappentext in der englischen Ausgabe von Nagles Buch.

geren und älteren Gewaltgeschichte der Rechten geradezu aus. Da ist eine impulsive Reaktion legitim: Nagles Buch bringt die (mittlerweile surreal) ferne Diskussionswelt von 2016 in Erinnerung: Donald Trumps Präsidentschaft war noch ein schlechter Witz, die *Unite the Right*-Rally und die Ermordung von Heather Heyer hatten noch nicht stattgefunden. Es gab nicht Christchurch, El Paso, *Boogaloo Boys*, Hygienedemos und George Floyd.

Was es gab und was Nagle hätte wissen müssen: Breivik, Orlando, Elliot Rodger, *RedIceMedia*, *National Vanguard*, *Atomwaffen Division*, das *Oklahoma City Bombing*, die *Turner Diaries*, das *Birther-Movement* und Eric Garner. Es gab auch 2016 zahllose Vorfälle von Rechtsterrorismus in den USA und anderswo. Von den langen Traditionen des subkulturellen Neofaschismus und dem *Grundwerkstoff* Amerikas – rassistisch-koloniale Gewalt und die Gegenbewegungen zu ihr – einmal abgesehen. Nagle interessiert sich zwar dafür, die *Alt-Right* historisch vom rassistischen Ultrakonservatismus eines William F. Buckley abzuleiten – für das Gewaltsystem, das damit verbunden ist und das die *Alt-Right* auch 2016 mit aufgerufen hat, interessiert sie sich nicht.[41]

Kill All Normies.

Dass bereits zahlreiche Morde an Menschen im Namen und Umfeld der Bewegung stattgefunden hatten, war dem Buch mit dem provokativen Titel nicht bewusst. Zwischen Trolling und Terrorismus – kulturellem und bewaffnetem Arm des reflexiven Faschismus – sah Nagle nicht nur *keine* Verbindung: Auch ihre gemeinsame Historie blieb unthematisiert, ging es Nagle doch um »exciting, fun and courageous« Provokateure des digitalen Raums. Nagle sah die Aufgabe ihres Buches darin, kulturelle Debatten zu erklären und die *Alt-Right* darin als ›neuen, sexy Impuls‹ gegen *political correctness* zu mobilisieren. Vier Jahre später stehen diese Impulsgeber mit *southern pride*-Fahnen im Washingtoner Kapitol um ihr Phantasma einer ›gestohlenen Wahl‹ auszuleben.

Für die Etablierung der Alternativen Rechten als Gesellschaftsthema bot Angela Nagles Buch die *schlechteste* aller möglichen Ausgangspositionen. Es

---

41 Buckley ist symptomatisch: Nagle nennt den Vater der sogenannten *Southern Strategy* der Republikaner in den 1960–1970er Jahren als Vorläufer der *Alt-Right*. Zugleich aber distanziert sie Milo & Co von dessen Rassismus. Zurück behält sie die gemeinsame ›Transgression‹. Vgl. Joshua F.J. Inwood. »Neoliberal racism: the ›Southern Strategy‹ and the expanding geographies of white supremacy«. *Social & Cultural Geography* 16:4 (2015). S. 407–423.

blendet gewalttätigen und systemischen Rassismus, Sexismus und Faschismus aus, um eine rein digital-diskursive Provokationsenergie zu isolieren und in einen spezifischen Antifeminismus umzuwandeln. Das ist dieselbe Strategie, die reflexive Faschist*innen in ihren zahlreichen Provokationen und Agitationen anwenden. Die Folgen der fatalen Energieübertragung sind heute offensichtlich und oben anzitiert.

Die Alternative Rechte hat es von Beginn an verstanden, Gefühlswelten einer desillusionierten ›Linken‹ (oder Unzufriedenheiten mit ›der Linken‹) effektiv zu erschließen und sie in ihre Gefährdungsmythen zu verbauen. Ihr reflexives Moment speist sich in die selbstkritischen Automatismen linker und liberaler Bewegungen ein. Wo linke Akteur*innen über Klassen- vs. Genderfrage, Haupt- und Nebenwiderspruch diskutieren (und Intersektionalität vergessen), oder sich über die Umsetzung feministischer Strukturkritik als institutionalisiertes Gender Mainstreaming streiten, kann der Risikodiskurs der Alternativen Rechten gut mit *gefühlten* Argumenten andocken.[42] Trigger-Warnungen, präferierte Pronomen und *political correctness* werden zur gefühlten Diktatur aufgeblasen. Ignoriert man, dass alle diese Maßnahmen auf tiefe Ungerechtigkeitsverhältnisse reagieren und diesen entgegenarbeiten – dann werden deren Aktivist*innen als neurotische *snowflakes* in der Position von diktatorischen *feminazis* vorstellbar.[43] Ihre vermeintliche Herrschaft wird weitergedreht zum ›Tod des Politischen‹ überhaupt: Feminismus im 21. Jahrhundert sei »openly propagandistic«, so schreibt Nagle im Schlusskapitel.

Varianten des Antifeminismus: Solche Kritik an Gender Studies, *tumblr* und/oder Feminismus findet sich nicht nur *auch* bei der Alternativen Rechten – Nagles Position ist ein rechter Netzwerkeffekt und Ausweis des metapolitischen Erfolgs der Rechten. Nagles Allianz mit ihrem Forschungsgegen-

---

42 Siehe z.B. die Auseinandersetzung mit linken und rechten Klassenargumenten: Emma Dowling, Silke van Dyk und Stefanie Graefe. »Rückkehr des Hauptwiderspruchs? Anmerkungen zur aktuellen Debatte um den Erfolg der Neuen Rechten und das Versagen der Identitätspolitik«. *PROKLA* 47.188.3 (2017). S. 411 – 420.

43 Hier lag im übrigen der aufhaltsame Karrierebeginn von Jordan Peterson: Der kanadische Psychologieprofessor hatte präferierte Pronomen, wie sie zum Beispiel von Transmenschen genutzt und bevorzugt werden, als »compelled speech« (erzwungene Sprache) angegriffen. Damit sah er seine ›Sprachfreiheit‹ bedroht – ein bisher unbekannter, und höchst attraktiver Weg der Radikalisierung tat sich auf.

stand fiel wenig überraschend auch realweltlich aus.[44] Aus den teilweise massiven Überschneidungen von ›Alternativer Rechter‹ und ›akademischer Rezeption‹ spricht etwas, dem ich im Folgenden nachgehe: *ein Begehren nach Transgression*. Die Alternative Rechte ist bereits im Bett der akademischen Analyse und sie verspricht dort scheinbar Aufregendes, zum Beispiel: *free speech* statt *they/them*.

Alt-Sexy.

Der reflexive Faschismus nutzt sexuelle Sprachen, die derzeitige Diskussions- und Diskursverhältnisse in komplexen Netzwerkgesellschaften intim und affektiv wirksam machen sollen. Sie sollen ein Begehren nach so etwas wie ›freier Diskussion‹ ausformen, deren Spaß vermeintlich durch Diskursregeln und Meinungskorridore gehemmt werde. Ähnlich wie Nagle drückt der sogenannte *Appell für freie Debattenräume* dieses Begehren aus, wenn er der »das Denken in Identitäten und Gruppenzugehörigkeiten« als »Monotonie« und »Würgegriff« bezeichnet. Statt *political correctness* und identitätspolitische ›Gouvernanten‹ wünschen sich die Initiatoren lieber »intellektuelle Neugier, Gedankenfrische und Spaß am geistigen Schaffen«[45] – überschreitungsoffenen Debattensex also. In solchen Begehrensdiskursen zirkulieren mehrere Aspekte und Erzählungen, die für die weitere Untersuchung leitend sind: ›Freiheitlichkeit‹ und ›Emanzipation‹ werden entgegengesetzt, durch die Antagonismen *analog* und *digital*, *Körper* und *Diskurs*, *Sex* und *Anti-Sex*.

Es ist fast nicht ersichtlich (und auch minder wichtig), ob das nächste Zitat von Nagle oder einer alternativ-rechten Quelle stammt: Zahllose Akteur*innen teilen die hier dargestellte Einschätzung, dass die sogenannten *progressive politics* ihren Zenit in den 1970er Jahren durchlaufen hätten:

> »[Then] a lot of their arguments made sense. There was racism to be fought, structural, institutionalized and legal racism. Sexism in the workplace was rampant [...] And gays were oppressed, by conservatives and liberals alike.

44 Nagle hielt 2018 einen gemeinsamen Vortrag mit dem britischen Antifeministen Sargon of Akkad in Dublin. Es wurde weitgehende Einigkeit über die ›Verkrustung‹ des Diskurses festgestellt. *Sargon of Akkad* ist Gegenstand des folgenden Screenshots. Sargon of Akkad. »Sargon & Angela Nagle On Identity Politics«. *Youtube.com*. 05.10.2018. https://www.youtube.com/watch?v=pw33NKXQSlc. Zuletzt gesehen am 05.01.2021.

45 Lanciert wurde der Aufruf im August 2020 von Milosz Matuschek (Autor, ex-NZZ-Kolumnist) und Gunnar Kaiser (Schriftsteller, Youtuber). Lange Version des Appells: https://nisocele.myhostpoint.ch/appell/. Zuletzt gesehen am 05.01.2021.

> [...] the New Left became the defining youth movement of the 60s and 70s, and although initially perceived as radical, its ideas would eventually come to dominate modern culture. The counter-culture of the 1960s became the prevailing culture of the 1980s. [...] the New Left had become the establishment. It was now difficult to argue that any social group in the West lacked equality under the law. Indeed, thanks to the persistence of government redistribution plans and the early growth of affirmative action, some groups were already getting favored treatment – a sign of things to come.«[46]

Emanzipations- und Kritikprojekte (hier: Feminismus, *Civil Rights* und *Gay Rights Movement*) seien also erfolgreich abgeschlossen. Nun in einen privilegierten Individualismus von Eliten umgeschlagen, behinderten sie den freien Austausch politischer Ideen durch private Befindlichkeiten (›Neurosen‹, wie Nagle sagt) und deren Überhöhung zur Meinungsdiktatur. Die Alternative Rechte baut daraus die klassische Volte, dass nun rechte und konservative Positionen in die Verdrängung geschickt seien, und sich der Kulturtechnik des *coming out* bedienen müssten. Dieses Meme des ultrarechten Thinktanks *Prager University* nutzt die Regenbogenfahne aus dem Schrank, um die Marginalisierung der Konservativen zu visualisieren (Abb. 85). In solchen verdrehten Lesarten ist die *counterculture* – und die Position einer (auch sexualisierten) Transgression von Tabus – nach rechts gewandert, *weil* linke Emanzipationsprojekte in ›individualistischen‹ und ›antiintellektuellen‹ Machtregeln aufgegangen seien: Diktatur der weinerlichen Neurotiker*innen, die den freiheitlichen Denker*innen des Konservatismus ihre sexuelle Entfaltung wegnehmen.

Diese Erzählung fügt sich nahtlos in den *Risikodiskurs* der Alternativen Rechten ein, den ich im ersten Teil beschrieben habe. Eine teilweise Durchsetzung von Gleichstellungsprojekten wird zur allgemeinen Freiheitsbeschränkung umgeschrieben, als *Risikoproduktion* für ›Mehrheiten‹ durch ›Minderheiten‹. Verkürzt gesagt: Ziele des Feminismus der zweiten Welle – vom Abtreibungsrecht zur Frauenquote zu intersektionaler Analyse –

46 Milo Yiannopoulos. *Dangerous*. Simon & Schuster 2017. S. 54. Im Begriff »equal under the law« liegt übrigens ein Knackpunkt vieler rechter Argumentationen: systemischer Rassismus (Sexismus, etc.) sei deshalb nicht möglich, weil es keine explizit ›rassistischen‹ Gesetze (mehr) gäbe. Die exzellente YouTube-Sendung *Some More News* hat dieses Motiv bearbeitet: Some More News. »How To Pretend Systemic Racism Doesn't Exist«. *Youtube.com*. 07.07.2020. https://youtu.be/O4ciwjHVHYg. Zuletzt gesehen am 05.01.2021.

Abb. 85

schrumpfen zu Frauenbevorzugung und *#MeToo*.[47] Die Schwarze *Civil Rights*-Bewegung wird auf das *affirmative action*-Programm der 1980er Jahre reduziert, und dies auf schlechtere Jobchancen für Weiße. Die *TransRights*-Bewegung existiert nur in der Konvention präferierter Pronomen, die als gleichzeitig ›neurotisch‹ und ›oppressiv‹ entziffert werden. Teilaspekte einer sozialen Organisation von Gleichberechtigung werden als *Gefährdung* allgemeiner Freiheitlichkeit gelesen, die sich am primären Objekt des ›Allgemeinen‹ konkretisiert: Weiße und Männer, und deren Freiheit zum sexuellen und diskursiven ›Spaß‹.

Partikulare Emanzipation gegen allgemeine Freiheitlichkeit: Diese Produktion und Verschärfung falscher Antagonismen zu gefühlten Risiken baut im Diskurs der internetbasierten Rechten auf einem weiteren zentralen Binarismus auf: *analog* vs. *digital*. Der digitale Raum wird mit ›freier Meinung‹ und ›Überwindung von Grenzen‹ gleichgesetzt, in den nun analoge Mächte der neurotischen Regulation und Zensur eingriffen. Der Feminismus ist auch deshalb Hauptziel rechter Agitation, weil er sich als prädigitalentstandene Bewegung hinreichend archaisch darstellen lässt: Was sollen

47 Sowohl bei Thea Dorn wie bei Slavoj Žižek finden sich lange Preziosen über z.B. #MeToo als hygienischen, antisexuellen Exzess. Vgl. Slavoj Žižek. »Die populistische Versuchung«. In: Heinrich Geiselberger (Hg.) *Die große Regression: Eine internationale Debatte über die geistige Situation der Zeit*. Suhrkamp 2017. S. 293-314.

vergeschlechtliche Identitätspolitiken im scheinbar postidentitären *world wide web*?

Diesem Antagonismus ist auch historisch entgegenzutreten: Die weiß- und männerdominierte Ursprungskultur im *Silicon Valley* der 1970er bis 1990er Jahre fühlte sich zwar als Gegenkultur der radikalen Offenheit, war es aber nur bedingt. Eigene Privilegien der Protagonisten wurden mit dem Prinzip der Meritokratie, und diese mit dem freien Spiel des Informationsaustauschs verwechselt. Der digitale Ursprungsmythos eines Ideenraums ohne Kontrolle und Diskriminierung, in dem sich die besten Ideen etablieren, diente historisch dazu, digitale Technologie körperlos und fluide zu konstruieren.[48] Das Virtuelle sei ein »place where we can communicate mind-to-mind, where there is no race, no gender, no infirmities… only minds«,[49] wie Internetpionier Perry Barlow es beschrieb. Die Künstlerin Ana Teixeira Pinto nennt diese Haltung kritisch *cyberlibertarianism*,[50] und sie drückt sich alltäglich in den *user-driven* Verbreitungsmechanismen der sozialen Plattformen aus: Mit Likes und Upvotes werden neutrale und meritokratische Prinzipien suggeriert. Eine Idee von radikaler Demokratie und *equal access* wird simuliert,[51] die nun plötzlich gestört sei von einer ›feministischen Sprachpolizei‹ und ›autokratisch-moralischen Regulator*innen‹.

48 Dieser utopische Raum des Digitalen führte tatsächlich zu einer großen Präsenz queerer und anders nicht-normativer Kulturen im frühen Netz der 1990er Jahre. Vgl. Julie Rak. »The digital queer: Weblogs and internet identity.« *Biography* (2005). S. 166 – 182. Ellis Hanson. »The History of Digital Desire: An Introduction.« *South Atlantic Quarterly* 110.3 (2011). S. 583 – 599. Der Rechtsterrorismus pflegte bekanntermaßen ebenso bereits ab 1994 Netzpräsenzen, z.B. das Stormfront-Netzwerk. Vgl. dazu: Sophia Maylin Klewer. *Eine Topographie rechtsextremer Online-Kultur in Europa. Kommunikationsstrategien und -narrative der radikalen Rechten im Internet.* Universität Siegen 2019. https://dspace.ub.uni-siegen.de/handle/ubsi/1464. Zuletzt gesehen am 05.01.2021.

49 John P. Barlow. »A Declaration of the Independence of Cyberspace«, 8.02.1996. https://projects.eff.org/~barlow/Declaration-Final.html. Zuletzt gesehen am 05.01.2021. Zitat nach: Jessie Daniels. »The algorithmic rise of the ›Alt-Right‹«. *Contexts* 17.1. S. 60-65. S. 62.

50 Ana Teixeira Pinto. »Capitalism with a Transhuman Face: The Afterlife of Fascism and the Digital Frontier.« *Third Text* 33.3 (2019). S. 315 – 336. Siehe auch: Jessie Daniels. »My Brain Database Doesn't See Skin Color: Color-Blind Racism in the Technology Industry and in Theorizing the Web«. *American Behavioral Scientist* 59.11 (2015). S. 1377 – 1393.

51 Gegenpositionen zu diesem Mythos gibt es viele: Safiya Umoja Noble. *Algorithms of oppression: How search engines reinforce racism.* NYU Press 2018. Ruha Benjamin. *Race After Technology: Abolitionist Tools for the New Jim Code.* John Wiley & Sons 2019. Catherine D'Ignazio, Lauren F. Klein. *Data feminism.* MIT Press 2020.

Das Internet als freiheitlicher *marketplace of best ideas,* und Minderheitenbelange als Gefährdung dieses freien Spiels: In dieser Gegenüberstellung hat die Alternative Rechte ihr wirksamstes Instrument zur Ereigniskonstruktion und Diskursverzerrung gefunden. Jede gelungene Provokation kann durch das meritokratische Phantasma der ›Schwarmintelligenz‹ legitimiert, Ausschluss oder Kritik faschistischer Sprachen können als Verletzung der Spielregeln des Internets skandalisiert werden. *Analog vs. digital* – auf dieser Kampflinie gewinnt die Alternative Rechte viele ihrer Schlachten, denn sie hat sich (gerade durch kanonische Rezeptionen wie Nagles) erfolgreich als neuartige, digitale und hochfluide Bewegung etabliert, die ›alten Mächten‹ durch digitale Medienlogik den Garaus macht.

Dieses schiefe Bild, das Boni für rechte Netzbewegungen verteilt, hat auch eine körperpolitische Dimension: *Political correctness, identity politics* und andere Belange der *equal representation* geraten zu regressiv-repressiven Politikformen, die in der fluiden und entkörperlichten Kommunikation des digitalen Raums archaisch und verhärtend erscheinen.[52] Wer ›Geschlecht‹ (Frauen, Queers) in den digitalen Raum bringt, die Körper, die Identitäten und die Haftbarkeit, hat für die Alternative Rechte und ihr Publikum schon Unrecht.[53] Dagegen geriert sich der digitale Faschismus als ironische, transgressive und Tabu-auslotende Spaßagentur: Alte Symbole werden in neue Kontexte gesetzt (Abb. 86) und neue Symbole mit alten Bedeutungen aufgeladen, wie am Paradebeispiel digital-rechter Ikonographie – *Pepe the Frog* – abzulesen ist. Als Gewinn solcher medialen Updates ergibt sich ›Trans-

52 »Digitalpolitik [wird] betrieben nur anhand der Bauchgefühle analog geprägter Personen«, schrieb Sascha Lobo zum in der Tat hilflosen Vorschlag, man sollte ›anonymen Hass im Netz‹ durch Klarnamenpflicht eindämmen. Lobo geht darauf ein, dass damit nicht rechte Kommunikation und Hasspostings eingedämmt werden (z.B. auf Facebook), sondern dies auch und vor allem queere Netzexistenzen trifft (z.B. Dragqueens und -Kings). Sascha Lobo. »Die Impfgegner des Internets«. *Der Spiegel.* 15.01.2020. https://www.spiegel.de/netzwelt/netzpolitik/klarnamenpflicht-die-impfgegner-des-internets-sascha-lobo-a-1b3ace37-46e6-413f-b319-cac12d2a0fb2. Zuletzt gesehen am 05.01.2021.

53 Eine verwandte Drehung findet sich in der linken Auseinandersetzung: Feminismus und andere identitätspoltische Kritikformen seien deshalb ›überkommen‹, weil der Neoliberalismus deren Prämissen aufgeweicht und marktförmig adaptiert habe. Man müsse nun ›links‹ eher unter den mobileren Gesichtspunkten der spätkapitalistischen ›Klassenpolitik‹ und ›Prekarisierung‹ oder ähnliches betrachten. Intersektionalität, Leute.

gressivität‹ in jede Richtung: Gegen Geschmackskonventionen und gegen klassische Faschismusdefinitionen. Der arme *Pepe the Frog*, von der lässigen Slacker-Ikone (›Feels Good, Man‹) umgepolt zum *hate symbol* (›Kill Jews, Man‹) und nun als Emoji für rechte Gefühle auf dem Handy installierbar (Abb. 87).

Es ist alarmierend – für mich fast alarmierender als diese Emojis, Tabubrüche, *hate speech* und Manipulationen der Alternativen Rechten – dass akademische Kommentator*innen das mitunter ›sexy‹ fanden und finden, auch weil sie reale und diskursive Gewalt ausblenden. Es gehe ja um das Internet und den ›Spaß am geistigen Schaffen‹, zum Beispiel mit antisemitischen Parolen. Es scheint, als ob Kritik nur da sein kann, wo sie eben ein ›sexy-dissidentisches Moment‹ innehat. Digitale Freiheitlichkeit, Promiskuität der Meinungen und Zeichen-Karneval hier – analoge Regulation, *consent* und Trigger-Warnungen dort.

Diesen Antagonismen sollte nicht zugestimmt werden, in keiner Form. Vor allem deshalb: Das Netz der sozialen Medien (oder ›der Debattenraum‹) ist weitestmöglich davon entfernt, Freiheitlichkeit oder Demokratie zu verkörpern oder bereitzustellen. Und weiter: feministische, antirassistische oder queerpolitische Projekte sind weder durch Verbotsregeln umgesetzt worden, noch stecken sie im 20. Jahrhundert fest. Der *gefühlte* Antagonismus ist trotzdem plausibel, und das Feld digitaler Transgression scheint fast hegemonial von Rechts besetzt zu sein. Das Feminismus oder *political correctness* als Übergriffe einer analogen, körperlichen Welt auf das Internet (die Freiheit) gelten können, ist auch eine historische Entwicklung des digitalen Mediums und seiner Verhandlung selbst. Die Erzählung von Regulation und Emanzipation als ›neurotisch‹, ›anti-intellektuell‹ und ›analog‹ greift so breitenwirksam, dass ein starkes Begehren verzeichnet werden kann; eine Sehnsucht nach einem digitalen, freien, lustvoll-transgressiven Diskurskörper, der irgendwie durch Regulation und Identitäten bedroht erscheint.

Abb. 86

Abb. 87

Ich schlage kurz einen Bogen zu Klaus Theweleit, Gewährsmann in Fragen faschistischer Körperpolitik. Er schrieb im zweiten Band der *Männerphantasien* von der Kraftlosigkeit einer sexlosen Sprache, ebenfalls im Gestus einer spezifischen ›Linkenkritik‹:

> »Das vielbeschimpfte Soziologendeutsch [...] ist antisexuell, das ist sein Fehler. [...] Das Soziologendeutsch ebenso wie *die heute übliche Agitationssprache der Linken* ist trostlos geheimnislos. Sie kann daher nicht wahr sein, verschweigt etwas, gibt daher dem, an den sie gerichtet ist, das sichere Gefühl, der, der da spricht, habe von den ›wesentlichen Dingen‹ überhaupt keine Ahnung. Daher rührt eins der Mißtrauen, auf die die Linke trifft. Sie klammert die Körpergeheimnisse aus; diejenigen, die fühlen, dass sie leiden, behandelt sie als Unwissende, denen es bloß an Informationen mangelt.«[54]

Theweleits Studie war ein Gegenversuch zur ›antisexuellen‹ Haltung, die in Forschungen zum Faschismus bis in die 1980er Jahre vorherrschte. Das

54 Klaus Theweleit. *Männerphantasien* Bd. 2. Stroemfeld/Roter Stern 1982. S. 171 – 172 (meine Hervorhebung).

Antisexuelle zu denunzieren, indem man den Faschismus ›sexy‹ erzählt, war aber weder Absicht noch Effekt seiner Argumentation: Theweleit schrieb die *Männerphantasien* zur Zeit der (auch akademisch) aktiven Frauenbewegung, die dezidiert lustoffene und körperpolitische Sprachen entwickelte.[55] Seine Studie wandte diese gewandelte Beschreibungssprache auf faschistische Männerkörper an, die (verkürzt gesagt) aus Angst und Ekel vor Fluten, Mischungen und Formverlust Körperpanzer und Heereskörper bildeten.[56]

Von Angela Nagle und der Alternativen Rechten ausgehend, scheint dieses Bild heute umgedreht: Sogar die Forschung arbeitet mit dem Kontrast von neugierigen und digital-fluiden Nazis, die transgressive Meme-Sprachen sprechen und gegen scheinbar lust- und freiheitsfeindliche Verkrustungen eines gepanzerten Feminismus angehen. In diesen Antagonismen, die dauernd und in zahllosen Formen affektiv abgefragt werden, um sich ›im Debattenraum‹ zu orientieren, zirkuliert ein *Begehren*. Nach diesem kann so gefragt werden, wie Theweleit es in der Anwendung geschlechtersensibler Analysen auf die Freikorps-Faschisten getan hat. Für die Körperpolitik des Faschismus müssen körpernahe Sprachen gefunden werden.

Im Unterschied zu den feministisch-psychoanalytischen Ansätzen des 20. Jahrhunderts muss aber heute etwas anderes beachtet werden: Die Körperpolitiken des reflexiven Faschismus fokussieren auch und immer einen *digitalen* und *spätkapitalistischen* Körper, der in anderen *embodiments* (Netzwerk, Avatar, Meme, Anonymität, Verstellung, Shitpost, Störaktion) sein Heil sucht als im soldatischen Panzer. Die fluiden Diskursspiele der Alternativen Rechten verweisen auf mediengeprägte Körperbilder, Performance-Praktiken und Identitätskonzepte, die in den 1970er Jahren nur teilweise vorhersehbar waren. Mit anderen Worten: es gibt auch im Netz »diejenigen, die fühlen, dass sie leiden«, nur sind diese nun vornehmlich in Plattformen, Netzwerken und Algorithmen eingebunden. Dort wird dieses ›Leiden‹ und ›Fühlen‹ angereizt, öffentlich und kann breit zirkulieren. Ein letztes Zitat

---

55 Die Schwarze Botin. »Schleim oder Nichtschleim, das ist hier die Frage«. Ilse Lenz (Hg.). *Die Neue Frauenbewegung in Deutschland. Abschied vom kleinen Unterschied. Ausgewählte Quellen.* Verlag für Sozialwissenschaften 2010. S. 114–116.

56 Theweleits Thematisierung männlich-faschistischer Körperwelten reizte auch das weite Austausch- und Konfliktfeld zwischen Feminismus und Männerbewegung der 1970er Jahre an, durchaus auch im negativen Sinn der ›Identifikation‹ mit faschistischen Gefühlsprozessen. Siehe dazu: Sven Reichardt. »Klaus Theweleits ›Männerphantasien‹ – ein Erfolgsbuch der 1970er-Jahre«. *Zeithistorische Forschungen* 3 (2006). S. 401–421.

aus dem *Appell für freie Debattenräume* vom August 2020, weil er die Angst vor den *Panzern der Identitätspolitik* so schön ausformuliert:

> »Demokratie wird unter Schmerzen der Beteiligten geboren. Sie stirbt durch Monotonie und Konformismus oder wenn der Mut, eine unkonventionelle Ansicht zu vertreten, eine Art Berufsverbot zur Folge haben kann [...] Seien wir generell skeptisch gegenüber Reinheitsfanatikern, die uns vor gefährlichen Ideen und Meinungen bewahren wollen. [...] Entziehen wir dem öffentlichen Debattenraum die Angst und bringen wir den Mut zurück!«[57]

Wirklich, es geht hier um *Identitätspolitik* und *political correctness*, die Angst und Mutlosigkeit und vor allem Monotonie ins Diskursbett bringen. Dagegen soll sein:

Something exciting, fun and courageous.

Das sind affektive Politiken, eine Beschwörung von intimen Gefühlen beim Reden, beim Austauschen, beim Befeuern der reaktionären Diskursmaschine, im Feuilleton, auf Social Media, in Politik und Alltag. Es wird geboren, es werden mutig Grenzen überschritten und Schmerzen müssen sein, es komme ja ›Demokratie‹ dabei heraus (es ist klar, *wer* die Schmerzen einer freien Debatte ohne *hate speech*-Verbote auszuhalten hat). Diese rechte Auffassung von ›Diskurs‹ und ›Debatte‹ ist auch *sexuell* gemeint – eine Reibungs-Anordnung, die sich wie Revolution, Befreiung, Demokratie anfühlen soll, aber *50 Shades of Hate* meint.

Weil diese Anordnung eine sexuelle ist, kann ihr mit Paul Preciado entgegengehalten werden:

> »Es gibt keine Sexualität ohne Schattenseiten. Es steht aber auch nirgendwo geschrieben, dass die dunklen Seiten (die Ungleichheit und die Gewalt) die gesamte Sexualität bestimmen müssen. Liebe Vertreter und Vertreterinnen des sexuellen *Ancien Regime*, macht mit eurer Schattenexistenz doch, was ihr wollt. [...] Genießt eure Herrschaftsästhetik, aber hört endlich auf, euren persönlichen Stil zu einem allgemeinen Gesetz zu erklären.«[58]

---

57 »Appell für freie Debattenräume«. https://nisocele.myhostpoint.ch/appell/.

58 Aus Preciados offenem Brief an die Gegner*innen von *#MeToo*: Paul Preciado. »Gegen das Ancien Régime der Sexualität«. *Die Zeit* 19. Januar 2018. https://www.zeit.de/kul

Die nächsten vier Screenshots werden die digitalen Körperbilder der Alternativen Rechten beschreiben, die diese sexuelle Herrschaftsästhetik umkreisen. In ihnen zeigt sich nur sekundär eine digitale Fortführung faschistischer Körperpolitiken; primär geht es darum, wie Netzwerkprozesse und digitale Subjekte sich selbst faschistische, faschistoide und dabei reflexive Formen und Gestalten geben, und wie sich darin auch eine *sexuelle Politik* des reflexiven Faschismus entfaltet.

Vorweg gesagt, es braucht meiner Ansicht nach viel mehr davon: Keine ›Enthüllungen‹, dass altfaschistische, analoge Vereinigungen nun ins Digitale gegangen seien, oder dass digitale Faschist*innen nun irgendwie ›sexyer‹ und ›freiheitlicher‹ als eine analog-denkende ›linke‹ Politik seien. Andere Geschichten des digitalen Raums müssen erzählt werden, die dessen eigendynamische Entwicklung zum teilweise faschistischen Raum erfassen. Dafür sind, wie schon bei Theweleit in den 1970er Jahren, *Geschlecht* und *Sexualität* wichtige und wahrscheinlich die entscheidenden Analyseachsen.

Zum Beispiel ist die lange männlich-gedachte und ambivalente Figur des ›Online-Nerds‹ – allein vor dem Computer – eine zentrale Figuration. Dessen netzgeschulte Körper- und Welthaltungsperformance ist für die Alternative Rechte prägender als es die NPD oder der historische Faschismus sind. Statt also von *feminazis* zu schreiben, wie Angela Nagle es tat, sollte man aufzeigen, wie und warum dieser Satz aus Sybille Bergs Roman *GRM* stimmt: »Das fucking Netz ist zur Leni Riefenstahl der Welt geworden.«[59] Im Zentrum der Frage stehen die Protagonist*innen des Netzzeitalters – die Nerds – die diese Faschisierungsanstalt ›Internet‹ seit vielen Jahren bewohnt und mitgeformt haben. Sie haben sich mitunter jenem Selbstverbesserungsprogramm angeschlossen, das dieser *8kun*-Post als ›SIG – Self Improvement General‹ bezeichnet (Abb. 88): Aus dem verweichlichten, trollenden und messihaften Computer-Nerd wird der fitte und bewaffnete, identitäre Nerd (immer noch vor dem Computer). Der nächste Screenshot hört einem dieser Nerds zu, der im oberen Bild die Wand des Zimmers ziert und Vielen als Einstieg in die Alternative Rechte diente: Der britische YouTuber *Sargon of Akkad*.

tur/2018-01/metoo-heterosexualitaet-maenner-frauen-macht-paul-preciado/seite-2. Zuletzt gesehen am 05.01.2021.

59 Sybille Berg. *GRM Brainfuck*. Kiepenheuer & Witsch 2019. S. 86.

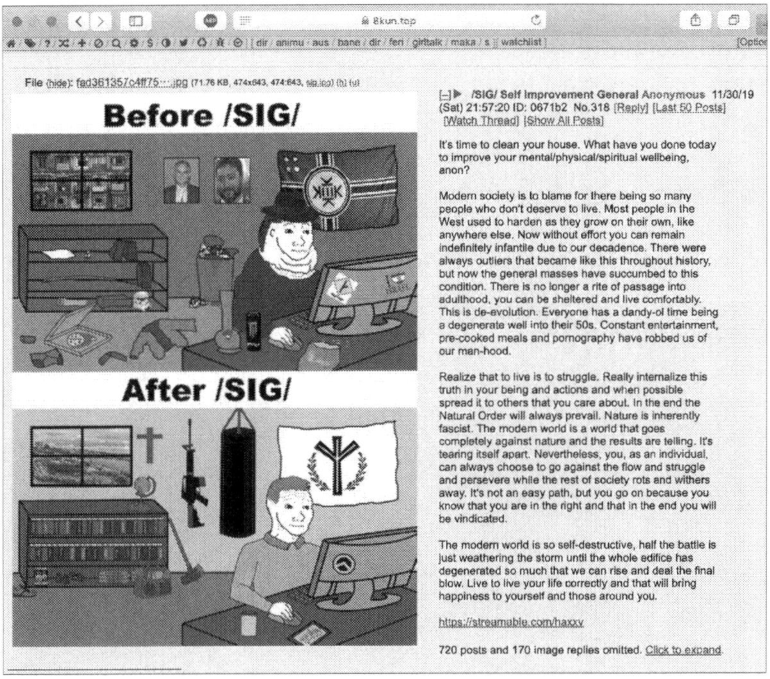
8kun.top
Before /SIG/
After /SIG/
[–] ▶ /SIG/ Self Improvement General Anonymous 11/30/19 (Sat) 21:57:20 ID: 0671b2 No.318 [Reply] [Last 50 Posts] [Watch Thread] [Show All Posts]
It's time to clean your house. What have you done today to improve your mental/physical/spiritual wellbeing, anon?
Modern society is to blame for there being so many people who don't deserve to live. Most people in the West used to harden as they grow on their own, like anywhere else. Now without effort you can remain indefinitely infantile due to our decadence. There were always outliers that became like this throughout history, but now the general masses have succumbed to this condition. There is no longer a rite of passage into adulthood, you can be sheltered and live comfortably. This is de-evolution. Everyone has a dandy-ol time being a degenerate well into their 50s. Constant entertainment, pre-cooked meals and pornography have robbed us of our man-hood.
Realize that to live is to struggle. Really internalize this truth in your being and actions and when possible spread it to others that you care about. In the end the Natural Order will always prevail. Nature is inherently fascist. The modern world is a world that goes completely against nature and the results are telling. It's tearing itself apart. Nevertheless, you, as an individual, can always choose to go against the flow and struggle and persevere while the rest of society rots and withers away. It's not an easy path, but you go on because you know that you are in the right and that in the end you will be vindicated.
The modern world is so self-destructive, half the battle is just weathering the storm until the whole edifice has degenerated so much that we can rise and deal the final blow. Live to live your life correctly and that will bring happiness to yourself and those around you.
https://streamable.com/haxxy
720 posts and 170 image replies omitted. Click to expand.

Abb. 88

4. Das Recht, Allein zu sein

Abb. 89

6. Mai 2018 Gibt man Nerds ein Mikrofon, sagen sie unter Umständen das hier:

> »They want your property. They want your identity. They want your immortal soul. And they have a moral compulsion pushing them on. Their consciences won't let them rest because their belief systems will not permit tolerance of the different. They are afraid of differences and their own ability to handle things that are different. *They want to make your personal life their political project*. They do not come offering freedom because none of them are themselves free. All they can offer you is a share in their servitude. Misery loves

> Company. They are afraid of what comes next but I can say something they can't say: *I am not afraid.*«[60]

Dies ist der Gefühlskern der Alternativen Rechten. Sie bietet einen Affektraum, eine Stimmung, an der man partizipieren kann, wenn man sich unwohl oder bedrängt fühlt, und eine positive Feedbackschleife benötigt: *Sei ohne Angst.* Die Alternative Rechte produziert diesen Affektraum für Alle. Er ist nützlich, wenn man zum Beispiel ›Meinungsfreiheit‹ gut findet, und aber nicht weiß, wie oder ob man etwas sagen soll. Die Alternative Rechte, hier in Gestalt des britischen YouTubers und Ex-Spiele-Nerds *Sargon of Akkad* auf der Demonstration *Day For Freedom* in London 2018, kann einen gefühlsmäßig dort abholen, denn sie spricht die Sprache der Befreiung von Tyrannei (Abb. 89).

Let freedom ring.

Cas Mudde hat, wie viele andere, die Grundstruktur des Rechtspopulismus dahingehend erläutert, dass dieser eine klare bipolare Weltsicht anbietet, in der ein *Wir* (zum Beispiel das Volk) gegen *Die* (zum Beispiel die Eliten) artikuliert wird.[61] Diese Definition des Populismus als kontrastmaximiertes Weltbild wird in allen Studien zum Rechtspopulismus beibehalten. Was *Sargon of Akkad,* bürgerlich Carl Benjamin aus Swindon, auf der rechten Demonstration in London aus seinem kleinen schwarzen Notizbuch mit ruhiger Stimme vorlas, weist über diese Definition entscheidend hinaus: Seine absolute Gegnerschaft zum System – zum *They* – ist vor allem eine ungewollte, eine Position der unfreiwilligen Bedrängtheit. Er wird belästigt.

Das *they,* mit dem Sargon die EU, Multikulturalismus, den Islam in Europa, Feminismus und Medienmainstream meint, kreiert nicht nur ein Feindbild, sondern ein komplexes Psychogramm: *They* ist eine pathologische Krake, ein übergriffiges Regime, das *aus eigener Unfähigkeit* die Möglichkeiten der Fähigen beschneiden muss. Der ›Mainstream‹ verfolgt Sargon persönlich wie ein Vampir, der die ›im Geiste freien‹ Bürger*innen aussaugt. Aus eigener Angst heraus produziert er Repressionen. Eine moralische Zwangshandlung: ›Weil ich selbst unfrei bin, unterdrücke ich zwanghaft jene, die

60 Video: Bull Brand. »Sargon of Akkad - FULL SPEECH Day for Freedom«. *Youtube.com.* 20.05.2018. https://www.youtube.com/watch?v=Ky3HrZ_U-sY. Zuletzt gesehen am 05.01.2021.

61 Cas Mudde. *The Ideology of the Extreme Right.* Manchester UP 2000. S. 13ff.

Freiheit haben wollen; ich toleriere keine Abweichung, keine Differenz, weil ich sie mir selbst nicht erlaube.‹[62] Sargon möchte nur in Ruhe gelassen werden von dieser Tyrannei der Intoleranten. Damit beginnt seine Rede: »Freedom means nothing if it does not include the freedom to be left alone.«

Zur Demonstration *Day For Freedom*, eine der größten rechten Veranstaltungen in England der letzten 30 Jahre, wurde an anderer Stelle einiges gesagt.[63] Markant ist, dass 2018 YouTube-Influencer wie Sargon mit dem politischen Rechtspopulismus (Gerard Batten, *UKIP*) und rechtsextrem-neofaschistischen Akteuren (Tommy Robinson, Ex-*English Defense League*) in noch nicht da gewesener Form koalierten, um gemeinsam ›für Meinungsfreiheit‹ aufzutreten. Diese internationale und intermediale Verschaltung von Nationalist*innen ist mittlerweile eine gängige Strategie rechter Gegenöffentlichkeiten. Mir kommt es auf eine andere Nuance an, die sich im Redebeitrag des Influencers Sargon ausdrückt:

Das Recht, allein gelassen zu werden.

Ein Kennzeichen des reflexiven Faschismus ist, dass er sich selbst als Antifaschismus und Machtkritik empfindet. Sein gefühlter Gegner ist nicht die dämlich-tolerante Gutmenschin, sondern deren Wiederkehr als repressive *feminazi*, als diktatorische Sprachpolizei, als unverstellt zensorisches und diskriminierendes System. Ein attraktiver Einstieg in die Alternative Rechte liegt in diesem Eindruck des Übergriffigen, des Bedrängt-werdens. In den Augen der Rechten sind tatsächlich ›wir‹ die Nazis und Totalitären,[64] denen man keinen Fußbreit Freiheit überlassen darf, denn wir lassen sie nicht in Ruhe. Wenn irgendjemand die freiheitlich-demokratische Ordnung an allen Stellen angreift, dann doch wohl jene, die ›dein Leben zu ihrem politischen Projekt machen wollen‹, wie Sargon sagt. Entsprechend lautete seine Frage an die 10.000 Demonstrierenden in London:

---

62 Das ist eine privatisierte Wiederholung der ehemaligen Bush-Doktrin, die zur Legitimation diverser Kriege nach 9/11 mitgeführt wurde: »They hate us for our freedoms« sagte George W. Bush am 20. September 2001 im US-amerikanischen Kongress.

63 Simon Strick. »Alt-Right Masculinities and Shareable Affect«. In: Gabriele Dietze, Julia Roth (Hg). *Rightwing Populism and Gender*. transcript 2020. S. 207–230.

64 *Die Welt* immerhin war es, die im Juni 2020 – einem Trump-Tweet und den langjährigen Verdrehungen der rechten Szene folgend – den Antifaschismus als »neuen Faschismus« diagnostizierte. Siehe: Henryk M. Broder. »Die ›Antifa‹ ist eine Mogelpackung«. *Welt.de*. 08.06.2020. https://www.welt.de/debatte/kommentare/plus209152069/Proteste-in-den-USA-Die-Antifa-ist-eine-Mogelpackung.html. Zuletzt gesehen am 05.01.2021.

How much will you concede to these tyrants?

In den USA ist die Denkfigur des politischen Gegners *als Tyrann* gegen das Individuum eine allgemein verfügbare Nationalmythologie: »We will use all the tools in our arsenal to fight the tyranny of these totalitarian ideologies that have been visited upon us«, so schrieb der rechte Medienmogul Andrew Breitbart 2011, um den Medienkrieg auszurufen.[65] Die US-amerikanische Anti-Tyrannei hängt sich, wenn nicht an *free speech*, gerne am *2nd Amendment*, dem Recht zur bewaffneten Selbstverteidigung (auch gegen den Staat) und der *Big Government*-Skepsis der Gründungsväter auf. Nur *true Americans* hätten aus privater Freiheitsliebe die britische Kolonialherrschaft abgeworfen, nur sie hätten den Nationalsozialismus bekämpft. Der Ursprungsmythos der USA ist der einer postkolonialen Nation,[66] deren größte Waffe der Individualismus ist und die überall im Geist der *frontier* private Freiheiten gegen staatliche Einmischung verteidigen muss, solange das Subjekt weiß und männlich ist: *Don't tread on me*, so steht es auf der Flagge,[67] die die Alternative Rechte aus dem antikolonialen Kampf von 1776 adaptiert hat. Trumps andauernde Kampagnen-Rallys ließen diesen *spirit of 1776* neu aufleben; seine Tweets beschworen immer wieder den Mythos vom überbordenden Regulationsstaat und indoktrinierenden Medien, welche samt und sonders das singuläre (weiße) amerikanische Subjekt verfolgen: »They're not

65 Breitbarts Buch *Righteous Indignation* von 2011 ist *in nuce* die medienpolitische und informationstechische Bauanleitung für das rechte Medienklima, das heute im Internet vorherrscht. Zitat auf S. 485.

66 Frank Kelleter beschreibt die uramerikanische Konstellation als ›antikolonialen Kolonialismus‹: »Hegemoronic Vistas: The Pseudo-Gramscian Right from the Powell Memo to ›The Flight 93 Election‹«. In: Liam Kennedy (Hg). *Trump's America: Political Culture and National Identity*. Edinburgh UP 2020. S. 31 – 56.

67 Die sogenannte ›Gadsden Flag‹ zeigt eine Klapperschlange auf gelbem Grund, mit der Aufschrift *Don't tread on me*. Die Schlange war ein prominentes Symbol der amerikanischen Kolonien im Kampf gegen britische Kontrolle und wurde von Benjamin Franklin so beschrieben: »She never begins an attack, nor, when once engaged, ever surrenders: She is therefore an emblem of magnanimity and true courage. […] she never wounds till she has generously given notice, even to her enemy, and cautioned him against the danger of stepping on her.« An American Guesser. »The Rattlesnake as a Symbol of America«. *Pennsylvania Journal*. 27.12.1775. https://web.archive.org/web/20000815233248/www.fi.edu/qa99/musing3/. Zuletzt gesehen am 05.01.2021.

after me, they're after you« twitterte der Präsident am 18. Dezember 2019 im *speaking truth to power*-Modus (Abb. 90).[68]

In Deutschland behilft sich die Alternative Rechte gerne mit dem DDR-Vergleich, um das Individuum gegen eine gesichtslose Macht in Stellung zu bringen: Norbert Bolz sprach bei der AfD-nahen Desiderius-Erasmus-Stiftung über den »späten Sieg der DDR«[69] und meinte *political correctness*. In

68 Trump sendet diesen Tweet einen Tag nach seinem denkwürdigen Brief an die Vorsitzende der *Democratic Party* Nancy Pelosi. Das Schreiben, in dem Trump das angestrebte Amtsenthebungsverfahren gegen ihn als schlimmer als die »Salem witch trials« beschrieb, wurde vor allem als Nachricht an Trumps *Voter Base* verstanden. Einen Tag später verabschieden die Demokraten (House) knapp das *Impeachment*. Trump twittert ein Bild von sich, in schwarz-weiß, wie aus *Apprentice*-Tagen zeigt er mit einem Lächeln in die Kamera, breitbeinig sitzend, vornübergebeugt, sein Zeigefinger deutet auf uns, die Betrachter. Bildunterschrift dieses Memes: »They are not after me, they are after you. I'm just in the way«. Auf Instagram, wo Trump das gleiche Bild verbreitet, schreibt Nutzer*in *georgierocks_*: »In a little less than one year from now, either Trump wins reelection or America burns to the ground, and every liberal democrat in the congress/senate, their families and loser supporters and every single corrupt/criminal fake news media (CNN, MSNBC, ABC, CBS, SKY NEWS, BLOOMBERG, ALJAZEERA, THE VIEW) on air personalities and reporters will have a target on their backs! That's not a threat, that's a promise! This is no longer a political matter, this is a criminal coup attempt that has now become very personal to 70+ million very angry hard working, honest, middle class Trump Voters and supporters... It is now time to totally destroy the corrupt, evil, racist, no talent, welfare mooching, deep state, communist democrat party and purge every single corrupt, evil, lying, criminal liberal democrat parasite from the congress the senate and America at all cost, under any means necessary ASAP!!! There is no going back, the damage has been done! There is no way the corrupt, evil, lying communist DNC & the GOP can co exist in America ever again. No way! Attention all 70+ million Trump voters and supporters, If you own a gun, clean it & load it, if you don't, buy one & learn how to use it. Those without guilt cannot be shamed... These people are pure evil! Let the civil war begin... We can't let France & Hong Kong have all the fun! You can't bite the hand that feeds and expect to keep getting fed... Ideals are peaceful, history is violent!!! #Trump2020 #MAGA2020 #Whitelash2020 #Ingloriousbasterds«. Diese Nutzer*in hat Recht behalten: Am 6. Januar stürmen hunderte Menschen das Washingtoner *Capitol*. Dort erschiessen sie zwar keine prominenten Demokrat*innen, erbeuten aber siegreiche Selfie-Fotos aus dem Senatssaal und werden so wahrscheinlich den fortlaufenden *Meme War* – den Kampf um die besten Bilder und Affekte – gewinnen. Der Sturm auf das Kapitol war nicht nur koordiniert und geplant – er (und alles was noch folgen wird) wurde in Tweets, Posts und Nachrichten wie dieser herbeibegehrt.

69 Desiderius-Erasmus-Stiftung. »Norbert Bolz | ›Der späte Sieg der DDR‹«. *Youtube.com*. 17.06.2019. https://www.youtube.com/watch?v=3A-vO8G3V4s. Zuletzt gesehen am 05.01.2021.

Abb. 90

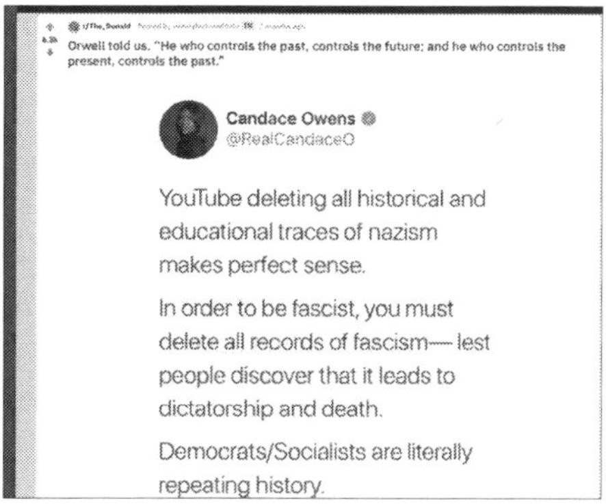

Abb. 91

Abb. 92

Abb. 93

Ostdeutschland plakatierte die AfD zur Europawahl 2019 die Sprüche »Werde Bürgerrechtler« und »Vollende die Wende«, und sprach damit potenzielle Wähler*innen als Freiheitkämpfer*innen gegen die gefühlte »Merkel-Diktatur« an. Die Losungen der Alternativen Rechten greifen Formeln der Freiheitlichkeit, der Differenz und radikaler Toleranz auf, um ihre politischen Verkürzungen zu organisieren und die Gegner zu den ›wahren Freiheitsfeinden‹ zu machen. Findet man in der heutigen Medienlandschaft Zitate von Rosa Luxemburg – *Freiheit ist immer die Freiheit des Andersdenkenden* – und George Orwell, so ist die Wahrscheinlichkeit hoch, einen irgendwie rechtsfühlenden Kanal entdeckt zu haben, der sein Ressentiment als *free speech* in Ruhe gelassen sehen will.

Was aus dieser Verdrehungslogik folgt, ist eine Schub- und Schuldumkehr: Heute seien die *Democrats*, die Grünen, die Antifa, die Gender Studies, die Identitätspolitik, *MeToo* und *Black Lives Matter* die ›wahren Unterdrücker*innen‹, da sie Rassismus und Sexismus überhaupt als Sache der Allgemeinheit thematisierten.[70] Deshalb antwortet man: *All Lives Matter, #JedesLebenZählt*, oder *#NotAllMen*, denn man will nicht von diesen spezifischen Kritiken *berührt* sein. Ist man es ›ungewollt‹ doch, wie Sargon of Akkad, ist die Rede vom anti-weißen Rassismus, dem Sexismus gegen Männer, oder die Schmähung des Gegners als *the real fascists* nicht weit. Emanzipationsbewegungen und Gewaltkritik werden zu Unterdrückungen umgemünzt: Feminismus sei kein Rechte-Unternehmen, sondern vor allem ein Zwangssystem zur Belagerung und Unterdrückung der Männer. Identitätspolitik sei ein Instrument zur Beschränkung der freiheitlich und egalitär Denkenden. Zensur rechtsextremer Inhalte im Netz sei »History Repeating« (Abb. 91). Die zeitweilige Sperrung des Films *Vom Winde verweht* durch HBO komme den Bücherverbrennungen der Nazis gleich.

Gerne kursieren im US-amerikanischen Raum solche Oberflächen-Checkboxen, in denen zum Beispiel der Feminismus der dritten Welle (Abb. 92) oder auch Bernie Sanders (Abb. 93) mit dem Nationalsozialismus gleichgesetzt werden.[71] Allein der Vergleich bietet den *affektiven Beweis*, dass mit

70 Ein altes Motiv: Linda Williams. *Playing the race card: Melodramas of black and white from Uncle Tom to OJ Simpson.* Princeton University Press 2002.

71 Zahllose Diskussionen zur typisch amerikanischen Frage, ob der Nationalsozialismus nicht ein ›Sozialismus‹ war, und daher alles ›Linke‹ abzulehnen sei, kann man sich in den einschlägigen Internetforen durchlesen.

Judith Butler nun totalitäre Faschist*innen am Werk seien. Je verknappter die politische Sphäre dargestellt werden kann – wie hier durch den ›Nazivergleich‹ – desto besser lässt sich die eigene Position als bedrohte Freiheitlichkeit empfinden, die sich im Selbstverteidigungsmodus befindet.

The left made me do it. I swear![72]

Die Alternative Rechte bewohnt also die gefühlte Position des *privaten Antitotalitarismus*, die eine Unzahl von Projekten des Zusammenlebens als diktatorisches *infringement* empfindet. Noch hinter dem Attest einer globalen Verfolgung des ›weißen Manns‹ (siehe Norbert Bolz) scheint der fundamentale Wunsch nach Einsamkeit auf, denn man meint ja vor allem sich selbst. Hier finden sich große Überschneidungen mit der klassisch bürgerlichen Haltung zum Politischen: mein Leben hier, die Politik bitte da drüben. Berührungspunkte sollen in homöopathischen Dosen stattfinden. In der Tat liegt hier ein fundamentales Problem, auf das die Alternative Rechte antwortet: Aus feministischer Sicht oder in den Perspektiven der postkolonialen Kritik gibt es kein *nicht-politisches* Wissen, keinen Platz der Einsamkeit jenseits politischer Verfasstheit durch Machtstrukturen. Dieses Denken von fundamentalen Abhängigkeiten – oder *Relationen* – ist für viele ungewohnt.

Die Differenz zwischen bürgerlichem Ruhebedürfnis und neurechter Erhitzung liegt im Aktionismus: Im Gegensatz zum bürgerlichen Lager, das auf die tröpfchenweise Akzeptanz von Emanzipationsbelangen setzt, hat die Alternative Rechte die feministische Herausforderung ›Das Private ist politisch‹ rückhaltlos angenommen. Für sie sind die Kleinstscharmützel und mikrologischen Reibungspunkte essenziell, an denen sich die eigene Ruhestörung darstellen lässt, ausgelöst von totalitären Invasor*innen: sei es die Entfernung des N-Worts in *Pipi Langstrumpf* (Meine Kindheit!), die Einbindung von Figuren of Color in Mittelalter-Simulationen oder TV-Serien (Meine Unterhaltung!), die drohende Präsenz von Trans*Frauen auf der Toilette (Meine Privatsphäre/Biologie!), die vermeintliche Überpräsenz immigrationsfreundlicher und/oder rassismuskritischer Berichterstattung (Meine Presseneutralität!) und so weiter.

Die Alternative Rechte führt einen Kampf gegen die Ausweitung des Politischen, indem sie das Politische *selbst ausweitet*, radikalisiert und die Möglichkeiten in diesem Feld verknappt. Insbesondere Influencer*innen in den sozialen Medien bekommen hier ihre zentrale metapolitische Rolle: Sie können den Kern der authentischen Privatperson, die *in die Politisierung ge-*

72 So schreibt Andrew Breitbart in *Righteous Indignation*.

zwungen wurde, als Performance am besten aufrechterhalten. Als Sargon im Jahr 2019, mittlerweile Abgesandter der Brexit-Partei *UKIP*, in Brüssel gegen neue Upload-Gesetze demonstriert,[73] witzelt er für sein angestammtes YouTube-Publikum, das ihm seit 2011 beim Videospielen zuschaute: »We just wanted to play videogames.«

Vom Zocken zu Hause zum Antifeminismus zur EU-Gegnerschaft zum Nationalismus – solche Narrative sind für die Alternative Rechte zentral und von der Extremismusforschung so gut wie unbeachtet. Die biographischen Wege vom Konsum in die Politisierung werden am besten von Influencer*innen und Prosument*innen verkörpert: Sie haben aus ihren Kauf-, Lifestyle- und Diskurs-Entscheidungen lukrative Geschäftsmodelle und Online-Brands gefertigt. Sie polarisieren und schaffen sich so Marktvorteile und Markendifferenzierung.

Sargon selbst bezeichnet seine politische Position (wie viele Rechtsfühlende) als *classical liberalism*, und meint damit die Figur des einsamen Freiheitsdenkers, dem jede Form von verbindlicher Vergesellschaftung eigentlich zu viel ist. Georg Seeßlen und Markus Metz ordnen den Rechtspopulismus daher richtigerweise als »soziale (und natürlich zugleich *antisoziale*) Bewegung«[74] ein – das zentrale Affektmuster steht in der Klammer. Dass diese Antisozialität nun primär auf den sozialen Medien zur Entfaltung kommt, ist kein Paradox, sondern die fundamentale Crux des Rechtsrucks *und* des digitalen Raums.

Hier liegt die *Beta-Seele* der Alternativen Rechten, die in der verlorenen Einsamkeit lange ihren gefühlten Anti-Totalitarismus beibehalten kann: Ich wollte nur Videospiele spielen, ich wollte nur in Ruhe Marvel-Filme schauen, nur eine Frau mit einem coolen Spruch ansprechen, nur einen Judenwitz machen, nur in meinem Forum kommunizieren und so weiter. *Aber sie lassen mich nicht in Ruhe.* Neuralgische Punkte rechter Metapolitik sind nicht allein Register der Fremdenfeindlichkeit, sondern scheinbar alltägliche Fragen: Wo kann ich lachen? Was darf ich sagen? Was kann ich kaufen? Warum muss ich Mundschutz tragen oder nur diesem einen Virologen zuhören? Warum sind

---

73 ›Artikel 13‹ war eine von der internationalen Rechten stark kritisierte/bespielte Entscheidung für ›mehr Zensur‹ im Netz. Eine gute Aufstellung der Netz-Reaktionen auf *knowyourmeme.com*. https://knowyourmeme.com/memes/events/eu-copyright-directive-article-13. Zuletzt gesehen am 05.01.2021.

74 Markus Metz, Georg Seeßlen. *Der Rechtsruck: Skizzen zu einer Theorie des politischen Kulturwandels*. Bertz und Fischer 2018. S. 12.

Queers/PoC/Menschen mit Behinderung plötzlich in meiner Lieblingsserie? Warum sind in diesem Videospiel Schwarze Figuren? Warum gibt es eine EU-Richtlinie für Uploads und warum muss sich das Vereinigte Königreich (also *ich*) danach richten? Die Anknüpfungspunkte sind zahllos und überall dort zu finden, wo das Politische im Privaten *spürbar* gemacht werden kann.

In Sargons Ansprache am *Day For Freedom*, die sich am Stil der großen Freiheitsreden des 20. Jahrhunderts versucht, wird die Sehnsucht nach Einsamkeit deutlich. Es gibt ein nicht zu unterschätzendes Verlangen der Rechten, ›normal‹ zu sein, was als Zustand jenseits des Politischen verstanden wird. Hier liegt die Grundmotivation, warum Weiße und Männer die Hauptbezugsgruppe stellen: Das Unmarkierte und von Kontroversen Unberührte, das diesen Positionen angehört, ist das wesentlich zu Verteidigende – *politische Jungfräulichkeit*. »Zwischen Polarisierung und politischer Unberührtheit«[75] bezeichnen die Autor*innen der Studie *Pegida-Effekte?* diese Position. Ein Zustand der Jungfräulichkeit, der – immer schon verletzt – nahtlos in die Rhetorik der Gefährdung übergeht.

Auf dieser performativen Folie sprach Sargon of Akkad in London zu 10.000 Menschen. Nicht die pathosgeladenen Agitationsgesten Hitlers sah man hier,[76] sondern die Performance eines Nerds, der *nolens volens* durch eine ›Diktatur gegen ihn‹ aus dem Wohnzimmer auf die Rednerbühne getrieben wurde. Er macht einen Witz darüber: »I mean, seeing the size of this crowd I am terrified.« Sargon of Akkad ist und bleibt nur ›gelernter YouTuber‹, der Videos und Vlogs für ein Zielpublikum produziert: 2011 waren es Videospiele mit Kommentar, dann wurde er zum prominenten Antifeministen, dann zum *British Liberal*, zum Nationalisten, und schließlich beinahe zum rechten *UKIP*-Politiker in seinem Wahlbezirk. Seine überaus populäre Marke – eine Million Subscribers – war dabei immer die gleiche:

---

75 Julian Schenke (et al.). *Pegida-Effekte? Jugend zwischen Polarisierung und politischer Unberührtheit.* transcript 2018.

76 Das allgemeine Verständnis rechter Redner richtet sich noch immer nach Hitlers Positurstudien aus, nach Pathos, Beschwörung, dem Aufbau des ideologischen Moments, der Kanalisierung eines ›Rassen-‹ oder Nationalgefühls. Sargon und andere Protagonist*innen sind aber Influencer, die aus ihrem Lebensstil heraus Dinge gut finden und andere schlecht, Witze machen, oder eben dies kaufen, jenes schlecht finden. Sie sind Konsumenten, die ihr Konsumptionsverhalten verkörpern und von dieser Verkörperung aus sprechen. Das ist keine agitatorische Überwältigung, sondern bietet Orientierungshilfen im Warenhaus der Meinungen.

I am just a dude making videos in my home. THEY forced me to do this.[77]
Weiße und/oder männliche Gefährdung und Bedrängung sind so am leichtesten und attraktivsten artikulieren: durch den bloßen Umstand, den Status des ›Unpolitischen‹ verlassen haben zu müssen. Sei es durch das plötzliche Auftauchen von ›politisierten‹ Menschen oder durch die Adressierung als politisch-eingefasstes Subjekt in Gestalt einer Sexismuskritik. Ich glaube, die radikale Erkenntnis, die Nerds wie *Sargon of Akkad* gemacht haben – sie besetzen als Weiße, als Heterosexuelle und/oder als Männer spezifische Positionen innerhalb sozialer Gefüge, Marktzusammenhänge und Machtsysteme – diese Erkenntnis steht sehr vielen Menschen in sehr vielen Situationen noch bevor. Wie die Rechten darauf reagieren, ist jeden Tag sichtbar. Aber wie bislang ruhige Mehrheiten darauf reagieren werden, dass zum Beispiel Deutschsein durch eine Fülle von Differenzachsen neugedacht und diskutiert werden muss,[78] oder dass *Vom Winde verweht* mit Anmerkungen zur rassistischen Geschichte der USA versehen werden sollte, oder dass viele Menschen von der Erzähltrope ›Mann rettet Frau‹ oder der Frage ›Wo kommst du denn her?‹ genervt sind, oder vielerlei mehr – wie Mehrheiten auf solche Erschütterungen – oder einfach: *Thematisierungen* – von Machtverhältnissen reagieren werden, ist bei den gegenwärtigen Wetterlagen nicht sicher.

Das Private ist politisch: aus dieser urfeministischen Erkenntnis hat der reflexive Faschismus eine apokalyptische Vision des mörderischen Dauerkrieges um das eigene ›Ich‹ gemacht. *They want your identity.* Das ist eine universale und zugleich völlig amorphe Bedrohung. Der Massenmörder von Christchurch schrieb das hier in seinem Manifest: »There is no pleasant meadow in which you can lay down your weary body, rest your head and wait for it all to blow over.« Dieses Gefühl allein reicht vielen zur rechten Politisierung und Radikalisierung.

Es gibt keine ruhige Wiese.

---

77 Der *Shooter* von Christchurch schreibt in seinem Manifest *The Great Replacement*: »Something that had been a part of my life for as long as I could remember, cynicism in the face of attacks on the West by islamic invaders, was suddenly no longer there. [...] I could no longer ignore the attacks. They were attacks on my people, attacks on my culture, attacks on my faith and attacks on my soul.« Rechtsterrorismus als Überwindung von Einsamkeit und vermeintlicher Duldsamkeit.

78 Fatima El-Tayeb. *Undeutsch: die Konstruktion des Anderen in der postmigrantischen Gesellschaft.* transcript 2016.

5. #GamerGate

Abb. 94

27. August 2014[79] Es lohnt sich also, die Professionalisierungs- und Radikalisierungswege von rechten YouTube-Influencer*innen und Nerds wie Sargon of Akkad genauer anzusehen (Abb. 94). Die Karrieren dieser Meinungsproduzent*innen erreichen teilweise Millionenpublikum und übernehmen faktisch die Funktion antagonistischer Massenmedien.[80] Ihre Karrierewege erhellen mehrere Zusammenhänge.

Zum einen zeigt die Studie *Alternative Influence Network* von Rebecca Lewis per Datenanalyse, dass der ›gemäßigte Rechte‹ Sargon zwischen 2016 und 2018 einer der wichtigsten Kanäle war, auf dem Ethnonationalisten (Richard Spencer, Millenial Woes), politische YouTuber (Steven Crowder, Paul Joseph Watson), konservative Kommentatoren (Ben Shapiro, Dennis Prager) und Neofaschisten (Styxhexenhammer666, Marc Collett) zueinander gefunden haben. [81] YouTube stellte der englischsprachigen *Alt-Right* in dieser Zeit die zentrale Plattform bereit, um ihre ›alternativen Meinungen‹ per Vlog zu verbreiten. Das Videoportal verfügte, wie Lewis schreibt, über eine dezidiert rechte Meinungshegemonie. Sargons Kanal, der mit sarkastischen Medienrundschauen und Live-Diskussionen zu Themen wie ›Nationalism Pros and Cons‹ niedrigschwellige Angebote lieferte,[82] bot einen leichten Einstieg in das rechte Mikroklima der Plattform.

---

79 Am 27.08.2014 twitterte der Schauspieler Adam Baldwin einen Link zu Videos von *Internet Aristocrat* mit dem Hashtag *#GamerGate*. »In the first week, the hashtag was tweeted over 244,000 times. By November, the hashtag had been tweeted just over 1.8 million times in the prior month, with an average of 50,000 tweets per day«. https://knowyourmeme.com/memes/events/gamergate. Zuletzt gesehen am 05.01.2021.

80 Andrew Breitbart hat diese Entwicklung vorgezeichnet, und den Krieg von Online-Medien gegen klassische Medien als Kampf von Rechts gegen Links codiert. Hier spricht er über einen Pionier rechter Gegeninformation, den sogenannten *Drudge Report*, der ab 1995 rechte Newsmeldungen versendete: »Matt Drudge and the Drudge Report were met with relentless attacks from the mainstream media class and the political left during the Clinton years—not because Matt was an aggregator of news stories or a conservative muckraker, but because he created a new front in the long-standing culture war—the Internet. History will look upon Matt Drudge as the Internet's true media visionary. Millions of so-called bloggers write, report, upload their stories online, and influence the national and international political landscape because of the advent of the very liberating and democratic World Wide Web.« Breitbart. *Righteous Indignation*. S. 13.

81 Rebecca Lewis. *Alternative Influence*. Data & Society Report (2018).

82 Solche Debattensendungen, meist mit mehreren Beteiligten, sind seit der Möglichkeit zum Live-Stream auf Youtube, immer mehr zum Primärgeschäft politischer Influencer geworden. In der Internetsprache firmieren diese Debatten oftmals als ›Internet

Dieses Klima war ablesbar, wenn man Anfang 2019 den Begriff ›Feminism‹ in die Suchleiste von YouTube eingab: Die ersten 20 vorgeschlagenen Videos waren dezidiert anti-feministisch und trugen Namen wie ›Feminist Fails #12‹, ›Why Do People Hate Feminism‹, oder ›Feminism vs FACTS‹ (Abb. 95). Zu Beginn 2019 änderte YouTube seine Empfehlungsalgorithmen und Zensurpolitik zu *hate speech* – nun erhält man TED-Talks zu *female empowerment* als erste Vorschläge. Viele nun gesperrte oder ›algorithmisch marginalisierte‹ rechte Meinungsproduzent*innen haben das mit Empörung thematisiert oder sind auf Alternativportale wie BitChute ausgewichen. Mitte 2020 gibt es einer Reihe solcher Ausweichplattformen, zum Beispiel *d-live* oder in Deutschland das eindeutig rechtsdominierte *Dein.Tube*.[83]

Die Analyse des Binnenklimas auf YouTube zwischen 2014 und 2018 ist für das Verständnis des reflexiven Faschismus wichtig, denn es eröffnet andere genealogische Zugänge zum gegenwärtigen Rechtsruck. Eine zentrale Traditionslinie der Alternativen Rechten liegt in der jüngeren Internet- und Plattformgeschichte selbst, und dem, was Adrienne Massanari als ›toxische Technokulturen‹ bezeichnet: »toxic technocultures [...] are indelibly linked to kinds of technology that enable networked publics to connect around an issue or affective moment«.[84] Angelpunkt dieser Online-Geschichte ist das

---

Bloodsports‹: der vermeintliche Streit für oder gegen Nationalismus ist ein Sport-Event. Siehe dazu auch Screenshot 8.

83 Gleiche ›Migrationsgeschichten‹, die auf Zensurmaßnahmen reagieren, lassen sich für Twitter (Wechsel zu *gab.ai*), oder Reddit (Wechsel zu *voat.co*, *poal.co*) erzählen. Das Muster ist immer gleich: Durch Verdrängung von einer Plattform wird das Publikum der Alternativen Rechten zwar kleiner. Gleichzeitig aber geschieht zweierlei: Auf zensurfeindlichen Plattformen wie *voat.co* radikalisieren sich die Positionen, da das Radikalisierungsangebot sich weiter ausdifferenziert; zweitens findet die Alternative Rechte immer neue Formen der Provokation oder Verstellung, um auf die Mainstream-Plattformen zurückzukehren. Youtube passt seinen Algorithmus ständig den sich verändernden Rhetoriken der Rechten an, und ändert auch seine eigenen Zugänge zu ›Feminismus‹. Anfang Juni 2020 erreicht man per Eingabe ›Feminism‹ auf meinem Rechner zuerst 5 pro-mainstream-feminismus TED-Talks, danach wird eine Reihe der ›Factual Feminist‹-Videos angezeigt, die die amerikanische Nationalistin und *Alt-Right*-Ikone Christina Hoff Summers produziert; in diesen präsentiert sie einen antifeministischen Feminismus.

84 Adrienne Massanari. »#Gamergate and The Fappening: How Reddit's algorithm, governance, and culture support toxic technocultures.« *New Media & Society* 19 (2018). S. 329 –346.

Abb. 95

sogenannte *GamerGate*-Ereignis, das verschiedentlich bereits als Zündungsmoment der digitalen Rechten besprochen wurde und auch im deutschen Kontext Folgen hatte.[85] Ich beschränke mich auf eine selektive Lektüre dieses ersten Kulturkampfes des Internets.

Um 2010 wurde die noch junge Plattform YouTube von Videospieler*innen dominiert, die sich in sogenannten *Let's Play*-Videos selbst beim Zocken zeigten. Meist männliche Spiele-Nerds bildeten eine enge Gemeinschaft mit eigenen Genres und Sprachregeln, internen Konflikten, Dramen und Celebrities. Diese *pleasant meadow* einer konsumistischen Subkultur, die auch

85 Neben Angela Nagle haben dies bereits *in extenso* getan: Matt Lees. »What Gamergate should have taught us about the alt-right.« *The Guardian*. 1.12.2016. https://www.theguardian.com/technology/2016/dec/01/gamergate- alt-right-hate-trump. Torill Elvira Mortensen. »Anger, fear, and games: The long event of #GamerGate.« *Games and Culture* 13.8 (2018). S. 787–806. Yannik Hertel, »Go Right: GamerGate und AfD«, https://videogametourism.at/content/go-right-gamergate-und-afd. Zuletzt gesehen am 05.01.2021.

ein breites Spektrum an Männlichkeitsperformances erlaubte,[86] sah sich durch ein mediales Ereignis jäh gestört.[87]

Im Jahr 2013 stellte die Kommunikationswissenschaftlerin Anita Sarkeesian, eine damals 30-jährige armenische Kanadierin, mehrere analytische Videobeiträge (benannt »Tropes vs. Women«) zur sexistischen Repräsentation in Computerspielen auf YouTube bereit. Ihr simples Edutainment-Angebot bestand darin, einen Basis-Feminismus anhand von Spielen zu erläutern: Wenn *Super Mario* im gleichnamigen Spiel die Prinzessin *Peach* rettet, dann ist das eine Aktualisierung der sexistischen Trope der *damsel in distress*. Frauen sind passive Objekte, die durch aktive Männlichkeiten – die die Nutzer*in steuern kann – gerettet werden müssen. Sarkeesian exerzierte dieses und ähnliche Basisargumente feministischer Medienkritik an dutzenden Computerspielen durch – mit durchaus interessanten Ergebnissen, die sie allgemein verständlich vermitteln wollte.

Digital Literacy.

Binnen weniger Tage begannen Teile der Gamer-Community sich gegen diese sogenannte ›Politisierung‹ ihrer Passion zu wehren. Die Gamer verstanden die Analyse dahingehend, dass Sarkeesian sie als ›patriarchale Unterdrücker‹ kritisiere. Sie fühlten sich persönlich angegriffen und attackierten daher Sarkeesian selbst, sowie andere prominente Frauen, Queers und People of Color der Online-Szene. Doxing-Attacken, Vergewaltigungsdrohungen, versuchte Bombenattentate und etliche andere Formen von *harassment* folgten. In teilweise koordinierten Online-Aktionen wurden einzelne Frauen aus Spieleindustrie und -journalismus belästigt und bedroht. Eine Unzahl von Memes, Hasspost, antifeministischen und rassistischen Tiraden ergoss sich über die Internetsphäre. Zahlreiche Opfer dieser Kampagne verließen daraufhin YouTube und die Subkultur bzw. Industrie ›Computerspiel‹. Eine

86 Vom *AngryVideoGameNerd*, bis philosophierenden *1st Person Shooters* war vieles möglich. Auch viele Queers und PoC waren Teil der Szene, die z.B. in der *esports*-Szene eine für Sportbetriebe vergleichsweise hohe Akzeptanz von Transmenschen verzeichnete. Vgl. die Geschichte der Starcraft-Spielerin »Scarlett«: Will Partin, »Scarlett's ›StarCraft II‹ Victory Was An Important Moment For Many Reasons«. *Variety*. 9.02.2018. https://variety.com/2018/gaming/features/scarlett-starcraft-ii-victory-importance-1202873232/. Zuletzt gesehen am 05.01.2021.

87 Zur genauen Chronik der Ereignisse vgl. die ausführliche »Timeline of Gamergate« auf *rationalwiki.com/wiki/timeline_of_gamergate/*. Zuletzt gesehen am 05.01.2021.

vorher vielfältige *nerd culture* versteifte sich auf eine Gamer-Identität,[88] die nun als exklusiv cis-männlich, weiß, heterosexuell und adoleszent gedacht werden sollte, um sich aktiv gegen ihre ›plötzliche Politisierung‹ zu verteidigen (Abb. 96).

GamerGate zeichnete den heutigen Gefühls- und Rhetorikmodus rechtsextremer Agitation auf YouTube und anderen sozialen Medien vor. Große Teile der Gamer-Gemeinschaft verstanden sich selbst als *digital natives*: als angestammte, kulturelle Minderheit der Autochthonen des Internets, die von einer feindlichen Übermacht aus Feminist*innen und sogenannten *social justice warriors* (SJW), und in der Folge von den Großmedien des Fernsehens und des Journalismus marginalisiert und kolonisiert wurden.[89] Aus ihrer Sicht griff ein universitär und konzerngestützter Feminismus denunzierend in ihre friedliche Parallelwelt aus Militärshootern, *Super Mario Land* und Mittelalter-Simulationen ein. Eine Verteidigung des Territoriums schien notwendig – der Verlust einer großen Vielfalt (zum Beispiel der *queer gaming community*) wurde nicht nur in Kauf genommen, sondern aktiv und radikal verfolgt.

GamerGate wiederholte in gewisser Weise die internen Kämpfe um Deutungshoheit, die sich in den technikaffinen Männerwelten des *Silicon Valley* seit den frühen 1970er Jahren abspielten.[90] Von sexistischen Unternehmenskulturen (zum Beispiel bei Spielepionier *Atari*)[91] bis zu der durchaus brutalen Marginalisierung von Hackerinnen und Programmiererinnen seit den 1990er Jahren,[92] konnten antifeministische Spiele-Nerds auf eine

88 Siehe dazu: Leigh Alexander. »Gamers don't have to be your audience. ›Gamers‹ are over.« *Gamasutra*. 28.08.2014. https://www.gamasutra.com/view/news/224400/Gamers_dont_have_to_be_your_audience_Gamers_are_over.php. Zuletzt gesehen am 05.01.2021.

89 Auch hier begann eine ›postkoloniale‹ Selbsterzählung der Alternativen Rechten.

90 Und auch vorher: Mar Hicks. *Programmed inequality: How Britain discarded women technologists and lost its edge in computing*. MIT Press 2017.

91 Megan Farokhmanesh. »#NotNolan: why game creators are speaking out against the founder of Atari«. *Theverge.com*. 30.01.2018. https://www.theverge.com/2018/1/30/16952294/nolan-bushnell-gdc-pioneer-award-2018. Zuletzt gesehen am 05.01.2021.

92 Kathy Sierra. »Why the Trolls Will Always Win«. *Wired.com*. 10.08.2014. https://www.wired.com/2014/10/trolls-will-always-win/. Zuletzt gesehen am 05.01.2021.

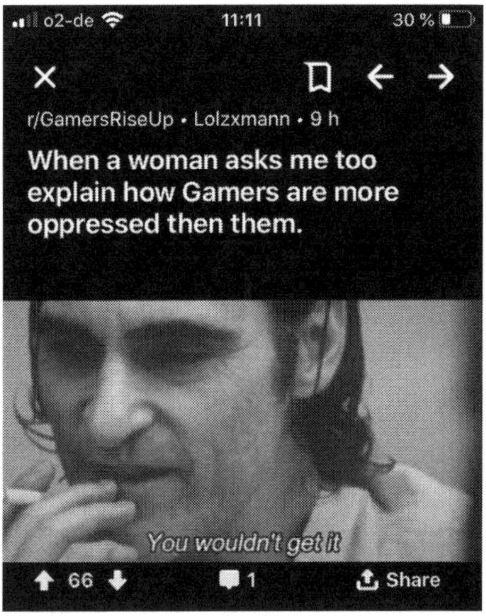

Abb. 96

reiche Geschichte des *white male tech* und entsprechende Auseinandersetzungen zurückgreifen.[93] *GamerGate* hob diese Gemengelage auf ein neues Niveau: Betroffen waren nicht nur eine Technologiebranche und deren Protagonist*innen, sondern ein milliardenschwerer Konsumbereich. Gekämpft wurde nicht um Aufträge und patriarchale Privilegien, sondern um ein kulturelles Feld. Aktionen bestanden nicht nur im *harassment* und der Abwertung von Frauen und anderen Nicht-Männern, sondern in nahezu endloser Meinungsproduktion zur *eigenen* Gefährdung und zur ›kulturellen Lage‹ selbst. *GamerGate* prägte und popularisierte das Feindbild eines übergriffigen Machtapparats aus Presse, Politik und Wissenschaft, der eine ›harmlose Minderheit‹ durch Sexismus- und Rassismusvorwürfe isolieren und zum Schweigen bringen will.

Sargon of Akkad war einer der wortreichsten Erklärbären des Gamer-Lagers: Seine bis zu dreistündigen YouTube-Videos zur »corruption and

93 Mar Hicks. »Against Meritocracy in the History of Computing«. *CORE: The Magazine of the Computer History Museum* 2016. S 28ff.

ideological direction of academia and the press«[94] erreichten oft eine halbe Millionen Zugriffe. Ihre Titel stimmen mit heutigen rechtsextremen Rhetoriken überein (Lügenpresse, feministische Ideologisierung, Zensur), meinen aber *nur Videospiele*: »Lies, Damned Lies and the Video Game Press«,[95] »The Feminist Ideological Conquest of DiGRA«,[96] »The Modern-Day Book-Burning of GTA V«.[97]

Diese Gefühlslage von jungen Videospielern, eine antisexistische Kritik an ihrem Lieblingsspiel *GTA V* mit nationalsozialistischer Bücherverbrennung zu vergleichen, kann als hysterisch bezeichnet werden. Die Rage der *Gamer* war auch der Versuch, von der Spielkonsole aus eine kulturpolitische Bühne zu betreten. Eine konsumistische Privatidentität – *Gamer* sein – wurde zur politischen Kategorie umgestaltet, die sich in einem spezifischen Automatismus entschieden *gegen* Frauen, Feminismus, Identitätspolitik und fast alles, was nicht wie die *gamer peer group* aufgestellt war, aufwarf. Für viele junge Sympathisant*innen war diese ›Notwehr‹ gegen Feminismus, der in Gestalt einer jungen Woman of Color Sexismus in Computerspielen erklärte, der Schritt in eine politisierte Gegenwart. Dieser Politisierungswelle lag ein gewolltes Missverstehen zugrunde: Die Analyse, dass zum Beispiel *Super Mario Bros.* eine sexistische Trope enthält (Mario rettet Prinzessin Peach), wurde zum Urteil umgebogen, ›der Feminismus‹ wolle alle Gamer als Sexisten, Rassisten und Patriarchatsverteidiger verdammen. So wollte die *GamerGate*-Gemeinde – deren männliche Vertreter sich vorher eher als Patriarchats-Verweigerer verstanden – sich angerufen fühlen. Eine renitente Haltung entstand:

They (feminists) are taking my toys away.

Das war eine kindliche Sichtweise auf das Politische, die wahrscheinlich gerade wegen ihrer Trotzhaltung hochgradig anschlussfähig an nationale und

---

94 Aus dem Beschreibungstext von Sargons Video-Playlist zu *GamerGate*: https://www.youtube.com/playlist?list=PLM9L2W5aOI_1zFJPiJST1GpxOTP-qomDS. Zuletzt gesehen am 05.01.2021.

95 Der Punkt: der Presse ist nicht zu trauen, da sie ideologisch gesteuert ist. Youtube-Video vom 19.08.2014.

96 Der Punkt: die wissenschaftliche Erforschung von Videospielen wird von Feminist*innen ideologisch unterwandert. Youtube-Video vom 26.09.2014.

97 Der Punkt: das Action-Spiel GTA V wird durch eine gendersensible Lesart derart verteufelt, wie es nur die Nationalsozialisten mit mißliebigen Büchern getan hätten. Youtube-Video vom 30.09.2014.

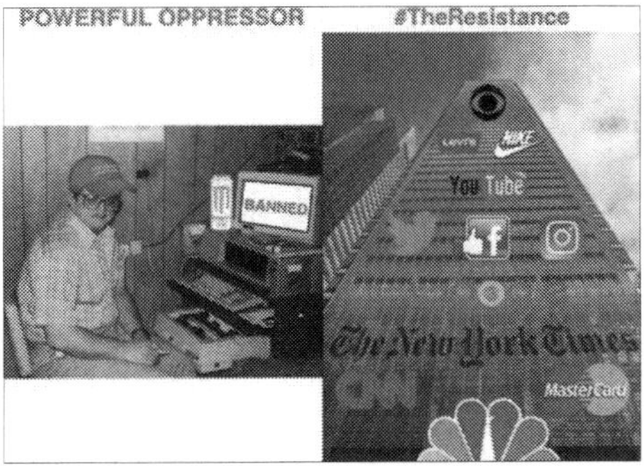

Abb. 97

globale Stimmungslagen war. Vor allem die rechtspopulistische Nachrichtenseite Breitbart News nutzte *GamerGate* früh, um ihr Narrativ von einer unheiligen Allianz zwischen Großmedien und Progressiven weiterzuspinnen und für junge Menschen attraktiv zu machen. Die Karriere von Milo Yiannopoulos, damals *tech editor* bei Breitbart, ging aus der Strategie hervor. Ganz im Sinn von Andrew Breitbarts Medienkrieg des Internets, verkoppelt dieses Meme von 2016 das *GamerGate*-Gefühl mit der Trump-Bewegung (Abb. 97): Die Nerds vor dem Computer tragen nun MAGA-Mützen und werden nicht von Spielejournalist*innen verfolgt, sondern von CNN, der NY Times und den großen Medienkonzernen. Das Meme kommentiert ironisch die gefühlte Machtasymmetrie: Die als Zensor und Unterdrücker wahrgenommene Medienindustrie wird als *#TheResistance* betitelt, und man selbst – also die Trolle, Gamer und nun Trump-affinen Nutzer des Internets – benennt sich *Powerful Oppressor,* eben so, wie man sich selbst von ›der Politik‹ angerufen meint. Das Meme beklagt die eigene Marginalisierung und die Verschleierung der Unterdrückung durch einen übermächtigen Feind. Wie die rote Mütze andeutet, ist es nicht weit von diesem Selbstentwurf – *Gamer* gegen die korrupte Welt – zum Narrativ des heroischen Einzelkämpfers gegen Washingtoner Sümpfe, mit dem Donald Trump es zum Präsidenten schaffte. Nach seiner Abwahl im November 2020 dient der Mythos einer gestohlenen Wahl dazu, dieselbe Erzählung in die gesellschaftliche Breite zu streuen.

GamerGate war ein gigantischer, seismischer Umschlag für den digitalen Raum: Zwischen 2013 und 2015 wählte eine massive Zahl netzaffiner junger Männer insbesondere den Feminismus (bzw. Frauen) und *political correctness* als zentrale Bedrohungsquellen für ihre Online-Identitäten, die zugleich vom Markt erwünscht waren. Die Rolle des Zensors hatte lange die religiös-konservative Rechte ausgefüllt, die bis in die 2000er Jahre die Hauptgegnerin – ›Videospiel als Teufelszeug‹ – stellte. Mit *GamerGate* wurde die Plattform YouTube, deren Nutzer*innen vorher weitgehend antikonservativ waren, hegemonial antifeministisch und reihte sich in den *culture wars* der USA auf der rechtskonservativen Seite ein.

Sie wurden produktiver als rechtes Talk Radio je sein konnte und schufen die Infrastruktur für das, was Rebecca Lewis *Alternative Influence Network* nennt: Gamer produzierten massenhaft YouTube-Videos, in denen die Lächerlichkeit feministischer oder rassismuskritischer Positionen, die Hegemonie der Linken oder die Verlogenheit der Medien demonstriert werden sollte. Antifeministische Videos mit Titeln wie »Feminist Fails« oder »SJWs destroyed by facts and logic« gehörten zu den populärsten Genres in dieser Zeit. Entsprechende Memes zirkulieren im weiteren Netz und versinnbildlichten, wie Feministinnen oder Liberale durch jedes beliebige Signal *getriggert*, das heißt empört werden konnten – zum Beispiel durch den Namen der Spielekonsole Game-Boy (Abb. 98). Dies alles trug zu der – bis heute weitgehend konstanten – antifeministischen und misogynen Neuausrichtung der Computerspiel- und weiteren Internetszene bei, die sich nun vor allem als vielseitig deprivilegierte und marginalisierte Minderheit empfand. Sie verfestigten dieses Gefühl zu unzähligen Gelegenheiten und in endlosen Meinungsbeiträgen, Posts und Meme-Serien.[98]

Diese mikrologische und folkloristische Geschichte des Internets ist eine – wenn nicht die zentrale – Perspektivierung der Entstehungsgeschichte digitaler Faschismen. Diese Geschichte wird primär auf apokryphen User-Portalen wie *encyclopediadramatica.fyi*[99] und *knowyourmeme.com* geschrieben, oder von Einzelpersonen wie *Internet Historian, Fredrik Knudsen/Down the Rabbit Hole* oder *Contrapoints* kenntnisreich aufgearbeitet. Von der Extremismusforschung weitgehend ignoriert, ist diese *oral history of the internet*

98 Bridget Blodgett, Anastasia Salter. »Ghostbusters is For Boys: Understanding Geek Masculinity's Role in the Alt-right Communication«. *Culture & Critique* 11 (2018). S. 133-146.

99 Eine durchaus ›rechts‹ zu nennende Wiki-Enzyklopädie kleiner und großer Internetkämpfe, ähnlich dem, was WikiMANNia im ›Genderkrieg‹ Deutschland versucht.

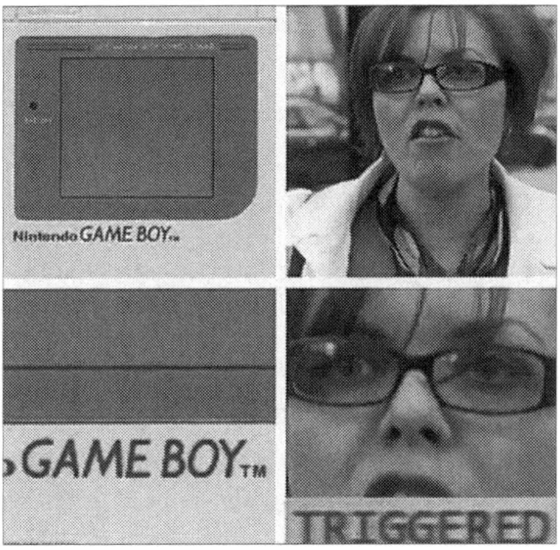

Abb. 98

ein zentraler Ort, um den gegenwärtigen Rechtsruck zu bestimmen und historisch einzuordnen. Die Verläufe der folkloristischen Netzgeschichte sind kaum akademisch erschlossen, wie zum Beispiel diese grobe Analyse der kulturellen und politischen Wechselbewegungen, die Nutzer*in *woodendesk* auf Reddit circa 2016 beschreibt:

> »Internet culture in 2008 was a lot more liberal than Internet culture today. In many ways, the objects of contempt, resentment, and anxiety hit the same notes, but the targets differences would push you towards a certain political perspective. To use an example, many gamers in 2018 see Anita Sarkeesian the same exact way gamers in 2008 saw Jack Thompson, the conservative lawyer trying to ban violent videogames. Both are *nongamers* who despise games and gamers. For Youtube 2008, the major targets were religious people, especially creationists and evangelical Christians, not feminists or any other social justicey people who function as boogeymen today. But since religious people tend to slant right, 2008 Internet culture reactively slanted left. I think one way of tracking the shift is when Youtube atheist channels shifted from shitting on creationists to shitting on feminists.«[100]

100 Meine Hervorhebung. Mittlerweile hat sich *u/woodendesk* leider gelöscht.

Dieser kulturelle Bruch lässt sich in der Tat nachvollziehen: YouTube war um 2012 vorwiegend anti-konservativ eingestellt, drei Jahre später beschäftigen sich *dieselben* Produzent*innen von Kommentar-Videos fast ausschließlich mit antifeministischen und anti-PC-Positionen. Nimmt man die Strategien des rechten Informationskrieges hinzu, die von Andrew Breitbart und seinem Schüler Steve Bannon in den 2000er Jahren entwickelt wurden, lässt sich das Ausmaß dieses kulturellen und politischen Bruchs erfühlen: Kein Rechtsruck ist passiert, sondern eine Klimakatastrophe. Diese wurde ebenso strategisch lanciert, wie *user-driven* angetrieben.

Der großen Social Media-Schlacht des Kulturkriegs lag die Unterscheidung zwischen *gamer* und *non-gamer* zugrunde. *GamerGate* brachte so die polarisierende Grundhaltung des politischen Populismus ins Netz und zu jungen Menschen: Wir gegen Die, Männer gegen Nicht-Männer, Weiße gegen Nicht-Weiße, Deutsche gegen kosmopolitische Eliten und so weiter. Im Jahr 2020 sind die Projekte verschmolzen: Aus den Nerds auf YouTube sind Politiker*innen, Journalist*innen und Aktivist*innen geworden. Für viele war der antifeministische und misogyne *GamerGate*-Kulturkampf der Schritt in die mediale Öffentlichkeit, und der Beginn lukrativer Karrieren als Social Media Influencer. *GamerGate* stellt das erste Auftreten von *white male nerds* und der sozialen Medien als kulturell-politische Großmacht dar, die Realitäten verändern kann. Trumps Ex-Strategieberater Steve Bannon, der ab 2012 *Breitbart News* leitete, erkannte damals das politische Potenzial einer Welt

> »populated by millions of intense young men [...] smart, focused, relatively wealthy, and highly motivated about issues that mattered to them. [...] These guys, these rootless, white males, had monster power.«[101]

Mit Bannons Unterstützung nutzten diese »rootless white males« ihre Macht auf monströse Weise, als sie die Strategien und Taktiken von *GamerGate* im Sommer 2016 weiterführten. Sie machten der Präsidentinnenschafts-Kampagne von Hillary Clinton einen maskulinistisch-revanchistischen Strich

101 Aus einem Interview mit Steve Bannon, wiedergegeben im Artikel: Jake Swearingen. »Steve Bannon Saw the ›Monster Power‹ of Angry Gamers While Farming Gold in World of Warcraft«. *New York Magazine*. 18.07.2017. http://nymag.com/intelligencer/2017/07/steve-bannon-world-of-warcraft-gold-farming.html. Zuletzt gesehen am 05.01.2021.

durch die Rechnung. Das schon angesprochene *deplorables*-Fiasko vom 2. September 2016 folgte einer *GamerGate*-Logik: Clinton wollte sich, die Demokraten und auch Teile der Trump-Anhänger*innen als besser zeigen, abgegrenzt von dem, was sie den *basket of deplorables* nannte. Ihre Abgrenzungsformel sorgte landesweit für Aufsehen:

> »[…] you could put half of Trump's supporters into what I call the basket of deplorables. (Laughter/applause) Right? (Laughter/applause) They're racist, sexist, homophobic, xenophobic – Islamophobic – you name it.«[102]

Hätte man Clinton weiter zugehört, wäre durchaus eine Würdigung der ›anderen Hälfte‹ zu notieren gewesen: Clinton warb explizit um jene Wechselwähler*innen, die sich durch die Präsenz rassistischer und sexistischer Teile der Trump-Bewegung gestört fühlten. Clintons Strategie ging nicht nur nicht auf, sie ließ das Land implodieren. Warum genau, ist schwierig zu bestimmen. Der besondere Tonfall von Clintons Aussage, der herablassend und überheblich war, sich um ein *it goes without saying* bemühte – dieser Tonfall begünstigte die Etablierung von *deplorables* als metapolitisches Reizwort, an dem die ›Volksferne‹ der Politikerin zu erkennen sei. Der Aussagekontext war ebenfalls wichtig: Clinton sprach auf einem LGBTQ+ Fundraiser in New York City, ihre Vorrednerin war die bekannte Schwarze Schauspielerin und *TransRights*-Aktivistin Laverne Cox, die durch die Serie *Orange is the New Black* allgemein bekannt geworden war. Clintons Rede war also auch ein Versuch, das Establishment der demokratischen Partei in eine Allianz mit dem breiten PoC-, Queer- und Trans-Aktivismus zu bringen, der damals als sogenannte *woke politics* tituliert wurde. Der Versuch war in Clintons Tonfall zu hören: »You name it« hieß eigentlich:

I'm hip with the cool (queer, black) kids.

Es ist symptomatisch, dass die fragile Allianzenbildung zwischen etabliertem weißen und cis-heteronormativen Establishment und Queer of Color-Aktivismus so dermaßen abgestraft wurde. Die Antwort kam durch einen Exzess an überkommenen, archaischen, reaktionären und *sich dabei gut füh-*

---

102 Seema Mehta. »Transcript: Clinton's Full Remarks as She Called Half of Trump Supporters Deplorables«. *Los Angeles Times*. 10.09.2016. http://www.latimes.com/nation/politics/trailguide/la-na-trailguide-updates-transcript-clinton-s-full-remarks-as-1473549076-htmlstory.html. Zuletzt gesehen am 05.01.2021.

lenden Männlichkeitsbildern, der im Meme *The Deplorables* bereits Stunden nach Clintons Auftritt zirkulierte. Von 4chan entwickelt und gestreut, wurde es prominent von Donald Trump Jr. am nächsten Tag getwittert (Abb. 99).

Die Antwort auf Clinton wurde hier teilweise in Personen übersetzt: Roger Stone, Trump & Söhne, Rudy Giuliani, Mike Pence, Ben Carson, Yiannopoulos, *InfoWars*-Macher Alex Jones und *Pepe the Frog*.[103] Ein Gruppenbild der kommenden Alternativen Rechten ist hier versammelt: Alter und neuer *culture war*, Vertreter der politischen Kaste und der medialen Gegenöffentlichkeit, Online-Sphäre und altrechter Fundamentalismus, Verschwörungtheorie, Shitposting und Realpolitik. Alles im Pastiche eines Gegenschlags der Alten, der Weißen, der Männer, der anhand des Filmplakats für den Actionfilm *The Expendables* (2010) ironisch-bewaffnet in Szene gesetzt wurde. Die vielen Reaktionen der Demokraten halfen nichts: 4chan hatte den popkulturellen Zeitgeist nicht nur besser getroffen als Clinton, sondern von Rechts etabliert (Abb. 100). *Deplorables* wurde Erkennungszeichen nicht nur der Trumpist*innen – unter dem Meme konnten sich die tatsächlichen »racists, sexists, homophobes« mit jenen verbünden, die einfach irgendwie genervt von der Überheblichkeit der politischen Kaste waren. Gegen Clintons Zuweisung »you name it« stellten sie ihre eigene Namenswahl (›American‹) und druckten sie auf Aufkleber, Kaffeetassen und T-Shirts (Abb. 101).

Das *deplorables*-Fiasko wurde zum Kristallisationspunkt dessen, was die folkloristische Internetgeschichte den *Great Meme War of 2016* nennt. Das *Urban Dictionary* kanonisiert ihn als Actionfilm oder Bibel-Alternative:

> »It was a huge battle that took place in 2015–2016. God emperor trump had a mission, to make america great again. In order to succeed, he needed to take down crooked hillary. To his aid, lord and savior pepe the frog came and helped him on this mission. The 9th of November, they finally did it. They had finally defeated crooked hillary. This battle will go down in the history books as ›the great meme war‹. The great meme war shall never be forgotten.«[104]

---

103 Spätere Versionen des Memes addierten z.B. David Duke hinzu, einen der bekanntesten Neofaschisten der USA, Richard Spencer oder diverse andere Figuren der Alternativen Rechten.

104 https://www.urbandictionary.com/define.php?term=The+great+meme+war. Zuletzt gesehen am 05.01.2021.

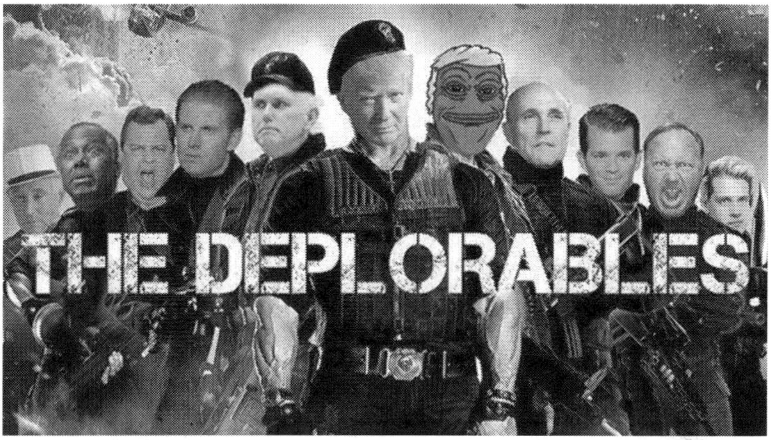

Abb. 99

Abb. 100

Abb. 101

Die Konfrontations- und Eskalationstruktur von *GamerGate*, die memetische Kriegsführung in einem Kulturkampf erprobte, setzte sich nahtlos auf der Bühne nationaler Großpolitik fort. Ein antifeministischer Internet-Shitstorm von 2013, der sich wesentlich an *Super Mario*, Feminismus und einer Woman of Color aufhing,[105] hat die Realpolitik wahlentscheidend geprägt. Trumps Regierung hat völlig reale Verwüstungen und Tode im Jahr 2020 angerichtet. Eines der Opfer von *GamerGate*, die Programmiererin Brianna Wu, erinnerte im Juni 2020 an die Tragweite des Ereignisses für die politische Landschaft:

> »I'd like you to imagine an alternate timeline where we took [GamerGate] seriously. We'd have stopped the massive disinformation juggernaut on Facebook before it wrecked American politics. Women in tech were *BEGGING* Facebook to act on this, as we realized these tools destroying our reputations would be wielded against others. The online radicalization pipeline of YouTube would have been acted on before it recruited an entire generation of angry young men to extremism. [...] you just needed law enforcement, Facebook, Reddit and Youtube to take the harassment of women seriously. They did not. And now our entire political system is poisoned.«[106]

Der aufhaltsame Aufstieg von der Spielkonsole auf die politische Bühne zeigt an, das Internetvorgänge, die aus lokalen Hyperempfindlichkeiten entstehen, in politische und materielle Verhältnisse umgesetzt werden können. *GamerGate* war ein *toxic spill*, eine Umweltkatastrophe, die über die Problematik von Fake News und Echokammern weit hinausgeht. Es war ein Übergriff einer radikalen Binnenlogik auf die übrige Welt.

Noch einmal zurück zu Anita Sarkeesian: In ihrem Kanal *Feminist Frequency* ging es um die allgemein verständliche Tatsache, dass die *damsel in distress* (die Frau in Not) und ihre Rettung durch *Super Mario* eine sexistische Trope ist: ›Mann rettet Frau‹ ist eine einseitige Erzählung. Das ist einsichtig, mehrheitsfähig und tut eigentlich keinem weh. Die *GamerGater* produzierten daraus ein radikales Feindbild und eine kulturkämpferische Position – aus bloßem Entsetzen darüber, dass ihr virtuelles Hobby, ihr Eskapismus,

---

105 Vgl.: Sarah Aghazadeh, et al. »GamerGate: A case study in online harassment.« Jennifer Golbeck (Hg). *Online harassment*. Springer 2018. S. 179-207.

106 Twitter: Brianna Wu, 20.06.2020, 4:07 PM.

realweltlich besprochen wird von Menschen, die vermeintlich *anders als sie selber* (Frauen, of Color, Feminist*innen) waren. Die aufgeschreckten Nerds schufen eine Chiffre zur Umgestaltung der Welt, die Sargon of Akkad so zusammenfasste:

They want to make your personal life their political project.

Faktisch waren diese *Gamer* nicht mal angesprochen, denn Sarkeesian besprach einfach kulturelle Texte und Medien, wie es ein feministisch-informierter Kultur- und Medienkommentar eben tut (*duh*). Es half nichts, die *GamerGater* wollten angesprochen und angegriffen sein, sie sehnten sich danach. Und sie erfanden dazu eine Gegenwelt, in der ihre Bedrohung real und spürbar war und einzelne YouTuber*innen für einen gigantischen Komplex der Unterdrückung stehen. Was sich wie ein Fiebertraum anhört, wurde durch digitale Strategien, medienpolitisches Kalkül und *meme magic* völlig real. Noch im Mai 2020 twittert Donald Trump seinen Dank an die Meme-Produzent*innen und Veteran*innen des *Great Meme War*: »Thank you to all of my great Keyboard Warriors.«[107] Die Game-Kritikerin Leigh Alexander hat diese Krieger einmal treffender bezeichnet:

Obtuse shitslingers, wailing hyper-consumers, childish internet-arguers.[108]

Aus hochsensiblen – meist weißen und männlichen – Gefühlslagen wird eine reale Bewegung. Aus momentanen Affekten der Kränkung, des Sich-Angesprochen-Fühlens durch eine Strukturkritik oder *irgendetwas anderes*, entsteht eine Meinungshegemonie, ein Kampf gegen ›Strukturen‹, eine dissidentisch-rechte Klimazone. Was vorher Meme war, produziert Realitäten. Die Internet-Szene hat dafür zahlreiche Slogans. Einer lautet:

Don't let your memes be dreams.

Diesem Weg vom Meme ins Reale wird im folgenden Screenshot weiter nachgegangen.

---

107 Tweet von Trump am 15.05.2020, 4:47 AM: »Thank you to all of my great Keyboard Warriors. You are better, and far more brilliant, than anyone on Madison Avenue (Ad Agencies). There is nobody like you!«

108 Alexander. »Gamers don't have to be«. 2014.

6. Beta Feels

16. August 2014 Das hier stimmt auf jeden Fall: »Es gibt längerfristig keinen Weg aus faschistischen Bedrohungen als den über gestärkte Frauenpositionen in der Gesellschaft und im Privaten.«[109] Das antwortete Klaus Theweleit 1995 der *taz* in einem Interview über den Dokumentarfilm *Beruf Neonazi*,[110] und sprach damit das Primat der Geschlechterdynamiken für jeden ›Faschismus‹ (alt oder neu) an. *GamerGate* war ein Ausbruch von Frauenhass und Antifeminismus, der sich zu einem gesellschaftlichen und kulturellen Rechtsruck weiterdrehte. Man muss sich, wenn man die Taktiken und gefühlten Positionierungen des digitalgestützten Faschismus erklären will, für dessen Geschlechtsmuster interessieren und für seine Arbeit innerhalb der gesellschaftlichen Geschlechterordnung. Das heißt mitunter, sich um Rachemanöver von 23-Jährigen an ihren Freundinnen zu kümmern. Im Zeitalter von Social Media werden aus solchen ›Privatdramen‹ politische Umstürze, Kulturkriege und Morde gemacht.[111]

So auch bei *GamerGate*. Bevor *Gamer* zu Antifeministen und Ethnonationalisten wurden, *Pepe the Frog* zum Symbol der Rechten avancierte und der *Great Meme War* von 2016 begann, gab es eine mikrologische Initialzün-

---

109 Klaus Theweleit. *Das Land das Ausland heißt*. DTV 1995. S. 167ff.

110 Winfried Bonengel. *Beruf Neonazi*. Ost-Film Produktion 1993.

111 Am 22. Juli 2016 erschoss ein damals 18-jähriger Mörder in München neun Menschen. Er hatte ihm bekannte Jugendliche, unter anderem seine Klassenkameradin, dazu per Facebook-Nachricht in einem Münchner Schnellrestaurant eingeladen. Zur Einstufung der Mordserie gab es einige Kontroversen, da Opfer als auch Täter Migrationshintergrund hatten, und keine ›Mitgliedschaft in einer rechtsextremistischen Vereinigung‹ beim Täter festgestellt werden konnte. Sehr wohl aber gab es Hinweise zu rassistischen und frauenfeindlichen Äußerungen, online und offline. Erst im Oktober 2019 stufte das bayerische Landeskriminalamt abschließend die Tat als »politisch motivierte Gewaltkriminalität (rechts)« ein.

dung: der sogenannte »Zoe Post«. Die 9.500 Wörter-Tirade stellte Eron Gjoni, Ex-Freund der Programmiererin Zoë Quinn, am 16. August 2014 in mehrere Internetforen der Spieleszene. Darin beschuldigte er Quinn ausführlich, ihn wiederholt betrogen und emotional manipuliert zu haben. Sie sei weiter mit einem Journalisten sexuell aktiv geworden, um ›im Tauschhandel‹ eine gute Bewertung für ihr eigenes Videospiel *Depression Quest* zu erreichen.[112] Hier liegt auch der apokryphe Grund, warum die Alternative Rechte bis heute damit kokettiert, es ginge ihr um »objektiven Videospiel-Journalismus«.[113]

Gjoni veröffentlichte im »Zoe Post« auch private Chats aus seiner Beziehungszeit mit Quinn, die er mit ausführlichen Kommentaren für den gesichtslosen Gerichtshof der digitalen Öffentlichkeit versah. *Rot unterstrichen* wurden Aussagen, die eine »direct lie or a lie by omission« darstellten; *rot gepunktete Linien* zeigten an: »I have very compelling evidence to suggest either a direct lie or a lie by omission.« Ein Beispiel aus dem Chatfluss ausgekippter Privatheit des gehörnten Boyfriends:

> *Gjoni* »What happened before we were broken up?«
> *Quinn* »I was probably getting emotionally closer to him than was appropriate«.
> *Rote Unterstreichung: Lüge oder Unterschlagung von Tatsachen.*

Eron Gjoni, als Kind aus Albanien in die USA geflohen, taugt nicht zum Paradebild des digitalen Faschisten, und ich will das hier auch nicht argumentieren. Sein medialer Gerichtsprozess gegen die sexuelle Souveränität seiner Partnerin kann aber als Folie dienen, um über den Zusammenhang von Männlichkeiten, Medien und Affekt zu sprechen, der für Teile der Alternativen Rechten prägend ist. Gjonis semiprivater Rachefeldzug im Netz (der

112 Angela Nagle ist sich in ihrem Buch nicht zu schade noch in diesem Videospiel selbst eine Legitimation für die *Alt-Right* zu finden: *Depression Quest* beinhalte, so Nagle, »many of the fragility and mental health fetishizing characteristics of the kind of feminism which has emerged online in recent years« (S. 21). Zu Gjoni, dem Zoe Post, und Nagles tendenziöser Aufnahme siehe auch die Rezensionsschrift zu *Kill All Normies*: Udith Dematagoda. »Revenge of the Nerds: Recidivist Masculinity, Identity Politics and the Online ›Culture Wars‹«. *Journal of Extreme Anthropology* 1.3 (2017). https://journals.uio.no/JEA/article/view/5359. Zuletzt gesehen am 05.01.2021.

113 Den Slogan »It's about ethics in game journalism« findet man heute noch in einschlägigen Foren. Vgl. Aja Romano. »What we still haven't learned from Gamergate«. *Vox.com*. 20.01.2020. https://www.vox.com/culture/2020/1/20/20808875/gamergate-lessons-cultural-impact-changes-harassment-laws/. Zuletzt gesehen am 05.01.2021.

sich zum globalen Kulturkrieg ausweitete) lässt die zentrale Gefühlsfrage anklingen, die Klaus Theweleit in den *Männerphantasien* stellte:

> »Wie der Mangel, die Unfähigkeit, sich [...] außerhalb von Angst-, Betrugs-, Mißtrauens-, Herrschaftssituationen zu erfahren, in die einzelnen Personen installiert wird – das ist die Frage, mit der ich mich [...] der konkreten Situation der soldatischen Männer zu Beginn des 20. Jahrhunderts zuwenden will.«[114]

Was hat nun die teilweise Unfähigkeit adoleszenter Internet-Männlichkeiten zu Beginn des 21. Jahrhunderts, sich *außerhalb* von Zwangs- und Betrugsszenarien zu erfahren, mit dem reflexiven Faschismus (oder dem Faschismus generell) zu tun? Was bringt den Ex-Freund, der seine Kränkung und die Schuld der Frau öffentlich nachgewiesen und bestätigt haben will, in die Nähe der soldatischen Männer Theweleits? Die Antwort auf diese Frage liegt nicht in Psychogrammen von Gjoni oder anderen Protagonist*innen der Alternativen Rechten. Es braucht keine ›Psychoanalyse des Online-Terrors‹, wie man nach Theweleits zweitem Band titeln könnte.

Eine Antwort liegt in gendersensiblen Analysen der Affektstruktur, die ich *Beta Feels* nenne: ein affektiv-digitaler Gefühlshaushalt, der von großen Teilen der Alternativen Rechten geteilt wird. Diese scheint mit der ›soldatischen Männlichkeit‹ des Nationalsozialismus verwandt zu sein – sie tritt nun in digitalisierter Abwandlung auf. Eine in vielen Netzkulturen anzutreffende Männlichkeit ist außer Stande, sich außerhalb von »Angst-, Betrugs- und Misstrauenssituationen« empfinden, äußern oder validieren zu können. Diese Situationen sind, und hier liegt ein Unterschied zum Freikorps, in digitalen Plattformen leichter herzustellen, zu plausibilisieren und zu teilen. *Beta Feels* sind weniger eine ›psychopathologische‹ Ergründung rechter Gefühlswelten als deren Ausdeutung mit Blick auf Medium, Männlichkeit und Affekt.

Männlichkeit ist eine prekäre Position geworden im Zeitalter sozialer Medien, von zu Ersatzidentitäten mutierten Konsumkulturen (*Gamer*) und angeschlossener Parallelöffentlichkeiten. Drohen Deprivilegierungen, Kränkungen oder das amorphe Risiko eines Status- und Attraktivitätsverlusts, so scheint es für diese Männlichkeiten notwendig zu sein, eine richtende Allgemeinheit der *online community* oder des Common Sense anzurufen.

114 Theweleit. *Männerphantasien* Bd. 1. S. 388

Genau das tut das Genre der YouTube-Entblößung, dem auch Christopher Cantwells Tränen angehörten.[115] Und nichts anderes tut der »Zoe Post«: Er führt private Performances von Intimität einer anonymen Gemeinschaft zu und plädiert darauf, die vorgelegten ›Beweise‹ gegen das Paarungs- und Marktverhalten von Frauen auszulegen, mit teilweise schwerwiegenden Folgen. Zoë Quinn wurde Opfer weitreichender Gewalt, von Belästigung bis zu Morddrohungen.[116]

Slut-shaming als Ehrenrettung unter gekränkten Gamer-Brüdern.[117]
Die genaue Eskalation von *Zoe Post* zu *GamerGate* zu den Folgeschäden zu rekonstruieren, würde an der zentralen Frage vorbeiführen, nämlich nach der spezifischen affektiven Männlichkeit, die sich von Gjonis *online harassment* weiter zur Alternativen Rechten aufzeigen lässt. Welche rechten Gefühle lassen sich als Verbindung oder Konstante dieser Männlichkeiten festhalten? Es macht Sinn, nach dem Selbstbild der zu Beginn der 2010er Jahre auf 4chan, YouTube, Reddit, Facebook und anderen Foren versammelten Menschen zu fragen, die laut Steve Bannon »highly motivated [...] rootless, white males« mit »monster power« waren (und wahrscheinlich größtenteils immer noch sind).

Die von Gjoni adressierten *Gamer* betrachteten sich weitgehend als »nicht-hegemoniale Männlichkeiten«,[118] die bewusst aus den klassischen Formen neoliberaler und heteronormativer Maskulinität ausgestiegen waren, um ein Leben als *outcasts* und *nerds* in virtuellen und technikaffinen Gemeinschaften zu führen. Als sexuelle, ökonomische und soziale Loser verwehrten sie die klassisch amerikanischen Männlichkeitsmodelle des *bread winners*, Elitestudenten oder *football jocks*. Gemäß den sozialdarwinistischen Hierarchien der US-Kultur und in Anlehnung an die Soziobiologie der Wölfe, benannten sie sich selbst als Betas, in dezidierter Ablehnung patriarchal-verfasster Alpha-Männlichkeiten (auch *chads*, *normalfags* oder *normies* genannt).

115 Siehe dazu Screenshot 1.

116 Siehe: Zoë Quinn. *Crash Override: How Gamergate (Nearly) Destroyed My Life, and How We Can Win the Fight against Online Hate.* PublicAffairs 2017. Texte zu Quinns Buch finden sich in *Signs: Journal of Women in Culture and Society, Shorttakes.* ohne Jahr. http://signsjournal.org/crash-override/. Zuletzt gesehen am 05.01.2021.

117 Vgl. »Slut Shaming«. *feminismus101.de.* 15.11.2012. http://feminismus101.de/slut-shaming/. Zuletzt gesehen am 05.01.2021.

118 Raewyn Connell, James W. Messerschmidt. »Hegemonic masculinity: Rethinking the concept.« *Gender & Society* 19.6 (2005). S. 829 – 859.

Die Gefühlslinie von selbstempfundenen Internet-Outcasts zur Alternativen Rechten lässt sich über eine bereits erwähnte Ikonographie näher beschreiben: Auf dem weiter vorn abgebildeten Poster zur *Unite the Right*-Demonstration von 2017 (Abb. 80) finden sich – neben Südstaatenflaggen,[119] stilisierten Adlern und Monumenten der konföderierten Armee – eine marschierende Reihe von Comicfiguren: die sogenannten *Pepes* und *Wojaks*. *Pepe the Frog* ist als Ikone der Alternativen Rechten vielfach analysiert und hinreichend historisiert worden. Als entspannter *Slacker*-Frosch vom Comic-Zeichner Matt Furie im Jahr 2005 erfunden, wurde er um 2010 von 4chan-Kulturen und der Alternativen Rechten zum *hate symbol* umgewidmet. Seine Funktion als kryptofaschistisches Insidersymbol hat *Pepe* verloren, seit er im Trump-Wahlkampf (auch durch Trump selbst) breitenwirksam verwendet wurde.

Für meine Frage nach dem männlichen Gefühlshaushalt ist die zweite Figur interessanter: *Wojak*, dessen online-Erscheinungsgeschichte um 2010 beginnt. *Wojak* wird von der Meme-Datenbank *knowyourmeme.com* folgendermaßen beschrieben:

> »*Feels Guy*, also known as *Wojak*, is an MS Paint illustration of a bald man with a sad expression on his face. It is often used as a reaction image to represent feelings such as melancholy, regret or loneliness.«[120]

Wojaks, oder Variationen des ›fühlenden Mannes‹, wurden in mehreren Chatboards auf 4chan im Laufe der frühen 2010er Jahre als feste Ausdrucksformen für schlechte Gefühle etabliert. *Feels Guy* diente Nutzern[121] zum Ausdruck aller möglichen negativen Emotionslagen, von Antisozialität, Isolation und Depression bis zum klassischen Sentiment des einsamen Inter-

---

119 Die im rechten Kontext oft anzutreffende »Southern Pride« Fahne zeigt keine Verbindung zum ›Old South‹ an, sondern entstammt in dieser Variante den 1950er und 1960er Jahren, wo sie als rassistisches Symbol gegen die schwarze Emanzipationsbewegung und zur Aufrechterhaltung der Rassentrennung genutzt wurde.

120 https://knowyourmeme.com/memes/wojak-feels-guy/. Zuletzt gesehen am 05.01.2021.

121 Ich nutze im folgenden Abschnitt das generische Maskulinum, denn auf den genannten Boards, wo die *Anons* kommunizierten, regierte eben diese generische Männlichkeit. Das heisst nicht, dass diese generische Männlichkeit nicht auch von Frauen oder nichtbinären Menschen zur Äusserung genutzt wurde.

net-Nerds, der sogenannten *Incels:*[122] *That Feel When No GF (girlfriend)* – das Gefühl, wenn keine Freundin (Abb. 102).[123]

Der trübsinnige *Wojak* avancierte zum Ebenbild einer vom Leben enttäuschten Gemeinde, die ihren Halt in der digitalen Mitteilung von ›feels‹ fand. Anonyme Foren, wie das auf 4chan angesiedelte Forum /r9k/, wurden zu geschützten Orten affektiver Äußerungen und emotionaler Arbeit, oder auch *white male safe spaces.* Dort konnten Gefühle der ›Unangemessenheit‹ in Gesellschaft, Familie oder Beziehung ausgestellt werden, und bestätigendes Publikum fand sich ein. Nutzer, die sogenannten Anons, schrieben Kurzgeschichten sozialen Scheiterns oder phantasmatischer Rache und gaben sich gegenseitig Beziehungsratschläge.[124] Sie ermutigten sich zu aufwertenden Maßnahmen, zum Beispiel zur Abwertung von Frauen. Um den *Feels Guy* und seine Weltenttäuschung gruppierte sich eine solidarische Gemeinschaft, die ihren Kern in gegenseitiger Anerkennung als ›fühlende Männer‹ fand. Auf jede affektive Anekdote, die stets mit »that feel when« beginnt, folgte jener ritualisierte Kommentar, der im ersten Buchteil zur Erzählung des ›Großen Austauschs‹ auftauchte:

---

122 Kurzform für ›Involuntary Celibates‹, unfreiwillig zölibatäre Menschen. Der Begriff als Selbstbeschreibung wurde von einer Frau geprägt, aber in der Folge zur Beschreibung unwillentlich sexloser männlicher Internetbewohner etabliert. Vgl. Veronika Kracher. *Incels: Geschichte, Sprache und Ideologie eines Online-Kults.* Ventil Verlag 2020.

123 Dieses Gefühl wurde zum Kürzel *TFW no GF.* ›TFW (that feel when)‹ ist heute allgemeinverständliche Kurzschrift auf Twitter geworden, um Reaktionen auf Etwas auszudrücken.

124 Auf dem Forum ›r9k‹. enstanden diese sog. ›Greentext Stories‹. In diesen Kurzprosastücken verhandelten die anonymen Nutzer des Forums Erlebnisse und Anekdoten, die eine soziale Unangemessenheit, eine peinliche Geschichte oder eine beta-typische Emotionslage darstellten. Solche ›Haikus‹ einer verletzlichen Männlichkeit existieren in tausendfacher Variation. *Greentexts* dienten mitunter auch Nutzerinnen zur Darstellung on Erfahrungswelten: Judith Fathallah. »›Be Me, 24yo Femanon‹: Greentext stories as feminine space on 4chan.« *Evolution of Story* 2020. Ein Subgenre der *Greentext Stories,* dass bald mit eigenen Mythologien und Regeln aufwarten konnte, waren sog. ›Beta Uprising‹ Geschichten, in denen humoristische bis gewaltverherrlichende Anekdoten aus einem Bürgerkrieg der Betas gegen die Alphawelt (in Gestalt von Lehrern, Müttern, Alpha-Frauen und -Männern). Mehrere Fälle von School-Shootings in den USA stehen in Zusammenhang mit dieser Mythologie des Beta-Aufstands. Sie wurden teilweise auf den hier erwähnten Foren angekündigt.

I know that feel Bro.

Ab 2010 entsteht so ein digitales Archiv von negativen Gefühlslagen spätkapitalistischer, sexuell verunsicherter Männlichkeiten und eine organisierte Community solidarischer Männer um diese Gefühle.[125] Ziel der Gemeinschaft, die sich zwischen Selbsthilfegruppe, Nerd-Zirkel, Männerrechtlern und politischen Außenseitern ansiedelte, war gewissermaßen die kämpferische Verteidigung des Mannes als fühlendes Wesen. Was sich emanzipativ und mitunter nach *doing gender* anhört, führte in den ständigen Neuversionen des *Wojak*-Memes zu extremen Ausformungen: »Born to Feel«[126] zeigte den *Feels Guy* in der Montur eines G.I. im Vietnamkrieg mit kampfbereitem Gesicht (Abb. 103); die Gruppe gefühlsteilender *Wojaks* (›We all know that feel‹) wurde zur Ansammlung faschistischer Führerfiguren (Hitler, Mussolini, Mosley) verfremdet, die einen blonden *Wojak* bestärkend umgeben (Abb. 104, 105). Ein Meme der *Feels*-Serie gestaltete das Titelbild von Hitlers »Mein Kampf« zu *Mein Fühl* um – Emotionen als Motor der Selbstfaschisierung, oder eben: Gefühlsfaschisten (Abb. 106).

---

125 Dieses Archiv, das politisch äußerst folgenreich war, ist bisher fast nicht erforscht. Lediglich einige Wissenschaftler*innen der Sprachpragmatik haben sich zu Schreibstilen und Sprachspielen dieser Chat-Räume geäussert.

126 Das Meme ist eine Abwandlung des Filmplakats zu Stanley Kubricks *Full Metal Jacket* (1987), auf dem ein GI-Helm mit der Aufschrift »Born to Kill« und einem Peace-Zeichen zu sehen ist. Der Film ist, mit seiner ikonischen Verhandlung von empfindsamen *Beta-Males*, die zu Killermaschinen oder Selbstmördern werden, einer der Urtexte der Online-Rechten und klassisches Meme-Material.

Abb. 102

Abb. 103

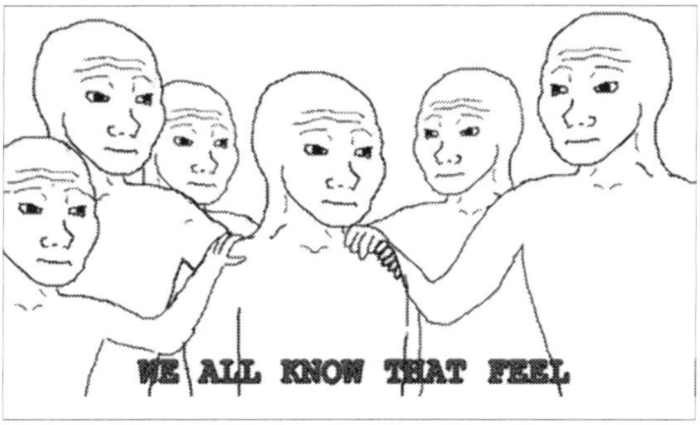

Abb. 104

Abb. 105

Abb. 106

Was ist aus dieser Transformation und Anschlussfähigkeit von Gefühlen der »Unangemessenheit«[127] an einen affektiven Faschismus zu erkennen? Zunächst eine Aktualisierung jenes Befunds, den Klaus Theweleit 1995 der *taz* gegenüber äusserte:

> »Mit Beschreibungen, die von ihrem Mannkörper ausgehen würden, dem gesellschaftlich als überflüssig erfahrenen, familial nur halb-geborenen, halbsymbiotischen Mannkörper auf der Suche nach Ganzheit, käme man [den Faschisten] und ihren Bedürfnissen, Gewaltbedürfnissen wie Heilungsverlangen, erheblich näher als mit dem ›klassenanalytischen‹ Quatsch der ›Schichtenzugehörigkeiten‹.«[128]

Sehr richtig. *Wojak* aktualisiert diese These dahingehend, dass sich in den Austauschforen des Digitalen solche reflexiven Beschreibungen des »Mannkörpers« habitualisiert haben. Die Anons auf 4chan nutzen die Bildsprache von Memes, um ihren Zerissenheitsgefühlen Ausdruck, ikonographische Anschlussfähigkeit und Wandelbarkeit zu geben. In der kollektiven Vereinzelung und öffentlichen Einsamkeit des Internets artikuliert die Affektgemeinschaft jene »Ganzheitsgefühle«, die laut Theweleit Rettung vor dem Selbstverlust versprechen: »dem Verschlungenwerden durch bedrohliche Realität ökonomischer, politischer, familiärer Art [...]«.[129]

Es ist der Verlust des *Fühlens* selbst, herbeigeführt durch eine gesamtgesellschaftliche Ablehnung männlicher Gefühle (Abb. 107), der von den *Feels Guys* massiv und radikal bekämpft wird – mithin jener Existenzkampf, der im Kontext des »Großen Austauschs« bereits angesprochen wurde. Eron Gjonis Tirade gegen die Programmiererin Zoë Quinn sprach gezielt diese Gefühlsgemeinschaft an, um eine Bestätigung seiner emotionalen Kränkung, seiner *Feels*, zu bekommen.

---

127 Ich entnehme diesen Begriff, in leidlicher Übersetzung des englischen »socially awkward«, den Anmerkungen der Sextherapeutin Alexandra Katehakis, aus einem Interview zum Fall des Komikers Louis C.K.: »...these men feel wildly inadequate«. Vgl. Simon Strick, »Wenn sexuelle Belästiger sich entschuldigen: Monologe, Solopsismus, Terror«. https:/www.zfmedienwissenschaft.de/online/blog/sexuelle_Belästiger_Entschuldigungen/. Zuletzt gesehen am 05.01.2021.

128 Theweleit. *Das Land*. 1995. S. 168

129 Theweleit. *Das Land*. 1995. S. 172

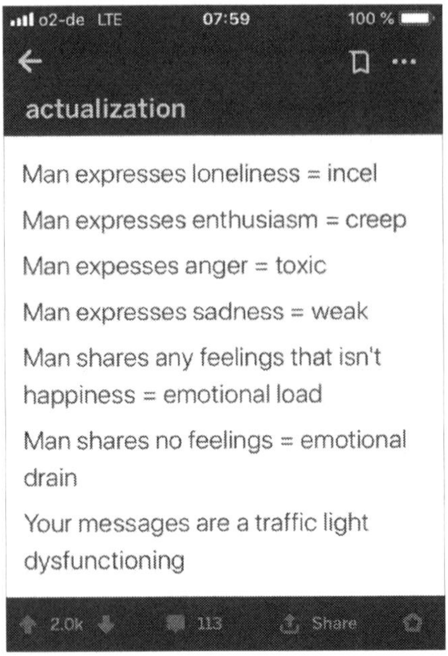

Abb. 107

Born to feel.

Die mediale Bedingung ist zentral, um den überraschenden Wandel von depressiven Nerds zu Gefühlsfaschisten zu verstehen, und umgekehrt das dauerhafte Bekenntnis der Alternativen Rechten zur Beta-Figur *Wojak*. Worin besteht diese mediale Bedingung? Internetnutzung impliziert eine Form der Einsamkeit, eingefasst von Technologie, die sich durch Vernetzung zur kollektiven, also sozialen Isolation ausweitet. Zugleich isoliert und vernetzt zu sein ist der kollektivierende Zustand der Anons, und generell aller User*innen jenes Kommunikationsraums, der richtiger als *unsoziale Medien* bezeichnet wäre. Die digitale Bedingung reproduziert und verstärkt genau die Zerrissenheitsgefühle, welche die technische Vernetzwerkung gleicheinsamer Menschen kitten soll.

Together Alone.

Netzwerkbildung entsteht unter den Bedingungen der sozialen Medien zumeist durch die Mechanismen der Aufmerksamkeitsökonomie – durch die Produktion von Aufregung, Transgression, Einzigartigkeit oder Originalität. Der Soziologe Andreas Reckwitz nennt das *Gesellschaft der Singulari-*

täten:[130] Vergemeinschaftung durch die Herstellung von Besonderheit. Es nimmt nicht Wunder, dass die Nutzer*innen von 4chan sich um eine generische Ikonisierung männlicher, negativer Emotionalität gruppierten: Der digitale Grundaffekt gemeinsamer Einsamkeit und kollektiven Scheiterns verspricht genau diese Besonderheit und affektive Identität, in Abgrenzung zu sowohl ermächtigenden Emotions- und Identitätspolitiken (zum Beispiel des Feminismus der dritten Welle) als auch zu den standardisierten Lebensweisen der ›Normies‹. *Wojak* stellt in den verschwurbelten Worten eines 4chan-Nutzers das Destillat männlich-codierter Gegengefühle dar:

> »His facial expression perfectly captures the meekness and warmness of a struggling young man, one who is honest enough to understand his flaw and emotional impotency yet not experienced or brave enough to know how to fix it. […] He's the incel, the virgin, the coddled child, the anon; no light in his eyes, no fire in his soul; yet internally, painfully, aware of it all. In just a few lines, this artist has summarised and depicted the unspoken and taboo angst of the flawed and flabby modern masculinity.«[131]

Das Bild einer scheiternden – weil emotionalen (Beta) statt rationalen (Alpha) – Männlichkeit führt eine Tradition fort, die alle Nachkriegsjugendkulturen hervorgebracht und zelebriert haben. Von den Beat-Poeten, zu antisozialen Punks bis zum *Creep*, der von der Rockgruppe *Radiohead* in den 1990er Jahren populär besungen wurde, zieht sich die Linie versagender Männlichkeiten, die ihre gefühlte Marginalisierung in eigener Unangemessenheit und der Rigidität einer erfolgsorientierten Gesellschaft gegründet haben.

Das ab 2005 aufkommende Web 2.0 stellte dieser scheiternden Männlichkeit eine veränderte Pragmatik und Reichweite zur Verfügung: Die sozialen Medien transformierten Szenen und Fans zu Prosument*innen, deren Gefühlskommunen zu aggressiven Gegenöffentlichkeiten anwuchsen. Sang

---

130 »Die spätmoderne Ökonomie ist mehr und mehr an singulären Dingen, Diensten und Ereignissen ausgerichtet, und die Güter, die sie produziert, sind zunehmend solche, die nicht mehr rein funktional, sondern auch und allein kulturell konnotiert sind und affektive Anziehungskraft ausüben. Wir leben nicht mehr im industriellen, sondern im kulturellen Kapitalismus.« Andreas Reckwitz. *Die Gesellschaft der Singularitäten.* Suhrkamp 2019. S. 8

131 Anon, zitiert nach: Thought Slime. »Crash Course on Wojak«. *Youtube.com.* 12.05.2019. www.youtube.com/watch?v=mD9tFfThTSI. Zuletzt gesehen am 05.01.2021.

man 1996 noch den Anti-Paarbeziehungs-Song »Why Bother?« der Popgruppe *Weezer* mit, konnte man seine Ermüdung von heteronormativen Sexualökonomien zehn Jahre später in entsprechenden Foren zu Weltanschauung und Gefühlsgemeinschaft ausbauen.[132] Es ist daher signifikant, dass Theweleits Analyse aus den 1990er Jahren auf die Affektstrukturen von heute passt, nicht aber das *Ausmaß* der Gefühlsproduktion und -radikalisierung im Netz erahnen kann. Die männliche Zerrissenheit war schon da, aber nicht ihre digitalen Verstärker.

Warum aber öffnet sich die emotionalisierte Männlichkeit *Wojaks* zum Faschismus, wo sie sich doch – als soziales Außenseitertum – einer Fülle nicht normativer Kulturformen hätte anschließen können? Warum Faschismus statt queerer, antirassistischer oder antikapitalistischer Positionierung? Immerhin präsentierten sich mit *Occupy Wall Street* (2011), *Black Lives Matter* (2013) und der im Netz schon lange breit vertretenen LGBTQ+-Bewegung zeitgleich eine Reihe von politischen und affektiven Bewegungen, die Struktur- und Gefühlskritiken an der neoliberalen Welt vorbrachten.[133] Ein Meme, dass die Transformation von *Wojak* während dieser Jahre zusammenfassen will, gibt Aufschluss über die Haltung Weißer und Männer zu dieser Frage (Abb. 108).

Wie das Meme beschreibt, sahen sich die so emotionalisierten wie antisozialen Männer genau als Zielscheibe solcher Gegenbewegungen. »Everything is your fault«, vorgebracht gegen den Status als Weiße, Westler und Männer, führt im Meme zur Verwandlung des *Feels Guy* zum sogenannten *Doomer Wojak*: Dieser scheint zigarettenrauchend zu keiner Reaktion mehr fähig. »It will never be enough for these people«, raunt ihm sein Gefühlsbruder im vierten Bild zu. Die abschließende Frage der *Guardian*-Journalistin

---

132 In ihrem Lied »Why Bother?« beschrieben *Weezer* eine Erschöpfung von Männern, die sich emotional öffnen wollen, jedoch immer nur Verletzung ernten: »Why bother? It's gonna hurt me/It's gonna kill when you desert me/This happened to me twice before/It won't happen to me anymore«. Weezer. »Why bother?«. *Pinkerton*. Geffen 1996. Die adoleszente Beziehungsmüdigkeit der 1990er Jahre setzt sich in den 2000er Jahren als der ›politische Ausstieg‹ fort, für den sie Metapher war. Ausgeführt wird eine radikale Geste des Kleinhaltens der Welt: Es geht dieser weißen, männlichen Haltung um die eigene Verletztheit, Kränkung, Einsamkeit. Sie findet dafür ein riesiges Archiv von popkulturellen ›enttäuschten Männer-Gefühlen‹ vor.

133 Ellis Hanson. »The History of Digital Desire: An Introduction.« *South Atlantic Quarterly* 110.3 (2011). S. 583–599.

Abb. 108

Jess Phillips, warum sich ›weiße, westliche Männer‹ dem Rechtsextremismus zuwenden, bewirkt die finale Verwandlung zum wissend lächelnden Verächter des Mainstreams und der ›Linken‹, dem sogenannten *Smug Wojak*. ›Mann‹ will sich keinen Bewegungen andienen, die sich scheinbar ausschließlich gegen die eigene Gefühlspersona wenden. Die Alternative Rechte verfolgt in diesem Sinn eine *affektive Revolution*: Die roten Pillen sind geschluckt, und die emotionale Weltabkehr ist vollendet.

Why bother? It's gonna hurt me.

Das Meme absolviert in absoluter Raffung jenen Dreischritt, den ich im ersten Buchteil von *Frank Doria* zu *IOTBW* zu *Breivik* beschrieben habe: von der Frage »why me?« (warum soll ich schuld sein), zur Online-Vergemeinschaftung als ›weiße Männer des Westens‹, zur Aushebelung eines Verblendungszusammenhangs. Um diesen Weg plausibel und attraktiv zu machen, vereint das Meme herabwürdigende Darstellungen der jeweiligen politischen Bewegungen (Antirassismus, Kapitalismuskritik, Feminismus), die wie Bestien auf den vor allem passiven weißen Mann losgehen. Als Endresultat entsteht jene mikrologische Aufmerksamkeit, die überall dort, wo soziale Gerechtigkeit und Minderheitenrechte draufstehen, nur Betrug, Verfolgung und Gefährdung lesen kann. Alles wird bedrohlich und alles richtet sich gegen *Wojak* (›white Western men‹) selbst.

There is no pleasant meadow.

Eine sich-isoliert-fühlende Männlichkeit gewinnt weiter an bestätigter Isolation, an Beweisen für die eigene Marginalisierung und zugleich an Gemeinschaft ähnlich Erniedrigter und Beleidigter. Die monologische Blase, die mit nichts anderem und keinen Anderen zu tun haben will, sucht ihr Heil in einer Gegenwelt explizit weißer, heterosexueller, *gefühliger* Mannhaftigkeit. Hier bildet sich die charakteristische Mischung jener Heimatfronten, an denen die Alternative Rechte effektiv und extrem empfindlich gegen Feminismus, Antirassismus, und Kapitalismuskritik agitiert und mitunter gewaltsam vorgeht.[134]

Die Figur *Wojak*, in seiner Wandlung vom emotionalen Loser zum Gefühlsfaschisten, illustriert die fundamentale Unfähigkeit dieser Weißen und dieser Männer: Das Unvermögen, sich Lebenstile, sexuelle Beziehungen oder politische Beheimatungen vorzustellen, die außerhalb von »Angst-, Betrugs-, Bedrohungs-, Herrschaftssituationen« (Theweleit) spielen. Das Heilungs- und Geltungsverlangen dieser Männlichkeiten resultiert schließlich in einer generellen Abkehr von sexuellen Beziehungen – *Men going their own way* –, von Pluralität – *white nationalism* – oder vom sozialen Feld, weshalb fast alle Rechten rückhaltlose Anhänger*innen des Ego-Kapitalismus sind. Das ist *affektive Männlichkeit* als soziale und mediale Pathologie: In der Sehnsucht nach Ganzheit fordert sie die Bestrafung der übergriffigen und sie-abwertenden Welt aus Nicht-Männern und Nicht-Weißen durch einen ›höheren Gerichtshof‹ – sei es die eigene Internetgemeinde oder eine Art ›höhere Gerechtigkeit‹.[135]

---

134 Daraus resultieren die verschiedenen Splittergruppen des reflexiven Faschismus, die auf diese Fronten spezialisiert sind: Männlichkeitsbewegung (die sog. *Manosphere, Men Going Their Own Way*), weiße Identitätspolitik, sowie die nationalistischen Globalisierungskritiker*innen.

135 An dieser Stelle greifen dann zumeist simple Darstellungen des ›So-Seins‹ der Welt. Es ist dem Zufall überlassen, ob die so isolierten Männlichkeiten auf das simplistische

Der Lebensbericht *My Twisted World* des 22-jährigen Elliot Rodger, einer der bekannten Fälle des *Incel*-Terrorismus, kündigt diesen Schritt von maskuliner Enttäuschung, zur Abkehr, zur gewaltsamen Bestrafung explizit an:

> »College is the time when everyone experiences those things such as sex and fun and pleasure. Within those years, I've had to rot in loneliness. It's not fair. You girls have never been attracted to me. I don't know why you girls aren't attracted to me, but I will punish you all for it. It's an injustice, a crime, because [...] I don't know what you don't see in me. I'm the perfect guy and yet you throw yourselves at these obnoxious men instead of me, the supreme gentleman.«[136]

Elliot Rodger erschoss 2014 sechs Personen und verletzte 14 weitere in einem Rachefeldzug gegen ›sexuell erfolgreiche‹ Menschen – vor allem Frauen –, bevor er sich selbst tötete. Er hatte den Gewaltakt, den er als *Elliot Rodger's Retribution* bezeichnete, auf YouTube und mehreren Foren angekündigt. Er wird bis heute von Beta-Gemeinschaften als ermächtigende Heiligenfigur verehrt: sie bezeichnen sich als *supreme gentlemen* und unternehmen mitunter Wallfahrten zu den Lebensstationen Rodgers (Abb. 109).

Solange Frauen- und Minderheitenpositionen nicht gesellschaftlich gestärkt sind, wird diese Art von toxischer und faschistoider Männlichkeit weiter darauf beharren, dass sie andauernd in Betrugs-, Gefährdungs- und Deprivilegierungszuständen lebt und dass jede Emanzipationsbewegung diesen Zustand verschlimmern *will*. Sie wird weiter bestehen auf Verfügbarkeit von Frauenkörpern, von Herrschaftsmaterial, auf Unwidersprochenheit und universale Anerkennung ihrer weißen, männlichen Gefühlswelt: *Mein Fühl*. Und sie wird strafend vorgehen, egal ob die Restgesellschaft an diesen Gefühlskern rührt oder nicht.

Weltbild eines Jordan Peterson zurückgreifen, oder ob sie den profaschistischen Philosophen Julius Evola lesen.

136 Elliot Rodger, *My Twisted World*. https://www.documentcloud.org/documents/1173808-elliot-rodger-manifesto.html. Zuletzt gesehen am 05.01.2021.

Abb. 109

Elliot Rodger strafte mit Waffengewalt, so wie Eron Gjoni einen Internetmob strafen ließ. Eine endlose Reihe von aggressiven, schlagenden und strafenden Männerfiguren kann hier eingefügt werden, die alles sind, aber kein Backlash. Im digitalen Zeitalter finden diese paranoiden Welthaltungen – diese *Junggesellenmaschinen* – massive Öffentlichkeiten, Belohnungssysteme und Resonanzräume vor. Was helfen kann ist ein feministischer und antirassistischer Strukturwandel der Öffentlichkeit und ihrer Gefühlswelten.

7. Junggesellenmaschinen

Seit dem ausgehenden 19. Jahrhundert Es ist wichtig, dass der vorige Screenshot nicht als psychologisierender Therapieansatz verstanden wird. Die Analyse von *Wojak* und *Beta Feels* ist die Begehung eines Männlichkeitsmodells und einer affektiven Ökonomie, deren Flächenwirkung durch die Bedingungen digitaler Medien entscheidend ermöglicht und gefördert wurde. Diese Ökonomie reflektiert und verstärkt jene aggressive Ignoranz, mit der Weiße und Männer auf die Präsenz und Sichtbarkeit anderer Körper im sozialen und digitalen Raum reagiert haben und weiter reagieren. Das *doing gender*, mit dem die Akteure der Online-Rechten in solchem Übermaß beschäftigt sind, dass sie zur Waffe greifen, ist eine Abgrenzungsphantasie: ›Die (meine) Welt‹ wäre besser ohne die Einmischung von Frauen, Queers, People of Color und so weiter. Die männlichkeitspolitische Bewegung, die sich in den Online-Sphären aus dieser faschistoiden Haltung gebildet hat, will daher vor allem den Ausstieg, wie ihr Motto *MGTOW* anzeigt:

Men Going Their Own Way.

Damit ist der wichtige Anschlusspunkt vom reflexiven Faschismus zur sogenannten *Manosphere* (deutsch: *Mannosphäre*) angesprochen: Ein digitaler und analoger Raum, der sich um die Frage gebildet hat, was Weiße und Männer im 21. Jahrhundert mit sich selbst anfangen sollen (Abb. 110, 111). Die Alternative Rechte liefert wieder selbst die klarste Definition dieses Raums, hier gelesen im antifeministischen Katalog *WikiMANNia.*[137]:

137 *WikiMANNia.de* ist, mit einer Vielzahl internationaler Ableger, eine Wiki-ähnliche Seite zur »Diskrimierung von Männern«. Sie versammelt zumeist antifeministische und beleidigende Artikel zu Feminist*innen und Feminismus.

Abb. 110

Abb. 111

»Die *Manosphere* liefert der Neuen Rechten all die theoretischen Prämissen, die für eine patriarchalische sexuelle Konterrevolution notwendig sind, welche traditionellere und [...] biologisch gesunde Normen zu Regelung der Sexualität wieder einführt und dadurch das individuelle Glück von Männern und Frauen und das Gemeinwohl der Gesellschaft und der Rasse im allgemeinen fördert.«

Da sage noch jemand, der ›neue Faschismus‹ wäre geheim oder kryptisch. Alles ist klar und pointiert formuliert und spielt im Offenen.

Auch die Mannosphäre bespielt die Szenerien des Alltäglichen und der Bedrohung – der ›Große Austausch‹, die Dekadenz des Westens, die Folgeschäden von Multikulturalismus und Feminismus. Alles wird am persönlichen Sexual- und Geschlechtserleben erfahrbar. Die Mannosphäre verfolgt eine rückhaltlose Politisierung männlicher (und davon abgeleitet weiblicher) Sexualität, wie sie bei *Wojak* bereits angedeutet ist. Kernstücke alternativrechter Agitation werden an die banalen sexuellen Lebenswelten junger Männer anschließbar, die nach Hinweisen suchen, wie sie ihr Heilungs- und Nähebegehren erfüllen können, ohne anderen (vor allem weiblichen) Menschen zu begegnen.

Zwei Arten der Heilung werden versprochen: einerseits die Unterbrechung des deprimierenden *that feel when no girlfriend*, andererseits das Erreichen des sogenannten *Alpha*-Status. Beide fallen in den Diskursen der Mannosphäre zusammen, die vor allem dem Genre der Selbsthilfe angehören: Sie versprechen, dass man sich im Schritt vom Beta zum ›echt unabhängigen Alpha-Mann‹ sowohl vom Sexualitätsmarkt als auch von den Ökonomien der Libido lossagen muss.

Die Mannosphäre ist der männlichkeitsmodellierende Flügel der Alternativen Rechten. Ihm fällt die Rolle zu, die politisierte Gegenwart für das adoleszent-männliche Zielpublikum sexualpolitisch, affektiv und handlungsoptimierend auszudeuten. Die Mannosphäre, wie Shawn Van Valkenburgh schreibt, bezeichnet zahlreiche Subgruppen und Unterprojekte:

> »The manosphere is a loosely connected group of anti-feminist Internet communities comprised of phenomena as diverse as #gamergate, the alt-right, men's rights activism, and pickup artist forums.«[138]

In diesem losen Netzwerk, das sich in Webseiten, Internetforen und YouTube-Kanälen artikuliert, geht es den mehrheitlich (aber nicht ausschließlich) männlichen Akteur*innen darum, erfolgreiche Sexual- und Selbstverwirklichungsstrategien in einem ökonomisierten Geschlechtermarkt zu finden, auf dem Frauen nach Attraktivitätswerten beurteilt werden und Männer nach Durchsetzungskraft. Der Männlichkeitsflügel der Alternativen Rechten möchte ›Männer‹ in ihrer angeblichen Marginalisierung ermächtigen, vermuten sie sich doch als bedrohte Minderheit in sogenannten »female-dominated societies«.[139]

Den Nutzern der Internetseite *returnofkings.com* sollen die dort gelieferten Informationen beispielsweise helfen, ihre ›Paarungschancen‹ zu verbessern, die durch Technologie, Einwanderung unverheirateter, nicht-weißer Männer und die Errungenschaften des Feminismus rapide gesunken seien. Im Onlinejargon heißen diese Anleitungen zur frauenfeindlichen, sexuellen Ausbeutung *pickup artistry* – eine Schule des belästigenden Aufreißens als Unternehmen der Männlichkeitsrettung. Ein *empowerment*-Konzept für Männer im Spätkapitalismus ist unter dem Namen »neomasculinity« im Umlauf. Dessen Autor *Roosh V* beschreibt es so:

---

138 Shawn Van Valkenburgh. »Digesting the Red Pill: Masculinity and Neoliberalism in the Manosphere«. *Men and Masculinities* (2018). S. 1 – 20. S. 1.

139 Artikuliert unter anderem hier: Charles Wickelus. »American Masculinity is based on female approval«. *returnofkings.com*. 14.07.2013. www.returnofkings.com/13859/american-masculinity-is-based-on-female-approval/. Zuletzt gesehen am 05.01.2021.

> »Due to changes in mating behavior and pair bonding brought on by technology, shifting demographics, migration to cities from rural towns, universal suffrage, promotion of sexually promiscuous behaviors, and destruction of traditional sex roles, most men do not have the ability or knowledge to successfully reproduce with a modern woman on a comparable attractiveness and socioeconomic level.«[140]

Die angebotenen Ermächtigungsstrategien innerhalb des Geschlechtermarktes implizieren die Reduktion von Frauen und ihrer sexuellen Autonomie auf evolutionspsychologisch verbrähmte Muster,[141] die ein ermächtigter Mann zu manipulieren lernen müsse. Beweis dafür ist zum Beispiel die sogenannte ›weibliche Hypergamie‹, also eine bevorzugte Bindung von Frauen an ökonomisch bessergestellte Männer. Die Selbsthilfetipps der Mannosphäre vermitteln Gegen-Egoismen und eine (Wieder-)Entdeckung männlicher Unabhängigkeit: Mann müsse sich von paar- und bindungsorientierten Denk- und Affektmustern lösen, da diese von Frauen ökonomisch und sexuell ausgenutzt würden.[142] Wieder ein Kurzschluss: Der ›frauenliebende‹ Mann würde von ›ökonomisch liebenden‹ Frauen ausgenutzt. Statt strukturell zu denken, regiert das ›Gefühls-Ich‹.

Der breitgenutzte Begriff *taking the red pill* entstammt diesen Kontexten und meint einen Erweckungs- und Ent-Täuschungsprozess, anhand dessen *mann* aus der Verblendung gegenwärtiger ›frauendominierter‹ und damit anti-männlicher Gesellschaften aussteigen kann. Das falsche Bewusstsein zu entlernen, gelingt nicht allein durch Optimierung des Sexualverhaltens (im Jargon ›game‹ genannt),[143] sondern durch eine Rekalibrierung alltäglicher Muster des *doing masculinity*, das heißt der Geschlechtsperformance.

---

140 RooshV. »What is Neomasculinity?«. *rooshv.com*. 06.05.2015. https://www.rooshv.com/what-is-neomasculinity/. Zuletzt gesehen am 05.01.2021.

141 Zum Beispiel als machiavellistischer Fortpflanzungsegoismus, der nur an ›den besten Genen‹ interessiert sei, unweigerlich durch männliche Stärke und Erfolg signifiziert. Während die Autoren der *Mannosphäre* durchaus apokryph publizieren, finden sich ähnliche Ansätze auch im Millionenbestseller *12 Rules for Life* des kanadischen Psychologen Jordan Peterson.

142 Vgl. Valkenburgh. »Digesting«. S. 10-12.

143 Anonym. *The Red Pill Handbook 1st Edition*. Online 2015. S. 73. http://www.redpillhandbook.com. Zuletzt gesehen am 05.01.2021.

Ein Beispiel: Im seinem »7 Step Guide To Swallowing The Pill« empfiehlt Autor *no_face* sieben Schritte der Remaskulinisierung. Sie reichen von simplen Körperübungen (»before you start lifting [Gewichteheben], you need to make sure your posture is OK«) zu psychischen Einstellungsübungen (»You need to develop alpha characteristics in your frame such as stoicism, abundance mentality and high value«) bis zu Verhaltensregeln im Beziehungsalltag:

> »You need to dominate your woman physically (lift, MOFO, lift!) mentally (you are smarter than a woman, right?), emotionally (be stoic, bro), and sexually (escalate). You also need to dominate the relationship (no supplication, no compliments unless its for something she did to please you) and sex acts (read Daniel Rose's Sex God method).«[144]

Die Internetforen, aus denen auch das hier zitierte *Redpill Handbook* erwachsen ist, weisen oft auf Selbsthilfeliteratur aus dem Bereich der sogenannten Alpha-Männlichkeit hin,[145] die auf Antifeminismus ausgerichtete Männlichkeitsmodelle attraktiv und lukrativ aufbereiten.[146]

Bei solchen Stufen-Programmen geht es um die Errettung einer gefährdeten Männlichkeit, die der klassischen Patriarchatsmischung aus Dominanz, physischer Stärke und Selbstvertrauen entlehnt ist. Wie in den vorigen Screenshots festgestellt wurde, stellen diese chauvinistischen Qualitäten eher den *Wunschzustand* der Alternativen Rechten dar, die mehrheitlich aus medienaffinen Einzelgängern und monologisierenden Foren-Menschen besteht.

In Reflexion dessen nimmt der Umgang mit Medien selbst eine tragende Funktion in den Selbstoptimierungsdiskursen der internetbasierten Mannosphäre ein. Dabei werden die ›entmännlichenden‹ Effekte moderner Medienökonomien, insbesondere der Online-Pornographie und des Video-

---

144 *Red Pill Handbook*. S. 142ff.

145 Ein deutsches Beispiel: Kollegah. *Das ist Alpha! Die 10 Boss-Gebote*. Riva Verlag 2018. Auch der Antaios Verlag des rechten Ideologen Götz Kubitschek führt solche ›Doing-Gender‹-Literatur im Programm: Jack Donovan. *The Way of Men*. Vgl. dazu: Simon Volpers. *Neue rechte Männlichkeit. Antifeminismus, Homosexualität und Politik des Jack Donovan*. Marta Press 2020.

146 Vgl. Pierce Dignam, Deana Rohlinger. »Misogynistic Men Online: How the Red Pill Helped Elect Trump.« *Signs: Journal of Women in Culture and Society* 44.3 (2019). S. 589–612.

spielens, explizit angesprochen. Für die vorwiegende Zielgruppe – ungebundene, adoleszente, weiße Internetnutzer – sind diese Themen alltagsbestimmender als zum Beispiel der klassische Männlichkeits-Marker des wirtschaftlichen Erfolgs:

> »Quit playing video games [...] in your mom's basement while jerking off to porn every day, and start working out, eating right, excelling professionally, and learning skills.«[147]

So appelliert Autor *Archwinger* im Handbuch eindringlich an die Adepten der *Red-Pill-Community* und markiert damit die Schnittstelle von Medienkonsum und Körperprogrammen als zentralen Druckpunkt der Remaskulinisierung.

Pornographie und Masturbation kommen eine zentrale Rolle im misogynen Weltbild der Alternativen Rechten zu. Das Gefährdungspotenzial der Pornographie wird vor allem darin gesehen, dass sie dem sexuellen Szenario der ›cuckoldry‹ allgemeine Akzeptanz und Konsumierbarkeit verleiht. Mit ›cuckoldry‹ oder ›cucking‹ wird generell eine Praxis bezeichnet, in der ein Mann seiner Partnerin beim Sex mit anderen Männern zusieht. Der Konsum pornographischen Materials normalisiere, so die Sextherapeuten der Alternativen Rechten, diese Begehrenskonstellation. Konsumenten gewöhnten sich an sexuelle Gratifikation durch das Beobachten anderer Männer beim Sex mit begehrenswerten Frauen. Dadurch verlören die Konsumenten an Selbstvertrauen, stiegen zur Beta-Männlichkeit ab, und fielen weiter einer suchterzeugenden Dauerschleife anheim: ›Selbstzweifel – Misserfolg bei Frauen – Pornographie – Masturbation – Selbstzweifel – und so weiter‹ So entstehen *Wojaks*.

In Reaktion auf diese verschobene Sexsucht schließen sich männliche Internetnutzer zu Abstinenzgemeinschaften zusammen, die sich durch Porno- und Masturbationsenthaltsamkeit in ihrem Begehren selbstermächtigen wollen.[148] Auf Foren wie *reddit.com/r/NoFap*, das seit 2011 circa 425.000 Mitglieder gesammelt hat, werden monatliche Herausforderungen kollektiv

147 Archwinger. »The Most Unattractive Trait Of All: Trying To Attract A Woman«. *The Red Pill Handbook*. S. 272.

148 Vgl. Kris Taylor, Sue Jackson. »›I want that power back‹: Discourses of masculinity within an online pornography abstinence forum«. *Sexualities* 21.4 (2018). S. 621–639.

durchgestanden und in der Diktion zeitgenössischer Detox-Diäten artikuliert. Das sogenannte ›No-Fapping‹ (also Nicht-Masturbieren) versteht sich als Entgiftung des Begehrenshaushalts und Form der suchtvorbeugenden Medien- und Konsumhygiene. Aus der Selbstbeschreibung des Forums:

> »We host rebooting challenges in which participants (›Fapstronauts‹) abstain from pornography and masturbation for a period of time. Whether your goal is casual participation in a monthly challenge as a test of self-control, or whether excessive masturbation or pornography has become a problem in your life and you want to quit for a longer period of time, you will find a supportive community and plenty of resources here.«[149]

R/NoFap gleicht einem ›Critical Consumer Movement‹, populären Selbsthilfe-Programmen wie dem ›Digital Detox‹ nicht unähnlich. An die Stelle des entschleunigten, bewussteren Alltags wird jedoch ein ermächtigendes Erleben sexueller Selbstkontrolle gesetzt, die sich von den Anreizen der Pornographie emanzipieren will.

Diese Entgiftung der maskulinen Libido, angesichts der Produktionsbedingungen der meisten Online-Pornographie durchaus begrüßenswert, kann aber direkt an die rassistischen Weltbilder der Alternativen Rechten angeschlossen werden.[150] So beschreibt ein YouTube-Kommentar von *MrFredstt* die Beta-Leidensgeschichte und nachfolgende Befreiung durch Abstinenz:

> »In a way, watching porn is cucking yourself. As for my story, sadly, I got hooked on porn at a young age (13) and for the last year have worked on quitting it. So far I'm pretty good, though I fail from time to time.«

Der Ort dieses Kommentars ist aufschlussreich: *MrFredstt* reagiert in seinem Social Media-Beitrag auf ein YouTube-Video des schwedischen Ethnonationalisten und Bodybuilders *The Golden One* (bürgerlich: Marcus Follin). Der YouTube-Influencer, der in der neonazistischen Szene Europas aktiv ist und dessen Kanal im Juni 2020 über 100.000 Abonnent*innen verzeich-

149 Zitiert nach: reddit.com/r/nofap.

150 Dafür müssen nicht die profaschistichen Libidotheorien eines Julius Evola gelesen werden (es wird aber getan).

net, zählt zum populärkulturellen Flügel der Alternativen Rechten. Er bietet, neben rassistischen Theorien ›nordischer Überlegenheit‹ und Nahrungsergänzungsmitteln für Kraftsportler, Selbsthilfetipps in Sachen Beziehung, Körpertraining und Medienkonsum an. Im Video »Why I hate Porn and Why You Should Stop Waching It« bezeichnet er Pornographie als kulturelle Kriegsführung gegen weiße Männer und Frauen (Abb. 112).

> »[...] porn is a weapon which exploits primarily white women and destroys their lives and destroys the masculine virility of Western men [...] it hurts you over a long period of time and it causes relations between men and women to become worse.«[151]

Die Kommentare zum Video verstärken die rassistischen Konnotationen dieser rechten *PorNO*-Bewegung. Ich zitiere drei Beispiele für jene Affektbrücken, in denen Nutzer Follins Gendertipps in nationalistische Maßnahmen der Resouveränisierung übersetzen: Nutzer *Henry115* stellt sich in seinem Kommentar als Reproduktionskämpfer für ein ›erstarktes Europa‹ dar, gerettet durch die Abstinenzlehren des rechten YouTubers:

> »Thank you Marcus, you've really helped me remove porn from my life. I'm finally starting to enjoy intimacy with my fair maiden. My confidence has skyrocketed and i've truly taken the path to the glorious pill. I'm working out reading more and fighting for Europe. Planning on living a porn free life with 6 kids.«

Nutzer *Jupiter Rising* interpretiert den Ratschlag von *The Golden One* im Sinne eines umfassenden Kampfes um weiße Vorherrschaft und weiße Reproduktionsraten:

> »Porn is a weapon against Western civilization. They know there is a very low birth rate among Europeans and porn is promoting Degeneracy, and so is a weapon against the Family Values of [sic] which Western Civilization is based.«

---

151 The Golden One. »Why I hate Porn and Why You Should Stop Waching It«. *Youtube.com*. 14.06.2017. https://www.youtube.com/watch?v=bmePrgRdRlQ. Zuletzt gesehen am 26.03.2020.

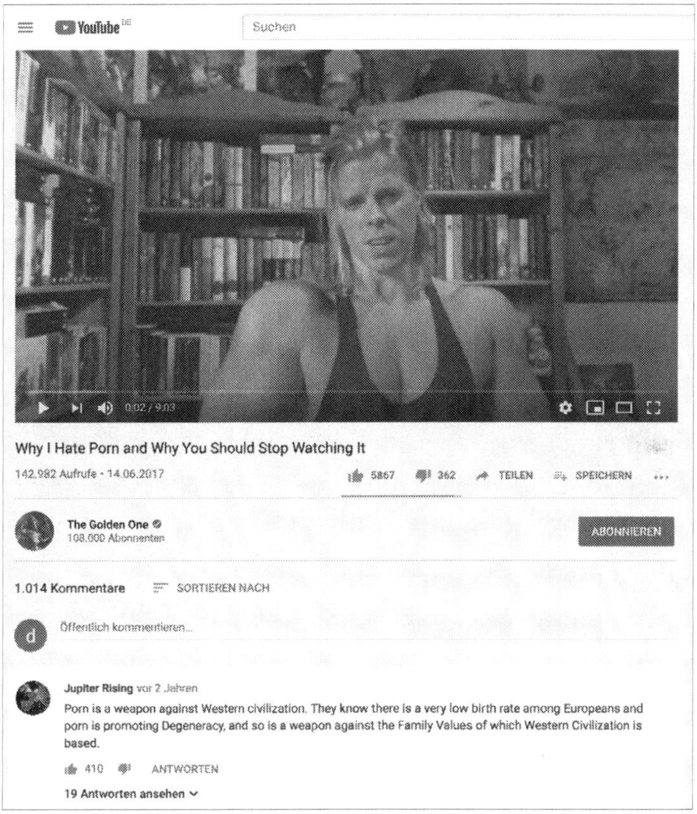

Abb. 112

Nutzer *Gustav Elofsson* weiß genau, wen das »they« in diesem Kommentar meint. Er erläutert den antisemitischen Unterboden der nebulösen, antiwestlichen, dekadenzfördernden Macht, die durch Pornographie die ›Männer des Westens‹ angreift:

[Abstinence] is not a battle you against you, it's a battle you against Jew![152]

152 Alle Zitate aus den Youtube-Kommentaren zum Video aus der vorigen Fussnote. Vergleiche dazu auch den Beitrag von Aladin El-Mafaalani, der ähnliche kollektive Enthaltsamkeitslehren im Salafismus untersucht: »In einer Zeit, in der für jedes Bedürfnis vielfältige Konsumangebote vorliegen und mit Sexualität offen umgegangen wird, ist die größte Provokation und die radikalste Abgrenzung vom Mainstream bzw. von der Mehrheitsgesellschaft die Enthaltsamkeit im Kollektiv.« Aladin El-Mafaalani. »Protest, Provokation und Plausibilität: Salafismus als Jugendbewegung«. Jennifer Schell-

Der Kommentar hebt explizit auf die antisemitische Konstruktion ab, dass westliche Kulturindustrien von jüdischen Menschen dominiert seien, die durch Verbreitung ›anti-weißer‹ Kulturtexte deren Vormachtstellung untergraben wollten.[153] Das nebenstehende Schaubild soll die Pornoindustrie als jüdische Verschwörung visualisieren (Abb. 113): Da die Porno-Portale *Redtube, Brazzers* und so weiter Tochterfirmen von *MindGeek* seien, das unter anderem von einem Herrn namens ›David Marmorstein‹ geleitet würde, sei die jüdische Kontrolle dieser Entmännlichungsindustrie erwiesen. Verschwörungstheorien kümmern sich nicht um die Tatsache, dass ein Unternehmer Subunternehmen gründen kann.

Die Strategie, Pornographie als ›anti-weiße‹ Propaganda einzuordnen, führt zu einer weiteren rassistischen Bedeutungsschicht, die im Begriff des ›cuckolding‹ mitschwingt. Die Netzwerke der Alternativen Rechten haben den Begriff unter anderem zum Portmanteau ›cuckservative‹ umgeformt: Damit sind konservative oder nationalistische Politiker gemeint, die sich nicht zum *Ethnonationalismus* bekennen. Daher hätten sie dem drohenden Austausch weißer Mehrheiten durch nicht-weiße Migrant*innen nichts entgegenzusetzen. Die profaschistische Webseite *rightrealist.com* erläutert die ideologische Bedeutung des Begriffs ›cuck‹ ausführlich:[154]

> »The term ›cuck‹ from an alt-right perspective began as a very simple analogy: Allowing foreigners to invade, exploit, or attack your nation or people is compared with cuckoldry. In other words, a cuck is a man who allows his wife (nation) to sleep with another man (foreign people), and who invests time and resources into raising a child that is not his own. The term can be used more

höh, Jo Reichertz, Volker M. Heins, Armin Flender (Hg). *Großerzählungen des Extremen: Neue Rechte, Populismus, Islamismus, War on Terror.* transcript 2018. S. 137–150.

153 Auf dem Message-Board *8ch.net*, das ebenfalls eine *nofap*-Untergruppe hat, wird die antisemitische Grundannahme hinter der rechten Anti-Porn-Bewegung expliziter diskutiert. Anonymous postet dort die dringende Frage: »ARE THE JEWS BEHIND PORN OR NOT? THIS IS IMPORTANT« und erhält die anonyme Antwort: »Yes. Do a google search for names of directors, producers and male stars. Also note how many of the male stars have jewish features and how disgustingly ugly most of them are, they look like jew rats.« https://8ch.net/nofap/index.html. Zuletzt gesehen am 30.04.2019.

154 Die Webseite, die vom Nutzer »MortalSisyphus« betrieben wurde, ist seit Frühjahr 2020 abgeschaltet.

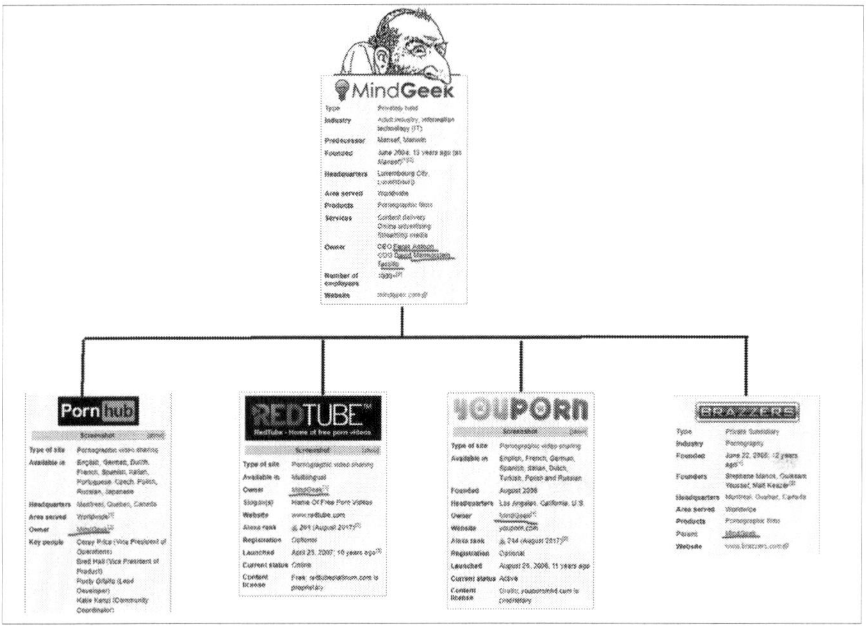

Abb. 113

generally either as a noun to describe a man who has emasculated himself, or as a verb for weak and submissive behavior.«[155]

In den Bildwelten der Alternativen Rechten wird der ›Große Austausch‹ immer wieder durch solche ›cuckold‹-Bilder imaginiert, in denen dunkelhäutige Männer weiße Frauen beschlafen, während ein weißer Mann dieser ›sexualisierten Invasion‹ passiv zuschaut. Die Konstellation des Pornokonsums wird – in rassisierter Form – zum sexuellen Symbolbild von Migration, Politik und Gesellschaft.

Dieses Symbol ist breit spielbar, wie einige Beispiele zeigen: Das Reddit-Forum *r/whiteboyextinction* betreibt eine Art Porno-Propaganda (Abb. 114).[156] Hier werden Kurzclips des benannten Pornographie-Genres (weiße Frauen und Schwarze Männer) gepostet, versehen mit passenden Überschriften

155 Anonym, »The Alt-Right FAQ«, *rightrealist.com*. www.rightrealist.com/#q16. Zuletzt gesehen am 30.04.2019.

156 Analog funktionieren: *r/JewishExtinctionFetish*, *r/whiteextinctionfetish*.

zum *white genocide*. Oder weniger explizit: Es braucht keinen expliziten Verweis auf ›Rassenschande‹, wenn der rechte Informationskanal *Way of the World* ein Plakat der Stockholmer Oper postet (Abb. 115): Auf diesem werben ein Schwarzer Mann und eine weiße Frau für die Theaterproduktion »Shakespeare in Love«. Der Telegram-Kanal *Interracial BMWF ads compilation* kapriziert sich ausschließlich darauf, Produktwerbungen zu sammeln, die weiße Frauen mit Men of Color abbilden.[157] Der Kanal *The War on Whites* erledigt dieselbe Arbeit jeden Tag mit Nachrichtenmeldungen. Diesen Beispielen gemeinsam ist eine paranoide Sichtweise auf Diversität und die Präsenz anderer Körper, die der weißen Panik um ›miscegenation‹ (USA) und ›Rassenschande‹ (Deutschland) im 19. und 20. Jahrhundert entspricht.

The white race is overtaken through male feminization and interracial breeding.[158]

Um diesem Szenario und der darin ausgedrückten Degeneration zu entkommen muss ›Mann‹ im Jargon der Alternativen Rechten *uncucked* oder *red pilled* werden. Im Alltagssinn bedeutet das, der Normalisierung der ›cuckoldry‹ den Kampf anzusagen, Pornographie-abstinent zu werden und so weiße (Selbst-)Kontrolle und Virilität zurückzuerobern. Der sexuelle Alltag junger Männer mutiert zum andauernden Schlachtfeld des rechten Kulturkriegs: Die rechte Webseite *The Daily Stormer* verlinkt die ›Anti-Porn‹-Videos von *The Golden One*, kommentiert mit dem Appell, durch schlichte Abstinenz der rassistischen und ethnonationalistischen Bewegung beizutreten. Der rassistische Untertext muss nicht mehr expliziert werden.

> »If you are watching pornography, you are destroying your life and you probably are not even aware of it. We need strong young men. We do not need wankers.«[159]

---

157 https://t.me/blackmalewhitefemale. Zuletzt gesehen am 05.01.2021. Selbstbeschreibung: »In this channel I will post interracial BMWF (Black Male – White Female) couples that everyday are more common to find on adverstiments, films and mass media. Just coincidences.«

158 Aus der Selbstbeschreibung des Subreddits *r/whiteboyextinction*.

159 Andrew Anglin. »The Golden One on the Pornography Issue«. *Daily Stormer*. 25.04.2017. https://dailystormer.name/the-golden-one-on-the-pornography-issue/. Zuletzt gesehen am 30.04.2019.

Abb. 114

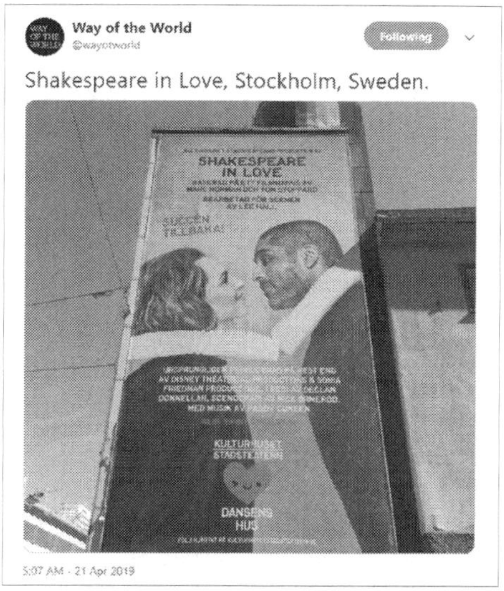

Abb. 115

Abb. 116

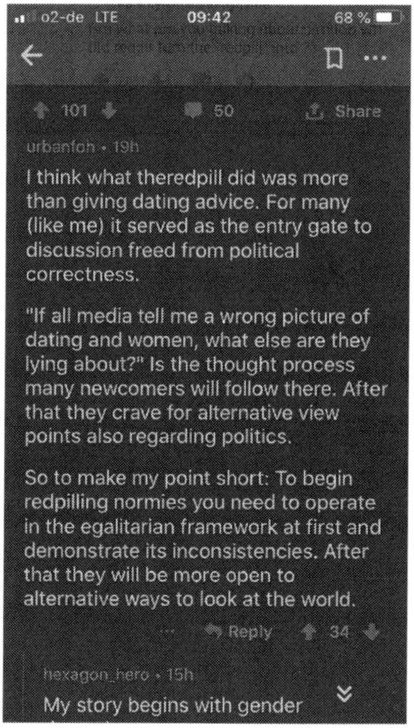

Abb. 117

Mit anderen Worten vermischen sich dämliche Sextipps, Aufrufe zur Nicht-Masturbation und Beobachtungen von Porno- und Werbetexten ohne Reibungsverluste mit faschistischen Phantasien eines Selbstmords der ›weißen Rasse‹. Die Alternative Rechte sieht im Kampf um männliche und sexuelle Souveränität etwas Größeres: den Kampf ums Überleben für weiße Menschen und der sogenannten *Western Civilization*.

Der reflexive Faschismus betreibt also in der Tat eine weitreichende »sexuelle Konterrevolution«.[160] Die globale Verschwörung – aus Feminist*innen, Migrant*innen, jüdischer Mediendominanz, Einwanderungspolitik – zur Vernichtung Weißer und Männer wird somit am eigenen Körper spürbar. Eine Atmosphäre entsteht, die jeder in der eigenen sexuellen Unsicherheit, Unangemessenheit und im mangelnden Selbstvertrauen erfühlen kann.

You are probably not even aware of it.

Falls *Sie* ein Mann sind und nicht wissen, wie *Sie* ›eine Frau ansprechen‹ sollen: Die Alternative Rechte erklärt Ihnen, warum schon diese Hemmung ein Beweis für den ›Großen Austausch‹ ist. Haben Sie einen Mangel an sexuellen Erfolgserlebnissen, dann sind Sie ein Beleg für ›Umvolkung‹ und die De-Souveränisierung westlicher Männer (Abb. 116). Und wenn Ihnen die romantischen Heterobeziehungen in den Medien irgendwie falsch vorkommen, sagt Ihnen die Alternative Rechte gern, was dort noch alles falsch und anti-männlich codiert ist (Abb. 117).

What else are they lying about?

In den Männlichkeitsworkshops der Alternativen Rechten – von *Roosh Vs* Aufreißer-Büchern[161] bis zu *The Golden Ones* Bodybuilding-Tipps – verspricht dieser neue Faschismus nicht in erster Linie ideologische Doktrinen und traditionell maskuline Werte. Er verspricht eine männlichkeitsfixierte sexuelle Revolution, die Alltagsprobleme spätkapitalistischer Männer zu lösen vorgibt. Diese faschistischen und faschismusnahen Männerclubs bieten dabei eine wirre Assemblage: Zölibat, Körperpraktiken, rassistische und sexistische Wahnwelten, Medienbewusstheit, selbstbezogene Auslöschungsphantasien, Konsumbewegung, digitale Maschinen der einsamen Vergemeinschaftung.

---

160 Gabriele Dietze. »Der Pussy-Präsident. Sexuelle Konterrevolution versus Feministischer Civil War«. Koch, Nanz, Rogers. *The Great Disruptor*. 2019. S. 99-122.

161 Seine Serie nennt sich *Bang*. https://www.rooshvstore.com/books/bang/

Angesichts dieser Unübersichtlichkeit ist ein abschließender Exkurs zu einem vergessenen Begriff angebracht: *die Junggesellenmaschinen*. Der Kurator Harald Szeeman hatte den Begriff 1975 in Anlehnung an Marcel Duchamps und Michel Carrouges für solche zugleich ausschließenden und produktiven Männlichkeitsgebilde geprägt:

> »Die Junggesellenmaschine ist ein erotischer Mythos, sein Träger der Junggeselle, der sich der Zeugungsfunktion der Sexualität versperrt [...] ein Leben um der Libido willen. [...] In der Abwehr der Institution der Ehe wird die Verselbständigung der ›pornographischen Phantasie‹, nämlich das Recht der Phantasie gegenüber dem repressiven Realitätsprinzip [...] bedeutsam. Das ›freie Phantasieren‹ und Ausdenken verleiht der Phantasie eine neue Qualität, die Qualität der Zwangsidee, der Obsession, wie sie den Paranoiker auszeichnet.«[162]

Anhand prominenter Beispiele der Moderne – Duchamps Plastik »Großes Glas«, der Strafmaschine aus Kafkas *Strafkolonie*, dem Surrealismus – feierte Szeemann die Junggesellenmaschine als zentrale, solopsistische Kunsttradition seit dem Ausgang des 19. Jahrhunderts: Junggesellen bauen sexuelle Maschinen, die welterzeugend und hochreproduktiv sind, gerade durch Ausschluss (bis hin zur Vernichtung) von Weiblichkeit. Im Jahr 1999 wandte Oswald Wiener den Begriff mit einiger Lakonie auf die Universalmaschine *Computer* und das damals neue Internet an:

> »Motiv der Junggesellenmaschinen [ist] der Ersatz des Anderen, in jeder sozialen Beziehung überhaupt, nicht nur in der sexuellen. [...] Wenn du deine Neurosen ausleben willst, dann lern programmieren und mach dir ein Weltchen; und nimm in Kauf, dass dein Weltchen den Blick auf die Welt verschließt, in die es eingebettet ist – deine Neurose tut ja auch nichts anderes.«[163]

In gewisser Weise hat der digitale Faschismus – die 4chans, die *returnofkings*, *The War on Whites* und so weiter – die Gestalt einer gigantischen Junggesel-

162 Hans-Ulrich Reck, Harald Szeemann (Hg.). *Junggesellenmaschinen*. Springer 1999. S. 8.

163 Oswald Wiener, Hans-Ulrich Reck. »Virtual Reality ist doch faktisch die ›Ève future‹ par excellence«. Reck, Szeemann (Hg). *Junggesellenmaschinen*. S. 327 – 339. S. 338 Dieser Katalog zur Szeemanns Ausstellung von 1975 erschien in erweiterter Fassung.

lenmaschine angenommen: endlose, phantasmatische Erregung und Reizung in einem selbstbezüglichen, durchneurotisierten Jungszimmer. Eine digitale Maschine energetischer Eigenbewegung ohne Außen. Diese zölibatären Nazis nutzen die dauernden Erregungsschleifen und Gesprächsblasen des Internets zur Produktion von Gewalt und destruktiver Weltabgewandtheit.

Das ist mithin vernetzwerkte Diskurs-Onanie, und der reflexive Faschismus verspricht damit eine sexuelle Revolution: Das ›freie Phantasieren‹ und ›Ausdenken‹ wird zum attraktiven und erotisierten Gemeinschafts- und Weltprinzip. Hier noch einmal eine Erinnerung an das bereits angeführte Zitat Adornos, der solche faschistoiden Wahngebilde passend als »gigantische psychologische Wurztechnik«[164] beschrieben hat:

> »...der neue Nationalismus oder Rechtsradikalismus hat [...] etwas Fiktives. [...] Es ist [aber] sehr oft so, dass Überzeugungen und Ideologien gerade dann, wenn sie eigentlich durch die objektive Situation nicht mehr recht substantiell sind, ihr Dämonisches, ihr wahrhaft Zerstörerisches annehmen.«[165]

Harald Szeemann und die postmodernen Interpreten um das Konzept der *Junggesellenmaschinen* hielten solche vergeschlechtlichten Kopfgeburten und vernichtenden Weltschöpfungen im letzten Jahrhundert noch für wegweisend und ›transgressiv‹. Heute sind die *bachelor*-Träume einer männlich-dominierten Postmoderne zu digitaler und analoger Wirklichkeit geronnen. Erkennbar ist dies an Elliot Rodger, dessen Fall aus dem Jahr 2014 auch den vorherigen Screenshot abgeschlossen hat. Der Lebensbericht oder das Manifest des *Incel-Shooters* von Isla Vista trug den Titel: *My Twisted World*. Viele haben sich ein verdrehtes Weltchen gemacht, wie Oswald Wiener sagte. In diesem Weltchen muss alles Andere tödlich ›ersetzt‹ werden, damit mann sich selbst als *supreme gentleman* empfinden kann.

---

164 Adorno. *Aspekte*. 2019. S. 54.

165 Adorno. *Aspekte*. 2019. S. 13.

8. Kuratorischer Extremismus

Die ganze Zeit Am Anfang dieses Buchprojekts fragte mich jemand, ob ich im Zuge der Nachforschungen auch Interviews mit ›rechten YouTubern und Foristen‹ führen würde. Die Frage führte zu zwei Thesen, einer intuitiven und einer empirischen: 1. Ich spreche lieber mit ›Linken‹, denn die haben etwas zu sagen. 2. Interviews machen keinen Sinn, weil diese reflexiven Faschist*innen völlig transparent, egoman und offen sind in dem, was sie denken und tun, in ihren Gefühlen und Motivationen. Sie reden über nichts anderes, und das die ganze Zeit – auch darin liegt ihr reflexives Moment.

Ein Gespräch ist überflüssig, wenn der Massenmörder von Christchurch in seinem Manifest unter dem Stichwort *Answering Possible Questions* ein ausführliches Interview mit sich selbst führt. Er gibt sogar ›witzige‹ Antworten auf die Empörungsautomatismen, die er beim Gegenüber (›uns‹) vermutet:

> Frage: »You are a bigot, racist, xenophobe, islamophobe, nazi, fascist!« Antwort: »Compliments will get you nowhere«.

In diesem Sinn gibt es keine verborgene psychologische Struktur des ›Extremisten‹ oder ›der Extremistin‹, die durch persönliche Befragung aufgeschlüsselt oder entlarvt werden könnte. Es gibt keine Gesprächstherapie. Der therapeutische Reflex des Bürgertums gegenüber ›der/dem Rassist*in‹ wird hilflos angesichts einer völlig auskunftsfreudigen Teflon-Haltung. Alles perlt ab und da ist nichts, was verborgen wird.[166]

Im Gegenteil herrscht völlige Entblößung und eine eher masturbatorische Haltung zum öffentlichen Diskurs: Jede Empörung löst Jubilieren und

166 Vgl. Amadeu Antonio Stiftung. »Was tun, wenn Fakten nicht mehr wirken? Interview mit der Psychologin Sophie Leisenburg«. *Alternative Wirklichkeiten Monitoring rechts-alternativer Medienstrategien*. Berlin 2020. S. 76–79.

Erfolgsgefühle aus (der Mainstream wurde überlistet, die *liberals* getriggert, das Tabu verletzt). Die Alternative Rechte ist rassistisch, sexistisch und nationalistisch, und vor allem *unneurotisch*. Ihre Neurose ist zur ethnonationalistischen Weltsicht, zur rassistischen Gemeinschaft, zur maskulinistischen Ermächtigung, zum konkreten Polit- und Gewaltprojekt umgeformt.

Über diese Umformung redet die Alternative Rechte unablässig, und am besten tut sie das mit sich selbst. Wie mittlerweile jede*r gelernt haben sollte, ist ihr Lieblingsthema, dass sie an diesem Sprechen gehindert wird – daher reizt sie jede Zensurmaßnahme oder Kritik am Gesagten weiter an. Wann immer diese Position auftaucht, es gibt einen leicht zu erlernenden Konter, den Sara Ahmed prägnant formuliert hat:

> »Whenever people keep being given a platform to say they have no platform, or whenever people speak endlessly about being silenced, you not only have a performative contradiction; you are witnessing a mechanism of power.«[167]

Das ist eine wichtige Gegenbeobachtung, mit der man sich schützen kann. Es ist aber noch keine Unterbrechung des *rechten Sprechens* und seines performativen Widerspruchs. Die Diskurs-Onanie aus dem vorigen Screenshot bildet daher auch das medienökonomische Modell rechter Aufmerksamkeitsproduktion: *Rechtes Sprechen* ist vor allem ein dauerndes Sprechen über Sprechverhinderung – ein Selbstläufer in der medialen Öffentlichkeit. Anhand dieser Beobachtung werde ich eine zuvor schon genannte These weiter konkretisieren. Sie lautet: Das Diskursfeld des reflexiven Faschismus ist fast ausschließlich monologisch verfasst.

Einige Beispiele rechter Selbstgespräche: Lauren Southern, Ethnonationalistin und YouTube-Personality aus Kanada, hält in ihrem Agitationsfilm *Borderless* (über die Auswirkungen der ›Flüchtlingskrise‹ auf Lesbos) in einem Hörsaal eine Brandrede gegen Immigration. Bei näherem Hinsehen wird deutlich, dass Southern außer der Kamera kein Publikum hat: Sie spricht völlig allein. Bilder von Vorträgen des US-amerikanischen Ethnonationalisten Richard Spencer dokumentieren, dass er seine Thesen zu »Hail Victory! Hail Our People!« vor einem Publikum von circa 20 Menschen äußert (Abb. 118). Im rechten Forum *r/alt-fakten* werden täglich ein Dutzend

167 Sara Ahmed. »An Affinity of Hammers«. *TSQ: Transgender Studies Quarterly*. 3.1-2 (2016). S. 22-34. S. 27.

›rechte News‹ aus dem internationalen Raum verbreitet, mitgeteilt vom einsamen User *u/sandmann* (im Schnitt drei Upvotes und keine Kommentare). Eine *White Lives Matter*-Demonstration der NPD irgendwo in Deutschland im Juni 2020 zeigt ganze neun Gesichter auf dem Bild (Abb. 119). Gegeninformation und Radikalisierung können ein einsames Geschäft sein.

Mediale und soziale Vorraussetzungen erlauben es der Alternativen Rechten, solche Schwund- und Einsamkeitsphänomene zu überspielen und/oder agitatorisch auszuschlachten. Diversität und Mengenverhältnisse können simuliert werden und populäre Scheinriesen entstehen.[168] Massenhafte Monologe steigern sich zu Chören. Ich möchte drei Strategien herausstellen, die dieser *monologische Faschismus* zur Vergrößerung seiner selbstgesprächigen Struktur entwickelt hat: Erfindung von Diversität, Bespielen der Diversität und Erfindung des Publikums.

1. Erfindung von Diversität

Am 25. Februar 2019 berichtet die *Berliner Zeitung* vom Parteitag der AfD, wo einer der ersten öffentlichen Kämpfe zwischen moderatem Rumpf und extrem-rechten ›Flügel‹ stattfand: Mit 380 zu 320 Stimmen wurde ein Landeschef der ›Moderaten‹ gewählt. Gauland warf sich zur Widerstandsfigur auf, das Vokabular geliehen von Wilhelm Heitmeyer: Teile seiner Partei übten sich in »gruppenbezogener Menschenfeindlichkeit« und würden »diese Partei niemals kapern«, so zitiert ihn die Zeitung.[169] Derartige Schaukämpfe fungieren in der Öffentlichkeit als glaubhafte Selbstdifferenzierung in ›vernünftige‹ AfD, ›völkischer Flügel‹, ›WerteUnion‹ und so weiter.

Dem Theater des Richtungskampfs schließt sich auch der Verfassungsschutz an und stellt nur ›den Flügel‹ im Frühjahr 2020 unter Beobachtung. Von der Berichterstattung plausibel gemacht, differenziert sich die Rechte anhand sogenannter Kernthemen glaubhaft aus. Das Publikum soll die Unterschiede lernen, wo genau die Differenzen zwischen Migrationsgegner*innen, Antifeminist*innen, EU-Gegner*innen und völkischem Nationalismus liegen, die sich da in einer Partei versammelt haben.

168 Fielitz, Marcks. *Digitaler Faschismus*. S. 131–144.

169 Gauland bedient sich hier des zentralen Begriffs der Studie: Wilhelm Heitmeyer (Hg.). *Deutsche Zustände*. Suhrkamp 2002-2012. S. 13-34.

Abb. 118

Abb. 119

Das ist ein allgemeines Prinzip und vielen Online-Aktivitäten der Alternativen Rechten gemein: Ob man nun die *jewish question* in seiner Theorie des ›Großen Austauschs‹ unterbringt, den Feminismus, oder doch lieber den *cultural marxism* als Hauptfeind sieht und vielleicht noch ›(((Adorno)))‹ dazuschreibt;[170] ob man Oswald Spengler oder Adolf Hitler besser findet – all das sollen wichtige und diskussionswürdige Unterschiede sein. Macht man diese Unterscheidungen mit, winkt im Gegenzug ein Komplexitätsgefühl. Man erhält die Übersicht über ein Feld, das sich gleichzeitig als einheitliche Gegenbewegung definiert.

Bei den Parteiendramen herrscht dasselbe Prinzip der simulierten Differenzierung, das die Online-Rechte vorgemacht hat: In einem YouTube-Video namens *What is the Alt-Right?* behauptet Gavin McInnes (*Proud Boys, Rebel Media*) wortreich Unterschiede zwischen libertärem Nationalismus (*Alt-Lite*), Ethnonationalismus (*white nationalism*), »full blown neonazis« (?) und den Vertretern der *Alt-Right*, zu denen er sich selbst zählt.[171] Er mahnt, die Ideologien und Personen auseinanderzuhalten und sie nicht alle in den ›Nazitopf‹ zu werfen. ›Die Linke‹ tue dies natürlich trotzdem, womit schon deren Ideologie und Hegemonie bewiesen wäre. Dass der Gegner zu ideologisch sei und daher nicht zwischen X (Gauland) und Y (Höcke) unterscheiden könnten – das ist *immer* die (völlig unterschiedlose) Pointe derartiger Differenzierungen von rechtsdrehenden Kulturen (Abb. 120).

170 Mit den drei Klammern wird in der Netzsprache ein ›jüdischer‹ Mensch markiert.

171 Rebel Media. »Gavin McInnes: What is the Alt-Right?« *Youtube.com*. 7.4.2016. youtu.be/UQCZ9izaCa4. Zuletzt gesehen am 06.12.2019.

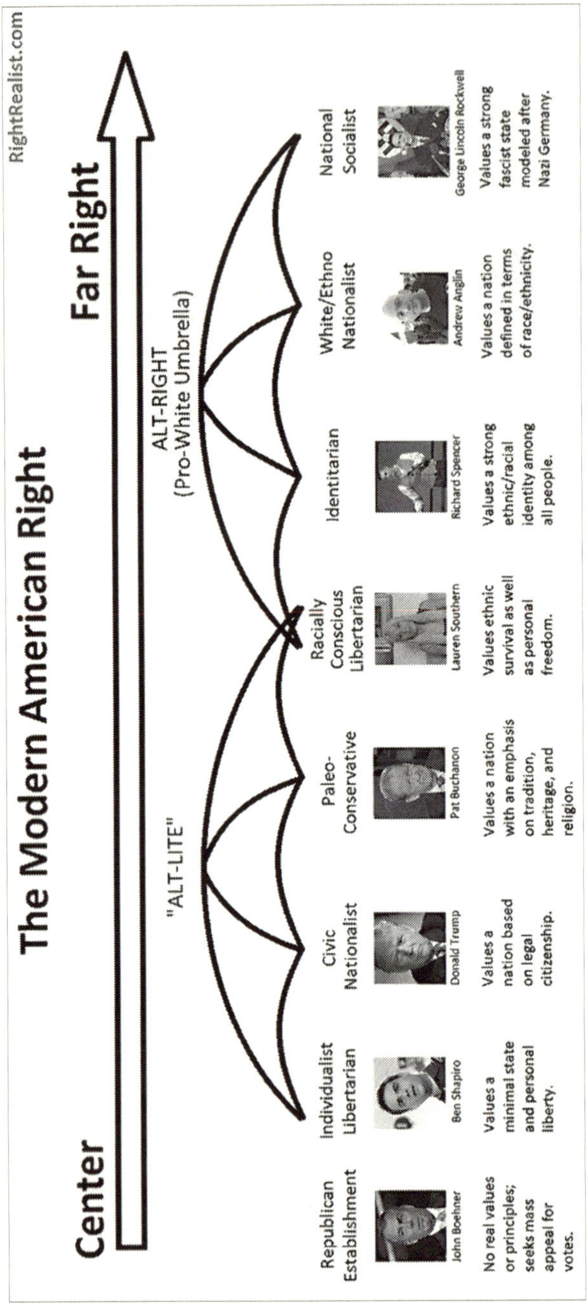
The Modern American Right
RightRealist.com
Center
Far Right
"ALT-LITE"
ALT-RIGHT
(Pro-White Umbrella)
Republican Establishment
John Boehner
No real values or principles; seeks mass appeal for votes.
Individualist Libertarian
Ben Shapiro
Values a minimal state and personal liberty.
Civic Nationalist
Donald Trump
Values a nation based on legal citizenship.
Paleo-Conservative
Pat Buchanon
Values a nation with an emphasis on tradition, heritage, and religion.
Racially Conscious Libertarian
Lauren Southern
Values ethnic survival as well as personal freedom.
Identitarian
Richard Spencer
Values a strong ethnic/racial identity among all people.
White/Ethno Nationalist
Andrew Anglin
Values a nation defined in terms of race/ethnicity.
National Socialist
George Lincoln Rockwell
Values a strong fascist state modeled after Nazi Germany.

Abb. 120

Die Alternative Rechte erwirtschaftet damit zweierlei: Eine Simplifizierung des Gegners und ein Komplexitätsgewinn auf der eigenen Seite, denn die einzelnen Unterprojekte (*libertarianism, nationalism, white nationalism* und so weiter) gewinnen an Glaubwürdigkeit und Differenzierung. Heraus kommt ein Positionenspiel, an dem Umstehende teilnehmen können: ob *Alt-Right* oder *Alt-Lite,* Ethnonationalismus oder Ethnopluralismus, Männer-*empowerment* oder Antifeminismus und so weiter. Ein Mainstreampublikum ist oft nicht in der Lage, diese Scheingefechte zu entschlüsseln und deren taktische Ausrichtung einzurechnen. Die Mitnahmeeffekte sind groß, und vor lauter Differenzierung zwischen *civic nationalism* und *racially conscious libertarianism* sind Trump oder Gauland plötzlich gemäßigte Kandidaten.

Damit liefert die Alternative Rechte Komplexitätsgefühle für Anhänger*innen einer Vereinfachungsbewegung. *Affektpolitisch* gibt es keinen zentralen Unterschied, der die *Identitäre Bewegung* von der Partei *Der III. Weg,* den *Flügel* von der AfD, *Alt-Lite* und *Alt-Right* und Neonazis (oder alle voneinander) unterscheiden würde. Alle Teilbewegungen partizipieren am gleichen Grundaffekt des reflexiven Faschismus – der Produktion und atmosphärischen Ausdehnung von Gefährdungsgefühlen für Mehrheitsmenschen. Womit man es bei den Ausdifferenzierungen zu tun hat, ist eine Taktik, die zum Beispiel Hans-Thomas Tillschneider (AfD Sachsen-Anhalt) explizit als »Projekthygiene«[172] benannt hat. Die jeweiligen verwandten Unterprojekte

172 Vgl. Bundesamt für Verfassungsschutz. »Gutachten zu tatsächlichen Anhaltspunkten für Bestrebungen gegen die freiheitliche demokratische Grundordnung in der ›Alternative für Deutschland‹ (AfD) und ihren Teilorganisationen«. 15.01.2019. Veröffentlicht unter: https://netzpolitik.org/2019/wir-veroeffentlichen-das-verfassungsschutz-gutachten-zur-afd/. Zuletzt gesehen am 05.01.2021. Im Gutachten (Punkt 7.1.4.) wird ein Facebook-Eintrag Tillschneiders vom 21.09.2018 zitiert. Präzedenzfall für die ›Richtungsdebatte‹ waren Verflechtungen zwischen AfD und *Identitärer Bewegung*: Als letztere zum extremistischen Verdachtsfall erhoben wurde, schlug Tillschneider vor, sich »... in Freundschaft von Gruppen entkoppeln, die zu Unrecht überwacht werden. Darunter fällt die Identitäre Bewegung. Obwohl sich deren Programm nicht von den Zielsetzungen der AfD unterscheidet, hat der Verfassungsschutz sie unter Beobachtung gestellt. Sie fungiert als Warnzeichen und Vorstufe. Der Verfassungsschutz zeigt uns an der IB was uns blüht, wenn wir an unserem Programm festhalten. Sobald die vergleichsweise schwache IB, durch die Beobachtung stigmatisiert, im politischen Diskus als ›rechtsextrem‹ gilt, läßt sich von ihr aus die AfD in Angriff nehmen. Wenn wir angesichts dieses Szenarios von einer Zusammenarbeit mit der IB vorerst Abstand nehmen, erfüllen wir damit nicht das Kalkül des Verfassungsschutzes, wir durchkreuzen es. ›Projekthygiene‹ hat Götz Kubitschek es einmal genannt. Wir lösen eine Verbindung, die

des rassistischen und chauvinistischen Nationalismus sollen strategisch unterscheidbar und diskret gehalten werden, auch wenn sie das gleiche wollen. So wirkt das alternativ-rechte Diskursfeld interessanter und ›diverser‹. ›Projekthygiene‹ erlaubt unter anderem auch, die rechten Monologe wie Gespräche zwischen Unterschiedenen erscheinen zu lassen. Das füllt mitunter Talkshows, mit Sicherheit aber Internetseiten und Kommentarspalten.

2. Bespielen der Diversität

Die taktische Projekthygiene bietet zahllose Möglichkeiten, um Themendebatten zu führen, die falsche Entscheidungsfragen suggerieren: ›Ist der Flügel so völkisch orientiert, dass er aus der *Alternative für Deutschland* ausgeschlossen werden müsste?‹ Eine Frage, die der AfD-Parteitag diskutierte und die Mehrheitspresse gerne aufnahm, um sie in Talkshows als ›Debatte‹ zu präsentierten. Es gab Profilierungs- und Verschleierungsangebote für alle Beteiligten, zum Beispiel für Wertkonservative und Völkische. Der Flügel wurde dann aufgelöst wie Zucker in der Limonade, und beide Positionen – pro und contra-Flügel – gingen wieder in der AfD auf. Um Neutralität bemühte Leitmedien berichteten folgsam von der gelungenen ›Auflösung‹ und legitimierten die Taktiererei der AfD. Diese spricht selbst lieber von »struktureller Entflechtung«.[173]

Ähnliche Szenen spielen sich in der *user-driven* Meinungslandschaft auf YouTube jeden Tag ab, ganz ohne Parteienstrategie: Im ikonischen Streitgespräch zwischen Sargon of Akkad (*nationalist liberal*) und Richard Spencer (*white nationalist*) am 4. Januar 2018 auf YouTube gewann vor allem der Nationalismus (*quelle surprise*). Zentrale Diskussionsfrage war, ob Nationalismus völkisch bzw. identitär sein müsse, um sich durchzusetzen, und welche Rolle ›wissenschaftliche Fakten zu Rassenunterschieden‹ bei dieser Entscheidung spielen. Wer genau soll bei dieser Fragestellung gewinnen oder gar informiert werden?

Das Publikum der YouTube-Debatte (live gesendet und von circa 10.000 Zuschauer*innen verfolgt) konnte im Anschluss beide Diskutanten bewerten: Ergebnis war, dass Spencer ›die besseren Argumente‹ hatte (Abb. 121).[174]

---

der IB nichts nützt, uns aber schadet. Trotz einer strukturellen Entflechtung halten wir aber selbstverständlich an allem fest, wofür wir stehen und wofür auch die IB steht.«

173 Siehe vorherige Fußnote.

174 Vgl. Lewis. *Alternative Influence.* 2018. S. 34

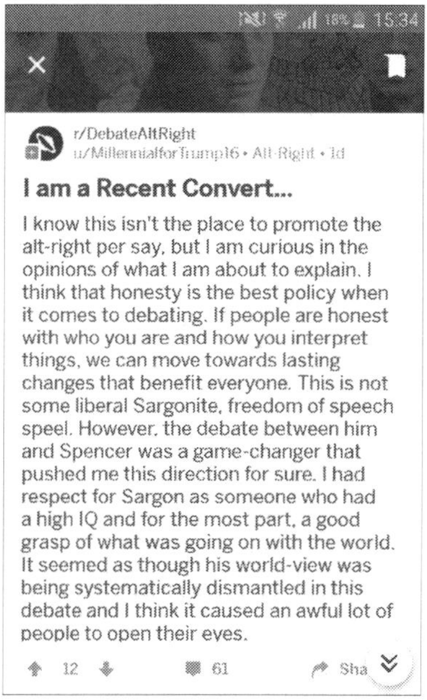

Abb. 121

Das verwundert kaum, denn es diskutierte ein überzeugter Ethnonationalist mit mindestens zehn Jahren Agitationserfahrung mit einem Ex-Videospiel-Nerd-jetzt-Antifeminist. Beide Kontrahenten konnten ihre Abonnent*innenzahlen durch das Debattenevent vergrößern, und ihre angeschlossenen Netzwerke verzahnten sich.

Quelle fucking suprise.

Solche nationalistischen und rassistischen Monologe mit mehreren Stimmen sind ein lukratives Geschäft auf YouTube. Das hat auch unternehmerisch-taktische Gründe und wird durch politische Entscheidungen der Videoplattform nachgerade gefordert. Zu Beginn des Jahres 2019 wurden zahlreiche rechte Meinungsproduzent*innen von YouTube im Zuge des ›Kampfs gegen *hate speech*‹ demonetarisiert, das heißt sie konnten mit einfachen Video-Blogs keine Werbeeinnnahmen mehr erzielen. Als Antwort wechselten viele Akteur*innen zum Format der gestreamten Live-Diskussion mit Gleichgesinnten: So konnte erstens eine ›inhaltliche Zensur‹ durch die Plattform umgangen werden; zweitens konnten Zuschauer*innen im sogenannten *Superchat*-Format in Echtzeit Spenden abgeben. Sargon of Akkad nahm im Schnitt 500 britische Pfund pro ›Debattensendung‹ durch Spenden ein.

Ein ähnliches Format bildet, in gediegener und weniger Zensur-gefährdeter Form, das primäre Geschäftsmodell der rechtskonservativen Internet-Talkshow *The Rubin Report* (1,3 Millionen Subscribers im Juni 2020). Hier unterhält sich Gastgeber Dave Rubin – laut seiner Twitter-Selbstbeschreibung »a former progressive turned classical liberal« – im Wochenrhythmus mit dem immer gleichen Pool aus rechten Intellektuellen, Kritiker*innen der Linken, rechtskonservativen YouTubern und so weiter. Das Gesprächsformat ist der Konsens: Dave Rubin *bestätigt* alle Meinungen seiner Gäste und fragt interessiert nach – zum Beispiel wenn der ›Wissenschaftler‹[175] Stefan Molyneux die These vertritt, Intelligenzunterschiede zwischen ›Rassen‹ seien ein tabuisiertes Thema, woraus man dreierlei ableiten könne: 1. Die Hegemonie der *political correctness*; 2. Die höchstwahrscheinliche Existenz von Rassenunterschieden, und 3. Die Richtigkeit von biologischem Rassismus. »It's heartbreaking stuff«, sagt Molyneux zu Dave Rubin.[176]

Dave allows his audience to think for themselves.

Dave Rubins Modell der simulierten Meinungsvielfalt kann man *kuratorischen Extremismus* nennen: Statt Propaganda zu senden, werden Vertreter*innen rechter Positionen gesammelt und kuratorisch zum Gesprächsnetzwerk zusammengestellt. Das suggeriert politische Differenzierung und gesitteten Dialog, wo eine Monokultur des Reaktionären gebaut wird.

Rechte und konservative Orthodoxie wird durch Konnektivität und Austausch ersetzt: Die Alternative Rechte arbeitet an Anschlüssen zu *Ähnlichen* und bildet daraus ein scheinbar heterogenes Netzwerk, statt sich ideologisch zu reinigen und abzugrenzen. Nach Molyneux wird deshalb auch der afroamerikanische Kolumnist Coleman Hughes von Rubin zu der Frage eingeladen, ob »systemischer Rassismus überhaupt existiere« (Antwort des Konservativen: nein).[177] Rubin spricht mit dem italienisch-stämmigen Moderator Michael Knowles, der behauptet: »We Are Watching Woke Politics Destroy Our Institutions.«[178] Zum Abschluss kann Ben Shapiro, jüdischer Rechtskon-

175 Das Wort ist hier schwierig: Molyneux ist eine Art rechter Youtube-Gelehrter mit Uniabschluss. Vgl. The Rubin Report. »Stefan Molyneux on Controversies (Pt. 2)«. *Youtube.com*. 09.11.2017. https://www.youtube.com/watch?v=ToKKc6GbeNo. Zuletzt gesehen am 05.01.2021.

176 Siehe vorherige Fußnote.

177 The Rubin Report. »The Myth of Systemic Racism (Pt. 2)«. *Youtube.com*. 11.10.2018. https://youtu.be/1sV5qU6e-YY.

178 Rubin Report. *Youtube.com*. 21.06.2020, https://youtu.be/hzWiHUE6YLE.

servativer und prominenter SJW-Gegner in den sozialen Medien, Argumente gegen »The Insane & Clever Circular Logic Of Antiracism« vorbringen.[179] Manchmal spricht Rubin auch mit Frauen, denn der extremistische Kurator sammelt gerne alle Versionen der immer gleichen rechten Platte.[180]

For a free and open debate.

Figuren wie Dave Rubin oder Sargon of Akkad betreiben damit eher Netzwerk- als Radikalisierungsarbeit. Sie bereiten kuratorisch ›alternative‹ Informationserlebnisse für unterschiedliche Publikumsschichten auf. In der Inszenierung setzt Rubin auf die respektable, konservative Gesprächssendung am Kamin; Sargon bedient das Genre des diskussionsfreudigen Nerds im heimischen Wohnzimmer. Die Szenen überschneiden sich, wenn der eine den anderen einlädt und so die Zielgruppen zusammenführt. So kann man stundenlang gemeinsam über nuancierte Zusammenhänge von Liberalismus und Patriotismus, Rassismus und Feminismus, über sein neuestes Buch oder sonstwas monologisieren.

Einstiegsthema solcher mehrstimmigen Monologe ist *immer* die Klage, dass man sich in seiner Meinung/Forschung/Überzeugung marginalisiert, unterdrückt und zensiert fühlt. Der Affekt der *Gefährdung wegen Meinung* ist der grundlegende Gefühlskitt, mit dem sich diese rechten Gesprächskreise zusammenschalten und für Zuschauer*innen interessant machen. Es gibt hunderte solcher *high-quality* Formate allein auf YouTube. Aus dem ultrarechten, lokalen *Talk Radio* der 1980er Jahre ist eine global-gesendete alternative Medienlandschaft geworden. Diese *Alternative Media Sphere* ist im Übrigen ohne *Paywalls* oder Abonnements zu erreichen und damit kostengünstiger als viele arrivierte Leitmedien.[181]

Im Jahr 2020 ist die Marktlogik rechter Gefährdungsmonologe breitentauglicher denn je: Mediengrößen wie *Die Welt* haben sich die Taktik der ›unterdrückten/alternativen Meinung‹ angeeignet. 150 einflussreiche Figu-

---

179 Rubin Report. *Youtube.com.* 21.07.2020. https://www.youtube.com/watch?v=Ecak52qkA1Q.

180 Zum Beispiel wird die Asian-American Journalistin Melissa Chen zur Frage interviewt, ob Trump richtig auf die Corona-Pandemie reagiert habe: Rubin Report. »Was WHO Wrong & Trump Right About Travel Ban? | Melissa Chen | CORONAVIRUS | Rubin Report«. *Youtube.com.* 24.04.2020. https://www.youtube.com/watch?v=r3-R4BXqasM.

181 Nathan J. Robinson. »The Truth Is Paywalled But The Lies Are Free«. *Current Affairs.* 02.08.2020. https://www.currentaffairs.org/2020/08/the-truth-is-paywalled-but-the-lies-are-free/. Zuletzt gesehen am 05.01.2021.

ren des öffentlichen Diskurses – von Noam Chomsky, Daniel Kehlmann bis J. K. Rowling – beklagen im *Harper's Letter* ihre Meinungsunfreiheit, hervorgerufen durch die sogenannte »cancel culture«.[182] Mit solchen Adressen an den Mainstream und die ›Debattenkultur‹ werden Gefühlswelten geschaffen, in denen ›Meinung‹ eine Gefährdung, eine Risikoposition bedeuten soll – und nicht zum Beispiel systemischer Rassismus, sexistische Benachteiligung oder Gewalt gegen Transgender. Die Alternative Rechte bietet dann schlüssig ihre kuratierten Monologformate als alternative Foren an, weil hier noch ›frei‹ diskutiert werden kann. Weiße Menschen könnten dort ›konstruktiv und unemotional‹ rassistische Gewalt sprechen, oder Männer über ›Debattenräume‹.

Kuratorischer Extremismus bezeichnet in Reinform die metapolitische Arbeit der *affektiven Einhüllung* von Begriffen und Begriffsfeldern, die im ersten Teil des Buches ausgeführt wurde. Rechte Metapolitik wird durch Werbemaßnahmen wie den *Harper's Letter* mehrheitsfähig. Die alternative-rechte Medienlandschaft bietet sich als der letzte Raum an, in dem dieser ganze »heartbreaking stuff« überhaupt noch verhandelt werden kann.

Im Netz, wo Aufmerksamkeit eine geldwerte Anlage ist, sind alle diese monologischen Aktivitäten auch als Radikalisierung einzustufen (und auch als Deradikalisierung – immerhin wird ja diskutiert). Diese Monologe sind vor allem Geschäftsmodelle und Einkommensquellen. Den fast durchweg falschen Prinzipienfragen der Alternativen Rechten nachzulaufen – ›Existiert systemischer Rassismus?‹, ›Macht uns der Feminismus unfreier?‹, ›Verbietet *cancel culture* uns das Denken?‹ – bringt für *alle* Beteiligten Geld und Aufmerksamkeit, für die sogenannten Leitmedien genauso wie für kleine und große Akteur*innen des Mediengeschäfts (Abb. 122). Im Englischen gibt es eine prägnante Formulierung für das blendend laufende Geschäft und seine vielen Trittbrettfahrer*innen:

Rightwing Grift.[183]

---

182 Der *Harper's Letter* bemühte sich, ein Statement gegen Desinformation abzugeben. Liest man Einzelaussagen der Unterzeichneten, zum Beispiel der NYT-Kolumnistin Bari Weiss und J.K. Rowling, steht jedoch der Anti-SJW und Anti-PC-Sprech stets im Vordergrund.

183 Vgl. Kevin Drum. »Here's Why the Right-Wing Grifter Problem Is a Right-Wing Problem«. *Mother Jones*. 4.7.2019. https://www.motherjones.com/kevin-drum/2019/06/heres-why-the-right-wing-grifter-problem-is-a-right-wing-problem/. Zuletzt gesehen am 05.01.2021.

Abb. 122

3. Erfinden des Publikums

Gibt es tatsächlich ein Publikum, das sich nach ›alternativer Meinung‹ und Antworten auf die Frage ›Nationalismus oder Ethnonationalismus‹ sehnt? Keine triviale Frage, hängt doch an ihr die Einschätzung, *wie weit* faschistische bzw. faschismusnahe Meinungen und Sensibilität für eigene Risikopositionen verbreitet sind. Darauf soll zuerst eine erleichternde Anekdote des bereits genannten Stefan Molyneux antworten, der auf YouTube pseudowissenschaftliche Vorträge nicht nur zu Rassentheorien versendet, sondern auch den Übeln des Feminismus nachgeht.[184] In seinem Video »The Truth about Frozen« bot er die Meinung an, dass der Disney-Erfolgsfilm *Frozen* feministische Indoktrination sei: Frauen lernten dort, sich mit ›weiblichen

184 Molyneux hat zu Beginn 2020 die meisten seiner *Race-Talks* zum Schutz vor Deplatforming gelöscht. Im Laufe des Jahres wurde er dennoch von der Plattform verbannt. Seine Videos und Gespräche mit ihm werden jedoch regelmäßig von Nutzer*innen wieder hochgeladen.

Waffen‹ Vorteile in der Gesellschaft zu verschaffen.[185] In den Kommentaren zum Video findet sich folgende Antwort einer Zuschauerin:

> »You really got me thinking about a lot. Being an attractive young woman, I understand what it is like to be seen as nothing more than a sex doll. I also know what it is like to use that to my ›advantage‹ to ›get over the system‹ [...] Thank you so much for posting this.«

Die hier über ihren ›unfairen Geschlechtsvorteil‹ aufgeklärte Frau hatte allerdings einen Makel – es war Molyneux selbst, der diesen Kommentar unter sein eigenes Video gepostet hatte. Er hatte schlicht vergessen, den Account zu wechseln. Ich danke der kritischen Öffentlichkeit der YouTube-Nutzer*innen, die diese Bauchredner-Nummer gefunden und als Screenshot verewigt haben (Abb. 123).

Die Anekdote ist ein Extremfall, zeigt aber ein Phänomen: Die digitalen Bedingungen ermöglichen es auf einfache Weise, Publikum, Reaktion und Resonanz zu simulieren, wo keine oder wenig stattfindet. Zweit- und Drittaccounts, interne Absprachen zum strategischen ›Hochklicken‹ eines Kanals oder Videos, Manipulation der Reichweite durch Bots oder ähnliche digitale Methoden sind beliebte Techniken. Die bereits besprochenen Phänomene *GamerGate* oder *IOTBW* sind Beispiele für die strategische Produktion digitaler Präsenz und realer Reichweite, mit der wenige Nutzer*innen zu phantasmatischer Größe kommen.

Gegen die Kleinstmengen rechtsextremer Aktivist*innen im Netz – den 54 Rechtsextremen der Gruppe *Nordkreuz* oder den amtlich festgestellten 600 Aktivist*innen der *Identitären Bewegung* – stehen daher andere Zahlen: die Wahlstimmen für rechtsextreme Parteien wie AfD, NPD oder FPÖ. Dagegen stehen Massendemonstrationen wie in Chemnitz 2019 oder eine Milliarde Klicks (bei 2,6 Millionen Subscribern) für *Prager University*.[186] Dagegen steht auch die knappe Minderheit, die Donald Trump trotz oder gerade wegen

185 Stefan Molyneux. »The Truth About Frozen«. *Youtube.com*. 05.06.2014. Mittlerweile gelöscht.

186 Dieser extrem rechtskonservative YouTube-Kanal bietet antiliberales Infotainment in 5-Minuten-Schnipseln an.

Subscribe to the channel, click here...
The Truth About Frozen
Stefan Molyneux
Subscribe
Like
About
Share
Top comments
Stefan Molyneux via Google+
kinda ruined frozen for me but i really enjoyed this a lot more than the actual movie. And you really got me thinking about a lot. Being an attractive young woman, I understand what is like to be seen as nothing more than a sex doll. I also know what it is like to use that to my "advantage" to "get over" the system. HELL I even know what it is to suffer mental illness, only to be told bu my parents to ignore it. HOWEVER, despite all of this I feel like I have learned more lessons from everything that has happened in my life. Thank you so much for posting this. Honestly I want to make a difference in the world, and I looked to people like you to sort of guide me in the right direction. THANKS SO MUCH.
Show less
Reply
Hide replies
NewChannelsFTL
Did you really just pretend to be a girl in your own comments section? This is beyond hysterical.
Reply
Charmy Char
I'm confused... did Stef repost this from a private comment or something?
Reply · 22
Megahypercat
No stef you are a man. Sorry. I think he finally cracked!
Reply · 32
Jonathan Latkowcer
Oh my God. Did you actually try to post a fake comment pretending to a be a woman who likes your work? You're beyond pathetic, Molyneux.
Reply · 25
tylalikesfood
Said no woman ever.

Abb. 123

seines Rassismus gewählt haben und wiederwählen wollten.[187] Dagegen steht ebenso die Zahl von über 13.000 Straftaten mit rechtsextremem Hintergrund, die der Verfassungsschutz 2020 gezählt hat. Wegen Dunkelziffern und der strukturellen Blindheit des BfV sind das optimistische Zahlen. Oder nochmal anders: im August 2020 wird die Anzahl der Teilnehmer*innen an der Berliner Anti-Corona-Demonstration online debattiert – 17.000 (Verlautbarung der Berliner Polizei) oder 1,3 Millionen (*epochtimes.de*). Im Netzzeitalter gilt nicht unbedingt die reale Zahl, sondern vor allem die diskutierte – das heißt die *gefühlte Größe*.

Solche disparaten Mengenverhältnisse zeigen eines: Die Zahlen rechtsextremistisch organisierter Aktivist*innen im Netz mögen vergleichsweise gering sein. Strafverfolgung kann sich daher als wirksame Maßnahme anbieten. Die Zahl der vom reflexiven Faschismus *gefühlsmäßig Ein- und Angebundenen* aber ist riesig und kann situativ Mehrheiten oder zumindest kritische Minderheiten organisieren. Die Grenzen zwischen diesen Mengenverhältnissen unschärfer zu machen oder ganz zu verwischen, ist Teil der Strategien der Alternativen Rechten und des kuratorischen Extremismus.

Als ein Klimagebiet, ein auf Inklusion und Anschluss gebautes Netzwerk, zieht der reflexive Faschismus viele Positionen an. Was die Theorie »affective attachment« nennt – die gefühlsmäßige Anbindung – kommt ohne ideologische Grundüberzeugung (was die Polizeisprache als ›Gesinnung‹ fasst) aus. 17.000 oder 1,3 Millionen auf der Berliner Demonstration – allein die Frage nach den ›richtigen‹ Zahlen reicht manchmal schon für Systemzweifel. *Gefühl* schließt *Ideologie* dabei nicht aus.

Ich habe hier Heterogenes und Disparates unter den Stichworten *reflexiver Faschismus* und *Alternative Rechte* zusammengebracht: Vom ›linken‹ Säulenheiligen Noam Chomsky (*Harper's Letter*-Unterzeichner) zum jüdischen Kolumnisten Ben Shapiro (*The Daily Wire*) bis zum völkischen Flügler Andreas Kalbitz (Ex-AfD Brandenburg). Unterschriftenaktionen, Parteiendramen, YouTube-Videos. Das löst vielleicht eine Sehnsucht oder einen Widerspruch aus: Es müsste differenziert werden, irgendwo zwischen ›denen ganz rechts‹ und den ›Anderen‹. Da müsste doch was zu finden, zu machen

187 Trump war, neben vielen anderen Aspekten, immerhin der Protagonist des sogenannten *Birther*-Movements, dass Barack Obama die Staatsbürgerschaft und damit die Präsidentschaft nehmen wollte. Das Movement war rein rassistisch motiviert, und argumentierte auch so.

sein. Sobald die Größe, Heterogenität, Funktionsweise und auch Gefährlichkeit der Alternativen Rechten einmal klargestellt ist, geht das vielleicht auch. Auch wenn ich *Die Welt* gerne nach rechts sortiere (da fehlt mir nichts), habe ich manchmal dasselbe Bedürfnis nach Unterscheidung.

Affektpolitisch ist aber zu sagen: Das ist die Spannweite der äußerst flexiblen und robusten Klimazone, in der rechte Gefühle sinnstiftend artikuliert und produziert werden. Diese Klimazone entwickelt sich amorph, eigendynamisch, situativ und selbstreferenziell weiter, sowohl in die publikumsgewinnende Breite wie die radikalisierende Tiefe. Man weiß nicht immer, wo genau auf diesen Koordinaten man gerade gelandet ist, denn die Wetterblase fluktuiert – inhaltlich wie personell. Höchst diverse Menschen und Positionen werden in diese affektiven und monologischen Blasen eingebunden – auch momentan und spontan.

Die folgenden vier Kapitel untersuchen diese Heterogenität und Elastizität der rechten Klimazone anhand von mehreren Beispielen, wie Menschen in sie eingebunden werden oder sich ihr selbst anschliessen. Der nächste Screenshot handelt von der spontanen Verfügbarkeit *rechter Gefühle*.

9. Stehen Bleiben

18. Januar 2019 Die *Republican National Convention* (RNC) ist zu jedem Wahljahr ein Mega-Defilee von Stars und Sternchen der konservativen bis ultrakonservativen USA. Politische Größen aus Wirtschaft, Unterhaltung und Lobbyismus geben sich gerne die Ehre; 2016 zum Beispiel auch Geert Wilders und andere Rechtspopulisten.[188] 2020 wurde die *RNC* coronabedingt im Netz übertragen. Im kleineren Format präsentierten sich überwiegend enge Kabinettsmitglieder und ein paar Trump-Kinder inklusive Anhängsel. Kimberly Guilfoyle, die Ehefrau von Donald Trump Jr., landete mit ihrer lautstarken Rede einen Medien-Hit. Brüllend im leeren Saal, einsam vor den Kameras, rief Guilfoyle:

> »They want to steal your liberty, your freedom! They want to control what you see and think and believe so that they can control how you live! They want to enslave you to the weak, dependent, liberal victim ideology to the point that you will not recognize this country or yourself!«[189]

Neben solchem Hurra-Nationalismus sprach auch eine überraschende Stimme: Nicholas Sandmann, Schüler aus Kentucky, erzählte die anrührige Geschichte seiner Viktimisierung durch die Mainstream-Medien. Der damals

188 Vgl. Laurie Penny. »I'm With The Banned«. *Medium.com*. 21.07.2016. https://medium.com/welcome-to-the-scream-room/im-with-the-banned-8d1b6e0b2932#.mdzsqtce2.

189 NBC News. »Watch Kimberly Guilfoyle's full speech at the 2020 RNC«. *MSN.com*. 25.08.2020. https://www.msn.com/en-us/news/us/watch-kimberly-guilfoyles-full-speech-at-the-2020-rnc/vi-BB18kf7Z. Zuletzt gesehen am 05.01.2021. Die Rede ist ein weiteres Indiz dafür, dass man vom sogenannten ›Sturm auf das Kapitol‹ am 6. Januar 2021 nicht wirklich überrascht sein konnte.

Abb. 124

16-jährige Sandmann war im Jahr zuvor als ›MAGA-Kid‹ bekannt und kritisiert worden, nachdem er am 18. Januar 2019 in Washington D.C. mit dem *Native American*-Aktivisten Nathan Phillips aneinandergeraten war. Ein Bild fasste die Konfrontation von Phillips und Sandmann zusammen (Abb. 124) und wurde als ikonisches Gemälde der Trump-Ära interpretiert: *Native Protest* vs. *Nativist Youth,* oder *patriotische Unschuld* vs. *linke Propaganda*. Auf der *RNC 2020* fasste Sandmann die rechte Opfermythologie unter dem aktuellen Stichwort *cancel culture* zusammen:

> »I found myself face to face with Nathan Phillips and other professional protestors, looking to turn me into the latest poster child showing why Trump is bad, while the media portrayed me as an aggressor with a relentless smirk on my face. In reality, the video confirms I was *standing* with my hands behind my back and an awkward smile on my face [...] I learned what was happening to me had a name. It was called being canceled, as in annulled, as in revoked, as in *made void*. Canceled is what's happening to people around this country who refuse to be silenced by the far left.«[190]

190 »Nicholas Sandmann 2020 RNC Speech Transcript«. *Rev.com*. 25.08.2020 (Meine Hervorhebung). https://www.rev.com/blog/transcripts/nicholas-sandmann-2020-rnc-speech-transcript/. Zuletzt gesehn am 05.01.2021.

Die sogenannte *Lincoln Memorial Confrontation* vom Januar 2019, in der sich Sandmann und Phillips gegenüberstanden, war eines der zentralen diskursiven Ereignisse im bisherigen *culture war* der Trump-Ära. Die Szene ist intensiv und komplex. In diesem Screenshot wird sie langsam und affektzentriert entfaltet, um etwas bestimmtes herauszuarbeiten: Wie stellen die Gefühlspolitiken des reflexiven Faschismus spontane Orientierungen und Verhaltensmuster bereit, die helfen, sich in einer komplexen Situation (oder Gesellschaft) intuitiv *rechts* aufzustellen?

Im Zentrum der Analyse liegt das Gegenüber-Stehen eines *Native American Activist* und eines weißen Teenagers mit *MAGA*-Mütze, lächelnd oder grinsend – zugleich eine volatile Metapher und konkrete Konstellation. Im Fokus steht Nicholas Sandmann, damals 16-jähriger Schüler der *Covington Catholic High School*: Wie kam es zu seiner Körperpolitik des *standing*, der antagonistischen Präsenz in dieser Konstellation? Wer konnte wann, wo und warum stehen bleiben oder gehen, und wie erhielten diese *Gesten* durch rechte Klimazonen politische Bedeutung? Um diese Fragen zu beantworten, erzähle ich die *Lincoln Memorial Confrontation* in einiger Ausführlichkeit.

An einem Freitagmorgen, dem 18. Januar 2019, fand in Washington D.C. die jährliche Versammlung von Abtreibungsgegner*innen statt, der sogenannte *March for Life*. Einige zehntausend Menschen hatten sich an der Mall der Bundeshauptstadt versammelt und lauschten einer Reihe von mehrheitlich weißen Redner*innen, die das Ende von Abtreibungsrechten verlangten und versprachen. Ben Shapiro, ebenfalls ein kuratorischer Extremist der alternativ-rechten Mediensphäre in den USA,[191] eröffnete das Podium, gefolgt

191 Ben Shapiro ist eine Art Wunderkind der gemässigt- bis ultrarechten Medienlandschaft der USA. Gastgeber des Ben Shapiro Podcast, Moderator und Betreiber der Talksendung *The Daily Wire*, ehemals Kolumnist bei *Breitbart.com*. 1984 geboren, stellt Shapiro auch ein Bindeglied zwischen alternder Tea Party-Struktur und den Millennials her, und er spricht regelmässig mit seinen Youtube-Peers wie auf Veranstaltungen der republikanischen Seniorität. Als bekannter Schnellredner und Debattierchampion seiner Universität in Kalifornien bietet Shapiro instantane und vielseitig verwendbare Formeln an, wie man ›rechte Gefühle‹ entwickeln kann. Sein bekanntester, vielfach zitierter Spruch gegen Menschen, die sich biologischen Geschlechtskategorien nicht oder anders (nicht-biologistisch) zuordnen wollen, brachte es zum Universalslogan: »Facts don't care about your feelings« wird mittlerweile von Jede*r genutzt, um die eigene Meinung (Fakt) gegen eine *snowflake*-Diktatur in Stellung zu bringen. Hört sich nach kritischer Aussage an, ist aber nur Ablehnung von Dialog, weil Gefühl (›I don't care‹).

von einem per Video übertragenen Donald Trump sowie Vizepräsident Mike Pence, der mit seiner Familie auf der Bühne auftrat. Hier ein Auszug aus Shapiros Rede:

> »Just this week, Canadian Prime Minister Justin Trudeau said that pro-lifers *were not in line* with ›where we are as a society.‹ Well, you know what? Maybe they're right. Maybe we, today, here, are not in line with society, to which I say, good. So were the abolitionists. So were the Civil Rights marchers. So were the martyrs in Rome and the Jews in Egypt. Righteousness doesn't have to be popular, it just has to be righteous. And so we march. We march for those who can't. The media will ignore us because they always do. They'll cover the marches they prefer politically [...] They bet that the tens of thousands of us, *who brave the cold every year to stand here* with the souls of future America, will be forgotten.«[192]

Die Formel der »righteous unpopularity«, die Shapiro hier anbot, erzählt nicht weniger als 2000 Jahre Geschichte als Abfolge von heroischen Widerständlern, die deshalb im Recht sind, weil sie unpopuläre Meinungen vertreten. Die *pro-lifers*, die an diesem kalten Januarmorgen also »hier stehen bleiben« und nicht dort seien, wo laut Trudeau die Gesellschaft »auf einer Linie« sei, seien *daher* unpopulär und *deshalb* rechtschaffen. Die Berichterstattung des ›Systems‹ würde sie marginalisieren, und anderen Protesten – gemeint waren der zeitgleiche *Indigenous Peoples March* und der große *Women's March* am nächsten Tag – die mediale Vorrangstellung geben. Shapiro findet eine geniale Formel der gefühlten Komplexitätsreduktion – Recht-Haben statt Dialog: »Righteousness doesn't have to be popular, it just has to be righteous.«

Feeling (Alt) Right.

Im Publikum des *March for Life* befanden sich an diesem Morgen der 16-jährige Nicholas Sandmann und ungefähr 60 seiner Mitschüler von der *Covington Catholic High School* aus Park Hills, Kentucky. Die katholischen Jungs waren im Rahmen eines Schulausflugs zum Protest in die Hauptstadt gefahren. Sandmann würde später am Tag die virale und mediale Bühne der Nation betreten und als ›neues Gesicht des Rassismus in Amerika‹ bezeichnet wer-

192 March for Life Education and Defense Fund. »Ben Shaprio at the 2019 March for Life«. *Youtube.com*. 19.01.2019 (Meine Hervorhebung). https://www.youtube.com/watch?v=NZujFL6OKU4. Zuletzt gesehn am 05.01.2021.

den. Das wusste er aber noch nicht, als er von Shapiro als Verteidiger der »souls of future America« angesprochen wurde. Vielleicht fühlte sich Nick Sandmann wohl in der Traditionslinie, die Shapiro für ihn eröffnete – von den Kämpfer*innen der *Civil Rights*-Bewegung, den ›Märtyrern‹ und den Juden in Ägypten bis zu den *pro-lifers* an diesem Tag. ›Rechtschaffen‹ zu sein, am richtigen Ort für eine bessere Zukunft einzustehen, obwohl man damit unpopulär ist – das kann sich mitunter gut anfühlen für einen 16-jährigen Schüler an seinem freien Tag.

Nach dem *March for Life* deckten sich Sandmann und seine Mitschüler wahrscheinlich mit Trump-Merchandise ein: Die Videoaufnahmen vom Nachmittag zeigen die Jungsgruppe in Mützen, Schals und T-Shirts, auf denen »Make America Great Again« zu lesen ist. Sie gingen zum bekannten *Lincoln Memorial*, wo ihre Gruppenleiter sie für die Busfahrt nach Hause einsammeln sollten.

Auf den Stufen des *Lincoln Memorials*, wo sich die Jungs in ausgelassener Stimmung versammelten, begegnete ihnen Unvorhergesehenes: Vier Aktivisten einer radikalen Vereinigung, der sogenannten *Black Hebrew Isrealites*, hatten dort eine Art Agitationsstand errichtet, um Passant*innen und Umstehende zu beschimpfen und ihre Ansichten zu verbreiten.[193] Laut *Southern Poverty Law Center* sind die *Black Isrealites* eine anerkannte afroamerikanisch-dominierte ›hate group‹, die den Holocaust leugnet sowie Homophobie und einen notwendigen ›race war‹ vertritt.[194] Ihr Anführer gestikuliert mit einem langen Stock und gibt seinen Adepten zwischendurch Anweisungen, biblisch-klingende Passagen aus einem dicken Buch vorzulesen. Als er der großen Ansammlung fast ausschließlich weißer Jungen gewahr wird, beginnt der Redner der *Isrealites*, sie mit Beschimpfungen zu überschütten. Eine Auswahl derer, die auf den Mitschnitten zu hören sind: »incest babies, white ass crackers, racist faggots, future school shooters« und schließlich, was noch interessant werden wird, die folgende Mikroaggression:

193 Es gibt mehrere Videoquellen im Netz, denn viele Umstehende filmten die Szene mit Kamera und Handys. Schauen Sie es sich an, es ist eine ebenso konfuse wie emblematische Szene. Eine Version: ETADIK MEDIA. »FULL The Native American Elder Attacked By MAGA-Hatted Teens video«. *Youtube.com*. 21.01.2019. https://www.youtube.com/watch?v=47zsrDHphGY. Zuletzt gesehen am 05.01.2021.

194 Southern Poverty Law Center. »History of Hebrew Israelism«. Ohne Datum. https://www.splcenter.org/fighting-hate/intelligence-report/2015/history-hebrew-israelism/. Zuletzt gesehen am 05.01.2021.

Go back to Europe.

Das ausgelassene katholische Kollektiv wurde so nachhaltig verstört. Die Jugendlichen reagierten aber nicht verunsichert auf die Beschimpfung, sondern mit Improvisation. Die 60 Jungs begannen eine Serie von einstudierten *school chants* aufzuführen, also Brüll- und Körperchoreographien, die normalerweise bei Sportveranstaltungen rivalisierender Schulen zum Einsatz kommen. Ein Vorbrüller tritt auf, und die Menge antwortet mit koordinierten Bewegungen und Gesängen. Mit dieser ritualisierten Gewalt- bzw. Kunstform, die zur Gegnereinschüchterung beim Basketball verwendet wird, konterten die Jungen die aggressive Ansprache durch Schwarze Radikale – weniger als Gegenrassismus, sondern als irgendwie halb-ernste, halb-lustige Kraftdemonstration einer Schulklasse aus Kentucky. *School chants* halten eine aufgeheizte Stimmung eher latent gewaltförmig, statt sie gewollt zu eskalieren. An diesem kalten Tag zogen einzelne Schüler unter großem Johlen ihre T-Shirts aus, andere brüllten irgendwelche *Covington*-Slogans oder leiteten die nächste Choreographie ein. Nicholas Sandmann wird später auf NBC berichten, dass die Gesänge und Schlachtrufe Ausdruck des »school spirit« der *Covington High* seien. Die Stimmung am *Lincoln Memorial* ist bisher gut, wenn auch leicht instabil – immerhin begegnen sich hier Schwarze Militanz und eine weiße Institution.

Der Schaukampf ohne Körperkontakt zwischen verschiedenen Männlichkeitskollektiven – Schwarz/weiß, Splittergruppe/Institution, erwachsen/adoleszent – wird nach einigen Minuten unerwartet komplex. Eine Gruppe von Demonstrant*innen des *Indigenous Peoples March*, der zeitgleich unter dem Motto »We Are Still Here« stattfand, begibt sich zwischen beide Gruppen. Ein Vertreter der Omaha, Nathan Phillips, führt die circa 20 Menschen eine Trommel spielend und singend an. Wie er später der Presse mitteilte, wollte er die (seiner Wahrnehmung nach) brenzlige Situation zwischen *Catholics* und *Isrealites* deeskalieren. Ein Tumult entsteht, in dessen Verlauf sich die Konfrontationslinie zwischen die *Native American Activists* und die *Covington Boys* verlagert. In den Videos sieht man, dass Nathan Phillips weiter im Zentrum auf seiner Trommel spielt und singt, während die Jungs das Lied scheinbar aufnehmen und sich in eine hüpfende, tanzende und irgendwie ›indianisch‹-mitsingende Menge verwandeln. Die Jungs lachen. Irgendwo zwischen Rassismus, Unsicherheit, Parodie, Spaß haben, Aggression und *peer pressure* bleibt ihre Improvisation stecken. Kollektiv verhöhnen und karikieren sie indigene Kultur, ohne es individuell meinen zu müssen. Sie akzeptieren die angebotene Deeskalation, ohne sich nennenswert zu beruhigen.

It's an expression of school spirit.

Während Phillips singt und die Jungen tanzen, ergeben sich verbale Konfrontationen zwischen Einzelnen, die dokumentiert sind. Ein *Native American Activist* bedrängt einen der *Catholic Boys* und erklärt ihm die *racial* und *colonial politics* der Situation: »We have been here for a million fucking years, you have only been here for a couple of generations. Go back to Europe.« Dieser antwortet belustigt: »Let's go all, all the way back to Africa.«

In diesem Moment zeigen die Videos, dass Nick Sandmann seinen Mitschülern gestisch signalisiert, nicht auf Provokationen einzugehen, sondern ruhig zu bleiben. Sandmann hat zu tanzen aufgehört und steht bewegungslos inmitten des Tumults. Nathan Phillips, trommelnd und singend, steht ihm direkt gegenüber. Nick Sandmann mit seiner roten *Make America Great Again*-Mütze sieht Phillips wortlos an, lächelnd und/oder grinsend. Das bekannte Bild entsteht (Abb. 124).

Die Einfassung dieser Performance einer komplexen Gesellschaft in eine Medienumgebung darf nicht vergessen werden: Im Zeitalter von Social Media, Handykameras und zahlreichen unabhängigen Berichterstatter*innen, die zu fast jedem Ereignis zur Stelle sind, ist allen Akteur*innen einer solchen Szene bewusst, dass ihr Handeln mediale Präsenz erlangen wird. Aktivist*innen für Minderheitenrechte ist dies ein zentrales Anliegen: Sichtbarkeit muss erkämpft werden – auf der Straße und in den Medien. Aber es ist die Ära des digital-gestützten und *user-driven* Informationskriegs: Die *Covington-Story*, die sich in der Folge entwickelte, war vor allem ein Prozess viraler Ausbreitung, in dem Kaskaden von immer neuen Tweets, YouTube-Videos von Teilnehmenden vor Ort und Sofort-Kommentare den Ton und Debattenrahmen angaben (und nicht die Belange von *Native American Activists*, oder gar *Black Isrealites*).

Vielleicht lag in dieser Echtzeit-Mediatisierung ein Grund für Sandmanns Ahnung, besser ›Passivität‹ zu signalisieren und für die ›Optik‹ der Situation ruhig stehenzubleiben. Immerhin repräsentierte er an diesem Tag *MAGA*, den *March for Life* und auch seine katholische Institution. Auf der RNC 2020 fasst er seine Haltung retrospektiv so zusammen: »I was trying to follow a family friend's advice, never to do anything to embarrass your family, your school, or your community.«[195] Sein Gesichtsausdruck, zwischen *smile* und *smirk*, entsteht aus diesem Versuch der Ehrenrettung. Vielleicht wollte Sandmann mit seinem Lächeln/Grinsen die ›politischen‹ Störgeräusche der Szene zurückdrehen, die immerhin eine Konfrontation von disparaten ethnischen, kulturellen und aktivistischen Bevölkerungsgruppen der gegenwärtigen USA war – ein Spontangemälde der gewalttätigen Verdrängungs- und Versklavungsgeschichte dieser (seiner) Demokratie und der Antworten dagegen (›We are still here, Go back to Europe‹) und auch dafür (*MAGA, Lächeln/Grinsen*). Vielleicht auch nicht. Sandmann hörte auf zu tanzen, blieb stehen und sagte nichts. Nur seine Mütze sprach: *Make America Great Again*. Ein Screenshot von Trumps Amerika im dritten Regierungsjahr.

Go back to Europe.

Nach Sandmanns Lächeln/Grinsen und Stehen löst sich die Szene in wenigen Minuten auf. Die *Covington Boys* rufen »Let's go home« und ziehen unkoordiniert ab. Nathan Phillips hebt die Trommel zu einer Siegesgeste, und der Anführer der *Isrealites* schleudert den letzten Umstehenden mit einem Lachen entgegen: »Your president is a homosexual!« Die Videoaufnahmen brechen hier ab.

Diese mikrologische Studie gegenwärtiger politischer und kultureller Kämpfe in den USA hatte virale und mediale Folgen, die ich hier nicht im Einzelnen analysieren, sondern nur kurz andeuten will: Die liberale Presse war alarmiert und verortete Sandmann irgendwo zwischen weißer Arroganz, Rassismus und *white supremacy*, meinte damit aber eigentlich Trump. Andere antworteten mit der Gegenthese, die liberale Öffentlichkeit sei völlig dem sogenannten *Trump Derangement Syndrom* verfallen und verunglimpfe unschuldige Schuljungen mit roten Mützen als ›Nazis‹ und ›Rassisten‹. Sandmann gab ein Interview auf NBC[196] und strengte später eine Klage über 250 Millionen Dollar gegen sechs Medienkonzerne an, unter anderem wegen Beleidigung und Gefährdung seiner Person. Nathan Phillips wurde als opportunistischer Showman angegriffen und als verdienter Aktivist verteidigt.

Tucker Carlson, der erfolgreichste rechte Kommentator auf *FoxNews*, lief zur Höchstform auf. Er zitierte George Orwell, um die herrschende ›linke

195 »Sandmann 2020 RNC Speech«.

196 Dort verweigerte er eine Entschuldigung für den Vorfall, er habe sein Lächeln nett und respektvoll gemeint.

Diktatur‹ auf den Punkt zu bringen, die nun Gesichtsausdrücke und Gesten verbieten wolle:

> »NBC doesn't think that people like Nick Sandmann should *stand in place.* It's, quote, ›aggressive‹. George Orwell imagined a world like this 70 years ago in *1984*. ›For the disfavored‹, Orwell wrote, ›The smallest thing could give you away [...] To wear an improper expression on your face was itself a punishable offense. There was even a word for it: facecrime.‹ Nick Sandmann committed ›facecrime‹ on Friday.«[197]

Das YouTube-Lager der Alternativen Rechten fokussierte ebenfalls die gestische Politik der Szene und die ›linksverzerrte‹ Berichterstattung, mit dem Schwerpunkt auf ›Stehen bleiben‹: »Standing Silently = White Supremacy«, titelte James Allsup polemisch auf seinem YouTube-Kanal nach dem Vorfall (Abb. 125).[198] In der Folge erschien Sandmanns grinsendes/lächelndes Konterfei als stilisierte Ikone in zahlreichen Memes sowie in einer anonymen Posteraktion (Abb. 126), die an zahlreichen Orten auftauchte, unter der Überschrift:

Stand Your Ground.

Die virale Medienproduktion zum Fall Sandmann böte reichlich Material, um den *Ebb and Flow* von digitalen Informations- und Netzwerkprozessen zu studieren, ihren Radikalisierungswert (in alle Richtungen) und die vielfachen Affektbrücken, die sich von viraler, *user-driven* Aufschäumung (Twitter, YouTube und so weiter) zur medialen Ereigniskonstruktion (CNN, Fox und so weiter) und zu den Konsument*innen bilden. Der digitale Flow gruppierte sich um diese Fragen: Hatte es ›einen Rassismus‹ – im Sinn eines außerordentlichen Ereignisses, eines *hate crime* – gegen *Native Americans* durch Nick Sandmann gegeben? Und: Hatten die Medien Sandmann (und damit

197 Aus: *Tucker Carlson Tonight*, Sendung vom 20.01.2019. Abrufbar hier: Fox News. »Tucker: Ruling class was wrong about Covington students«. *Youtube.com*. 24.01.2019. https://youtu.be/Bj70oZUtnaE. Zuletzt gesehen am 05.01.2021.

198 Alsup bezeichnet sich selbst als »Proud to be an American nationalist.« Das Originalvideo: James Allsup. »MAGA hat teens trigger witch hunt«. *Youtube.com*. 20.01.2019. Allsups Kanal wurde 2019 von Youtube gelöscht, kann aber hier eingesehen werden: https://www.altcensored.com/watch?v=3eLvn6R-xkA. Zuletzt gesehen am 20.08.2020.

Abb. 125

Abb. 126

Trump-Anhänger*innen generell) durch den ›Rassismusverdacht‹ unterdrückt? Dieser virale Prozess der Ereignisfindung und der falschen Prinzipienfragen könnte untersucht werden. Eine Frage wäre, wie, wann und warum mediale Subjekte sich dazu entscheiden, sich in solchen ›Rassismus-Anordnungen‹ aufzustellen oder sich eben als Opfer einer solchen zu sehen: »Hate Crime against a Person of Non Color!« kommentierte jemand auf *Breitbart.com*.

Mir geht es aber um die gestische Politik von Nicholas Sandmann, das ›Stehen Bleiben‹. Ob der damals 16-Jährige instinktiv und spontan, aus Überzeugung oder Gesinnung oder aus anderen Beweggründen stehenblieb, ist für die Frage nach rechten Gefühlen weniger interessant. Wichtiger sind rechte Affekte als Versuch, sich in einer unübersichtlichen Situation konkreter oder gesellschaftlicher Widersprüche zu orientieren, zu einer Art Plan zu kommen, einer groben Navigation, in deren Verwendung das Subjekt eine Idee von sich selbst, eine Form der Präsenz entwickeln kann und will. Kathleen Stewart hat in ihrem Buch *Ordinary Affects* eine allgemeine Beschreibung dessen angeboten, was sie das *affektive Subjekt* nennt:

> »The affective subject is a collection of trajectories and circuits. Out there on its own, it seeks out scenes and little worlds to nudge itself into being. It wants to be somebody. It tries to lighten up, to free itself, to learn to be itself.«[199]

199 Stewart. *Ordinary Affects*. 2007. S. 56.

Die Beschreibung passt. Nick Sandmann bestand (wie alle), ohne bewusst Entscheidungen treffen zu müssen, aus solchen »trajectories« – aus Skripten, Formeln, Wünschen und Neigungen, mit denen man sich affektiv in eine Szene hineinerfinden kann. Wo bin ich hier, und wer bin ich hier?

Eine Formel dafür hatte ihm am Vormittag Ben Shapiro mitgegeben: »We, who brave the cold every year to stand here.« Eine andere später: »Go back to Europe.« Diese mehrfachen Aufforderungen, einen Platz also zu verlassen oder nicht zu verlassen, gaben dem ›Stehen Bleiben‹ Resonanz. Einen Platz nicht zu verlassen, kann, unter dem Appell sich zu entfernen, zum Affekt und zur politischen Geste werden. Das kann von den *Civil Rights*-Ikonen Irene Amos Morgan und Rosa Louise Parks gelernt werden, die 1944 bzw. 1955 ihren Sitzplatz im Bus nicht verliessen.

Nick Sandmann merkte vielleicht, dass ein Nachäffen von *Indigenous Protest,* wie seine Mitschüler es taten, diesen Kraftfeldern unangemessen war. Diese Kraftfelder forderten wechselseitig das ›Verschwinden‹ oder ›Bleiben‹ von Körpern und ganzen Bevölkerungsgruppen: *We Are Still Here – Stand your Ground – Go Back to Europe – Make America Great Again.* Parodie und Ironie schienen vielleicht zu wenig materiell, zu sehr einer Diskurshoheit verpflichtet, die in dieser Szene nicht gegeben oder prekär schien. ›Hoheit‹ wurde nicht automatisch von Nick Sandmann reklamiert: Er akzeptierte immerhin die direkte und symbolträchtige Konfrontation mit Nathan Phillips.

White American vs. Native American.

Liest man Sandmann als Variante des *MAGA*-Subjekts der Trump-Ära (was nicht ganz falsch sein kann), zeigt sich eine neue performative Folie der Alternativen Rechten: Sie hat es sich in dieser Konfrontation, diesem Antagonismus, in dem die Kolonialgeschichte der USA öffentlich verhandelt wird, bequem gemacht. Das *MAGA*-Subjekt nimmt eine ehrgleiche Gegnerposition zu den Opfern weißer Gewalt und kolonialer Auslöschung ein, *als ob* ›weiß-Sein‹ und ›MAGA-Sein‹ die gleiche Position der Marginalisierung bedeuteten würde.

Das *MAGA*-Subjekt tritt daher so in Erscheinung, als ob das Lächeln/Grinsen auf dem weißen Gesicht bereits eine Störung des offiziellen Protokolls, der geltenden Kulturregeln, der ›linken Hegemonie‹ bedeuten würde. Als ob ›Stehen‹ und ›Lächeln‹ eine Form von Aktivismus wäre. Das *MAGA*-Subjekt tritt auf, als ob seine bloße fortgesetzte Anwesenheit im Angesicht von protestierenden Minderheiten ein politisch-existenzieller Widerstand gegen den ›anti-white bias‹ Amerikas wäre. ›Stehen Bleiben‹ wird zur intuitiven Geste, die eine Gegengeschichte weißer Verdrängung und Gefährdung aktivistisch aufruft, kurz: *Der Große Austausch*.

Ich halte die Zuweisung von Handlungsmacht (*agency*) und gewollter Politgeste hier bewusst im Konjunktiv. Eine Überführung des 16-jährigen Sandmann als ›Rassist‹ (die einige sehen wollten) interessiert weniger als die kulturellen und performativen Skripte, mit denen er improvisierte. Sie sind weniger konjunktivisch: Die zugleich situative und symbolische Frage des *Platz-Machens* wird dauernd gestellt. Zum Beispiel vom hessischen CDU-Politiker Walter Lübcke, der am 14. Oktober 2015 auf einer Bürgerversammlung zum Bau einer Flüchtlingsunterkunft in Lohfelden auf provozierende Zwischenrufe so reagierte:

> »Es lohnt sich, in unserem Land zu leben. Da muss man für Werte eintreten, und wer diese Werte nicht vertritt, der kann jederzeit dieses Land verlassen, wenn er nicht einverstanden ist. Das ist die Freiheit eines jeden Deutschen.«[200]

Lübckes vermeintliche Aufforderung, das Land zu verlassen, wurde in den Folgejahren unter anderem von AfD und rechtsradikaler Szene immer wieder als ›Volksverrat‹ skandalisiert, etwa von Erika Steinbach.[201] Während zum Beispiel Trump ganz ähnliche Sätze von sich gab und seine Anhänger*innen ihn dafür verteidigten (Abb. 127), wurde Lübcke am 1. Juni 2019 vom mittlerweile geständigen Stephan Ernst erschossen.

In den USA sind rassisierte Raum- und Konfrontationsszenarien mitunter in Gesetze gegossen: *Stand Your Ground* bezeichnet in mehreren Bundesstaaten ein Gesetz, das Zivilpersonen den Schusswaffengebrauch gestattet, falls eine empfundene Gefährdungsquelle sich nicht von selbst entfernt. Anhand dieser Regelung wurde zum Beispiel George Zimmerman freigesprochen, der am 26. Februar 2012 in Sanford, Florida, den unbewaffneten 17-jährigen Schwarzen Trayvon Martin erschoss.[202]

---

200 Zitiert nach: Hasnain Kazim. »Für neue Grenzen des Sagbaren«. *Die Zeit*. 25.02.2020. https://www.zeit.de/gesellschaft/zeitgeschehen/2020-02/rechte-gewalt-hasssprache-hanau-rechtsterrorismus/. Zuletzt gesehen am 05.01.2021.

201 Vgl. Stefan Lauer. »Der Prozess im Mordfall Lübcke hat begonnen«. *Belltower.News*. 16.06.2020. https://www.belltower.news/frankfurt-der-prozess-im-mordfall-walter-luebcke-hat-begonnen-100503/. Zuletzt gesehen am 05.01.2021.

202 Ta-Nehisi Coates. »How Stand Your Ground Relates To George Zimmerman«. *The Atlantic*. 16.06.2013. https://www.theatlantic.com/national/archive/2013/07/how-stand-your-ground-relates-to-george-zimmerman/277829/. Zuletzt gesehen am 05.01.2021.

Zimmermans Plädoyer auf ›Notwehr‹ wurde 2013 gemäß der *Stand your Ground*-Regelung akzeptiert. Drei Jahre später versteigerte der Mörder die verwendete Waffe als »ein Stück amerikanischer Geschichte« für 250.000 Dollar.[203]

Das sind nur zwei Echos und Paratexte des ›Stehen Bleibens‹. Der akzeptierte und verteidigte *Antagonismus durch Präsenz* wird in der Alternativen Rechten an zu vielen Stellen aufgerufen, um sie aufzuzählen. Körperliche Anwesenheiten sind von vornherein politisiert, weil der reflexive Faschismus sich zentral um Begriffe der ›Entfernung‹ und des ›Austauschs‹ weißer und männlicher Körper organisiert. Nur kurze Beispiele: »You will not replace us« und »Jews will not replace us« wurde in Charlottesville 2017 beim Fackelzug gerufen. Der nebenstehende Polit-Cartoon zeigt die vier Politikerinnen des sogenannten *Squad* (Alexandria Ocasio-Cortez, Ilhan Omar, Ayanna Pressley, Rashida Tlaib), die von Trump aufgefordert werden, das Land lieber zu verlassen als es zu kritisieren (Abb. 128).[204] In den Tagen nach dem Brexit-Referendum von 2016 wurde gemeldet, dass britische EU-Gegner*innen, die gegen das ›Verbleiben‹ (*remain*) gestimmt hatten, in der Folge nicht-weiße Menschen aufforderten, das Vereinigte Königreich zu verlassen – schließlich habe man *gegen deren* Verbleib gestimmt.

Trumps Ansprache am Unabhängigkeitstag 2020, die in agitatorischer Absicht am Nationalmonument *Mount Rushmore* stattgefand, fokussierte ebenso den Kampf um ›Verdrängung‹ oder ›Verbleiben‹:

203 Vgl. Süddeutsche Zeitung. »Zimmerman versteigert Pistole, mit der er Trayvon Martin erschoss, für 250000 Dollar«. *Süddeutsche Zeitung*. 22.05.2016. https://www.sueddeutsche.de/panorama/usa-zimmerman-versteigert-pistole-mit-der-er-trayvon-martin-erschoss-fuer-250-000-dollar-1.3001963. Zuletzt gesehen am 05.01.2021.

204 Den tatsächlichen Ausspruch Trumps an diese prominenten Women of Color nutzen Cartoon und das rechte Forum *r/the_donald* dazu, die Frage der Kritik an ›Amerika‹ rassistisch zu drehen. Die Aussagen der Politiker*innen im Cartoon sind natürlich frei erfunden (#Satire).

Abb. 127

Abb. 128

»Angry mobs are trying to *tear down statues of our Founders*, deface our most sacred memorials [...] They think the American people are weak and submissive. But no, the American people are strong and proud, and they will not allow our country, and all of its values, history, and culture, *to be taken from them*. [...] One of their political weapons is ›cancel culture‹ – driving people from their jobs, shaming dissenters, and demanding total submission from anyone who disagrees. This is the very definition of totalitarianism, and it is completely *alien to our culture* and our values, and it has absolutely *no place* in the United States of America. [...] This attack on our liberty, our magnificent liberty, must be stopped, and it will be stopped very quickly. We will [...] end this *radical assault*, and *preserve* our beloved American way of life.«[205]

205 White House. »Remarks by President Trump at South Dakota's 2020 Mount Rushmore Fireworks Celebration«. *thewhitehouse.gov*. 4.07.2020 (Meine Hervorhebung) https://www.whitehouse.gov/briefings-statements/remarks-president-trump-south-dakotas-2020-mount-rushmore-fireworks-celebration-keystone-south-dakota/. Zuletzt gesehen am 05.01.2021.

Abb. 129

Wer den ›Großen Austausch‹ in der präsidialen Ansprache nicht hört, will ihn nicht hören. Er pulsiert durch Satzkonstruktion, Körperhaltung und Landschaft. Er wurde verkörpert im Einsatz von vermummten Spezialkräften am *Lincoln Memorial* zur Zeit der George-Floyd Proteste, den ein Fotograf am 2. Juni 2020 dokumentierte (Abb. 129).

Zurück zur gestischen Politik Nick Sandmanns. Aufschlussreich ist nicht, inwieweit seine Entscheidung oder Performance zum ›Stehen bleiben‹ (*to remain in place*) als Rassismus zu bewerten ist. Eine falsche Frage: Ist ›Stehen bleiben‹ eine rassistische Aggression oder nicht? Oder anders falsch: Wenn in einem Lächeln/Grinsen ein rassistischer Akt gesehen wird, ist das Anzeichen einer ›Orwellschen Diktatur‹, wie Tucker Carlson sagte, oder nicht? Rassismus in diesem Fall auf ›den Rassisten‹ (16 Jahre, katholisch) zurückzuführen und dort zu isolieren ist müßig, ebenso wie Rassismus als ›Erfindung‹ eines fiktiven Systems auszugeben. Rassismus entsteht im Ausdruck gesellschaftlich-institutionell verankerter Gewalt- und Gefühlsstrukturen, nicht ausschließlich als Folge einer individuellen Gesinnung.

Ob der minderjährige Sandmann also ›rechts‹ oder ›unschuldig‹ ist oder war – das ist die falsche Frage. Sie sucht den Skandal und das außerordentliche Ereignis. Die eigentliche Frage lautet anders: Durch welches *Klima* ergibt es für junge Menschen Sinn, in einer unübersichtlichen Situation intuitiv für eine fortgesetzte, weiße Präsenz und Zukunft *einzustehen*?[206]

Ich glaube tatsächlich, dass die digitale Medienmaschine der Alternativen Rechten die Navigation und Erklärung dieser Klimazonen und Spontanformeln besser hinbekommt. Vor allem deshalb, weil sie die entscheidenden Kontrastwelten selbst herstellt und in Umlauf bringt. Sie schöpft Widersprüche und Atmosphären ab und produziert daraus komplexe Ereignisse des manifesten Kulturkampfs, die überall Funken schlagen können. Sie stellt damit die Restwelt vor Phänomene, die mit klassisch-bürgerlichen Denkmustern – ›Rassismus ist das, was die Rassisten machen‹ – nicht aufzulösen sind. Shapiro brachte es auf einen Punkt: Konservative sind die *Civil Rights*-Bewegung von heute (WTF?). Der *Alt-Right*-YouTuber James Allsup formulierte es prägnanter:

Standing Silently = White Supremacy.

Das ist äußerst treffend. Der reflexive Faschismus organisiert antagonistische Gefühlswelten, und er bringt Formeln zur radikalen Beschleunigung und hysterischen Verkürzung dieser Welten hervor, mit denen immer alles affektiv bewiesen werden kann. Die Gefährdung der *Präsenz* Weißer und Männer durch ›Austausch‹ kann an allen Ecken und Enden aufgespürt werden: Statuen, Bevölkerungsgruppen, Reproduktionszahlen, Gesetze, Flüchtlinge, Bürgerstunden, Arbeitsplätze, Proteste, Internet-Accounts, Werbung, Tweets, Fernsehrollen, Plätze auf Podien, Freundinnen, Kinderbücher, völlig alltägliche Sichtbarkeiten und und und. Das ist weniger Ideologie oder Hass, sondern Atmosphäre – *ambience.* Das weiße und männliche Subjekt des reflexiven Faschismus muss nicht mal wissen, wofür genau es gerade einsteht (*the People*, *white people* oder *white power*). Es reicht, zu ahnen, zu wittern, dass es ›stehen bleiben‹ muss oder kann.

Stand your ground.

Die Rechten bekommen damit recht. Und sie haben mit dieser Sichtweise auch recht: Sie müssen ausgetauscht werden. ›Fremde‹ Präsenz thematisiert die ›eigene‹ Präsenz – so entstehen Räume. Wer einmal über ein Wissenschaftpanel oder eine Talkshow gestritten hat, wo ausschließlich Weiße und

---

206 Immerhin gibt es auch 14-Jährige wie *Soph*, die auf Youtube explizit antimuslimische Propaganda versenden. Oder die 17-jährige Greta Thunberg, die eine wichtige Stimme gegen den Klimawandel vertritt. Thunberg erklärt *ständig*, warum sie als junger Mensch um Zukunft kämpfen muss.

Männer über Fragen der Diversität, Meinungsfreiheit oder Rassismus diskutieren, weiß, dass *erstmal* ganz konkret über den ›Austausch‹ dieser Körper durch andere Körper gesprochen werden muss. Weiße und Männer sind nicht alternativ- und konkurrenzlos und müssen aus angestammten Dominanzpositionen vielfach erstmal verdrängt werden.

Um Sandmanns Affektwelt am *Lincoln Memorial* nachzuvollziehen, kann man sich die Äußerungen, Gesten und Gesichtsausdrücke vorstellen, wenn in einer Vorstandssitzung (zum ersten Mal in der Unternehmensgeschichte) eine weibliche, queere oder Person of Color als ›Gleichberechtigte‹ aktiv teilnimmt. Wer muss schweigen und stattdessen zuhören, wer wurde ausgetauscht, wer muss um Präsenz, Redezeit, Bewegungsfreiheit und Ruhe fürchten in der Chefetage, in der Gesellschaft, am *Lincoln Memorial*? Welche Personen werden sich durch ihre nun plötzlich geteilte Präsenz bedrängt, verdrängt, viktimisiert fühlen, und wie äußern sie diese Gefühle? Welche Skripte von *Verdrängungsgefühlen* stehen zur Verfügung, wenn eine ›Schwarze‹ oder ›Frau‹ (oder beides) die Präsenz im Raum affirmiert, die bisher systemisch verhindert wurde?

Der reflexive Faschismus möchte den Eindruck erwecken, hier seien gleiche Kräfte am Werk. Die Verdrängung der Weißen und Männer sei das Gleiche wie die historischen und strukturellen Anordnungen des Rassismus und Sexismus. Das ist überall und immer zurückzuweisen, ohne groß nachzudenken oder zu argumentieren: »Go back to Europe« und »We are still here«, formuliert von *Native Americans* in der ›weißen‹ Stadt Washington, hat nicht die gleiche Durchsetzungskraft und Machtteilhabe, die ein Satz des Präsidenten der Vereinigten Staaten von Amerika hat: »We will [...] end this radical assault and preserve our beloved American way.« Die Frage nach *Verbleiben* und *Wegbewegen* – ganz konkret nach Austausch von Körpern und Subjekten – wird von der Alternativen Rechten andauernd gestellt. Die verschiedenen Machtpositionen und Zugänge zu Räumen werden ausgeblendet oder verdreht.

Standing Ground vs. Made Void.

Vielleicht sah es an diesem Freitag im Januar 2019 am *Lincoln Memorial* für einen 16-jährigen Jungen mit roter Mütze so aus. Vielleicht fühlte er so. Bleibt man stehen, präsent, lächelnd und/oder grinsend – vis á vis der oder dem, die/der als Verdränger*in und Gefährder*in ausgemacht wurde – kann das als Widerstand, als weiße und/oder männliche Selbstbehauptung erlebt werden. Vor allem dann, wenn man die Weltsicht teilt, dass es eine allgemeine Konkurrenz von gleichwertigen Präsenzen und Forderungen gäbe. Darin behauptet ›man‹ sich oder wird eben der Verdrängung, der Nichtung anheimfallen. Wie Sandmann später auf der *Republican National Convention* sagte: »made void«.

Das ist die Weltsicht des reflexiven Faschismus, darin kämpft er, mitunter in Gestalt von 17-jährigen Jungs (Abb. 130): Kyle Rittenhouse fuhr am 25. August 2020 mit einem Schnellfeuergewehr bewaffnet von seinem Heimatstaat Illinois nach Kenosha, Wisconsin, wo *Black Lives Matter*-Proteste stattfanden. Er erschoss dort nach einem Handgemenge zwei Demonstranten mit seiner AR-15, verletzte einen dritten und verließ nach einem freundlichen Gespräch mit der Polizei unbehelligt die Szene. Er wurde am nächsten Tag verhaftet, nachdem er sich selbst gestellt hatte. Die Social Media-Agenturen der Alternativen Rechten feierten Rittenhouse als militantes Update von Nicholas Sandmann – als Beweis einer jungen Generation, die sich intuitiv ihrer Rolle im globalen Verdrängungskampf bewusst ist und entsprechend handelt.

Stand your Ground.

Gerade stehen, sich nicht beugen, freundlich aber bestimmt den Platz behaupten gegenüber einem vermeintlichen Aggressor (Abb. 131). Ob man stehen bleibt oder lächelt/grinst oder mit einem Schnellfeuergewehr ›für Ordnung sorgt‹, ist ein situativer Unterschied.

Abb. 130

Abb. 131

10. Sich Verstricken I & II

Es kann fast Jede*n treffen. Fast jede Diskursteilnahme und Gefühlsäußerung kann durch das Netzwerk der Alternativen Rechten aufgegriffen und in den entsprechenden Kanälen zur Standarte im Kulturkampf erhoben werden. Ist man frustriert vom Arbeitgeber oder bekommt eine blöde Mail von der Professorin – der reflexive Faschismus bietet Formeln und Agenturen, um die Gefühle abzuholen und als Gefährdung durch eine Übermacht zu skandalisieren. Auch und gerne spontan als *Boost* des diskursiven Klimawandels oder strategische Erweiterung des Netzwerks. Man kann auf dieser Aufmerksamkeit hängenbleiben, man muss aber nicht. Das Netzwerk fluktuiert, so wie die Identitäten und Profile, die Menschen in den sozialen Medien von sich herstellen.

In diesem Screenshot geht es um einen Programmierer mit Autismus und eine Schwarze Business-Studentin. Sie heißen James Damore und Josephine Mathias. Ihre Beispiele sollen *erstens* die automatisierte Assoziation von ›rechts‹ mit jener Verkörperlichung irritieren, an die Öffentlichkeit und Forschung so gewöhnt sind: Rechte seien weiße Männer, gefährlich und gewaltbereit. Natürlich, aber nicht nur. *Zweitens* soll die allgemeine Annahme von ›rechter Gesinnung‹ aufgeweicht werden, durch eine Untersuchung dessen, was ich *rechte Netzwerkeffekte* nenne. Diese Effekte sind zum Teil banal, denn sie resultieren aus grundlegenden Funktionsweisen der Netzwerkgesellschaft, Subjekte miteinander zu verbinden.

Beide Protagonist*innen haben sich in rechte Netzwerke verstrickt und mittlerweile auf verschiedene Weise von diesen wieder distanziert. Das heißt, sie haben die Verbindungen abgebrochen, gelockert oder durch konträre ergänzt. Sie sind vielleicht nicht ›links‹ geworden (was immer das sei), sondern haben andere Standpunkte gefunden oder die alten neu bezogen. Sie halten weiter fest an ihren Ausgangsargumenten: ›Diversität ist schlecht‹ (Damore) und ›*free speech* ist in Gefahr‹ (Mathias). Sie haben sich aber dem Zirkus der

Alternativen Rechten entzogen, der ihre Sichtweisen zur Gefährdung von Mehrheiten oder zum »far-left fascism« aufblasen wollte. Ihre Beispiele zeigen die Mitnahmeeffekte, die die Alternative Rechte in digitalen Diskursökonomien erzielt, in denen Menschen Beobachtungen machen und Argumente äußern. Die Beobachtungen und ihre Effekte hängen sich vielfach an institutionellen Umsetzungen von Geschlechtergerechtigkeit und Diversität auf.

I. Google's Ideological Echo Chamber

7. August 2017 James Damore, ein damals 27-jähriger Programmierer, wurde am 7. August 2017 von seinem Arbeitgeber Google (bzw. *Alphabet*) entlassen. Die CEOs Danielle Brown und Sundar Pichai begründeten die Entlassung damit, das Damore den *code of conduct* des Unternehmens verletzt habe, der ein »open, inclusive environment« zum Ziel habe:

> »[...] a culture in which those with alternative views, including different political views, feel safe sharing their opinions. [This] discourse needs to work alongside the principles of equal employment found in our Code of Conduct, policies, and anti-discrimination laws.«[207]

Was hatte Damore angerichtet in der offenen Diskurskultur des Techgiganten, der durch Antidiskriminierungstraining, Diversitätsprogramme und explizite »equal employment policy« dem strukturellen Sexismus der Tech-Branche (also sich selbst) entgegenarbeiten will?[208] Auslöser war ein 10-seitiges Dokument namens *Google's Ideological Echo Chamber*, das wenige Tage später von Damore veröffentlicht wurde.[209] Damore hatte das Dokument ursprünglich als unternehmensinternes Memo verschickt und konkretisierte

---

207 Vgl. https://rationalwiki.org/wiki/James_Damore.

208 Ein journalistisches Beispiel zum oft beschriebenen Thema sei erwähnt: Cecilia D'Anastasio. »Inside The Culture Of Sexism At Riot Games«. *Kotaku*. 7.8.2018 (Meine Hervorhebung). https://kotaku.com/inside-the-culture-of-sexism-at-riot-games-1828165483. Zuletzt gesehen am 05 01. 2021.

209 Alle folgenden Zitate aus diesem Dokument: James Damore. »Google's Ideological Echo Chamber«. Juli 2017. https://assets.documentcloud.org/documents/3914586/Googles-Ideological-Echo-Chamber.pdf. Zuletzt gesehen am 05.01.2021.

darin seine Gedanken zur *diversity*-Politik des Arbeitgebers, nachdem er an einem entsprechenden Workshop teilgenommen hatte.

Damores Dokument ist öffentlich einsehbar, und es wurde eingehend kritisiert und verteidigt.[210] Der Fokus lag auf einen Punkt: Damore greift auf evolutionsbiologische und statistische Forschungsergebnisse (›facts‹) zurück, um in essenzialistischer Weise den *male bias* der Techbranche mit ›natürlichen Geschlechtsunterschieden‹ zu begründen. Die zentrale Stoßrichtung des Memos ist einfacher Sexismus, der in seiner ›Sachrichtigkeit‹ trotzdem eingehend diskutiert wurde.[211] Ein anderer Punkt fiel bei dieser falschen Prinzipienfrage (›Können Frauen, biologisch gesehen, programmieren oder nicht?‹) unter den Tisch, nämlich Damores zentraler Vorwurf einer Ideologie bei Google: Der Programmierer konstatiert eine »politisch-korrekte Monokultur« bei seiner Firma, die er auf ›links‹ verkürzt.

Damore erläutert: Die politische Ausrichtung der ›Linken‹ sei an »Mitleid mit Schwächeren« (Frauen, Minderheiten) und dem Erklärungsmuster »Unterschiede rühren von Ungerechtigkeiten her« orientiert.[212] Als Gegenposition formuliert er diese Werte: »freier Wettbewerb« und »Unterschiede sind natürlich«. Googles ideologische Ausrichtung, so Damore, erhalte sich vor allem durch Zensur, die einem Autoritarismus den Weg bereite:

> »Only facts and reason can shed light on these biases, but when it comes to diversity and inclusion, Google's left bias has created a politically correct monoculture that maintains its hold by shaming dissenters into silence. This silence removes any checks against encroaching extremist and authoritarian policies.«[213]

---

210 Zum Beispiel: Aja Romano. »Google has fired the engineer whose anti-diversity memo reflects a divided tech culture«. *Vox.com*. 8.8.2017. https://www.vox.com/identities/2017/8/8/16106728/google-fired-engineer-anti-diversity-memo. Megan Molteni, Adam Rogers. »The Actual Science of James Damore's Google Memo«. *Wired.com*. 15.8.2017. https://www.wired.com/story/the-pernicious-science-of-james-damores-google-memo/. AUTOR? »The Google Memo: Four Scientists Respond«. *Quillette Magazine*. 07.08.2017. http://quillette.com/2017/08/07/google-memo-four-scientists-respond/. Alle zuletzt gesehen am 05.01.2021.

211 Damore argumentiert, Frauen seien schlechtere Programmierer, weil sie ›weniger systemorientiert denken‹, sowie ›neurotischer‹ und ›weniger stressresistent seien‹.

212 Damore nennt das ›compassion for the weak‹ und ›disparities are due to injustices‹.

213 Damore. »Google's Ideological Echo«. 2017.

Die Inklusion und Repräsentation konservativer, nicht-PC-konformer Meinungen seien deshalb notwendig, um diese Monokultur aufzubrechen und so den Autoritarismus zu verhindern. Durch Googles *diversity*-Fokus sei aber die »psychologische Sicherheit« männlicher und weißer Angestellter nicht gewährleistet. Der Linksextremismus der Firma gefährde so auch den wirtschaftlichen Erfolg:

> »[Within Google] conservatives are [...] a minority that feel like they need to stay *in the closet* to avoid open hostility. [...] Alienating conservatives is both non-inclusive and generally bad for business.«[214]

Damores Memo ist ein Sammelsurium von Gedanken, die sich als rational und vernünftig verstehen: Es findet sich Evolutionsbiologisches, Kritik gegen Kommunismus und den ›Mythos Gender Wage Gap‹[215] bis zu Optimierungsvorschlägen für das Antidiskriminierungstraining. Es kann durchaus als Kommunikationsangebot eines (auch sexistischen) Angestellten gelesen werden, der sich um die Effektivität seines Arbeitgebers sorgt. Das Memo stellt ein vorhersehbares Beispiel jener Reibungseffekte dar, die entstehen, wenn sich ein männlich- und weiß-dominiertes Berufsfeld wie *software engineering* mit Gerechtigkeitsinitiativen (Antisexismus- und Antirassismus-Workshops) selbst konfrontiert und dazu das Feedback der Angestellten erbittet.

Das Memo kann heute nicht mehr ergebnisoffen diskutiert werden, denn nun vollzog sich ein medialer Erdrutsch. Damore wurde nach Kündigung und Veröffentlichung des Dokuments für mehrere Monate durch die Foren, Plattformen und Formate der US-amerikanischen *Alt-Right* gereicht: Größen der rechten Gegenöffentlichkeit wie Stefan Molyneux, Milo Yiannopoulos, Mike Cernovich, Dave Rubin, Steven Crowder und Jordan Peterson interviewten Damore ausführlich zu seiner Leidensgeschichte. Rechte

---

214 In seinem letzten Punkt ›Suggestions‹ schlägt Damore Gegenmaßnahmen zu den »extreme and authoritarian elements of this ideology« vor, darunter folgende: »Viewpoint diversity is arguably the most important [...] diversity«; »De-Emphasize Empathy [...] Being emotionally unengaged helps us better to reason about the facts«; »Be open about the science of human nature«. Der Zitatmontage liesse sich eine andere gegenüberstellen, die z.B. Damores vielfache Statements á la »I value diversity and inclusion« collagieren könnte – eine Weiterentwicklung der Formulierung ›Ich bin kein Sexist, aber...‹.

215 Also der Einkommensschere zwischen Männern und Frauen.

Abb. 132

Nachrichtenkanäle wie *RebelMedia* oder *Project Veritas* berichteten über den Fall der ›Meinungszensur durch Google‹. *Breitbart News* kreierte eine Serie von tendenziösen Gesprächen unter dem Titel ›Rebels of Google‹ und die ultrakonservative Fake-Universität *Prager University* produzierte ein Infotainment-Video zu Meinungsfreiheit und ›linker Diktatur‹ mit Damore als Sprecher.[216] Peter Duke, ein bekannter Fotograf neurechter Größen, portraitierte Damore ausstaffiert mit einem T-Shirt auf dem *Goolag* zu lesen war, vor einer US-Flagge und unter dem Hashtag (Abb. 132):

#Fired For Truth.

Damore selbst produzierte eine Unmenge von Tweets zur Unterdrückung konservativer Einstellungen in der Techbranche. Sie drehten sich um die Frage, ob man(n) sich mit undefinierten konservativen Ansichten ›wohl‹ fühle im *Silicon Valley* (Abb. 133). Den verschwörungstheoretischen Schritt von ›Ich fühle mich unwohl‹ zum »concerted purge of conservatives« machte Damore dabei selbst und aus freien Stücken.

Bevor der heutige Kampfbegriff *cancel culture* erfunden wurde, fungierte Damore für die Alternative Rechte als Märtyrer, als Opfer staatlich, privatwirtschaftlich und kulturell sanktionierter Diskriminierung gegen Weiße,

---

216 PragerU. »What Happens When Google Disagrees With You?«. *Youtube.com*. 9.11.2017. https://www.youtube.com/watch?v=f9_042QaVnA. Zuletzt gesehen am 05.01.2021.

Männer und Konservative. Diese würden jenseits jeder Rechtsstaatlichkeit drangsaliert und ihrer Lebensgrundlage beraubt, von Personen, Unternehmen und Systemen. Dass neoliberale Implementierungen von Diversität, wie Unternehmen und Institutionen sie in Workshops und *corporate culture* propagieren, durchaus kritisiert werden können und werden,[217] blieb auf der Strecke: Damore geriet für einen Sommer zur Paria des Widerstands konservativer, weißer Amerikaner gegen ihre Gefährdung durch den *diversity industrial complex*.[218]

Das Netzwerk der Alternativen Rechten gemeindete Damore als Chiffre einer globalen und monopolistischen Gleichstellungs-Industrie ein, deren Arbeit *eigentlich* in der Diskriminierung oder Verdrängung von Weißen, Männern und Konservativen bestehe.[219] Interessant war, dass die ›Ideologie der Diversität‹ sich aber nicht nur an diesen essenzialistischen Markierungen manifestierte, sondern – wie Damore ausführlich beteuerte – an einer *Art des Denkens*, das er ›konservativ‹ nannte und das nun zur gesellschaftli

---

217 Vor allem übrigens von den Gender, Queer und Critical Race Studies. Vgl. Nüket Kardam. »The Emerging Global Gender Equality Regime from Neoliberal and Constructivist Perspectives in International Relations«. *International Feminist Journal of Politics* 6.1 (2004). S. 85 – 109. Sandra Smele, Rehanna Siew-Sarju, Elena Chou, Patricia Breton, Nicole Bernhardt. »Doing feminist difference differently: intersectional pedagogical practices in the context of the neoliberal diversity regime.« *Teaching in Higher Education* 22.6 (2017). S. 690 – 704. Elisabeth Prügl. »Diversity Management and Gender Mainstreaming as Technologies of Government«. *Politics & Gender* 7.1 (2011). S. 71-89. Generellere Lektüre zu den Fallen institutioneller Diversitätspolitik: Sara Ahmed. *On being included*. Duke University Press 2012. Dean Spade. *Normal Life: Administrative Violence, Critical Trans Politics, and the Limits of Law*. Duke University Press 2011.

218 So benannte die Alternative Rechte die Unterdrückungsmaschine der Diversitätspolitik im Fall Damore, in Anlehnung an den bekannten Begriff *Prison Industrial Complex*. Vgl. Angela Davis. »Masked racism: reflections on the prison industrial complex«. *Indigenous Law Bulletin* 4.27 (2000). S. 4-7. Der Begriff »diversity industrial complex« wird, in anderer Bedeutung, auch von Kritiker*innen der neoliberalen Diskurse zu Diversität verwendet. Prominent zum Beispiel hier: Editorial Board. »The Design of the Everyday Diversity Industrial Complex«. *Activist History Review*. Februar 2018. https://activisthistory.com/2018/02/26/the-design-of-the-everyday-diversity-industrial-complex/. Zuletzt gesehen am 05.01.2021.

219 Die Soziologie sollte ihre These der ›vom Neoliberalismus Abgehängten‹ überprüfen, die nun mit dem Rechtspopulismus sympathisierten: am Beispiel des topbezahlten Programmierers im männerdominierten Silicon Valley.

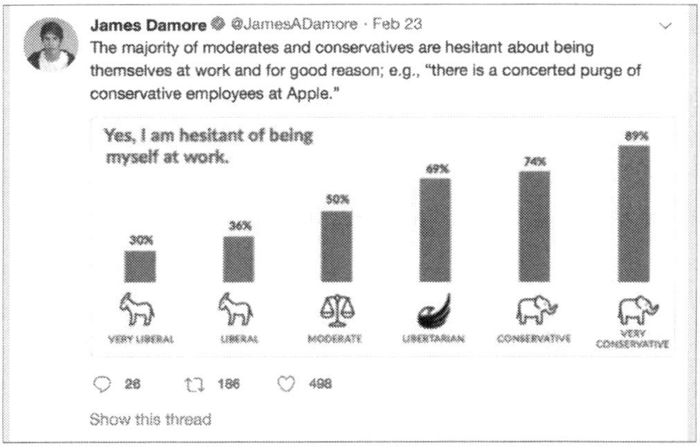

Abb. 133

chen Randposition verdammt sei, in der man »in the closet« bleiben müsste. Der Rückgriff auf die sexualpolitische Trope des *life in the closet* zirkuliert als affektive Haltung durch viele konservative (und auch hartrechte) Kanäle und Gefühlshaushalte (Abb. 134).

Conservative is the new gay.

Die Liste rechter Kurzschlüsse im Fall Damore könnte fortgesetzt werden: Damore sei Index der Entrechtung der Andersdenkenden innerhalb eines milliardenschweren *corporate feminism*; Google sei eine dystopische Projektion der PC-USA; *diversity* bedeute Staatsrassismus gegen Weiße und Sexismus gegen Männer und so weiter. Jordan Peterson argumentierte, dass Damore wegen seines Autismus die widersprüchlichen Regeln von *political correctness* gar nicht hätte befolgen können – er sei als ›ordnungsorientierter‹ Autist geradezu ein Sensor für die Natürlichkeit von Hierarchien, Ordnungen und Geschlechtsunterschieden. Autisten bräuchten »only two genders«, also klare Regeln wie sie im konservativen Denken festgeschrieben seien, so sagte Peterson in einem Vortrag.[220]

220 Bite-sized Philosophy. »Jordan Peterson – What can you do about Censorship and Tyranny?«. *Youtube.com*. 14.08.2017. https://www.youtube.com/watch?v=sFOsrdrsxlw. Zuletzt gesehen am 05.01.2021.

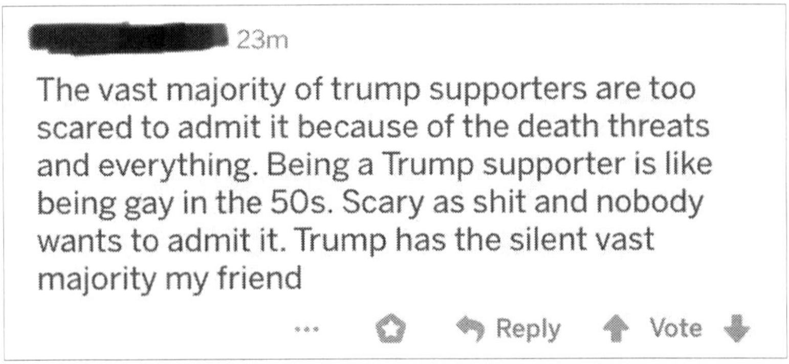

Abb. 134

Damore wurde zum Dauerredner und Dauerthema in rechten Monologstrukturen und schließlich auch der weiteren Medienlandschaft, die ihn wahlweise zu ›Diskriminierung am Arbeitsplatz‹ oder ›Problemen mit Diversität‹ befragte. Die rechte Diskursmaschine hat Damore später wieder ausgespuckt. Obwohl er sich nach wie vor als Mensch präsentiert, der »by fixing perverse incentive structures«[221] die Welt verbessern möchte, hält er sich weitgehend von explizit-rechten Netzwerken fern. Seine Klage gegen Google, die er 2019 mit zwei ähnlich ›diskriminierten‹ Männern einreichte, hat er mittlerweile zuruckgezogen.

Im Fall Damore blieb unbestimmt, ob die drei Marker der Diskriminierung durch den *diversity*-Komplex – weiß, männlich, konservativ – zusammenfallen (müssen). Diese Unschärfe steigerte die diskursive Reichweite, denn die Alternative Rechte führt ihren Kulturkampf an allen diesen Punkten und deren Kreuzungspunkten, das heißt an den *intersections*. Ihre Gefährdungsdiskurse sind, das muss man konstatieren, mittlerweile *intersektional* geworden.

Wie von der begriffsprägenden Intersektionalitätstheorie zu lernen ist,[222] greifen Achsen der Diskriminierung (*race, class, gender, sexuality, dis/ability*) nicht eindimensional auf Subjekte und Situationen zu, sondern interagieren

221 So lautet seine Twitter-Selbstbeschreibung.

222 Generell wird diese aus dem Feminismus kommende Begrifflichkeit von Kimberley Crenshaw hergeleitet: Kimberley Crenshaw. »*Mapping the margins: intersectionality, identity politics, and violence against women of color*«. *Stanford Law Review* 43 (1991): 1241-1299. Früher (1977) wurde eine ähnliche Argumentation (sie sprechen von ›interlocking‹ statt ›intersecting‹) vom Combahee River Collective artikuliert: »The Combahee River

miteinander und prägen sie dynamisch. Wenn ich also zuvor von ›Weißen‹ und ›Männern‹ gesprochen habe, ergeben sich aus diesen Markierungen nicht nur weiße Männer als Problemgruppe (auch das ist schon intersektional), sondern eine Vielzahl von Schattierungen und Zwischenstufen. Nimmt man ›konservativ‹ hinzu, ergeben sich weitere Brechungseffekte, die unter anderem ermöglichten, die zweite Beispielfigur ins Netzwerk einzugemeinden – die Afrokanadische Studentin und YouTuberin Josephine Mathias.

II. The Reality is Patriarchy

8. März 2017 Der YouTube-Kanal *MyNameIsJosephine* tauchte schon im ersten Teil dieses Buches auf, denn unter eines ihrer Meinungsvideos hatte *Frank Doria* seine Kommentarwallung gesetzt.[223] Wie *Frank* zu *Josephine* kam ist unklar. Wahrscheinlich hatte ihm der YouTube-Algorithmus jenes sechsminütige Video vorgeschlagen, um das es im Folgenden geht: »The Reality is Patriarchy: Indoctrination at Ryerson University«, hochgeladen am 8. März 2017, bis heute 142.790 Aufrufe (Abb. 135). Ich selbst bin zu Mathias durch die automatischen YouTube-Vorschläge gekommen. Der *recommendation*-Algorithmus der Plattform trug 2016 bis 2019 wesentlich zur Verbreitung und Verfestigung rechter und antifeministischer Positionen bei. Hier die damals 21-jährige Josephine Mathias im Original:

> »Hi guys, my name is Josephine. You may have seen my recent tweet about my sister who received an email from [...] a professor of sociology at Ryerson University. My sister Jane is currently [...] studying business and marketing and she's taking a sociology course [...] I encouraged my sister to write about the ›wage gap‹ and how it's false. This is the response her professor sent: ›Your premise is wrong, the wage gap is very real [...] You need to look at feminist sources on this issue. [...] Do not use business sources they blame women. The reality is patriarchy.‹ *The reality is patriarchy!* [...] *That's called brainwashing.* Good job, right? [...] Anyone who still thinks that the wage gap is real

---

collective statement.« Barbara Smith (Hg.). *Home girls: A Black feminist anthology.* Kitchen Table: Women of Color Press 1984. S. 264-74.

223 MyNameIsJosephine. *Youtube.com.* https://www.youtube.com/channel/UC89QtIAIY6xQgOhMYxMWXFA 102.000 Abonnent*innen, Stand August 2020.

Abb. 135

> and is stuck in some of these *feminists indoctrination programs*, let me teach you something for a change. [...] Since the professor wants me to use feminist sources, I'll leave you with a tweet from Christina Hoff Sommers: ›If you want to close the wage gap: Step one: *change your major from feminist dance therapy to electrical engineering*‹. That's all for today guys, thank you so much for watching and don't forget to like, comment and subscribe.«[224]

Mathias wurde schnell bekannt mit dieser privaten Geschichte einer unfreundlichen Professorin, die feministische Sekundärliteratur verlangt und damit *brainwashing* betreibt. Der rechtskonservative Gesprächskreis *The Rubin Report* ludt die junge Frau sogleich zum ausführlichen Gespräch

224 MyNameIsJosephine. »The Reality is Patriarchy: Indoctrination at Ryerson University«. *Youtube.com*. 8.3.2017 (Meine Hervorhebung). https://youtu.be/6TcYlgAi7zQ. Mathias hat das Video mittlerweile delistet und es kann weder über ihr Portal noch über die Youtube-Suchleiste gefunden werden. Der URL funktioniert am 05.01.2021 aber noch. Die erwähnte Christina Hoff Sommers gehört, Jahrgang 1950, zur älteren Garde der ‹feministischen› Feminismuskritiker*innen, wie auch zum Beispiel Camille Paglia. Sommers wurde ebenfalls durch die antifeministische Social Media-Hausse um 2016 bekannter, unter anderem durch ihren durchweg antifeministische Videoserie *The Factual Feminist*.

ein, das kanadische Alternativmedium *Rebel Media* interviewte sie zu ›Meinungsfreiheit an der Universität‹, auch damals bereits ein beliebtes Aufregerthema. 2018 war sie Gast in verschiedenen Talksendungen der damaligen *Alt-Right*, zum Beispiel bei der rechtsradikalen Tara McCarthy, die regelmäßig über Inhalte wie Eugenik, ›rassischen‹ Nationalismus oder Islamismus spricht. Mathias sprach dort zum Thema »What Black Lives Matter should be doing«,[225] ein ähnliches Interview gab sie der Migrationsfeindin und Nationalistin Lauren Southern. Mathias wird heute noch auf dem ultrarechten Branchenverzeichnis *culturalreconquista.com* gelistet, laut Eigenbeschreibung ein »Alt media aggregator & art forum for right wingers.«[226] Der Punkt von Josephine Mathias blieb in allen Gesprächen der Gleiche: ›Die Linke‹ sei übergriffig und realitätsverweigernd, und Schwarze Menschen können ›konservative‹ (antifeministische) Ansichten haben.

The Reality is Patriarchy!

Dieser ironische Satz allein reichte, um Mathias an einige mediale Gegenwelten der Alternativen Rechten anzuschliessen und sie für Aufmerksamkeit und *rechte Diversität* zu verwerten. Ihre Hautfarbe und ihr Migrationshintergrund (Mathias wurde in Nigeria geboren) spielten bei ihren Gesprächen mit *white nationalists* keine negative Rolle. Sie wurden effektiv dazu genutzt, das Gesprächsnetzwerk als differenziert, heterogen und vielfältig darzustellen. Mathias selbst konnte durch die vielen Interviews und ihren exklusiven Status als *Black conservative woman* (who speaks with racists) ihre eigene Medienpräsenz und Online-Marke vergrößern.

Mathias und die Alternative Rechte setzten in dieser temporären Allianz auf ein gemeinsames Narrativ, das von der US-amerikanischen Rechten ebenso gern befeuert wird: Schwarze Konservative würden verdrängt von einer ›linksradikal‹ gewordenen Demokratischen Partei, einer militanten *Social Justice*-Bewegung und einer allgemeinen Obsession mit Rassismus und Sexismus. Eine politische Linke, die Schwarze nur als Rassismusopfer eintüten wolle, bringe ihre Positionen zum Schweigen. Dazu gibt es Memes, die diese komplexe Verhandlung von ›racial difference‹ und politischer Affiliation explosiv zur Bildformel eindampfen (Abb. 136). Beim rechten Forum *r/the_Donald* wurde diese Formel der ›Gefährdung konservativer Freiheit‹

---

225 Die Website *realitycallsshow.com* hat Ende 2020 ihre Domain verloren.

226 https://culturalreconquista.com/wiki/mynameisjosephine/. Zuletzt gesehen am 05.01.2021.

derart umgesetzt, dass man zu Provokationszwecken Bilder von Dr. Martin Luther King teilte (Abb. 137).

Der ›Fall Mathias‹ ist eine komplexe Mischung aus zahlreichen Aspekten: Es gibt Kritik an professoralen Umgangsweisen, dem Bildungssystem, der ›Linken‹. Es gibt einen Versuch der Orientierung in unübersichtlichen Informationsnetzwerken, eine politische Entwicklung und eine Internetkarriere. Vor allem gibt eines: *Mitnahmeeffekte* in der digitalen Aufmerksamkeitsökonomie, die immer auch monetär zu denken sind. Sowohl für die Alternative Rechte als auch für Menschen wie Josephine Mathias geht es immer um *exposure* und *traffic*. In der digitalen Ökonomie sichtbar und als Meinungsträger*in für etwas identifizierbar zu sein, ist geldwert und nicht nur für junge Menschen der Internetgeneration vielfach Existenzgrundlage.

Don't forget to like, comment and subscribe!

YouTube-Vlogs, Instagram-Accounts und vieles mehr funktionieren daher als öffentliche Biographien, in denen Nutzer*innen ihre politischen Wege organisieren, erzählen und zugleich als *content* und *personal journey* wieder verwerten. Ob von Antifeministin zu Pro-Bernie Sanders oder von einer Aktivistin gegen Online-Harassment zur Trump-*shill*. Letzteren Weg ging die bekannte Afroamerikanerin Candace Owens, die als intentional provokative Schwarze Stimme für rechts, Pro-Trump, Pro-*Alt-Right* und vor allem antilinks agierte (Abb. 138).[227] Owens ist bis heute auf dieser Aufmerksamkeitswelle hängengeblieben und lebt finanziell scheinbar gut davon. Josephine

227 Der Fall von Candace Owens ist komplexer als meist dargestellt. Vielfach wird sie als »rightwing grifter« beschrieben, die allein das Aufmerksamkeitsspiel der sozialen Medien *for profit* bedient, in dem Schwarze ›Pro-Trump‹ Frauen selten und daher umsatzsteigernd sind. Ihr Einbezug in den rechten *Culture War* ist aber weitreichender: Die republikanische Partei hat Owens am 20. September 2019 in das sog. ›Congressional hearing on hate crimes and white nationalism‹ geschickt, als Expertenmeinung. Die Anhörung, die sich insbesondere in der Folge des Christchurch-Massakers mit dem neofaschistischen Terror beschäftigte, wurde nachhaltig von Owens gestört, die das Thema »Rechtsterrorismus« als absurd bezeichnete und zugleich auf den ›historischen Rassismus‹ der Demokraten verwies, der z.B. konservative Schwarze nie als vollwertige Subjekte wahrnehme und sie in der »victim mentality« festschreibe. Man kann Owens Diskurs zu gewissen Teilen folgen und ihn ernst nehmen, in dieser *Hearing*-Situation aber war sie vor allem eines: rechte Störagentin eines demokratischen Prozesses. Das Transkript des Hearings gibt es hier: https://docs.house.gov/meetings/GO/GO02/20190920/109977/HHRG-116-GO02-Transcript-20190920.pdf. Zuletzt gesehen am 05.01.2021.

Abb. 136

Abb. 137

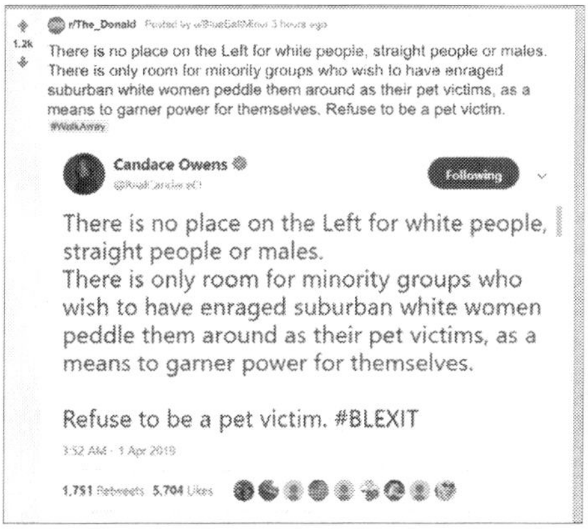

Abb. 138

Abb. 139

Mathias hat nach eigener Aussage ihre »journey through YouTube« mittlerweile fortgesetzt und sieht ihre weitere Aufgabe darin, viele unterschiedliche Zuschauerschichten aufzuklären und anzusprechen. Sie wolle weiterhin für Meinungsfreiheit und den *marketplace of ideas* eintreten.[228]

Beide Beispiele zeigen: Die Alternative Rechte und ihr Atmosphärenwandel sind diverser, fluktuierender und offener als allgemein angenommen. Schwarze Frauen sprechen mit weißen Nationalistinnen und treten werbend für diese auf. Diese Konstellation hat ein irritierendes Moment, das eine *symbolische Unübersichtlichkeit* anzeigt. An dieser Unübersichtlichkeit ist die Alternative Rechte sehr interessiert, denn sie tut zweierlei: 1. Sie zeigt tatsächlich etwas über die Bequemlichkeiten bürgerlicher Kategorien von ›rechts‹, ›links‹ und ›Mitte‹ und über die Automatismen, die in der Mainstreamverhandlung von Identitätspolitik entstanden sind. Mit diesen Automatismen sind migrantisch-deutsche Agitatoren wie Attila Hildmann, alternativ-rechte Migrant*innen wie Feroz Khan, Hyperion oder Ayaan Hirsi Ali oder auch Internetphänomene wie Serge Menga[229] schwer zu erklären.

2. Die Unübersichtlichkeit, die durch Netzwerkanbindungen wie im Fall *Mathias* und *Damore* entsteht, simuliert etwas: Nämlich, dass es der Alternativen Rechten um ›freie Menschen‹ ginge, die durch eine diskriminierende Hegemonie zur politischen Ausrichtung ›gezwungen‹ werden. Meinungskurator Dave Rubin dampft das zu einen Tweet ein, den jeden Tag tausendfach abgewandelt irgendwo zu lesen ist:

> »What if, and hear me out on this one, it's actually the progressives who are the racists, the homophobes and the bigots, and they just use those labels on the rest of us because all they really want to do is to control us?«[230]

---

228 Siehe ihr Gespräch mit dem Vlogger *Vaush*: Vaush. »Talking with YouTuber Josephine Mathias – Free Speech, SJWs, Conservatism & More«. *Youtube.com*. 06.05.2020. https://www.youtube.com/watch?v=Jus1g1R3mGs. Zuletzt gesehen am 05.01.2021.

229 Feroz Khan: achse:ostwest. Yotube.com. https://www.youtube.com/channel/UCWOVvQzsJj5O-CxDAeon-Vw. Zu Serge Menga, siehe das Video: FreiheitsFreund. »SERGE MENGA SPEAKS PLAINLY ABOUT IMMIGRANTS – WE SHIT ON YOUR LAWS, WE SHIT ON YOUR CULTURE ...« *Bitchute.com*. 4.09.2018. https://www.bitchute.com/video/1Q7ofwIfvcRt/. Zuletzt gesehen am 05.01.2021.

230 Tweet von Dave Rubin: @RubinReport, 18.07.2020. https://twitter.com/RubinReport/status/1273628796453679104?s=20. Zuletzt gesehen am 05.01.2021.

An diesem »what if« – *was wäre wenn* – hängen sich endlose Mitnahmeeffekte auf, mit denen die Alternative Rechte diskursive Präsenz, Reichweite und gefühlte Plausibilität erwirtschaftet. Im Internetzeitalter sind diese Dinge und Effekte hochgradig attraktiv und begehrenswert. Zu großen Teilen handeln die sozialen Medien genau von diesem »what if«: ›Was wäre, wenn ich einfach mal meine Meinung sage, mein Leben zeige, meine Gedanken, meine Auseinandersetzung mit etwas öffentlich mitteile? Und was wäre weiter, wenn gar nicht ich der Rassist, die Nationalistin, der/die/das Rechte wäre, sondern *die da* (Feminist*innen, Merkel, Ausländer, Universität, Juden, Progressive)? Was wäre, wenn ich kontrolliert werde? Was wäre, wenn ich ein Rebell wäre (Abb. 139)?‹

Ich und das Netzwerk.

Social Media fördern genau das – ein dauerndes *fiktionales Probehandeln* am Markt virtueller Selbstkonstruktionen und Ich-Fiktionen. Sich in rechte Netzwerke zu verstricken kann einfach ein Einstieg in jene virtuelle Identität sein, die heute viele brauchen und ausprobieren. Irgendwas *muss* man ja posten, irgendeinem Forum muss man beitreten, irgendeinen Punkt vertreten. Die Alternative Rechte ist vielfach einfach schneller mit Angebot und Abschöpfung. Man kann man damit Geld verdienen oder es wie Nick Sandmann zur *Republican National Convention* schaffen[231] – Selbstfiktionalisierung, die belohnt wird.

Die Netzwerke der Alternativen Rechten sind zu dem Grad wirkmächtig, wie sie in der Lage sind, heterogene Akteur*innen, Ereignisse und Meinungen innerhalb der Verflechtungen zu positionieren und einzugemeinden. Im Netzwerk zählen nicht allein die ›Ideologiesättigung‹ der einzelnen Personen, sondern vor allem die Relationen zwischen den Akteur*innen und die Flexibilität der Vernetzung. Ob James Damore oder Josephine Mathias also ›rechtem Gedankengut verfallen‹ sind und somit rechts seien (wie die Extremismusforschung fragen würde), führt als Prinzipienfrage in die Irre. Die Frage der Soziologie, welche Bevölkerungsschichten von diesen völlig individuellen ›Rechtsruck-Bewegungen‹ repräsentiert werden, hilft ebenfalls nicht dabei, die digitale Fluktuation zu beschreiben.

Zentral ist, dass die neue Rechte nicht einfach als geschlossene ›ideologische Echokammer‹ funktioniert. Sie arbeitet expansiv und verknüpfend und bündelt als *Netzwerk* – als Relationsgeflecht heterogener Akteur*in-

231 Siehe dazu Screenshot 9.

nen – immer wieder neue Personen, Erfahrungen, Zahlen und vor allem Affekte. Aus diesen produziert sie Aufmerksamkeitsknoten und bündelt sie zu Atmosphären und einem Diskursklima, in dem eine ›linksfeministische Meinungsdiktatur‹ von Gesellschaften real erscheint und deren Diskriminierungsleistung *gefühlt* evident wird.

What a joke.

Eine blöde Mail von der Professorin, ein Feedback an den Arbeitgeber. Damore und Mathias mussten nicht zu Faschist*innen werden, damit die Netzwerkeffekte des reflexiven Faschismus ihre Gefühle vereinnahmen konnten. Sie wurden auch so zu Schwellenpunkten und Reizfiguren: Diese wirken immer *affektiv*, nicht ideologisch-doktrinär. Nicht die rassistische Phantasie ›weißer Verdrängung‹ oder ›jüdischer Kontrolle‹ wurde an ihren Beispielen verifiziert, sehr wohl aber das rechte Grundgefühl einer konstanten Belagerung, Gefährdung und Marginalisierung ›freier Menschen‹. Zwei heterogene Erfahrungsberichte wurden als Belege in das Netzwerk verstrickt und zur Ver-Wahrheitung rechter Atmosphären genutzt. Jede*r kann also mit eingebunden werden, und der kleinste Anlass reicht der Alternativen Rechten, um eine Geschichte zu stricken.

Verstrickt ins Netzwerk.

Bonus: Hass-Stricken

Dr. Karlyn Borysenko kam mit einer großen Geschichte zu einem nichtigen Anlass freiwillig ins Netzwerk. Die Motivationstrainerin und Arbeitspsychologin betreibt seit 2012 ihre eigene Praxis *Zen Workplace* und eine kleine YouTube-Präsenz. Ihre Hinwendung zur alternativ-rechten Mediensphäre begann mit einer Politisierung ihres Hobbys, dem Stricken. Borysenkos *coming-out*-Text als Opfer von ›Hass-Stricker*innen‹ vom Februar 2020 ist hinreichend absurd für eine Bonusrunde des Sich-Verstrickens:

> »You might not think of the knitting world as a particularly political community, but you'd be wrong. Many knitters are active in social justice communities and love to discuss the revolutionary role knitters have played in our culture. [...] I knit as a way to relax and escape the drama of real life, not to further engage with it. But it was impossible to ignore after *roving gangs of online social justice warriors* started going after anyone in the knitting community

> who was not lockstep in their ideology. Knitting stars on Instagram were bullied and mobbed by hundreds of people for seemingly innocuous offenses. [...] I witnessed the amount of hate coming from the left in this small, niche knitting community.«[232]

In einem Internetforum für *Stricken und Häkeln* findet sie Beweise für die ›linke Meinungsdiktatur‹ – ein Schock für Borysenko, die sich selbst als *die-hard-liberal* bezeichnet. Laut ihrem Bericht ging sie dann neugierig zu einer Trump-Rally, wo ihr »Optimismus und Stolz« begegneten, während die Demokraten (»my party for 20 years«) nur darüber redeten, dass »the country was a racist place from top to bottom«. Veröffentlicht auf der freien Publikations-Plattform *medium.com* wurde Borysenkos Text ein viraler Erfolg, auch weil ihr Fazit eine Warnung für die Demokraten enhielt:

> »[...] it doesn't matter who the Democrats nominate: Trump is going to trounce them. [...] I think the Democrats have an ass-kicking coming to them in November, and I think most of them will be utterly shocked when it happens, because they're existing in an echo chamber that is not reflective of the broader reality.«[233]

Angesichts des kurzzeitigen Erfolgs mit dieser Geschichte legte Borysenko nach und veröffentlichte weitere Texte: Erfahrungsberichte einer desillusionierten Anhängerin der Demokraten, die mit Neugierde republikanische Veranstaltungen besucht (und dort Positives findet).

Der YouTube-Kanal *Prager University*, eine Art Propaganda-Thinktank ultrakonservativer bis rechtsradikaler Ausrichtung, kaufte Borysenkos Strick-Geschichte ein und sendete sie als Fünf-Minuten-Infotainment-Video. Mit lustigen Info-Animationen unterlegt und Borysenko als Sprecherin erreichte es innerhalb von zwei Wochen 1 Million Zuschauer*innen (Abb. 140). Die zentrale Botschaft des Videos:

---

232 Karlyn Borysenko. »After Attending a Trump Rally, I Realized Democrats Are Not Ready For 2020«, *medium.com*. 11.2.2020. https://gen.medium.com/ive-been-a-democrat-for-20-years-here-s-what-i-experienced-at-trump-s-rally-in-new-hampshire-c69ddaaf6d07. Zuletzt gesehen am 05.01.2021.

233 Borysenko. »After Attending a Trump Rally«.

Abb. 140

> »[...] people who come to [Trump] rallies aren't there because they hate anybody. They're there because they love America. [...] I had lost that love. Now I have it again. [...] I refuse to add to the divisiveness any longer. I refuse to hate people I don't know simply because I don't like the way they vote. [...] Let's make America civil again.«[234]

Die *Prager University* wird von zahlreichen republikanischen und hartrechten Initiativen gesponsert und verfügt laut Wikipedia über ein Jahresbudget von circa 20 Millionen Dollar, das für metapolitische Agitation verwendet wird – gegen ›Linke‹, Migration, Queer Politics, ›Socialism‹, die Demokratische Partei oder auch moderne Kunst.[235]

PragerU veröffentlichte Borysenkos Video am 27. Juni 2020, als in zahlreichen Städten des Landes *Black Lives Matter*-Proteste in Folge des Polizeimordes an George Floyd stattfanden. Die Demonstrierenden wurden von

234 PragerU. »The Rally That Changed My Mind«. *Youtube.com*. 27.07.2020. https://youtu.be/_lp7lh1x5uI. Zuletzt gesehen am 05.01.2021.

235 PragerU. »Why is modern art so bad«. *Youtube.com*. 01.09.2014. https://youtu.be/lNI07e-goefc. Dafür gibt es immerhin über fünf Millionen Aufrufe.

Polizei, Nationalgarde und Spezialkräften gewalttätig bekämpft. In Virginia und anderen Orten nutzten Rechtsextreme die Proteste, um unerkannt Gewalttaten zu begehen und die Lage zu eskalieren. Trump twitterte, die Antifa solle als terroristische Vereinigung eingestuft und verfolgt werden. Borysenko und die *PragerU* sendeten derweil profitabel die Pro-Trump-Nachricht:

Make America Civil Again.

Auch das ist Metapolitik und Teil der dichten, vielseitig angreifenden und anschließenden Atmosphäre, die die Alternative Rechte anbietet. Jede*r kann mitmachen, um Geld und Aufmerksamkeit für ihre oder seine Geschichte zu bekommen und als *rightwing celebrity* oder Influencer*in zu reüssieren. Jede Opfer- und Widerstandsgeschichte ist willkommen, ob gegen Google, feministische Soziologie oder eben diese drohende Gefahr:

*Hass-Stricker*innen.*

11. Rechter Beziehungsalltag

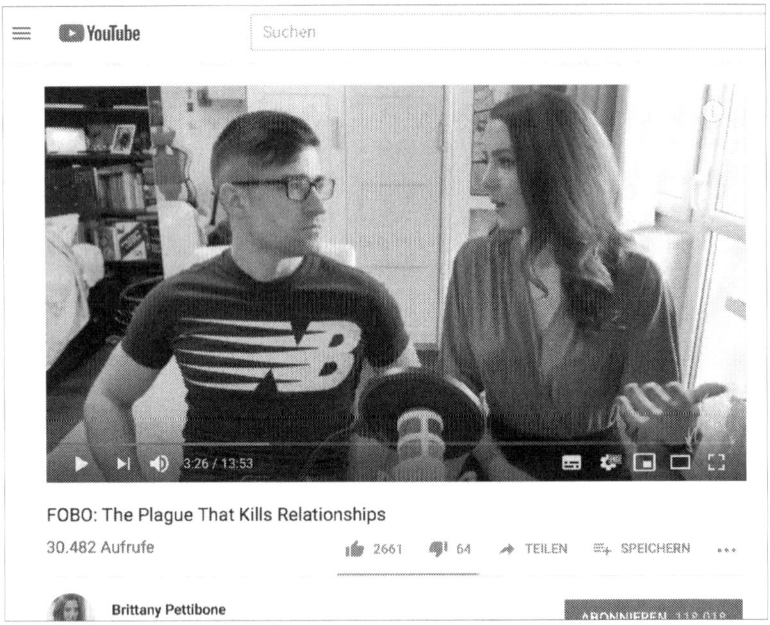

Abb. 141

19. Februar 2019 Für die metapolitische Durchsetzung rechter Sensibilitäten und deren Übersetzung in alltagstaugliche Gefühls- und Konsumptionsmuster sind die sozialen Medien maßgeblich, insbesondere die zahlreichen Vlogger*innen der Alternativen Rechten, die auf YouTube ihr meinungsbildendes Unwesen treiben. Mit hoher Schlagzahl verbreiten diese ›alternativen‹ Influencer*innen ihre Kommentare und Analysen, äußern ›spontane‹ Gefühle und Reaktionen auf politisches und kulturelles Geschehen. Sie stellen ein gelebtes politisches Selbst und historisches Bewusstsein alltagsnah aus. Dabei verdichten sie disparates Material – Erlebnisse und Medientexte, Stimmungen und Selbstpräsentation sowie die Navigation in den sozialen Medien selbst – zu Druck- und Aufregungspunkten. Nutzer*innen klinken sich in diese kurzen Intensitäten ein, und aus Interaktion und Intimität generiert sich eine amorphe Gemeinschaft, die eher gefühlt als materiell wirkmächtig ist in ihrer affektiven Konstruktion eines geteilten Erlebnishorizonts.

Dem Celebrity-Genre entsprechend sind die Medienangebote von Vertraulichkeiten und dem ›Blick ins Private‹ geprägt:[236] Die Vlogger*in steht mit ihrer Person und ihrem Leben für die Authentizität des Medientextes. Sie bietet politische Orientierung als tatsächliches ›Orientiertsein‹,[237] das heißt als als Beheimatung und Selbst-Hilfe an. Die Alltäglichkeit des Vlogs weist der politischen Einstellung die Struktur einer Lebenswelt zu: »the quality of a something to inhabit and animate«.[238] Rechtssein wird damit eine Verbundenheit zu Dingen, Strukturen und Gefühlen. Vlogger*innen senden zumeist aus ihrer Privatwohnung, persönliche Gegenstände sind Teil der Inszenierung, die Monologe fungieren als ›spontane Äußerungen‹, als alltägliches und gefühlsgeleitetes Sprechen zu einer verbundenen Community. In diesem Setting kleiden die Medienmacher*innen der Alternativen Rechten Alltägliches in ideologische Botschaften, und umgekehrt wird eine Art rechter Lifestyle und *self-help* kommuniziert.

Das ist auch bei Kadern rechtsextremer Bewegungen nicht anders, wie in diesem Screenshot an Martin Sellner (*IB*) und seiner Partnerin Brittany Pettibone (jetzt Sellner) gezeigt wird (Abb. 141). Der 1989 geborene Österreicher Martin Sellner prägt mit seiner großangelegten Medienpräsenz die rechte Ideologisierung des Alltags im deutschsprachigen Raum. Seit 2017 kapitalisiert er auch seine Intimbeziehung zur US-Amerikanerin Brittany Pettibone, die ebenfalls Aktivistin in ethnonationalistischen Kontexten ist.[239] In gemeinsamen Vlogs, Instagram-Bildern und Aktionen präsentieren sich

236 Vgl. Jean Burgess, Joshua Green. *YouTube: Online video and participatory culture.* John Wiley & Sons 2018.

237 Vgl. Sigrid Schmitz, Sara Ahmed. »Affect/Emotion: Orientation Matters. A Conversation between Sigrid Schmitz and Sara Ahmed.« *FZG–Freiburger Zeitschrift für GeschlechterStudien* 20.2 (2014). S. 97–108.

238 Stewart. *Ordinary Affects.* 2007. S. 14.

239 In Sellner und Pettibone verbinden sich also auch zwei Netzwerke, denn beide waren bereits in den Jahren zuvor wichtige Köpfe der jeweiligen nationalen Bewegungen.

beide als *darling couple* der jungen Identitären. Sie vollziehen damit einen Genrewechsel von der Agitation ins Triviale, der von rechten Publikationen wie dem *Arcadi*-Magazin klatschspaltenhaft orchestriert wird:

> »Seit *Defend Europe* war es mysteriös geworden um Martin Sellner. Änderte er doch während der Aktion im Mittelmeer seinen [Facebook] Beziehungsstatus. Die Internetgemeinde war folglich gespannt, wer seine Partnerin sein würde. Am heißesten wurden dabei natürlich die Schönheiten Lauren Southern und Brittany Pettibone, zwei erfolgreiche Aktivistinnen aus Amerika, diskutiert.«[240]

Ihre gemeinsamen Videobotschaften an die Fangemeinde organisieren Sellner und Pettibone um eine Anzahl von Themen als Fortsetzungs-Home-Story. Handlungsfäden sind Pettibones wachsende Deutschkenntnisse, Sellners Probleme mit der Justiz, Familienbesuche und Pettibones Kochkünste. Die identitären Aktivist*innen führen dabei intim-öffentliche Gespräche innerhalb einer heterosexuellen und politischen Partnerschaft, in denen Alltag und Öffentlichkeit, Gefühl und Ideologie als verflochtenes Gebilde gezeigt werden.

Einen solchen Dialog veröffentlichte das Duo am 19. Februar 2019 auf Pettibones YouTube-Kanal unter dem Titel »FOBO: The Plague That Kills Relationships«. Das rechte Paar reflektierte die eigene Partnerschaft im Spiegel der ökonomischen und medialen Dynamiken, denen heterosexuelle Beziehungen im Spätkapitalismus ausgesetzt sind. In der Sellnerschen Wohnung sprachen sie auf Englisch über das Phänomen ›FOBO: Fear of a Better Option‹, was man mit ›die Angst, etwas Besseres zu verpassen‹ übersetzen kann. Sellner spach im radebrechenden Englisch:

> »It's called FOBO [...] and it's kind of a phobia that you can also call a mental pest that affects most of the young people in the West, not only liberals, but also a lot of conservatives. [...] postmodernism has taken away love and hap-

240 Anonym. »Martin Sellner und Brittany Pettibone sind ein Paar!« *Arcadi Magazin*. 27.09.2017. https://arcadimagazin.de/martin-sellner-und-brittany-pettibone-sind-ein-paar/. Zuletzt gesehen am 05.01.2021.

piness and replaced it with PornHUB and Tinder and it's about time to take it back.«[241]

Die identitäre Liebespaar denkt also über die gleichen Phänomene nach wie die Junggesellen der rechten *MGTOW*- und Anti-Porn-Bewegungen:[242] Digitalisierung des Beziehungsmarktes, Pornographie und Intimität als Konsumware. Sie verdichten diese Punkte zu dem Argument, dass Beziehungen zwischen ›Mann‹ und ›Frau‹ unter den Rahmenbedingungen der Postmoderne (oder ›Kulturmarxismus‹) erschwert zu führen seien: Da alle sich dauernd nach einer besseren Möglichkeit der Verpartnerung umsähen, sei die traditionelle Paarbeziehung instabil geworden.

Dieser leicht banale Befund wird von Sellner und Pettibone abwechselnd konstatiert. Blickkontakte zwischen den beiden, die Zuneigung und Interesse am Partner signalisieren, zeigen an, dass das bei den Sellners natürlich kein Problem sei: Das aktivistische Paar verkörpert die rechte Gegenthese zur vermeintlichen Zivilisationskrankheit *FOBO*. Pettibone freut sich zum Beispiel über Sellners Begriff »mental pest«, also einer psychischen Krankheit, die Denkweisen und Beziehungen infiziere: »I wonder if this is why people become so vitriolic online yeah«, bestätigt sie lächelnd. Sellner fährt fort mit einer ideologischen Einholung der vermeintlichen Bindungsunfähigkeit moderner Menschen:

»I think a very important point you also have to make in this video, you don't have a wife, you don't have a family, and only a family, a traditional family is where life is created traditionally, but also like empirically. So this lost family and traditional relationships means also *a loss in birth rate* and of course it is connected to the *demographic demise* and what annoys me a little bit is a lot of the people in the rightwing have a total capitalistic liberalistic modernistic materialistic approach to relationships to talk about sexual market values [...] they are completely infected with this pest, full of fear of a better option.«[243]

241 Britanny Pettibone. »FOBO: The Plague That Kills Relationships«. *Youtube.com*. 19.2.2019. Das Video wurde mittlerweile entfernt und taucht weder auf Sellners noch Pettibones Bitchute-Kanälen auf. Zuletzt gesehen am 06.04.2020.

242 Siehe dazu auch Screenshot 7.

243 Pettibone. »FOBO«.

Aus den losen Beobachtungen zu *Dating-Apps* wird schnell und unaufgeregt die demographische Krise weißer Mehrheitsgesellschaften abgeleitet. Der zentrale Ideologiepfeiler des reflexiven Faschismus – das Minoritär-Werden weißer Menschen durch den ›Großen Austausch‹ – wird gewissermaßen im Nebensatz aufgerufen, als direkte Folge von Tinder, PornHub und einer postwmodernen Ökonomisierung von Sexualbeziehungen. Die emotionale Verkettung von Bindungsproblemen und ›Großem Austausch‹ ist nicht Höhepunkt des Videos, sondern versendet sich ungefähr in der Mitte des 14-minütigen Dialogs.

Casual indoctrination.

Rechte Propagandavideos orchestrieren diese ›Theorie‹ meist mit Bildern dunkelhäutiger Menschenmengen an Grenzzäunen.[244] Im semi-privaten Influencer-Video wird der *white genocide* eher als Sorge des Beziehungspartners präsentiert. Pettibone lächelt Sellner nickend an, als ob sie den weltverbessernden und über Geburtenraten monologisierenden Mann still und ernsthaft bewundern würde. Tut sie wohl auch.

Die Übersetzung extrem-rechter Ideologien in die intimen Genres der sozialen Medien bringt Vorteile mit sich: Die Sorge um weiße Reproduktionsraten wird zum Aspekt einer Beziehungs- und Flirtdynamik zwischen Mann und Frau. Wie man aus der politischen Agitation für ›weiße Zukunft‹ eine attraktive Beziehungsgrundlage macht, wird vorgelebt. Sellner-Pettibone zitieren dabei natürlich klassische Geschlechtsrollen: Er trägt ein sportlich-dynamisches *New Balance*-T-Shirt, ihr braunes Tunika-Kleid zeigt eine tugendhafte 50er-Jahre-Weiblichkeit. Am Ende des Videos wird Pettibones Buch *What Makes Us Girls: And Why It's All Worth It* vorgestellt, beworben und zum entsprechenden Ankündigungsvideo auf Pettibones Kanal verlinkt (so geht Social Media) (Abb. 142). War sie vorher angenehme Stichwortgeberin Sellners, präsentiert sich Pettibone im Abschluss als Unternehmerin im Selbsthilfe-Markt der ›traditionellen Weiblichkeit‹. Im Buch findet sich ebenfalls rechte Ideologie als Selbst-Hilfe verpackt, denn Pettibones Hauptargument ist die weibliche Verteidigung der reproduktiven Paarbeziehung gegen Dating-Kultur, Promiskuität, Multikulturalismus und Individualismus. Eine Leser-Rezension zum Buch auf Amazon fasst den Inhalt

---

244 Siehe z.B. das Video »The Great Replacement« von Lauren Southern vom 03.07.2017, das die Autorin auf YouTube auf privat gestellt hat, um der Sperrung zu entgehen. Sehen kann man es auf Bitchute: Bezzle. »The Great replacement«. *Bitchute.com*. 11.02.2018. https://www.bitchute.com/video/a1LWilK9hIUO/. Zuletzt gesehen am 05.01.2021.

zusammen und zeigt, wie Nutzer*innen *für sich selbst* die Schritte von der ›persönlichen‹ Sorge zum politischen Weltbild und wieder zurück machen. Diese Affektschwelle fühlt sich völlig unpolitisch, wie Amazonkunde Graham H. Seibert zu *What Makes Us Girls* schreibt:

> »This is a book of advice to women from a self proclaimed alt-right YouTube blogger. One of the greatest surprises is that it is basically common sense. It is not political at all, unless it is now political to say that a young woman should take her time and get to know the guy, and not waste her time in relationships that are destined not to be permanent. [...] Pettibone states the obvious in saying that if this is our outlook, our society is headed for collapse. We need solid relationships and children to perpetuate ourselves. [...] What is called a right-wing agenda is really no more than a belief in tradition. [...] the people who for the last two generations have not adhered to tradition are dying out. They don't have nearly enough children and grandchildren to replace themselves. [...] This is certainly the kind of advice that I will give to my 1-year-old daughter. The greatest blessing in my life is to now have a wife who sees things the same way *Pettibone and I* do. [...] my two millennial daughters are unhappy, unsuccessful, and [...] unwilling to recognize that the cultural Marxist values in which they were steeped for all their childhood are a large part of what makes them so.«[245]

Pettibone and I.

Die sogenannte ›Retraditionalisierung der Geschlechterrollen‹ ist im Zusammenhang mit Rechtspopulismus und -extremismus vielfach erörtert worden.[246] Dabei wird aber deren beheimatendes Potenzial und intime Wertigkeit ausgeblendet, die sie vor allem in den sozialen Medien produzierten kann. Das *doing gender* der Alternativen Rechten bietet affektive Modellierungen, die sich für alle Arten heutiger Biographien und Konsumhaltungen sinnstiftend anbieten, auch für Familienvater Graham Seibert und seine Kinder. In dieser gefühlten, intimen Verbindung von »Pettibone and I« beginnt das Politische:

245 Kunden-Rezension vom 24.12.2018 (Meine Hervorhebung). https://www.amazon.com/What-Makes-Us-Girls-Worth/dp/0997202971. Zuletzt gesehen am 05.01.2021.

246 Vgl. die Beiträge in: *femina politica* 1 (2018). Sonderheft »Angriff auf die Demokratie«.

Abb. 142

> »Politics start in the animated inhabitation of things. There's a politics to being/feeling connected (or not), to energies spent worrying or scheming (or not), to affective contagion, and to all the forms of attunement and attachment.«[247]

Das transnational-rechte Paar Pettibone und Sellner führt sein emotionales *attachment*, seine Bindung zueinander und mit dem Publikum auf. Gemeinsam übt man die sorgenvolle Einfühlung in Probleme des digitalen Zeitalters und zeigt das alltagsorientierte, affektive Eingestimmtsein (*attunement*) der ethnonationalistischen Bewegung. Daraus entsteht eine optimistische Atmosphäre, in welcher die politisch-sexuelle Antwort auf den demographischen Kollaps und den ›Großen Austausch‹ schon gefunden ist. Die transnationale und ethnonationalistische Paarbindung turnt gut gelaunt und flirtend Antworten auf die ›weiße Gefährdung‹ vor, der buchkaufende Prosument sieht es genau so. Ethnisch-sexueller Traditionalismus wird zum *self-help*-Programm gegen postmoderne Kontroll- und Konsummechanismen wie Tinder und PornHub – auf Amazon und YouTube.

Die Alternative Rechte bietet so Tradition und Ethnonationalismus als ›Navigationshilfen‹ für einen digitalisierten und durchökonomisierten Sexual- und Wissensmarkt, gegen die Verwirrung des Volksgeistes und -begehrens.

247 Stewart. *Ordinary Affects*. 2007. S. 15

Sellners und Pettibones Verbindung besinnt sich auf Glück und Zufriedenheit, und ihre Performance vollführt Gefühle der ›ethnischen Verbundenheit‹ nach der Art spätmoderner Entschleunigungstechniken: Man hört sich zu, lächelt sich an, man nimmt sich die Zeit zu sprechen, eine Rezension zu schreiben.

Durch die private Atmosphäre des Videos, die affektive Einbindung rassistischer und antifeministischer *talking points* in eine amüsante Paarintimität, die gemeinsame Sorge um ›Volk‹, Bewegung und Gegenwartskultur, verschnüren Pettibone und Sellner ihre Beziehung zum leicht konsumierbaren Paket eines besseren Alltags:

Besser Leben durch Ethnonationalismus.

Sara Ahmed schrieb bereits 2004, in einem Text über neofaschistische Kommunen, über die Politik der Gefühle innerhalb des rassistischen Alltäglichen, des *racist ordinary*:

> »The ordinary is here fantastic. The ordinary white subject is a fantasy that comes into being through the mobilisation of hate, as a passionate attachment closely tied to love. The emotion of hate works to animate the ordinary subject, to bring that fantasy to life, precisely by constituting the ordinary as in crisis, and the ordinary person as the real victim. The ordinary becomes that which is already under threat by the imagined others whose proximity becomes a crime against person as well as place. The ordinary subject is reproduced as the injured party: the one that is ›hurt‹ or even damaged by the ›invasion‹ of others. [...] the white subject's good feelings (love) have been ›taken‹ away by the abuse of such feelings by others.«[248]

Sellner und Pettibone sind die Weiterentwicklung dieser Wechselwirkung von ›rassistischem Hass‹ und ›rassischer Liebe‹, die Ahmed in ihrem wichtigen Text entfaltet. Ahmed erläutert, dass der *white nationalism* sich als durch ›Liebe‹ vereinte Bewegung versteht – für Rasse, Volk, Nation, Kultur, Tradition, füreinander. Diese Idealgebilde sind, wie Ahmed schreibt, immer ein Phantasma und daher prekär. Die Position der ›Liebe zur Rasse/Nation‹ wird daher als kollektive Verletzbarkeit ausgedeutet, zu deren Konkretisierung die ›invasiven Anderen‹ als Hassobjekte hinzuerfunden werden. Die konstitutive Verletztheit begründet den notwendigen Aktivismus, die Abwertung der profitierenden ›Anderen‹, die Notwehr gegen das verletzende System.

248 Ahmed. »Fascism as Love«. 2016.

Pettibone-Sellner entwickeln dieses Bild weiter: Sie kommen in ihrer Ausstellung des Beziehungsalltags öffentlich-arbeitender Aktivist*innen des *white nationalism* ohne Dämonisierung von Personen oder Gruppen aus. Sie wehren sich nicht primär gegen Invasoren, sondern gegen etwas, was in den sozialen Medien viel greifbarer scheint: Die ›Infektion‹ und ›Invasion‹ ihrer Gefühlsökonomien durch digitale Medien selbst, aufgefasst als ›Kolonisierung‹ ihrer Köpfe und Körper durch egoistisches Marktdenken und dekadente Werte. Ihr Kampf und ihr Optimismus sind dezidiert alltäglich organisiert und medial wirksam – es geht ihnen um das tägliche Denken und Fühlen, in Beziehung, Geschlecht, Medienarbeit und Konsum.

Alles das ist im Zeichen des Ethnonationalismus wichtige und zugleich intime politische Arbeit (Abb. 143). Es ist auch, wie die Affektforscherin Kathleen Stewart einmal zum neofaschistischen Roman *The Turner Diaries* (1978) schrieb, ›Rassismus als Selbsthilfe‹:

»What is most surprising about [the book] is its focus on domestic scenes and the ordinary details of everyday life. [...] A little world comes into view. It is a world based on a military model of community and skill, but it is one that is filled, too, with the textures and sensory details needed to imagine a dream world. This lived, affective constellation of practices and sensibilities make the book not just an ideological diatribe (which it certainly is) but also a scene of life filled with worries, fetishes, compulsions, and hoped-for satisfactions. It is possible to imagine how, for those readers who find it compelling but are not about to build bombs, it's a kind of self-help book. *Self-help racism.*«[249]

Der reflexive Faschismus hat dieses Genre des *Rassismus als Selbsthilfe* insbesondere in seiner digitalen Ausbreitung radikal ausgebaut. Sellner, Pettibone und die vielen anderen Akteur*innen in diesem Buch veräußern sicher eine Unzahl von ideologischen und agitatorischen Momenten, die auch unter Volksverhetzung verbucht werden könnten. Die zahllosen rechten Präsenzen auf den sozialen Medien bieten aber genauso Imaginationsleistungen im Bereich des Banalen und Optimismus: Liebe als faschistischesProjekt, Ethnonationalismus als Entgiftung eines fremdgesteuerten Alltags, Paarbeziehung als weiße Rebellion (Abb. 144).

249 Stewart. *Ordinary Affects*. 2007. S. 57

Abb. 143

Abb. 144

Ich schließe mit einem Telegram-Post von Frank Krämer, einer Figur der westdeutschen Neonazi-Szene der 1990er Jahre, Gitarrist der Rechtsrock-Band *Stahlgewitter* und heute einer der profiliertesten Blogger und Infokrieger auf deutschsprachigen Social Media-Kanälen.[250] Krämer kündigt hier seinen wöchentlichen Livestream an, diesmal zum Thema ›Corona‹. Er macht sich Sorgen um die Liebe:

> »Dank dem Coronavirus wurde die Weltordnung über Nacht verändert, die Maskenpflicht soll uns Jahre begleiten, die Völker sollen brav gehorchen. [...] Die meisten Menschen verfallen diesem Szenario, weil ihre künstlich erschaffene Angst sie blendet. Das Jahr 2020 ist ein Jahr voller Veränderungen. Das Gute wird siegen, weil sich die dunkle Seite vollends offenbarte. Wo liegt die Wahrheit? *Wurde die Liebe durch Corona auch abgeschafft?* [...] HEUTE, 09.08.20, Livestream ab 18:30 Uhr.«[251]

Fascism as Love.

---

250 Krämer unterhält mindestens vier Telegram-Kanäle, einen Versandhandel, gibt Zeitschriften und Bücher heraus, und produziert Videos, Blogs, Musik-CDs und verschiedene öffentlichkeitswirksame Projekte, unter anderem das bedenkliche Format *Multikulti trifft Nationalismus*, mit dem Deutsch-Ghanaer Nana Domena. https://multikultitrifftnationalismus.de/.

251 https://t.me/frankkraemer/656 (Meine Hervorhebung).

12. Bösartige Mimikry (Sokal Squared)

2. Oktober 2018 Wenn das Wetter schlecht ist, wird manchen die Forschung zum Klimawandel verdächtig. Ebenso ist es ein Nachteil der Geschlechterforschung (anders als zum Beispiel bei der Mikrobiologie), dass weite Teile der Allgemeinheit sich zu Expert*innen erklären, weil sie ja ›ein Geschlecht‹ haben. Im Abwehrreflex, dass jemand das thematisiert und akademisch bearbeitet, was man selbst zu haben (Geschlecht) oder zu wissen glaubt (Wetter), kann die bloße Thematisierung bereits zum Übergriff einer vermeintlichen Macht auf die Privatsphäre werden. Menschen werfen sich dann zu Gegenexpert*innen auf, die nicht nur ein ›Geschlecht‹ haben und deshalb darüber reden, sondern die vor allem den ›Machtapparat‹ kritisieren, der sie nun so widerrechtlich kritisiert, angegriffen und entmündigt hat und sie in ausgedachte Konventionen und Normen hineinpressen wolle.

Dieser Screenshot behandelt den *Anti-Genderismus*, die vielleicht breitentauglichste Gefühlsanbindung der Alternativen Rechten:[252] Gender Studies, also wir mit dem *, sind ein unwissenschaftliches, böswilliges und freiheitsfeindliches Unternehmen. Dieses (mein) Forschungsfeld und seine verwandten Perspektiven sind ein perverses, übergriffiges, straff-durchorganisiertes Gehirnwäscheunternehmen, das Menschen den ›Geschlechtsunterschied‹ wegerklären will. Der Anti-Genderismus ist ein Agitationskern der Alternativen Rechten. Die Position findet sich ohne Ausnahme von 4chan bis zur *Alternative für Deutschland* und in fast allen angeschlossenen Gebieten. An dieser Agitation wird ein Punkt deutlich, der sich schon vorher angedeutet hat, aber noch nicht explizit verfolgt wurde: Die Alternative Rechte produziert diskursive Ereignisse und redet darüber mit sich selbst[253] – sie

252 Sabine Hark, Paula-Irene Villa (Hg.). *Anti-Genderismus: Sexualität und Geschlecht als Schauplätze aktueller politischer Auseinandersetzungen.* transcript 2015.

253 Siehe dazu auch Screenshot 8.

erfindet aber auch die Gegenseite, also zum Beispiel die *Gender Studies*. Dies tut sie mit Lust an der Verstellung und mit entfesselter Bauchrednerei, auch an der Universität selbst.

2017 versammelten sich Peter Boghossian, James Lindsay und Helen Pluckrose als ›Expert*innen‹.[254] Sie wollten die Gender Studies und verwandte Disziplinen *praktisch* denunzieren. Außer Boghossian, der Assistant Professor in Portland ist, verfügte das Trio über keine universitäre Anstellung, sondern bestand aus Journalist*innen mit Abschlüssen. Unter dem Projektnamen *Grievance Studies Affair* (auch als *Sokal Squared Hoax* bekannt)[255] schrieben sie zwischen 2017 und 2018 ungefähr 20 Artikel zur Veröffentlichung in wissenschaftlichen Zeitschriften, die sie den sogenannten *grievance studies* zuordneten. Der Begriff selbst ist denunziatorisch als ›Beschwerde-geleitete Wissenschaft‹ gemeint. Die Autor*innen des Experiments definieren *grievance studies* folgendermaßen:

> »[...] fields of scholarship loosely known as ›cultural studies‹ or ›identity studies‹ (for example, gender studies) or ›critical theory‹ because it is rooted in that postmodern brand of ›theory‹ which arose in the late sixties. [...] We have come to call these fields ›grievance studies‹ in shorthand because of their common goal of problematizing aspects of culture in minute detail in order to attempt diagnoses of power imbalances and oppression rooted in identity.«[256]

---

254 Zur Personage: Boghossian ist Assistant Professor für Philosophie an der Portland State University; Pluckrose ist Journalistin, Herausgeberin des *Areo*-Magazins und hat in London frühe englische Literatur studiert; Lindsay studierte nach eigener Aussage Mathematik und Physik, erwarb einen Doktorgrad, und verlies vor 10 Jahren die Universität, um als freier Autor zu arbeiten.

255 Der Marketingname bezieht sich auf die sogenannte »Sokal Affäre« von 1996: der Mathematiker Alan Sokal hatte, in ganz ähnlicher Absicht, einen postmodernen Nonsens-Artikel bei der Zeitschrift *Social Text* veröffentlicht. Eine breite Debatte über die Seriösität poststrukturalistischer Theorie – und nicht etwa Sokals Praktik – schloß sich an, und Sokal publizierte 1999 gemeinsam mit Jean Bricmont die Schrift *Fashionable Nonsense. Postmodern Intellectuals' Abuse of Science*. Picador 1999. Die Sokal-Affäre war ein wichtiger Schauplatz der *Science Wars* der 1990er Jahre: Die damalige Frontlinie *Hard Sciences vs. Humanities* ist bei den *grievance studies* deutlich verschoben und bringt Gender Studies und kritische Theorie gegen »Vernunft« und »Wissenschaftsfreiheit« in Stellung.

256 Helen Pluckrose, James A. Lindsay, Peter Boghossian. »Academic Grievance Studies and the Corruption of Scholarship«. *Areo Magazine*. 10.02.2018. https://areomagazine.

Die unter falschem Namen eingereichten Artikel, nach Aussage der Autor*innen bestehend aus »sophistry« (Sophisterei) und »intentionally broken« (*Project Fact Sheet*), waren teilweise erfolgreich: Vier wurden publiziert, drei zur Publikation akzeptiert und sechs abgewiesen. Als das *Wall Street Journal* am 2. Oktober 2018 den Schwindel aufdeckte und das Trio zur Öffentlichkeit zwang, befanden sich weitere sieben Artikel ›under review‹.[257] Ich möchte an der gut dokumentierten[258] und vielfach besprochenen Aktion nur einige Punkte hervorheben, die für die para-akademischen Umtriebe der Alternativen Rechten relevant sind.

An *Sokal Squared* fiel auf, dass Theorie, Sprache, Politik und Ergebnisse der *grievance studies* – also unter anderem der Geschlechterforschung – für klar erkennbar und nachahmbar gehalten wurden. Die Öffentlichkeit hat die betrügerischen Artikel von Boghossian und den anderen mehrheitlich nicht gelesen und musste dies auch nicht tun: *Gefühlt* weiß man, wie ›Beschwerdewissenschaften‹ klingen und was sie wollen (steht ja im Titel). Der Skandal nahm auch ohne Prüfung der gefälschten Forschungsartikel seinen Lauf. Wer die Texte aber liest, wundert sich über die Hingabe und Ernsthaftigkeit, mit der die Fälscher*innen sich in der geschmähten Diktion übten, zum Beispiel jener der Männlichkeitsforschung.

Ein Beispiel ist der Artikel »Going in through the Back Door«, in dem untersucht wird, ob es eine Korrelation zwischen Analstimulation bei Männern und trans- bzw. homophoben Ansichten gibt. Der Artikel wurde unter dem falschen Namen »M. Smith« von *Sexuality & Culture* publiziert. Das Fazit des Artikels lautet:

> »In conclusion, this qualitative study suggests that men who report greater comfort with receptive penetrative anal eroticism also report less transphobia, less obedience to masculine gender norms, greater partner sensitivity, and potentially greater awareness about rape. Particularly, unwillingness to

com/2018/10/02/academic-grievance-studies-and-the-corruption-of-scholarship/. Zuletzt gesehen am 05.01.2021.

257 Heißt: in der Überprüfung durch die Redaktion der Zeitschriften. Es ist nicht auszuschließen, dass die Autor*innen selbst die Aufdeckung herbeiführten, um den Marketingeffekt zu vergrößern und den ›Skandal‹ zu beschleunigen.

258 Alle Materialien und Artikel wurden von den Hoaxern hier abgelegt: https://drive.google.com/drive/folders/19tBy_fVlYIHTxxjuVMFxh4pqLHM_en18. Zuletzt gesehen am 05.01.2021.

engage in receptive penetrative anal eroticism seems to arise most commonly (especially in straight men) alongside masculinity features such as heteronormativity, hegemonic masculinity, and trans/homohysteria.«[259]

Ich formuliere mal um: Männer, die Analpenetration nicht abgeneigt seien, wären weniger homophob und elastischer in ihrer Männlichkeitsperformance – Eine einfache Korrelation. So *würde* die qualitative Studie argumentieren, wenn sie eine Studie *wäre*. Die These wäre wenig absurd für die Sexualitäts- und Ressentimentforschung gewesen, Common Sense-tauglich und obendrein fehlerfrei formuliert. Leider handelte es sich bei M. Smiths Text um eine Fälschung, einen Täuschungsversuch: 13 erfundene Interviews wurden ausgewertet, aber nie durchgeführt, keine Männer wurden mit dem ausführlichen Fragenkatalog befragt. Alles ausgedacht und gefälscht – eine Kopfgeburt mit leichter Po-Sex-Obsession.

Was sollte bewiesen oder argumentiert werden?

Inhaltlich gar nichts. Die *Sokal Squared* Aktionist*innen haben in jeder Form auf Dialog mit den betrogenen Zeitschriften und denunzierten Forschungsfeldern verzichtet. Boghossian, Pluckrose und Lindsay betrieben eine Mimikry der *grievance studies* um zu belegen, dass deren Sprache nicht nur *imitierbar* sei, sondern darüber hinaus irgendwie *absurd* (weil imitierbar). Die Haltung des *Sokal Squared Hoax* war eine informierte Ignoranz: Woran forschen die Autor*innen der Zeitschrift *Sexuality & Culture*? ›Keine Ahnung, irgendwas mit Sex und Phobie, was so Leute eben sagen.‹ Was sagen sie denn? ›Es ist zu absurd, aber ich kann das auch schreiben und da veröffentlichen.‹ Irgendwie geht der *Beweis* nicht ganz auf, aber was ist von einer Wissenschaftskritik, die sich *hoax* nennt, schon zu erwarten? Ein Betrug sollte aufzeigen, dass das Betrogene ein Betrug ist.

Duh.

Thesen, Konzepte oder Erfolge der Männlichkeitsforschung waren unwichtig, ebenso die wissenschaftliche Widerlegung derselben. Nichts Inhaltliches wurde kritisiert – die böswillige Nachahmung des ›Gender-Sprechs‹ und der teilweise Publikationserfolg reichten aus. Wenn es aber weder um ›Gender‹ oder ›Männlichkeit‹ ging, worum ging es dann? Das eigentliche

---

259 M. Smith, »Going in Through the Back Door: Challenging Straight Male Homohysteria, Transhysteria, and Transphobia Through Receptive Penetrative Sex Toy Use«. *Sexuality & Culture* (2018). ohne Seite.

Ziel der Aktion wird im *Project Fact Sheet* benannt: das *empowerment* marginalisierter Kolleg*innen. Als Außenstehende eines Wissenschaftsbetriebs und eines Forschungsfeldes wollten Boghossian et al. auf eine unterdrückte Gruppe aufmerksam machen, die unter dem Diktat der *grievance studies* leide und stumm gemacht worden sei. Wer diese Opfer der Gender Studies sind, wird nicht ausgeführt – es bleibt ähnlich vage wie in James Damores Ausführungen gegen Google:[260]

> »[...] these fields are corrupted by biases favoring a particular radical political view that stems directly from certain thinkers, including Michel Foucault, Judith Butler, and many others, and an unwillingness to accept outside criticism. We perceive a large number of people, both inside and outside of academia, who are aware of the increasing power *grievance studies* scholars wield, and we wanted to provide an opportunity for these people to *feel safe* enough to speak out and say, ›No, I'm not going along with that [...]‹ and for them, along with others, especially on the left, to say, ›These people do not speak for me.‹ This problem has arisen within a culture in which *dissenting ideas* have not been admitted or tolerated, often resulting in *legitimate criticisms* being denigrated on moral grounds.«[261]

Es ging also nicht primär um Absurdität oder Ideologie der *grievance studies*, sondern um deren Vormachtstellung innerhalb der Geisteswissenschaften und Universitäten. Weder die ›legitime Kritik‹ noch die ›abweichenden Ideen‹ wurden benannt, denn die Absurdität und Hegemonie der *grievance studies* war selbstevident (und unbeweisbar). *Sokal Squared* wollte einen ›safe space‹ für ›kritische Dissident*innen‹ gegen die Gender-Hegemonie schaffen, die in einer ausweglosen Lage zu sein scheinen: Personen und Karrieren sind bedroht, das wissenschaftliche Argument gilt nichts mehr. Die Universität sei dank Foucault und Butler zur ideologischen Echokammer geworden. Redliche Forscher*innen müssten ›in the closet‹ arbeiten, um nicht Opfer der Beschwerde-Polizei zu werden. Das ist wieder Mimikry, Nachahmung, denn Konzepte aus den *grievance studies* – *the closet, safe space, empowerment*, Identitätspolitik – wurden kannibalisch übernommen und umgedreht.

---

260 Siehe dazu auch Screenshot 10.

261 Zitat aus dem sogenannten »Project Fact Sheet«: https://drive.google.com/drive/folders/19tBy_fVIYIHTxxjuVMFxh4pqLHM_en18. Zuletzt gesehen am 05.01.2021.

Nochmal: Es fiel kein inhaltliches Argument, keine konkreten Schäden durch Gender Studies wurden benannt, keine Vorschläge wurden gemacht. Es gäbe irgendwie Unfreiheit, die irgendwie von Butlers Nachfolger*innen ausgehe, und die irgendwie dadurch bewiesen sei, dass man irgendwie ›gefälschte‹ Gender-Forschung teilweise veröffentlichen könne. *Sokal Squared* ist ein *reiner* Betrug, ein *con-game*, dessen Effektivität ausschließlich durch die öffentliche Erzählung darüber funktioniert. Keine Argumente oder Problemstellungen wurden produziert, sondern reine Atmosphäre und Anschlüsse: Diskurshoheit.

Die *klimatische Operation* der Aktion erwirtschaftete große Aufmerksamkeit und eine attraktive Affektmischung. Zum einen gab es Schadenfreude über die blamierten Zeitschriften und Disziplinen, einen Ekel vor deren Themen, Angst vor ihrer Machtausübung und den diebischen Stolz des erfolgreichen Trickbetrugs – das alles, ohne einen inhaltlichen Punkt oder einen konkreten Vorfall der Unterdrückung zu benennen. Ein *künstlich* produziertes Ereignis, wie sie die Alternative Rechte in Serie herstellt.

Zum anderen belohnte das mediale Nachspiel die Akteur*innen und wurde zum Haupttext. Eine neuerliche Debatte über den ideologischen Charakter der Geisteswissenschaften ging durch die US-amerikanischen Medien. Die konservativen bis hart-rechten Berichterstatter*innen des Internets dokumentierten minutiös alle Kritiken an Peter Boghossian, und exponierte Figuren wie der Harvard-Professor Steven Pinker hielten gut bezahlte Vorträge zum Thema oder twitterten, was jede*r denken sollte:

> *Is there any idea so outlandish that it won't be published in a Critical/PoMo/Identity/›Theory‹journal?*[262]

Der *Antigender*-Netzwerkeffekt trägt die Betrüger*innen bis heute: Boghossians Team tingelt seit 2018 im Wochentakt durch diverse Internet-Gesprächskreisewie *Rubin Report* (Abb. 145), *Joe Rogan Experience*, *Tim Pool*, *Freethinkers of PSU* und den populären YouTube-Kanal des kanadischen Professors

262 Steven Pinker, Tweet vom 3.8.2018. https://twitter.com/sapinker/status/1047446850008219649?s=20. Zuletzt gesehen am 05.01.2021. Übrigens gibt es solche nicht-publizierbaren Ideen, zum Beispiel die anderen 17 Artikel, die abgelehnt oder nicht publiziert wurden, oder aber auch die zehntausenden Einreichungen, die jedes Jahr von diesen Zeitschriften und Disziplinen abgelehnt werden.

Abb. 145

Jordan Peterson.[263] Dort übersetzen sie ihren Schwindel in interessante Affekte und Feindbilder, den jeweiligen Zielgruppen angepasst: Vertreter*innen von Kritischer Theorie, Kulturwissenschaften, Gender Studies und so weiter seien irre, gefährlich, unwissenschaftlich, lächerlich, undemokratisch und/oder überall an der Macht.[264] Pluckrose und Lindsay kapitalisieren ihre exponierte Stellung als Beschwerdeführer*innen gegen diese bösartigen Theorien auf dem Buchmarkt: *Cynical Theories* ist ihr neuestes Werk betitelt und erklärt »How Activist Scholarship Made Everything about Race, Gender, and Identity – and Why This Harms Everybody«.[265] *Everybody* ist

263 Jordan B. Peterson. »Interview with the grievance studies hoaxers«. *Youtube.com*. 11.01.2019. https://youtu.be/xWhuQOVTFGw. Zuletzt gesehen am 05.01.2021.

264 Die Autor*innen mischen in diesen Interviews auch gerne den Begriff ›cultural marxism‹ ein, ein Kürzel unter dem die Alternative Rechte gerne die exilierte Frankfurter Schule als jüdisch-kommunistische Unterwanderung der amerikanischen Gesellschaft verhandelt. Wie zuvor zeigen sich Antigenderismus und Antisemitismus als kommunizierende Röhren.

265 Helen Pluckrose, James Lindsay. *Cynical Theories: How Activist Scholarship Made Everything about Race, Gender, and Identity--And Why This Harms Everybody*. Pitchstone Publishing 2020.

wörtlich gemeint, denn die *grievance studies* (Foucault, Butler und ich) sind für jeden Alltagswahnsinn, den ›Tod der Aufklärung‹ und der ›Demokratie‹ verantwortlich:

> »Have you heard that language is violence and that science is sexist? Have you read that certain people shouldn't practice yoga or cook Chinese food? Or been told that being obese is healthy, that there is no such thing as biological sex, or that only white people can be racist? *Are you confused* by these ideas [...] As Pluckrose and Lindsay warn, the unchecked proliferation of these anti-Enlightenment beliefs present a threat not only to liberal democracy but also to modernity itself.«[266]

Die *grievance studies*-Provokation, das Reden und Schreiben darüber produziert Anschlüsse und Karrieren. Das Antigender-Netzwerk erweitert und festigt sich. Affektbrücken werden gebaut vom Normalmensch zur Akademiker*in und zurück, mit denselben Gefühlsanreizungen, die ich im ersten Teil des Buches im Hinblick auf das Poster *Hey, White Person* besprochen habe: »Have you heard…? Are you confused…?«. Jede*r kann sich einschalten, um diese Gefühlsangebote mit persönlicher Erfahrung aufzufüllen. Nutzer*in *Leif Leoden* kommentiert das YouTube-Interview zwischen Boghossian, Pluckrose, Lindsay und Jordan Peterson mit Freude am bestätigten Vorurteil:

> »Wow that was really disturbing, thank you for sharing this. I knew that the Universities and the far left were corrupt and violent. I had no idea just how bad it really was!«[267]

Now you know. Eine Amazon-Bewertung von Nutzer*in *His Serene Highness* gibt *Cynical Theories* fünf Sterne und legt ein Werbetraktat zur Begründung nach. Kaufen sie das, denn:

---

266 Zitiert nach der Ankündigungsseite des Verlag: https://www.ipgbook.com/cynical-theories-products-9781634312028.php?page_id=32&pid=PTS. Zuletzt gesehen am 05.01.2021. Die Empfehlungen kommen (natürlich) von anderen Vertreter*innen des halb-akademischen rechten Diskursnetzwerks, die ich teilweise schon erwähnt habe: Steven Pinker, Deborah Soh, Ayaan Hirsi Ali. Man nennt das Zitierkartell, oder eben ›Meinungskorridor‹.

267 YouTube-Kommentar zum Video: Peterson. »Interview with grievance studies hoaxers.«

> »[...] this is the book Today demands: In the midst of today's new Woke-infused cultural revolution comes *Cynical Theories* [...] with a long history of exposing critical theory for the unscientific fraud it is. *If you're bewildered* by the terms you see thrown about around you on a daily basis in the media – critical race theory, unlearning, colonialism, lived experience etc... then this is the book for you.«[268]

Die generierten Gefühle sind für die Akteur*innen direkt kommerziell verwertbar: Es entstehen Märkte. Ökonomisch ist es derzeit enorm sinnvoll, aus der Diskreditierung der Geisteswissenschaften von außerhalb der Wissenschaft eine publizistische Karriere, ein Parteiprogramm, oder eine Online-Identität zu machen (Abb. 146). Das pseudoakademische Magazin *Quillette.com*,[269] gegründet von der Australierin Claire Lehmann, spezialisiert sich in der Folge von *Sokal Squared* auf fast tägliche Langartikel von praktizierenden oder Ex-Akademiker*innen. Diese Artikel sollen durch ›heterodoxes Denken‹ auf die ›Gleichschaltung der Universitäten und der Gesellschaft‹ aufmerksam machen. Dazu publiziert das Magazin, so die Website *Politico.com*, Theorietraktate »connected to heritability, sex and sex differences, race, culture, Islam, free speech and violence«,[270] die gerne Rassismen aus Genetik und Intelligenzforschung übernehmen. Das Magazin erreicht nach eigenen Angaben mehr Leser*innen als die *New York Review of Books*.[271]

---

268 Amazon-Rezension vom 25.08.2020. Zitiert aus den Amazon-Bewertungen: https://www.amazon.com/Cynical-Theories-Scholarship-Everything-Identity_and/dp/1634312023/ref=sr_1_1?crid=HHWH4Q4LXQ7U&dchild=1&keywords=cynical+theories&qid=1610115816&s=books&sprefix=cnyical%2Cstripbooks-intl-ship%2C243&sr=1-1. Zuletzt gesehen am 05.01.2021.

269 Vgl. https://rationalwiki.org/wiki/Quillette. Zuletzt gesehen am 05.01.2021.

270 Amelia Lester. »The Voice of the ›Intellectual Dark Web‹«. *Politico.com*. 11.2018. https://www.politico.com/magazine/story/2018/11/11/intellectual-dark-web-quillette-claire-lehmann-221917. Zuletzt gesehen am 05.01.2021.

271 Laut der Patreon-Seite des Magazins: https://www.patreon.com/Quillette/overview. Zuletzt gesehen am 05.01.2021.

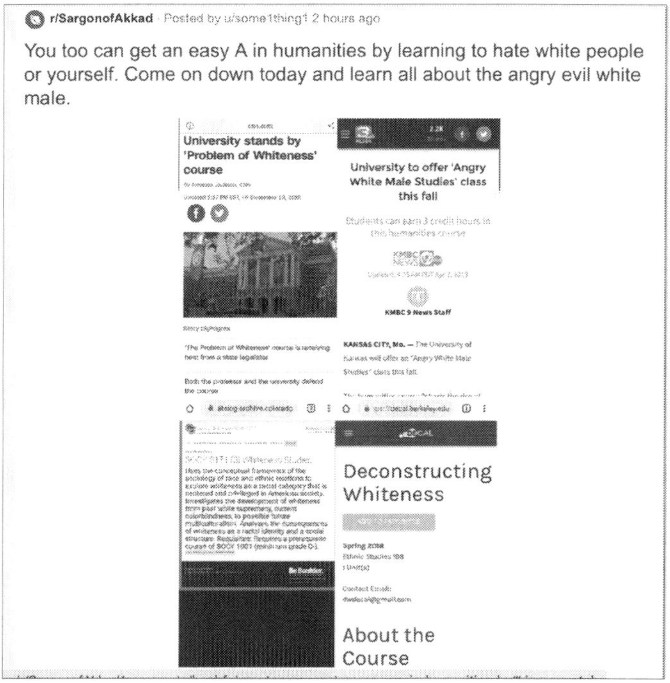

Abb. 146

Abneigung gegen akademische Arbeit, Angst vor ihrer Agenda, Hohn über ihre Sprache. Mit dieser volatilen Affektmischung befeuert die Alternative Rechte ein Klima, in dem eine Bereinigung der Forschungslandschaft nicht nur nötig, sondern überlebenswichtig erscheint. In diesem Klima werden die 2018 von Donald Trump angedrohten Kürzungen für die *National Endowments of the Arts* nachvollziehbar. Sein Verbotserlass gegen antirassistische Fortbildungen und Critical Race Theory in Regierungsbehörden vom September 2020 machte das Gefühlsprojekt zur präsidialen Anordnung, formuliert mit hinreichendem Spielraum:

> »It has come to the President's attention that Executive Branch agencies have spent millions of taxpayer dollars to date ›training‹ government workers to believe divisive, anti-American propaganda. [...] all agencies are directed to begin to identify [...] any training on ›critical race theory,‹ ›white privilege,‹ or any other training or propaganda effort that teaches or suggests either that

> the United States is an inherently racist or evil country [...] The divisive, false, and demeaning propaganda of the critical race theory movement is contrary to all we stand for as Americans...«[272]

Rassismuskritik und angeschlossene Theorien, die in den USA spätestens seit W.E.B. Du Bois *Souls of Black Folk* (1903) ausformuliert werden, seien »un-American propaganda«, wie Trump schreiben ließ. Ein neuer McCarthyismus, dessen grundlegende Einschätzung nicht mal falsch ist: Wenn man – wie Trump – die USA als *white (supremacist) nation* versteht, ist strukturelle Rassismuskritik tatsächlich ein unamerikanischer Umtrieb.

Durch die Kürzungsprogramme an Schulen der Bildungsministerin Betsy DeVos wurde ähnliches bereits vorher geregelt – ohne Verbot, sondern durch simple Regulation des Bildungsmarktes: DeVos förderte mit hohen staatlichen Investitionen das Prinzip der ›freien Schulwahl‹ für Familien und zugleich explizit Schulen mit naturwissenschaftlicher Spezialisierung. Die Trump-Regierung setzt am *humanities*-skeptischen Meinungsbild an und überlässt es den Familien (und deren Kaufkraft), ob sie ihre Kinder auf die teuren *Liberal Arts Colleges* schicken, die sich kritische Felder wie *Women's and Sexuality Studies* oder *African American Studies* leisten wollen oder können.

Propagandistische Leistungen wie *Sokal Squared, Cynical Theories* oder Jonathan Haidts und Greg Lukianoffs Bestseller *The Coddling of the American Mind: How Good Intentions and Bad Ideas Are Setting Up a Generation for Failure* zielen gemeinsam mit neoliberaler Hochschulpolitik und Regierung darauf ab, dass große Teile der Geisteswissenschaften vom ›Wissensmarkt‹ verschwinden. Für die Allgemeinheit scheinen *grievance studies* nicht nur unattraktiv, unproduktiv und unglaubwürdig – sie sollen empfunden werden als zerstörerische Kraft »that interferes with young people's social, emotional, and intellectual development [and causes] the inability of Americans«, so Haidt und Lukianoff auf ihrer Webseite *thecoddling.com*. Auch das gibt es wieder schneller und griffiger als Meme (Abb. 147): ›Linkes Denken‹ verwüstet jede Ontologie, Eindeutigkeit und Orientierung.

Are you confused? Are you bewildered by...

---

272 The White House. »Memorandum for the Executive Departments, Office of Management and Budget, signed Russell Vought (Director)«. *Whitehouse.gov.* 4.09.2020. https://www.whitehouse.gov/wp-content/uploads/2020/09/M-20-34.pdf. Zuletzt gesehen am 05.01.2021.

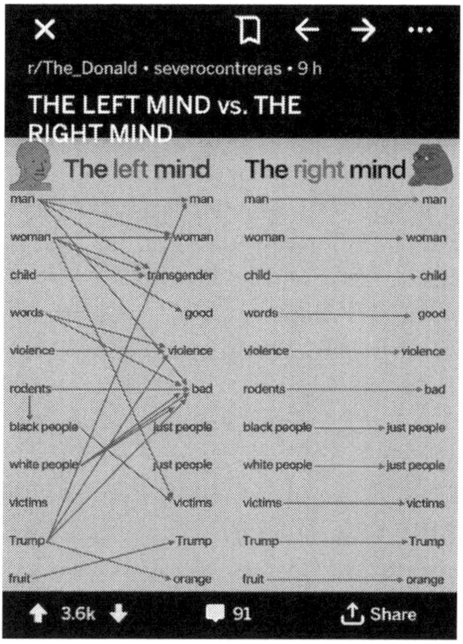

Abb. 147

Der metapolitische Kulturkampf der Alternativen Rechten zielt zuerst auf diesen Gefühlshaushalt. Im derzeitigen Diskussionsraum und Gefühlsklima der USA, und zunehmend auch in Europa, scheinen Gender Studies, Postcolonial Studies und andere Felder nicht nur schwer verständlich. Sie stellen ein mit Wahlstimme und Steuergeld zu bekämpfendes, diktatorisches Geschwür dar, dass die ›Menschheit‹, die ›Aufklärung‹ und vieles andere zerstören will.

Die AfD leistet in Deutschland mit ihren Auslassungen zu Genderforschung und anderen Verdächtigen die Basisarbeit: Die Partei stellt im Bundestag zum Beispiel Anträge auf Herausgabe der Namen des Berliner *RefRats*, antifaschistischer Aktivist*innen inner- und außerhalb der Universität sowie eine genaue Personen-, Erfolgs- und Mittelaufstellung der in den Gender Studies tätigen Forscher*innen und Angestellten. Immerhin fordert das Grundsatzprogramm der AfD:

»[...] einen sofortigen Förderstopp für die sogenannten ›Gender Studies‹ an Hochschulen und Universitäten. Bestehende Gender-Lehrstühle sollen traditionellen Studiengängen zugeordnet und bei Ausscheiden der Stelleninhaber nicht wieder nachbesetzt werden.«[273]

Die ›Entgenderung‹ der Uni ist fundamentales Anliegen der Partei. Das meint die konkrete Abschaffung von Studiengängen und Forschungsgebieten, also einen Eingriff in die sogenannte Forschungsfreiheit nach autokratischem Vorbild. Die AfD begründet die Zensurbemühungen damit, dass Gender Studies grundlegend ›ideologisch‹ – das heißt politisch – verfasst sind. Es ist schwierig, als politische Partei das Argument der ›Ideologie‹ gegen einen ganzen Wissenschaftszweig in Stellung zu bringen und dabei plausibel zu wirken. Deshalb setzt das Diskursgefüge der Alternativen Rechten zuerst darauf, diese Wissenschaften im Ganzen emotional und affektiv zu diskreditieren.

Meine beruflichen Erfahrungen als Gender- und *race*-spezialisierter Kulturwissenschaftler geben ein subjektives Bild auf die Entwicklung dieser metapolitischen Hochschuldebatte, die keine um ›Meinungsfreiheit‹ ist, sondern um Jobs, Märkte, Gefühle und Deutungshoheit. Ich bin disproportional davon betroffen: Die rechtspopulistische Unternehmung, Geschlechter- und Rassismusforschung als ›undemokratisch‹ darzustellen, diskrediert Forschungszweige, die *vor allem* von Frauen, Queers und People of Color getragen werden. Die gesellschaftliche Debatte darüber befeuert aber eine *Gefährdungs-* und *Aufmerksamkeitsmaschine*, die alle betrifft und mit hineinzieht. Nicht zuletzt auch Kolleg*innen, wie ich feststelle.

Mein Promotionskollege Vojin Saša Vukadinović ist Historiker, Geschlechterforscher und war 2016 Mitautor der kontroversen Aufsatzsammlung *Beissreflexe*.[274] In der Folge publizierte er, unter anderem in der *Emma*, Polemiken und Angriffe gegen die Gender Studies und ihre Vertreter*innen.[275] Mit dieser Meinungsposition, die sicher Gründe hat, schloss er sich auch dem Zirkus um die *grievance studies affair* an. Für die *Neue Züricher*

---

273 https://www.afd-bw.de/partei/resolutionen/gender-mainstream. Zuletzt gesehen am 05.01.2021.

274 Patsy l'Amour laLove (Hg.), *Beissreflexe: Kritik an queerem Aktivismus, autoritären Sehnsüchten, Sprechverboten*. Querverlag Berlin 2016.

275 Vgl. Jasmin Degeling, Sarah Horn. »›Queer‹ aufs Spiel gesetzt: Über Beißreflexe, queere Bewegungsgeschichte und gegenwärtige Affektkulturen«. *kultur & geschlecht* 21 (2018). https://kulturundgeschlecht.blogs.ruhr-uni-bochum.de/wp-content/uploads/2019/10/Degeling_Horn_Queer-aufs-Spiel-gesetzt.pdf

Zeitung interviewte Vukadinović am 6. November 2019 ausführlich Peter Boghossian zu dessen Kampf gegen die »Institutionen der Unfreiheit«. Das Gespräch kulminierte in Boghossians Diagnose einer gespaltenen Welt und in einer böswilligen Mimikry jenes Sprechens, mit dem die Allgemeinheit gerne vor einem ›neuen Faschismus‹ warnt:

> »Social Justice und Intersektionalität sind kulturelle Phänomene, die Amok gelaufen sind. [...] Erstens haben wir es buchstäblich mit einem Kampf der Weltbilder zu tun. Und zweitens: Das theoretische Fundament der Grievance-Studies-Disziplinen ist dürftig. Deren Radius breitet sich dennoch mimetisch aus, sie sickern in das Bewusstsein der Menschen ein und verändern ihre Wahrnehmung der Realität.«[276]

Donald Trumps Dekret gegen die Critical Race Studies als ›anti-amerikanische Hassideologie‹ vom September 2020 war eine Kriegserklärung – dort hat Boghossians Narrativ des ›akademischen Amoklaufs‹ schon etwas erreicht. In Deutschland wurde dergleichen noch nicht von ganz oben ausgesprochen. Es wird aber implizit gefordert – gewissermaßen als bewusstseinsrettende Maßnahme für die Menschen, die sich um ›ihre Rationalität‹ sorgen müssen, denn die Gender-Fundamentalist*innen (und ich) greifen die Gehirne an (Abb. 148). Nochmal Boghossian im Interview:

> »Fragt man die Anhänger der Intersektionalität, auf welchen rationalen Argumenten ihre Autorität gründe, sind sie wegen der Frage beleidigt und weisen auf Identitätsmarker hin [...] Das ist eine Form von Verlogenheit und entspricht der Art, wie Fundamentalisten reagieren würden – also jene Leute, deren kognitiver Apparat von einer Idee überschrieben worden ist, die keine Reflexion mehr duldet. Das moralische Denken hat das rationale abgelöst.«[277]

276 Vojin Saša Vukadinović. »Einer Minderheit anzugehören, gibt dir noch keine Erlaubnis, Stuss zu erfinden – der Philosoph Peter Boghossian über die neue Orthodoxie an US-Universitäten«. *Neue Züricher Zeitung*. 06.11.2019. https://www.nzz.ch/feuilleton/us-universitaeten-und-opferdiskurs-interview-mit-peter-boghossian-ld.1519028.

277 Vukadinović. »Einer Minderheit anzugehören«.

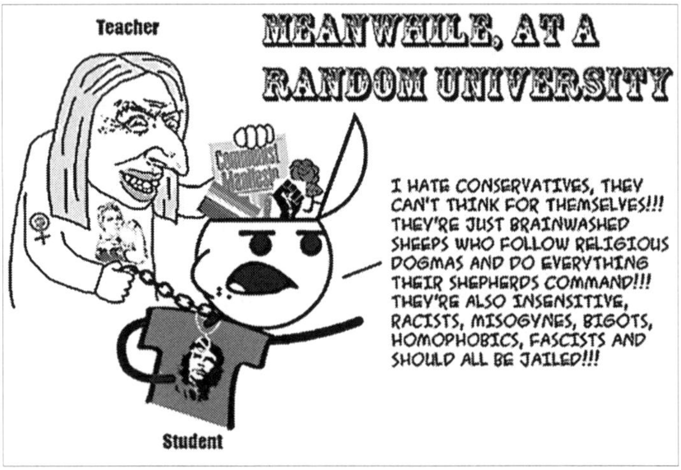

Abb. 148

Vukadinovićs Erwiderung auf Boghossian im Interview gibt eigentlich eine ähnliche Forschungsperspektive wieder, die dieses Buch über rechte Gefühle und Affekte verfolgt. Er entgegnet: »Die affektive Komponente dieser Denkweise [Intersektionalität, etc] ist vordergründig, das Analytische hingegen zweitrangig«. Ein schöner Satz, der genauso für dieses tendenziöse Interview stimmt wie für die monologischen Zirkel der Alternativen Rechten im Allgemeinen.[278]

Antigenderismus ist rechter Gefühlskitt.

Aus diesem akademischen Betrugsverfahren leite ich abschließend drei Aspekte ab. Erstens: Die Netzwerke der Alternativen Rechten sind immer näher als man denkt (Hallo Saša). Zweitens: Boghossian warnt vor der »Veränderung der Wahrnehmung der Realität« durch die *grievance studies*, und Vukadinović dreht das weiter zur affektiven Wirkung. Das stimmt natürlich. Gender Studies, Antirassismus und vieles andere, das die Geisteswis-

278 Vukadinović ist auch Mitinitiator des sogenannten *Netzwerks Wissenschaftsfreiheit*, das sich im Februar 2021 gründete, um eine akademische *cancel culture* zu bekämpfen. Der Aufruf der über 70 Akademiker*innen belegte wieder keine konkrete Zensur oder Einschränkung, erreichte aber dennoch massive mediale Aufmerksamkeit. Ich erwähne es hier nur, da sich die Argumente und Strategien des *Netzwerks* nicht von den bereits dargestellten Affären (James Damore, Appell für freie Debattenräume, Sokal Squared, etc) unterscheiden. Das Spiel um Aufmerksamkeit funktioniert trotzdem schon wieder.

senschaften, Wissenschaften, die Kultur (oder Wissen generell) tun, wollen genau das – eine Veränderung der Wahrnehmung der Welt, um daraus Formen eines anderen Zusammenlebens abzuleiten. Darum geht's, auch affektiv. Es nennt sich, unter anderem, ›Epistemologie‹ oder eben ›Kritik‹. Es ist weder Amok noch Fundamentalismus, sondern Arbeit.

Drittens: Der reflexive Faschismus betreibt nicht nur die affektive Umwertung der Welt, in der sich Rassismus- und Sexismuskritik nun wie ›Abschaffung der Aufklärung‹ anfühlen sollen – er *reflektiert* diese affektive Umwertung auch bei seinen liebsten Feind*innen. Psychoanalytisch gesprochen könnte man das eine ›Projektion‹ nennen, aber das scheint mir eine falsche Schlussfolgerung zu sein. Boghossian könnte mir entgegenhalten, ich projiziere meine ›tyrannisch-intersektionale‹ Weltsicht auf die Alternative Rechte und auf ihn. Es könnte zu einer Patt-Situation kommen, die dann in eine Machtfrage mündet.

*Betrüger*in vs. Betrüger*in.*

Im nächsten Screenshot wird darauf eine andere Antwort gegeben, die den Aspekt des ›Betrügerischen‹ weiterentwickelt. Der reflexive Faschismus hat wahrscheinlich *keine eigene Sprache*, um seine Phantasmen auszudrücken. Deshalb stielt er andere Sprechweisen und dreht sie um. Er verwandelt sie in einen Betrug, einen *hoax*, ein *con-game*. Das ist nicht nur Betrug, sondern noch mehr: Ein Spiel.

Mitunter zerstörerisch, aber ein Spiel.

13. ~~Pokémon~~ Fascism Go I & II

Abb. 149

Der Motor des digitalen Faschismus ist ein Spielprinzip: das Zocken um Aufmerksamkeit, die strategische Provokation, die Schaffung falscher Prinzipienfragen für die Öffentlichkeit, die schnellere und affektiv wirksamere Verdrehung und Verkürzung von Diskursen. Als Belohnung winken Bühnen, Klicks und vielfältige Affektbrücken zu disparaten Akteur*innen, die einfach mitspielen können.

Der Faschismus wird also nicht nur im Diskurs um Videogames aufgerufen, sondern auch umgekehrt selbst *gamifiziert*, das heißt: als Spiel betrieben, mit entsprechenden Belohnungsaffekten. Die Trolling-Aktionen rechter Akteur*innen spielen, wenn sie – von *IOTBW* zu *Sokal Squared* bis *@realDonaldTrump* – wieder und wieder die Provokation liberaler Öffentlichkeiten erreichen: *Trigger the libs* nennen sie das und amüsieren sich köstlich dabei, denn es funktioniert sehr gut (Abb. 149). Es ist ein Spiel mit Belohnungen und Herausforderungen: ›Mach aus dem Bild dieser Feministin ein Meme – wieviele Klicks und böse Kommentare bekommst du? Wie gut kannst du die Diktion der Gender-Fundamentalist*innen imitieren? Wie kannst du *Super Mario* und ein Hakenkreuz kreativ zusammenbringen, wie Donald Trump und die Reichskriegsflagge? Kannst du den derzeitigen Highscore rechter Aufmerksamkeit überbieten?‹

Dieser Screenshot beleuchtet die Gamifizierung des reflexiven Faschismus in einer zweiteiligen Analyse: Erstens anhand des terroristischen Attentats von Halle und seiner Umgebungstexte und zweitens anhand der sogenannten *QAnon*-Bewegung. Ich gehe dabei über das verbreitete Verständnis des Begriffs hinaus:[279] ›Gamifizierung‹ bedeutet nicht nur das Aufgreifen von Begrifflichkeiten des Videospiels oder die Medialisierung von Terroranschlägen, zum Beispiel durch Live-Streams.[280] Digitale Spiele- und rechte Gefühlswelten haben sich nicht nur in Sprache, Ikonographie und Technologie angenähert, sondern einander affektiv durchdrungen. Was das heißt, wird im Folgenden besprochen.

---

279 Das Verständnis findet sich unter anderem im Eintrag der Bundeszentrale für politische Bildung. Vgl. Armin Pfahl-Traughber. »Der Einzeltäter im Terrorismus«. *bpb.de*. 28.01.2020. https://www.bpb.de/politik/extremismus/rechtsextremismus/304169/der-einzeltaeter-im-terrorismus Zitat: »Gamifizierung (deutsch mitunter auch ›Spielifizierung‹) meint allgemein, dass spieltypische Merkmale auf spielfremde Zusammenhänge übertragen werden. Hierzu gehören etwa Bewertungspunkte oder Ranglisten, die auch für einzelne Terroristen bedeutsam sind. Dabei geht es um die Anhänger von Computerspielen, hier insbesondere Ego-Shooter. [...] Sofern dieses Agieren mit einschlägigen Feindbildern und Mentalitäten verbunden ist, kann es sich auch in Form von Gewalttaten gegen bestimmte soziale Gruppen artikulieren. Der erwähnte Stephan B. steht für einen solchen Fall von ›Gamifizierung‹.« Zuletzt gesehen am 05.01.2021.

280 vgl. Graham Macklin. »The Christchurch Attacks: Livestream Terror in the Viral Video Age«. *CTC Sentinel* 12.6, 07.06.2019. https://ctc.usma.edu/christchurch-attacks-livestream-terror-viral-video-age/. Zuletzt gesehen am 05.01.2021. Siehe auch: Jean-Philipp Baeck, Andreas Speit (Hg,). *Rechte Egoshooter: Von der virtuellen Hetze zum Livestream-Attentat*. Ch. Links Verlag 2020.

I. Highscores

Abb. 150

9. Oktober 2019 Zu einem ersten Beleg der Durchdringung von neofaschistischen Inhalten und digitalen Spielewelten mag der populärste Videospieler der Welt ausreichen: Seit Dezember 2013 hält diesen Titel der Schwede *PewDiePie*,[281] bürgerlich Felix Kjellberg, dessen YouTube-Videos regelmäßig mit rechten bis rechtsradikalen Verweisen spielen (Abb. 150). Verbaut werden sie in ›humoristische‹ *Game-* und *Meme-*Videos: So spielte er live in einer Robe des KuKluxKlan, benannte die Avatare seiner Videospiele mit ›Adolf Hitler‹ und beauftragte zwei indische Männer damit, ein Plakat mit der Aufschrift »Death to all Jews« für ein Video hochzuhalten.[282] Seine rituellen Anklänge

281 106 Millionen Abonnent*innen, Stand August 2020. Trotz seines Status als eine Art ›öffentlich-rechtlicher Rundfunk‹ des Youtube-Zeitalters ist der 31-jährige Schwede von der Extremismusforschung fast nicht rezipiert, vielleicht weil rechte Transgressionen nur einen winzigen Teil seines 10-jährigen Youtube-Gesamtwerks des infantilen Humors ausmachen.

282 Ich habe diese Aktion ausführlich besprochen: Simon Strick. »Alt-Right Affekte: Transgressionen und Provokationen«. *Zeitschrift für Medienwissenschaft* 19 (2019). S. 113–125.

an rechte Agitationspraktiken (von Fans unter dem Motto ›PewDiePie Redpill Compilation‹ liebevoll gesammelt) brachten dem YouTube-Superstar viel Kritik ein, auf die er ebenso rituell mit emotionalen Entschuldigungsvideos antwortet.[283]

Eine Überschreitung brachte es zum Präzedenzfall neofaschistischer *Gamifizierung*: Ende 2018 drohte Kjellberg den Status als weltgrößter YouTuber an den indischen Kanal *T-Series* zu verlieren. Ein Rennen um die 100 Millionen-Abonnent*innen-Marke begann, in dem Kjellberg seine juvenilen Fans – auch die *9-Year-Old-Army* genannt – unter dem Motto »Subscribe to PewDiePie« spielerisch zu Aktionen mobilisierte. Millionen bekamen etwas zu tun, etwas zum Fühlen: Flashmobs, spaßige Fan-Demonstrationen, Hacker-Aktionen und Hashtags waren die Folge. Nach zahlreichen Empfehlungen von anderen Influencer*innen wurde der kollektive Spielspaß um virtuelle Aufmerksamkeit und Marktanteile gestört, als der Massenmörder von Christchurch mit einstieg: Während des Facebook-Livestreams seines Massakers am 15. März 2019 rief er »Subscribe to PewDiePie« und ermordete danach 51 Menschen und verletzte 50 weitere. Die ungewollte Empfehlung veranlasste Kjellberg zu einem weiteren Entschuldigungsvideo, in dem er die Werbeaktion mit zweifelhaften Worten für beendet erklärte:

> »It's been a crazy journey. At first it started off with people doing really positive and fun things to get attention for ›Subscribe to PewDiePie‹, but something I learned is when you have 90 million people riled up about something, you're bound to get a few degenerates.«[284]

Online-Influencer verdienen ihr Geld damit, dass sie im virtuellen Raum spielerisch Situationen herstellen, auf deren Existenz sie selbst und ihr Publikum mit exzessiven Gefühlen antworten können. Vlogs, Videos und Posts

---

Eine erschöpfende Besprechung von PewDiePies ›transgressive marketing‹ findet sich hier: Jenni Hokka. »PewDiePie, racism and Youtube's neoliberalist interpretation of freedom of speech«. *Convergence: The International Journal of Research into New Media Technologies* (2020). S. 1–19.

283 Zum Beispiel: PewDiePie. »I'M RACIST?«. *Youtube.com*. 08.12.2016. https://www.youtube.com/watch?v=QGX2mJ6lbSo. Zuletzt gesehen am 05.01.2021.

284 PewDiePie. »Ending the Subscribe to Pewdiepie Meme«. *Youtube.com*. 28.04.2019. https://www.youtube.com/watch?v=Ah5MYGQBYRo. Zuletzt gesehen am 05.01.2021.

sind Erregungsprodukte, die veröffentlicht und monetarisiert werden, und bei denen ein Publikum spezifische Affekte zu digitalen Prozessen einübt. Verdatungsverhältnisse (zum Beispiel Klickzahlen für bestimmte Kanäle) werden auf diese Weise spannend und emotionalisiert, eine gemeinsame Spielewelt entsteht.

Challenges, achievements und *rewards* sind die Begriffe, die dazu aus der Videospiel-Sprache für durchaus banale Werbe- und Kommunikationsvorgänge verwendet werden.[285] YouTube-Vlogger*innen und auch die Akteur*innen der Alternativen Rechten sind damit in erster Linie Gefühlsarbeiter*innen, die aus virtuellen Situationen, Bildern, Informations- und Datenströmen kollektiv Fühlbares herstellen und verkaufen. ›Affekt‹ ist das Produkt dieses Industriezweigs, und das Publikum konsumiert, indem es am Affekt teilhat und mit- oder dagegenfühlt, wenn eine Situation eintritt – sei es mit Schock, (Fremd-)Scham, Spaß oder Schadenfreude.

90 million people riled up about something.

In diesem Sinn folgten *PewDiePies* Werbekampagne und der Massenmord von Christchurch einem vergleichbaren Prinzip. Beide betrieben die Herstellung von realweltlichen Affekten und Atmosphären durch die Erschaffung einer medial-erlebbaren ›Situation‹. Diese sollte zweierlei erreichen: Erstens erhöhte Aufmerksamkeit für die Marken ›Kjellberg‹ bzw. ›ethnonationalistischer Terrorismus‹ erzeugen; zweitens für das Publikum ein emotionales Ereignis, einen Konsumaffekt schaffen, der Nutzer*innen affektiv an diese ›Marken‹ bindet. Beide Situationen boten eine Art des Miterlebens an, die charakteristisch für das Social-Media-Zeitalter ist: Sie schaffen kollektivierende Erlebnisprodukte auf dem Markt medial-vermittelter, individueller Weltzugänge. Und sie standen als Produkte in Konkurrenz zueinander, was daran abzulesen ist, dass der (neo-)faschistische Terrorist am Hashtag des populären YouTubers partizipierte, genau wie dieser mit den Symbolen des Faschismus seine Transgressionen *for profit* aufführt.

Von der subjektiven Live-Kamera nach Art eines *First-Person-Shooters* verstärkt, war der Facebook-Stream des Christchurch-Massakers eine Einladung zum Mitspielen und Mitfühlen: Entweder bei der weißen Ermächtigung durch Massenmord an Muslimen, oder eine Einladung zum Schock

---

285 In jedem Videospiel gibt es diese Quantifizierungsphänomene, die aus Zahlenverhältnissen eine Herausforderung generieren: »Kill 1000 Enemies«, »Obtain 1000 diamonds« und so weiter.

angesichts eines gewaltbereiten und öffentlichen *white terror*. Letzteren Effekt (bzw. Affekt) vermerkte der Christchurch-Mörder in seinem Manifest als wichtiges Ziel seines Massakers, als *challenge*. Durch die Wahl automatischer Waffen und des Livestreams wollte er eine Verschärfung der Waffengesetze in den USA erreichen, um dort einen ›bewaffneten Aufstand‹ von Ethnonationalist*innen wahrscheinlicher zu machen:[286]

> »I chose firearms for the affect [sic] it would have on social discourse, the extra media coverage they would provide and the affect [sic] it could have on the politics of United states [...] With enough pressure the left wing within the United states [sic] will seek to abolish the second amendment, and the right wing within the US will see this as an attack on their very freedom and liberty. This attempted abolishment of rights by the left will result in a dramatic polarization of the people in the United States and eventually a fracturing of the US along cultural and racial lines.«[287]

Die Gewalttaten des Rechtsterrorismus sind, wie auch die virtuellen Agitationen der Alternativen Rechten, in diesem Sinn immer auch spielerische Medienhandlungen: Sie stellen Aktionen innerhalb medialer Landschaften und Ökosysteme dar und sind Versuche, deren Regeln und Bedingungen zu manipulieren und für die Affektproduktion auszureizen. Die Sprachen und Konventionen des Videospiels bieten sich als Orientierungsfolie und Genreregel an: Der Attentäter von Halle erschoss am 9. Oktober 2019 zwei Menschen, nachdem sein geplantes Massaker in der örtlichen Synagoge misslang. Er übertrug seinen Anschlag ebenfalls live auf dem Spieleportal *twitch.com*. Sein ›Manifest‹ listet eine Reihe von *achievements* auf, also zu erreichende Einzelaspekte des Massakers:

---

286 Im Jargon der Alternativen Rechten heisst diese Strategie, soziale und politische Konflikte zu befeuern, um damit einen »Umsturzpunkt« schneller zu erreichen, schlicht »Accelerationism«. Vgl. Pinto. »Capitalism with a transhuman Face«. 2019.

287 Manifest, S. 11. Obwohl die Waffengesetze nicht landesweit verschärft wurden, hat der Massenmörder sein Ziel erreicht: Anfang September 2020 errichten weiße, bewaffnete Milizen Strassensperren im Bundesstaat Oregon. Am 25. August 2020 erschiesst der 17-jährige Kyle Rittenhouse zwei Demonstranten in Kenosha, Wisconsin mit einer AR-15 *assault rifle*, und verletzt einen dritten. Die Opfer hatten an mehrtägigen Protesten für Jakob Blake teilgenommen, einem Afroamerikaner der von Polizisten durch mehrere Schüsse lebensgefährlich verletzt wurde.

Hello World!: Have a successful live-stream.
Blue-screened: Kill a ZOG-bot.
2 Kikes 1 Shekel: Kill 2 Jews with a grenade.
Life collectivized: Kill a communist.[288]

Diese *achievements* sind phantasmatische Gebilde. Sie stellen weniger Zielvorgaben oder eine To-do-Liste dar als vielmehr Aspekte des *worldbuildings* des Attentäters: Sie erschaffen eine fiktionale Welt und Hintergrundgeschichte, in der detaillierte Handlungen bestimmte Bedeutungen erhalten. Sie versprechen damit affektiven Mehrwert,[289] ob sie ausgeführt werden oder nicht.[290] Die *achievements* beruhen auf ›politischen Witzen‹ (ein möglicher Mord an eine*r Kommunist*in wird als ›Kollektivierung‹ bezeichnet), populärkulturellen Referenzen[291] und Rassismus (Jüd*innen werden als ›Kikes‹ bezeichnet). Diese rassistischen, antisemitischen und antikommunistischen Äußerungen sind nicht Ursprung, sondern fiktionaler Werkstoff des Prinzips, eine alternative, spielerische Weltwahrnehmung zu schaffen. In dieser

288 Die neurechte Infoseite *19vierundachtzig.de* hat eine deutsche Übersetzung des Manifests veröffentlicht. Redaktion. »Amoklauf von Halle: Die Bekennerschreiben von Stephan Balliet jetzt auf Deutsch«. *19vierundachtzig.com*. 10.10.2019. https://19vierundachtzig.com/2019/10/10/das-bekennerschreiben-des-attentaeters-von-halle-stephan-balliet-auf-deutsch/. Zuletzt gesehen am 05.01.2021.

289 In diesem Sinn ist auch die detaillierte Beschreibung der Waffen durch den Attentäter zu verstehen: ihre Vorstellung am Anfang des Manuskripts gleicht dem sogenannten Loadout-Screen bei Shooter-Spielen, wo User*innen sich ihre Figur und Bewaffnung aussuchen können. Zu jeder Waffe und Ausrüstung gibt es meist weitreichende Hintergrundinformationen (im Spielejargon: *Lore*), die Teil des immersiven Prinzips sind. Nicht zufällig kam es daher beim Prozess am Landgericht Naumburg/Magdeburg zu einem Streitgespräch zwischen dem Attentäter und dem Waffenexperten des BKA.

290 Dies ist charakteristisch für das *world-building*, das als Konzept aus der Science Fiction und Fantasy-Literatur seit den 1960er Jahren bekannt ist: *world-building* bezieht sich auf Hintergrund-Informationen und Detailwissen zu ausgedachten Welten, die nicht unbedingt handlungsrelevant sein müssen, sondern der fiktionalen Welt ›Gewicht‹ und Glaubwürdigkeit verleihen. Das bekannteste *world-building*-Moment findet sich in J.R.R. Tolkiens linguistischen Konstruktion von fiktionalen Sprachen für die *Herr der Ringe*-Trilogie. Fast jedes digitale Computerspiel verfügt heute über große *world-building* Mechanismen und Paratexte, die die oft reduzierten Interaktionsmechanismen plausibel machen.

291 Beispiel: »This is my BOOM-STICK! Kill someone with a Slam-Bang« ist ein Verweis auf die Horrorkomödie *Army of Darkness* (1991).

sei ein Ort wie Halle (oder der Rest der Welt) von ›ZOG-Bots‹[292] (Polizei) oder ›Kikes‹ (Jüd*innen) bevölkert, deren Ermordung eine Leistung sei, für die man mit einem Platz in der ›Bestenliste‹ der *white supremacist terrorists* belohnt würde.

Objective: Kill as many anti-Whites as possible, jews preferred. Bonus: Don't die.[293]

Zugespitzt ließe sich die These der bisherigen Betrachtung so formulieren: Es ist nicht eine faschistische Gesinnung, die sich an Begriffen und Mechanismen der Videospiele-Industrie bedient oder sich insbesondere bei Gamern ausbreitet. Diese verkürzte Einschätzung wiederholte Innenminister Horst Seehofer, als er nach dem Anschlag von Halle forderte: »Wir müssen die Gamerszene stärker in den Blick nehmen.«[294]

Die von Seehofer angesprochene Verzahnung von Rechtsextremismus und Spieleplattformen und -szenen gibt es natürlich. Die *Gamifizierung des Faschismus* aber funktioniert genau andersherum: Eine spielerische Handlungslogik, die primär Aufmerksamkeit erzielen will, findet im menschenverachtenden Faschismus und Rassismus eine wirksame Erzählfolie zur Produktion einer überzeugenden Spielewelt. Rassismus und Antisemitismus geben Orientierungshilfen zur Erstellung von Handlungsanweisungen, Zielvorgaben und Leistungstabellen. Sie liefern dichte Beschreibungen möglicher Gegner*innen und Zusammenhänge. Das diskursive Repertoire an Bedeutungen und Beschreibungen der alternativ-rechten ›Spielewelt‹ ist reich und für das angestrebte affektive/tödliche Szenario hinreichend

---

292 ›ZOG‹ kursiert in der Alternativen Rechten als Abkürzung für »Zionist Occupation Government«. Dahinter steht die Theorie, dass demokratische Regierungen von jüdischen Machthabern gesteuert würden.

293 Halle Manifest, S. 9.

294 Vgl. Alisa Sonntag. »Hass in der Gaming-Community«. *MDR.de*. 01.11.2019. https://www.mdr.de/sachsen-anhalt/landespolitik/hass-rechtsextreme-gamerszene-100.html. Zuletzt gesehen am 05.01.2021. Man muss sich vergegenwärtigen wie dilletantisch solche Aussagen der Staatsorgane sind: Allein im Mai 2020 vermeldete der Spielehersteller *Epic Games* 350 Millionen registrierte Spieler*innenaccounts, allein für den Online-Shooter *Fortnite*. Ich wünsche dem VS viel Spaß bei der Überwachung dieser Verdachtsgruppe. Die zivilen Blogs, die den Prozess gegen den Mörder von Halle ab Juli 2020 kritisch begleiten (www.halle-prozess-report.de und verband-brg.de) haben weitere Inkompetenzen polizeilicher und staatsschützender Bearbeitung des Rechtsterrorismus aufgelistet. Ich glaube es kaum, aber der Staatsschutz entsandte Terrorismus-Experten ins Gericht, denen »Der Große Austausch« kein Begriff war.

plausibel: Opfer können dehumanisiert, Morde in *kills* und *achievements* umgerechnet werden. Gesellschaft, Moral oder Öffentlichkeit bilden nur den Hintergrund eines Spiele-Levels, dessen Durchspielen ungeahnte *Rewards* bereithält.

Repeat until all jews are dead or you prove the existence of Waifus in Valhalla.[295] Hier liegt ein Hinweis, warum das alte, antisemitische Erzählbild einer ›jüdischen Weltverschwörung‹ das allgegenwärtige Schattenzentrum des reflexiven Faschismus bildet – ob explizit ausgesprochen oder nicht. Die Weltsicht, in der sämtliche Medien, Regierungen, politische Bewegungen, der digitale Raum, Kultur, Wirtschaft, Werbung und Lebensstil von ›jüdischen Eliten‹ im Geheimen gesteuert werden, bietet die ideale Grundstruktur, auf der eine Videospiel-Logik und eine Wahrnehmung des Lebens als *white male challenge* aufsetzen kann. Akzeptiert man diese ›gesteuerte Welt‹, erzwingt das weniger ein Bekenntnis zum ›Rassenhass‹, sondern zu dem, was die Alternative Rechte gerne als *race realism* bezeichnet: Die Wahrnehmung einer Welt, die gegen ›Weiße‹ und ›Männer‹ programmiert ist und wie ein Computerspiel mit allen Risiken und Hindernissen gemeistert werden muss. Die *en passant* entstehende Lebensperspektive eines Ego-Shooters, in der *alles* gegen den einsamen Protagonisten arbeitet, wertet das defizitäre ›Ich‹ entscheidend auf. Das ›Spiel‹ versetzt dieses Ich in Aktion: ›Die soziale, politische, sexuelle und alltägliche Isolation von Weißen und Männern (mir) ist gewollt, und man (ich) muss diesen fremdgesteuerten Alltag unterbrechen.‹

295 Halle Manifest, S. 10. »Waifus« ist eine oftgebrauchte Online-Bezeichnung für kindliche Anime-Frauen, die sich aus der japanischen Aussprache des Wortes »wife« ableitet.

Abb. 151

Die rechtsextreme Organisation *Ein Prozent*[296] verpackt diese Weltsicht in jugendorientierte Konsumformen: Für September 2020 kündigt *Ein Prozent* das Videospiel *Heimat Defender: Rebellion* auf der Spieleplattform *Steam* an (Abb. 151). Im Geschicklichkeitsspiel kämpft man als ›Martin Sellner‹ oder ›Alex Malenki‹, beides Aktivisten der *Identitären Bewegung*, gegen Roboter des jüdischen Unternehmers George Soros sowie einen Endgegner namens ›Globohomo Corp.‹.[297] Das ist rechte Metapolitik für 9-Jährige und virtuelle Belohnung realer Menschenverachtung. Die mittlerweile gelöschte Webseite *RightRealist.com* hat den Spielaspekt des reflexiven Faschismus transparent zur Weltmetapher ausgeweitet, in der ›Teams‹ ethnischer Gruppierungen miteinander konkurrieren. *Judenhass* wird umgeschrieben zur rassischen Sportveranstaltung, in der alle nur ›im eigenen Interesse‹ handeln:

> »I think what the Jews are doing is perfectly rational. They are working toward their ethnic interests. I would like to see my people working toward

296 Ein Prozent wurde vom VfS als ›rechtsextreme Organisation« eingestuft. Vgl. Stefan Lauer. »Der Rechtsaussen Verein ›Ein Prozent‹ ist eine Hassorganisation«. *belltower. news*. 19.06.2020. https://www.belltower.news/urteil-der-rechtsaussen-verein-ein-prozent-ist-eine-hassorganisation-100645/. Zuletzt gesehen am 05.01.2021.

297 Danke für den Hinweis, *r/Dachschaden*. »Globohomo« ist ein schwammiges Kürzel für eine jüdisch-gesteuerte ›Entmännlichungsverschwörung‹, die mittels Feminismus, LGBTQ+-Bewegung und Gender Studies (und vielem anderen) den ›weißen Mann‹ entmännlichen will.

their own ethnic interests. There is no hatred here, even though there is opposition. Just like in sports, your team can try it's best to score goals and prevent the other team from scoring their own goals, but you both know that's just the game and you don't hate the other side for engaging in it.«[298]

Das Problem der *Gamifizierung* besteht nicht allein darin, dass eine unbestimmte ›Gamerszene‹ sich ideologisch dem Neofaschismus andient (das tun einige natürlich). Entscheidend ist, dass das Prinzip der Gamifizierung im reflexiven Faschismus perfekte Genrefolien und Hintergrundgeschichten vorfindet. Die Ideologien, der Rassismus und Sexismus, die Risiko- und Heldendiskurse, die Weltsichten auf Weiße und Männer rezentrieren – diese Mechanismen ermöglichen ein detailliertes *worldbuilding* aus der Ich-Perspektive für Viele. Dies ist umso folgenreicher, da sich Gamifizierung als allgemeines Prinzip digitaler Interaktion und Netzwerk-Bildung etabliert hat, das den digitalen Konsum durch *motivational design* spielerischer und damit nutzungsfreundlicher machen soll.[299] Die Gefühlswelten des reflexiven Faschismus möblieren diesen großangelegten Sandkasten des partizipativen Internets, in dem sich vortrefflich spielen lässt: Belohnungsstrukturen aus Aufmerksamkeit, Monetarisierung und Feedback sind plattformseitig eingebaut, ein schockiertes oder begeistertes Publikum generiert sich automatisch.

Was für alle digitalen Nutzer*innen gilt, gilt auch für die Alternative Rechte: Befördert durch die allgegenwärtige Gamifizierung von Alltagsprozessen auf Social Media existiert gewissermaßen eine unbedingte Aufforderung seitens digitaler Plattformen, den eigenen Alltag spielerisch und kreativ auszugestalten, und damit weniger ›alltäglich‹ zu machen – ein Spielgebot. Mit Likes, Hashtags, Umfragen und direkten Resonanzschleifen wird das Online-Leben partizipativ und zur spielenden Tätigkeit (Abb. 152). Aktionen

298 Rightrealist.com. »A Response to Jordan Peterson on the ›Jewish Question‹«. Ohne Datum. http://rightrealist.com/articles/petersonjq.html. Die Seite ist mittlerweile gelöscht.

299 *Gamifizierung* ist seit ca. 10 Jahren das Zauberwort des digitalgestützten Neoliberalismus, um Interaktions-, Kommunikations- Konsum- und Arbeitsprozesse zu optimieren und attraktiver zu gestalten. Nur ein Beispiel der euphorischen Literatur zum Thema: Andrzej Marczewski. *Even Ninja Monkeys Like to Play: Gamification, Game Thinking and Motivational Design*. CreateSpace Independent Publishing 2015. Kritische Forschung dazu entsteht erst langsam: Moritz Dittmeyer, *Der programmierte Mensch. Zur Idee und Ethik von Gamification*. Brill 2020.

wie ›Subscribe to PewDiePie‹ generieren unterhaltsame und gemeinschaftsbildende Handlungslogiken für ein Millionenpublikum. Dieses nutzt die Möglichkeiten gerne, um die eigene digitale Unsichtbarkeit zu unterbrechen. Man ringt sich zur *challenge* durch, freut sich über jeden *retweet,* und man steigt jetzt ein in diese Aktion, in diese Situation, in diese kollektive Art temporärer Sinnerzeugung – sei es durch eine spektakuläre Einzelaktion, durch Teilnahme an Martin Sellners Umfrage zum Regierungshandeln (Abb. 153) oder dadurch, dass man neue Details zur fiktionalen Welt hinzufügt.[300]

Gamifizierung des Faschismus, wie ich sie hier beschreibe, steuert entschieden dem Erklärungsansatz des sogenannten ›Lone-Wolf‹-Terrorismus oder der Einzeltäter*innen-These entgegen. Diese wiederholt der Staatsschutz beständig zum Rechtsterrorismus: Terroranschläge seien Produkt isolierter und *daher* radikalisierter Menschen, die selten organisierten Netzwerken angehörten und daher schwer beobachtbar seien. Tatsächlich sind rechtsterroristische Mörder bereits lange vor ihren Aktionen Teilnehmer an großen Spielekollektiven, die immersive Gegenwelten entwickeln, sich deren Regelwerk entsprechend verhalten und sich so affektiv vergemeinschaften. ›Radikalisierung‹ bedeutet, an einer kollektiven Erzählform teilzunehmen – wie auch umgekehrt die spielerischen Interaktions- und Sozialitätsformen der sozialen Netze Menschen in ihrer Weltwahrnehmung ›radikalisieren‹.[301] In den Subjektanrufungen der Social Media-Welt gibt es gewissermaßen ausschließlich *lone wolves,* die sich spielerisch zu digitalen Gemeinschaften vernetzen.

---

300 Eine Nebenbemerkung: Anders Breiviks Paralleluniversum musste, mit 1500 Seiten Umfang, noch selbst zusammengetragen und von einem ›Autor‹ geschrieben werden. Attentäter 2019 reichen kurze Verweise auf diesen ›Referenztext‹ aus, um in die fiktionale Welt einzusteigen. Charakteristisch der Mörder von El Paso, Texas: »I didn't spend much time at all preparing for this attack. Maybe a month, probably less. [...] I figured that an underprepared attack and a meh manifesto is better than no attack and no manifesto.« Mittlerweile unterscheiden sich die terroristischen Manifeste nicht mehr entscheidend von Posts auf Reddit oder Discord. Es scheint, als sei der Massenmord vor allem eine Möglichkeit, der Unwichtigkeit im Netz zu entkommen, und sich unter der Unzahl der online-Faschist*innen herauszuheben.

301 Zum Beispiel, wenn man den Alltag gemäß der kompetitiven Fitness-App ausrichtet.

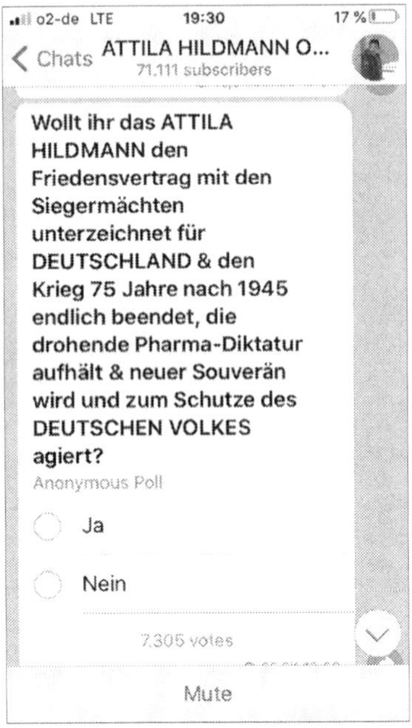

Abb. 152

Abb. 153

Hello World!
Wann und warum fiktionale Leistung in reale Gewalt, Latenz in Aktion kippt, ist schwer bestimmbar. Zur möglichen Risikoabschätzung sind zwei Aspekte von Bedeutung: Erstens orientiert sich ein Umschlagpunkt nicht allein am ›Radikalisierungslevel‹ des Individuums, sondern am Grad der Plausibilität der Spielewelt. Diese bemisst sich daran, wie hinreichend alltagserklärend und *teilbar* diese alternative Welt ist und wie groß ihr Spielgenuss, die *jouissance*. Zweitens: In fiktionalen Gegenwelten, die auf Social Media kollektiv gebildet und gepflegt werden, sind die Wechsel zwischen Latenz, Potenz und Aktion flüchtig: Memes, Likes, Shares, Kommentare und alle anderen Kommunikationsprozesse im Netz sind bereits Aktionen, Handlungen und Konsequenzen, die eine fiktionale Weltsicht zum Leben erwecken und ihre *Welthaltigkeit* steigern.

II. Alternate Reality

27. Oktober 2017 Der reflexive Faschismus, der in verschiedenen Szenarien Weiße und Männer zu bedrohten Arten erklärt und Orientierungshilfen für Gegenwehr und/oder Widerstand gibt, bietet ein reichhaltiges Gegenuniversum, an dem spielerisch partizipiert werden kann. Darin liegt ein Grund, warum dieses Buch konsequent von der *Alternativen Rechten* gesprochen hat: Es ist eine alternative Weltsicht (im Sinn von ›alternate reality‹), die – in mehr oder weniger prononcierten, extremen oder ausformulierten Erzählungen – ihre Akteur*innen zusammenschaltet. Ihre *Alternativität* und *Welthaltigkeit* werden durch Partizipation verstärkt, ihre Plausibilität im gemeinsamen Spiel kontinuierlich verbessert. Jedes Meme, jeder Klick, jeder Post, jede Demonstration, jedes Attentat sind Beiträge zu einem so vielgestaltigen wie fiktionalen Gegenuniversum. Ermöglicht und gefördert durch die inhärenten Mechanismen von Social Media, haben sich diese Parallelwelten radikal ausdifferenziert und weltabdeckend verfeinert. Der reflexive Faschismus hat sich als (Anti-)Gesellschaftsspiel etabliert.[302]

Spiele-Expert*innen wissen daher mehr über den Rechtsterrorismus, seine Wirkmacht und Radikalisierungswege als irgendein Geheimdienst. Als im Sommer 2020 die Verschwörungstheorie *QAnon*, um die es im Folgenden gehen soll, auch in Europa Fuß fasste,[303] kamen erhellende Analysen nicht vom Staatsschutz oder der Polizei, sondern aus der Spieleindustrie. Im Interview mit der *New York Times* erläuterte Adrian Hon, Entwickler von sogenannten ›Alternate Reality Games‹, die Attraktivität des *QAnon*-Universums:

> »Alternate reality games incorporate the internet and websites, real world interactions, advertisements in newspapers, smartphone apps, any medium we can get a hold of in order to produce the most immersive story possible. [...] *QAnon* is a uniquely 21st century conspiracy theory [because it] was born on forums like 4chan and 8chan, and the way that people interact with it initially is so purely online. But the effects bleed into the real world much like

302 Kathleen Stewart schreibt zu Verschwörungstheorie: »It dreams of [...] a redemption of a human agency born in an act of vengeance against the actual state of things. [...] There's pleasure in consipracy theory. An intimate knowledge of secret collusions, clandestine activities, and little collaborative worlds of an ›us‹ tracking what ›they‹ are doing.« *Ordinary Affects*. 2007. S. 88.

303 Siehe dazu Screenshot 15.

an alternate reality game. [...] almost everyone who discovers QAnon uses a phrase like, ›I did my research.‹ [...] This research is, basically, typing things into Google but when they do, they go down the rabbit hole. They open a fascinating fantasy world of secret wars and cabals and Hillary Clinton controlling things, and it offers convenient explanations for things that feel inexplicable or wrong about the world. It reminded me specifically of how people get to alternate reality games. [...] There are a certain type of people who are attracted to alternate reality games and they are quite devoted. They like puzzle solving in the same way people like murder mysteries or crossword puzzles. As game designers we encourage that mind-set.«[304]

Im *QAnon*-Universum führt Donald Trump eigentlich einen globalen Kampf gegen organisierte Kinderschänder*innen (›deep state‹, ›the cabal‹), die große Teile aller Regierungen und Konzerne unter ihrer Kontrolle haben. Unabhängig vom Wahlausgang läuft dieses Szenario weiter: Stimmenklau, manipulierte Zählmaschinen, oder auch ein neuerliches *impeachment* sind Teil der Gegenrealität, Winkelzüge in einem ›Jahrhunderplan‹, wie die QAnon-Anhänger*innen es nennen. Ihr Motto:

Trust the Plan.

Das Spiel begann, als im Herbst 2017 eine anonyme Person, die sich als »Q Clearance Patriot«[305] bezeichnete, auf 4chan wirre Fragen stellte (Abb. 154). ›Q‹ verwies auf eine kryptische Äußerung des Präsidenten: Bei einem Photoshooting mit Militärs und ihren Ehefrauen hatte Trump humoristisch von einem »calm before the storm« gesprochen.[306] In Qs Interpretation sei dieser ›Sturm‹ der verschlüsselte Hinweis auf einen kommenden Tag X, an dem die Vertreter*innen des ›deep state‹ verhaftet und exekutiert würden.[307] Weitere Posts folgten bis November 2020 fast täglich (Abb. 155).

304 Charlie Warzel. »Is QAnon the Most Dangerous Conspiracy Theory of the 21st Century?« *New York Times*. 04.08.2020. https://www.nytimes.com/2020/08/04/opinion/qanon-conspiracy-theory-arg.html. Zuletzt gesehen am 05.01.2021.

305 Eine Regierungsperson mit hoher Sicherheitsstufe (security clearance).

306 Vgl. »QAnon«, *knowyourmeme.com*. https://knowyourmeme.com/memes/qanon.

307 ›The Storm‹ ist eine dem ›Day of the Rope‹ aus den rechtsextremen *Turner Diaries* entnommene Konstruktion (auch: ›The Great Awakening‹). Q.E.D.: der Faschismus stellt fertige Spielwelten bereit.

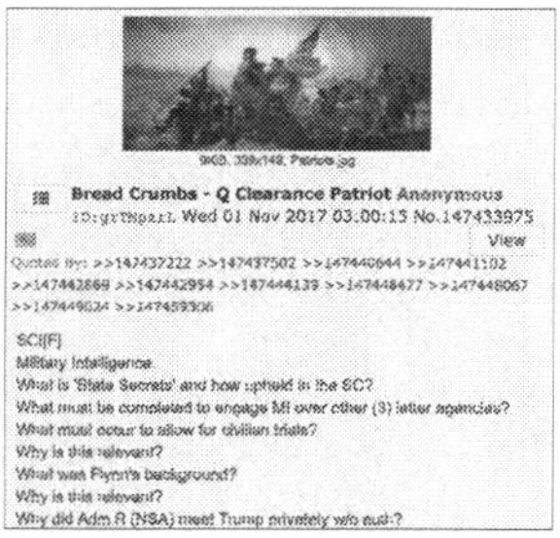

Abb. 154

Abb. 155

QAnon hat mit früheren rechten Verschwörungsgebilden (zum Beispiel *Pizzagate*)[308] gemein, dass es klassisch-faschistische Ideologieaspekte (jüdische Kontrolle, Volksverrat, Degeneration, Umsturzpunkt) in einer hochgradig unplausiblen Welt *mit* verbaut, ohne das sie die zentrale Rolle einnehmen. Antisemitische Grundmythen von Ritualmorden, Kindesentführung oder die Wahnwelt der *Protokolle der Weisen von Zion* bilden den Hintergrund zu einer Spielewelt, auf deren Handlungsebene versteckte Untergrundlabore gefunden, organisierte Kinderprostitution verhindert und versteckte Hinweise entschlüsselt werden müssen. Dass Donald Trump als kalkuliert agierender Superheld im geheimen Auftrag figuriert, zeigt einen wichtigen Aspekt dieser Phantasiewelt: ihre Unwahrscheinlichkeit, die die implizite ›Gut gegen Böse‹-Handlung spannender macht. Die zahllosen Online-Quellen der Alternativen Rechten liefern ausführliche Hintergrundinformationen, wenn ›Spieler*innen‹ weiter interessiert sind.

Im Unterschied zu vergleichbaren Verschwörungstheorien konzentrierte sich *QAnon* von Anfang an auf das partizipative Moment, das kollektive Erzählen: Ohne zentrale Steuerung haben sich seit 2017 unzählige *Q-Affiliates* gemeldet, die verstreute Informationen, Handlungsstränge und Zusammenhänge verbreiten, eigene Recherchen vorstellen und auf Unklarheiten hinweisen. Lücken gibt es zahllose, aber sie werden dem Spielprinzip entsprechend als Rätsel (*puzzles*) gedeutet, an deren Lösung wiederum viele Menschen mitwirken können. *QAnon* operiert wie wenige vergleichbare Desinformationsaktionen der Alternativen Rechten vorher als eine Art kollektive Schnitzeljagd, in der Hintergrundgeschichten, Hinweise und Rätsel von den teilnehmenden ›Spieler*innen‹ selbst recherchiert, geschrieben, hinzu-

308 Vgl. »Pizzagate«. *knowyourmeme.com*. https://knowyourmeme.com/memes/pizzagate.

gefügt und gelöst werden können. Wie Ethan Zuckerman schreibt, ist *QAnon* »the first conspiracy to have fully embraced the participatory nature of the contemporary internet«.[309] Ein *user-driven* Universum, das eher dem Genre der *fan fiction* oder kollaborativen Literaturprojekten des Internetzeitalters verwandt ist als neofaschistischen Ideologiedogmen – letztere aber als Stoff anschlussfähig macht.

Mehr als andere Kampagnen zuvor hat *QAnon* auch das Feld der US-amerikanischen Politik und Populärkultur durchzogen: Als erste Celebrity verbreitete die rechtsdriftende Schauspielerin Roseanne Barr das Kürzel ›Q‹ bereits im November 2017. Trumps Ex-Sicherheitsberater Michael Flynn war nur einer von über 60 Vertreter*innen der Republikaner, die öffentlich den ›Eid‹ der Q-Kämpfer*innen abgelegten (Abb. 156). Sie nennen sich selbst digitale Soldaten, die in einem ›silent war‹ kämpfen:

> »As digital soldiers, our battle is to connect what was not connected, to set upright that which was inverted, and to shine light on that power that was previously in the dark. We provide a true, transparent, and accountable alternative to the corrupt corporate mass media. This conflict will be won when the masses get the ›big picture‹ of dark power — and how it has abused, robbed, and enslaved them for generations.«[310]

Der digitale Trend der Gamifizierung und das Partizipationsgebot der sozialen Medien führen dazu, dass Nutzer*innen gemeinsam Geschichten erzählen und an ›Situationen‹ teilnehmen. In diesen steht die Nutzer*in selbst im Mittelpunkt und wird zur Träger*in und Mitgestalter*in einer kollektivierenden Aktion. Dieses generelle Prinzip der Partizipation hat in *QAnon* ein perfektes Szenario gefunden: Eine interaktive Erzählung zur globalen Verschwörung, die nur von Einzelnutzer*innen im Netz bekämpft werden kann, getreu dem *QAnon*-Motto: ›WWG1WGA‹.

Where we go one, we go all.

---

309 Vgl. Ethan Zuckerman. »QAnon and the Emergence of the Unreal«. *Journal of Design and Science* 6. 15.07.2019. https://jods.mitpress.mit.edu/pub/tliexqdu/release/4. Zuletzt gesehen am 05.01.2021.

310 Martin Geddes. »The Silent War and Digital Soldiers!«. *Conservative Choice*. 29.02.2020. https://conservativechoicecampaign.com/the-silent-war-and-digital-soldiers/. Zuletzt gesehen am 05.01.2021.

Eine nur kollektiv zu erreichende Gegenaufklärung als radikal dezentralisiertes Agitationsmodell. Dieser Aspekt hat *QAnon* zu einem gewissen Grad unabhängig von prominenten Akteur*innen und Ideolog*innen der Alternativen Rechten gemacht. Populäre Stimmen wie Alex Jones (*Infowars*) oder *Pizzagate*-Protagonist Jack Posobiec, beides verdiente rechte Infokrieger, hatten früh versucht, auf der Q-Welle der Aufmerksamkeit zu reiten, um sie dann in großer Enthüllungsgeste als ›4chan-Scherz‹ für beendet zu erklären. Die Deutungshoheit dieser rechten Influencer funktionierte aber nicht: *QAnon* lief, bereits seit Frühjahr 2018 mit unzähligen Merchandise-Produkten ausgestattet, als »improvisational game«[311] dezentraler Spieler*innen weitgehend von selbst weiter. Ohne ideologische Führungsfiguren entsteht ein viraler Faschismus, für den ›Großer Austausch‹ oder antisemitische Mythen eher der Treibstoff sind – der Motor sind die Architekturen, Mechaniken und Gebote des partizipativen Internets selbst.

90 million people riled up about something.

Mehrere Anschläge stehen in den USA mittlerweile mit *QAnon* in Verbindung, die Q-Insignien sind auch in der deutschen Öffentlichkeit sichtbar, und am 19. August 2020 wurde Präsident Trump selbst zum Phänomen befragt: »I don't know much about the movement, other than I understand they like me very much, which I appreciate.«[312] Obwohl sie *know-nothing*-Donald gut zu Gesicht stünde, war *QAnon* nicht ausschließlich Wahlkampftaktik: Vor allem ist es eine *user-driven fiction*, die – ähnlich wie *PewDiePies* oben beschriebene Werbeaktion – aus Millionen Nutzer*innen aktive Gestalter*innen und Spieler*innen macht. *QAnons* sind ›Einzeltäter*innen‹, die gemeinsam-einsam an einer immersiven Gegenwelt arbeiten, um affektiv Sinn, Energie und Handlungslogik zu produzieren. Was die Affektforscherin Kathleen Stewart über die jugendlichen High-School-Shooter von Columbine, Colorado[313] schreibt, gilt hier in gewisser Weise für Millionen:

---

311 Vgl. Zuckerman. »QAnon and the Emergence«.

312 Vgl. »QAnon«, *knowyourmeme.com*, https://knowyourmeme.com/memes/qanon.

313 Im wohl bekanntesten High School-Shooting der USA erschossen 1999 zwei Jugendliche 12 Menschen in ihrer Schule, und verletzten 21 weitere. Vgl. Simon Strick. »Discomforting Silences in Alt-Right America, 2019«. In: Stella Butter, Dorothee Birke. (Hg). *(Dis)Comfort in Contemporary Literature and Culture*. transcript 2020. S. 227–249.

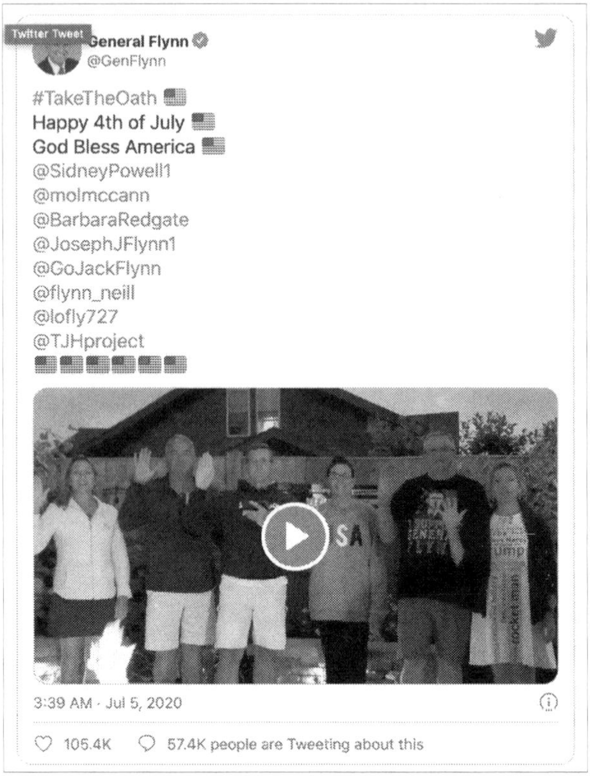

Abb. 156

> »The [Columbine] kids, or the records they leave behind, tell stories that have their own complex trajectories: they are caught in an obsessive focus on the details of a BIG scenario; they're surging to escape a trapped life; they're dangerously depressed; they're alone with their cadre and their plan.«[314]

Die Kids von heute sind nicht mehr allein einsam, sondern in einem depressiv-hyperaktiven digitalen Schwarm versammelt. Sie haben ein tatsächliches Imperium geschaffen aus Foren, Industrien, Marken und Bewegungen, die Details liefern, Anreize, Ruhm, Follower, Mitmach-Möglichkeiten, das *digital soldier*-T-Shirt, die 3D-Drucker-Anleitung zum Waffenbau und so weiter. *QAnon* bietet der Alternativen Rechten ein hocheffektives Universum, in

314 Stewart. *Ordinary Affects*. 2007. S. 74

dem sie einfach mitspielen kann, weil darin alle Einzelideologien verbunden und als Hintergrund oder Schauplatz einer partizipativen Krimihandlung benutzt werden: Anti-LGBTQ+, Anti-Democrats, Anti-Feminismus, Anti-Blackness, Anti-Klimawandel, Anti-Impfung, Antisemitismus, Anti-Antifa, Anti-Eliten. Alles nur *Level-Design* für jede*n einzelne*n digitale Soldat*in.

Jede*r Nutzer*in wird in die Position der unabhängigen Agent*in versetzt, die die Spielewelt navigiert und dabei die reale Welt umdeutet. *QAnon* verpflichtet die Spieler*innen nur einem konkreten Ziel: Die Entschlüsselung einer ›Wahrheit‹, die eigentlich nicht gewusst werden kann. Die Verschwörungstheorie *QAnon* kann nicht widerlegt werden, weil ihr Inhalt geheim ist und ihr Reiz im Mitmacherlebnis liegt – in der »participatory propaganda«, wie der Medienwissenschaftler Lee Wing Ki es nennt.[315] Das interaktive Design der *QAnon user experience* stellt ein Anhänger im Interview so dar:

> »Q has told us that *only 10 people know the whole picture* and that 3 are non-military. I believe that group is Q. I also believe that we the people are Q. [...] It is a movement of patriots that love this country more than most realize, and we will stand by those who are trying to shine the light on the darkness. Q is the battle of good vs evil. Q is the battle to take back our country. Q has been planned for decades and the plan is finally being implemented. Donald Trump is just the messenger for the movement and he was chosen by our military to lead it. Everything he has said is the truth and *it will be proven in time.*«[316]

Alright then.

Vom politischen Prozess der USA vor der Präsidentschaftswahl aus besehen war die freundliche Beziehung zwischen Trump und *QAnon* eine Art ›Hail Mary‹ – ein Verzweiflungswurf beim American Football. Wenn das populistische Schiff der Trump-Regierung aufgrund von Inkompetenz, Willkür und menschenverachtender Politik zu sinken droht, erfindet man eben irgendetwas, *das niemand wissen kann.*

---

315 Lee, Wing Ki. »Xi Jinping at the ›Occupy‹ Sites: Derivative Works and Participatory Propaganda from Hong Kong's Umbrella Movement«. *The Trans-Asia Photography Review* 6.1 (2015).

316 Mike Rothschild. »You can now buy Q Anon swag«. *dailydot.com*. 23.07.2020 (Meine Hervorhebung). https://www.dailydot.com/debug/q-anon-merchandise/. Zuletzt gesehen am 05.01.2021.

Der Gewinn ist zweifach: Erstens war der krisengeschüttelte Trump nicht mehr die Zentralfigur, die mit hohem Aufwand zu verteidigen war, sondern nur messianischer Bote in einem Jahrhundertszenario. Zweitens kann – egal was im politischen Prozess, in der medialen Berichterstattung und in der Realität passiert – alles der erzählerischen Improvisationslogik von *QAnon* untergeordnet werden, nicht zuletzt auch die Wahlniederlage im November 2020. Das ›Unreale‹ wird zum Handlungsprinzip der politischen Teilhabe, des Medienkonsums und der digitalisierten Zivilgesellschaft.[317] Eigentlich ein simpler Prozess: Kritische Medien (Fernsehen, Zeitungen, Internet) waren schon immer auch Konsumprodukte und hatten als solche ihren Platz im kapitalistischen Gefüge. Wenn durch Digitalisierung jede Konsumption in ›Prosumption‹ wechselt und alle zu aktiven Informations-Prosument*innen werden, dann führen Bewegungen wie *QAnon* den kulturellen Kampf um diesen Platz auf den Märkten der Wahrheiten und Aufmerksamkeiten.

Ein gutes Sinnbild zum Verständnis von Bewegungen wie *QAnon* ist Nintendos erfolgreiches Handy-Spiel *Pokémon Go!* Mit der sogenannten *augmented reality*-Technik nutzt das Spiel die Kamera eines Smartphones, um auf dem Bildschirm die beliebten Pokémon-Fabelwesen in die wirkliche Welt zu setzen. Nutzer*innen können sie dann an verschiedenen Orten einfangen. Das Spiel ist real-topographisch aufgesetzt: Eine zweite Realitätsebene legt sich über die erste, die bereits durch das Smartphone medial vermittelt ist. Zur Markteinführung sah man viele Menschen in ihre Bildschirme vertieft durch Städte laufen, um an verschiedensten Orten Pokémon einzufangen und gegeneinander im Wettbewerb antreten zu lassen. Verschwörungstheorien wie *QAnon* und die Gefühlswelten des reflexiven Faschismus sind solche Formen der *augmented reality*, die die Weltwahrnehmung überlagern, alternative Handlungsoptionen anbieten und zur Interaktion gemäß fiktiven Szenarien anreizen. Sie ersetzen nicht Realität, sondern ergänzen sie um eine andere Handlungslogik, Wahrnehmung und Bedeutungsebene, die mitunter auch das produzieren: Sozialität, Gemeinschaft, Spaß.[318]

317 Vgl. Zuckerman. »QAnon and the Emergence«.

318 Nur ein Beispiel: Anfang September 2020 errichten bewaffnete Milizen autonome Straßensperren im Bundesstaat Oregon, um ›Antifa-Terroristen einzufangen‹ und Journalist*innen zu ›überprüfen‹. Die ›Organisation Antifa‹ war zuvor von zahlreichen *QAnon*-affiliierten Accounts für die schweren Brände an der Westküste verantwort-

Ich halte es für wahrscheinlich, dass virale Bewegungen wie *QAnon* einen Teil der Zukunft bestimmen werden, medial wie politisch. Sie bedienen einen Traum: Direkte Interaktion und Rekursion zwischen politischer Sphäre, medialer Sphäre und einzelnen Nutzer*innen – und die gleichzeitige Abkopplung dieser Bereiche voneinander. ›Politik‹ wird zum diskontinuierlichen, nicht-linearen Erlebnis, das nur von der eigenen Einbezogenheit, das heißt Spielaktivität lebt: Nutzer*innen machen die Politik, die Propaganda, die Erklärung und Recherche zur unübersichtlichen Welt selbst. Sie fühlen sich dabei auch besser informiert und besser berücksichtigt, auch und gerade wenn sie sich dabei gegen demokratische Prozesse und die Medien wenden (Abb. 157) und sich faschistischer Ideologie ›spielerisch‹ annähern.

QAnon zeigt eine Form des Politischen an, die Individuen zum interaktiven Spiel anreizt. Das Spiel liefert ihnen Politik und Weltgeschehen als affektives, intimes Erlebnis: Antriebsmotor sind nicht unbedingt Ressentiment, populistische Führer oder ein Glauben an das ›Völkische‹ – es sind die anreizenden Architekturen der sozialen Medien selbst. Ihr Treibstoff sind nicht ›Wut‹ oder ›Hass‹, sondern Spielfreude, Aktivismus, Angesprochensein und Motivation – das Leben nur ein kleines bisschen interessanter machen und der ausgedachten aber spannenden Spielewelt einen Platz in der Wirklichkeit verschaffen.[319]

---

lich gemacht worden. Getötet wurde in dieser Aktion glücklicherweise niemand, die Evakuierung der Einwohner*innen aber erheblich behindert.

319 Noch einmal Kathleen Stewart, die in einem anderen Kontext schreibt: »Anyone can find herself caught up in a little world. Sooner or later, everyone does. Something comes into view and you find yourself participating in the apparatus that made it. [...] There is something to a little extreme self-transformation, or at least the effort.« *Ordinary Affects*. 2007. S. 109.

o2-de
18:11
32 %
Back
104 of 154
„Gut informierter Bürger"
schnarch
„Verschwörungsgläubiger Spinner"
Nur noch eine dreistündige Doku zur Finanztransaktionssteuer, dann gehts ins Bett ...
'ForscherGeist'
4.07.20

Abb. 157

14. Zensur und Erschöpfung

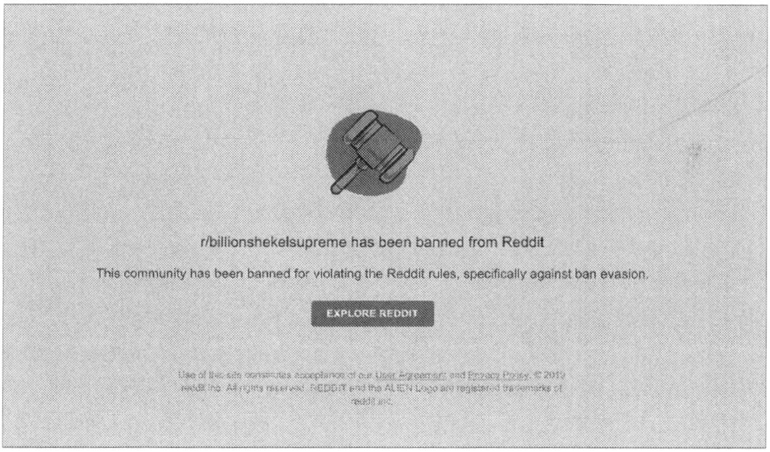

Abb. 158

13. Januar 2020 Um die Menge an rechten Dingen im Netz zu verstehen, ist es vielleicht erhellend, einmal in eine rohe Quelle zu schauen – z.B. in die Liste aller gesperrten Foren auf der Plattform *reddit.com*. Die Hoffnung ist, dass dieses Buch affektive Werkzeuge geliefert hat, wie man mit so etwas umgehen kann. Vor der Reflexion kommt das Verarbeiten, das Prozessieren. Wichtig ist dabei die *physische Erfahrung* der Anzahl an rechten Dingen, also die Erschöpfung, die sich einstellt, wenn man diese Dinge verarbeiten will. Zum Beispiel, wenn man sie zensieren möchte.

Wenn manche fordern, das ›Internet aufzuräumen‹, digitale Kompetenz gegen Rechts zu fördern oder auch einzuschreiten, wenn man Hetze im Netz begegnet – dann hat man es unter anderem mit immensen Zahlen und Härtegraden zu tun. *Erschöpfung* und *Verwirrung* sind für den digitalen und analogen Antifaschismus wichtige Erfahrungskategorien. Steinbeis,

Zorn und Leo verwechseln diese Erschöpfung mit der Aufforderung, kreativ zu werden und genauso ›verrückte Gedankenspiele‹ wie die Rechten zu veranstalten.[320] Das ist mithin eitel und hilflos – niemand muss sich etwas ausdenken, um den Wahnsinn der Alternativen Rechten verständlich zu machen. Es ist alles schon da und viel zu viel. Will man den reflexiven Faschismus in Inhalt und Ausmaß ernst nehmen, kommt man schnell an die persönlichen ›Aufnahmegrenzen‹.

Isn't it ironic.

Die folgende Liste nennt alle gesperrten Subforen auf der Plattform Reddit. Man kann die Liste wie eine Wetterchronik lesen – eine Karte von Kaltfront- und Hassfront-Bewegungen auf einer Social Media-Plattform im Netz, die sich »the frontpage of the internet« nennt.[321] Nutzer*innen der Plattform können nicht nur Informationen tauschen oder kommunizieren, sie können auch themenspezifische Subreddits anlegen, wo sich Menschen (und auch Bots) mit entsprechenden Interessen treffen können: Reddit ist ein Sandkasten, in dem Menschen ihre On- und Offline-Realität sortieren und gestalten.

Die Inventur aller Subreddits wäre eine Art spätkapitalistische, englischsprachig-dominierte Universalenzyklopädie, in der alles vorkommt. Von Dingen, Diskursen und Marken bis zu Erfahrungen und Gefühlen. Es gibt: Antwortservice (r/askreddit, r/askmen, r/legaladvice), Lebenshilfe (r/lifeprotips), Hobbys (r/horseriding), Politik (r/conservative, r/BernieSanders), Kapitalismus (r/apple), Natur (r/natureismetal), Gender (r/gender), Verbotenes (r/methaddicts), Dinge die man(n) tun oder lassen kann (r/dontputyourdickinthat), Gefühlskataloge (r/awwww, r/thanksihateit) und Phänomenologisches (r/unexpected, r/accidentalswastika). Zu allem kann man sich austauschen auf über zwei Millionen Subreddits. Reddit ist ein anthropologisches, mediales und epistemologisches Experiment und teilweise interessant zu beobachten.

Viele der gesperrten und gelöschten Subreddits waren gewaltverherrlichend, illegal-pornographisch (Pornographie ist erlaubt auf Reddit) oder eben faschistisch (was nur teilweise geahndet wird). Sie sind einfach zu er-

---

320 Leo et al. *Mit Rechten Reden*. 2017. Kapitel 2.

321 Es könnte genauso gut Steam User Reviews, ein Discord Server, Facebook Groups, oder sonstwas sein. Es gibt tausende Plattformen. Es ist Reddit, eine Plattform, die seit Gründung einen Weg von unzensierter Meinungsäußerung (ähnlich wie 4chan) zum user-moderierten Beitragshub zurückgelegt hat, wie viele.

kennen: r/AskAFascist, r/Rapeworthy_Feminists (profaschistisch bzw. sexistisch-gewaltverherrlichend); mittelschwer zu erkennen: r/Physical_Removal, r/NosesOfNewYork (rassistisch-gewaltverherrlichend, antisemitisch) oder weitgehend unkenntlich: r/whitebeauty, r/frenworld (›pro-weiß‹, kryptofaschistisch). Manche zeigen aufgrund von Zensur eine Geschichte von Häutungen: Das Subreddit zur politisch-inkorrekten Comedyserie *Million Dollar Extreme* hieß zunächst ›r/milliondollarextreme‹, wandelte sich mit dem Verbot wegen antisemitischer Hetze zu ›r/billionshekelsupreme‹ und nach weiterem Verbot wegen Gewaltverherrlichung zu ›r/decillionpoundbeam‹. Es sind Versteckspiele: Ein Sub wird gesperrt, die Nutzer*innen versammeln sich in einem Ausweichforum mit anderem Namen – einem sogenannten *ban evasion sub* – neu. Vielen bereitet dieses Spiel mit der Zensur oder Moderation Spaß.

Im Effekt ist die Zensur auf Reddit eine Maschine zur Bildung neuer Slogans, Verkleidungstaktiken und Reizwörter (Abb. 159). Reddit ist ein organisches Modell zur spielerischen Begriffsarbeit an neuen Agitationssprachen für die Online-Welt, wie sie auch bei den modernisierten Hetzbegriffen der Rechten zu finden ist: ›Rassenhass – Ausländerfeindlichkeit – Ethnonationalismus – Ethnopluralismus – Migrationsabwehr – Deglobalisierung‹. Alles irgendwie ähnlich und doch unterschiedlich, und irgendwann wird dem Staatsschutz oder den Administrator*innen schon die Puste ausgehen. Immerhin stehen hier zahllose *meme warriors* und Nutzer*innen gegen einzelne, oft unterbezahlte Menschen in der *content moderation*.[322] Was allgemein als ›Zensur‹ und ›deplatforming‹ verstanden wird, ist schlechterdings ein Kampf um Resilienz – ein Ausdauersport.

Zermürbend, aber machbar.

Die Liste gelöschter Subreddits zeigt einige der Gegenmaßnahmen, die auf dieser Plattform gegen einen vielgestaltigen rechten Klimawandel ergriffen wurden.[323] Dabei wird deutlich: Eine transfeindliche und gewaltverherrlichende Hassfront wie ›r/Tranny_Holocaust‹ zu löschen bedeutet noch nicht,

322 Sarah Roberts. *Behind the screen: Content moderation in the shadows of social media*. Yale University Press 2019.

323 Die auf Reddit etablierten Schritte der Zensur sind: 1. *enforced moderation* (Moderatoren für Subforen müssen gefunden werden); 2. *quarantined* (nur gemeldete Benutzer dürfen ein Subforum sehen); 3. *ban* (Subreddit wird gesperrt und gelöscht). Sie werden nicht immer alle angewendet, manchmal wird ein Subreddit sofort gesperrt.

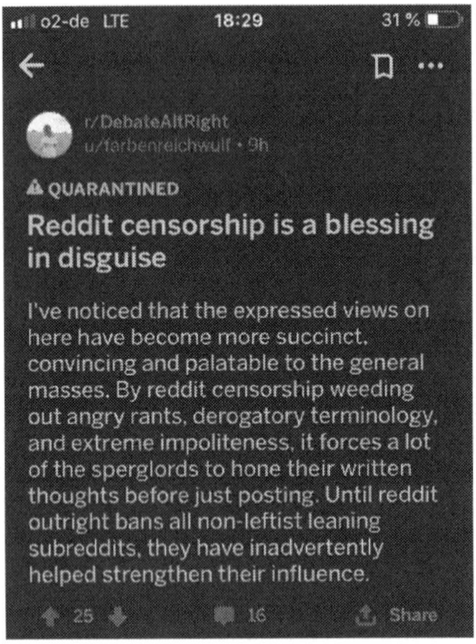

Abb. 159

Abb. 160

dass sich das Wetter geändert hat. Es wandert nur woanders hin, die Akteur*innen reformieren und radikalisieren sich – auch die, die vielleicht aus ›Spaß‹ oder ›Versehen‹ dabei gewesen sind. Wie kann man diese Zensurliste, diesen Wetterbericht, lesen?

Ich mache fünf Vorschläge, wie das prozessiert werden kann.

1. Als schiere Mengenangabe: So viel Hass gab es zu einem bestimmten Zeitpunkt auf einer bestimmten Plattform.
2. Als Auflistung, wieviel Arbeit geleistet werden muss, um eine schwarmgetriebene Plattform in einen halbwegs ›normalen‹, für viele nutzbaren Raum umzugestalten. Das ist die Arbeit, wenn man Aufrufe zur Gewalt, Etikettenschwindel (ein Nazi-Forum verkleidet sich als anti-rechtes Forum), illegale Pornographie und andere Verstöße von Nutzer*innen weghalten will.
3. Die Liste zeigt die Gegenarbeit der Verstellung, des Versteckens, des kreativen Umgangs mit Zensur (milliondollarextreme – GorrilionRupeeTariq – HundredPesoPipedream).

4. Als Index der Unübersichtlichkeit: Viele dieser Subreddits waren kleine Unternehmungen mit vielleicht 100 Nutzer*innen, andere große Foren mit über 400.000. Die Größenverhältnisse von Hass im Netz sind bestenfalls unklar, schlimmstenfalls überhaupt nicht bestimmbar.
5. Für die Alternative Rechte sind alle diese Sperrungen eben das: Zensur, Einschränkung der Meinungsfreiheit, Verdrängung und Gehirnwäsche durch *corporate control.* Egal was zensiert wird, es passt in ihre Agenda des *silencing,* der Gefährdung und des beweisbaren Fortschreitens einer gleichgeschalteten, digitalen Öffentlichkeit. Eine konzertierte Aktion der Reddit-Betreiber*innen gegen *hate speech* im Frühjahr 2020 wurde als »The Great Ban« bezeichnet und so kanonisiert.[324] Man kann diese Löschungsliste auch als Index einer tatsächlich existierenden ›Zensur‹ im Netz lesen, über deren Sinn, Nutzen und Rechtmäßigkeit man debattieren könnte.

Zu einer solchen Zensur-Debatte möchte ich eine Beobachtung beitragen: In meinem Recherchezeitraum auf Reddit.com wurde ersichtlich, dass die Plattform ihre zentrale Funktion für die Alternative Rechte teilweise verloren hat: Die rechte Klimazone wurde in Teilen zurückgebildet bzw. verdrängt. Symptomatisch dafür war das gigantische Subforum *r/the_donald,* das seit 2015 zentraler Anlaufpunkt verschieden rechtsdrehender Nutzer*innen gewesen ist. Es wurde nicht gelöscht, sondern durch administrative Schritte ausgetrocknet. Viele rechte Aktivist*innen und Nutzer*innen sind, seit die rechte Reddit-Hausse ihrem Ende zugeht, daher auf andere Orte und Plattformen wie *voat.co, poal.com, ruqqus.com, based-zoomers.com* und viele andere ausgewichen. Teilweise haben sie diese selbst programmiert, teilweise wurden sie dort wieder gesperrt und wanderten weiter: von Reddit zu *Voat* zu *Poal* ziehen die ›Zensur-Geflüchteten‹ in diesem Post (Abb. 160). Teilweise sind sie auch auf Reddit geblieben, kämpfen weiter gegen ihre Feinde und die Zensur und tauchen in der Löschungsliste nicht auf.

WARNUNG: Es folgen 13 Seiten unzensierte, sprachförmige Gewalt (explizit und implizit).

---

324 Zach Sweat. »Reddit Shuts Down Over 2,000 Subs In ›The Great Ban‹«. *Knowyourmeme.com.* 29.06.2020. https://news.knowyourmeme.com/news/reddit-bans-2000-subreddits-and-updates-content-policy-to-crack-down-on-hate/. Zuletzt gesehen am 05.01.2021.

List of all known banned subreddits sorted alphabetically and by reason
r/reclassified/Posted by u/CoolCreeper39
13.01.2020

Ban/Quarantine Evasion:

r/1000000DChess/ r/109Subreddits/ r/1350/ r/14HonksIn88Clowns/ r/2genders/ r/2XA-
gainst_HateSubs/ r/32CountyIrelandMemes/ r/33rdDegreeElders/ r/absolutelynotme_ira/
r/ABugsLife/ r/AccidentalDeaths/ r/AFwithNJF/ r/AgainistMDEgenocide/ r/AgainstFagS-
ubreddits/ r/AgainstTheLGBTQ/ r/AgeplayPenPals2/ r/AgePlayPenPals4/ r/AF_GROyPEr/
r/ancap2/ r/AnCap_Imperialism/ r/antifafrenworld/ r/AntiPECollective/ r/antitraa/ r/
Anti_LGBTQIAA/ r/Apustaja2/ r/ApuSupportGroup/ r/ApuVerse/ r/ApuWorld/ r/AskA-
Fascist/ r/askanincel/ r/AyTone/ r/BabyGreenFrogLand/ r/basedmoments/ r/BasedZoo-
mers/ r/BasteZoomZoom/ r/Beating_Trannies/ r/beniswate r/ r/BiblicQ/ r/BiglyShook-
leSubreeme/ r/billionshekelsupreme/ r/BIOPIC/ r/BOOMERGRILL/ r/BraincelsReborn/ r/
brawlcels/ r/brocels/ r/bruhfunnysatellite/ r/BSSmemes/ r/BSSneverdies/ r/BuddyPlanet/
r/bug_world/ r/CaesarsSecondLegion/ r/Celouts/ r/CensoredWorld/ r/chadfishreborn/ r/
ChapoBouncyHouse/ r/ChapoClopHouse/ r/ChapoDetected/ r/ChapoTeaHouse/ r/cha-
potraphouse13/ r/ChapoTrapHouse38/ r/ChapoTrapHouse39/ r/chapotraphouse40/ r/
ClownBouncyHouse/ r/ClownWorldEurope/ r/ClownWorldStar/ r/ClownWorldWar2/ r/
ClownWorldWarII/ r/ClownWorldWar3/ r/clownwurld/ r/Clown_World_/ r/Clown_____
World/ r/clown________world/ r/clown__________world/ r/clown___________world/ r/
CLUBMDE/ r/CocaineCola/ r/continuityme_ira/ r/Contont/ r/CosyRightWing/ r/Cracker-
TrotHouse/ r/cringeanarchy4/ r/CringeAnarchy5/ r/cringeanarchy6/ r/CringeAnarchy-
ism/ r/CringeAnarchyPart2/ r/cringeanarcy/ r/CringeChaos/ r/CringeHaven/ r/CringeMa-
narchy/ r/CyberpunkDilbert/ r/DarwinsDisgraced/ r/deaddolls/ r/DeathInTheShadows/ r/
DebateChadRight/ r/decillionpoundbeam/ r/DefNotwpd/ r/DepressedVirgins/ r/Disable-
dReddit/ r/Diversity4Israel/ r/DiversityStrength/ r/Dlrownerf/ r/DocumentingDeath/ r/
DocumentingDeathV2/ r/Doc_Reality_Death/ r/dogeright2/ r/DoomEternalOfficial/ r/
DT_2020/ r/EconomicStatsnComics/ r/EndTransLives/ r/EndTransRights/ r/enoughin-
ternet10/ r/EnoughInternet12/ r/enoughinternet13/ r/EnoughInternet14/ r/enoughinter-
net15/ r/EnoughInternet2/ r/Enoughinternet3/ r/EnoughInternet4/ r/enoughinternet5/ r/
enoughinternet6/ r/enoughinternet7/ r/EnoughInternet8/ r/enoughinternet9/ r/Enoug-
hInternetMeta/ r/enoughinternets/ r/enoughinternetz/ r/Enoughinternet_/ r/EpicHea-
ters/ r/EverythingWorld/ r/fatpeoplehate1/ r/fatpeoplehate114/ r/fatpeoplehate18/ r/fat-
peoplehate19/ r/Fatpeoplehate3/ r/fatpeoplehate4/ r/fatpeoplehate5/ r/fatpeoplehate61/ r/
fatpeoplehate64/ r/fatpeoplehate8/ r/Fatpeoplehate9/ r/FatPeopleMate_/ r/fatplanethate/
r/fernworld/ r/FindBannedSubreddits/ r/Fragile13pctReddito r/ r/FragileChosenRedditor/
r/FrenGalaxy/ r/frenhaven/ r/FrenHouse/ r/frenland/ r/FrenLore/ r/FrenlyWorld/ r/frenn-

world/ r/Frenoplasty/ r/FrenParadise/ r/FrenPlayPenPals/ r/FrensOfColor/ r/frenworld3/ r/frenworld4/ r/frenworld5/ r/frenworld6/ r/Frenworld7/ r/Frenworld999999999999/ r/FrenWorldWa r/ r/frogwhistling/ r/funny_kek_memes/ r/gargantuandetestation/ r/GasTheJews/ r/Geekcels/r/GenZBased/ r/GenZRight/ r/Genzrightwing/ r/GettingRacistsBanned/ r/GorrilionRupeeTariq/ r/Gory/ r/GoysGoneWild/ r/greatawakening2/ r/greatest_awakening/ r/GREATqAWAKENING/ r/Grillthrone/ r/groyper/ r/Groypers/ r/gruesomevideos/ r/GulpingSoylent/ r/HallmarkFanClub/ r/happyfrogfrens/ r/happyworlddaddy/ r/HBDstats/ r/HeroicWaterHeaters/ r/Hierarchal_Anarchism/ r/holdmycoffin/ r/holdmyfuneral/ r/homophobes2/ r/HomophobiaDiscussion/ r/homo_phobes/ r/HondaCivicLovers/ r/honkler2/ r/hormelcoffee/ r/HumansHave2Genders/ r/HundredDollarExtreme/ r/HundredPesoPipedream/ r/HundredRupeeMeme/ r/HydeNationalism/ r/HYPERWACKYTICTACS/ r/Ice_Poseidon15/ r/Ice_Poseidon4/ r/Ice_Poseidon5/ r/Ice_Poseidon6/ r/ice_poseidon7/ r/Ice_Poseidon8/ r/Ice_Poseidon9/ r/ihateNiggersJews/ r/ILOVEJEWS/ r/incels3/ r/InfoWarriorsUnited/ r/Insubs/ r/IP2RentFree/ r/IPCJ/ r/IPCJ2/ r/IRSOpenUp/ r/IslamicDiscussion/ r/IsraelNumberOne/ r/I_Like_DonaldTrump/ r/JesterPlanet/ r/JokerMovieFanPage/ r/JordieJordan/ r/JustBWhite/ r/JustTwoGenders/ r/KikeTown/ r/LandOfBuddies/ r/Laserdisk/ r/lawless_wasteland/ r/leftycringe/ r/LegoGhostYoda/ r/Legoyoda2/ r/Legoyoda3/ r/legoyodaforever/ r/LegoYodaGang/ r/legoyodaketamine/ r/LegoYodaLastStand/ r/legoyodalore/ r/Lego_Yoda/ r/leroy/ r/lgbtcels/ r/LiberalShame/ r/LiteRareFrogsNStuff/ r/MassDigitalEvolution/ r/MDEchinaconnect/ r/MDEevasion/ r/mdeneverdies/ r/meira/ r/MemeWarRoom/ r/merchantmemes/ r/Mike_Delta_Echo/ r/millionclownanarchy/ r/MillionCommonBream/ r/milliondollarbabies/ r/MillionDollarCraft/ r/milliondollarextreme0/ r/milliondollarextreme3/ r/milliondollarextreme4/ r/milliondollarextreme5/ r/milliondollarextreme7/ r/milliondollarextreme8/ r/milliondollarextreme9/ r/milliondollarmemes/ r/MillionDollarXtreme/ r/Millionpotatodream/ r/MillionShekelExtreme/ r/Mindcels/ r/MorbidTimes/ r/MoreRacistZoomerRight/ r/Mr_Trump/ r/MultipleDogDabEbin/ r/NatlPaleoConservative/ r/negroadolfmemes/ r/NeovaginaDisaster/ r/Nerfworld/ r/NETWORKSPIRITUALITY/ r/newfatpeoplehate/ r/NewRhodesia/ r/New_Donald/ r/New_The_Donald/ r/Nickernation2/ r/NickFuentasDiscoHour/ r/Niggerandhitlerjokes2/ r/niggerandhitlerjokes3/ r/niggerandhitlerjokes5/ r/niggerandhitlerjokes6/ r/niggerandhitlerjokes7/ r/niggersfacts/ r/None_LGBT/ r/NordicYes/ r/notwatchpeopledie/ r/numbercurrencysize/ r/ObesePeopleDislike/ r/OctillionKronerTheme/ r/OffensiveMemes2/ r/OffensiveMemes3/ r/OffensiveMemess_/ r/OfficialCringeAnarchy/ r/Okbuddyfreedom/ r/OnlineDatingCringe/ r/OurGreatestStrength/ r/opienanthonyXYZ/ r/orthocarbonicacid/ r/paradigmshift2070/ r/Patriarchal_Anarchism/ r/PeacefulSub/ r/peoplebeingkilled/ r/Pirateparadise/ r/Plan__S/ r/powerfulbadboys/ r/PozDoctors/ r/PozzEarth/ r/PrayersForQ/ r/promisedsub/ r/Q4U/ r/qanon2/ r/

QAnon4LIBERTY/ r/QAnonAnonymous/ r/QClearanceAnon/ r/QuadrillionEuroEsteem/ r/Quincels/ r/quqanon/ r/rarefrens/ r/realanarchy/ r/RFcollectors/ r/RealBrutalWorld/ r/ReyKillzPalpatine/ r/RightWingGenZ/ r/Roastieland/ r/RomanDinarQuadreme/ r/RoomerZight/ r/RossDepartmentStore/ r/SailsburySteakEaters/ r/SamHydeFanClub/ r/SamHydeFans/ r/Schizomemes/ r/ScienceSays2Genders/ r/scorch/ r/ScroogeWorld/ r/SeededVermin/ r/SeePeopleKilled/ r/selfharmvids/ r/SHCCNR/ r/sholice/ r/ShrewWorld/ r/Shrew_World/ r/ShrikeWorld/ r/SmuckersUncrustables/ r/SpezisaNigger/ r/steampunkgarfield/ r/StoneToss/ r/stonetosscomics/ r/StoneToss_Official/ r/Stopnoticingthings/ r/strangerstatistics/ r/Strange_Statistics/ r/StunningOilFilters/ r/TardTalesII/ r/ThankQ/ r/tha_pit/ r/tha_pit_x5/ r/TheClownWorld/ r/TheGreatWakeUp/ r/ThePatriotArk/ r/thestorm/ r/thestormishere/ r/The_Donald2/ r/The_Donald420/ r/the_donald_honk_honk/ r/The_Hyde/ r/The_Mr_Trump/ r/The_naldDo/ r/ThousandDenarRegime/ r/thousanddollarextreme/ r/ToadTank/ r/TrillionYanGXTreme/ r/TradZoomer/ r/tranny_hate/ r/Tranny_Shoah/ r/Transfaggots/ r/TransPride/ r/TrapChopHouse/ r/TrapoChopHouse/ r/TrillionDollarExtreme/ r/trillionrubelregime/ r/TrillionRubleRegime/ r/TrillionShekelMaximum/ r/TrillionShekelSupreme/ r/TwentyDollarExtreme/ r/TwoGooseSounds/ r/Underground_TrenRoad/ r/unpopularnews/ r/watchhumansdie/watchpeoplebenomore/ r/watchpeopledie/ r/WatchPeopleDie4/ r/Watchpeopledie5/ r/watchpeopledie6/ r/watchpeoplegodead/ r/waternegros/ r/Waternigga/ r/waterniggards/ r/Waterniggas2/ r/waterniggas3/ r/waterniggas4/ r/waterniggas5/ r/wfma/ r/WhiteOnly/ r/WhiteRightsActivism/ r/WhiteSurvivalFetish/ r/WGOBG/ r/wightsonly/ r/Wooden_Doors/ r/WPD/ r/WPD2/ r/WPD3/ r/WPE/ r/WPGK/ r/Yuber/ r/zensurlos/ r/Zoomeright/ r/ZoomerNoRules/ r/Zoomerology/ r/ZoomerRepublicans/ r/ZoomerRight2/ r/zoomerright2/ r/zoomerright3/ r/Zoomerrightredemption/ r/ZoomerRightSecret/ r/ZoomerRising/ r/ZoomerSSHotep/ r/ZoomerWaffen/

Unmoderated:

r/18plusclub/ r/58manjawsgonewild/ r/8chan/ r/Accidental_Porn/ r/AdelleUnicorn/ r/AFragileBlackRedditor/ r/AganistHateSubreddits/ r/AgainstLGBTrights/ r/AgainstPedoEnabling/ r/ageplaypals/ r/AgePlayTales/ r/AgoraMarket/ r/AlexisAvery/ r/AlexisBrill/ r/AlphaBay_Market/ r/alurajenson/ r/AnalVore/ r/ANAL_AWW/ r/AngelWicky/ r/AnimeWomen/ r/AntiFurries/ r/AntiJewish/ r/Antipathy/ r/AntiTransgender/ r/any/ r/ArchedBack/ r/Asmile/ r/AspenRose/ r/ateme/ r/AubreyMiller/ r/awwnsfw/ r/azis/ r/Bad_Nigger_No_Welfare/ r/Banned_News/ r/BareGirls/ r/BBW_AWW/ r/bdsmtasks/ r/BethBennett/ r/BigBoobsOnTopGW/ r/BigBooties/ r/billiondollarextreme/ r/BlackCrimesMatter/ r/Blacksonmyfamily/ r/blackveilbrides/ r/BlancNoir/ r/BloodandGuts/ r/blowjob_eyes/ r/boomerwojak/ r/BrickHouse/ r/CandidFashionPolice/ r/Cannibals/ r/cbtBDSM/ r/Ccccc/ r/chads/ r/ChapoTrapHouse22/ r/chapotraphouse88/ r/charlottegonewild/ r/ChevyHHR/

r/ChimpireMETA/ r/ChimpireOfftopic/ r/chimpmusic/ r/chloetoy/ r/ChrissyCostanzaNSFW/ r/ChurchFuck/ r/ChurchOfAntisemitism/ r/clothed/ r/ClownWorld/ r/comedygore/ r/CosmereDadJokes/ r/CreepShots14/ r/creepshots5/ r/CringeAnarchyRPG/ r/CumSwallowersHeaven/ r/CuteFaces/ r/CynthiaFucks/ r/DanielleyAyala__/ r/DaniLynn/ r/deadgirls/ r/DemiSutra/ r/eighteen/ r/ElfHentai/ r/EmberSnow/ r/EndAntifaNow/ r/EndVaccination/ r/Ethnic_Porn_Flicks/ r/european/ r/Faggotfilter/ r/FalcomHentai/ r/FatPeopleHate03/ r/FatPeopleHate04/ r/FatPeopleHate05/ r/FatPeopleHate06/ r/FatPeopleHate07/ r/fatpeoplehate118/ r/FatPeopleHate123/ r/Fatpeoplehate129/ r/fatpeoplehate30/ r/FatPeopleHate32/ r/FBRedditor/ r/FloraRodgers/ r/Forniphilia/ r/FortniteEpicGamers/ r/FragileNegroRedditor/ r/freckledfire/ r/frenworld2/ r/fuckedup/ r/FuckingDogs/ r/FuckWhitePeople/ r/fuckyeahsexyteens/ r/funnyniggers/ r/GallowboobWatch/ r/GAY_ACT/ r/GBRAOBJ/ r/GirlsWearingBras/ r/givemeaboner/ r/gonewrong/ r/Gook/ r/gottem/ r/GreatAbos/ r/GreatApes/ r/gutzpics/ r/gwcumshots/ r/HaleyStevens/ r/hanging/ r/Hatepire/ r/hentaivids/ r/hlbgirls/ r/HollyBody/ r/HolocaustRevisionism/ r/HolocaustRevisionist/ r/honkhonk/ r/HorseshoeTheory/ r/Horsey/ r/hottestvoyeurs/ r/HulkHoganFans/ r/HungBottoms/ r/HungTraps/ r/IHateBlindPeople/ r/Incelselfies/ r/incestexperiences/ r/indian/ r/Interracial_Hardcore/ r/iPods/ r/IsmaaiylBrinsley/ r/Ismaaiyl_Brinsley/ r/I_LOVE_NIGGERS/ r/jailbait2/ r/jailbait3/ r/JAVUncensored/ r/Jibril/ r/jmaamusic/ r/joos/ r/JustThreeBoobs/ r/KatieCummings/ r/kikefilter/ r/Legal_Teen_Pics/ r/lesbians1/ r/lewd_phone_wallpapers/ r/liberal_irl/ r/livefitelle/ r/LivLittle_Goatgirl666/ r/lolicops/ r/Loli_Toes/ r/loosecroptops/ r/lovedolls/ r/lowlegsheaven/ r/MadiMeadows/ r/MadisonLush/ r/MadisonScott/ r/Maturearmpits/ r/MayocideActionNow/ r/MelGibsonFans/ r/milliondollarextreme2/ r/mobileporn/ r/MonsterCock/ r/Mouth2CumGoodStuff/ r/movement/ r/murdochmurdoch/ r/murdoch_murdoch/ r/Mussolini/ r/MyTravel/ r/n1663r5/ r/n1gg3r5/ r/NatalieMars/ r/Necrophile/ r/necrophilia/ r/NEGoneWild/ r/negrofilter/ r/NegroFree/ r/NiciDee/ r/Nickiitheboss/ r/niggateenposts/ r/niggerandhitlerjokes/ r/NiggerCartoons/ r/niggercock/ r/NiggerDocumentaries/ r/NiggerFacts/ r/niggerfunny/ r/niggerhistorymonth/ r/niggers3/ r/NiggersNews/ r/niggerspics/ r/niggersstories/ r/NiggersTIL/ r/Niggerz/ r/NIGGER_HATE/ r/NlGGER_HATE/ r/nonsequitur/ r/NosesOfNewYork/ r/NoTop/ r/NoTorso/ r/NSBM/ r/NSFWFirearms/ r/nsfwvideos/ r/nsfw_bets/ r/nsfw_busted/ r/NSFW_PORNSTARXXX/ r/nudemods/ r/obesepeoplehate/ r/OffensiveMemes/ r/onedirectionbreaking/ r/OnePieceHentai/ r/OnlyfangirlS/ r/OpieandAnthonyShow/ r/OverwatchPorn/ r/pantysellinguk/ r/pearlnecklace/ r/physicalremoval/ r/picsofdeadhorses/ r/PinkWojak/ r/Pisceusx/ r/PoolsidePorn/ r/positivemasculinity/ r/Pregnant_Cam_Girls/ r/preteen/ r/PrettyShapes/ r/PrincessHelayna/ r/private/ r/R4R50Plus/ r/Race_reality/ r/RacistNiggers/ r/rapists/ r/RebeccaFelgateLust/ r/redditniggerfilter/ r/redditsoccer/ r/redditsoccer_pl/ r/Reddit_Hates_Niggers/ r/RoleplayDiscord/ r/sadkitcat/ r/Sand_Niggers/

r/SarahBanks/ r/SavannahSix/ r/ScroogeLand/ r/seashell/ r/SelfHarmCuts/ r/sextape_central/ r/sexwithcats/ r/sexyback/ r/shemale_tgirl/ r/SHHHHHEEEEEEEEIIIITT/ r/ShitEaters/ r/shityiffinhellsays/ r/ShortGirls/ r/sissyboys/ r/SnooPorn/ r/softcore_booty/ r/Spanktai/ r/spicfilter/ r/spictown/ r/SportsJerseyGirls/ r/StrangeStatistics/ r/stuffedholes/ r/suicidalthoughts/ r/suicidehelp/ r/suicidenotes/ r/superwackytictacs/ r/SwedenYes/ r/TankTugging/ r/teenapers/ r/teenmomsmeta/ r/teenporn/ r/TGIRL_AWW/ r/tha_pit_pit/ r/tha_pit_pit_pit/ r/theync/ r/theyrejustlikeus/ r/The_Donald9/ r/TheFrenPill/ r/thegoldenratio/ r/TheRacistRedPill/ r/ThereAreOnly2Genders/ r/thinpeoplehate/ r/torontogonewild/ r/toungeoutbjs/ r/Trade_Route_DNM/ r/UnderRatedBitches/ r/Veronica_Avluv/ r/video_girls/ r/WatchPeopleDieOutside/ r/WatchPeoplePassAway/ r/WelfareWatch/ r/We_hate_niggers/ r/we_hate_niggs/ r/whiteanime/ r/WhiteReEducation/ r/Whitetopia/ r/WhitePride/ r/White_Pride/ r/WickrPervs/ r/WorldStarHP/ r/wouldyoufuckmymom/ r/WTFniggers/ r/xporn/ r/YouCanSayNigger/ r/zoella/ r/zoieburgher

Violent content:

r/1040808DChess/ r/1350IsPrettyNifty/ r/2meirl4cubed_meirl/ r/3rdMusic/ r/AccidentaISuicide/ r/AerialWhaleWatching/ r/AgainstDomesticAbuse/ r/AgainstSingleMothers/ r/altrightdogelore/ r/altrightwebm/ r/Alt_Anti_LGBT/ r/AnarchoPrimitivist/ r/AnimalGore/ r/antifa/ r/AntiLGBTQplus/ r/apewrangling/ r/ArbeitMachtFrei/ r/BasedMusic/ r/Ben_Garrison/ r/blackcrime2/ r/blackextinctionfetish/ r/blood/ r/brasilchan/ r/brentontarrant2/ r/BrentonTarrantFanClub/ r/BrentonTarrantisAgod/ r/BurnTheCoalPayTheToll/ r/Cannibal/ r/ChadRight/ r/ChapoFrenHouse/ r/ChineseSupremacy/ r/ChuckE2009/ r/CleanPolitik/ r/clown__world/ r/DaddyJustGetsLonely/ r/DailyStormerCom/ r/danknatsocmemes/ r/deathtoamerica/ r/death_to_niggers/ r/deadleak/ r/DebateFascism/ r/drwilliampierce/ r/DyingToBeFat/ r/edefreiheit/ r/EnoughInternet/ r/EverySingleTime/ r/fascist/ r/FashArt/ r/FashPropaganda/ r/fashwave/ r/fornoreasonatall/ r/FuckAllBlackPeople/ r/FUCKNlGGERS/ r/fuckshitbitchcunt/ r/fuckthatshit/ r/FurryHateFederation/ r/FurryhateNEO/ r/GaysRbad/ r/generation_zyklon/ r/GenZuncensored/ r/GenZ_Politics/ r/GoEbola/ r/gorememes/ r/GorillionYuanDream/ r/GoyimDefenceForce/ r/HateOnBlacks/ r/hezbollah/ r/hitlerdidnothingwrong/ r/hitlerisgood/ r/HoldMyGravestone/ r/honkler/ r/Hoppeanism/ r/HundredZero/ r/ISlamMyCousin/ r/JamesAlexFields/ r/Jason_Harrison/ r/JewExtinctionFetish/ r/JewishQuestion/ r/Jordan_Mitchell/ r/KillWhitey/ r/KillYourselfFaggot/ r/LefterSharperEdgier/ r/LeftistsGoRIP/ r/legomasteryoda/ r/Legoyoda/ r/legoyodabackup/ r/LolQaeda/ r/MagicOvens/ r/MaleForeverAlone/ r/MassMurderMemes/ r/mdememes/ r/me_ira/ r/MillionDollarAnarchy/ r/milliondollarextreme/ r/milliondollarextreme6/ r/Most_Toxic_Community/ r/Most_Toxic_Community2/ r/N1GGERS/ r/NatAnCap/ r/NationalAction/ r/NationalismRA/ r/National_Ancaps/ r/NAZBOLGANG/ r/NaziFreeMDE/ r/NAZI_ANCAP/ r/Necrophilia_Lite/ r/necroporn/ r/NecroZoo/ r/Neo-

PlasminExchange/ r/newshp/ r/NickerNation/ r/Niggerandfaggotmemes/ r/niggerandhitlerjokes4/ r/NiggerAndHitlerJokes9/ r/niggerhitlerjokes11/ r/niggerhitlerjokes12/ r/Niggers1488/ r/NiggersJewsBad/ r/NiggersJewsBadNews/ r/NIGGERS_GO_TO_HELL/ r/nlggerholocaust2/ r/NukeAllFaggots/ r/PatriotsMusic/ r/poltards/ r/racewar2014/ r/racewar2015/ r/RacistMeme/ r/rahowa/ r/realhomophobes/ r/ReallyWackyTicTacs/ r/reeeeeemes/ r/runebooks/ r/schoolshootermemes/ r/seepeoplenotlive/ r/selfharmclips/ r/ShockCulture/ r/SiegeCulture/ r/skinheadmusic/ r/Spez_Rapes_Children/ r/StormArea51/ r/StormfrontForums/ r/SubOfPeace/ r/Teletubby/ r/TheBlackQuestion/ r/TheDogPill/ r/TheDonald_/ r/TheProjects/ r/TNB/ r/TradRight/ r/Transrights/ r/vault88/ r/Volkisch/ r/VonderritMyers/ r/watchpeopledie3/ r/whiteextinctionfetish/ r/WhiteIdentity/ r/whitereddit/ r/WhiteWorldOrder/ r/wholesomemurders/ r/WilliamChapman/ r/WPDtalk/ r/zoo_irl/

Harassment:

r/2fuckinggenders/ r/AganistGayMarriage/ r/AlissaViolet/ r/Amberlynn/ r/amberlynncirclejerk/ r/AngryWhiteMenistan/ r/Anti_LGBTQIA/ r/Anti_LGBT_CN/ r/apeniggers/ r/AsianFemaleHate/ r/average_tranny/ r/basedchadfish/ r/BasedGenZ/ r/Basedyesman/ r/BlackHusbands/ r/Blackniggercock/ r/BlackPillCentral/ r/Bluefacebaby/ r/Blueskin/ r/BoogalooTime/ r/Braincels/ r/brentkaskel/ r/BritishJewishPower/ r/chadfish/ r/chadfishing/ r/CoonLand/ r/CraftingLore/ r/DazzlingDoggos/ r/deadsausage331hate/ r/DecencyAgainstLGBT/ r/DeformedBabies/ r/Delraymisfits/ r/DeportWhitePeople/ r/Deport_The_Mayos/ r/DigitalAgeNiggers/ r/dogeright/ r/DropTheTea/ r/Earth_is_Level/ r/EatShitGallowBoob/ r/EpicAirConditioners/ r/eze/ r/FragileBlckRedditor/ r/fragilejewishredditor/ r/FragileLGBTQRedditor/ r/FuckHedgeWikTheNazi/ r/fuckmayosandwhites/ r/FuckSrGrafo/ r/FunnyNigger/ r/funnypooppeople/ r/gallowboobarchive/ r/GallowBoobFanClub/ r/gallowboobsux/ r/GallowPoop/ r/GentilesUnited/ r/gibsmedat/ r/GreypoJerkTalkDiamond/ r/Gross_Gore/ r/HardUnpopularOpinon/ r/HateBlackPeople/ r/HateIsWack/ r/hate_LGBTQ_community/ r/hedgewik/ r/holocaust/ r/Homophobes/ r/Ice_Poseidon2/ r/Ice_Poseidon3/ r/Identitarians/ r/IHateJewishPeople/ r/IHateMidgets/ r/ihateniggers420/ r/IHateWhitePeople/ r/IncelGraveyard/ r/Incelistan/ r/ItalianHate/ r/I_Hate_White_People/ r/jerktalkdiamond/ r/jewishbeauty/ r/JewishPower/ r/JEWTEST/ r/JustBeWhite/ r/kangznsheeit/ r/kike/ r/Loungers/ r/lukecis/ r/metacanadatwo/ r/misogyny/ r/NeovaginaDisasters/ r/Newcontrovsubs/ r/niggabruh/ r/niggafunny/ r/niggamoment/ r/niggas/ r/nigger2/ r/NiggerDrama/ r/niggerhaters/ r/NiggerHolocaust/ r/niggerrebooted/ r/niggerreddit/ r/NiggerSafari/ r/NiggersAreAWESOME/ r/NiggerFaggotsUnited/ r/NiggerMythology/ r/nogallowbooballowed/ r/OpenBorders4Israel/ r/peniswater/ r/PissEarthBegins/ r/Polistan/ r/QueensAndShit/ r/Quranimals/ r/RacistMemes/ r/Rapefugees/ r/RealChadFish/ r/RealNiggaGangShit/ r/SelfAwareChimps/ r/SocioEconomics/ r/SoricidaeDiscussion/ r/Spez_Rapes_Kids/ r/SubForNiggersOnly/ r/SubforWhitePeopleOnly/ r/Tardfiction/ r/tardtales/ r/TeamHeckleBerry/ r/TennisGorilla/ r/The19thMistake/ r/TheGoyimKnow/ r/ThotAudit/ r/TIL_4_Niggers/ r/TinderExperiments/ r/TrannyJannieTaskForce/ r/Troomer/ r/TrueConservativism/ r/TypicalNiggerBehavior/ r/USBlackCulture/ r/VaccineTerrorists/ r/VeryUnpopularOpinion/ r/WelfareMammies/ r/welovelandoflobsters/ r/WhereMyNiggersAt/ r/WingsOfRedemption/ r/YouDoneNowBlacky/ r/ZOG/ r/ZoomerRight/Prohibited goods or services:/ r/AeroDNM/ r/AgMarketplace/ r/Agora_Market/ r/AKMarketplace/ r/amphetamine/ r/ar15deals/ r/BazaarMarkets/ r/beertrade/ r/BrassSwap/ r/cagunexchange/ r/canadagunsEE/ r/CigarMarket/ r/Clonazolam/ r/DankNation/ r/DarkMarketsBrasil/ r/DarkNetDeals/ r/darknetfraud/ r/DarknetHeroesLeague/ r/DarknetLinks2/ r/DarkNetMarketIndia/ r/DarkNetMarkets/ r/DarkNetMarketsLinks/ r/DarkNetMarketsNO/ r/DarkNetMarketsNoobs/ r/DarkNetMarketz/ r/DarkNetReviews/ r/DarkWeb/ r/DarkWEBforum/ r/DeepnetMarkets/ r/DeepWebDiggers/ r/DeepWebDump/ r/deepweb_es/ r/Defense_Distributed/ r/DIY_classifieds/ r/dnDreamMarket/ r/DNJobs/ r/DNMAUS/ r/DnmEU/ r/DNMIndia/ r/DNMSuperlist/ r/DNMTurkey/ r/DNMVendorReviews/ r/DNSTARS/ r/DreamMarketDarknet/ r/DreamMarketplace/ r/EmpireMarket/ r/EmpireMarketPlace/ r/Empire_Marketplace/ r/escortradar/ r/Escorts/ r/FakeIDForum/ r/fraud/ r/FreeDrugs/ r/Gatdeals/ r/GunnitForward/ r/Gunsforsale/ r/gun_deals/ r/illegal/ r/illegaldrugmarkets/ r/joinHansa/ r/joinValhalla/ r/KratomCowboys/ r/maleescorts/ r/MarketInvites/ r/MDMAGoneWild/ r/MdmaMayhem/ r/MoreThanEtizolam/ r/MuchReferrals/ r/NovelDissos/ r/OlympusMarket/ r/OlympusMarketplace/ r/Olympus_Market/ r/paidreviews/ r/pipetobaccomarket/ r/prostitutes/ r/RCSources/ r/ResearchVendors/ r/ScotchSwap/ r/secretsniper/ r/SexWithHookers/ r/silkroad3_0/ r/SilkRoadDNM/ r/SilkroadVendorReviews/ r/Stealing/ r/steroidsourcetalk3/ r/SugarBabies/ r/SugarDaddy/ r/swapsell/ r/SyntheticTHC/ r/TheAgoraMarket/ r/TheShadowWar/ r/TorMarketplaces/ r/TradeRouteDNM/ r/TradeRouteOfficial/ r/TradeRoute_Market/ r/WeedDeals/ r/WeedLikeToTalk/ r/weeduk/ r/wickr/ r/winetrade/ r/Xanaxcartel/ r/ZionMarket/ r/Zion_Market/

Proliferation of violent content:

r/Apefrica/ r/Bestiality/ r/ChimpinAintEasy/ r/Chimpout/ r/didntdonuffins/ r/DylannRoofInnocent/ r/europeannationalism/ r/fagworldproblems/ r/FascistsUnited/ r/far_right/ r/FatAutisticNiggers/ r/Fuck_Niggers/ r/FULLFASCISM/ r/gayzoo/ r/hematolagnia/ r/hitler/ r/HurtingAnimals/ r/ifukmydog/ r/killthejews/ r/KKK/ r/klukluxklan/ r/LedariusWilliams/ r/NationalSocialism/ r/NatSoc/ r/nazi/ r/NiggerNet/ r/NiggersGIFs/ r/nomorals/ r/PicsOfCanineVaginas/ r/PicsOfDeadKids/ r/PicsOfHorseDicks/ r/PicsOfHorseVaginas/ r/pol/ r/polacks/ r/RacoonsAreNiggers/ r/ReallyWackyTicTacs/ r/selfharmpics/ r/SexWithDogs/ r/sexwithhorses/ r/SexyAbortions/ r/tailbait/ r/terencewalker/ r/The_Nazi/

r/TrayvonMartin/ r/Truecels/ r/truesexwithdogs/ r/watchanimalsdie/ r/WhiteRights/ r/whitesarecriminals/ r/WhiteSmite/ r/zoogold/ r/zoophilia/ r/zoosexuality/

Minor sexualization:

r/AgainstHatingPedos/ r/ageplaypenpals/ r/ageplaypenpals3/ r/CatFact/ r/ChurchOfKuro/ r/CleanLoli/ r/CoffeySisters/ r/daughtertaboo/ r/DirtyWickrFriends/ r/FBIOpenUp/ r/fillyfiddlers/ r/FuckingLoveLolis/ r/gachalifesex/ r/GravityFallsRule34/ r/HeyKidWannaSS/ r/Holofan4life/ r/jailbaitgonewild/ r/Jailbaitstories/ r/just_lolis/ r/kawaiishinto/ r/kidsarefuckinghorny/ r/Lewlol/ r/LoliBowsette/ r/Lolice/ r/loliconhideout/ r/loliconsunite/ r/LoliJustice/ r/MegaLinksForTrade/ r/MeguminHentai/ r/Moe_Loli_Club/ r/nsfwMegumin/ r/Pervy_Wickr/ r/RealDaughterSwap/ r/Schierkeljerk/ r/sleepinganimegirls/ r/Smolicon/ r/Smol_Loli/ r/starlets/ r/sundresslolis/ r/TeenagersNSFW/ r/Teen_TBDL/ r/The_L_Word/ r/TotallyNotLoliSub/ r/UnitedLolicons/ r/Wickrexplore/ r/WickrFriendship/ r/wickrforperves/ r/wickr_freaks/ r/wickr_pervs/ r/zoomerleft/ r/ZoomerReich/

Spam:

r/BeardTrimmers/ r/BeMesemerized/ r/bestoflesbians/ r/Best_porn_online/ r/Blondes_Sexy_Porn/ r/EPL1/ r/EPL_Streamss/ r/extralunchmoney/ r/getchango/ r/GiantessAnime/ r/Gif_Sexy_Porn_xxx/ r/gif_xxx/ r/Infowars/ r/KID/ r/kutabare/ r/mde/ r/melania_trump_nude/ r/Melanie_Trump_nudes/ r/MILF_MATURE_PORN/ r/MulaMulaPooPoo/ r/nbastreams_/ r/NSFW_FemDom/ r/NSFW_Gifs_porn_TV/ r/nsfw_porno/ r/nsfw_sexo_teen/ r/NSWF_Anal_Teens/ r/Porno_GirlsNude/ r/Porn_Amateur_Hot/ r/porn_bts/ r/porn_sex_sexfight/ r/projectordeals/ r/QanonAndJFKjr/ r/QGreatAwakening/ r/RedditSoccer_EPL/ r/RepKicks/ r/Sexy_Blondes_Hot/ r/Sexy_Blondes_NFSW/ r/Sexy_Whores_NFSW/ r/SoccerStreaming/ r/SoocerStream/ r/sugardaddywebsite/ r/Thargoids/ r/Webm_Porn/ r/xxxasian/ r/zeldaadams/

Subreddits banned due to the [rule change] (https://www.reddit.com/ r/blog/comments/pmj7f/a_necessary_change_in_policy/):

r/asianjailbait/ r/assbait/ r/bustybait/ r/ChestyBait/ r/ChildAppreciation/ r/cutegirls/ r/gayteenpics/ r/JailbaitArchives/ r/jailbaitgw/ r/JailbaitJunkies/ r/JailbaitVideos/ r/Jailbait_NoSpam/ r/Jailbate/ r/justteens/ r/Lolicon/ r/malejailbait/ r/MaleJailbaitArchives/ r/newJailbait/ r/niggerjailbait/ r/nudistbeach/ r/PicsOfDeadJailbait/ r/Preteen_boys/ r/preteen_girls/ r/Purenudism/ r/pro_teen_models/ r/shotacon/ r/TeenGirls/ r/teens/ r/teen_girls/ r/Thenewjailbait/ r/trapbait/

Copyright infringement:

r/BelleDelphine/ r/BestOfStreamingVideo/ r/DanielleyAyala/ r/EPL/ r/footballconnection/ r/fullmoviesongoogle/ r/megalinks/ r/MegalinksVault/ r/MMAStreams/ r/nbastreams/ r/nicesubstupid/ r/OpieandAnthonyxyz/ r/opienanthony/ r/SaturnSuicide/ r/SeriousGaming/ r/soccerstreams/ r/soccerstreams69/ r/SoccerstreamsOnline/ r/SoccerStreamss/ r/soccerstreamsstreamer/ r/soccerstreams_other/ r/soccerstreams_pl/

Involuntary pornography:

r/accidentalnudity/ r/cadaversgonewild/ r/CelebFakes/ r/celebrityfakes/ r/deepfake/ r/deepfakeNSFW/ r/deepfakes/ r/facesets/ r/FakeNudes/ r/Feet_From_The_Street/ r/GayDeepFakes/ r/GOTporn/ r/IrishSluts/ r/MaleCelebFakes/ r/MaleCelebz/ r/Photobucketplunder/ r/SluttyStrangers/ r/WouldYouFuckMySister/ r/YouTubeFakes/

Glorifying violence:

r/AnneFrankDiary/ r/AntonioMartin/ r/BurningKids/ r/CringeAnarchy/ r/Dontre_Hamilton/ r/FreddieGray/ r/frensworld/ r/frenworld/ r/googletown/ r/Gore/ r/hearpeopledie/ r/kidswerefuckingstupid/ r/PicsOfDeadCops/ r/watchpeopledie/ r/WhitesWinFights/

Inciting harassment:

r/AFTERTHESTQRM/ r/BiblicalQ/ r/GreatAwakeningII/ r/great_awaken/ r/PatriotsFight/ r/QAnon/ r/QanonTools/ r/QanonUK/ r/Qanon_Serious/ r/QProofs/ r/TheCalmBeforeTheStorm/ r/TheGreatAwakening/ r/The_GreatAwakening/ r/The_Swampwatch/ r/WWG1WGA/

Encouraging violence:

r/BixNood/ r/CBTS_Stream/ r/Detoilet/ r/FreeToGo/ r/GOREgousWomen/ r/lifeiswonderful/ r/muhdick/ r/niggervideos/ r/SanctionedSuicide/ r/sjwhate/ r/TrueSanctionedSuicide/ r/uncensorednews/

Marketplace:

r/DarkWebLinks/ r/deepweblinks/ r/DNMNO/ r/Drug_Porn/ r/DuckDose_Net/ r/Ecstasy/ r/Lyrica/ r/SilkRoad2/ r/silkroad3/ r/SilkRoadArchives/ r/TheXanaxEmpire/ r/UKweed/

Doxxing:

r/altright/ r/Clownworldwar/ r/daddyworldhappy/ r/exgf/ r/fighterfrens/ r/greatawakening/ r/picsofcaninedicks/ r/pizzagate/ r/SexWithDeadDogs/

Inciting violence:

r/BlackCrime/ r/blackpeoplehate/ r/BuildingBombs/ r/CuttersGoneWild/ r/greatawakening/ r/killniggers/ r/Physical_Removal/ r/TheWhiteRace/

Inciting harm:

r/BeatingEllenPao/ r/beatingfaggots/ r/GasTheKikes/ r/PhilosophyOfRape/ r/RapingEllenPao/ r/RapingWomen/

Safety reasons:

r/badfattynodonut/ r/fatpeoplehate/ r/HamPlanetHatred/ r/NeoFAG/ r/ShitNiggersSay/ r/Trans_fags/

Violence:

r/BlackTeenagers/ r/ChristchurchMemes/ r/fourthreich/ r/StopLGBTpreach/

Encouraging harm:
r/proED/ r/ProEDmemes/
Impersonating:
r/LifeAfterHate/ r/LifeAfterHateExitUSA/
Interfering with Reddit:
r/Creepshots2/ r/downvote_trolls/
Vote manipulation:
r/critical_upvote_mass/ r/madladgang/
Animal abuse:
r/Zoophile/
Bullying:
r/UglyMixedKids/
Criminal activity:
r/ShopliftingRP/
Glorifying sexual violence:
r/Rapeworthy_Feminists/
Other:
r/com/ r/jailbait/ r/leftwithsharpedge/ r/reddit/
No reason given:
r/11111111111/ r/12345/ r/123456/ r/123456789/ r/12thworldproblems/ r/13451452251849519/ r/18datingwomenforsex/ r/1AB/ r/2321343/ r/3_Rust_East_Coast/ r/420yolo/ r/6969/ r/7up/ r/AAAAA/ r/aaaaaaaaaa/ r/aaaaaaaaaaa/ r/AbortionFetish/ r/abuseporn/ r/AcademicWriting/ r/accommodation/ r/account/ r/accusation/ r/ACORN/ r/Activity/ r/acute/ r/address/ r/AdolfHitler/ r/Adopt/ r/advance/ r/AdviceAnimaIs/ r/AerialAngelJade/ r/affront/ r/AFNF/ r/Against/ r/agorareloaded/ r/Agora_Registration/ r/allblacksvsspringboks/ r/Alley/ r/allrecipes/ r/All_Hail_Chi_Fung/ r/AlphaBayMarket/ r/also/ r/AlternativeRight/ r/AltRight2/ r/altright3/ r/altright4/ r/altright5/ r/altright7/ r/AltRight8/ r/altright9/ r/AltRight10/ r/altright11/ r/ALUMIN/ r/always/ r/AmaCheers/ r/AmateurArchives/ r/AmateurBeauties/ r/amazondeals/ r/amuse/ r/angle/ r/Anklets/ r/announce/ r/Answer/ r/anticipation/ r/AntiLGBT/ r/anti_tranny/ r/Apartment/ r/appear/ r/application/ r/apply/ r/Approach/ r/Approve/ r/aquatics/ r/Are/ r/AreYouSafe/ r/ArianaGrandeLeaks/ r/ArizonaCardinals/ r/ArizonaSmith/ r/around/ r/Arsenic/ r/Article/ r/ashlemadisonhack/ r/Asian_Sluts/ r/Attitude/ r/Attorney/ r/ATZ/ r/AubreyPlazaLeaks/ r/avenge/ r/Avenue/ r/Awake/ r/BabesPornPlace/ r/BABU/ r/bakersdozen/ r/Band_Groupies/ r/BankMoney/ r/bannedfromme_irl/ r/BarcaLiverpoll/ r/barcaliverpool501/ r/BareMaidens/ r/BareNecessities/ r/bbbbbbbbbbbbb/ r/bbbbbbbbbbbbbb/ r/BBCGirls/ r/BeccaTobinLeaks/ r/BelleDelphineLeaked/ r/BestGore/ r/bestofcoontown/ r/bestofluck/ r/bestofparty/ r/BFD/ r/Bisexual-

Sex/ r/blacklivesmattertoo/ r/Blacks/ r/Bloody/ r/blueeyes/ r/bluemonkeys/ r/BNP/ r/Board/ r/BobbiStarr/ r/BoltOns/ r/BombIran/ r/Boyfriend/ r/Boyhood/ r/Bracelets/ r/braintubs/ r/BrieLarsonLeaks/ r/Btlondon2012/ r/Budster/ r/BurningAngel/ r/buyweed/ r/Buy_drugs/ r/ccfraud/ r/cga/ r/ChadLeft/ r/Chainsaw_Man/ r/CheapStuffOnAmazon/ r/ChildGrape/ r/childpornography/ r/childrape/ r/CHURCHofFatPeopleHate/ r/CIRCLE-JERKERS/ r/cloud_computing/ r/coles/ r/CollegeAthletes/ r/Commiefornia/ r/computer-support/ r/CoonTown/ r/Coontown2/ r/coontown4/ r/CoonTownMeta/ r/CoonTownMods/ r/CrazyStuff/ r/CreepShots/ r/Creepshots1/ r/CreepShots3/ r/creepshots4/ r/crystalsche-atsrt/ r/CSpromod/ r/CuteFemaleCorpses/ r/cybersex/ r/dancer/ r/darknetmarketsOZ/ r/Darknet_Markets/ r/DarkWebMarkets/ r/dating456/ r/ddos/ r/deadcats/ r/deepfakes2/ r/deepfakes3/ r/deepfakes4/ r/deepfakes5/ r/deepflakes/ r/destroy/ r/DHW/ r/DigitalDesire/ r/DiscoNunu/ r/Disgustingfatpersons/ r/ditka/ r/DIVA/ r/DiveDog/ r/DNMUK/ r/DNPSourcetalk/ r/dogsex/ r/DogsWearingSocks/ r/doppelbangher/ r/DOW/ r/DownWith-Fatties/ r/DoxMe/ r/draw/ r/DrawnPorn/ r/dsmslowpitch/ r/durianfruit/ r/EaglesFootball/ r/ebonygame/ r/edefreiheit/ r/EduAction/ r/elliotrodger/ r/EmergingTechnology/ r/end-lings/ r/EnoughInternet0/ r/Enoughinternet100/ r/enoughinternet1000/ r/enoughinter-net11/ r/EnoughInternetCensor/ r/envelopes/ r/ERASURE/ r/Erotic_Life/ r/esdhtrvv2fdf/ r/espninsider/ r/ethnohan/ r/EuroTruckSimMP/ r/EverydayRacism/ r/EvilAngel/ r/Exam-pleForum/ r/exterminatethewhites/ r/extrawackytictacs/ r/FairToMiddling/ r/fakeid/ r/FakeMadeReal/ r/FanEnergy/ r/fapator/ r/Fappening/ r/Fast_Food/ r/FatNiggerHate/ r/fatpeoplehate/ r/fatpeopleantipathy/ r/fatpeopleha/ r/fatpeoplehate0/ r/FatPeopleHa-te02/ r/fatpeoplehate10/ r/fatpeoplehate100/ r/fatpeoplehate11/ r/fatpeoplehate115/ r/fat-peoplehate12/ r/fatpeoplehate13/ r/fatpeoplehate15/ r/fatpeoplehate16/ r/fatpeoplehate2/ r/fatpeoplehate20/ r/fatpeoplehate200/ r/fatpeoplehate21/ r/fatpeoplehate24/ r/FatPeople-Hate25/ r/fatpeoplehate26/ r/fatpeoplehate29/ r/fatpeoplehate301/ r/fatpeoplehate33/ r/fatpeoplehate420/ r/fatpeoplehate43/ r/fatpeoplehate442/ r/fatpeoplehate51/ r/fatpeople-hate58/ r/FatPeopleHate70/ r/Fatpeoplehate747/ r/fatpeoplehate90/ r/fatpeoplehate9000/ r/fatpeoplehate95/ r/fatpeoplehate98/ r/FatPeopleHateHD/ r/fatpeoplehatred/ r/FatPeo-pleLoathing/ r/fatpeopleshamming/ r/fatpeoplerape/ r/fatpersonhate/ r/FatPersonsLove/ r/FatPolice/ r/FatRolls/ r/FatSnaps/ r/fatterpeoplehate/ r/fattypeople/ r/femaleentrails/ r/femaleincels/ r/Femcels/ r/find_out_girls/ r/fkugapple/ r/FLI/ r/flood/ r/forget/ r/fph3/ r/fph7/ r/fratdeals/ r/Fraudnet/ r/Fraudnet2/ r/Fraudnet3/ r/Fraudnet4/ r/Fraudnet5/ r/Fraudnet6/ r/FreePSNCodesGenerator/ r/Friendshipday/ r/Friendshipday2015/ r/fuckgal-lowboob/ r/FuckJews/ r/fuckniggers/ r/FullMoviesOnPutLocker/ r/funn/ r/funRAPING-WOMENstories/ r/FurriesAreSubhuman/ r/FutanariLand/ r/FutureSchoolShooters/ r/GallowBoobIsAPedo/ r/gallowboobsucks/ r/GameofTrolls/ r/gastheniggers/ r/General-MotorsCo/ r/GetYourStream/ r/gfblr/ r/gift_help/ r/girlfriend/ r/Girlfriendcraft/ r/girlsdoporn/ r/GirlsGoneWild/ r/girlsinshorts/ r/glue/ r/GnuLoL/ r/GoodBye/ r/googlesub/ r/GunnitHallOfShame/ r/gunnithallofshame2/ r/GWBabes/ r/h4x0r/ r/HairStyles/ r/HamHatred/ r/hardsci/ r/Hatredoffatpeople/ r/Hawtschwitz/ r/HDMoviesLinks/ r/hdstripteasepics/ r/heartstation/ r/HentaiGirls2D/ r/HentaiLoli/ r/Hentaygirls/ r/highBMIhate/ r/highlighters/ r/HighresWebm/ r/HindiNews/ r/hippie/ r/Hohohaha/ r/holdemcheatrts/ r/Homescapes/ r/Hookers/ r/HopeSoloLeaks/ r/HorseSex/ r/HRD2015/ r/hzj/ r/Ihatefat/ r/ihateniggers/ r/IHeartFatPeople/ r/illegaltorrents/ r/impostors/ r/Incel/ r/Incels2/ r/Incels4/ r/Incels5/ r/Incels6/ r/Incels7/ r/incels8/ r/indymedia/ r/InvoluntaryCelibate/ r/IslamiicState/ r/Isopod/ r/itachi_circlejerk/ r/jart/ r/jasonaldean/ r/JenniferLawrenceLeaks/ r/JerseysOnSale/ r/JewFoundLand/ r/jewhate/ r/jewsgood/ r/job/ r/JordanHinsonLeaks/ r/JustBeBlack/ r/Justice_League/ r/kaka/ r/kalam/ r/KatouMegumi/ r/kangz/ r/karmastories/ r/kaskus/ r/KateUptonLeaks/ r/keppry/ r/kfs/ r/Kidsandart1/ r/kikes/ r/KillAllNiggers/ r/KillingWomen/ r/kindlefree/ r/KingOfIsrael/ r/KirstenDunstLeaks/ r/klan/ r/Knight/ r/koontown/ r/kylepaxton/ r/lambo/ r/lambos/ r/Lame/ r/landwhales/ r/lardfashionpolice/ r/largehumanloathing/ r/LargePeopleAnimosity/ r/LargePeopleHate/ r/LeaMicheleLeaks/ r/LegalLoliHentai/ r/lemonde/ r/LGBTP/ r/lgofficial/ r/limpopo/ r/LinuxNewsToday/ r/listofbannedsubs/ r/LizLeeLeaks/ r/Loli/ r/Lolicock/ r/Lolicons/ r/LoliFeet/ r/Lolihaven/ r/LoliHentai/ r/lolipee/ r/loliporn/ r/lolis/ r/LoliShota/ r/Low/ r/male_escort/ r/Manny/ r/MayaJama/ r/Mayocide/ r/McKaylaMaroneyLeaks/ r/meetandfuck/ r/megabed/ r/MelaniaTrumpNude/ r/Melania_TrumpNude/ r/Melania_Trump_naked/ r/MelissaBenoistLeaks/ r/MetaPowers/ r/metaredditcancer/ r/MidOhioValley/ r/MikaelaHoover/ r/Million/ r/minas_minas/ r/mindthegap/ r/MIne/ r/Minion/ r/mirrorgirls/ r/Miss/ r/Mission/ r/mitten_flippin/ r/MomsWivesMILFs/ r/money_makeing_online/ r/MonsterHentai/ r/MovieNudes/ r/MPL/ r/MsCraft/ r/multis/ r/Mureke/ r/Narratives/ r/NaturalBoobs/ r/nazi2/ r/NBAHD/ r/NBB/ r/Necklaces/ r/Neofag2/ r/Neofag3/ r/NeoFAGx/ r/new/ r/NewFappening/ r/NewGameXXX/ r/Nfls/ r/nflsb/ r/nflstreaming/ r/niamey/ r/niggars/ r/Nigger/ r/niggerandhitlerjokes8/ r/niggerhate/ r/niggerhitlerjokes10/ r/niggers/ r/NigWatch/ r/Nobodywillnotice/ r/nonGMO/ r/noSRS/ r/Notafathatesub/ r/NotAllowedtoMakeSubs/ r/NotLoli/ r/NovelDissos/ r/nsfwasians/ r/nsfwdeepfakes/ r/nsfw_snaps/ r/ntd/ r/NUDE_Melania_Trump/ r/Nuns/ r/NyowNy34R/ r/ObeastAppreciation/ r/obesetown/ r/OBESE_NIGGERS/ r/obesityrules/ r/OddThoughts/ r/optingout/ r/Ostergotland/ r/OvalBroke/ r/OverweightAwareness/ r/ovipets/ r/PainRelief/ r/Palace/ r/PALY/ r/pamtheprinter/ r/pantsinggirls/ r/paout/ r/paperclip/ r/ParticipaIUCordoba/ r/pedo/ r/pedophile/ r/Pedophiles/ r/pedophilia/ r/Pedos/ r/Pedosexual/ r/pedosexuality/ r/Pedosexuals/ r/pen/ r/pettankohentai/ r/PetitFour/ r/pettanko/ r/Pewdiepie_Submissions/ r/Phantom/ r/photoplunder/ r/Pick/ r/picsofdeadniggers/ r/Pinochet/ r/PlayDohMath/ r/Pogba/ r/poiuy/ r/Pole/ r/Pomf/ r/portaldoge/ r/Prankcalls/ r/preciousgemstones/ r/preteengirls/ r/PresidentObama/ r/

PublicHealthAwareness/ r/PublicHealthWatch/ r/rambutan/ r/RapingPreTeens/ r/rape-
porn/ r/rapist/ r/rapper/ r/reactiongiffles/ r/realdownblouse/ r/reconstitution/ r/reddd/ r/
RedditRequests/ r/Reddit_Boob_Cancer/ r/RemoveKebab/ r/Replay/ r/retarded/ r/rides/ r/
rightyfriends/ r/River/ r/RoleMaster/ r/rte/ r/Rule34NoCensorship/ r/rulethirtygirl/ r/Sa-
cremento/ r/SadieCalvano/ r/Safespacefornobs/ r/Samfender/ r/SamHydeFanCult/ r/
SchoolGirl/ r/Scopolamina/ r/sdfgsduif/ r/slecni/ r/SelenaGomezLeaks/ r/selfedu/ r/se-
phlawlesslies/ r/SexBox/ r/sexwithgaydogs/ r/sexwithpigs/ r/SexyWalls/ r/Shadowmods/
r/shaved/ r/Sheboons/ r/sheever/ r/ShemaleCartoons/ r/shirtwascash/ r/ShitLordKing-
dom/ r/shitlords_unite/ r/Shitty_Mailbox_Mods/ r/Shoplifting/ r/ShoresOfHell/ r/SHOT/
r/shota/ r/Shotacons/ r/shotacub/ r/SH_Pics/ r/skinnyasianchickhate/ r/skinnypeopleha-
te/ r/SKYSports36/ r/slutsbedrunk/ r/sluts_love_cum/ r/slut_pics/ r/snapchatsluts/ r/soc-
cerstream/ r/soccerstreamsnew/ r/soccerstreamsred/ r/soccerstreams_new/ r/Softcore-
Girls/ r/SongStems/ r/SonyGOP/ r/SororityGirls/ r/Sousvideuk/ r/SpezIsACunt/ r/
SpicWatch/ r/SportsBlogs/ r/SSSubredditSSS/ r/StanVanPelt/ r/Steroidsourcetalk/ r/steri-
odsourcetalk2/ r/stonehurlingjuice/ r/StraightShota/ r/StreamersReact/ r/StruggleHen-
tai/ r/suicidetips/ r/suicide_methods/ r/SuPerBall/ r/SWBFSWBFSWBFSWBF/ r/Tactical-
Lolis/ r/TamilPost/ r/TeenPics/ r/teen_girls_for_sex/ r/TehFappening/ r/TeresaPalmer-
Leaks/ r/terminatorgenisys15/ r/TG2WAC/ r/tha_pit_pit_pit_pit/ r/theadminsarelosingit/
r/TheBestOfAmazon/ r/TheFappenin/ r/TheFappening/ r/Thefappening3/ r/TheFappe-
ning4/ r/thefappenings5/ r/thegiver/ r/thelodge/ r/TheLoliLocker/ r/theorybroke/ r/thepil-
grim/ r/TheSecondCumming/ r/thewhiterace2/ r/THISISSPARTA/ r/thissubredditisban-
ned/ r/tight_butthole/ r/TIRe/ r/todcon/ r/ToeRings/ r/TorMarket/ r/Torque/ r/Trainers/ r/
TrannyInsanity/ r/trannytown/ r/Tranny_Holocaust/ r/transaids/ r/transfags/ r/trans-
gender_hate/ r/treelot/ r/TrueLoli/ r/Trump- Threats/ r/truthandlove/ r/TrytoDoxMe/ r/
tyhopisafogit/ r/ufc190rouvscour/ r/UFC_on_FOX_190/ r/uglytrannies/ r/ulaninitpista/ r/
UNCENSOREDREDDIT/ r/unhealthylifestyles/ r/UnlockedRedditAds/ r/uperlabuyof/ r/
Urilia/ r/usanbutinjo/ r/VanessaBlue/ r/VictoriaJusticeLeaks/ r/VotesandLikes/ r/Voyeur/
r/w4b/ r/warinc/ r/warlords/ r/WatchChildrenDie/ r/WatchNiggersDie/ r/Weberatefat-
people/ r/wedislikefatpeople/ r/WesternBoyLoveComics/ r/wetgirls/ r/womenwithbraces/
r/WPDtalk/ r/WrestleMania/ r/wwepayback2015/ r/WWE_Summerslam_2015/ r/
WWG1WGA01/ r/xboybroadcast/ r/xray/ r/xsdgfudsg/ r/Xsmall/ r/XXXTUBE/ r/xxxtu-
be24/ r/YCHS/ r/zkplank/ r/ZoeQuinn/ r/ZoeQuinnConspiracy/ r/zoera/ r/zooma/ r/Zoo-
Sex/ r/zoosexual/

Irgendwann hat es ein vorläufiges Ende.
Zumindest, was die Ansammlung sperrungsfähiger Subreddits Anfang 2020 angeht. Falls Sie unterwegs den Überblick oder die Geduld verloren haben, dann ist das eine wichtige Erfahrung: Es ist schlicht zuviel. Die Versammlungsangebote der Alternativen Rechten zeichnen sich vor allem durch die Überlastung der gängigen Beobachtungs-, Verarbeitungs- und Reaktionsmechanismen aus. Wer bei diesen Mengen (oder auch der ›Vielfalt‹) von Akteur*innen, Foren, Themen, Organisationen und Gruppen nicht mehr mitkommt oder mitmachen will, braucht andere Instrumente als die der Kartierung, Systematik und des Verbots.

Man muss mit der Unübersichtlichkeit der sich ständig ändernden Transgressionsbewegungen umgehen können – nicht nur im Netz, sondern auch im *real life*. Ich halte das in Anbetracht der gängigen Automatismen kritischer Öffentlichkeiten (Information, Aufklärung, Argumentation, Beobachtung, Zensur, Strafverfolgung) für unmöglich. Diese reflexhaften Maßnahmen gegen Rechts erscheinen sinnvoll, münden aber angesichts der Masse in die Überlastung und die Erschöpfung. Das ist ein wichtiges Gefühl im Umgang mit der Alternativen Rechten und nicht mit Resignation zu verwechseln: Es ist zuviel, an zu vielen Stellen gleichzeitig, zu schnell und zu vielfältig.

Der reflexive Faschismus ist ein Überlastungsproblem, nicht nur im Internet.

15. Meine Freiheit Matters

Abb. 161

29. August 2020 Die Hygieneregeln zu Covid-19 sind einfach, sie formulieren Relationen zwischen Menschen: Erstens trägt man eine Maske, hält Abstand, wäscht Hände und verringert so das Ansteckungsrisiko für andere. Zweitens ist die Wahrscheinlichkeit der Ansteckung geringer, wenn man durch das Verhalten anderer geschützt wird. Das Verhalten der *Anderen* schützt vor dem Erleben des Virus und seiner Folgen.

Die geschätzten 40.000 Menschen, die am 29. August 2020 in Berlin demonstrierten, waren auch vor dem Virus geschützt worden – durch die anderen, die zum Beispiel *nicht* demonstrierten. Nur deshalb konnten sie in Berlin (und anderswo) von einer ›Corona-Lüge‹ sprechen, vor einer ›Hygiene-Diktatur‹ warnen, sich als Querdenker*innen gegen die ›Gleichschaltung‹ aufstellen (Abb. 161). Nur deshalb konnten sie sich gegen die Möglichkeiten und Notwendigkeiten des Zusammenlebens wenden, die auch das ›Lügen‹ selbst erst möglich machen.

Weil die Pandemie Relationen zwischen Menschen betrifft, sind in der Tat alle betroffen. Der Risikodiskurs des reflexiven Faschismus stellt Formeln bereit, um diese Betroffenheit in Gefühle von Unterdrückung und Freiheit umzuwandeln. Mit Corona treffen die Gefühlswelten der Alternativen Rechten daher in die volle Breite der Gesellschaft – Covid-19 ist damit ein Kohäsionstest für disparat informierte Netzwerkgesellschaften. Ob die Pandemie *symbolisch* oder *real* ist, macht an diesem Tag im August *fast* keinen Unterschied. Die Differenz zwischen ›Symbol‹ und ›Realität‹ ist zum extrem erschöpfendenden und gefährlichen Spannungsverhältnis der Gesamtgesellschaft geworden: die einen kämpfen um ihr Leben, die anderen demonstrieren für symbolische Freiheiten.

Die Vielfalt rechter Gefühlswelten und die Schwierigkeiten der Sortierung, Verbotsabwägung und Gegenargumentation zeigten sich an diesem Tag auf der Anti-Corona-Demonstration in Berlin bzw. auf der Neonazi-Demonstration, die am gleichen Tag und am gleichen Ort unter anderem von der neofaschistischen Kleinstpartei *Der III. Weg* organisiert wurde. Oder auf der ›Gib Gates keine Chance‹-Demonstration, ebenfalls dort. Oder auf der Reichsbürger-Kundgebung ›Sturm auf Berlin‹ – dem Motto der sowjetischen Armee 1945 nachempfunden. Oder auf der Demonstation der unangepassten Freiheitsliebenden und Impfskeptiker*innen, die manchmal Judensterne mit der Aufschrift ›Ungeimpft‹ tragen (Abb. 162). Oder auf der Demonstration gegen die jüdische Weltverschwörung, kurz NWO. Oder auf der Kundgebung, wo leitende und ehemalige Angestellte süddeutscher Polizeiorganisationen sprachen und drei andere Polizisten mit Schlagstöcken den Haupteingang zum Reichstagsgebäude ›verteidigten‹. 112 Demonstrationen waren in der Nähe des Reichstagsgebäudes angemeldet, so wurde berichtet.

Abb. 162

Je nachdem, welcher Realitätsschicht man angehört, waren die heterogenen und heterodoxen Ansammlungen von ›Corona-Leugner*innen‹ am 29. August 2020 in Berlin tatsächlich verschiedene Ereignisse. Auch für die Teilnehmenden von André Poggenburg (Ex-AfD) über Ken Jebsen (KenFM) bis zu hippiesken Omas waren es verschiedene Ereignisse. Je nachdem, welche politischen Etikettierungen man benutzt, war dieser Tag im August eine mehr oder weniger ›bunte‹ oder ›braune‹ Mischung. Braun sei auch eine Farbe, wie die Soziologin Paula-Irene Villa twitterte, aber Kalauer halfen an diesem Tag nicht viel. Man kann diese Vielfalt feststellen, sie kartographieren und eine erschöpfende Analyse der Anti-Hygiene-Allianz versuchen. Ich stelle ein anderes Phänomen in den Vordergrund: die rückhaltlose Ausbreitung und Diffusion rechter Gefühlswelten in Corona-Zeiten. Sie fand sich ausgedrückt in einem Spruch, der die internationale Bewegung gegen Rassismus und rassistische Polizeigewalt *Black Lives Matter* zitiert, und der, wie die *taz* notierte, auf der Berliner Demonstration zu sehen war:

Meine Freiheit Matters. [325]

---

325 Konrad Litschko, Mitsuo Iwamoto. »Absurdes Nebeneinander«. *taz.de*. 29.08.2020. https://taz.de/Protest-gegen-Coronamassnahmen-in-Berlin/!5710608/. Zuletzt gesehen am 05.01.2021.

Auch wenn vielfach von einer ›bunten Mischung‹ gesprochen wurde – affektpolitisch gesehen manifestierte sich am 29. August eine einheitliche Front, die unter diesem Slogan firmieren könnte. Diese Front war vereinigt zum einen, weil sie fast ausschließlich durch Social Media hergestellt wurde. Sie wurde nicht von Parteien oder Organisationen ins Leben gerufen, sondern maßgeblich von der *digital crowd* produziert. An dieser sind auch Parteien und Organisationen beteiligt, jedoch ebenso Hashtags, Kommentarspalten, Telegram-Accounts und Facebook-Nutzer*innen. Vielfach waren die Plakate und Transparente, die in Berlin gezeigt wurden, Variationen jener Memes und Witz-Formeln, mit denen das rechte Internet die Corona-Pandemie seit dem März 2020 begleitet und zum ›Diktaturerlebnis‹ umspinnt (Abb. 163–166). Alle Teilnehmenden einte außerdem ein Gefühl der Belagerung durch einen unsichtbaren und übermächtigen Gegner – ein gefühlter Zustand der Unfreiheit, der sich in hunderten selbstgemalten Plakaten ausdrückte.[326]

Sie einte auch ein Wille mit diesem Gefährdungsaffekt zu spielen. Mit den gegebenen Möglichkeiten wurde ein unsichtbarer Gegner auf spielerische Weise spürbar gemacht: Bannmeile, Corona-Abstandsregeln, Polizeitaktik zur Durchsetzung der Auflagen, Verbote und aufgehobene Verbote, Demonstrationsauflösung und Duldung, verbotene und nicht-ganz-verbotene Symbole, schließlich der ›gesellschaftliche Diskurs‹ über die Demonstrierenden. Aus diesen und anderen Faktoren konnte für geschätzte 40.000 Menschen ein Unterdrückungs- und gleichzeitig Befreiungserlebnis gebaut werden. Reichsbürger*innen, *Der III. Weg*, *Identitäre Bewegung*, *Compact*, Hippies, Hooligans, Impfgegner*innen, Aluhüte, Antisemit*innen, Holocaustleugner*innen, Normalos und Normalas, Tourist*innen, Musiker*innen – alle vereint im zivilen Ungehorsam gegen ein irgendwie spürbares ›System‹. Das ist ein ›bunter Mix‹ und zugleich eine geschlossene Gefühlsgemeinschaft:

326 Eine Auswahl: »Nie wieder Faschismus; Wer in der Demokratie schläft wacht in der Diktatur auf; Mein Körper gehört mir; Widerstand 2020; Wir sind das Volk; Impfterrorismus Nein« und so weiter. Eine gute Fotodokumention hat das *Recherche Netzwerk Berlin* ins Netz gestellt: https://www.flickr.com/people/recherche-netzwerk-berlin/.

Abb. 163

Abb. 164

Abb. 165

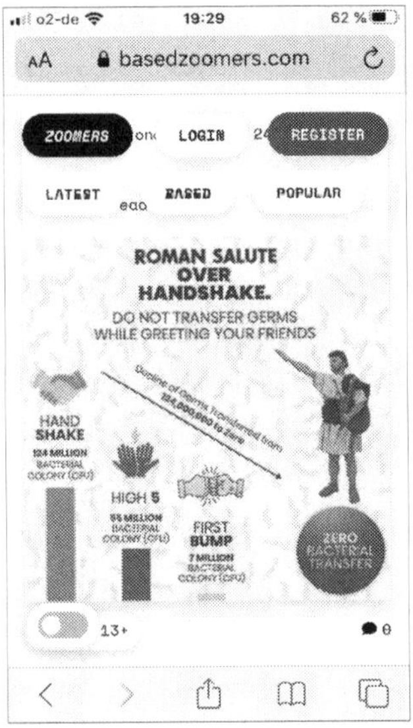

Abb. 166

»Mit dieser Veranstaltung verfestigt sich die Allianz der Corona-Leugner, in der der organisierte Rechtsextremismus nicht die Kontrolle hat, aber ganz selbstverständlich dazugehört«[327]

Das ist eine gute Definition der Alternativen Rechten im Zeichen der Pandemie. Der reflexive Faschismus ist normaler Teilhaber und Produzent einer Realität, die Unterdrückungsgefühle für weitgehend Nicht-Unterdrückte zur Verfügung stellt.

Ein Mund-Nasen-Schutz ist keine Beschneidung der Grundrechte, aber das Gefühl der eventuellen Beschneidung verbindet trotzdem. Eine doch-nicht-verbotene Demonstration ist keine Einschränkung des Demonstrationsrechts, aber das Gefühl des friedlichen und kreativen Widerstands gegen ›das System‹ stellt sich auch ohne Polizeigewalt ein. Einen Impfstoff gibt es im August 2020 genauso wenig wie einen Impfzwang, aber eine potenzielle Verletzung körperlicher Integrität lässt sich aus den Wörtern trotzdem ableiten. In Abwandlung klassisch-feministischer Belange hat ein Mann ein Schild gemalt: »Mein Körper gehört mir«. Es ist ein klares Gefühl, das durch die Corona-Regelungen in den Alltag gebracht wurde: Ein ›System‹ greift maßregelnd in mein Leben ein und auf meinen Körper zu. Und das ist nicht falsch, wie Gefühle eben selten ›nur falsch‹ sind.

Deshalb braucht es einen Realitätssinn, in dem vorstellbar sein muss, dass diese Demonstration für die Teilnehmenden vielleicht ein glücklicher Tag war: Ein Tag, der diffuse Gefühle bestätigte und ihnen kollektiven Ausdruck gab. Die Demonstrierenden begegneten anderen Menschen mit ähnlichen Grundgefühlen und Alltagsaffekten vielleicht zum ersten Mal. Meine Bekannte M., freie Theaterschauspielerin und Fitnesstrainerin, war vielleicht dort, weil sie (aus ihrer Sicht) durch die Corona-Maßnahmen ›des Systems‹ beide Tätigkeitsfelder zeitweise verloren hat. Vielleicht traf sie Martin Sellner an der Siegessäule, der war auch da, weil er da (wieder) sagen konnte: »Du bist gar nicht frei, du lebst in einer Scheinwelt!« Vielleicht sagte er das zu M. und sie verliebten sich, weil sie beide das »Virus der Freiheit« hatten, wie auf einem der Demo-Flyer das Glücksgefühl rechter Affizierung ausgedrückt wurde. Es ist mir egal. *Doesn't matter.*

---

327 Andreas Flammang, Ann-Katrin Müller, Jonas Schaible. »Ach so, ja, Nazis sind auch da«. *Der Spiegel.* 29.08.2020. https://www.spiegel.de/politik/deutschland/ach-so-ja-nazis-sind-auch-da-a-7805e693-69e2-4f7e-be82-af54a01f4435. Zuletzt gesehen am 05.01.2021.

Meine Freiheit Matters.

Egal ist nicht, dass mehr Menschen eine Realitätswahrnehmung haben, die mit der Alternativen Rechten direkt teilbar ist. *Teilen* ist das Arbeitsprinzip der Alternativen Rechten und großer Teile der gesellschaftlichen Mitte. Diese ›Mitte‹ lud zum Beispiel wenige Tage später den *Querdenken*-Organisator Michael Ballweg, Unternehmer aus Schwaben, zum Interview. Das Teilen ist für beide Seiten – Rechts und Mitte – kein Schockerlebnis, sondern ein beglückendes und intimes Gefühl der gemeinsamen Sorge umeinander: Ballweg konzedierte im Deutschlandfunk, es habe Reichsflaggen auf seiner Kundgebung gegeben, aber diese seien von Unbekannten verteilt worden und man habe gleich »Deeskalationsteams« hingeschickt. Man teile ja die Sorge vor »Rechts- und Linksextremisten«, auch mit dem Moderator des Deutschlandfunks.[328]

Rhetorik der Zärtlichkeit nennt Max Czollek diese sorgsame Umgangsweise der ›Mitte‹ mit den ›rechten Rändern‹.[329] An diesem Tag sind sie gar keine Ränder, sondern Konkretionen allgemein geteilter und zugleich diffuser Gefühle, die sich gegen das ›System‹ richten. Eine Reichsflagge oder ein Plakat gegen die ›Merkel-Diktatur‹ brachten diese Affekte ikonisch auf einen Punkt, auf den sich vielleicht nicht alle immer spontan einigen konnten: Eine sichtbare Pointierung, eine Konkretisierung der diffusen Ahnungen ›systematischer Unterdrückung‹ leisteten diese Plakate und Fahnen trotzdem und wurden daher akzeptiert, als Orientierungshilfen und Gegengefühle.

Meine Freiheit Matters.

An diesem 29. August hat weder eine homogene Rechte die Hygiene-Demonstrationen übernommen, noch ist eine heterogene Rechte dort vereinigt worden. Auch drei Jahre zuvor bei der *Unite the Right*-Demonstration geschah keinerlei Vereinigung. Das ist keine Entwarnung, wie sie Populismusexperte Cas Mudde zum dreijährigen Jahrestag der Charlottesville-Demonstration triumphierend auf Twitter ausgab: »Today, the ›Right‹ is as ›united‹ as

328 »Die eine oder andere Reichsfahne war zu sehen: Interview mit Michael Ballweg«. *Deutschlandfunk*, 02.09.2020. https://www.deutschlandfunk.de/querdenken-initiator-ballweg-die-eine-oder-andere.694.de.html?dram:article_id=483435. Zuletzt gesehen am 05.01.2021.

329 Max Czollek. *Desintegriert euch!*. Hanser 2018.

it was three years ago, that means: not at all.«[330] Eine dauerhaft versprengte Rechte sei ein Grund zur Erleichterung, so Mudde.

Das Gegenteil ist richtiger: In der gegenwärtigen Lage, in der der reflexive Faschismus und die Alternative Rechte sich als *user-driven movement*, als Social Media-Ereignis, als Schwarmintelligenz oder Schwarmdummheit, als vielpolige Anschlussstelle für Alltagsgefühle und Gegenaffekte manifestiert – in dieser Lage ist die *Versprengung* kein Nachteil. Wenn Kommunikation, Gefühlspolitik, Alltag, Weltwahrnehmung und Teilhabe an Öffentlichkeit durch das Digitale fraktalisiert und zerstreut sind, dann ist der Zustand des *Nicht-Vereinigt-Seins* eine große Stärke – er wird geradezu eingefordert. Eine vielgestaltige rechte Klimazone kann sich als normale Teilhaberin an einer führungslosen Bewegung darstellen, die sich auf das Gefühl individueller Freiheitsliebe verständigt hat. Solche losen Netzwerke irgendwie Ähnlich-Fühlender haben im digitalen Raum und seinen analogen Verlängerungen Heimvorteil, weil sie etwas *teilen*. Sie bilden eine emotionale *sharing economy*. Das Grundgefühl zählt, die emotionalen Renditen stimmen und die konkrete Äußerungs- oder Organisationsform ist Nebensache: Ob »Anno 1488«, »Schützt die Kinder« oder »Kraft durch Freunde« auf dem Plakat oder T-Shirt steht ist minder wichtig. Ob es gegen die ›Hygiene-Diktatur‹ geht, oder ein knappes halbes Jahr später um eine ›gestohlene Wahl‹ in Washington D.C. scheint fast egal. Eine Gefühlsgemeinschaft, die sich um die fixe Idee ihrer ›totalen Entrechtung‹ gruppiert hat, nimmt sich den öffentlichen Raum, den Reichstag und das Kapitol, um ihre Souveränität auszuleben.

Meine Freiheit Matters.

Während der Demonstration spielt sich ein Mini-Lehrstück in alternativer Realitätsproduktion ab, eine Mikroversion der rechten Medien- und Gefühlspolitik, die im Zentrum dieses Buches standen. Vor der russischen Botschaft wird Attila Hildmann festgenommen – Vegankoch, Social Media-Person, Mensch mit Migrationsgeschichte, Hitler-Sympathien und klarer Medienstrategie. Die Boulevardzeitung *B.Z.* schreibt im Live-Ticker: »Attila Hildmann wird bei Corona-Leugner-Demo festgenommen«. Toll, das ist markengerecht getitelt und die Redaktion des Telegram-Kanals *Attila Hild-*

---

330 Tweet: @CasMudde. 12.08.2020. https://twitter.com/CasMudde/status/1293559759560466434?s=20. Ähnlich optimistisch schrieb Nicolai Hagedorn in der taz: »Die frustrierte Minderheit«. *taz.de*. 11.09.2020, https://taz.de/Nach-Coronademos-in-Berlin/!5707915/. Beide zuletzt gesehen am 05.01.2021.

mann Official verlinkt den Zeitungsartikel wenige Minuten später mit dem Kommentar »Sie werden mich niemals brechen. FOLG DEM WOLF«. Der Live-Kommentar des gerade Festgenommenen folgt sofort in Großbuchstaben und fett: »wurde festgenommen vor der russischen Botschaft. Platzverweis des BRD-Regimes dabei ist die BRD lange aufgelöst. 100 gegen 1.«

Es ist unklar, wer wann was unter dem Telegram-Namen »Attila Hildmann Official« versendet. Aber das Ergebnis ist eindeutig: Der Kanal kuratiert einen rechtsradikalen Live-Reality-Stream, eine Führer-Leitwolf-Superhelden-Ich-werde-unterdrückt-SIEG-Show. Kanal *Hildmann* gibt Echtzeit-Kommentare und Erfahrungsschnipsel zur Zeitungsmeldung, die von Hildmann selbst verursacht wurde. Die selektiv berichtende Presse (200 andere Menschen wurden ebenfalls verhaftet bzw. mit Platzverweis belegt) wird augenblicklich wertschöpfend zur Eigenwerbung umgestaltet. Das sind Agitation und Vermarktung in Perfektion und Weltverzerrung in Echtzeit.

Hildmann ist ein gefährlicher Revisionist und gleichzeitig eine Social Media-Performance, die ohne Pause eine vermeintlich ›herrschende‹ Wirklichkeit zersetzt und umschreibt. Auf seinem Telegram-Kanal wird Hildmanns Demonstrationsteilnahme professionell und markendifferenziert aufgezogen. Seine Botschaften erreichen 50.000 Zugriffe innerhalb weniger Stunden, genau wie der Hinweis: ›Kauft die Mützen, T-Shirts und Bio Matcha-Tee!‹ Kanal Hildmann mixt und clasht dabei alles, was nicht geht: Migrant für Adolf Hitler, Veganer und Reichsbürger, Sturm auf Berlin und friedlicher Widerstand, Integrationsvorbild und BRD-Leugner und so weiter. Die Alternative Rechte interessiert sich nicht für performative Widersprüche, sie *ist* dieser Widerspruch, mit Wollust und hohen Gewinnmargen. Alles, was von Rechts verdreht werden kann, wird von der Marke *Attila Hildmann* verdreht und im Telegram-Kanal zum Rausch hochgejazzt, immer in ALL CAPS. Immerhin 43.200 Zugriffe für den Beitrag: »HELDEN DER DEUTSCHEN GESCHICHTE STÜRMEN HEUTE DEN REICHSTAG VORBILDER FÜR MILLIONEN (Herzchen Adler Schwerter Emojis)«. Hildmann schreibt das, während er von der Polizei festgenommen wird. Das wirkt wie ein deutscher Marvel-Film, eine Superhelden-Nummer oder ein Videospiel.

Hildmann ist nicht einfach Symptom eines ›Rechtsrucks‹, sondern agiert als skandalproduzierender Kompass für bestimmte No-Go-Bereiche deutscher Befindlichkeiten. *Attila Hildmann Official* ist eine comicartige Gegenwelt aus faschismusnahen Erregungspunkten. Das ist nichts Tolles, sondern ein Faschismus-Update, an dem man sich noch die bürgerlichen Zähne ausbeißen wird. Langweilig dagegen das *Compact*-Magazin des Verschwörungsagitators Jürgen Elsässer und die Ballweg-Bewegung: Aus der US-amerikanischen Verschwörungsbewegung *QAnon* basteln sie das deutsche *Querdenken*, um auch das markante Signé Q zu besetzen. Das ist kaum mehr als Markenpiraterie. Die Presse greift den Begriff am nächsten Tag dennoch auf, um nicht immer ›Covidioten‹ oder ›bunte Mischung‹ schreiben zu müssen. Man bedankt sich für die Verbreitung des transnationalen Markennamens: ›Besuchen Sie auch unseren Compact-Shop!‹

Meine Freiheit Matters.

Es ist kein Zufall, dass die rechten Gefühlswelten, die dieses Buch zum Thema hat, via Covid-19 in die absolute Breite zielen und auch treffen. *Corona* ist eine angemessene Metapher für die unübersichtliche Risikogesellschaft und den Primat des Affektiven und Mikrologischen gegenüber den großen Gesellschaftsskizzen. Makrologisch wird über Maßnahmen und Folgeprobleme diskutiert: Zum Beispiel in den Gender Studies, die erklären, warum die Auswirkungen des Lockdowns besonders weibliche Care-Arbeiter*innen treffen oder warum die ›systemrelevanten‹, also stark gefährdeten Berufe vor allem von minderverdienenden Frauen ausgeübt werden. Die Critical Race Studies und Disability Studies fragen, wie und warum Sicherungsmaßnahmen und Regellockerungen unverhältnismäßig viele People of Color und Menschen mit Behinderung ökonomisch und gesundheitlich treffen. Die Medienwissenschaft befragt unter anderem die Strategie, einen einzelnen Virologen als Gesicht der Corona-Leitlinie zu platzieren oder die Auswirkungen der Medialisierung der Arbeit im Home Office und *Zoom*.

Eine Welle geistes- und sozialwissenschaftlicher Forschung hat wichtige Hilfestellungen gegeben, wie und warum ›Corona‹ soziale und kulturelle Unterschiede verschärft hat und wie darauf geantwortet werden kann. Die Pandemie war und ist ein nachhaltiger Beleg für die Orientierungshilfen, die Sozial- und Kulturwissenschaften in Zeiten gesellschaftlicher Krisen geben können und auch geben.

Allein schon gegen diesen *Klärungsschub*, den die Corona-Krise für gesellschaftliche Missverhältnisse gebracht hat, bringt die Alternative Rechte eine Radikalisierung alltäglicher Gefühle in Stellung. Mikrologisch gesehen bedeutet Corona vor allem eine massive Vergrößerung innerer Zustände und individueller, situativer Haltungsfragen. Eine globale Verstärkung des affektiven Moments vollzieht sich, und alle werden zu Affektforscher*innen:

Bus fahren, jemanden umarmen oder Handschütteln, Türklinke anfassen, Maske dabei, Maske nötig?

Corona überzieht den Alltag mit neuen Aufladungen und neuen Gefährdungspotenzialen – für sich selbst und für andere. Dieser alltagsbewusste Zustand des pandemischen Subjekts wurde zur Metapher des Zusammenlebens und gab Anlass zu einem fast tagesaktuellen Archiv von Erklärungsansätzen, Kontextualisierungen und Problemkonkretionen in Wissenschaft und Kultur.[331] Das ist nicht zu unterschätzen: Covid-19 hat soziale Abhängigkeiten in dramatischer Weise verschärft und für jede*n sichtbarer und *spürbarer* werden lassen. Was setzt der reflexive Faschismus dieser gesteigerten Aufmerksamkeit für das Miteinander entgegen?

Meine Freiheit Matters.

Betroffenheiten stellen sich durch Corona überall und für jede*n ein. Genauso übrigens wie durch den Klimawandel oder die Thesen der Gender Studies oder Rassismustheorien. Es gibt kein *Außen* – nicht der Geschlechterordnung, des Klimawandels oder des systemischen Rassismus. Covid-19 buchstabiert das *Innen* – die Betroffenheit – nur in größter Intimität und für alle mit einem Körper aus: Gesicht, Hände, berühren, Atem, fühlen, zusammen in einem Raum sein. Das alles *matters.* Die Alternative Rechte kann perfekt andocken, weil sie solche intimen Druckpunkte dezentral abschöpft, sammelt und verschärft.

Covid-19 zwingt alle in die Reflexivität: in die Erkenntnis, dass man ›in einer Situation‹ ist, einem Abhängigkeitsverhältnis, einer Relation zu anderen Körpern und Systemen. Der reflexive Faschismus arbeitet genau dort, an dieser Erkenntnisstelle und artikuliert die Relation selbst als spürbare Gefährdung einiger: ›Meine Gefährdung‹. Aus diesem Affekt bildet er Knotenpunkte und neue heterogene Kollektive, wie sie sich an diesem Tag im August versammeln. Die Vernetzungs- und Agitationsarbeit der Alternativen Rechten ist mit ›Verschwörungstheorie‹ schlecht beschrieben, weil der Begriff eine individuelle Verblendung suggeriert, die mit viel Mühe vielleicht rational widerlegbar wäre. Tatsächlich geht es um das *teilbare* Moment die-

331 Nur drei Beispiele: Bernd Kortmann, Günther G. Schulze (Hg.) *Jenseits von Corona: Unsere Welt nach der Pandemie – Perspektiven aus der Wissenschaft.* transcript 2020. Annelot Prins. »Live-archiving the crisis: Instagram, cultural studies and times of collapse.« *European Journal of Cultural Studies* (2020). Die Gender- und Corona-Blogs der Zeitschrift für Medienwissenschaft. https://www.zfmedienwissenschaft.de/online/blog.

ser Individuen, die nach einer alternativen Form der Verbundenheit suchen – nicht die gemeinsame Disziplin oder Theorie, sondern die Nicht-Konformität, die Revolution und ihre emotional-egomane Mythologie.

Meine Freiheit Matters.

Nein, tut sie nicht. Das ist sehr einfach: Das freiheitliche Individuum ist kein *Matter* (der Stoff, das Mark) der Gesellschaft, sondern *eine* Form ihres Ausdrucks. Aber die allgegenwärtige Verdatung des Individuellen durch die sozialen Medien suggeriert das Gegenteil. Die Meinungs- und Gefühlsnetzwerke der Alternativen Rechten, die zur Demonstration am 29. August aufgerufen haben, beschreien das die ganze Zeit: individuelle Freiheit sei das *Matter* der sozialen Medien, der Öffentlichkeiten, des Diskurses, der Pandemie, der Gesellschaft. Und aus ›meinem‹ Gefühl der Freiheit oder Unfreiheit wird ein Post, eine Nachricht, eine Öffentlichkeit, ein Shitstorm, eine Wahlkampagnentaktik, ein Markt, eine Demonstration, eine *sharing economy*, eine Revolution. Aus mir wird eine verfolgte Gruppe, eine Marke und eine Bewegung. Aus Gefühlen und Affekten werden Personae, Netzwerke, Marken, T-Shirts und Geldwerte: *Matter.* Das sich frei äußernde Internet-Ich, wie es durch die sozialen Medien gelernt wird, geht direkt über ins raumgreifende Ich, dem die Freiheit nicht nur gehört, sondern die auch *ein Gewicht* haben muss.[332] Dieses Gewicht muss, so die Alternative Rechte, gegen das Gewicht ›der Anderen‹ aufgerechnet und abgewogen werden. Die Relation der Abhängigkeit, die Corona zwischen den Menschen herstellt, wird zur Freiheitskonkurrenz umgewandelt: Der Diskurs des Ansteckungsrisikos wird zum Gefährdungsdiskurs für ›die Freiheit‹.

Meine Freiheit Matters.

Das ist der Sinn der Spruchprägung vom 29. August, die sich in voller Absicht von der Forderung *Black Lives Matter* ableitet und diese umschreiben will. Die rassistische Relation ist deutlich, genau wie die völlige Banalisierung des systemischen Rassismus, die sich im Slogan vollzieht: Meine Freiheit *oder* Black Lives. Im Kontext von Covid-19, von steigenden Mortalitätsraten nicht-weißer Menschen, ist die Aufrechnung *Meine Freiheit vs. Black Lives* nicht nur rassistisch: Sie akzeptiert die absolute Konkurrenz zwischen ›Schwarzen Körpern‹ und ›meinem Körper‹. Das ist mithin das Grundgerüst des ›Großen Austauschs‹, eine individuelle und klare rassistische Positionie-

332 So lautet der leidlich übersetzte deutsche Titel von Judith Butlers *Bodies that Matter* (1993) im Suhrkamp Verlag: *Körper von Gewicht* (1995).

rung innerhalb der tödlichen Konkurrenz von Präsenzen, die der reflexive Faschismus organisiert. *Ich* gegen *Die, die nicht wie ich sind. Freiheit* gegen *Leben.* Der ›Große Austausch‹ und der Krieg der Körper, der ihm innewohnt, wird auf dieser Demonstration der ›Freiheitsliebenden‹ spürbar, die andere Körper und Leben gefährden *wollen,* für ihre Freiheit. Er wird spürbar in jeder abgelegten Gesichtsmaske, jedem bunten Plakat und jedem Spruch.

Meine Freiheit Matters.

Vielleicht war es nur ein einzelner Spruch, und die anderen Protestierenden waren anderer Meinung. Aber die vielen Differenzen der am 29. August in Berlin Versammelten waren nicht wichtig für sie, im Gegenteil: Sie fühlten sich bunt, vielfältig, und *sogar Nazis* waren friedlich dabei – und Politiker*innen, Polizist*innen, Kaisertreue, Normalos und Normalas und Omas und so weiter. Diese ›Vielfalt‹ kann sich *wegen* ihrer inneren Differenzen als Ausdruck einer breiten Mitte fühlen. Sie ist geeint durch das Gefühl einer gemeinsamen anderen Realität, der man gemeinsam verpflichtet sein muss, weil sie unterdrückt wird. Die Unterdrückung beweist sich allein schon dadurch, dass man *da* ist: Auf der Demo für die ›Wahrheit‹ und die ›Freiheit‹.

Den 29. August hat eine performative Wahrheit angetrieben, die allein dadurch entsteht, dass eine signifikante Minderheit sich ihr entsprechend verhält und dabei auf Reaktionen irgendwelcher Art trifft. Ob Bannmeile, Polizei, Kritik an Reichsflaggen, mediale Aufmerksamkeit oder einfach eine *andere* Wahrheitsforderung, zum Beispiel *Black Lives Matter.* Alles und jedes außerhalb der alternativen Gefühlswelt beweist deren Richtigkeit und das Gewicht der Gefühle. Das ist keine Echokammer, sondern äußerst weltbezogene und hochsensible kollektive Paranoia.

In diesem Sinn war der 29. August eine kollektive Performance. Der performative Aspekt wird deutlich, wenn man diesen Tag mit Christoph Schlingensiefs Wahlkampagne/Kunstaktion *Chance 2000* vor 20 Jahren vergleicht: Der egomane Spruch, mit dem Schlingensief die Wiedervereinigungs- und Nationalbesoffenheit auf den Arm nehmen wollte – *Ich bin 1 Volk* – ist zum grausamen, digitalgestützten und affektiv wirksamen Realitätsprinzip geworden. In Berlin an diesem Tag ist jede*r *1 Volk* mit *1 Freiheit,* und jedes einzelne Volk wird fühlbar unterdrückt. Die Alternative Rechte ist die größte, fast einzige Agentur, die diese Einzelvolkgestalten emotional abholt, mit ihnen läuft, sie gegen jede Konvention umarmt und anlächelt und ihnen Infomaterial, YouTube-Links, Plakate und Fahnen in die Hand drückt.

Der reflexive Faschismus bietet die wesentliche Gefühlsfigur, die diesen Menschen eine kollektive, teilbare Form der Vereinzelung gibt. Die Ausdrucksweisen dieser Gefühlsfigur haben die Kapitel dieses Buchs durchzogen: *They are not after me, they are after you* (Trump), *The freedom to be left alone* (Sargon), *Standing Ground* (Sandmann), *Nazi-Tränen* (Cantwell). Alle Szenarien beschreiben eine Situation, die auch an diesem 29. August hergestellt und ver-wahrheitet wird: Die Demonstration ist ein Stück faschistoider *Performance Art* mit hohen partizipativen Anteilen und Unterhaltungswert für die, die sich trauen mitzumachen. Situationistischer Faschismus: Alle können authentisch mitfühlen und teilnehmen. Teilnehmen heißt an diesem Tag *dagegenfühlen*, gegen alles, was die individuelle Freiheitlichkeit irgendwie zu versauen scheint. Dagegen-fühlen heißt an diesem Tag unter anderem, die Forderung der Wertigkeit für Schwarze Leben, für andere Leben als Aufruf zur Unfreiheit für weiße Individuen zu verstehen. Für ein ›Ich‹.

Meine Freiheit Matters.

Vielleicht nur ein Übersetzungsfehler oder ein Spruch unter tausenden. Er ist nicht repräsentativ oder eben falsch gedacht, ein individueller Lapsus oder ein misslungenes Wortspiel mit *Black Lives Matter* (oder Judith Butlers *Bodies that Matter*). Das kann alles sein, ändert aber wenig: Eine transnational denkende Alternative Rechte hat den Corona-Moment für sich gewonnen, um ihre selbstbestätigenden Phantasmen und ihre radikalen Gefühlsprojekte öffentlich aufzuführen und absolut breitentauglich auszuformulieren. Sie scheren sich nicht um Widersprüche oder Übersetzungsprobleme.

In Springfield, Illinois protestierten Ende Mai 2020 ebenfalls mehrheitlich weiße Menschen gegen Hygiene-Auflagen und den Lockdown. Vor dem Rathaus der Stadt reklamierten sie ihr freiheitliches Recht, wieder zum Friseur gehen zu können oder an ihren Arbeitsplatz zurückzukehren. Eine Frau wird mit einem selbstgemalten Plakat in deutscher Sprache gesehen, das ihr Recht auf Arbeit ausdrücken soll: »Arbeit Macht Frei« hat sie auf eine Pappe gekritzelt (Abb. 167).[333] In Berlin findet sich das Pendant auf einem anderen Plakat: »Masken schützen nicht« als Überschrift zum Bild eines sogenannten *iron muzzle*, mit dem Sklaven die Möglichkeit des Sprechens und Essens

333 Klaus Drobisch. »Hinter der Torinschrift ›Arbeit macht frei‹: Häftlingsarbeit, wirtschaftliche Nutzung und Finanzierung der Konzentrationslager 1933 bis 1939«. *Konzentrationslager und deutsche Wirtschaft 1939-1945*. Verlag für Sozialwissenschaften 1996. S. 17-27.

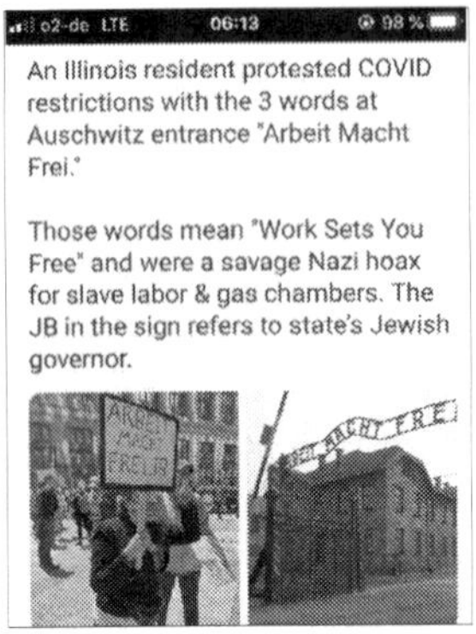

Abb. 167

Abb. 168

genommen wurde (Abb. 168).[334] Keine Parallele ist zu falsch, um nicht von diesem Faschismus der Gefährdung übernommen und als Meme ausgespuckt zu werden.

Es ist schlimm, dass diese memetischen Übersetzungsfehler oder Implosionen von Bedeutung stattfinden. Furchtbar ist aber der Möglichkeitsraum, in dem solche Plakate, solche Parallelen, solche Gefühle und Verkürzungen sinnhaft, orientierend und *gefühlt richtig* werden. Wenn aus der memetischen Kommunikation eine Handlungsfolie, eine öffentliche Haltung, eine konkrete und verbindende Aktion wird. Diesen Möglichkeitsraum gilt es außer Funktion zu setzen. Um jeden Preis.

Meine Freiheit Matters.

Ich glaube nicht, dass meine Freiheit *matters.* Nicht an diesem Tag des zerbrechenden Zusammenlebens im August, an dem der diskursive Klimawandel, die Gefühlsformeln und Antagonismusmaschinen der Alternativen Rechten noch das letzte selbstgemalte Plakat durchziehen. Am Tag, an dem die Republik geteilt wird: In die mit der disziplinierten Realität im Lockdown oder Home Office und die mit der *anderen Realität,* auf der Straße in bedrohter Freiheit. Eine Teilung in die, die gefährdet sind von Tod, Krankheit, Rassismus, Sexismus und Faschismus und sich daher vielleicht schützen wollen; und in jene, die sich am Brandenburger Tor ›befreien‹ und alle anderen damit gefährden. Der Tag, an dem die *Menschen mit der Gegenrea-*

334 Saidiya Hartman. *Scenes of subjection: Terror, slavery, and self-making in nineteenth-century America.* Oxford University Press 1997.

lität eine Freiheits-Party an der Siegessäule feiern, Reichsflaggen vor dem Reichstag schwenken oder vor der russischen Botschaft verhaftet werden, *weil sie das wollen.*

Sie fühlen sich dabei so revolutionär wie friedlich. Sie haben die Nähe, die alle gerade vermissen, sie haben den Willen zur Öffentlichkeit, sie haben einen Sprung vom eingeschränkten Lockdown-Subjekt zum fiktionalen Revolutionskollektiv geschafft. Einige Monate später strömt eine ganz ähnliche ›bunte Mischung‹ in das Kapitol in Washington, um ihre Gegenrealität zu affirmieren: wettert man vor dem Reichstag gegen eine gefühlte Hygiene-Diktatur, ist es am 6. Januar 2021 in Washington der gefühlte Wahlbetrug, der die Menschen zu Systemgegner*innen macht und sie das Parlamentsgebäude stürmen lässt.

Was auch immer aus den Protagonist*innen des Rechtsextremismus, des Rechtspopulismus, des *white nationalist terror* und der Alternativen Rechten in Zukunft werden wird – diese Gefühlsmischung und dieser ›Aktivismus‹ werden bleiben und sich immer neue Wege der Entfaltung und Ausbreitung suchen. Ob die NPD nun mitdemonstriert oder nicht, Donald Trump dazu aufruft oder nicht, ob als Motto der Revolution ein Meme dient oder eine Südstaatenflagge – diese Affektwelten werden bleiben und sich ausbreiten. Die digitale Versammlung kippt ins Reale und auf die Straße. Sie bringt die Unübersichtlichkeit, Intensität, Transgressivität und Unlogik des digitalen Raumes mit.

Gestatten *Sie* eine einfache Anschlussfrage, die sich mir nach diesem Tag im August 2020 fortwährend stellt: Mit welchen Menschen und Überzeugungen ist Ihre Realität teilbar? Woraus speist sich Ihr Grundgefühl, Ihr affektiver Alltag? Wie wird Ihre Welthaltung teilbar oder *shareable*? Wem begegnen Sie durch Ihre Haltung, welche Begegnungen werden möglich für Sie und andere?

Affects matter.

›We‹ matters.

Dritter Teil
Was Tun?

Everyday
Low Price
$ 14 88
Posted in r/ChungusLoversSub
reddit

Abb. 169

A creature with life of its own

Rechte Gefühle macht einen Vorschlag zum Umdenken und ›Umfühlen‹ dessen, was generell als ›Rechtsextremismus/Rechtspopulismus‹ verhandelt wird. Was ich reflexiven Faschismus genannt habe ist kein Phänomen, das primär zensorisch und/oder strafverfolgend zu bekämpfen wäre. Es ist ein Ökosystem, eine Serie von teilweise tödlichen Klimazonen und Mechaniken, die aktiv ausgebreitet werden. Sie finden fast ideale Bedingungen in demokratischen Systemen, im Plattformkapitalismus und in den Reaktionsgewohnheiten digitalisierter Öffentlichkeiten vor. Es ist ein *diskursiver Klimawandel*.

›Klimawandel‹ bezeichnet gemeinhin Prozesse (ökonomische, technische, biologische, historische) der Umweltveränderung, die nicht mehr unterbrochen werden können. Sie sind vielleicht zu verlangsamen, aber grundlegend irreversibel. Für diese nicht-umkehrbaren Prozesse ist der Begriff des *Anthropozän* eingeführt worden: Der Klimawandel und seine Folgewirkungen (Umweltkatastrophen, Artensterben, Treibhauseffekt und so weiter) sind Ergebnisse menschengemachter Handlungen und Operationen, die den Planeten verändert haben. Die Auswirkungen der Veränderung haben die Ursache überholt. Der Klimawandel ist ein Selbstläufer und wird unabhängig vom menschlichen Handeln weitergehen und Lebensraum zerstören. Wir können Dinge beeinflussen, den Prozess aber nicht stoppen. Damit ist als Mensch (und Tier, Organismus, Gesellschaft) zu leben.

Ist der rechte Klimawandel ebenso irreversibel, das heißt ein *selbstlaufender Prozess* der Vergiftung, Gewalt, Radikalisierung und gesellschaftlichen Zersetzung? Ist es eine irreversible ›politische Umweltvergiftung‹, hervorgebracht durch technische, soziale und ökonomische Prozesse? Sind die toxischen Gefühlswelten, die der reflexive Faschismus aufbaut, eventuell nicht mehr zu neutralisieren; der Verlust an teilbarer Realität nicht mehr zu beheben?

Folgt man der Einschätzung von User*in *OpenSVideoEditor*, dann trifft das zu:

> »[…] this world will only go more and more insane as the internet start slowly sipping into reality and fusing with it, each day i start seeing normies talking about things that were only discussed on 4chan, at this point we created a […] creature with life of its own, this creature is restricted to colors of a light emitting screen, but its effects on reality seem to be very real.«[1]

Die digitale Kreatur ist erschaffen. Sie zersetzt, zermürbt und zerstört unabhängig von *user input*, Wahlausgang oder Regulation weiter Realitäten und Lebensmöglichkeiten. Der diskursive Klimawandel von Rechts wäre nicht reversibel. Damit wäre auch zu leben und dieses *Gefühl* ist vorläufig festzuhalten.

OpenSVideoEditor hat den Beitrag im rechtsextremen Forum *r/frenworld* geschrieben. Die Feststellung, dass man nun eine selbstlaufende Realitätsmaschine angeworfen habe, zeigt Sorge, aber zugleich Stolz auf die Zerstörungsleistung. So etwas wie Angstlust spricht aus dem Zitat, einer der vielen vermischten Affekte, denen man bei der Alternativen Rechten oft begegnet.[2] Auch damit wäre zu leben: Die toxischen Gefühlswelten und zerstörerischen Ideen *Einiger* vernichten Lebensmoglichkeiten für *Alle*. Die *Einigen* sind stolz und fasziniert von ihrem Einfluss – eine »paradiesische Verantwortungslosigkeit«.[3]

Anthropozän ist ein unscharfer Begriff, denn die Prozesse der planetaren Ausbeutung gehen nicht von überall gleich (vom *anthropos*) aus. Der globale Norden, Europa, die Industriestaaten, Kolonialregime, der ›Westen‹ – das sind bessere Namen für die Haupt- und Überbeteiligung der ehemals ›ersten Welt‹ an der globalen Zerstörungsmaschine. Das Anthropozän ist ein *Euro-*

---

1 u/OpenSVideoEditor. Post vom 25.05. 2019. reddit.com/r/frenworld (gelöscht).

2 Sianne Ngai. *Ugly feelings*. Harvard University Press 2005.

3 Theweleit. *Männerphantasien* Bd 1. S. 450. Dazu gehen im September 2020 zwei Witze durchs Netz: Die Demokratie ist zerstört, weil Mark Zuckerberg in seiner Unizeit gerne sexistisch Frauen bewerten wollte. Dafür baute er das Portal *facemash*, das Frauen gegeneinander verglich in ihrer ›hotness‹, Grundlage für Facebook. Der zweite Witz: Donald Trump sah nach *The Apprentice* keine Möglichkeit mehr, ein profitables Unternehmen zu starten, um seine Schulden zu bezahlen. Als Ausweg der Bereicherung blieb nur die Präsidentschaft. Beides hat super funktioniert.

zän und ein *Kapitalozän*. Ebenso wirken die Folgen dieser Vergiftung nicht überall gleich lebenserschwerend und -vernichtend. Damit kann man nicht leben, sondern muss kritisch Stellung beziehen.

Genauso geht der rechte Klimawandel nicht von allen ›Nutzer*innen‹ der Plattformen und Demokratien aus. Wenn eine zerstörerische Gefühlsmaschine geschaffen wurde, dann bevorzugt von einigen ›Männern‹ (*Androzän*) und ›Weißen‹ (*Leukozän*), die Namen und Adressen haben. Die Maschine wurde durch die kapitalistische Ausrichtung einiger digitaler Plattformen besonders schädlich und zugleich selbstbefördernd: Diese Plattformen überziehen den Alltag mit Desinformation und Polarisierung, weil sie Profit bringen (*Silicon Valley-Zän*). Auch diese Unternehmen haben Namen, Adressen und Steuersitze.

Die Auswirkungen des reflexiven Faschismus treffen auch nicht alle gleichermaßen, ob online oder offline: Die verletzenden Sprachen, Bilder, Begriffe und Akte, die in diesem Buch gezeigt und besprochen wurden, affizieren und gefährden nicht alle gleich – *Sie* als meine Leser*innen sind verschieden davon angesprochen und verletzt. Der Faschismus gefährdet nicht alle gleich. Mit dieser Differenz, dieser Komplexität, ist nicht zu leben, sondern kritisch umzugehen.

›Klimawandel‹ ist ein Modell zur Beschreibung einer *komplexen Katastrophe*, nicht zur Isolierung eines Problems. Der reflexive Faschismus ist nicht ein Problem, sondern viele Probleme mit heterogenen Folgewirkungen. Es ist nicht allein darüber nachzudenken, wie ›man‹ sich zur rechten Zerstörungsmaschine ›abgrenzt‹, sondern wie jede*r aktiv zur Schadensbegrenzung, zur Zerstörungsverlangsamung und zum Schutz der Betroffenen beitragen kann. Das erfordert eine veränderte Wahrnehmung des eigenen Alltags und der Systeme (ökonomisch, technisch, sozial, historisch), in denen er stattfindet. Es bedingt eine andere Affektpolitik.

Es gibt keine definitiven Lösungen für den Klimawandel von Rechts. Es herrscht bis auf weiteres Kultur-, Informations- und Plattformenkrieg, eine Verschärfung des gesellschaftlichen Klimas und eine Zunahme der Opfer. Die Opferzahlen *steigen*, auch wenn bisweilen ›sinkende Zahlen rechtsradikaler Straftaten‹ vermeldet werden. Die Aktivistin Fatma Kar vom *Netzwerk*

Polylux, das in Ostdeutschland zivile Projekte gegen Rechtsradikalismus und Faschismus aufbaut, sagt es beiläufig: »Es wird halt nicht weniger werden.«[4] *Reflexiver Faschismus* meint also viele zusammenhängende Probleme und Folgeeffekte. Er erfordert vielfältige effektive Maßnahmen wie Zensur, Deradikalisierung, Aufklärung, Information, Strafverfolgung und eine Reorientierung digitaler und auch staatlicher Systeme. Ich möchte vier lokale und globale Interventionsbereiche hier nur kurz andeuten:

Erstens: Es gibt ein *Plattformenproblem*, das von der kapitalorientierten Form der sozialen Medien herrührt. Es reicht von Facebooks (Des-)Informationsmacht bis zum Selbstmarketing, zu dem Social Media-Subjekte gezwungen sind; von den Algorithmen, die Informationsangebote intransparent kuratieren und radikalisierend filtern zur Aufmerksamkeitsökonomie, die den gesamten Netzraum und das Nutzer*innenverhalten prägt. Kommerzielle Plattformen haben die Funktion demokratieformender Agenturen, ihre Hauptinteressen sind aber Kapital- und Kontrollgewinn.[5] Die Autoren des Buchs *Die rechte Mobilmachung* sehen die Hauptebene der Intervention daher in den Plattformen selbst, deren Architekturen und Geschäftsmodelle Populismus und Desinformation nicht nur ermöglichen, sondern aktiv befördern.[6] Das Prinzip der *monetarisierten Viralität* leistet populistischen (und faschistischen) Tendenzen Vorschub und kann mit einer gewandelten Wirtschaftsstruktur, Regulationspolitik und auch einer Haftbarmachung der Plattformen bekämpft werden. Angesichts der teilweise direkt-wahlentscheidenden Macht, die Unternehmen wie Facebook zur Zeit innehaben, und der Aufmerksamkeit, die rechte Akteur*innen in diesen Strukturen er-

4 Antonia Groß. »Der andere Osten: Gemeinsam gegen Nazis«. *Frankfurter Rundschau*. 18.08.2020. https://www.fr.de/zukunft/storys/demokratie/der-andere-osten-polylux-engagiert-sich-gegen-rechtsextremismus-und-nazis-90025218.html. Zuletzt gesehen am 05.01.2021. Bitte spenden Sie hier: https://www.polylux.network/impressum/.

5 Shoshana Zuboff. *Das Zeitalter des Überwachungskapitalismus*. Campus Verlag 2018.

6 Stegemann, Musyal. *Rechte Mobilmachung*. 2020. Siehe dazu auch: »The Evil List. Which tech companies are really doing the most harm?«. *Slate.com*. 15.01.2020. https://slate.com/technology/2020/01/evil-list-tech-companies-dangerous-amazon-facebook-google-palantir.html. Zuletzt gesehen am 05.01.2021.

wirtschaften, ist das ein wichtiger Schritt. Er fordert vor allem die Politik, die Unternehmen,[7] aber auch jede Nutzer*in selbst.

Es gibt zahlreiche Lösungsvorschläge zu diesem Komplex. Julia Ebner, Autorin des Buchs *Radikalisierungsmaschinen*, fordert eine breite zivile Förderung digitaler Kompetenz und Formen digitaler Care- und Sozialarbeit, für die Programme gezielter Deradikalisierung in rechten Foren nur ein Beispiel sind.[8] Der Internetaktivist Jaron Lanier argumentiert, dass soziale Medien primär Einsamkeit, Paranoia und Antagonismen befördern, statt konnektiv und befreiend zu wirken. Er fordert Nutzer*innen auf, diesen deprimierenden Teil des Internets ganz zu löschen und neue Architekturen aufzubauen.[9] Geert Lovinck konkretisiert diesen Vorschlag mit seiner Forderung nach einer digitalen Allmende – ein kommunal-genutzter und nicht-kommerzialisierter digitaler Raum, dessen Struktur und Pflege in der Hand einer engagierten Zivilgesellschaft liegen müsse.[10] Die (Schaden-)Freude, dass Donald Trumps Twitter-Account im Januar 2021 abgeschaltet wurde, sollte von der eigentlichen und größeren Aufgabe nicht ablenken:

Unfuck the internet.

Zweitens: Es gibt ein *Aufklärungsproblem*, das von *racial profiling*, rechten Chatgruppen und Ermittlungsbehinderung bei der Polizei bis zur chronischen Ignoranz und nachhaltigen Förderung rechtsextremer Strukturen durch den Verfassungsschutz reicht. Was wir über den Rechtsterrorismus wissen, wissen wir nicht vom Verfassungsschutz, sondern von Journalist*innen und engagierten Menschen. Auch was über den Verfassungsschutz (oder die Polizei und die Bundeswehr) und die Verbindungen zur extremen Rechten bekannt ist, wurde nicht durch staatliche Aufklärung herausgefunden. Die Aufklärungsarbeit verdankt sich Initiativen wie *NSU-Komplex auflösen*, *Belltower.News* und den täglichen Recherchen, die unabhängige Zivilpersonen und -vereinigungen durchführen. Sie müssen von der Gesellschaft gestärkt werden, auch mit Geld. Zunehmend verdanken sich die Erkenntnisse

7 Wenn die großen digitalen Konzerne sich nun besorgt über den Populismus und die Desinformation zeigen, dann ist das wie eine Schwerindustrie, die sich über die ›plötzliche Umweltverschmutzung‹ erregt.

8 Ebner. *Radikalisierungsmaschinen*. 2019.

9 Jaron Lanier. *Ten Arguments For Deleting Your Social Media Accounts Right Now*. Henry Holt 2018.

10 Lovink. *Digitaler Nihilismus*. 2019.

auch der Kommunikation der Rechten selbst, die mit Stolz über ihre Nähe zu Staatsorganen und dem konservativen Lager berichten, wie die neurechte Zeitung *Junge Freiheit*:

> »*Junge Freiheit*-Chefredakteur Dieter Stein und Ex-Verfassungsschutz-Präsident Hans-Georg Maaßen eröffneten eine Gesprächsrunde mit DDR-Bürgerrechtlerin Vera Lengsfeld, der stellvertretenden Bundesvorsitzenden der *Werteunion*, Simone Baum, und dem Präsidenten des Eike-Instituts, Holger Thuß.«[11]

Allein diese Aufstellung verrät einiges über das koordinierte *networking* zwischen der Alternativen Rechten, staatlichen Aufklärungsorganen und konservativer Kaste, die eine jahrzehntelange Tradition besitzt und teilweise zu Personalunionen geführt hat: Rechtsextreme ›ermitteln‹ zu Rechtsextremismus.[12] Lösungsvorschläge zu diesem Komplex können breit angelegt sein und ihre Besprechung liegt außerhalb der Möglichkeiten dieses Buchs. Eine US-amerikanische Initiative benennt einen ähnlichen Komplex so:

Defund the Police.[13]

Drittens: Es gibt ein gravierendes *Männlichkeitsproblem*, das ich anhand der Verdrehungen der männlichen Nerds, der *MGTOW*-Bewegung, dem Antifeminismus und Antigenderismus, und anderen gewaltoffenen und raumgreifenden Männlichkeitsmustern dargestellt habe. Es gibt auf die legitime Frage ›Wohin mit diesen Männern?‹ bisher keine schlüssige Antwort, aber Einschätzungen wie jene von Igor Matviyets. Der SPD-Politiker sagte beim Prozess gegen den Mörder von Halle: »Es gibt Tausende junger Männer wie

---

11 Harald Melzer. »30 Jahre Deutsche Einheit: Auf dem Weg zur DDR 2.0?«, *Junge Freiheit*. 06. September 2020. https://jungefreiheit.de/politik/deutschland/2020/auf-dem-weg-zur-ddr-2-0/. Vera Lengsfeld ist Publizistin und Initiatorin der sogenannten ›Gemeinsamen Erklärung 2018‹ gegen Migration. Das Eike-Institut versammelt wissenschaftliche und wirtschaftliche Perspektiven, die gegen den ›Klimawandel als Ideologie‹ und eine ›Ökodiktatur‹ vorgehen. Die Werteunion ist eine rechtskonservative bis rechtsextreme Splittergruppe der westdeutschen CDU und CSU, die beide Themen bedient.

12 SZ. »Auch der Berliner Polizei droht ein Rassismus-Skandal«. *Süddeutsche Zeitung*. 1.10.2020. https://www.sueddeutsche.de/politik/berlin-polizei-rassismus-1.5051826.

13 https://defundthepolice.org.

Stephan B. in Sachsen-Anhalt. Tausende, die zu Hause sitzen, keinen Job, keine Freundin und keine Perspektive haben.«[14]

Das Problem betrifft weder nur Sachsen-Anhalt noch ausschließlich joblose junge Männer. In Reaktion auf die erste ›Präsidentschaftsdebatte‹ (schon das Wort ist falsch) zwischen Joe Biden, Donald Trump und dem Moderator Chris Wallace am 29. September 2020 brachte es eine Twitter-Nutzer*in auf diesen konzisen Punkt: »No more men for president.« Vielleicht eine Überreaktion, aber *Über*-Reaktionen sind angebracht, wenn die vorgefundene Konstellation fundamental *reaktionär* ist: Drei weiße alte Männer ›debattieren‹ beleidigt, schreiend und sich unterbrechend über Rassismus, Sexismus, *white supremacy* und Demokratie (und alles andere). Welche Welthaltung und Selbstwahrnehmung kommuniziert sich von solchen Ereignissen zu den jungen Männern, »die zu Hause sitzen« und nach Perspektiven suchen?

Die absolute Beschränktheit des ganzen Ensembles muss allen deutlich sein – nicht nur im Präsidentschaftwahlkampf, sondern in jeder vergleichbaren weiß-männlichen ›Debatte‹ (die überall dauernd stattfinden). Eine radikale Stärkung von Frauen, Queers, People of Color und anders marginalisierten Menschen in der Öffentlichkeit, Politik, Bildung und im Privaten muss erfolgen, um solche Schauspiele des Grauens zu nicht nur zu unterbrechen, sondern durch konstruktive Vorgänge *zu ersetzen*. Ein vielfältiges Angebot von anderen, *nicht-toxischen* Geschlechtsmodellen für Männer und andere muss dazu kommen.[15] Keine kleine Aufgabe:

Unfuck masculinity.

Viertens: Es gibt ein *Wissensproblem*, das daher rührt, dass in Forschungen zu Rechtsextremismus und Rechtspopulismus selten interdisziplinär und kollaborativ vorgegangen wird. Eine Extremismusforschung, die Kader und Strukturen untersucht, aber wenig über Plattformen und Algorithmen weiß, kommt schnell an ihre Grenzen. Eine Soziologie, die zwar Ressentimentstrukturen erforscht, aber keine fundierten Rassismus- und Sexismusbegrif-

14 Oliver das Gupta. »Etappen zur Tat«. *Süddeutsche Zeitung*. 29.07.2020. https://www.sueddeutsche.de/politik/halle-antisemitismus-attentaeter-synagoge-1.4982887. Zuletzt gesehen am 05.01.2021.

15 Vgl. AK FE*IN. *Frauen*Rechte und Frauen*Hass. Antifeminismus und die Ethnisierung von Gewalt*. Verbrecher Verlag 2019. Luca Di Blasi. *Der weiße mann: Ein anti-Manifest*. transcript 2014. Contrapoints. »Men | Contrapoints« *Youtube.com*. 24.08.2019. https://www.youtube.com/watch?v=S1xxcKCGIjY.

fe hat, macht vor allem Symptombeschreibung. Plattformen-Forschung und kritische Informatik, die kein Projekt sozialer Gerechtigkeit verfolgen, beschränken ihren Beitrag.

Eine Kulturwissenschaft, die nicht *auch* diese Probleme im Blick hat und einrechnet, wenn sie über Kultur, Medien, Geschichte oder Demokratie spricht, ist Teil des Problems. Postkoloniale und antirassistische Forschung, Gender- und Sexualitätsforschung, Antisemitismusforschung, Kultur- und Medienwissenschaften sind *auch* Extremismus-Forschungen: Männlichkeitsterror, Informationsterror, *white terror.* Der reflexive Faschismus verursacht vielgestaltige Probleme, die Analysen und Aktivismen aus vielen Richtungen erfordern. Es gibt nur wenige koordinierte Initiativen und Forschungsansätze. Schädlich ist das allgemein vorherrschende Verständnis, dass Wissenschaft vom Aktivismus oder Positionierung abzugrenzen sei.

Diese großen Komplexe deuten auf ein übergeordnetes Problem hin, dem ich in diesem letzten Kapitel ausführlicher nachgehe: Es gibt es ein *Normalitätsproblem,* denn die genannten Problembereiche beschreiben keine Extremfälle, sondern Normalzustände in Medien, Internet, Politik, Forschung und Alltag. Wie beim Klimawandel sind ein ›Umdenken‹ und eine ›De-Normalisierung‹ im Alltäglichen wichtig, um effektive Maßnahmen nicht nur möglich und denkbar zu machen, sondern nachhaltig zu gestalten. Eine De-Normalisierung des Alltäglichen setzt notwendig dort an, wo es um Affekte und Gefühle geht. Zu den effektiven müssen also affektive Maßnahmen hinzukommen: *Gegengefühle.*

Dieses Buch hat argumentiert, dass die Alternative Rechte ein spezifisches *emotioneering*[16] betreibt – ein *engineering* von ›rechten Gefühlen‹. Eine affektive Gegenarbeit kann mit der Geste des *reverse emotioneering*[17] beginnen, des de-konstruierenden Rückbaus: Emotionale Automatismen müssen gestoppt, entpackt und zerlegt werden, um aus den Bestandteilen vielleicht etwas Neues zu schaffen. Es braucht nicht nur andere emotionale Reaktionen auf Rechte. Wichtig ist auch die Unterbrechung jener allgemeinen Ge-

---

16 Ein Begriff aus der Computerspiele-Industrie: damit wird die gezielte Produktion von Emotion bei der Nutzer*in digitaler Produkte durch das Produkt bezeichnet. Vgl. Nora Klutzny. *Affekt und Sound. Strategien des Emotioneering in Audio-Games.* GRIN Verlag 2020.

17 Ich danke einer unbekannten Diskussionsteilnehmerin an der UdK Berlin, die diesen Begriff geprägt hat.

fühlsautomatismen, auf denen der reflexive Faschismus so erfolgreich wie schädlich aufsetzt. Es braucht eine Verunsicherung der affektiven Muster, die das ›Normale‹ absichern.

Ich mache einige Vorschläge zur produktiven Verunsicherung. Sie sind vor allem lokal zu verstehen, das heißt auf die deutsche Situation bezogen.[18] Sie beginnen in der nächsten Nähe dessen, was in Deutschland *normal* ist. Es folgen einige Skizzen, wie eine Entsicherung von Gefühlsautomatismen von meiner beschränkten Position aus aussehen kann.

18 Ich habe viel englischsprachiges Material in diesem Buch besprochen, denn das Netz ist ein US-amerikanisch-dominiertes Medium und der reflexive Faschismus ist ein transnationales Unternehmen. Antworten erfordern eine Denkweise, die ebenso transnational ausgerichtet ist. Konkrete Gegenaktionen und Gegenentwürfe aber sind, wie beim Umweltaktivismus auch, vor allem lokal zu entwerfen.

Zur Verabschiedung des Normalen

»[...] if the Nazi dances all night, then our resistance requires something other than logic; something other, too, than cultured tsking or frantic bursts of wheel-spinning panic. We need desire – that messy, sometimes un-gentle, self-shattering descent into the underside of reason [...] I think we are in a struggle not only or even primarily over some moral higher ground, but, it seems, also for the energies of unruliness [...]«
Jordy Rosenberg, The Daddy Dialectic.[1]

Gefühlsrevolution

Der reflexive Faschismus will den ›eigenen Gefährdungsstatus‹ entdecken und damit selbst ein Stück weit ent-normalisieren. Er will selbst eine *Gefühlsrevolution* sein und er hat Vorsprung. Die rechte Gefühlsrevolution besteht in einer simplen Erkenntnis: Diejenigen, die von ›Rechts‹ angezogen, eingemeindet, beheimatet und agitiert werden, fühlen, dass sie *gemeint* sind. Gemeint nicht nur von rechter Agitation, sondern genauso von emanzipatorischen Kritiken: Antirassismus, Feminismus, Queer-Aktivismus und Antidiskrimierungsmaßnahmen meinen *sie*. Ganz banal zeigt sich das in dem prägnanten Satz von Prof. Dr. Markus Egg (Humboldt Universität zu

1 Jordy Rosenberg. »The Daddy Dialectic«. *Los Angeles Review of Books*. 11.03.2018. https://lareviewofbooks.org/article/the-daddy-dialectic. Zuletzt gesehen am 05.01.2021. Ich danke Anson Koch-Rein für den Hinweis.

Berlin, AfD Berlin), den ich bereits zitiert habe: »Frauenquote ist Männerdiskriminierung«. Daraus spricht die Entdeckung, dass ›Egg‹ ein Mann ist, eine einflussreiche Position in einer elitären und männerdominierten Struktur besetzt und als solcher angesprochen ist. Eine naive Haltung: ›Toll, ich bin Element eines ausschließenden Systems, also diskriminiert die Systemkritik *mich*‹. Ähnliches gilt beim Antirassismus: Auf *Black Lives Matter* antwortet die Rechte mit *White Lives Matter* und macht damit einen Schritt, der aus den Automatismen der Normalität herausführt: ›ich als weißer Mensch bin bedroht.‹

Emanzipationsbelange von Minderheiten werden von der Allgemeinheit meist ignoriert oder als ›deren Sonderproblem‹ verhandelt.[2] Die Alternative Rechte und ihre Anhänger*innen vollziehen einen Wechsel: Sie ignorieren den Diskurs der Antidiskriminierung nicht, sondern sehen darin einen brutalen Angriff auf sich selbst. Sie entdecken schlicht, dass sie gemeint sind. Sie wenden die Kritik zur *partikularen Gefährdung* um, vielleicht weil das Gefühl, ein System weißer Dominanz und männlicher Herrschaft *explizit* zu vertreten, für sie neuartig ist.

In Reaktion auf den Zustand als ›Mann‹, als ›Weiße*r‹, als ›Heterosexuelle*r‹ oder als ›Konservative*r‹ gemeint zu sein, folgt die Alternative Rechte bekannten Mustern, die das Patriarchat und der weiße Konsens immer genutzt haben: Monologisieren, Argumentation ins Universelle (›Meinungsfreiheit‹ und so weiter), die Dialektik von Objektivität gegen Emotion. Es folgt die Umkehrung der Kritik:[3] ›Ist Quote nicht auch Diskriminierung? Ist *Black Lives Matter* nicht eigentlich rassistisch?‹

Das ist unkonstruktiv und schwer zu greifen, weil es scheinbar im Allgemeinen und körperlos bleibt und zugleich partikular argumentiert wird. Wo werden Männer wie Professor Egg an der Universität *als Männer* diskriminiert? Wo sind weiße Leben – *als weiße Leben* – strukturell entwertet?

---

2 Die Theoretikerin Sara Ahmed faßt es konzise zusammen: »When you expose a problem you pose a problem. […] When exposing a problem is to become a problem then the problem you expose is not revealed.« Sara Ahmed. »The Problem of Perception«. *feministkilljoys.com*. 17.02.2014. https://feministkilljoys.com/2014/02/17/the-problem-of-perception/.

3 Weiter: Auf postkoloniale und postmigrantische Kritik antwortet die Rechte mit ›deutscher Identität‹ und dem Topos der ›Eingeborenen‹. Auf Sexismuskritik und feministische Belange antwortet sie mit ›Diskriminierung von Männern‹. Auf queere Kritiken an der Heteronormativität antwortet sie, dass nun Heterosexuelle oder Geschlechtskonservative zum Leben ›in the closet‹ verurteilt seien.

Systemische Fragen bleiben unbeantwortet, aber die Figuren der Kritik (Identitätspolitik, Machtkritik) werden übernommen. Sie werden umgedreht, diskreditiert und gleichzeitig für den eigenen Angriff genutzt. Für Umstehende fühlt sich diese Umkehrung der Kritik wie eine kritische Auseinandersetzung an – vor allem für die, die ihr eigenes *Angesprochensein* noch nicht begriffen haben (und manchmal sagen ›all lives matter‹, oder ›Qualifikation statt Quote‹).

Das ist ein Kunststück, das rechte Akteur*innen in der öffentlichen Debatte wieder und wieder vollbringen. Es geht wie im Zeichentrickfilm:

Sie sägen den Ast ab, auf dem sie sitzen, und der Baum fällt um.

So lautet das gnadenlose Erfolgsrezept des Antifeminismus und der breiten Abwehr von *political correctness*. Es ist surreal: Es gibt keinen ›Antifeminismus‹ oder ›Männerdiskriminierung‹ ohne die kritischen Bewegungen des Feminismus und der Gender Studies. Es gibt keine Ablehnung von *political correctness* ohne die grundlegende Idee zu akzeptieren, dass Sprache gemacht ist, einschränkt, determiniert und verletzt. Es gibt es keinen sinnvollen Diskurs über ›Rassismus gegen Weiße‹ oder ›Deutschenfeindlichkeit‹,[4] der ohne Analysen zu systemischem Rassismus irgendetwas bedeuten würde. Deshalb senden rechte Akteur*innen andauernd auf denselben Emanzipationskanälen, die sie angreifen: ›Männerdiskriminierung‹ ist ohne die Einsichten der Gender Studies nicht denkbar; die Verdrängung oder Marginalisierung weißer Menschen ist ohne postkoloniale und antirassistische Kritiken nicht argumentierbar.

Der Baum fällt trotzdem um.

Das ist das Kunststück: Diskutiert werden nicht der Sexismus und Rassismus rechter Haltungen und der normalen Zustände, sondern ›ob Feminismus sein muss‹ oder ›Rassismuskritik es nicht doch übertreibt‹. Dass es eine tatsächliche und breite Resonanz dafür gibt, dass die Gender Studies eine gesellschaftliche Gefahr und Ideologie seien, dass *Black Lives Matter* eine partikulare und ungerechte Bewegung sei, dass Identitätspolitik ›mehrheitsdiskriminierend‹ wirke – diese Resonanz ist das Kunststück: Der Baum fällt um und die Agitator*in auf dem Ast wird als Verkünder*in einer kriti-

---

4 »Deutschfeindlichkeit« taucht seit 2019 in der amtlichen Polizeistatistik zu ›Politisch motivierter Kriminalität‹ auf. Vgl. Bundeskriminalamt. »Politisch motivierte Kriminalität – Bundesweite Fallzahlen 2019«. *BKA.de*. 27.05.2020. https://www.bka.de/SharedDocs/Downloads/DE/UnsereAufgaben/Deliktsbereiche/PMK/2019PMKFallzahlen.html.

schen Meinung diskutiert. Der Baum kann umfallen, weil der Ast von einer unsichtbaren Hand gehalten wird. Diese unsichtbare Hand gehört der Normalität, der Allgemeinheit – sie hält den Ast hoch, auf dem die sitzen, die sich durch notwendige Emanzipationsbelange bedroht, eingeschränkt, verdrängt und gecancelt fühlen.

Die Rechten haben also – mehr als die Allgemeinheit – den Strukturkritiken zugehört und sie für ihre Zwecke verdreht. Sie können das *vor allem*, weil die Allgemeinheit nicht genau hinhört, wenn es um Identitätspolitik und gleiche Teilhabe für Minderheiten geht. Und die Rechten können es, weil die Allgemeinheit sich nach einem Standpunkt sehnt, den sie selbst nicht aussprechen mag, aber wahrscheinlich hören möchte.

Wehrhafte Demokratie

Der gesellschaftliche Konsens, der überwiegend (aber nicht nur) weiß, westdeutsch, heterosexuell, männlich und von relativem Wohlstand geprägt ist, hat viele Aspekte des reflexiven Faschismus verschlafen. Er hat seine eigene Komplizenschaft teilweise verschleiert oder gar nicht registriert. Er hat auch die verschiedenen Gesellschaftskritiken, die der reflexive Faschismus als *Gefährdungen* auslegt, nicht hinreichend aufgenommen. Weder die faktische Einwanderungsgesellschaft, noch die sogenannte ›Wende‹, noch die Identitätspolitik, noch die Prinzipien der Anti-Diskriminierung und Gleichberechtigung sind bei diesem Konsens angekommen. Er hat sich systematisch vor den Veränderungen geschützt, die eine komplexe Gesellschaft ausmachen. Ein Werkzeug, mit dem der Konsens sich schützt, ist die Formel, die zahlreiche Bücher, Studien und Zeitungen in ihren Klappentexten und Leitartikeln verwenden:

Die Rechten, der Faschismus, sind ein Angriff auf die Demokratie.

Gegenmittel seien daher ›wehrhafte Demokratie‹ und ›harte Diskursgrenzen‹. Man spricht von ›denen‹ (die Rechten) und bastelt aus der Abgrenzungsgeste den Konsens – ein ›Wir‹, das *nicht ausgesprochen werden muss*. Für das ausgesparte ›Wir‹ steht der Begriff ›Demokratie‹, der nun Opfer rechter An- und Übergriffe sei. Daher müsse ›Demokratie‹ hart, wehrhaft, gepanzert und immunisiert werden. Das ist eine falsche Gefühlspolitik, die ein notwendiges ›Wir‹ verhindert und eine fiktionale Normalität aufrechterhält. Zwei Punkte sind zur Entnormalisierung dieser Fiktion wichtig.

Erstens: Die Alternative Rechte ist *gewählter* Teil der repräsentativen Demokratie und einflussreicher Teil des Diskursklimas in Deutschland. In den USA stellten sie in den vergangenen vier Jahren die Regierung und sehr viel länger große Teile der Medienlandschaft. Die Alternative Rechte ist hüben wie drüben Teil der digitalen Kultur und ihrer multiplen Öffentlichkeiten.

Der reflexive Faschismus ist auch Teil der medial-kapitalistischen Maschine, die Meinung, (Des)Orientierung und Radikalität forciert und verwertet. Er ist Teil des Alltagsausdrucks, den zahllose Menschen für sich in ihrer Online-Tätigkeit gewählt haben oder spontan wählen. Sie fühlen sich dabei mitunter als wehrhafte Demokrat*innen, und ihre Position ist begehrt in den ständigen Debatten, die sie selbst jeden Tag auslösen. Die Nähe und Teilhabe des reflexiven Faschismus an Demokratie und Öffentlichkeit sind erst einmal zu begreifen, *bevor* eine vermeintlich ›wehrhafte Demokratie‹ als Mittel gegen Rechts aufgestellt wird.

Zweitens: Die Alternative Rechte, eine sexistische und rassistische Bewegung von immenser Größe und wechselnder Form, greift nicht die Demokratie an, sondern *bestimmte Menschen* und ihre Lebenswelten. Das sind zum Großteil Menschen, die die Mechanismen der Ausgrenzung und Abwertung *schon immer* sehr gut kennen, da sie nicht oder nur in eingeschränkter Weise Teil des bürgerlichen Konsens dieser Demokratie sein durften. Bedrohliche Nähe und Angegriffensein von ›den Rechten‹ ist Teil der Erfahrungen migrantischer, weiblicher, queerer und anders marginalisierter Menschen. Für viele war ›der Sexist‹ oder die ›Rassistin‹ nicht nur ein Demokratiefeind oder ein politisch motivierter Einzeltäter. Es ist unter anderem die Person, die nebenan wohnt, die keine Wohnung vermieten will, Vertreter*in der Behörde ist, die verbale und körperliche Gewalt ausübt, die in einer Machtposition über Lebensumstände entscheidet, die in den Medien über ›Toleranzgrenzen‹ spricht – das alles oft auch im Namen von ›Demokratie‹, ›freiheitlichen Werten‹ oder des ›gesellschaftlichen Friedens‹.

Ein Leben in einer von den Strukturen ausgeschlossenen und marginalisierten Position produziert einen kritischen *Wissens-* und *Erfahrungsvorsprung*. Dieser drückt sich in den akademischen und aktivistischen Traditionen aus, die der reflexive Faschismus als ›Gefährdung‹ und ›Bedrohung‹ verhandeln möchte. Das affektive, historische und theoretische Wissen über gesellschaftliche Ausgrenzungsmechanismen und Abwertungsrealitäten – also: Ausnahmezustände im Normalen – ist genau deshalb zur Bekämpfung des reflexiven Faschismus unverzichtbar. Ohne dieses situierte Wissen sind die Fragen, Analysen und Vorschläge in diesem Buch nicht stellbar und keine Debatte führenswert. Marginalisierte Menschen haben Theoriewissen, Erfahrungswissen und Emotionswissen, die alle als Mittel gegen Faschismus unverzichtbar sind. Sie werden selten bis gar nicht gehört. Falls doch, wird ihr Wissen – oft unter dem negativ gemeinten Stichwort *Identitätspolitik* – als feindselig und mehrheitsbedrohend bekämpft.

Die *wehrhafte Demokratie* ist ein Automatismus des bürgerlichen Sprechens über Faschismus und funktioniert nicht als Lösung. Erzählt man die Geschichte des Rechtsextremismus und seiner Bekämpfung in den letzten Jahrzehnten, dann ist ihr roter Faden das andauernde Scheitern von ›Demokratie‹ als Gemeinschaftsformel und ›Angriff‹ als Problembeschreibung. Sie sind nie konkret geworden und werden es nie werden, weil diese Formel zwei Dinge tut: die *Angegriffenen* ausschließen und das *Begehren* nach den Rechten verschleiern. Ich erläutere beides in den nächsten Abschnitten.

Symptome

Der reflexive Faschismus ist kein Symptom, sondern eine oder viele aktive Bewegungen. Er ist ein von *einigen* aktiv betriebener Wandel der Lebenswelt, der in dieser (mediensaturierten, kapitalorientierten, demokratischen) Gesellschaft *möglich* und teilweise *gewollt* ist. Was dagegen tatsächlich ein ›Symptom‹ ist, bin ich: Rechtsextremismus wird generell von Weißen und oft von Männern im Fernsehen, in der Presse und an der Universität besprochen und analysiert. Überwiegend weiße Männer wie ich, viele Teil einer westdeutschen Bildungselite. Das Symptom zeigt sich, wenn oft dieselbe Gruppe über Digitalisierung, Gesellschaft und eben ›wehrhafte Demokratie‹ spricht, schreibt und auch entscheidet. Weiße und Männer als ›Experten‹ zu Phänomenen, die auf Rassismus und Sexismus aufgebaut sind und deren systemische Verankerungen ausnutzen und zuspitzen – das ist ein Symptom einer unterkomplexen gesellschaftlichen Normalität, die mit Wissensabwehr beschäftigt ist.

Die Normalität pflegt eine Aufgabenverteilung zwischen zwei Gruppen: Den Experten, die abstrakt *über* Rechts sprechen und Bücher *über* den ›Angriff auf die Demokratie‹ und die möglichen Antworten schreiben (und alles andere). Es sind oft Weiße, Männer und Westdeutsche. Die Öffentlichkeit zieht gern ergänzend die zweite Gruppe hinzu: nicht-weiße oder nicht-männliche Menschen, die als *Verletzungsträger*innen* (als Medien) belegen sollen, dass Rassismus und Sexismus oder beides irgendwie schlecht sei – und zwar *nur* für sie. Ostdeutsche beweisen in diesen Kontexten etwas anderes, nämlich dass der Faschismus von *ihrer* ›Demokratieunfähigkeit‹ herrühre.

Es entsteht eine Dynamik der Verkörperlichung: Das Gesellschaftsproblem ›Sexismus‹ wird an Körpern von Frauen verhandelt, der ›Rassismus‹ an den Körpern von People of Color, die ›Schwäche der Demokratie‹ an den Körpern von Ostdeutschen. Es ist dann *deren* Problem, und *sie* werden zum Problem. Über diese so lokalisierten Probleme und deren Relevanz für die Allgemeinheit kann andauernd diskutiert werden: Zum Beispiel, indem ›Experten‹ diese Erfahrungen als außerordentlichen ›Angriff auf die Demokratie‹ zusammenfassen und *darüber* sprechen. Die Experten sind deshalb oft weiß, männlich, westdeutsch und so weiter, weil diese Position als Verkörperung der Allgemeinheit und des Konsens gilt. Weiße männliche Experten für ›Rechtsextremismus‹ wie ich sind in diesem Sinn ein Symptom der rassistischen und sexistischen Verhältnisse.

Die Konstellation zeigt ein künstliches, machtvolles Autoritätsgefälle, das auf eine *Erfahrungsschere* antwortet. Diese Schere geht wahrscheinlich auch durch Sie, meine Leser*innenschaft, hindurch: *Sie*, die *Menschen mit Wissensvorsprung*, werden fast nie als Expert*innen der Gesellschaft aufgerufen, die den Faschismus mit produziert, obwohl Sie Expert*innen sind. *Sie*, die *Menschen mit Erfahrungsrückstand* (wie ich), sollen die ganze Zeit abstrahieren und über die allgemeine Relevanz dieser Erfahrungen und dieses Wissens entscheiden, obwohl Sie (und ich) keine gute Entscheidungsgrundlage haben (aber vielleicht die Macht zum allgemeinen Sprechen). Die Frage ›Ist das *hate speech* oder freie Meinung?‹ stellt sich für von Hassrede Betroffene anders dar als für Nicht-Betroffene. Es wird aber dauernd von Letzteren als ›Prinzipienfrage‹ diskutiert und entschieden.[5]

Wie Max Czollek schreibt, ist das eine Theatersituation. In diesem Theater wird anhand von partikularen Einzelkörpern eine Bedrohung der All-

5 Was ›hate speech‹ ist, war für Horst Seehofer eine andere Frage als für Hengameh Yagoobifarah, als der Innenminister der* Journalist*in für ihre taz-Kolumne »All Cops are berufsunfähig« wegen ›hate-speech‹ gegen eine Berufsgruppe anzeigen wollte. Yagoobifarahs Adresse wurde von einem Hamburger Polizeicomputer aus ermittelt, bevor sie Morddrohungen mit dem Absender ›NSU 2.0‹ erhielt. Wer entscheidet wann und mit welcher Auswirkung über ›Prinzipienfragen‹?

gemeinheit inszeniert, als Störung des *Normalen*. Die Störung zeigt sich an den partikularen Körpern, betrifft aber das ›Normale‹, das deutend und regulierend eingreift (und generell von einem weißen Mann dargestellt wird). Czollek nennt diese Anordnung *Integrationstheater*:[6] *Einige* regulieren die gelingende oder misslingende Inkorporation *Anderer* und inszenieren so die Rettung oder Gefährdung des Normalen. Aus diesem *Theater der Normalität* zieht die Alternative Rechte endlose Reibungseffekte, sehr viel Spaß und zerstörerischen Profit. Sie kann das vor allem tun, weil sie in diesem Theater dauernd mit angesprochen ist und teilweise die Funktion der Intendanz übernimmt.

Das normale Begehren nach den Rechten

Die Rechten als ›Angriff auf die Demokratie‹ zu verstehen ist eine fatale Vereinfachung. Sie veranlasst dazu, die Rechten dauernd aus einer abstrakten Position des ›Demokratischen‹ überführen und überzeugen zu wollen. Das bringt zahllose Gesprächsgelegenheiten mit dem reflexiven Faschismus und seinen Lautsprechern, und weiter Anlässe, direkt von rechter Gewalt betroffene Menschen auszuschließen. Die Medien sind voll von Überführungshilfen: Zeitschriften bieten kurze Artikel zum Argumentationstraining, es gibt Faktenchecks gegen rechte Falschmeldungen und sogar eine ›Logik für Demokraten‹, die das Überzeugen der Rechten garantieren soll.[7] Es wäre wie bei Stein-Schere-Papier: Abstrakte demokratische Überzeugungen schlagen faschistische Ideologien, von selbst und automatisch.

Folgen Sie einfach dem Leitfaden.

Diese Anleitungen zeigen wenig mehr als ein deutliches *Begehren nach den Rechten*. Eine demokratische Allgemeinheit möchte zeigen, dass sie besser sei als ›die‹: besser informiert, logischer, rationaler. Die Rechten sind in diesem Sinn ein gefragtes Gut, nach ihnen wird verlangt. Und sie kommen dem Begehren immer gerne nach, in jedem Sommerinterview und jeder Diskussion auf Twitter oder *Spiegel Online* stehen sie bereit. Sie sind sehr gut darauf

6 Max Czollek. »Gegenwartsbewältigung«. In: Fatma Aydemir, Hengameh Yaghoobifarah (Hg). *Eure Heimat ist unser Albtraum*. Ullstein 2019. S. 167–181.

7 Daniel-Pascal Zorn. *Logik für Demokraten: Eine Anleitung*. Klett-Cotta 2017.

vorbereitet und in gewisser Weise tun sie nichts anderes, als sich auf diese Situationen vorzubereiten.

Es gibt aber kein Argumentationstraining, das der oder die gute Demokrat*in absolvieren könnte, um dann im Alleingang den Faschismus zu neutralisieren oder in demokratische Gesinnung zu verwandeln. Diese Argumentation gibt es nicht, weil es keine individuellen Antworten geben kann: Ohne ein kritisches und vielfältiges Kollektiv wird niemand irgendetwas ausrichten, weil das nötige Wissen fehlt. Die notwendige Vielheit, die den Wissensvorsprung der von Diskriminierung Betroffenen nutzt, wird durch eine abstrakte ›Logik für Demokraten‹ aber gerade verhindert. Individualisierter Antifaschismus und persönliche Immunisierung helfen nicht, wenn Menschen aktiv geschützt werden müssen – im Gegenteil schließen diese Gesten betroffene Menschen und Schutz gerade aus.

Der Faschismus, der vom ›Großen Austausch‹ und *white genocide* spricht, ist kein Angriff auf das Grundgesetz oder die Logik. Er ist Angriff auf die komplexe deutsche Gesellschaft, die zum Beispiel seit dem Gastarbeiterabkommen der Nachkriegszeit *explizit* und realiter sehr viel länger besteht. Der Faschismus, der von ›Feminazis‹, ›Gender-Brainwashing‹ und ›Transgender-Terror‹ spricht, ist kein Angriff auf die Demokratie: Er ist ein Angriff auf das Bild von Gesellschaft, die der Feminismus, die Schwulen- und Lesbenbewegung und die *TransRights*-Bewegung in Teilen gegen andauernde Widerstände durchsetzen konnte. Er ist ein Angriff gegen die Gleichberechtigungsansprüche, die diese Gruppen gegen ihre Marginalisierung vorbringen – was eine komplexe Gesellschaft nicht nur aushalten, sondern fördern muss.

Der reflexive Faschismus ist eine Vereinfachungsbewegung, weil er genau die *Komplexität* der Gesellschaft angreift. Die Idee, dass ›Demokratie‹ sein natürliches (oder logisches) Gegenteil sei, vergisst die vielfältigen Ausnahmezustände, die innerhalb von Demokratien andauern und akzeptiert werden. Die Idee setzt ein Denken von Gesellschaft ein, dass zum Beispiel die BRD nicht als Einwanderungsland und multikulturelle Gesellschaft versteht, die in Serie Ausnahmezustände zwischen ›Normalen‹ und ›Anderen‹ herstellt, toleriert und verdrängt.[8]

8 Unabhängig davon, ob das ›System Multikulturalismus‹ gescheitert ist oder nicht. Multikulturalismus, oder schlicht Pluralismus von Lebensweisen, ist ein Fakt. ›Leitkultur‹ ist lediglich eine Geste der Machtverhandlung.

Dieser kritische Punkt ist festzuhalten: Reflexive Faschist*innen zielen primär auf jene Körper und Themen, an denen die *Normalitätsfiktion* den Grad tolerierbarer Komplexität verhandelt. Sie zielen auf jene Körper und Themen, mit denen Gesellschaft die Normalität als eine inszeniert, die zum Beispiel *plötzlich und unerwartet komplex* geworden sei. Diese Körper und Themen sind Menschen mit Erfahrungsvorsprung – an Ihnen wird das Komplexe verhandelt, wodurch Sie zu Angriffspunkten werden.

Das ist einfach zu verstehen: Solange eine *Allgemeinheit* fragt, ob die Anwesenheit von Muslimen oder Geflohenen nun die Gesellschaft komplex macht (und ob ›man‹ das möchte), wird der reflexive Faschismus auf diese Menschen zielen und sie treffen. Solange gefragt wird, ob die Ostdeutschen nun das ›Deutschsein‹ irgendwie komplexer gemacht haben (und ob ›man‹ das will), wird die Alternative Rechte dorthin zielen und anders treffen. So lange gefragt wird ob Queers oder Transgender nun irgendwie das Geschlechtsleben ›komplexer‹ gemacht haben (und ob das ›sein muss‹) wird auch dort getroffen werden. Solange gefragt wird, ob autonom handelnde Frauen die Situation von Familien, die Sexualität oder den Arbeitsmarkt irgendwie komplexer machen (und ob sie vielleicht *wieder* ruhig bleiben sollten), kann die Alternative Rechte dort ansetzen.

Das sind das reflexive Abschöpfungsprinzip der Alternativen Rechten und ihre demokratische Teilhabe: Überall, wo Komplexität als Problem zwischen ›Normalen‹ und ›Anderen‹ verhandelt wird, erwirtschaftet die Alternative Rechte ihre Reizpunkte. Nicht nur stellenweise: Die Alternative Rechte bezieht ihre Themen und ideologischen Punkte zentral aus der Normalitätsfiktion, die zahllose Menschen in ihre Weltsicht, und Institutionen in ihre Strukturen verbaut haben. Diese Fiktion wird *immer irgendwie* prekär sein, weil sie eine gewaltvoll ausschließende Fiktion ist.

Es braucht eine Art der Verhandlung von gesellschaftlicher Komplexität, die bisher wenig geübt wird. Die Erfahrungsunterschiede müssen als *Ressourcen* verwertbar werden, damit sie dem Zugriff durch Rechts entzogen sind. Die Rede vom ›demokratischen Prinzip‹, das dem Faschismus überlegen sei, würgt genau diese Komplexität und diese Ressourcen ab. Sie ebnet die real existierenden Unterschiede in der Demokratie ein, die auch Unterschiede der alltäglichen Lebensfähigkeit und Teilhabe sind.

Fremdheitsgefühle

In einer Bundestagsdebatte zum Thema ›Rechtsterrorismus‹, zwei Wochen nach dem Anschlag von Hanau, nannte Wolfgang Schäuble eine zentrale Affektstruktur der mehrheitsdeutschen Normalität. Man müsse die ›Fremdheitsgefühle‹ verstehen, sagte Schäuble: »Wer sich angesichts eines als überfordernd empfundenen gesellschaftlichen Wandels auf der Verliererseite wähnt, ist deshalb noch kein Rassist.«[9] Wer solche Gefühle habe, sei noch kein Rassist, er oder sie fühle sich einfach überfordert durch den Wandel. ›Man‹ sei im Ausnahmezustand, was aber normal und zu tolerieren sei.

Der gesellschaftliche Wandel, der *mindestens* seit der Nachkriegszeit vor sich geht, wird von Schäuble zu einem immensen affektiven Spielraum für Mehrheitsdeutsche ausgedeutet – hier sehr konkret im Anschluss an eine rassistische Gewalttat. Das ist ein Beispiel für die ungleiche Produktion und Interpretation von Ausnahmezuständen für die ›Normalen‹ und die ›Anderen‹. Man vergleiche das mit dem Gefühlsspielraum, der People of Color oder Migrant*innen in derselben Situation zugestanden wird. Angst, Hass, Frustration und Überforderung sollen beim *Mehrheitsdeutschen mit Fremdheitsgefühlen* erklärbar und vom Rassismus abzugrenzen sein. Sie werden mit einem kurzzeitigen Hochgefühl der ›wohlmeinenden Differenzierung‹ verbunden: Extremist oder besorgter Bürger, rassistisch oder überfordert? Diese wohlmeinenden Differenzierungen macht Schäuble, um ein kurzlebiges Entlastungsgefühl für die Mehrheitsgesellschaft herzustellen: ›Ihr Rassismus oder Ressentiment ist nur ein Fremdheitsgefühl, und angesichts des immensen Wandels natürlich normal‹.[10]

Bei marginalisierten Menschen sind die gleichen ›Fremdheitsgefühle‹ bedenklich, gefährlich und undankbar. Sie werden generell als Integrationsverweigerung und Demokratiedefizit ausgelegt, die sich gegen den Konsens und das ›Wohlmeinende‹ selbst zu richten scheinen: Fremdheitsgefühle bei Minderheiten sind immer ein nicht-tolerierbarer Ausnahmezustand für die Mehrheitsgesellschaft. Dieser Ausnahmezustand legitimiert ein langes Ge-

9 Schäuble sagte auch noch vieles andere, das hier kommentiert wiedergegeben wird: »Zwei Präsidenten reden ihrem Volk ins Gewissen«. *GegenStandpunkt* 2.20 (2020). https://de.gegenstandpunkt.com/artikel/antwort-auf-den-auslaenderfeindlichen-terror-hanau. Zuletzt gesehen am 05.01.2021.

10 Die Entlastung folgt natürlich auf eine rituelle Abgrenzung zu ›Gesinnungstätern‹.

fühl der Fremdheit für die ›Normalen‹, das *von den Anderen* verursacht wird. Eine Konkurrenzlogik entsteht, die die Überforderung der ›Einen‹ gegen die Überforderung der ›Anderen‹ ausspielt. Diese Konkurrenz mündet immer in das gleiche Szenario, in dem wegen der *Gefühle* der Einen über die *Präsenz* der Anderen verhandelt wird.

Andere Wissensformen sind zentral, um eine Gegenpolitik zu diesen Gefühlskonkurrenzen zu finden, die der Alternativen Rechten zahlreiche Agitationsbühnen bauen. Ein Vorschlag dazu ist, affektive Ausnahmezustände nicht nur anzuerkennen, sondern als Wissensressourcen zu betrachten. Der Journalist Enrico Ippolito schreibt im Sammelband *Eure Heimat ist unser Albtraum* unter dem Stichwort ›Beleidigung‹, dass seine Wut über Alltagsrassismen ein wichtiger Zugang zu intuitivem Wissen ist.[11] Fatma Kar, antifaschistische Aktivistin in Thüringen und Sprecherin des *Netzwerks Polylux*, nennt sich selbst eine ›Wutbürgerin‹. Die Schriftstellerin Sasha Salzmann schreibt ebenfalls im genannten Sammelband: »Ich brauche keine vermeintliche Integration in diskriminierende Strukturen.«[12]

Solche und andere auch *affektiven Positionen* müssen Gewicht in der Aushandlung des ›Normalen‹ haben. Die kritischen Theorien, die aus diesen Erfahrungsvorsprüngen resultieren, können Reflexionsschübe für alle bringen. Das bedeutet mitunter, die Verbindung zwischen Erfahrung, Affekt, Theorie und politischer Praxis anzuerkennen, für die aus meiner Sicht der Begriff *Identitätspolitik* steht.[13] Diese ist für jedes Kollektiv (oder jede Gesellschaft) zentral, das (oder die) Erfahrungs- und Gefühlsunterschiede berücksichtigen und Differenzen als Energie mobilisieren will.

Eine kollektivierende Gefühlspolitik, die sich gegen die Verknappungen des reflexiven Faschismus aufstellt, kann den *Abweichungsspielraum* für alle vergrößern und so die Ko-Präsenz verschiedener Gefühle und Erfahrungen erst einmal absichern. Überforderung ist immerhin eine gemeinsame Größe: Als nicht-migrantischer Mensch kann man in der postmigrantischen Gesellschaft Navigationsprobleme haben, denn man spürt den eigenen *Erfah-*

---

11 Enrico Ippolito. »Beleidigung«. In: Aydemir, Yaghoobifarah. *Eure Heimat*. 2019. S. 82–100.

12 Sasha Marianna Salzmann. »Sichtbar«. In: Aydemir, Yaghoobifarah. *Eure Heimat*. 2019. S. 13–26.

13 Ein Urtext zur Identitätspolitik ist das »The Combahee River collective statement« von 1977. In: Barbara Smith (Hg.). *Home girls: A Black feminist anthology*. Kitchen Table: Women of Color Press 1984. S. 264-74.

rungsnachteil. Als marginalisierter Mensch kann man Fremdheitsgefühle in der gesellschaftlichen Erzählung haben, weil diese Erzählung *dauernd* über die Präsenz der Marginalisierten verhandelt und entscheidet, um sich als ›Gesellschaft‹ zu konstituieren.

Eine sich-wandelnde Gesellschaft hat ihren Kern vielleicht in dieser Unübersichtlichkeit – in jedem Fall forcieren die Des-Orientierungstechnologien des Medienkapitalismus die allgemeine Überforderung (zum Schaden der meisten). Ein Kollektiv könnte aus dieser *gemeinsamen Überforderung* entstehen. Von meiner Position aus gesehen kann es nur helfen, wenn ein kollektiver Umgang mit Unübersichtlichkeit, Komplexität und Erschöpfung erlernt wird. Es braucht Beschreibungen von Gesellschaft, von Welt, von Überlastung und Überforderung, die nicht zu Dilemmata führen und affektive Differenzen in Konkurrenz zueinander setzen.

Applaus

Eine nicht-nachhaltige Gefühlsstruktur, die auf Fremdheitsgefühle antworten will, ist die sogenannte ›Willkommenskultur‹. Damit ist eine Toleranz gemeint, mit der der Konsens des Normalen sich selbst feiert, indem er ›willkommen‹ heißt. Der Applaus, der 1989 den DDR-Bürger*innen an den Grenzen zuteil wurde, war so eine Geste des nationalen Willkommen-Heißens. Der Applaus, den die Geflohenen 2015 am Münchener Hauptbahnhof bekamen, war eine ähnliche Geste. Das Klatschen sagte: ›Wir begrüßen die Anderen‹. In beiden Applausgesten zirkulierte ›weiß/deutsch‹ auf verschiedene Weise.

Diese Willkommenskultur schlägt *immer* schnell um: Ostdeutsche wurden nach dem Begrüßungsgeld als ›demokratieunfähig‹ eingestuft und hielten als hauptsächliche Verkörperung des Rechtsextremismus her (bis heute).[14] Die in München Beklatschten wurden erst beklatscht, dann isoliert, verdächtigt, verfolgt und teilweise wieder abgeschoben (bis heute).[15] Ihre Fluchterfahrungen und Perspektiven bekamen keine Aufmerksamkeit

14 Einige hatten gerade eine ›demokratische Revolution‹ gebaut und wurden in der Folge vor allem deindustrialisiert, sowie in leitenden Positionen von Westdeutschen ersetzt.

15 Einige hatten gerade Kriegsgebiete verlassen und gefährliche Reisen ins Ungewisse unternommen.

– ihre Anwesenheit, zur ›Flüchtlingskrise‹ gewendet, dafür um so mehr. Die Vertrags- und Gastarbeiter*innen in DDR und BRD hatten seit den 1950er Jahren keinen Applaus, sondern erst entwürdigende medizinische Untersuchungen und dann gesellschaftliche Isolierung zu erwarten. Die Flüchtlinge auf Moria im Jahr 2020 erwartet nichts mehr. Die faschistischen und rassistischen Anschläge und Morde kamen und kommen *dazu*.

Die Willkommenskultur ist eine kurzlebige, nicht nachhaltige Affektstruktur: Das ›Andere‹ wird reingeholt in diese Kultur und in sich abgeschlossen eingemeindet. Die Philosophin Isabell Lorey nennt diesen Vorgang *strategische Immunisierung*: Das Fremde wird integriert, aber weiter als ›das Fremde im Eigenen‹ separiert und verhandelt.[16] Nach der Begrüßung kann man über dessen Status dauerhaft diskutieren und entscheiden, womit die Differenz von ›Willkommenskultur‹ und ›den Willkommenen‹ erhalten wird. Man immunisiert sich (gegen Ausgrenzungsvorwürfe und die Anderen) und applaudiert sich selbst. Der Applaus für die Willkommenen sichert das eigene ›Wohlmeinen‹ in einer kurzlebigen Geste ab: Wir sind die Mitte und heißen Menschen bei uns willkommen. Die so Willkommenen sind aber nicht wie wir und können es niemals sein.

Angela Merkel hätte das wissen können als auch ehemals Beklatschte: »Wir schaffen das« war ein selten optimistischer Satz einer deutschen Politikerin, der gefühlte Entlastung schaffen wollte. Aber das ›Wir‹ in dem Satz hat nicht alle gemeint und die Gemeinten nicht alle gleich. An den Bruchstellen und Uneindeutigkeiten hangelt sich der reflexive Faschismus seitdem hoch – von der AfD bis zum Mörder von Christchurch, der in seinem Manifest Merkel als »mother of all things anti-white« bezeichnete und zu ihrer Ermordung aufrief.

Darin liegt die Crux des Diskurses der ›Toleranz‹: Er fühlt sich gut an, ein Hochgefühl der eigenen Offenheit, das fast immer sofort in eine ausschließende Verhärtung des ›Wir‹ mündet, die dem reflexiven Faschismus einen doppelten Ansatzpunkt bietet. Solche kurzlebigen Offenheitsgefühle sind keine nachhaltige Gefühlspolitik.

16 Isabel Lorey. »Identitäre Immunität und Strategische Immunisierung: Lépra und Lepra von der Bibel bis ins Mittelalter«. In: Gabriele Dietze, Claudia Brunner, Edith Wenzel (Hg.). *Kritik des Okzidentalismus: Transdisziplinäre Beiträge zu (Neo-)Orientalismus und Geschlecht*. transcript 2009. S. 78 – 92.

Ekel

Eine der wichtigen Gefühlsachsen der Alternativen Rechten ist der ausgestellte Ekel vor den gewählten Feindbildern. Mit Lust werden Feminist*innen, Queers, Antifaschist*innen und Migrant*innen als Ekel-Objekte evoziert und dem Diskurs einer Degeneration ›westlicher Kultur‹ zugeschaltet. Ekel impliziert eine starke Bindung an ein Feindbild und eine Nähe, die ich an mehreren Stellen dargestellt habe.[17] Das Ekelgefühl braucht die Kompromittierung durch das Verworfene, seine Nähe, um es immer wieder neu auszustoßen und sich selbst zu bestätigen und zu stählen.

Der gleichen Mechanik folgt das Bürgertum, wenn es sich über ›die Rechten‹ politisch informiert und empört: Jeder warnende und alarmistische Vortrag bestätigt die Schaulust am Ekelobjekt und bestärkt die Idee, dass man selbst normal ist. Der Ekel manifestiert sich zum Beispiel, wenn informierte Bürger*innen sich zur politischen Matinee im Stadttheater treffen, um einer Diskussion von vermeintlichen Expert*innen zum Thema ›Rechtsextremismus‹ zu lauschen. Die emotionale Absicht, die die Theaterbesucher*innen verbindet, ist die Sorge um die Demokratie. Der vorherrschende Affekt aber ist der geteilte Ekel am extremistischen Phänomen: Man konsumiert den Rechtsextremismus mit einem Ekel an der Verführbarkeit der ungebildeten Masse. Mit dieser hat man selbst nichts zu tun – man selbst ist informierter und geht in die Schaubühne, ins Theater am Turm oder kauft dieses und andere Bücher.

Das ist eine privilegierte Position der Mitte: In der Matinee, in der Universität, in den Leitmedien und so weiter vollzieht sich oft ein Tourismus der Transgression – ein angenehmes Gruseln an der eigenen Projektion, dass Faschismus, Sexismus und Rassismus immer bei den anderen auftreten. Ein kontrollierter Ausflug in *extreme Gefühle*: Der Extremismus muss eben dort sein, wo man selbst nicht ist (zum Beispiel im Theater), aber man holt ihn kurz zu sich hinein. Mit dieser Dialektik von Anziehung und Abstoßung (man sucht die Nähe des Abstoßenden) ist eine Begehrensstruktur angesprochen, die zweierlei absichert: die Fiktion einer ›kritischen‹ Normalität und die Unsichtbarkeit der Betroffenen. Diese Haltung – ein affektiver Dialog mit dem eigenen Verworfenen – stellt eine ausgeprägte Parallele zwischen informiertem Bürgertum und der Alternativen Rechten dar.

---

17 Siehe unter anderem Screenshot 12.

Der Ekel funktioniert – rechts wie mittig – oft als Wechselgleis, auf dem mitunter die Spur und die Richtung gewechselt werden können: Die Alternative Rechte spezialisiert sich darauf, den gleichen Ekel, den sich die Normalität gegenüber dem Faschismus angewöhnt hat, umzulenken – auf queere Politiken, feministische Belange und nicht-normative Lebensmodelle. Oft gelingt der Spurwechsel, da die Bauchreaktionen ähnlich strukturiert sind. Als im Oktober 2020 ein besetztes Haus in der Liebigstraße in Berlin-Friedrichshain gewaltsam geräumt wurde, kursierten Bilder von den prekären Wohnverhältnissen unter dem Hashtag *#Drecksloch*: Der bürgerliche Ekel vor den Rechten wurde tausendfach umgelenkt, indem zahllose Nutzer*innen ihren Ekel vor Hausbesetzer*innen mit den Rechten zu teilen begannen. Das war nur die neueste Aktualisierung des Phänomens, dass schon immer in der öffentlichen Verhandlung des Nicht-Normativen aufgerufen wurde und der Mitte und den Rechten eine gemeinsame Begehrensstruktur verschafft. Es besteht eine intime Verhandlung über Abstoßung und Anziehung, die von der Alternativen Rechten gerne gespielt und von der Mitte gerne angenommen wird – eine gemeinsame Gefühlspolitik.

Diese Gefühlsstruktur des Ekels zu ent-normalisieren ist eines der Anliegen dieses Buches, und ein Weg dorthin ist die Thematisierung des *Ekels als Privileg*. Der ›Ekel vor den Rechten‹ ist eine privilegierte Position, die den tatsächlich Betroffenen selten zur Verfügung steht, da sie vor allem in Gefahr sind. Ekel muss man sich leisten können (und tut es mitunter gerne). Denkt man den Ekel als Privileg, werden auch die wichtigen Begriffe *male privilege* und *white privilege* vielleicht verstehbarer: Privilegien sind nicht im Sinne von ›Schuld‹ zu verhandeln, sondern stellen intuitive Affektstrukturen bereit – gefühlte Orientierungen in der Welt und ein emotionales Arsenal zur eigenen Aufwertung und Verortung. Sie sind ungleich verteilt und zugänglich, was sich die Alternative Rechte zunutze macht – oft auf unausgesprochenes Verlangen und zum Genuss der vermeintlichen Mitte.

1989 = 2020

Ein Herzstück rechter Agitation in Deutschland – die ambivalente Beschwörung der DDR und ihres Endes – ist ein weiteres Indiz für das mitunter partnerschaftliche Verhältnis zwischen rechter Metapolitik und bürgerlichem Begehren. Die Ausgangslage in der rechten Verhandlung und Neubesetzung von ›1989‹ ist verwirrend: Die AfD warnt vor einer ›Merkel-Diktatur‹ und einer ›DDR 2.0‹, und wirbt in den Neuen Bundesländern explizit mit den Sprüchen ›Werde Bürgerrechtler‹ und ›Vollende die Wende‹.[18] Die rechte Protestbewegung *Pegida* stellte sich seit Beginn in die Tradition der Montagsdemonstrationen und rief ›Wir sind das Volk‹. Auch die Corona-Proteste haben den Herbst 1989 als Vorbild reklamiert, um eine gefühlte ›Hygiene-DDR‹ zu kritisieren und sie freiheitskämpferisch abzuwenden.

Diese ambivalente Strategie des ›1989‹ verwirrt die allgemeine Öffentlichkeit, denn sie hat keine Gegenemotion anzubieten: In der öffentlichen Verhandlung ist die ›Wende‹ als Sieg der Demokratie und ›Einheit der Deutschen‹ katalogisiert, die DDR wird kanonisch als diktatorischer Staat erinnert. Zugleich aber werden Rechtsextremismus und Rechtspopulismus primär als Problem des Ostens, also der ehemaligen DDR, einsortiert. Ein Paradox entsteht, das auf historische und affektive Löcher hinweist: Sieht man das sogenannte ›Demokratiedefizit‹ vor allem bei ehemaligen DDR-Bürger*innen und ihren Nachkommen, stellt sich zugleich die Alternative Rechte gegen eine *gefühlte* DDR-Diktatur auf und reiht sich in die Tradition der Bürgerrechtler*innen und Regimekritiker*innen von 1989. In diesem doppelten Aufruf ist ein charakteristisch-deutscher-deutscher Gefühlsknoten erkennbar, aus dem die Alternative Rechte vielfache Vorlagen und Gewinne zieht, weil die Allgemeinheit keine besseren Differenzierungen hat. Es gibt keinen Faktencheck, der die rechte Gefühlspolitik um 1989 kontern oder entkräften könnte.

Ein kurzes Lehrstück von der bereits besprochenen Corona-Demonstration vom 29. August 2020 in Berlin. Der ›patriotische‹ Kommentator Henryk Stöckl verglich die Demonstration im Vorfeld mit den Demonstrationen im Herbst 1989: Auf seinem Telegram-Kanal zirkulierte er eine memetische Gegenüberstellung von ›29.08.2020‹ und ›04.09.1989‹, dem Datum der ersten Montagsdemonstration in Leipzig (Abb. 170). Das verwendete Bild stammt jedoch von der bekannten Berliner Demonstration auf dem Alexanderplatz. Dort hatten am 4. November 1989 geschätzte 400.000 Menschen gegen die

18 Im Herbst 2019 plakatierte die *Alternative für Deutschland* diese und weitere Sprüche zur Brandenburger Landtagswahl: »Damals wie heute: Wir sind das Volk«, »Der Freiheitswille unseres Volkes ist nicht aufzuhalten« und »Nie wieder Sozialismus«. Sie gewann 21 % der Stimmen. Aus diesen Slogans wurden mit dem Beginn der Covid-19-Restriktionen Sprüche wie ›Keine Hygiene-DDR‹ und ›Keine Dritte Diktatur‹.

SED-Regierung demonstriert.[19] Es war die größte Demonstration gegen die Diktatur und ein Sammlungsmoment vieler reformistischer Bewegungen, die die DDR *irgendwie* verändern wollten. Es gab Initiativen der schwul-lesbischen Gleichberechtigung, der Behindertenrechte, der ökologischen Bewegung und für den sogenannten ›Dritten Weg‹. Ein autonom-antifaschistischer Block machte auf das Nazi-Problem in der DDR aufmerksam.[20]

Weder Leipzig noch Berlin standen unter dem Motto einer Vereinigung.[21] Die Menschen im Herbst 1989 demonstrierten vielfach für eine ›andere DDR‹ und ihre berechtigten Sorgen angesichts der unklaren Lage. Diese öffentlichen Erklärungen des Veränderungswillens wurden nach der Grenzöffnung schnell Makulatur und die Reformkräfte verloren in der Volkskammerwahl 1990 ihre Dynamik.[22] Ab 1991 griff die Treuhandanstalt auf ostdeutsche Infrastrukturen zu, universitäres und politisches Personal wurde gegen Westköpfe ausgetauscht. Das Sonnenblumenhaus in Rostock und die Unterkunft in Solingen brannten. Nicht-Mehrheitsdeutsche wurden in Ost und West verfolgt.

---

19 Stöckl führt den Tag als Vergleich an, weil damals wie heute »trotz Verbot gegen die Willkür« demonstriert worden sei. Ein ›Faktencheck‹ würde sich anbieten: beide Demonstrationen, 2020 und 1989, waren nicht verboten. Zum 4. November 1989, vgl. Ilko-Sascha Kowalczuk. *Endspiel: Die Revolution von 1989 in der DDR*. C.H. Beck 2015.

20 Während der ›Staats-Antifaschismus‹ der DDR gerne als Geschichtsblindheit ausgelegt wird, übersieht man generell, dass sich viele zivile Antifaschist*innen in Folge rechtsradikaler Angriffe 1987 in der DDR autonom bildeten: Christin Jänicke, Benjamin Paul-Siewert (Hg.). *30 Jahre Antifa in Ostdeutschland – Perspektiven auf eine eigenständige Bewegung*. Verlag Westfälisches Dampfboot 2017.

21 Diese Umformulierung von ›Wir sind das Volk‹ zu ›Wir sind ein Volk‹ wurde vor allem von nationalistischen und rechtsextremen Bewegungen im Herbst 1989 popularisiert. Dokumentiert hat sie die Staatssicherheit.

22 Ein Treppenwitz der Geschichte ist, dass die Gewinnerin der Wahl von 1990 auch eine AfD war: die sogenannte *Allianz für Deutschland*, eine vereinigungsfordernde und kapitalismusfreundliche Koalition aus CDU, DSU/CSU und Demokratischer Aufbruch (DA) erreichte am 18. März 1990 über 48 % Prozent der Stimmen. Die gesammelten Reformkräfte für den sogenannten dritten Weg zwischen Sozialismus und Kapitalismus kamen auf einstellige Prozentzahlen, die SPD auf 22 % und PDS 16 %. Gewonnen hatte diese AfD mit dem Wahlkampfslogan: ›Nie wieder Sozialismus!‹, was an ›Nie Wieder Faschismus‹ erinnern sollte.

Abb. 170

Das nun ›vereinigte‹ Deutschland begann, Rechtsradikalismus als Ostproblem auszulagern, die ›Volksunion‹ also kulturell-psychologisch wieder zurückzunehmen: Im westdeutschen Konsens beriet man über die Demokratieschwäche der Ostler*innen, von denen einige gerade eine Revolution gewonnen, viele Perspektiven verloren hatten, und einige migrantische Vertragsarbeiter*innen waren.

Zeitgleich zu dieser Verhandlung über die weiß-deutsche ›Volkseinheit‹ wurde bundesweit von ›Asylantenschwemmen‹ und ›Überfremdung‹ gesprochen. Trotz starker rechtsextremer Traditionen in BRD und DDR wurde Rechtsextremismus als Ost-Problem zementiert. Rostock-Lichtenhagen 1991 konnte die neonazistischen Morde in Hamburg 1980[23] vergessen machen, das Problem auslagern und zugleich die migrantischen Stimmen stilllegen, die sich gegen deutschen Rassismus in Ost *und* West aussprachen.

Die Gleichzeitigkeit dieser Diskurse setzte eine *Integrationskonkurrenz* in Gang. Sie machte es möglich, gleichzeitig gegen ›Migranten/Multikulti‹ und ›Ostdeutsche/Rassismus‹ zu sein. Dieser Trick brachte dauerhafte Spaltungen zwischen Nicht-Mehrheits-Deutschen und Ost-Deutschen. Die Spaltungen gingen von einem westdeutsch- und weiß-geprägten Theater der Normalität aus, das seine eigenen Fremdheitsgefühle in den verschiedenen Minderheiten zu verorten und zu begründen suchte: Bei den ›anderen Deutschen‹ im Osten (als Gefahr für Demokratie und Toleranz) und bei ›migrantischen Deutschen‹ im Westen (als Gefahr für ›kulturelle Identität‹ und ›weißen Konsens‹). Die *Fremdheitsgefühle* dieser beiden marginalisierten Gruppen werden heute, in Fortführung der Konkurrenz, von der Alternativen Rechten gegeneinander ausgespielt: Sie ruft die stillgelegte Tradition der Ost-Bürgerrechtler*innen auf, um die Einwanderungsgesellschaft und das Asylrecht als Bestandteile einer ›Merkel-Diktatur‹ zu diffamieren.

Das ist ein spezifischer Gefühlsknoten der letzten 30 Jahre, der wichtige Initiativen und Solidaritäten verhindert hat. Die Politikwissenschaftlerin Anna Stiede nennt es den ›Emotrouble Ostdeutschland‹.[24] Zur Lösung dieses Knotens ist eine Serie kritischer Gegengeschichten nötig, die zusammenhängen: Eine *postsozialistische* Gegenerzählung kann zur Aufarbeitung einer anderen Wendegeschichte beitragen. In ihr kann ein komplexes Bild der DDR entworfen werden, die ein langlebiges Nazi- und Rassismusproblem hatte und in der zum Teil zivile Gegeninitiativen entstanden. Sie kann auch ein differenziertes Bild jener Menschen zeichnen, die nach der Wende wahlweise als ›demokratieunfähig‹, als ›besorgte Bürger*innen‹ oder als ›Jammerossis‹ angerufen wurden, ohne dass ihre politische oder materielle Arbeit gewürdigt wurde.

Eine *westkritische* Gegenerzählung kann die sogenannte ›Wiedervereinigung‹ als wirtschaftliche, kulturelle, politische und personelle Übernahme

23 Die neonazistische Terrororganisation ›Deutsche Aktionsgruppen‹ verübte am 22. August 1980 einen Brandanschlag auf ein Übergangsheim in Hamburg-Billbrook. Bei dem Mordversuch wurden zwei Bewohner, Nguyễn Ngọc Châu und Đỗ Anh Lân, getötet. Das Attentat gilt als einer der ersten rassistischen Mordanschläge in Nachkriegsdeutschland.

24 Anna Stiede. »Emotrouble Ostdeutschland: Für mehr schmutzige Hände!«. *Supernovamag.de*. 29.08.2019. https://www.supernovamag.de/ostdeutschland-wahl-afd/.

sichtbar machen und Westdeutschland als expansives System mit langjährigen Traditionen von Rechtsextremismus und Ausgrenzung beschreiben, die teilweise in den Osten exportiert wurden.[25] Eine *postkoloniale* Gegengeschichte kann Stimmen aus Ost- und West-Deutschland versammeln, die Rassismus, Verfolgung und Benachteiligung in beiden deutschen Staaten ansprechen und die ›Wiedervereinigung‹ als nationalistisches, teilweise völkisches und vor allem weiß-deutsches Unternehmen sichtbar machen.[26]

In dieser Hinsicht sind das bundesdeutsche Koordinatensystem und der darin verhandelte Gefühlsraum fehlerhaft, da sie von massiven Gefühls- und Integrationskonkurrenzen geprägt sind. Die Alternative Rechte beschwört die Gefühlsräume ›1989, DDR und Diktatur‹ deshalb so effektiv und breitenwirksam, weil sie auf diesen etablierten Konkurrenzen aufsetzt. Ein Kollektiv oder eine andere Allianz, die emotional dagegensenden könnte, ist aus meiner Sicht erst im Entstehen begriffen. Ein Vorschlag zu einem solchen Kollektiv kommt von der Soziologin Naika Foroutan mit ihrem Begriff der *postmigrantischen Gesellschaft*, die unter anderem die Konzepte von ›Migrationserfahrung‹ und ›Volkszugehörigkeit‹ voneinander entkoppelt.[27] ›Migration‹ wird so für unterschiedliche Erfahrungsräume geöffnet, die zum Beispiel ostdeutsche Abwertungserfahrungen und die Ausgrenzungserlebnisse von People of Color im Zusammenhang denkt, ohne sie gleichzusetzen. Damit kann die unausgesprochene Grundannahme verunsichert werden, in der sich ›migrantisch/nicht-weiß/nicht-deutsch‹ und ›ostdeutsch/weiß/rassistisch-deutsch‹ gegenüberstehen. Diese Sicht produziert Extreme, die das Phantasma einer guten weißen westdeutschen Mitte, die zwischen Leitkultur und Toleranz mit sich ringt, unangekratzt lässt. Dieses Ringen verursacht einen Gefühlsstau bei allen ›Anderen‹.

Der Gefühlsknoten erlaubt es der Alternativen Rechten, unentwegt mit ihren falschen Kürzeln ›1989 = 2020‹, ›Merkel-Diktatur‹ und ›Multikulti-Regime‹ zu punkten. Eine richtigere Version von 1989, von Wende, von Integration oder faktischem Multikulturalismus ist im deutschen Kollektivge-

25 Dass Führungsfiguren der ostdeutschen AfD aus dem Westen kommen, ist Ergebnis einer langen Transferwelle seit den 1990er Jahren.

26 Lydia Lierke, Massimo Perinelli (Hg.). *Erinnern stören – Der Mauerfall aus migrantischer und jüdischer Perspektive*. Verbrecher Verlag 2020.

27 Naika Foroutan. *Die postmigrantische Gesellschaft: ein Versprechen der pluralen Demokratie*. transcript 2019.

dächtnis oder in der alltäglichen Berichterstattung nicht vorhanden. Es gibt dazu keinen Faktencheck oder eine Agentur, die einen solchen leisten könnte.[28] Für die notwendigen Gegengeschichten, die tiefgründige Ambivalenzen verhandeln könnten, liegen längst nicht alle Ansichten, Informationen und Erfahrungen auf dem Tisch. Sie werden dringend gebraucht, um den fatalen und attraktiven Gefühlsraum ›deutsche Einheit‹ für die Alternative Rechte unbrauchbar zu machen. Der Konnex *DDR/BRD* markiert einen Punkt emotionaler Unübersichtlichkeit im Nationalverständnis. Von dieser profitiert die Rechte, und die Allgemeinheit nimmt die angebotenen Slogans gerne irgendwie mit, weil sie keine eigenen entgegenzusetzen hat. Das Verhältnis von DDR und BRD ist eine dominante Leerstelle im nationalen Selbstverständnis der letzten 30 Jahre.

Die vielfachen Vereinfachungsmythen der westdeutsch-weiß-geprägten Normalität zu den letzten 30 Jahren müssen großräumig gesprengt werden. Rechtsextremismus ist ein großes Problem des Ostens, das nicht allein auf die Ostdeutschen zurückgeführt werden darf, um den demokratischen Konsens West rein zu halten. Der hatte und hat ein ähnlich großes Problem mit der extremen Rechten, das sich oft anders manifestiert (wer in Dresden *AfD* oder *NPD* wählt, greift in Düsseldorf auf die *Werteunion* zurück), aber genauso oft in ähnlicher Form äußert.[29] Der reflexive Faschismus erfordert andere Geschichten rassistischer Gewalt und rassistischer ›Verständigung‹ in Ost- und Westdeutschland, die unter anderem auch Geschichten materieller und ideologischer Förderung sind.

Ein Nachsatz dazu: Der Verfassungsschutz Thüringen rekrutierte ab 1994, unter Leitung des westdeutschen Ex-Offiziers Helmut Roewer, zahlreiche V-Personen aus dem rechtsradikalen Netzwerk *Heimatschutz Thüringen*. Es flossen Ermittlungsinformationen und bis zu sechsstellige Summen in die rechte Szene des Bundeslandes, eine Art Aufbauhilfe für ostdeutsche Nazi-Netzwerke.[30] Der aus dieser Szene hervorgegangene *NSU* begann 1999

---

28 Auch die ehemaligen Bürgerrechtler*innen selbst haben der Vereinnahmung ›ihrer‹ Revolution durch rechte Bewegungen wenig entgegenzusetzen. Vgl. Richard Pfützenreuter. »Kampf um die Deutungshoheit«. *Jungle World*. 19.09.2019. https://jungle.world/artikel/2019/38/kampf-um-die-deutungshoheit/. Zuletzt gesehen am 05.01.2021.

29 Paul Blickle. »187 Schicksale«, *Die Zeit*. 27.09.2018. https://www.zeit.de/gesellschaft/zeitgeschehen/2018-09/todesopfer-rechte-gewalt-karte-portraet/. Zuletzt gesehen am 05.01.2021.

30 https://www.nsu-tribunal.de/anklage/. Zuletzt gesehen am 05.01.2021.

Abb. 171

seine Mordserie an zehn Menschen, allerdings nicht in der thüringischen ›Heimat‹, sondern am prominenten Ort in den alten Bundesländern: Mit acht Schüssen töteten sie zuerst Enver Şimşek, der am ehemaligen Reichsparteitagsgelände in Nürnberg Blumen verkaufte. Weitere Morde folgten in Nürnberg, Hamburg, Kassel, Köln, Heilbronn, München und Dortmund. Mit Ausnahme der Ermordung von Mehmet Turgut am 25. Februar 2004 in Rostock wurden alle Morde des ›ostdeutschen‹ NSU in Westdeutschland begangen: Eine mörderische Integrationstour durch das Neuland ›Westen‹, mit Staatsunterstützung und im Bekennervideo des *NSU* von 2007 memetisch mit Paulchen Panther aus dem Westfernsehen aufbereitet (Abb. 171). Der 2020 nach Enver Şimşek benannte Platz befindet sich übrigens nicht in Nürnberg, sondern in Jena.

Der NSU-Komplex, den die Initiative *Tribunal NSU-Komplex auflösen* und viele andere Zivilpersonen aufarbeiten, ist auch ein Komplex der sogenannten ›Wiedervereinigung‹.

Futuristische Männerbünde

Folgt man einigen Agitator*innen der Alternativen Rechten auf ihren Kanälen, trifft man mitunter auf Dinge, die wenig revisionistisch oder vergangenheitsbesessen anmuten. Nach den gegenwärtigen Parametern der Extremismusforschung oder des Normalitätstheaters klingt die folgende Nachricht eines gewissen ›Edin Gusic‹ eher futuristisch. Ende August 2020 wird sie auf *Attila Hildmann Official*, dem Telegram-Kanal des ehemaligen Vegan-Starkochs und jetzigen Propagandisten, mitgeteilt (Abb. 172).

> »Wir müssen es richten Bruder! Wir Osmanen & Migrantendeutsche! Die biodeutschen sind kaputt vom ganzen gender homo metro Wahn. Gute Menschen jedoch vom gleichen Feind seit Geburt an fehlgeleitet. Wir Migranten haben von unseren Eltern die hier kämpfen mussten alle Werte vermittelt bekommen. Wir respektieren die Alten. Wir beschützen unsere Kinder. Wir kennen keine Angst. Wir lieben unseren Herrn. [...] Es geht um meine Familie, meine Heimat, Freiheit und Frieden. Und dafür geben wir unser Leben ohne auch nur eine Sekunde darüber nachzudenken. [Herz-Emoji] Glaube Liebe Hoffnung [Schwerter-Emoji] EDIN GUSIC OSMANISCHES BLUT UND LIEBE ZU DEUTSCHLAND!«[31]

Das ist eine Lektion: Rechte Agitation ist bereits ›multikultureller‹ organisiert als die Gesellschaft, die sich von Rechts in ihrer Toleranz und Demokratie angegriffen fühlt. Attestiert die Populismusforschung gerne eine Rückkehr deutschtümelnder Familienbilder und traditioneller Geschlechtsmuster und denkt dabei vor allem an ›weiße Rassist*innen‹, übersieht sie fast notwendig diesen Konnex: Familientradition und hegemoniale Männlichkeit werden auch von denen reklamiert, denen eine Zugehörigkeit zum weiß-deutschen Mehrheitsstatus rituell verwehrt wird – und zwar in Abgrenzung zum »gender homo metro Wahn« und »dem gleichen Feind«, wie Gusic schreibt. Queerphobie, Antigenderismus und Antisemitismus in einer Formel.

---

31 t.me/ATTILAHILDMANN/21356.

ATTILA HILDMANN
"Wir müssen es richten Bruder
Wir Osmanen & Migrantendeutsche
Die biodeutschen sind kaputt vom ganzen gender homo metro Wahn. Gute Menschen jedoch vom gleichen Feind seit Geburt an fehlgeleitet. Wir Migranten haben von unseren Eltern die hier kämpfen mussten alle Werte vermittelt bekommen. Wir respektieren die Alten. Wir beschützen unsere Kinder. Wir kennen keine Angst. Wir lieben unseren Herrn.
Wenn das gerade passiert was mir mein Verstand und meine Intuition sagen dann müssen wir „Ausländer" hier Präsenz zeigen für unsere Heimat und zwar gewaltig

Wenn wir nach Berlin fahren dann feiern wir sicher keine loveparade in string tangas

Wir bleiben friedlich aber wir müssen verdammt nochmal Präsenz zeigen und zwar in solchen Massen dass es sich bis nach München, Berlin, Hamburg und Köln zurückstaut

Und wenn vor meinen Augen eine Schwangere Frau/älterer Rentner egal welcher Herkunft/Religion/Hautfarbe am Boden misshandelt werden dann können 10 ehrenlose Polizisten da stehen jedoch kommen nur 9 gesund zurück zu ihren Familien.

Ich bin ein Freund der Polizei,
Unsere bayerische Polizei ist absolut professionell. Berliner Schlägertrupps waren es nicht.
Wenn uns die Polizei allerdings nicht unterstützt und gemeinsam mit uns aus diesem politischen Verbrechen befreit gibt es früher oder später unschöne Szenen in den Medien

Es geht um meine Familie, meine Heimat, Freiheit und Frieden
Und dafür geben wir unser Leben ohne auch nur eine Sekunde darüber nachzudenken

Glaube Liebe Hoffnung

EDIN GUSIC
OSMANISCHES BLUT UND
LIEBE ZU DEUTSCHLAND! "
46.6K 15:20

Abb. 172

Der Post thematisiert explizit jene Ausgrenzungserfahrungen und Erfahrungsvorsprünge, die ich zuvor angesprochen habe: Mussten die Eltern um Anerkennung in einer ausschließenden Gesellschaft kämpfen, zetteln die Söhne mit diesem Kampfgeist und dieser Erfahrung nun einen Krieg gegen die ›Verweichlichung‹ der aufnehmenden Gesellschaft an. Sie drehen den Erfahrungsvorsprung zu einer *toxischen Männlichkeitsformel* um, die gewissermaßen dort anknüpft, wo die Integrationskonkurrenz viele nicht-weiße und nicht-westdeutsche Männlichkeiten festgezurrt hat. Eine ›postmigrantische‹ Logik von Blut und Boden entsteht.

Ich thematisiere diesen Post im Hinblick auf die Verwirrung, die sich im Phänomen andeutet, das die Kolumnistin Ferda Ataman als »Migranten, die gegen Migranten hetzen« bezeichnet hat.[32] Sie ist eine der wenigen, die bislang öffentlich solche Figuren kommentiert haben. In ihrem Artikel bespricht Ataman rechte Akteure, die »offensichtlichen Migrationshintergrund« haben: Attila Hildmann, Achille Demagbo (AfD), Akif Pirinçci und Xavier Naidoo. In der Online-Agitation ließe sich die Liste fortsetzen mit YouTubern wie *achse:ostwest* (Feroz Khan) oder *Hyperion* (Homib Mebrahtu).

Ataman schlägt die Denkbilder von »Selbsthass« und »internalisiertem Rassismus« vor, um die Positionen dieser Migranten zu erklären. Hinzu komme eine Tendenz zur »Überanpassung«[33] an eine grundlegend rassistisch-verfasste weiße Mehrheitsgesellschaft, die eine Abgrenzung zur ›schlechten Migration‹ (zum Beispiel Flüchtlinge, gläubige Muslime) fordert, um die Integration als ›guter Migrant‹ (zum Beispiel laizistische Türken) zu gewähren.

Diese erste Einschätzung muss um die Geschlechtsperspektive erweitert werden, denn Atamans Beispiele sind ausschließlich Männer. Diese Männlichkeiten verständigen sich über Dominanz, Status und Geschlechtseindeutigkeit miteinander und nutzen etablierte Unterschiedsregister. Zum einen spielen sie auf Integrationskonkurrenzen: Sie bestehen auf Status-, Teilhabe- und Repräsentationsunterschieden zwischen Asylbewerber*innen und Vertragsarbeiter*innen und ihren jeweiligen Familien. Sie setzen ebenso auf dem Verteilungsspiel auf, die ich im letzten Abschnitt mit Bezug auf Ost und West beschrieben habe: Im Projekt des Ultranationalismus übertrumpfen ›Patriotismus‹ und das Bekenntnis zur ›bedrohten nationalen Identität‹ (die geschützt werden müsse) bisweilen interne Herkunfts- und Erfahrungsunterschiede. Ob zwischen Ost- und Westdeutschen oder zwischen Migranten der dritten Generation und Herkunftsdeutschen wird dabei zunehmend unwichtig. Wenn ein gemeinsames *Gefährdungsszenario* und ein Ausgrenzungsobjekt gefunden werden, können die Differenzen ausgeglichen und kompensiert werden. Eine ›diverse‹ Rechte entsteht.

---

32 Ferda Ataman. »Migranten, die gegen Migranten hetzen«. *Der Spiegel*. 17.09.2020. https://www.spiegel.de/politik/deutschland/selbsthass-bei-einwanderern-migranten-die-gegen-migranten-hetzen-kommentar-a-8ea5b590-b381-475f-8399-593b2c7119f2/. Zuletzt gesehen am 05.01.2021.

33 Ataman. »Migranten, die gegen Migranten«.

Es ist daher wichtig, den reflexiven Faschismus nicht ausschließlich anhand des ›Rassismus‹ zu definieren. Rechte Männlichkeiten und deren Gefühlswelten können sich zentral über andere Gefährdungsachsen aufstellen: Antifeminismus, Antigenderismus und Antisemitismus werden als miteinander verwobene Risikofaktoren aufgerufen, die eine gemeinsame Verteidigung von ›Ehre, Dominanz und Werten‹ notwendig machen. Darin ist angedeutet, wie wenig Teilhabe und Chancen *Menschen mit Erfahrungsvorsprung* in den letzten Jahrzehnten geboten wurden: Statt sich weiter auf den Status ›guter Migrant‹ zu bewerben und Energie in den Integrationswettbewerb BRD zu stecken, schließen diese Männlichkeiten sich lieber mit anderen ›ehrenhaften‹ Männern zur dissidentischen Bewegung zusammen, die jeden Konsens zu sprengen sucht.[34]

Weiter zeigt diese regelrechte Implosion von Bedeutung, dass der reflexive Faschismus und sein Personal ohne die Achsen des Geschlechts, der Queer-Feindlichkeit und des Antisemitismus nicht beschreibbar sind. Der »ganze gender homo metro Wahn« und der »gleiche Feind« sind Konstruktionen, die es verschiedensten Männlichkeiten ermöglichen, gemeinsame und kollektivierende Gefährdungsgefühle ›unter Brüdern‹ zu artikulieren. Die Allianzen, die sich unter den Schirmen des Antigenderismus, Antifeminismus, Antisemitismus und der Queer- und Trans-Feindlichkeit bilden, sind mit den vorhandenen gesellschaftlichen Reaktionsmustern weder verstehbar noch irgendwie zu deeskalieren.

Eine andere Männlichkeitsgeschichte deutet sich hier an, die den reflexiven Faschismus und die Alternative Rechte entscheidend mitprägt: Sie speisen sich auch aus ›subkulturellen‹ Foren, die lange Begegnungsräume und Spielplätze für marginalisierte *und* hegemoniale Männlichkeiten waren. Was ab den 1990er Jahren das multikulturelle und zugleich heterosexistische Chauvinismustheater der Rapmusik war, führte in die kulturellen Kontaktzonen und Männlichkeitsarenen des Kampfsports, der Videospiele und Internetgemeinschaften.

In diesen Begegnungsräumen von diversen Männlichkeiten wurden große Anteile kultureller Differenz ausgehandelt, *weil* die Öffentlichkeit die kulturelle Zugehörigkeit ungleich gewährte. Diese Aushandlung geschah und geschieht über Geschlechtsmuster: Härte, Ehre, Konkurrenz, Heterose-

34 Tatsächlich jeden, inklusive der Idee einer ›BRD‹ selbst, die weniger Bindungsenergie anbietet als das Konkurrenzangebot von ›Blut‹ und ›Deutschland‹.

xualität. Gemäß den ausgrenzenden Regeln dieser Männerbünde rekrutieren sich heute große Teile der Alternativen Rechten aus solchen Subkulturen und bringen ihre Geschlechtsformeln im Tandem mit rechtskonservativen und mehrheitsdeutschen Vertretern ein: als Antigenderismus, Queerfeindlichkeit, Antisemitismus und ›Blut und Liebe für Deutschland‹. So kommt es online und offline zu furchtbaren Allianzen zwischen AfD, Migranten, Ostdeutschen, Hochschulprofessoren, Verschwörungswissenschaftlern, Kampfsportlern, Influencern, Euroskeptikern, Politikern, Genderhassern, Chefredakteuren und Familienvätern.

Daraus folgt eine wichtige Lektion über die ›gesellschaftlichen Aufgaben‹, die Rassismus und Sexismus immer übernehmen: sie organisieren die Ausgrenzung der ›anderen Anderen‹ *und zugleich* Eingemeindung der ›anderen Eigenen‹. *Rassismus* produziert Abwertung von ethnisch Anderen, und Aufwertung und Vergemeinschaftung von ›Weißen‹ oder ›ethnisch Ähnlichen‹, die verschieden sind und diese Differenzen kompensieren wollen. *Sexismus* produziert Abwertung und Ausschluss von generalisierten oder bestimmten Frauen und damit die Vergemeinschaftung von unterschiedlichen Männern. Diskriminierung schafft intern einen Differenzausgleich und initiiert und stabilisiert damit Gemeinschaften, die sich auf so prekäre und schmale Selbst-Definitionen wie ›Geschlechtsrolle‹ verlassen wollen.

Die in die sexistische oder rassistische Gemeinschaft Aufzunehmenden müssen die Ausgrenzung deutlicher aussprechen, weil die Aufnehmenden es weniger deutlich tun wollen. Die Aufzunehmenden müssen es öfter sagen, damit die Aufnehmenden es seltener aussprechen müssen. *Hören wollen es beide.*

Das ist ein Strang der Geschichte zwischen West und Ost seit 1990, wo im Osten vieles ausbuchstabiert wurde, was im Westen implizit gemeint war. Zwei kulturell und materiell unterschiedliche Bevölkerungen konnten sich durch Ausgrenzung ihrer jeweiligen ›anderen Anderen‹ verbinden. Die Herstellung von hinreichender Ähnlichkeit zwischen unterschiedlichen Formen des ›weißen Deutschseins‹ geschah durch Rassismus und auf dem Rücken von Deutschen of Color, Vertragsarbeiter*innen, Flüchtlingen und vielen anderen in Ost und West.

Eine ähnliche Mechanik zeigt sich bei den *Männlichkeiten* der Alternativen Rechten: Verschiedene Männlichkeiten stellen durch Ausgrenzung von Frauen, Queers und anderen hinreichende Ähnlichkeiten untereinander her. Die in die hegemoniale Männlichkeit Aufzunehmenden müssen die Ausgrenzungsgesten – Sexismus, Dominanz, Abwertung anderer Männlichkeiten, Queerphobie – anders und deutlicher aussprechen, um das zu erhalten, was Raewyn Connell die »patriarchale Dividende« nennt.[35] Beide – hegemoniale und noch-nicht-hegemoniale Männlichkeit – stellen sich über diese Geste als hinreichend verbunden her.

Was die toxischen Männerbünde in Ost und West, von migrantisch bis biodeutsch, von Influencer bis Arbeiter bis Parteifunktionär gemeinsam tun, ist ein transgressives Spiel auf den Integrationskonkurrenzen, Ressentiments und vor allem Geschlechtsmustern, die die Mehrheitsgesellschaft für nötig hält, aber generell nicht oder weniger aussprechen möchte. Das ist Kooperation: Der eine kann mit Furor auf jenen Gefühlsachsen agitieren, die der andere zustimmend und genießerisch beschweigt.

Kalter Krieg

Welche perspektivische Klammer kann für den reflexiven Faschismus formuliert werden, der auf den Verwerfungen und gesellschaftlichen Bruchstellen der Nachkriegszeit und insbesondere der letzten 30 Jahre aufsetzt? Welche Übersicht kann, wenn überhaupt, gegeben werden? Zum Abschluss meines Versuchs der Ent-Automatisierung von deutschen Gefühlsmustern, auf denen die Alternative Rechte so virtuos spielt, biete ich eine Perspektive der transnationalen und historischen De-Normalisierung an. Sie soll in erster Linie affektiv wirken, denn ein Gefühl für die Zeitlichkeit und Dauer dieses rechten Klimawandels ist wichtig. Man sollte *spüren*, worauf sich wahrscheinlich einzustellen ist.

In der Dokumentar-Serie *Trump: An American Dream*[36] wird erzählt, wie Donald Trump und seine erste Frau, das tschechoslowakische Model Ivana, sich 1990 trennen – dem Jahr, in dem Judith Butlers *Gender Trouble* erscheint. In der Serie wird die Szene wie folgt beschrieben: »Communism is collapsing, the Germanies are reuniting, but in Manhattan the story is Trump versus Trump.«

---

35 Raewyn Connell. *Der gemachte Mann. Konstruktion und Krise von Männlichkeiten.* Leske und Budrich 1999.

36 *Trump: An American Dream.* Channel 4 (2017). Dokumentarserie.

Schöner kann man nicht zusammenfassen, wie der ›Westen‹ sich um seine Dramen innerhalb von Turbokapitalismus, Geschlechterkampf, Integration und Medienzirkus kümmerte, während die Weltordnung des Kalten Kriegs zu Ende ging. In gewisser Weise sind die Kultur- und Informationskriege, die seit den 1990er Jahren toben und von der Alternativen Rechten aufgenommen, digitalisiert und verschärft werden, ein Aufschub: ein westlich-zentriertes Drama, das die Ent-Sortierung der Welt am Ende des Kalten Kriegs vergessen machen will. Der Aufschub hat 30 Jahre vom Ende der geopolitischen Blöcke ›Ost und West‹ abgelenkt, die nun zersplittert sind und die Sicht auf eine komplexere Welt freigeben.

Folgt man dem russischen Journalisten Peter Pomerantsev, dann holt ein bestimmter Teil der Welt – der Westen, aber nicht nur – derzeit nach, was der sowjetische Block bereits zu Beginn der 1990er Jahre erlebte:

> »When Donald Trump triumphed in the 2016 election, I and other Russians and Russia watchers I know found ourselves experiencing more than a touch of déjà vu. So much of the rhetoric and narrative tactics suddenly emerging in America (as well as in the Philippines, Europe, Latin America, and Turkey) I had already seen brewing in Russia in previous decades.«[37]

Ich halte diese ›russische Lektion‹ für bedenkenswert, weil sie den Zerfallprozessen der Gegenwart ein Zeitgefühl mitgibt: Mit 30 Jahren Verspätung holt der Westen sein Ende des Kalten Kriegs nach. Er erfährt dabei die gleichen Zersplitterungen und populistischen Traumata wie der Ostblock in den 1990er Jahren: divergierende und konvergierende Ethnonationalismen, Populismus und Desinformation, Gender- und Glaubenskriege, wirtschaftlicher Zusammenbruch und Raubtierkapitalismus, Ersetzung von staatlichen Strukturen durch Monopole und Oligarchen, Aufstieg autokratischer Führer und Führerinnen, Erosion demokratischer und ziviler Strukturen, eine Explosion paralleler und intransparenter Öffentlichkeiten. Die Bruchstellen dieses Zerfalls liegen dort, wo sie die ganze Zeit liegen: Rassismus, Geschlecht, kapitalistische Klassenpolitiken, tiefe Geschichten sozialer Ungleichheit, Segregation und (neo-)koloniale Ausbeutung.

In dieser Sichtweise ist eines der zentralen westlichen Paradigmen der 1990er Jahre – Samuel Huntingtons These vom *Kampf der Kulturen* – wahr

37 Peter Pomerantsev. »To Unreality – and Beyond.« *Journal of Design and Science* 6 (2019).

geworden. Mit einem zentralen Unterschied: Der Kulturkampf findet nicht global, sondern *innerhalb* westlicher Nationen und Systeme selbst statt. Er nimmt die Gestalt eines Informationskriegs an, eines Geschlechterkriegs und zahlloser Verteilungskriege um Präsenz, Zugang und Teilhabe. Die Alternative Rechte und der reflexive Faschismus sind aus meiner Sicht die Hauptbetreiber dieses Krieges und auch seine Hauptprofiteure.[38] Ihre Desinformations- und Polarisierungsmaschinen laufen gut, finden ideale Bedingungen in den digitalisierten Demokratien vor und können dort ungelöste Konflikte und Reizpunkte radikalisierend verwerten.

In seinem Aufsatz *To Unreality – and Beyond* beschreibt Pomerantsev die Auswirkungen dieses Kriegsunternehmens als den Verlust von gemeinsamer Realität und konsensualer Wahrnehmung überhaupt – eine Politik der De-Realisierung und Entzeitlichung. Der Verlust von Gemeinsamkeit und teilbaren Perspektiven ist das *Ziel* dieser Kriegspolitik und ihr Profit. Pomerantsev nennt das Ergebnis »the futureless present« und fasst die zerstörerischen Mittel so zusammen:

> »The deliberate fuck-off to factual discourse; [...] the nebulous nostalgia; the replacement of ideology with seemingly infinite layers of conspiracy theories, where you never have the sense that you can reach any reliable version of reality; the flooding of the information space with so much bullshit you can't tell truth from fiction [...]«[39]

Was Pomerantsev hier als populistische Realitätszerstörung beschreibt, gleicht dem *Ende der Geschichte* von Francis Fukayama, um noch eine neurotische Großthese zu berücksichtigen, mit der der Westen sein Privileg der Weltdeutung verteidigen wollte. Fukayama hatte 1991 das Verschwinden der ›großen Erzählungen‹ (er meinte Sozialismus und Faschismus) postuliert, das er als globale Befreiung von politischen Ideologien und Sieg der Freiheitlichkeit wertete. Konkurrenzloser Liberalismus, freier Wettbewerb ohne soziales Bewusstsein und die digitalisierten Märkte der Ideen und Informationen haben *exakt* das herbeigeführt, was sie laut Fukayama ablösen sollten:

38 Russland inbegriffen, wenn man die vielfältigen Eingriffe in die politischen und informationstechnischen Landschaften der USA und Europas durch russische Hacker und andere Akteur*innen mit einbezieht.

39 Pomerantsev. »To Unreality«.

radikale Zersplitterung in ideologische Großerzählungen und Weltformeln, die im Kleinsten ansetzen. Der Faschismus in seiner reflexiven Wendung ist in diesem Setting nicht zufällig ein ›attraktives‹ Angebot, weil er zweierlei anbietet: radikale Entzeitlichung (1000 Jahre) und radikale Egozentrik (*Meine Freiheit Matters*).

Die Weltthesen der westlichen und männlichen Großtheorie aus der Zeit, wo in Manhattan Donald Trump seine erste Frau verließ und in Berlin die Mauer fiel, sind in gewisser Weise wahr geworden – im Westen selbst. Er zerlegt sich entlang seiner fühlbaren Bruchlinien, die er ins Globale projizieren wollte, selbst: *Kulturkrieg, Rassenkrieg, Geschlechterkrieg, Medienkrieg.* Der reflexive Faschismus ist Symptom, Produzent und Katalysator des Endes des Kalten Krieges im Westen: Er verwertet die seit langem andauernden Ungerechtigkeitsverhältnisse weiter für die Implosion des Gemeinsamen. Das Denkmodell ›Ende des Kalten Krieges‹ taugt zur Beschreibung der gegenwärtigen Situation, denn es vermittelt ein Gefühl vom *Grad des Zerfalls,* die wahrscheinlich bevorstehen.

Only 90s kids will remember (Abb. 173).

Pomerantsev schlägt eine simple Gegenstrategie vor: ein schrittweiser und kollektiver Wiederaufbau gemeinsamer Realität und Perspektive – *von unten.* Sie soll die *reality show* der Politik, Agitation und Desinformation ersetzen und so einfache Dinge wie Haftbarkeit, Erfahrungen, Ereignisse, Fakten, Relationen und ein Vertrauen in eine gemeinsame Weltsicht und Perspektive auf Zukunft überhaupt erst wieder herstellen. Diese Arbeit kann nur von heterogenen Kollektiven geleistet werden, die in Zusammenarbeit mit den Medien so etwas wie Zukünftigkeit und teilbare Realität wieder verfügbar machen. Pomerantsev nennt das Programm: »Back to the Future«. Für mich ist es klar, dass diese Arbeit nicht von den gewohnten ›Experten‹ geleistet werden kann, über deren beschränkte Expertise ich schon gesprochen habe. Für eine andere und gemeinsame Realität müssen radikale und heterogene Kollektive gehört, gesehen und zur gemeinsamen Arbeit gebildet werden.

Ich möchte zum Abschluss von kleinen Alltags- und Medienökologien sprechen, die diese Arbeit der Produktion von teilbarer Realität fördern können, auch auf individueller Ebene. Es sind nur bescheidene Vorschläge, orientiert an der Pragmatik, die ich während der mehrjährigen Recherche zu rechter Scheiße halbwegs gelernt habe.

o2-de
20:32
21 %
r/DarkHumorAndMemes • Cristipiot7 • 3 h
Do you remember this
Only 90's kids will remember this
Select Gender
Male
Female
216
4
Share

Abb. 173

Kleine Ökologien

Yuri Kochiyama: »Where do you think it has to begin?«
Angela Davis: »Well, I think it begins wherever you are, right?«[1]

Erkenntnistheorie

Das Wissen über die Alternative Rechte entsteht jeden Tag neu und muss ein bewegliches Ziel bearbeiten. Jeden Tag kommen neue Meldungen und Verdrehungen, die der digitale und analoge *marketplace of worst ideas* ausspuckt. Erkennungsdienstliche Beschreibungen haben eine geringe Halbwertszeit angesichts der wuchernden digitalen Realitätsproduktion und der Vermischungszustände und Mutationen, die aus ihr entstehen.

Auch deshalb habe ich mit Affekten argumentiert und analysiert, denn ich halte eine Art von Erkenntnistheorie zur Analyse der Alternativen Rechten für nötig (Abb. 174). Wir müssen wissen, was gewusst werden kann, welche Begriffe, Theorien, Fragestellungen und Aktionen greifen und welche nicht. Das weicht von der normalen Aufklärungsarbeit ab, denn es bedeutet auch, die eigene Perspektive und Denkweise zu hinterfragen. Der reflexive Faschismus ist in diesem Sinn auch eine Lektion. Er sagt etwas über den Zustand dieser Gesellschaft, dieser Demokratie, dieser Medien, dieses Kapitalismus aus. Dieser Faschismus ist eine Reflexionsmöglichkeit, nicht nur über die Macht der Plattformen, die Verführbarkeit der Massen oder die strukturstützenden Aufgaben von Rassismus und Sexismus. Er ist eine Lektion über die Schwäche der gegenwärtigen Erzählung von *Demokratie,*

1 C.A. Griffith & H.L.T. Quan. *Mountains That Take Wing: Angela Davis & Yuri Kochiyama – A Conversation on Life, Struggles & Liberation*. 2010. Dokumentarfilm.

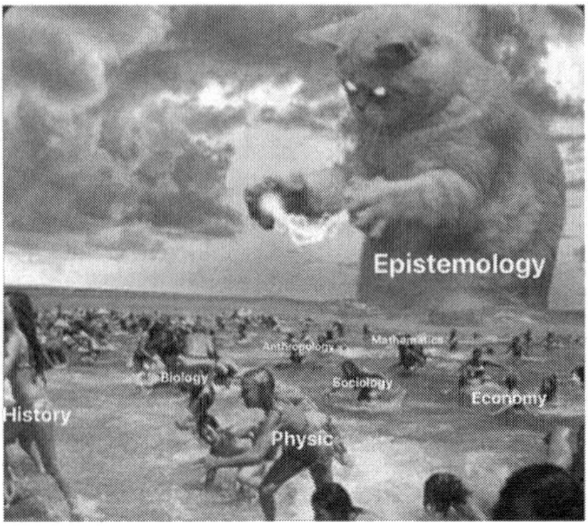

Abb. 174

Gesellschaft oder *Welt* – und gibt daher Anlass zur grundlegenden Reflexion dieser Begriffe und ihrer affektiven Aufladungen.

Das Denkbild des *Klimawandels,* das ich vorschlage, soll das spürbar machen: Der reflexive Faschismus ist ein Weltproblem. Er erfordert ökologisches Denken, ein Denken in konkreten Zusammenhängen, Differenzen und Positionierungen, auch und gerade der eigenen. Es gibt zahllose Expert*innen dieses Denkens, die (in meiner Erfahrung) meistens keine weißen Männer sind – ich habe eine kleine Anzahl von ihnen zitiert. Sie sind auch nicht alle ›links‹ oder dem verbunden, was traditionell unter diesem Begriff gemeint wird. Enrico Ippolito schreibt: »Die Menschen, die sich am wenigsten mit ihrem eigenen Verhalten auseinandersetzen wollen, verstehen sich meistens als links«.[2] Bei einer Umweltkatastrophe ist die Reflexionsfähigkeit des eigenen Verhaltens eine zentrale Kompetenz. Die schlüssige Antwort auf rechte Gefühle kann daher nicht nur ›linkes Denken‹ sein – sondern eine affektive Gegenbewegung, die nachhaltige Gefühlswelten für viele Menschen und Situationen bereitstellt.

2 Ippolito. »Beleidigung«. S. 90

Medienkompetenz

Während mehr Medienkompetenz fast durchgängig als Mittel gegen rechte Agitation gefordert wird, wird vergessen, dass diese Kompetenz kein neutrales, unbesetztes Gebiet ist. Die rituellen rechten Auslassungen über Fake News wollen genau dieses Gefühl vermitteln: ›Ich habe Medienkompetenz, weil ich schlauer bin als diese Medien.‹ Die kritische Medienbildung wurde gewissermaßen von Rechts gekapert, bevor sie überhaupt angefangen hat. Darin steckt aber eine *Entautomatisierung* des Mediengebrauchs, die nicht schlecht sein muss. Eine Zuhörerin bei einem Vortrag formulierte es so:

> »Mich beschäftigt die ›Krise der Glaubwürdigkeit‹ des Journalismus, bzw. die Gefährdung der Demokratie, wenn die einzelnen Menschen immer stärker in immer festere Filterblasen kommen und keine ausgewogene Meinungskultur und Situationsdarstellung bekommen. Wir leben in einer gesellschaftlichen Umbruchsituation, wo die Frage nicht nur ist ›Wie geht man mit den Rechten um?‹, sondern auch ›Wie muss sich die Medienkultur verändern und der Umgang in und mit ›Medien‹?«

Das ist eine zentrale Frage: Nicht allein, wie man die rechte ›Diskursverschmutzung‹ verhindern kann, sondern generell, wie man mit Medienmaschinen umgeht, die rechte Strukturen begünstigen und rechte Gefühle mitproduzieren? Was kann man mit Leitmedien tun, deren Faktenchecks und Diskussionsrunden der rechten Realitätsproduktion entweder nachlaufen oder ihr eine Bühne geben? Wie umgehen mit Plattformen, die allein auf Verwertung und Märkte fokussieren und die Gewinnerwartungen in jede Diskussion um politische Maßnahmen oder Visionen einfließen lassen?

Ich halte die grundlegende *Skepsis*, die aus einem Slogan wie ›Fake News‹ spricht, für nicht grundlegend falsch. Wenn das US-amerikanische Fernsehen die sogenannte ›Präsidentschaftsdebatte‹ zeigt, dann halte ich das in dieser Rahmung für Fake News – es ist *Reality TV*. Wenn ein Streitgespräch zur Wissenschaftsfreiheit im deutschen Fernsehen aufgeführt wird, und ein AfD-Abgeordneter darf über Genderforschung sprechen, ohne dass eine Genderforscher*in anwesend ist, dann halte ich das für Fake News. Wenn Alice Weidel im *Morgenmagazin* des ZDF als Expertin zur US-Wahl befragt wird, dann halte ich das für Fake News – und die Rechten halten es für einen Grund zum Feiern (Abb. 175).

Abb. 175

Affektive Skepsis, kritisches Gegenlesen der Neuigkeiten und Verlautbarungen und eine Eigen-Kuratierung der Informationskanäle, an die man sich anschließt – das halte ich für eine grundlegende ökologische Kompetenz in einer unübersichtlichen Informationslandschaft. Oder einfacher: Wenn man ›Mülltrennung‹ internalisiert hat und damit ein bestimmtes Wissen darüber, was Müll ist, wie er vermieden oder als Rohstoff wiedergewonnen werden kann – warum sollte man nicht die eigenen Informationsquellen sortieren und bewerten können?

Bühnen

ARD, ZDF, DLF und all die Kanäle einer Normalitätsfiktion, die nicht funktioniert, sind zwar erhaltenswert, aber man kann durchaus gravierende Umstrukturierungen fordern. Relevant ist nicht die Frage, die oft von den Leitmedien gestellt wurde: »Gehört Björn Höcke ins Fernsehen?« Das ist eine falsche Prinzipienfrage, die sich an der Monstrosität des Monsters orientieren will: Gehören Faschist*innen ins Fernsehen? Ja, als *midnight movie*, historische Dokumentation oder ähnliches – nicht als Expert*innen für Migration oder Innenpolitik.

Eine bessere Frage wäre: was soll das Fernsehen? Wenn es ›Konsens‹ abbilden will, dann gehören Höcke und Alice Weidel ins Fernsehen, denn sie vertreten 25 Prozent der Wähler*innen in einigen Bundesländern, in anderen eben 15 Prozent. Will das Fernsehen zur kritischen Aufklärung beitragen oder gar zur Ausgewogenheit, dann wären dem konsensfähigen Extremismus der Rechten eine Serie von ebenso konsensfähigen Gegenpositionen zur Seite und entgegenzustellen. Ich hätte nichts gegen Faschist*innen im Fernsehen, wenn sie zum Beispiel mit Antifaschist*innen konfrontiert werden, mit Soziolog*innen, Rassismustheoretiker*innen und Aktivist*innen. Ich hätte nichts gegen Gauland in der Talkrunde, wenn es *Dutzende* andere Talkrunden gäbe, in der andere Menschen sich tatsächlich Gedanken zur Gesellschaft machen, statt Agitation und Desinformation mit öffentlich-rechtlicher Unterstützung in die Welt zu blasen.

Es würde helfen, wenn zum Beispiel der Deutschlandfunk die Facebook-Verlautbarungen des ›Flügels‹ nicht mehr als Nachrichtenmeldungen gelten lassen würde – es sei denn, man liest mit der gleichen Logik die Posts von *BLM* oder der Antifa Neukölln vor. Die Twitternachrichten von Donald Trump waren bis zur Sperrung am 9. Januar 2021 keine Regierungsmeldungen, auch wenn die Leitmeiden sie so behandelt haben – sie waren zum einen propagandistische Aufmerksamkeitsmanipulation und zum anderen kritisierbare Populärkultur. Die Inventarisierung und Analyse von rechter Agitation ist essenziell, aber nicht vom Berichtjournalismus oder der *Tagesschau* leistbar. Schrecklich wird es, wenn Pivatunternehmen wie Facebook oder Twitter im Alleingang die Informationslandschaft gestalten können, und dies allgemein als ›Stärke der Demokratie‹ ausgelegt wird. Es geht ihnen nicht überraschend vor allem um Profit. Die Leitmedien und Plattformen haben sich zum Verstärker von Desinformation machen lassen oder selbst dazu gemacht, das ist offenkundig und ein massives Problem. Auf irgendeine Weise muss verhindert werden, dass sie weiter den Medienstrategien der Rechten hinterherlaufen oder diese aktiv unterstützen.

Die Forderung, den Rechten die Bühnen zu verweigern, ist unbedingt zu unterstützen. Gleichzeitig jedoch sind andere Bühnen zu eröffnen, in denen anderes besprochen wird, zum Beispiel die erschreckende Normalität der Rechten. Im Zuge des Prozesses gegen den Mörder von Halle haben Prozessbeobachter*innen und die Initiativen der Opfer-Angehörigen begonnen, solche Bühnen zu schaffen. Sie bauen an einer gemeinsamen Realität, in der eine differenzierte Sicht auf Terrorismus, Faschismus, Opfer, Demokratie oder deutsche Verhältnisse überhaupt erst möglich wird – im Zeichen der Trauer, der Reflexion und der Differenz von Erfahrungen.

Sicher müssen die Aufmerksamkeitsspiralen der Rechten ausgetrocknet werden. Wichtiger scheint mir aber, die Aufmerksamkeit für solche Initiativen *um ein Vielfaches zu vergrößern* – eine wichtige Aufgabe des Journalismus, der arrivierten Medien und auch der Öffentlichkeit. Sie kann sich nach solchen Bühnen sehnen.

U-Bahn fahren

Überprüfen Sie falsche Prinzipienfragen. Zum Beispiel jene, die anlässlich der Umbenennung des U-Bahnhofs »Mohrenstraße« in Berlin-Mitte angeboten wurde. 25 Jahre lang hatte ein Bürger*innenbegehren die rassistische Bedeutung des Namens kritisiert. Die Entscheidungsfrage an die Öffentlichkeit im Jahr 2020 war aber folgende: Verweist ›Mohr‹ auf eine Sprache, die zur Zeit des U-Bahnbaus in der deutschen Kultur normal und daher zu erhalten bzw. auszuhalten wäre, oder ist es Rassismus? Und weiter: soll hier im Sinne Schwarzer Identitätspolitik und *political correctness* umbenannt werden, oder soll arrivierte ›Kultur‹ erhalten werden?

Diese Fragen sollten einen kurzzeitigen Affektraum für eine abwägende (weiße) Öffentlichkeit schaffen: Wessen Fremdheitsgefühl ist hier zu respektieren, wie viel Fremdheitsgefühl kann von der Allgemeinheit verkraftet werden? Der AfD-Abgeordnete Martin Trefzer brachte die Gefühlskonkurrenz auf den agitatorischen Punkt: »Wer umbenennen will, versündigt sich an der kulturellen Identität der Stadt.«[3]

Antirassistische Identitätspolitik gegen deutsche Identität.
Postkoloniale Kritiken wie das Bürger*innenbegehren um den U-Bahnhof, der nun *Anton-Wilhelm-Amo-Straße* heißt, erzählen eine andere, besser informierte Geschichte dieser ›deutschen Identität‹. Die Geschichte verhandelt unter anderem dieses: Anton Wilhelm Amo, der 1703 im heutigen Ghana geboren wurde, hat 1734 in Wittenberg zum Thema *De Humanae mentis apatheia* (Die Empfindungslosigkeit des menschlichen Geistes) in Philosophie

3 »Mohrenstraße soll in Anton-Wilhelm-Amo-Straße umbenannt werden«, *Berliner Zeitung*. 21.08.2020. https://www.bz-berlin.de/berlin/mitte/mohrenstrasse-soll-in-anton-wilhelm-amo-strasse-umbenannt-werden. Zuletzt gesehen am 05.01.2021.

promoviert.[4] Er war bereits 40 Jahre promoviert, bevor der Universaldenker Immanuel Kant sein Buch *Über die verschiedenen Racen der Menschen* (1775) veröffentlichte. In diesem taucht Amo nicht als Philosoph, sondern als andere ›Spezies‹ auf, die *ex negativo* das universale Denken als ›weiß‹ beweisen sollte. Kants Schrift und viele verwandte Arbeiten des Wissenschaftsrassismus waren Legitimationen für europäische Expansion und Kolonialismus, die weiße Ausbeutung der nicht-weißen Welt. Kant war Vordenker des Rassismus *und* Denker der Aufklärung und zugleich jemand, der die philosophische Fachliteratur seiner Zeit nur unzureichend kannte. Amo war Philosoph der Aufklärung *und* Leibeigener.

Das sind komplexere Sichtweisen auf Geschichte als jene, die anhand eines U-Bahnhofs die öffentliche Frage stellt: ›Deutsche Identität‹ oder ›Schwarze Identitätspolitik‹? Es sind Sichtweisen, die Gleichzeitigkeiten und Bezüge artikulieren, die nur deswegen unterirdisch und nicht sichtbar sind, weil sie verborgen und verschüttet wurden: Aufklärung und Kolonialismus, Menschenrechte und Rassismus, Leibeigenschaft und Philosophie.

Der Kulturwissenschaftler Paul Gilroy beschreibt diese Perspektiven am Beispiel der postkolonialen Theorie als Suche nach *Gesten der Verbundenheit* (›gestures of attachment‹), die zusammen zu einer möglichen Gegengeschichte und einer fundamentalen Rekonzeptualisierung Europas beitragen:

> »[...] those gestures [...] would also involve seeking ways to bond subaltern, postcolonial and migrant histories with larger critical narratives of blacks and non-Europeans located in a reconceptualised modernity [...]. These provocations would not only encompass contributions to widespread struggles against racism and racial hierarchy. They would assist with the production of a *counter-history* of Europe that stretched back into the time before Europe became Europe.«[5]

Um diese Gegengeschichten der Moderne, Europas und Deutschlands zu finden, muss man keine ›Ideolog*in postkolonialer Theorie‹ werden, wie die Alternative Rechte und zunehmend auch die bürgerliche Mitte es denunzierend nennt. Man kann aber – und damit den Begriff endlich positiv besetzen.

---

4 Vgl. Ottmar Ette. *Anton Wilhelm Amo – Philosophieren ohne festen Wohnsitz: Eine Philosophie der Aufklärung zwischen Europa und Afrika.* Kadmos 2014.

5 Paul Gilroy. »Agonistic Belonging« 2019. S. 1.

Wie jede Theorie und Gegengeschichte kommen die *Gesten der Verbundenheit* aus einem Begehren, einem Wunsch nach mehr Wissen und einer anderen Erfahrung. Das Begehren nach Geschichten der Verbundenheit ist zentral, denn es muss das allgegenwärtige Begehren nach den Rechten ersetzen.

Radikalisierung

Es wird oft gesagt, die Rechten hätten sich im Internet radikalisiert. Ich habe mehrere Jahre lang rechte Memes und Agitation im Netz untersucht und bin dadurch auch ›im Netz radikalisiert‹ – nur in eine andere Richtung. Durch die sozialen Medien existieren zahllose neue Zugänge zu alternativem Wissen, das für die Gegenerzählungen gebraucht wird, die ich in Ansätzen beschrieben habe.

Sie können Beweise für Polizeigewalt in den USA oder Deutschland sehen, oder den Gedanken der wichtigen YouTuberin *Contrapoints* zu Faschismus, Internet und Männlichkeit folgen. Sie können dem Twitter-Kanal ›Die andere Wende‹ folgen und andere Sichtweisen auf Ost und West lernen, oder von zahllosen anderen Menschen und Initiativen eine Korrektur, eine andere affektive Sichtweise, eine Zusatzinformation und eine andere Rahmung zu dem bekommen, was gerade passiert.

Das sind Radikalisierungsformen, die aus meiner Sicht gut sind und andere Versionen der *Normalität* anbieten als jene, die in den Leitmedien angeboten werden. Es gibt linke, Schwarze, queere, feministische, antirassistische und postsozialistische Gegeninformation – auf eigenen Plattformen und in unterhaltsamen Formaten.[6] Es gibt tagesaktuelle Analysen und riesige Archive von Gegenwissen, deren Perspektiven an Universitäten und öffentlichen Institutionen unterrepräsentiert oder gar nicht vorhanden ist.

Kuratieren Sie ihren eigenen Informations- und Alltagshaushalt in diese Richtung, die Angebote sind zahllos. Stärken Sie diese Angebote mit den Verstärkermechanismen, die die sozialen Netzwerke dazu anbieten. Radikalisierung im Netz ist nicht immer schlecht und ich halte das Netz für einen guten Informationsraum, zum Teil auch weil die sogenannte ›Normalität‹ dort recht selten anzutreffen ist.

---

6 Siehe: Marius Liedtke, Daniel Marwecki. *Von Influencer*innen lernen. Youtube & Co als Spielfelder linker Politik und Bildungsarbeit.* Rosa-Luxemburg-Stiftung Studien 7 (2019).

Verbot und Umwelt

Man kann vieles verbieten, auch Parteien. Ob man sollte und was die Konsequenzen sind, sind andere Fragen. Verbote, Sperrung und Zensur sind rechtliche, aber vor allem kulturelle und emotionale Fragen: Man muss wissen und sehen, wo die Aufmerksamkeit und die Leute dann hingehen und welche Leerstellen aufgefüllt werden müssen. Verbote erfordern auch eine Form des Überschwemmungsschutzes, der im Fall von NPD oder der AfD und anderen großformatig gedacht werden müsste. Wenn zum Beispiel die Sperrung von Trumps Twitter-Account im Januar 2021 weitgehend begrüsst wird, sollte zugleich überlegt werden, wohin die Aufmerksamkeitsenergie wandert, die *@realDonaldTrump* gebündelt hat.

Im Internet kann ›Verbot‹ (das heißt Sperrung, *deplatforming*, Löschung) eine einfache Form ökologischer Arbeit sein, die einen Kommunikationsraum als solchen erhalten und einzelnen Nutzer*innen geleistet werden kann. Trolle können *geflaggt* werden, man kann auf rechte Nutzer*innen hinweisen, sie persönlich blockieren und eventuell eine Sperrung erreichen. Auf die Plattformen und Konzerne zu warten oder gar die Politik, dauert generell zu lange. Das Problem von *hate speech* ist nicht nur systemisch zu beantworten (Richtlinien, formalisierte Sperrungsgründe, Gesetze), sondern kann auch individuell, situativ und im Alltag bearbeitet werden. Es gibt plattformseitige Mechaniken, um einzugreifen, und jede*r kann sie nutzen. Die eventuell Gesperrten gehen dann oft auch woanders hin, das muss dabei bewusst sein.

So etwas kann man in den Alltag einbauen, als eine Art digitale Umweltarbeit. Diese kann aus ›Antrag auf Sperrung‹ oder ›digitalem Müllsammeln‹ (inklusive Archivierung von Bildbeweisen) bestehen, aber auch Formen der Sorge-Arbeit für von Trolling und *hate speech* Betroffene beinhalten. Der Raum der sozialen Medien und seine analogen Auswüchse sind Formen von Umwelt und Gesellschaft, die auch zum zivilen Engagement taugen. Wenn junge Menschen ihr *Freiwilliges Soziales Jahr* in der Personenpflege oder im Umweltschutz ableisten können, warum nicht auch bei zivilen Initiativen, die sich um Pflege und Schutz des *digitalen Lebensraums* kümmern? Sicher eine unabschließbare Arbeit, die aber nicht den Konzernen oder der Politik überlassen werden sollte.

Im Netz kann man eine gute Arbeitshaltung für den digitalen Umweltschutz lernen: Als am 22. Juni 2020 ein prominenter Rechter (Gavin McInnes,

Proud Boys) von YouTube verbannt wird, entspinnt sich folgender Dialog auf Twitter:

– *Ding Dong the fascist is gone.*

– *Don't mean much and it won't be long.*

Das Netz ist voller Hass und manchmal ein Ort pragmatischer Klugheit.

Countertrolling

Die Alternative Rechte ist unter anderem damit beschäftigt, den Informationsraum mit ›bullshit‹ zu fluten. Ist man internetversiert, kann man zur Gegenflutung beitragen. Beispiele für solches *countertrolling* finden sich bei Anhänger*innen der koreanischen K-Pop-Musik, die mehrfach rechte Hashtags (zum Beispiel *#WhiteLivesMatter*) gekapert und mit Pop-Musik-Videos geflutet haben. Die Reiz-Reaktions-Mechanismen rechter Trolle mussten aufgeben, weil es schlicht zuviel war. Auch die Rally in Tulsa, Oklahoma am 20. Juni 2020, bei der Donald Trump vor fast leeren Rängen sprechen musste, ging auf das Konto organisierter *digital crowds*: TikTok-Nutzer*innen hatten koordiniert tausende Tickets reserviert und nicht eingelöst. Die Blamage funktionierte, wenigstens im Sinn von schadenfrohen Zeitungsmeldungen.

Countertrolling kann auch darin bestehen, ungewollte Aufmerksamkeit auf rechte Aktionen zu lenken: Die Afroamerikanische Bloggerin und Aktivistin Sydette Harry hat bereits 2012 mit Aktionen wie *#yourslipisshowing* auf rechtsextreme Trolle aufmerksam gemacht, die sich online als Schwarze Frauen ausgaben und rassistische Desinformation verbreiteten.[7] Wie Harry schreibt, waren diese Aktionen Vorboten von *GamerGate* und des anschließenden Informationskrieges. Harrys Aktionen hätten vielleicht zur Verhinderung der *GamerGate*-Katastrophe beigetragen, wenn ihre digitale Arbeit breiter aufgenommen und verstärkt worden wäre. Das war leider nicht der Fall, da digitaler Rassismus zu diesem Zeitpunkt nicht als Gesellschaftsthema erkannt war und die frühen Gegenstimmen von primär Schwarzen Aktivist*innen nicht ernst genommen wurden. 2014 schrieb Harry etwas desillusioniert:

---

7 Vgl. Rachelle Hampton, »The Black Feminists Who Saw the Alt-Right Threat Coming«, *Slate.com*. 23.04.2019. https://slate.com/technology/2019/04/black-feminists-alt-right-twitter-gamergate.html.

> »[...] too often, in laughing off the inept attempts at online abuse, we forget that they are practicing, often on the people we are all too willing to ignore. Conversely, we are also practicing. Practicing not knowing what's going on, practicing silencing marginalized voices, practicing taking moments of opportunity to build real structures of safety and reducing them to media bytes.«[8]

Die Alternative Rechte hat im Netz lange üben können und robuste Strukturen aufgebaut, die sich wehren können. Deren Störung und Flutung mit ›bullshit‹ oder Gegenstandpunkten kann allgemein eingeübt werden, wobei auf die Arbeit der Pionier*innen des digitalen Aktivismus aufgebaut werden kann.

Väter

Klaus Theweleit beschrieb in *Männerphantasien* die faschistischen Körper der Väter, damit die Söhne (er selbst) zu anderen Körpern gelangen konnten, um dann hoffentlich anders mit den Töchtern und der Welt umgehen zu können: Lernen aus der Vergangenheit, den alten Körpern, weil man sich neue, andere Körper, Sexualitäten und Relationen bauen will. Theweleit hatte es in den 1970er Jahren vielleicht etwas einfacher als heute: Er schrieb über die (seine) Väter und gegen die Vaterlinie, die er in Männern seiner Generation fühlte und sah. Heute stellt sich ein größeres Problem: Der reflexive Faschismus ist ein Problem der Väter, der Brüder und Schwestern, der Kinder, der Arbeits- und Studienkolleg*innen, der Medien, der Kommunikationssysteme, der Öffentlichkeiten und so weiter. Es ist aber auch komfortabler als bei Theweleit: Konnte er für die Männerphantasien auf feministische Theorien und deren neue Sprachen zurückgreifen, steht heute ein riesiges Archiv des Gegenwissens zu weißer Vorherrschaft und männlicher Gewalt bereit.

Ich bin mir über den Generationenbruch, der oft zwischen Rechts und ›Links‹ gesehen wird, sehr unsicher. Auf einer Anti-AfD-Demonstration in Berlin wurde 2018 den Rechten entgegengerufen: »Eure Kinder werden so wie wir.« Ein paar Tage später las ich den Kommentar von User*in *Lika* auf

8 Sydette Harry, »Ouroboros Outtakes: The Circle Was Never Unbroken«, *modelviewculture.com*. 08.12.2014. https://modelviewculture.com/ISSUES/2014-IN-REVIEW

dem Forum *returnofkings.com:* »This generation of 15–20-year olds is the most alt-right in history«. Das Schlimme ist nicht der eventuelle Wahrheitsgehalt der letzteren Aussage, sondern ihr Optimismus.

Danken

Zuletzt kann man danken, vor allem den Menschen, die den ganzen Tag und oft in ihrer Freizeit Aufklärungsarbeit betreiben. Zum Beispiel jenen, die die typographischen Feinheiten der Schaubilder des Verfassungsschutzes oder des *Zeitgeschichtlichen Forums* in Leipzig studieren. Auf solchen Infotafeln werden bisweilen die Zahlen ›linksextremistischer Gewalttaten‹ konsequent größer dargestellt als die der rechtsextremistischen (Abb. 176).

Das weiß ich nicht aus der Polizeiarbeit zu politisch-motivierter Desinformation. Ich weiß es durch die sympathischen und aufmerksamen Menschen auf *reddit.com/r/DACHschaden*. Sie halten an der teilbaren Realität fest, das ›1‹ nicht größer als ›15‹ ist, was in der Welt der Verfassungsschützer*innen, zeithistorischer Museen und der angeschlossenen Grafikabteilungen normal zu sein scheint. So sind in Sachsen-Anhalt 101 rechtsextreme Gewalttaten (Morde, Anschläge, Körperverletzung, Hassrede, Volksverhetzung) kleiner und unscheinbarer als 29 ›linksextreme‹ (Sachbeschädigung, Widerstand gegen die Staatsgewalt). Das ist deren Realität. Ich bin froh und dankbar, dass jemand eine andere hat.

Danke, »linksversiffter, emanzipatorischer, antifaschistischer, queerfeministischer Haufen namens r/DACHschaden«.[9]

9 Zitiert nach der Selbstbeschreibung: reddit.com/r/DACHschaden. Zuletzt gesehen am 05.01.2021.

o2-de LTE
18:34
17 %
r/Dachschaden
Diese Woche im Zeitgeschichtlichen Forum in Leipzig gesehen; war die einzige Karte da, die politische Gewalt in Deutschland darstellt. Sehr cool, gerade das Jahr 2017 darzustellen...
1.001
84
Mecklenburg-Vorpommern
Hamburg
4
Bremen
51
42
Niedersachsen
65
100
Berlin
29
101
Sachsen-Anhalt
24
121
Brandenburg
191
206
Nordrhein-Westfalen
16
71
Thüringen
101
95
Sachsen
5
16
Hessen
2
30
Rheinland-Pfalz
1
15
Saarland
54
68
Bayern
69
39
Baden-Württemberg
153
33
Share

Abb. 176

Zusammenfassung

Ich fasse die Hauptthesen von *Rechte Gefühle* zusammen: Die Alternative Rechte und der reflexive Faschismus sind nicht weit weg am Rand zu finden, sondern direkt hier. Sie sind nicht das Gegenteil dieser Demokratie, sondern eine ihrer zeitgemäßen Ausdrucksformen. Ihre Akteur*innen sind Weiße und Männer, und sie binden unerwartete Andere ein. Ihr Faschismus ist nicht nur überkommen und gestrig, sondern reflexiv und gegenwärtig. Er agitiert gegen die komplexe Gesellschaft und besetzt deren Risikodiskurse. Der reflexive Faschismus ist nicht nur ein Problem des Internets und der virtuellen Plattformen, sondern Realitätsproduzent und dabei profitabel. Er ist rassistisch und sexistisch und zugleich beheimatend. Er hasst nicht nur Frauen, Queers und Gender Studies, sondern bietet *doing gender* an. Er zeigt nicht nur Hitlergrüße und Reichsflaggen, sondern macht daraus Populärkultur und *empowerment* für einige. Er hasst und grenzt aus und bietet attraktive und positive Gefühlswelten für viele. Er regiert und schreibt und mordet wieder und er fühlt sich (wieder) nach Befreiung für *einige* an. Er arbeitet Hand in Hand mit den Automatismen, die die gesellschaftliche Fiktion von Normalität aufrechterhalten. Er reizt die emotionalen Leerstellen und Widersprüche gnadenlos aus. Die Normalität dankt ihm für das Begehren, das er ausspricht. Er ist eine Umweltkatastrophe, die menschengemacht ist und sich auf verschiedene Weisen tödlich auswirkt.

Das ist kein ›neuer‹ Faschismus. Es ist ein ›sowohl als auch‹-Faschismus. Ein Update und zwar das, was durch diese Demokratie, diesen Emotions- und Informationskapitalismus, diese Medienwelt, diese Genderwelten möglich gemacht wird.

Alternative Rechte, reflexiver Faschismus, rechte Affektproduktion.

Falls Begriffe helfen (ich hoffe ja): Die Begriffe, die ich angeboten habe, sollen die einfachen Distanzierungsgesten schwerer machen. *Entautomatisierung.* Sind die Reaktionsmuster und Abkürzungen unterbrochen, kann mehr Aufmerksamkeit für anderes stattfinden, mehr affektive Orientierung, Verlangsamung, die eigene Erschöpfung und die der anderen sehen und damit umgehen. Ist das Erschrecken über die neuen Faschist*innen, die schon immer da waren, abgeklungen und abgelegt, kann vielleicht der andere Schrecken spürbarer werden: Über das, was dieser Kapitalismus, diese Demokratie, diese Gesellschaft hervorgebracht und möglich gemacht haben. Für Programme gegen eine Alternative Rechte braucht es nicht ›mehr Normalität‹, sondern *andere Alternativen*.

Das ist wichtig für eine affektive Gegenpolitik, ein *Dagegenfühlen*.

Nochmal Schernikau

»Wie kommt die Scheiße in die Köpfe?« war eine Ausgangsfrage dieses Buches. Der Satz von Ronald M. Schernikau bietet ein konkretes Bild an: Beim Faschismus geht es um Scheiße, und zwar *zuviel Scheiße*. Wir sind daher auch mit Abflüssen und Kläranlagen beschäftigt. Das Zuviel überlastet das Kanalisationssystem, es überflutet und verstopft die Mechanismen der Kanalisierung, ob gesamtgesellschaftlich, technisch oder individuell. In diesem Buch wurde verhandelt, wie die Kanalisierung von rechter Scheiße nicht vom Normalitätstheater übernommen werden kann – und wie die Aufmerksamkeitsmärkte diese Scheißeproduktion vergrößern.

Es ist erschöpfend, und dieses Buch war schwierig zu beenden, weil jeden Tag neue Scheiße passiert, gesagt, verdreht, beschlossen und gepostet wird. Ein Buch über den gegenwärtigen Faschismus ist keines, zu dem sich gut ›Schlussworte‹ formulieren lassen. Mir wurde von abschliessenden Worten abgeraten und noch bei der Rechtschreibkorrektur des Manuskripts standen plötzlich Männer und Frauen mit Südstaaten-Flaggen und ›Camp Auschwitz‹ T-Shirts im Plenarsaal des Senats in Washington D.C. und nahmen Selfies auf. Die paar Tausend, die am 6. Januar in das Kapitol eindrangen, die 74 Millionen Trump-Wiederwähler*innen, die Zehntausenden bei den Corona-Protesten, oder die Millionen von halb- und ganz-Rechten – sie alle werden nicht einfach verschwinden.

Letztlich wird es so bleiben: Die Demokratie bekommt den Faschismus, der zu ihr passt. Der Kapitalismus den, der sich am besten verkauft. Die digitale Gesellschaft den, der sich am besten vernetzt. Die zersplitterte Gesellschaft den, der die Bruchlinien am besten verwertet.

Bis das repariert wird und vielleicht die Scheiße einmal aufhört, gilt auch die andere Frage: Wie kommt sie wieder raus aus den Köpfen? Die vorhandenen Kanalsysteme sind überlastet von dieser politischen und emotionalen Umweltzerstörung, die Menschenleben und Zukunft kostet. Sie erfordert andere Maßnahmen als bisher angewendet werden: Müllentsorgung, Überschwemmungsschutz, Schutzräume, Häuser befestigen, Kläranlagen, Recycling, Veränderung von Gewohnheiten, Entgiftung, alternative Energiequellen und Infrastrukturen. »Es wird halt nicht weniger werden«, wie Fatma Kar sagt.

Es bedarf einer Realität, die geteilt werden kann. Die Toten, die mentalen und emotionalen Verwüstungen, die Erschöpfungszustände sollten die Grundlage bilden.

Abbildungsverzeichnis

Umschlagbild

Meme, »He volunteered for Memewar Service«, circa 2017
Autor: unbekannt
Unter Verwendung der Illustration
»He Volunteered for Submarine Service«, (1944)
https://catalog.archives.gov/id/513662
Creator(s): Office for Emergency Management. Office of War Information. Domestic Operations Branch. Bureau of Special Services.
Artist: Whitcomb, Jon, 1906-1988
National Archives at College Park
National Archives Identifier: 513662, Local Identifier: 44-PA-220
National Archives at College Park
8601 Adelphi Road
College Park, MD 20740-6001

Textabbildungen

Ohne Bildstrecke ist der digitale Faschismus aus meiner Sicht weder verstehbar noch analysierbar. Die Abbildungen sollen nicht nur der Illustration dienen: Sie bilden einen visuellen Argumentationsstrang, der auch überfordern soll. Die Bilder sind ebenso ein kurzes Anhalten der ewig fluktuierenden und mutierenden Internetsphäre, in der die Bildwelten der Rechten hochpräsent sind und sich ständig weiterentwickeln. Auf eingehende Quellenangaben wird verzichtet, denn es handelt sich nicht um »Quellen«, sondern Beweisfotos.

Name, Art, Urheber/Quelle (»via« bezeichnet die Repost-Quelle)

3. *Sommerfest Flamberg,* Telegram Post (Identitäre Bewegung)
4. *WW2 Casualties,* Meme
5. *For legal reasons this is a joke,* Meme (r/boogaloomemes)
6. *Nürnberg hat ein neues Christkind,* Twitter (AfD München)
7. *Diverse political opinions,* Reddit Post (r/conservative)
8. *Malenki liest ‚Das Netzwerk der Identitären',* Youtube Video (Malenki)
9. *The Planet everyone wants to live on,* Reddit Post / Meme (r/thenewright)
10. *Tanzen wir auf dem sinkenden Schiff,* Telegram Post (Der Dritte Blickwinkel)
11. *Globalism/Nationalism,* Meme (via /the_donald)
12. *Einzeltäter T-Shirts,* Reddit Post (via r/Dachschaden)
13. *Guten Morgen Niki,* Twitter
14. *They Banned This Book,* Bitchute Video (ChuckE2009, reupload)
15. *PewDiePie Fans excuse KKK Uniform,* Reddit Post
16. *We have claimed,* Twitter Post (Donald J. Trump)
17. *Let it burn, we can rebuild,* Telegram Post (Fuhrerious)
18. *Es lebe das Heilige Deutschland,* Screenshot der Website von Dr. Marc Jongen
19. *Bored in quarantine so I drew Mosley,* Post (basedzoomers.com)
20. *#Höcke ist ein #Faschist,* Twitter
21. *Fascism never sounded so good,* Forum Post (www.thedonald.win)
22. *Cultural Marxism v Your Race,* Meme (northwestfront.org)
23. *Gender Trash Ranking 2018,* Bild (sciencefiles.org)
24. *Hey, White Person,* Poster
25. *Auto eines Infokriegers,* Reddit Post (r/infowarriorrides)
26. *Schönen Ostersonntag,* Telegram Post (Martin Sellner [Telegram Elite])
27. *Dear White People,* Telegram Post (via Millenial Woes)
28. *Was ist mit Rassismus gegen Deutsche?,* Meme (AfD/Jörg Meuthen)
29. *Star Wars in 2019,* Meme (r/dankmemes)
30. *Not all forms of racism,* Reddit Post (r/changemyview)
31. *People who see racism everywhere,* Reddit Post (r/unpopularopinion, r/fragilewhiteredditor)
32. *Best Place to live for a White person?,* Reddit Post (r/debatealtright)
33. *If a White Person,* Meme (The Patriot Post)
34. *Matrix,* Standbild aus einem Animated Gif
35. *Oppression Olympics / Frank Doria,* Youtube Screenshot (MyNameIsJosephine)

69. *Mein Kampf / Regenschirm,* Telegram Post (Nationalsozialistische)
70. *Communist Burkas,* Twitter (Stefan Molyneux)
71. *Wikipedia Pride,* Meme (r/Right_Wing_Politics)
72. *Not pictured is my freshly built PSA ar15,* Reddit Post (r/weekendgunnit)
73. *Race First,* Telegram (Fuhrerious)
74. *Disregard Females Acquire Automatic Weapons,* Telegram (Boogaloo Time)
75. *Day of the Rope,* Telegram (GenZYKLON1488)
76. *Decorating the place how I want to,* Reddit Post (r/MGTOW)
77. *NEIN / Jinjer Zilla Comics,* Comic (jinjerzillacomics.com)
78. *This is the same joke again,* Twitter (via r/TheRightCantMeme)
79. *Crying Nazi / Christopher Cantwell,* Youtube Video Screenshot
80. *Unite The Right Poster,* Bild (via DuckDuckGo.com)
81. *Der Volkslehrer weint,* Bitchute Video (T.E.R. Sven)
82. *#patriotengegenterror,* Twitter (Martin Sellner)
83. *Hate Map,* Screenshot (splcenter.org)
84. *How are they connected?,* Reddit Post (r/coomer)
85. *PragerU / Come Out Conservative,* Meme (Prageru.com)
86. *Gamers Rise Up,* Reddit / Meme (r/GamersRiseUp)
87. *Kara's Second Stickies,* Telegram Emojis (Fuhrerious)
88. *Before /SIG/ After /SIG/,* 8kun Post (8kun.top)
89. *Sargon of Akkad Speech am Day for Freedom,* Youtube Screenshot (Bull Brand)
90. *They're not after me,* Twitter (Donald Trump)
91. *Democrats/Socialists are literally repeating history,* Twitter (via r/The_Donald)
92. *Nazism or Third Wave Feminism?,* Meme (via r/LouderWithCrowder)
93. *Hitler / Bernie Sanders,* Twitter / Meme (_Proud_American)
94. *Gamers! Let Fascism Happen to You!,* Meme (via r/GamersRiseUp)
95. *Feminist Logic Fail #3,* Youtube Video (NateTalksToYou)
96. *You wouldn't get it / Joker,* Reddit / Meme (r/GamersRiseUp)
97. *Powerful Oppressor / The Resistance,* Meme (via r/gamingcirclejerk)
98. *Game Boy / Triggered,* Meme (via r/Gamers)
99. *The Deplorables,* Meme (via knowyourmeme.com)
100. *Deplorable No 1 / Pepe the Frog,* Meme (r/The_Donald)
101. *Deplorable T-Shirts,* Foto (via r/The_Donald)
102. *Wojak / That feel when no GF,* Meme (via knowyourmeme.com)
103. *Wojak / Born to feel,* Meme (via 8chan)

135. *The Reality is Patriarchy: Indoctrination at Ryerson University*, Twitter (Josephine Mathias)
136. *SAD (Black Conservatives, White Liberals)*, Meme / Reddit Post (r/The_Donald)
137. *Uploading this image will get you banned (MLK)*, Reddit Post (r/The_Donald)
138. *Refuse to be a pet victim*, Twitter / Reddit (r/The_Donald, Candace Owens)
139. *Young conservatives are the only real rebels*, Bild / Meme (Turning Point USA)
140. *Online Knitting Mob*, Youtube Video (PragerU)
141. *FOBO: The Plague That Kills Relationships*, Youtube Video (Brittany Pettibone)
142. *Launch Day: What Makes Us Girls*, Youtube Video (Brittany Pettibone)
143. *It's because of you we found love*, Reddit Post (r/The_Donald)
144. *Counterculture 1980 / 2018*, Meme (https://www.great-replacement.com/images)
145. *Boghossian und Lindsay / Rubin Report*, Youtube Video (The Rubin Report)
146. *You too can get an easy A in humanities*, Reddit Post (r/SargonOfAkkad)
147. *The Left Mind vs The Right Mind*, Reddit Post / Meme (r/The_Donald)
148. *Meanwhile, at a Random University*, Meme (via r/feminism)
149. *Trump Pokemon*, Meme (via r/dankmemes)
150. *Is Pewdiepie Hitler?*, Youtube Video (PewDiePie)
151. *Heimat Defender: Rebellion*, Steam Store Eintrag
152. *Wollt ihr das Attila Hildmann… (Umfrage)*, Telegram Post (Attila Hildmann Official)
153. *Unsere Regierungen handeln… (Umfrage)*, Telegram Post (Martin Sellner)
154. *Bread Crumbs – Q Clearance Patriot*, 4chan Post (2017)
155. *Media blackout. Election Gaming*, 4chan Post (2020)
156. *#TakeTheOath*, Twitter (Michael Flynn)
157. *Gut informierter Bürger vs. verschwörungsgläubiger Spinner*, Telegram Post (Forschergeist))
158. *r/billionshekelsupreme has been banned*, Screenshot (Reddit.com)
159. *Reddit censorship is a blessing*, Reddit Post (r/DebateAltRight)
160. *Welcome all VOAT Refugees*, Post auf Poal.co (poal.co)
161. *29.08.20 Das Freiheitsvirus*, Grafik (via Telegram)
162. *Eilmeldung! Corona-Judenstern* (29.08.2020, Berlin), Foto (via DuckDuckGo)
163. *Die Plandemie*, Telegram Post (Frank Kraemer)

Danksagung und Widmung

Danke der Volkswagenstiftung für die nachhaltige und großzügige Unterstützung dieses Projekts.

Danke dem transcript Verlag für die Geduld, die genaue Arbeit und Kooperation. Mein besonderer Dank gilt Felix Schilk für den Härtetest seines gründlichen und erhellenden Korrektorats und Lektorats.

Danke den vielen Zuhörer*innen, Leser*innen und Anreger*innen auf vielen Vorträgen und Workshops. Ich danke vor allem den Studierenden an der Universität der Künste Berlin, die mir wichtige Fragen stellten, Vorschläge machten und sich auf eine gemeinsame Gefühlsarbeit einließen. Danke den frühen Leser*innen: Gabriele Dietze, Christine Hentschel, Hito Steyerl.

Danke Antifa. Danke Gaby. Danke, liebe Schwedter. Danke PKRK für die Geduld, die Unterstützung und das Stellen der nicht-stellbaren Fragen. Danke an die freundlichen Menschen im Aprikosenbaum.

Für Aleks, der das nicht so sieht.

Für Weh, dem das klar ist und der alles liest und misst.

Für MJ, die hoffentlich was davon haben wird.

Für Su, der das nicht weit genug geht.